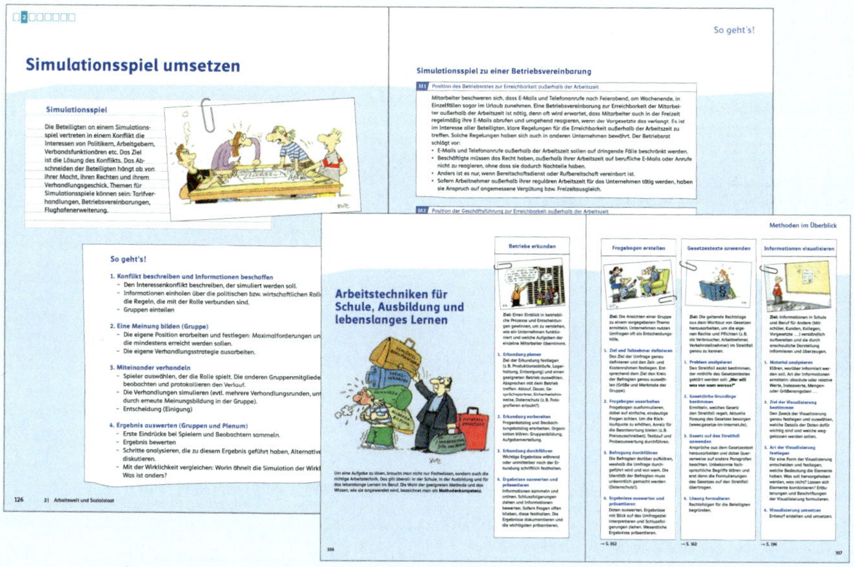

Methodenseiten
So geht's!

Eine zu den Inhalten passende Methode rundet die Kapitel ab und regt zu selbst organisiertem Lernen an.

Methoden im Überblick

Im Anhang des Buches werden wichtige Arbeitstechniken anschaulich und übersichtlich dargestellt.

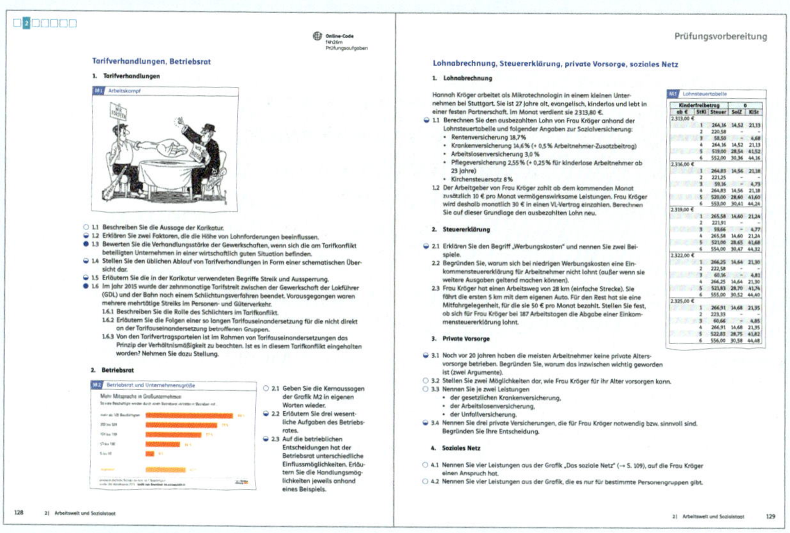

Prüfungsvorbereitung

Am Ende jedes Kapitels finden Sie exemplarische Prüfungsaufgaben mit zahlreichen Materialien M1.

Wirtschaft kompetent bereitet Sie gezielt auf die Kammerprüfung vor und bietet Ihnen über 🌐 einen Wirtschaft-kompetent-Code Aufgaben auf Prüfungsniveau zum Download.

W0402473

Symbole im Buch

Die Arbeitsaufträge sowie die Übungs- und Prüfungsaufgaben werden durch Symbole nach Niveaustufen differenziert, die sich an den Anforderungsbereichen orientieren (→ S. 362–363 *Liste der Operatoren*).

○ Anforderungsbereich I
◒ Anforderungsbereich II
● Anforderungsbereich III

→ Verknüpfungen zu anderen Inhalten im Buch

Auf den Auftaktseiten der Kapitel finden Sie einen **Wirtschaft-kompetent-Code**, z. B.

🌐 tt5ma6

Gehen Sie auf www.klett.de. Geben Sie dort den Code aus dem Buch in der Suchleiste ein.

I Die Rolle des Mitarbeiters in der Arbeitswelt aktiv ausüben

II Als Konsument rechtliche Bestimmungen in Alltagssituationen anwenden

3 Kaufvertrag, Vertragsstörungen und Verbraucherschutz

4 Zahlungsverkehr, Geldanlagen und Darlehen

III Wirtschaftliches Handeln in der Sozialen Marktwirtschaft beurteilen

5 Marktwirtschaft und Wirtschaftspolitik

IV Entscheidungen im Rahmen einer beruflichen Selbstständigkeit treffen

6 Gründung von Unternehmen

7 Unternehmerisches Handeln

1 Mitarbeiter am Arbeitsplatz

Alte und neue Arbeitswelt

„Heutzutage ist es viel schlimmer, wenn der PC ausfällt, als wenn die Hebebühne ausfällt.“

Alex, Azubi *(schaut auf die Uhr)*: Ich hab' dann übrigens bald Feierabend, Herr Maute.
Herr Maute, Kfz-Meister: Das sagst du so! Wir mussten als Lehrlinge abends die Werkstatt fegen und dann vor dem Meister antreten. Erst wenn er zufrieden war, war Feierabend. Dass man auf seine Rechte gepocht hat wie ihr heute, das hätten wir uns nicht getraut. Nach Gesetzen oder der Ausbildungsordnung hat keiner gefragt.
Alex: Weil Sie Angst hatten, dass der Betrieb Sie rauswirft?
Herr Maute: Nein, nein, die brauchten uns dringend. Lehrlinge waren gesucht, und anschließend hat man als Geselle gleich gut verdient. Es war einfach eine andere Zeit. Kfz-Mechaniker, wie das damals hieß, war ein reiner Männerberuf. Wir haben Drehen, Bohren, Fräsen und Schweißen gelernt. Es ging um Mechanik und nicht um Elektronik. Was damals repariert worden ist, wird heute ausgetauscht. Ich habe mich laufend umstellen und dazulernen müssen. Aber nächsten Monat gehe ich in Rente. Naja, alles ist komplizierter geworden.
Alex: Die Ansprüche an uns Lehrlinge sind höher, das stimmt. Aber vieles wird durch die Diagnosegeräte auch einfacher.
Herr Maute: Jaja, da hast du schon recht. Ich habe aber an was anderes gedacht. Weißt du, ich war die ganzen 48 Jahre im selben Betrieb, als Lehrling, als Geselle und dann als Meister. Ich habe in meinem Leben nie eine Bewerbung geschrieben. Dass jemand sein ganzes Leben in derselben Firma arbeitet, kommt heute fast nicht mehr vor. Viele Lehrlinge, die bei mir in der Ausbildung waren, machen heute was ganz anderes.

Hätten Sie's gewusst?

1. Wie hoch ist die Abbrecherquote bei Auszubildenden? 25 %, 30 % oder 35 %?
2. Wie viele Arbeitnehmerinnen und Arbeitnehmer arbeiten nicht (mehr) im erlernten Beruf: 20 %, 35 % oder 50 %?
3. Wie viele Frauen sind berufstätig: 65 %; 70 %; 73 %? Wie viele davon in Vollzeit?

Lösungen:
1: 25 % (2015)
2: Knapp 50 %
3: Etwa 73 %, davon 52 % in Vollzeit (Männer: 82 %, davon 89 % in Vollzeit) (2015)

Worum geht es?

Alex hat als Azubi Rechte und Pflichten. Die sollte er genau kennen. Schließlich ist eine gute Ausbildung die Grundlage für seine spätere Karriere. Auch nach der Ausbildung muss er am Ball bleiben und sich weiterbilden, denn die beruflichen Anforderungen steigen. Außerdem muss Alex sich über die Zukunftsaussichten seines Berufs informieren. Wie sieht seine Lebensplanung aus? Steht für ihn die Arbeit im Vordergrund oder das Privatleben? Träumt er von einer eigenen Familie und einem Häuschen im Grünen?

Informieren Sie sich!

Verschaffen Sie sich mithilfe des Buchs einen Überblick. Sie finden in diesem Kapitel Lernsituationen zu folgenden Themen:

- Beteiligte im Ausbildungsverhältnis
- Rechte und Pflichten in der Ausbildung
- Lernen für den Beruf
- Schutz vor Gefahren am Arbeitsplatz
- Berufliche und private Lebensplanung
- Chancen und Risiken von Berufen
- Leben, lernen und arbeiten in Europa
- Ergonomie am Arbeitsplatz
- Arbeiten im Team
- Umgang mit Konflikten
- Sozialer und technischer Arbeitsschutz

So geht's!
Rollenspiel durchführen

Was hat das mit mir zu tun?

- Vertreten Sie angemessen Ihre Rechte im Betrieb.
- Überlegen Sie, wie Sie Ihren beruflichen Weg aktiv gestalten können. Bleiben Sie offen für Alternativen und neue Wege.
- Wägen Sie zwischen beruflichen und privaten Lebenszielen ab und beziehen Sie Ihre Partnerin bzw. Ihren Partner in Ihre Entscheidung ein.
- Schützen Sie Ihre Gesundheit und die Ihrer Kollegen. Sprechen Sie mit Ihren Vorgesetzten, wenn der Arbeitsschutz mangelhaft ist und Ihre Arbeitsbedingungen nicht den gesetzlichen Vorgaben entsprechen.

Beteiligte im Ausbildungsverhältnis

Lernsituation

Johanna, Konditorin im ersten Lehrjahr, ist an ihre frühere Schule eingeladen worden. Sie soll in einer 9. Klasse über ihre Ausbildung berichten. „Weil die Schüler das von jemand hören wollen, der schon in der Ausbildung steht“, hat ihre frühere Klassenlehrerin gesagt. „Viele Fragen kann ich als Lehrerin gar nicht beantworten oder nur vom Hörensagen. Du weißt viel genauer, worauf es ankommt.“ Johanna fühlte sich ein wenig geschmeichelt und hat darum sofort Ja gesagt. Aber jetzt merkt sie, dass es nicht so einfach ist zu entscheiden, was für die Schüler wichtig ist. Sie überlegt hin und her. Schließlich schreibt sie ein paar Stichworte auf:

Mein Ausbildungsbetrieb
Konditorei Sautter

Meine Ausbildung
- im Betrieb
- in der Berufsschule
- ÜLU* im Bildungszentrum Karlsruhe

Mein Ausbilder
- Herr Kurz

Zuständig
- Konditoren-Innung Neckar-Enz

Meine Bezahlung
- ...

* Überbetriebliche Lehrlingsunterweisung

Arbeitsauftrag

- Stellen Sie sich vor, Sie wären an Johannas Stelle eingeladen und müssten über Ihre Ausbildung berichten. Erstellen Sie eine Gliederung und bereiten Sie sich auf einen Kurzvortrag vor.

Duale Ausbildung

Jährlich beginnen in Deutschland mehr als eine halbe Million junge Erwachsene eine duale Ausbildung, das ist eine Ausbildung, in der sich Betrieb und Schule die Aufgaben teilen. Die Ausbildungsplätze werden überwiegend von privaten Unternehmen zur Verfügung gestellt. Diese sind in der Auswahl der Bewerber frei, ohne dass der Staat eingreift (Grundsatz der Vertragsfreiheit).
Eine Berufsausbildung, egal welche, ist in vielen Betrieben heute eine Voraussetzung, um eingestellt zu werden. Unter den Arbeitslosen und denen, die sich mit Gelegenheitsarbeiten über Wasser halten, finden sich besonders viele Ungelernte.

Was regeln Ausbildungsordnungen?

Für jeden der knapp 330 Ausbildungsberufe werden die Anforderungen bundesweit in einer **Ausbildungsordnung** festgelegt. Sie enthält
- die Bezeichnung des Ausbildungsberufs;
- die Ausbildungsdauer;
- die Fertigkeiten und Kenntnisse, die vermittelt werden müssen: **Ausbildungsberufsbild**;
- Regelungen über die inhaltliche Gliederung und zeitliche Abfolge der Fertigkeiten und Kenntnisse: **Ausbildungsrahmenplan**;
- die Prüfungsanforderungen.

Die Ausbildungsordnungen sind im Internet abrufbar. Sie werden immer wieder den veränderten Bedingungen der Arbeitswelt (technischer Fortschritt, neue Arbeitsformen) angepasst und regelmäßig überarbeitet. So sind z. B. in den vergangenen Jahren neue Berufe in der Informationstechnik entstanden und traditionelle Berufe ersetzt worden – wie etwa der Kfz-Mechaniker durch den Kfz-Mechatroniker.

Betriebliche Ausbildungspläne

Der Ausbildungsbetrieb vermittelt in betrieblichen Handlungssituationen praktische Kenntnisse, Fertigkeiten und Fähigkeiten für den Ausbildungsberuf. Die Umsetzung der Ausbildungsordnung wird in betrieblichen Ausbildungsplänen festgelegt. Sie sind ein Bestandteil des Ausbildungsvertrags und müssen den Auszubildenden spätestens zu Beginn der Ausbildung ausgehändigt werden. Die Ausbildungspläne setzen die Vorgaben der Ausbildungsordnung und des Ausbildungsrahmenplans in die betriebliche Realität um und berücksichtigen dabei die speziellen Bedingungen vor Ort. Sie können über die Ausbildungsordnung und den Ausbildungsrahmenplan hinausgehen; weniger enthalten dürfen sie nicht.

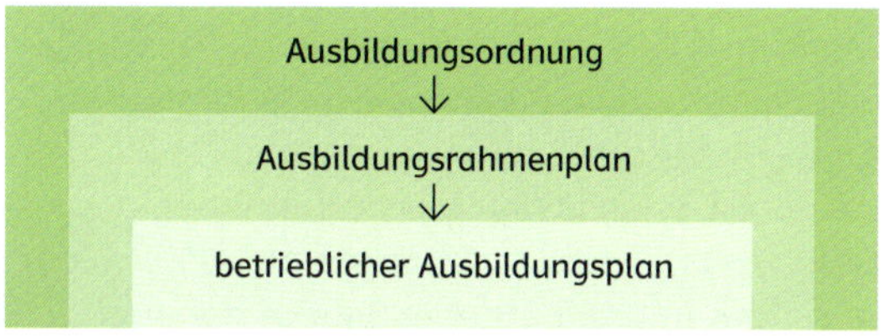

Auszug aus einem betrieblichen Ausbildungsplan

Mikrotechnologe/-in: Ausbildungsabschnitt 15
2. Ausbildungsjahr (Ausbildungswoche 24 – 28) – Ausbildungszentrum (A)

Zwischenprüfung – Vorbereitung
Oszilloskop
- Aufbau, Funktion und Bedienung
- Zeitablenkung
- praktische Anwendungen

Elektronikbauteile und Schaltungen
- Diode, Leuchtdiode, Z-Diode
- Gleichrichterschaltungen
- Transistor als Schalter
- Transistor als Verstärker
- Kennzeichnung von Halbleitern (auch SMD)

Messtechnik, Messwerterfassung und Auswertung mit Excel-Diagramm
- frequenzabhängige Schaltungen (RC-Hoch-, Tief-, Bandpass)
- Aufnahme von Übertragungskennlinien
- Erfassung mit Excel-Tabellen und Umsetzung in Diagramme

Innung
Zusammenschluss von Handwerkern gleicher oder ähnlicher Handwerke auf regionaler Ebene. Die Mitgliedschaft ist freiwillig.

Die wichtigsten Kammern
Handwerkskammer (HWK) 53 regionale Kammern z. B. Stuttgart

Handwerkskammer Region Stuttgart

Industrie- und Handelskammer 79 regionale Kammern, z. B. Region Stuttgart

Ärzte- bzw. Zahnärztekammer

Apothekerkammer

Rechtsanwaltskammer

Betriebliche Ausbildungspläne enthalten eine genaue **zeitliche Gliederung** der einzelnen Ausbildungsabschnitte: Probezeit, Lehrgänge, schulische Ausbildungsabschnitte, Prüfungen, Urlaubswochen. Außerdem geben sie die Reihenfolge und den Zeitrahmen für die einzelnen Ausbildungseinheiten vor. Die **sachliche Gliederung** legt fest, welche Lernziele an welchen Lernorten durch wen vermittelt werden. Lernziele werden dabei oft zu thematischen Arbeitseinheiten oder Arbeitsprojekten zusammengefasst. Ein Beispiel für einen betrieblichen Ausbildungsplan finden Sie auf S. 11.
Anhand des betrieblichen Ausbildungsplans, des Ausbildungsrahmenplans und der Ausbildungsordnung können Auszubildende überprüfen, ob ihnen der Betrieb tatsächlich die Qualifikationen vermittelt, die dort festgelegt sind.

Die Beteiligten: Auszubildender, Ausbildender, Ausbilder

Ein Ausbildungsvertrag wird zwischen dem Auszubildenden und dem Betrieb (offizielle Bezeichnung: Ausbildender) geschlossen. Bei minderjährigen Auszubildenden müssen auch die Erziehungsberechtigten unterschreiben. Manchmal ist auch der Ausbilder im Vertrag erwähnt. Das ist die Person, die im Unternehmen für die Ausbildung verantwortlich ist. In kleinen Betrieben, etwa in den Meisterbetrieben des Handwerks, ist der Ausbildende oft zugleich der Ausbilder. In Großbetrieben gibt es dagegen Mitarbeiter (z. B. Meister, Techniker), die nur für die Lehrlingsausbildung zuständig sind.
Im Handwerk spielen die **Innungen** eine wichtige Rolle. Sie unterstützen die Betriebe bei der Ausbildung, z. B. durch die Einrichtung von überbetrieblichen Ausbildungsstätten, in denen die Lerninhalte vermittelt werden, die die Ausbildungsbetriebe nicht vermitteln können. Innungen bieten außerdem Fortbildungs- und Beratungsangebote an. Manchmal nehmen sie auch im Auftrag der Handwerkskammer die Gesellenprüfung ab.

Betrieb und Schule – die zwei Säulen der dualen Ausbildung

Der Partner des Betriebs ist die Berufsschule. Sie vermittelt fachtheoretische Grundlagen, außerdem Lern- und Arbeitstechniken in beruflichen Lernsituationen. Darüber hinaus vermittelt die Berufsschule eine arbeits- und berufsbezogene Allgemeinbildung, insbesondere in Deutsch, Englisch, Politik und Wirtschaftskunde. Was gelernt werden muss, ist von den Kultusministern aller Bundesländer in **Rahmenlehrplänen** festgelegt.
Etwa nach der Hälfte der Ausbildungszeit gibt es eine Zwischenprüfung. Am Ende stehen eine theoretische und eine praktische Abschlussprüfung, die von einem Prüfungsausschuss abgenommen werden, den die zuständige **Kammer** eingesetzt hat. Im Handwerk heißt diese Prüfung Gesellenprüfung. Wer die Prüfung nicht bestanden hat, darf sie wiederholen. Die Ausbildung verlängert sich dann entsprechend.

Die häufigsten Lehrberufe ...

... für männliche Auszubildende

1. Kfz-Mechatroniker
2. Elektroniker
3. Kaufmann im Einzelhandel
4. Industriemechaniker
5. Anlagenmechaniker Sanitär, Heizung, Klima
6. Fachinformatiker

... für weibliche Auszubildende

1. Kauffrau für Büromanagement
2. Medizinische Fachangestellte
3. Verkäuferin
4. Kauffrau im Einzelhandel
5. Zahnmedizinische Fachangestellte
6. Industriekauffrau

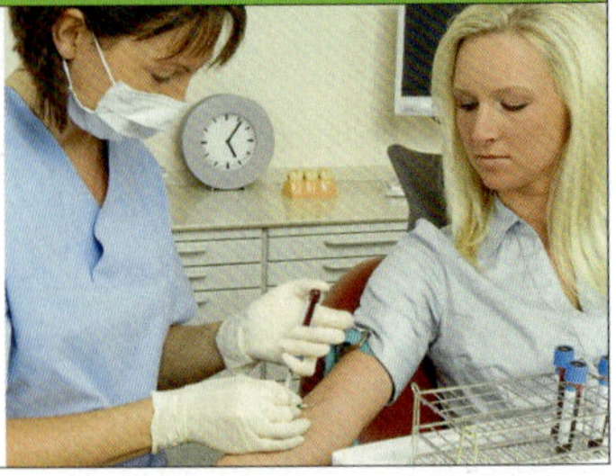

Bundesinstitut für Berufsbildung: neu abgeschlossene Ausbildungsverträge 2016

Anforderungen an den Ausbildungsvertrag

Das **Berufsbildungsgesetz** (BBiG) schreibt vor, dass vor Ausbildungsbeginn ein schriftlicher Ausbildungsvertrag abgeschlossen werden muss. Er enthält mindestens diese Angaben (BBiG § 11):

- genaue Bezeichnung des Ausbildungsberufs und der Ausbildungszeit,
- Ausbildungsbeginn und -ende,
- Ausbildungsmaßnahmen außerhalb des Betriebs (etwa in überbetrieblichen Einrichtungen),
- Dauer der täglichen Arbeitszeit,
- Dauer der Probezeit,
- Höhe und Zahlungstermin der Vergütung,
- Urlaubsanspruch,
- Voraussetzungen für die Kündigung,
- Hinweise auf Tarifverträge oder Betriebsvereinbarungen (→ S. 67 ff.), die für diesen Vertrag mit gelten.

Der unterschriebene Vertrag wird bei der zuständigen Kammer eingereicht. Diese prüft, ob er mit der entsprechenden Ausbildungsordnung übereinstimmt und ob Ausbildungsstätte und Ausbilder fachlich und persönlich geeignet sind. Fachliche Eignung heißt: Die Ausbilder müssen die erforderlichen Qualifikationen und die Ausbildereignung besitzen (z. B. durch eine Meisterprüfung). Wenn ein Ausbilder bereits gegen Ausbildungsvorschriften verstoßen hat, weist er nicht mehr die persönliche Eignung auf. Bei minderjährigen Auszubildenden schreibt das Jugendarbeitsschutzgesetz (→ S. 16 ff.) eine Gesundheitsprüfung vor.

Der Vertrag wird anschließend in ein Verzeichnis eingetragen (z. B. im Handwerk in die sogenannte Lehrlingsrolle); die Überwachung des Vertrags ist Sache der zuständigen Kammer. Alle diese Regelungen dienen dem Schutz der Auszubildenden.

Wie und wann endet die Ausbildung?

Die Rechte und Pflichten, die mit dem Ausbildungsvertrag eingegangen werden (→ S. 16), sind im Berufsbildungsgesetz geregelt. Verstöße gegen diese Pflichten können zu einer fristlosen Kündigung und zu Schadensersatzpflicht führen. Jeder Ausbildungsvertrag enthält eine **Probezeit** (1–4 Monate). In dieser Zeit können Betrieb und Lehrling feststellen, ob die Ausbildung dem Lehrling gefällt und der Betrieb mit den Leistungen und dem Verhalten des Auszubildenden zufrieden ist. Innerhalb der Probezeit kann das Ausbildungsverhältnis von beiden Seiten jederzeit und ohne Angabe von Gründen gekündigt werden. Danach kann der Auszubildende mit einer Frist von vier Wochen kündigen. Der Ausbildungsbetrieb kann nur aus wichtigem Grund kündigen (z. B. wenn der Auszubildende seine Pflichten verletzt). Mit bestandener Abschlussprüfung endet das Ausbildungsverhältnis.

Schulische Ausbildungen

In Berufen, in denen keine duale Ausbildung angeboten wird, gibt es schulische Ausbildungsgänge an staatlichen oder privaten Schulen. Dies gilt etwa für den pflegerischen Bereich oder in Erziehungsberufen. Im technischen Bereich sind es Assistentenberufe. Manche privaten Schulen kosten Schulgeld. Oft ist der Mittlere Bildungsabschluss Voraussetzung für die Aufnahme. Auch bei der schulischen Ausbildung wechseln Zeiten in der Schule ab mit Zeiten in einer Einrichtung (z. B. in einem Kindergarten). Oder es sind vor bzw. nach der Ausbildung Praktika vorgeschrieben.

Berufsbildungsgesetz (BBIG)

regelt die Berufsausbildung im dualen System, die Vorbereitung auf die Berufsausbildung, die Fortbildung und die berufliche Umschulung

Zusammenfassung: Beteiligte im Ausbildungsverhältnis

Ausbildender

Auszubildender

Berufsausbildungsvertrag

Schriftform vorgeschrieben.
Folgende Angaben sind Pflicht:
- Beginn und Ende (Dauer) des Ausbildungsverhältnisses
- Überbetriebliche Ausbildungsmaßnahmen
- Dauer der täglichen Arbeitszeit
- Dauer der Probezeit
- Vergütung
- Urlaubsanspruch
- Voraussetzungen für die Kündigung
- ggf. Verweis auf Tarifverträge und Betriebsvereinbarungen

Ziel: Erlernen eines anerkannten Ausbildungsberufs

zuständige Kammer

Berufsbildungsgesetz

bestandene Abschlussprüfung
- Weiterbeschäftigung im Lehrbetrieb als Geselle/Facharbeiter
- Wechsel in einen anderen Betrieb/eine andere Tätigkeit

Kündigung
- in der Probezeit fristlos
- nach der Probezeit durch den Auszubildenden
- nach der Probezeit durch den Ausbildenden nur fristlos aus wichtigem Grund

Übungsaufgaben

○ 1. Nennen Sie die Grundsätze des dualen Systems der Berufsausbildung.

○ 2. Nennen Sie zwei Aufgaben der Berufsschule und zwei Aufgaben des Ausbildungsbetriebs.

◒ 3. Nehmen Sie Ihren Ausbildungsvertrag zur Hand und stellen Sie fest,
- an welcher Stelle die gesetzlich vorgeschriebenen Angaben zu finden sind,
- welche zusätzlichen Angaben er enthält.

○ 4. Definieren Sie den Begriff „Probezeit“.

○ 5. Beschreiben Sie, welche Bedeutung den Kammern zu Beginn und am Ende eines Ausbildungsverhältnisses zukommt.

● 6. Bei der betrieblichen Ausbildung besteht die Gefahr, dass ein Unternehmen nur nach seinem Bedarf ausbildet. Beurteilen Sie, ob durch die Regelungen im BBiG diese Gefahr vermieden wird.

◒ 7. Vergleichen Sie die Begriffe „Ausbilder“ und „Ausbildender“.

◒ 8. Analysieren Sie den Auszug aus dem betrieblichen Ausbildungsplan (→ S. 11).
a) Welche Aussagen werden über die sachliche Gliederung gemacht, welche über die zeitliche Gliederung?
b) Wie detailliert sind die Ausführungen?
c) Wie verständlich sind sie?
d) Vergleichen Sie mit Ihrem persönlichen Ausbildungsplan und bewerten Sie die Unterschiede.

Rechte und Pflichten in der Ausbildung

Lernsituation

Der 17-jährige Markus ist Auszubildender als Elektroniker, Fachrichtung Energie- und Gebäudetechnik, in der Firma Elektro-Putzler GmbH. Die Ausbildung ist in Ordnung und er versteht sich gut mit dem Meister, Herrn Posmanski. Jetzt hat der Chef einen Großauftrag an Land gezogen, für den das Unternehmen eigentlich zu klein ist. Es klemmt an allen Ecken und Enden.
Herr Posmanski kommt im Auftrag des Chefs zu Markus und bittet ihn, in den nächsten zwei Monaten an den Berufsschultagen und an den Samstagen auf der Baustelle zu arbeiten. Pro Stunde gibt es 11 Euro. Markus denkt an das Geld, das er dann zusätzlich bekommt. Aber ihm ist nicht wohl in seiner Haut. Wie wird wohl die Schule reagieren, wenn er so lange nicht kommt?

Arbeitsauftrag

- Prüfen Sie die rechtliche Situation und machen Sie Markus einen Vorschlag, wie er sich verhalten soll.

Jugendarbeitsschutzgesetz (JArbSchG)
gilt für Beschäftigte, die noch nicht 18 Jahre alt sind; schützt sie vor Überbeanspruchung, Überforderung und Gefahren am Arbeitsplatz

Arbeitsschutz
→ S. 48 ff.

Rechte und Pflichten

Auszubildende verursachen Kosten für das Unternehmen: Personalkosten für die Azubis und für das Ausbildungspersonal, außerdem Sachkosten. Im Durchschnitt sind das etwa 18 000 Euro jährlich. Die Betriebe tragen diese Kosten, weil sie qualifizierten Nachwuchs gewinnen wollen. Sie schauen darauf, dass die Lehrlinge einen Teil dieser Kosten durch ihre Arbeitsleistung erwirtschaften. Manche Betriebe lassen sich die Ausbildung viel kosten; andere sehen in Auszubildenden in erster Linie billige Arbeitskräfte.

Das **Berufsbildungsgesetz** (BBiG) legt Rechte und Pflichten der ausbildenden Unternehmen und der Auszubildenden fest (→ Übersicht unten). Es sorgt dafür, dass die Betriebe die Ausbildungsordnung einhalten und nicht einseitig nach ihrem speziellen Bedarf ausbilden. Pflichtverstöße können die andere Seite zur fristlosen Kündigung berechtigen und zu Schadensersatz verpflichten. Ein Ausbilder riskiert bei schweren Verstößen außerdem, dass er nicht mehr ausbilden darf (persönliche Eignung des Ausbilders → S. 13). Zusätzlich zu diesen Pflichten gibt es für Auszubildende ein Wettbewerbsverbot: Sie dürfen dem Ausbildungsbetrieb keine Konkurrenz machen (z. B. durch Schwarzarbeit).

Jugendarbeitsschutzgesetz

Alle Regelungen des Arbeitsrechts (→ S. 67 ff.) gelten für Berufsausbildungen ohne Einschränkungen, also z. B. das Arbeitszeitgesetz oder das Mutterschutzgesetz. Besondere Bedeutung hat das **Jugendarbeitsschutzgesetz** (JArbSchG), das für alle Beschäftigten gilt, die zu Beginn des Kalenderjahrs mindestens 15, aber noch nicht 18 Jahre alt sind. Wer unter 15 Jahre alt ist, darf überhaupt noch nicht arbeiten.

Konflikte in der Ausbildung

Während einer Ausbildung entstehen manchmal Konflikte – das ist normal. Meist lassen sie sich im Gespräch lösen oder es geht um Kleinigkeiten, die bald wieder vergessen sind. Manchmal führen sie aber auch dazu, dass die Ausbildung abgebrochen wird. So weit muss es aber nicht kommen. Zuerst sollten Sie prüfen, wer nach dem Gesetz Recht hat. Wenn Sie im Recht sind, müssen Sie einschätzen, ob Ihre Rechte auch im Betrieb durchsetzbar sind. (→ Auf S. 60 finden Sie eine Anleitung zu einem Rollenspiel zu Konflikten im Betrieb.)

Berufsbildungsgesetz – die wichtigsten Rechte und Pflichten (nach BBiG, §§ 13–19)

Pflichten des Ausbildenden	Pflichten des Auszubildenden
• **Ausbildungspflicht:** Vermittlung der beruflichen Handlungsfähigkeit, d. h. der nötigen Kenntnisse und Fertigkeiten • **Pflicht zur Bezahlung der Ausbildungsvergütung** • Bereitstellung der Ausbildungsmittel (z. B. Werkzeuge) • Freistellung für Berufsschule • Es dürfen nur Arbeiten angeordnet werden, die dem Ausbildungszweck dienen und den körperlichen Kräften angemessen sind. • **Fürsorgepflicht:** Einhaltung der gesetzlichen Bestimmungen (z. B. Jugendarbeitsschutzgesetz, Arbeitszeitgesetz, Unfallschutzbestimmungen) • Pflicht zur charakterlichen Förderung der Auszubildenden • **Pflicht zur Ausstellung eines Zeugnisses**	• **Lernpflicht**: Aneignung der beruflichen Handlungsfähigkeit, d. h. der nötigen Kenntnisse und Fertigkeiten • Pflicht zur Führung eines Berichtshefts • Pflicht zum Besuch der Berufsschule • **Gehorsamspflicht**: Weisungen des Ausbildenden müssen befolgt werden. • Die Betriebsordnung und die Bestimmungen des Unfallschutzes müssen eingehalten werden. • **Sorgfaltspflicht**: Übertragene Arbeiten müssen sorgfältig erledigt werden, mit Werkzeug und Maschinen muss sorgfältig umgegangen werden. • **Schweigepflicht**: Betriebsgeheimnisse und Datenschutz müssen beachtet werden.

Wer gibt Rat? Wer hilft?

- **Die zuständige Kammer**: Sie ist für die Qualität der Ausbildung mitverantwortlich und hat eigene Ausbildungsberater, die zwischen Auszubildenden und Ausbildenden vermitteln können.
- **Die Gewerkschaft**: Sie vertritt die Interessen der Arbeitnehmer und Auszubildenden und weiß konkret, was das ausbildende Unternehmen darf und was es nicht darf (→ S. 90 ff.).
- **Die Jugend- und Auszubildendenvertretung im Betrieb (JAV)**: Sie vertritt die Interessen der Auszubildenden gegenüber den Ausbildern und Ausbildenden (→ S. 82).
- **Der Betriebsrat**: Er ist die Interessenvertretung aller Arbeitnehmer im Unternehmen. Dazu hat er laut Betriebsverfassungsgesetz Mitbestimmungsrechte (→ S. 85 ff.).
- **Die Lehrerinnen und Lehrer der Berufsschule**: Sie kennen die Rechte und Pflichten der Auszubildenden und des Betriebes ebenfalls genau und haben meist Erfahrungen mit betrieblichen Konflikten.
- **Die Berufsberatung der Agentur für Arbeit**: Bei schlechten Leistungen in der Berufsschule gibt es Unterstützung durch ausbildungsbegleitende Hilfen (ABH). Zudem kennt die Berufsberatung berufliche Alternativen und ggf. andere Ausbildungsbetriebe.

Vorzeitig gelöste Lehrverträge

Industrie und Handel	*21 %*
Handwerk	*34 %*
Öffentlicher Dienst	*6 %*
Freie Berufe	*27 %*
Landwirtschaft	*23 %*
Hauswirtschaft	*27 %*
Durchschnitt	*25 %*

Statistisches Bundesamt (Stand 2015); Zahlen gerundet

Jugendarbeitsschutzgesetz – die wichtigsten Regelungen

Arbeitszeit (§§ 8–9, 15)	Höchstens acht Stunden täglich (bei Schichtarbeit bis 11 Stunden) und 40 Stunden wöchentlich. Nicht mehr als fünf Tage in der Woche. Berufsschultage sind Arbeitstage. Sie werden auf die Ausbildungs- bzw. Arbeitszeit angerechnet und bezahlt. Keine Beschäftigung an Schultagen, wenn der Unterricht vor 9 Uhr beginnt oder mindestens fünf Unterrichtsstunden dauert.
Ruhepausen (§ 11)	Bei 4½ – 6 Stunden Arbeitszeit mindestens 30 Minuten, bei längerer Arbeitszeit mindestens 60 Minuten.
Freizeit (§ 13)	Täglich mindestens 12 Stunden.
Arbeitsbeginn und -ende (§ 14)	Keine Beschäftigung vor 6 und nach 20 Uhr. (Ausnahmen ab 16 Jahren z. B. in Gaststätten, Bäckereien und Konditoreien; bei Schichtarbeit Arbeit bis 23 Uhr erlaubt.)
Wochenende (§§ 16 – 17)	Beschäftigung an Samstagen nur in Betrieben mit regelmäßiger Samstagsarbeit (z. B. Einzelhandel, Friseure, Gastronomie, Gesundheitswesen). Dafür muss ein Wochentag freigegeben werden. Beschäftigung an Sonn- und Feiertagen im Wesentlichen nur in der Gastronomie und im Gesundheitswesen erlaubt. 2 Sonntage im Monat müssen frei bleiben.
Urlaub (§ 19)	Nach Alter gestaffelt. Für Jugendliche, die zu Beginn des Kalenderjahres noch nicht 16 Jahre alt sind: 🔍 30 Werktage, noch nicht 17-Jährige: 27 Werktage, noch nicht 18-Jährige: 25 Werktage.
Beschäftigungsverbote (§§ 22 – 23)	Keine Arbeiten, die die Leistungsfähigkeit übersteigen (z. B. Akkordarbeit); keine gefährlichen Arbeiten (Ausnahmen jeweils zu Ausbildungszwecken).
Ärztliche Untersuchung (§§ 32 – 33)	Erste Untersuchung frühestens 14 Monate vor Beginn der Beschäftigung. Nachuntersuchung in den letzten 3 Monaten des ersten Jahres (falls bis dahin noch minderjährig).

🔍 ***Werktage***

= Montag bis Samstag (30 Werktage entsprechen 5 Wochen)

Auszug aus dem Berufsbildungsgesetz

§ 13: Auszubildende haben sich zu bemühen, die berufliche Handlungsfähigkeit zu erwerben, die zum Erreichen des Ausbildungsziels erforderlich ist. Sie sind insbesondere verpflichtet,

1) die ihnen im Rahmen ihrer Berufsausbildung aufgetragenen Aufgaben sorgfältig auszuführen,
2) an Ausbildungsmaßnahmen teilzunehmen, für die sie nach § 15 [Freistellung zum Besuch der Berufsschule und zu Prüfungen] freigestellt werden,
3) den Weisungen zu folgen, die ihnen im Rahmen der Berufsausbildung von Ausbildenden, von Ausbildern oder Ausbilderinnen oder von anderen weisungsberechtigten Personen erteilt werden,
4) die für die Ausbildungsstätte geltende Ordnung zu beachten,
5) Werkzeug, Maschinen und sonstige Einrichtungen pfleglich zu behandeln,
6) über Betriebs- und Geschäftsgeheimnisse Stillschweigen zu wahren.

§ 14 [Auszug]: (1) Ausbildende haben

1) dafür zu sorgen, dass den Auszubildenden die berufliche Handlungsfähigkeit vermittelt wird, die zum Erreichen des Ausbildungsziels erforderlich ist, und die Berufsausbildung in einer durch ihren Zweck gebotenen Form planmäßig, zeitlich und sachlich gegliedert so durchzuführen, dass das Ausbildungsziel in der vorgesehenen Ausbildungszeit erreicht werden kann, [...]
3) Auszubildenden kostenlos die Ausbildungsmittel, insbesondere Werkzeuge und Werkstoffe zur Verfügung zu stellen, die zur Berufsausbildung und zum Ablegen von Zwischen- und Abschlussprüfungen [...] erforderlich sind,
4) Auszubildende zum Besuch der Berufsschule sowie zum Führen von schriftlichen Ausbildungsnachweisen anzuhalten [...] und diese durchzusehen [...]

Gefährliche Arbeiten sind erlaubt, wenn sie zur Erreichung des Ausbildungsziels erforderlich sind und die Aufsicht durch eine fachkundige Person gewährleistet ist.

Auszug aus dem Jugendarbeitsschutzgesetz

§ 9:

1) Der Arbeitgeber hat den Jugendlichen für die Teilnahme am Berufsschulunterricht freizustellen. Er darf den Jugendlichen nicht beschäftigen
   1. vor einem vor 9 Uhr beginnenden Unterricht; dies gilt auch für Personen, die über 18 Jahre alt und noch berufsschulpflichtig sind,
   2. an einem Berufsschultag mit mehr als fünf Unterrichtsstunden von mindestens je 45 Minuten, einmal in der Woche,
   3. in Berufsschulwochen mit einem planmäßigen Blockunterricht von mindestens 25 Stunden an mindestens fünf Tagen; zusätzliche betriebliche Ausbildungsveranstaltungen bis zu zwei Stunden wöchentlich sind zulässig.
2) Auf die Arbeitszeit werden angerechnet
   1. Berufsschultage nach Absatz 1 Nr. 2 mit acht Stunden,
   2. Berufsschulwochen nach Absatz 1 Nr. 3 mit 40 Stunden,
   3. im übrigen die Unterrichtszeit einschließlich der Pausen. [...]

Zusammenfassung: Rechte und Pflichten in der Ausbildung

Ausbildender

Pflichten:
- Ausbildungspflicht
- Vergütungspflicht
- Pflicht, Ausbildungsmittel zur Verfügung zu stellen
- Freistellungspflicht für Berufsschule
- Fürsorgepflicht
- Pflicht zur Ausstellung eines Zeugnisses

= Rechte des Auszubildenden

Auszubildender

Pflichten:
- Lernpflicht
- Pflicht, ein Berichtsheft zu führen
- Pflicht zum Besuch der Berufsschule
- Sorgfaltspflicht
- Gehorsamspflicht
- Schweigepflicht
- Wettbewerbsverbot

= Rechte des Ausbildenden

Jugendarbeitsschutzgesetz

Einhaltung für Jugendliche, die zu Beginn des Kalenderjahres unter 18 Jahre alt sind, zwingend vorgeschrieben.

- Arbeitszeit
- Pausen
- Arbeitsbeginn und -ende
- Arbeit am Wochenende
- Urlaub
- Beschäftigungsverbote
- ärztliche Untersuchung

Hilfe/Unterstützung in Konfliktfällen z. B. durch:
- zuständige Kammer
- Gewerkschaft
- JAV
- Betriebsrat
- Lehrkräfte der Berufsschule
- Berufsberatung

Übungsaufgaben

● 1. Erstellen Sie eine Liste, was in Ihren Augen einen guten Ausbildungsbetrieb auszeichnet. Erstellen Sie eine Rangfolge, vergleichen und bewerten Sie die Ergebnisse in der Gruppe.

○ 2. Beschreiben Sie den Begriff „Wettbewerbsverbot“.

◒ 3. Der Begriff „Lernpflicht“ wird im Berufsbildungsgesetz in § 13 nicht genannt. Begründen Sie aus dem Wortlaut von § 13 (→ S. 18), warum man trotzdem von einer Lernpflicht sprechen kann. (→ S. 162 Gesetzestexte anwenden)

◒ 4. Analysieren Sie, ob in den folgenden Fällen gegen gesetzliche Vorschriften verstoßen wurde. Begründen Sie Ihre Einschätzung!

a) Wegen längerer Krankheit einer Mitarbeiterin im Verkauf muss Ayşe, 16 Jahre, am Samstag statt am Montag arbeiten.

b) Das Unternehmen Metalltechnik Mayer beschäftigt Auszubildende in Teilzeit: Die Berufsschultage gelten nicht als Arbeitszeit.

c) Der Ausbilder, Herr Hummel, weist Mike – Auszubildender im 1. Lehrjahr – an, in den nächsten zwei Monaten am Freitagnachmittag die Werkstatt zu fegen. Mike weigert sich.

d) Sandro, Bauschreiner, hilft seinem Kumpel Christoph samstags immer beim Ausbau von dessen Bude. Das benötigte Material sägt er in der Werkstatt seines Ausbildungsbetriebs zu.

Lernen für den Beruf

Lernsituation

Murat arbeitet seit zweieinhalb Jahren in einem großen Sanitär- und Heizungsbaubetrieb als Geselle. Der Chef ist mit ihm zufrieden und hat ihn schon darauf angesprochen, ob er nicht die Zusatzausbildung zur Fachkraft für Solartechnik oder den Meister machen und im Unternehmen aufsteigen will. Das Angebot der Handwerkskammer für die Fortbildung zur Fachkraft für Solartechnik hat er schon mitgebracht.
Murat spricht mit seiner Freundin Nadine darüber. Die ist gleich Feuer und Flamme und telefoniert herum, wann der nächste Vorbereitungskurs auf die Meisterprüfung stattfindet. Murat geht das ein bisschen zu schnell. Erst will er wissen, was da alles auf ihn zukommt. Und außerdem gibt es sicher weitere Alternativen, wenn er beruflich weiterkommen will – andere Fortbildungen, den Wechsel in die Industrie …

Handwerkskammer Region Stuttgart

Fachkraft für Solartechnik/Solarteur®

Berufsbegleitender Vorbereitungskurs auf die Fortbildungsprüfung „Fachkraft für Solartechnik“ vor der Handwerkskammer Stuttgart.
140 Stunden Theorie und 60 Praxisstunden in den Gebieten

- **Energietechnik, Wärmetechnik, Elektrotechnik**
- **Solarthermische Anlagen**
- **Fotovoltaische Anlagen**
- **Wärmepumpen**

Teilnehmer: Handwerksmeister; Gesellen des Sanitär-, Heizungs- und Klimatechnik-Handwerks, des Elektrohandwerks mit mindestens zweijähriger Berufspraxis.

Dauer: 8 Monate (einmal wöchentlich, abends)

Ort: Handwerkszentrum Stuttgart

Kosten: 1690 € für Handwerker

Nächster Termin: 01.09.

Arbeitsauftrag

- Helfen Sie Murat bei seiner Entscheidung, indem Sie die berufliche Fortbildung zum Meister und zum Solarteur vergleichen und indem Sie die Möglichkeiten diskutieren, die sich dadurch jeweils eröffnen.

1. Welchen Nutzen haben diese Fortbildungen für Murat und für seinen Betrieb? Vergleichen Sie!
2. Die Meisterprüfung oder die Prüfung für eine Zusatzqualifikation stehen nicht am Ende der beruflichen Karriere. Was sind jeweils sinnvolle Fortsetzungen?

Warum lebenslanges Lernen?

Wissen veraltet. Oft ändern sich innerhalb weniger Jahre die Produktionstechniken, die Werkstoffe, die Arbeitsabläufe, die Tätigkeiten der Beschäftigten, die verwendeten IT-Programme, die Lieferanten und Kunden. Wichtig sind darum **Schlüsselqualifikationen**. Das sind Fähigkeiten und Kompetenzen, die für den Beruf wichtig, aber unabhängig von einem bestimmten Beruf sind. Sie helfen, die Arbeit selbstständig zu organisieren, Arbeitsabläufe sinnvoll zu gestalten und das Lernen zu lernen, d.h. sich auf Veränderungen der eigenen Arbeit einzustellen.
Wer sich nicht fortbildet, verliert den Anschluss und ist irgendwann den neuen Anforderungen nicht mehr gewachsen. Sein Risiko, arbeitslos zu werden, wird größer. Er gewinnt zwar an Erfahrung und Routine; aber das Wissen, das er in seiner Ausbildung erworben hat, verliert an Wert.

Je höher jemand in der betrieblichen Hierarchie steht, umso wertvoller ist er für das Unternehmen und umso mehr investiert dieses in seine **Fortbildung.** Manchmal sehen die Tarifverträge einige Tage im Jahr für Fortbildungsmaßnahmen vor. In Baden-Württemberg und vielen anderen Bundesländern gibt es Regelungen für einen jährlichen bezahlten **Bildungsurlaub** (in der Regel fünf Tage).
Ein Teil der Fortbildung findet **innerbetrieblich** statt oder in **überbetrieblichen** Einrichtungen. Vieles wird von den Kammern angeboten, z.B. von der Industrie- und Handelskammer (IHK) oder im Handwerk von der Handwerkskammer (HWK) bzw. von den Innungen. Auch manche Hersteller bieten Fortbildungen für die Betriebe an, die ihre Produkte verwenden oder – wie im Kfz-Gewerbe – warten und reparieren.

Berufliche Fortbildung braucht aber die Eigeninitiative der Beschäftigten. Es wird erwartet, dass sie einen Teil ihrer Freizeit dafür opfern, sich auf dem Laufenden zu halten. Sie müssen sich das nötige Wissen eigenverantwortlich aneignen. Fortbildung, insbesondere der Erwerb von **Zusatzqualifikationen**, ist heute eine wichtige Voraussetzung für die Karriere. Die Fortbildungsbereitschaft steht weit oben in der Liste der Anforderungen der Unternehmen an ihre Beschäftigten. Neben der **Anpassungsfortbildung**, die die Qualifikation für den jetzigen Arbeitsplatz sichern hilft, gibt es die **Aufstiegsfortbildung** für Mitarbeiter, die im Unternehmen Karriere machen wollen.

Auch das Unternehmen profitiert von der Fortbildung seiner Beschäftigten: Mitarbeiter, die auf dem Laufenden sind, die über die neuesten Kenntnisse verfügen, arbeiten produktiver und effizienter. Sie sind vielseitiger einsetzbar. Ihre Fachkompetenz gegenüber Kunden ist ein Wettbewerbsvorteil.
Und eine gute betriebliche Fortbildung wirkt sich oft positiv auf die Motivation der Belegschaft aus.

Fortbildung im Beruf: die Meisterprüfung

Im Handwerk ist die Meisterprüfung für viele das Karriere-Sprungbrett: für den Aufstieg im Betrieb, für die Gründung eines eigenen oder die Übernahme eines bestehenden Handwerksbetriebs. Der Meisterprüfung sind andere Prüfungen gleichgestellt, die in Deutschland oder einem anderen EU-Staat erworben wurden.

Wer die Meisterprüfung besteht, wird in der Handwerksrolle des betreffenden Handwerks eingetragen. Die **Meisterpflicht** gibt es noch in 41 Handwerken (Stand 2017). Der Hinweis „Meisterbetrieb“ im Briefkopf ist ein Wettbewerbsvorteil, besonders bei anspruchsvollen Arbeiten. Wer Meister ist, darf Lehrlinge aus-

Fortbildung

Weiterbildung im erlernten Beruf

Bestandene Fortbildungsprüfungen

Kaufmännischer Bereich	*51 000*
davon Fachwirte Handel	*27 000*
Gewerblicher Bereich	*37 000*
davon Industriemeister	*10 000*
davon Handwerksmeister	*22 000*
Alle bestandenen Prüfungen	***99 000***

Datenreport zum Berufsbildungsbericht 2016, Zahlen gerundet

Karrierewege mit IHK-Prüfung – Beispiele

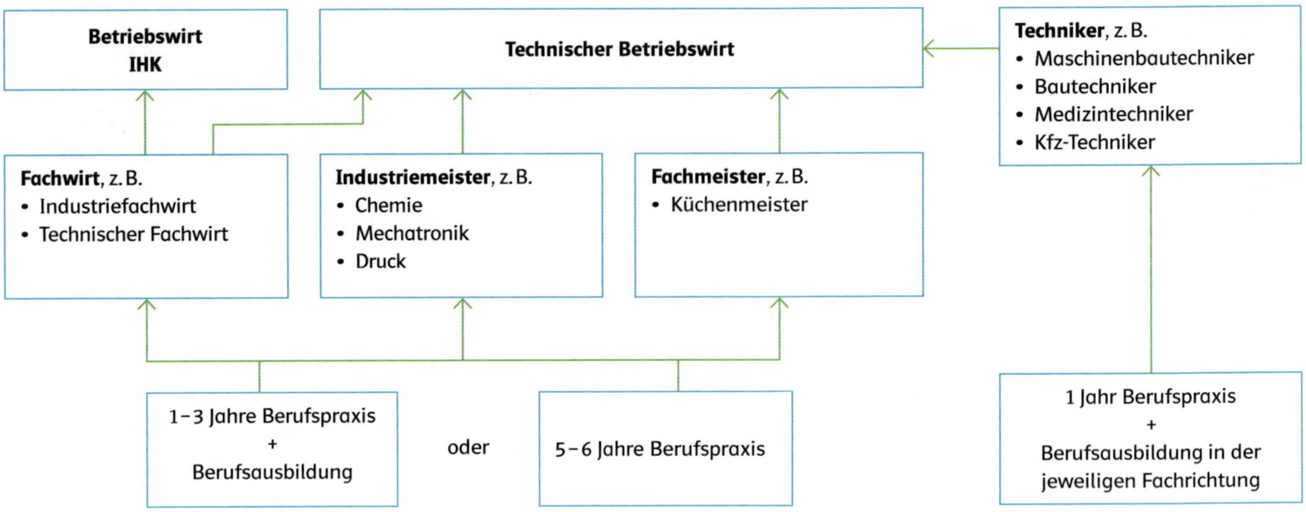

Vorbereitungskurse zur Meisterprüfung – ein Beispiel

Meisterprüfung im Installateur- und Heizungsbauer-Handwerk (Teilzeit)
Zeit: zweimal wöchentlich 18 – 21 Uhr, teilweise samstags 8 – 15 Uhr
Dauer: 24 Monate
Kosten: 3 220 €

Umschulung

Erlernen eines anderen Berufs

bilden und muss nicht die Ausbildereignungsprüfung ablegen.

Auch in der Industrie gibt es Meister, die **Industriemeister.** Sie stehen in der betrieblichen Rangordnung zwischen den Facharbeitern und den Technikern. Die Möglichkeiten der Fortbildung und des innerbetrieblichen Aufstiegs sind in der Industrie vielfältiger als im Handwerk. Auf die Prüfung bereiten die Meisterschulen vor, die an staatlichen Schulen, von den Kammern (HWK, IHK) oder von privaten Trägern angeboten werden. Die Meisterprüfung ist im Handwerk eine staatliche Prüfung vor einem Prüfungsausschuss der HWK. In der Industrie ist es eine IHK-Prüfung. Die Fortbildung zum Meister wird staatlich gefördert (Meister-BAFöG).

Umschulung

Eine Weiterbildung, die sich auf einen anderen Beruf oder auf eine andere Qualifikation bezieht als die ursprünglich erworbene, nennt man **Umschulung**. Etwa die Hälfte aller Arbeitnehmerinnen und Arbeitnehmer ist heute nicht mehr im erlernten Beruf tätig. Die einen sind nach der Ausbildung nicht untergekommen. Andere haben den Beruf nach Mutterschaft und Elternzeit gewechselt. Die dritte Gruppe ist mit ihrer beruflichen Situation unzufrieden und will etwas Neues anfangen. Die vierte Gruppe schließlich hat ihre Arbeit wegen der Veränderungen in der Berufswelt verloren, z. B. als Folge von Rationalisierung, technischen Innovationen oder der Verlagerung von Arbeiten ins Ausland.

Erfolgreich sind berufliche Umschulungen vor allem dann, wenn sich eine Brücke schlagen lässt von der alten zur neuen Tätigkeit, wenn ich beispielsweise die kaufmännischen Kenntnisse aus meinem Erstberuf verwenden kann.

Zweiter Bildungsweg

Manchmal stößt die Karriere im Beruf an eine andere Grenze: Für die Fortsetzung ist ein Studium nötig und davor ein höherer Schulabschluss wie Abitur oder Fachhochschulreife.
Die verschiedenen Möglichkeiten, versäumte Schulabschlüsse nachzuholen, werden als zweiter Bildungsweg bezeichnet.
In den vergangenen Jahren sind außerdem Zugangsmöglichkeiten zu den Hochschulen für Berufstätige ohne Abitur geschaffen worden, z. B. für Meister im Handwerk oder in der Industrie. Diese Möglichkeiten sind von Bundesland zu Bundesland unterschiedlich.

Zusammenfassung: Lernen für den Beruf

Berufliche Fortbildung

Anpassungsfortbildung

zusätzliche Qualifikationen im erlernten Beruf

Beispiele:
- Lehrgänge
- Fremdsprachenkurse

Aufstiegsfortbildung

Höherqualifizierung

Beispiele:
- zweiter Bildungsweg
- Meisterprüfung

Ziele
- Karriere
- Spezialisierung
- geringeres Risiko von Arbeitslosigkeit
- Gründung eines eigenen Unternehmens (z. B. im Handwerk)

Probleme
- Finanzierung
- Unterbrechung der Berufstätigkeit
- zeitliche Belastung/Vereinbarkeit mit Familie

Umschulung
- Erlernen eines neuen Berufs
- Erwerb andersartiger Qualifikationen

Ziele
- bessere Chancen auf dem Arbeitsmarkt
- berufliche Neuorientierung

Übungsaufgaben

1. Ordnen Sie die folgenden Fälle der Anpassungsfortbildung bzw. der Aufstiegsfortbildung zu:
   A Betriebliche Schulung zur Umstellung auf ein neues Konstruktionsprogramm in der EDV
   B Ablegung der Ausbildereignungsprüfung
   C Seminar zum Konfliktmanagement für Führungskräfte
   D Kurs der Volkshochschule über technisches Englisch
   E Besuch der Technikerschule

2. In vielen Handwerken gibt es keine Meisterpflicht mehr. Erläutern Sie, warum es dennoch Sinn macht, die Meisterprüfung abzulegen.

3. Anke ist seit drei Jahren als Friseurin beschäftigt. Sie möchte sich zur Kosmetikerin weiterbilden, ohne die Berufstätigkeit zu unterbrechen. Zwei Angebote sagen ihr zu. Sie ist sich unsicher, für welches sie sich entscheiden soll.
   Ermitteln Sie einen Vorteil und einen Nachteil für jedes Angebot und empfehlen Sie eines von beiden. Begründen Sie Ihre Empfehlung.

1. Angebot:
Fernstudium zur Bio-Fachkosmetikerin
- Dauer etwa 9 Monate
- Zeitaufwand 4–6 Stunden/Woche
- 3 Studienbriefe mit dem Stoff von jeweils 3 Monaten
- Erlernte Griffe sollen an Bekannten und Verwandten geübt werden (gegen Zusatzkosten auch Übungsmöglichkeit in der Schule)
- Ausstellung einer Urkunde am Ende des Kurses
- Kosten ca. 1230 €.

2. Angebot:
Abendschule zur Kosmetikerin
- Schulort etwa 10 km entfernt
- Dauer 18 Monate
- Schultage Mo–Mi, 19:30–21:00 Uhr
- Kosten: 170 € im Monat; außerdem Prüfungsgebühr (170 €) und Nebenkosten (ca. 600 €)
- Prüfung und Ausstellung einer Urkunde am Ende des Kurses.

Berufliche und private Lebensplanung

Lernsituation

Franziska und Esther sitzen im Bus. Es ist Freitagnachmittag; die Arbeit liegt hinter ihnen, das ganze Wochenende vor ihnen. Die beiden kennen sich seit der Grundschule. Franziska macht eine Ausbildung als Friseurin, Esther bereitet sich auf das Fachabitur vor.

Franziska: Also wenn ich mit Andy zusammenbleibe, dann will ich eine große Wohnung haben und drei Kinder.

Esther: Du und Kinder! Nie im Leben!

Franziska: Doch, mit Andy schon. Aber erst mache ich meinen eigenen Friseursalon auf.

Esther: Wie soll denn das gehen? Erst ein Salon und dann drei Kinder! Die sollen wohl den ganzen Tag den Kundinnen zwischen den Beinen rumkrabbeln?

Franziska: Einfach ist es nicht. Ich will aber beides haben und nicht so rumhängen wie meine Mutter, die bloß noch als Aushilfe an der Kasse sitzt, weil sie so lang nur zu Hause war. Und jetzt jammert sie rum, dass sie wegen uns den Beruf aufgegeben hat.

Esther: Was sagt eigentlich Andy dazu?

Franziska: Keine Ahnung. Ich hab' noch nicht mit ihm drüber gesprochen.

Arbeitsauftrag

- Machen Sie Franziska Vorschläge, inwieweit sich ihre Zukunftspläne umsetzen lassen und welche Kompromisse sie vermutlich eingehen muss. Erarbeiten Sie eine Liste mit möglichen Konflikten und Risiken:

  1. Welche Konflikte zwischen Franziskas Zielen für die Zukunft gibt es?
  2. Mit welchen Risiken sind Franziskas Pläne verbunden?
  3. Wie beurteilen Sie die Vorstellung, sich mit einem eigenen Salon selbstständig zu machen?

Mein eigenes Leben leben

Wie wollen Sie leben? In erster Linie geht es um private und berufliche Fragen:

- Wie wichtig ist mir der Beruf? Will ich beruflich Erfolg haben und Karriere machen? Geht es mir um die Freude an der Arbeit oder um ein möglichst hohes Einkommen?
- Möchte ich den Lebensunterhalt als Arbeitnehmer verdienen oder ein eigenes Unternehmen gründen?
- Möchte ich alleine leben oder mit anderen zusammen? Möchte ich Familie haben?
- Welche Rolle spielt der Freundeskreis?
- Wie wichtig sind mir Hobbys?
- Wo möchte ich wohnen, arbeiten, leben?

Männer und Frauen beantworten diese Fragen unterschiedlich, jüngere Menschen anders als ältere. Jeder hat seine individuelle Antwort, seine individuelle Rangfolge. Jedem ist klar, dass sich nicht alle Lebensziele gleichermaßen und gleichzeitig verwirklichen lassen.
Eine Theorie über die Rangordnung der menschlichen Bedürfnisse hat der Psychologe **Abraham Maslow** aufgestellt. Die von ihm entwickelte **Bedürfnispyramide** zeigt, dass die Erfüllung der Grundbedürfnisse, die die Basis seiner Pyramide bilden, in unserem Alltag kein großes Problem ist. Die Entscheidungen fallen weiter oben: Welche Art von sozialer Wertschätzung ist mir wichtig, welche Form der Selbstverwirklichung? Auch in der Gestaltung der sozialen Beziehungen gibt es heute große Freiheiten.
Die unterste Stufe der Pyramide ist die Sicherung der physischen Existenz – ein Überlebensprogramm. Jede Stufe schafft die Voraussetzungen für die nächsthöhere. Je höher die Stufe, umso mehr Freiheiten, Spielräume, Alternativen eröffnen sich. Maslow bezeichnet die Bedürfnisse der unteren drei Stufen als **Defizitbedürfnisse**: Wenn sie erfüllt sind, gibt es kein Bedürfnis nach noch mehr. Wer genug geschlafen hat, ist ausgeschlafen. Wenn der Magen voll ist, ist der Hunger weg. Die Bedürfnisse der oberen zwei Stufen nennt er **unstillbare Bedürfnisse**. Damit ist gemeint, dass diese Bedürfnisse keine Grenze kennen. Wer sich durch das Malen von Bildern selbst verwirklicht, hört nicht nach fünf Bildern auf.

Formen des Zusammenlebens

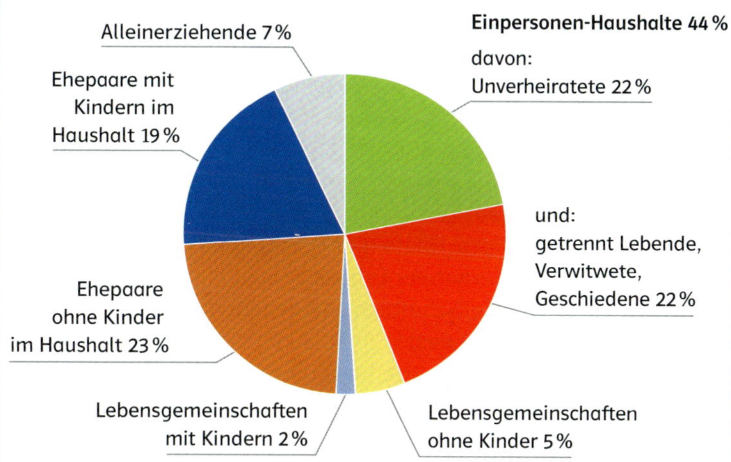

Statistisches Bundesamt (2016): Ergebnisse des Mikrozensus 2015, Zahlen gerundet

Bedürfnispyramide nach Maslow

1.2 Berufliche Perspektiven entwickeln

Wandel des Zusammenlebens

Noch vor fünfzig Jahren war die Ehe die einzig allgemein anerkannte Form des Zusammenlebens. Über 90 Prozent der Bevölkerung haben damals geheiratet. Kinderlose Ehen waren die Ausnahme. Viele Ehen waren sogenannte **Versorgerehen**, in denen der Mann arbeitete und die Frau sich um Haushalt und Nachwuchs kümmerte. Heute gibt es neben der Ehe eine Vielzahl **alternativer Lebensformen** (→ S. 25 Grafik), die gesellschaftlich weitgehend anerkannt sind:

- Singles,
- kinderlose Ehen oder Partnerschaften,
- Wochenendbeziehungen, Wochenendfamilien,
- alleinerziehende Mütter und Väter,
- homosexuelle Paare mit und ohne Kinder,
- freie Wohn- und Lebensgemeinschaften, Patchwork-Familien.

Neue Chancen für Frauen ...

Vom gesellschaftlichen Wandel haben in erster Linie die Frauen profitiert. Sie sind nicht mehr auf die Rolle der Hausfrau und Mutter festgelegt. Unverheiratete Frauen genießen nicht weniger Ansehen als verheiratete. Junge Frauen haben keine schlechtere Schul- und Berufsausbildung als die Männer. Sie stellen heute die Mehrzahl der Abiturienten und der Studenten. Ihre Berufstätigkeit ist selbstverständlich und gibt ihnen wirtschaftliche Unabhängigkeit vom Mann. Sie erwerben damit auch einen eigenen Rentenanspruch.
Diese neue Freiheit ist sicher eine Ursache dafür, dass mehr Frauen kinderlos bleiben. Kinderlosigkeit ist kein Makel mehr; eher ist man erstaunt, wenn Familien fünf Kinder und mehr haben.

... und ihre Schattenseiten

Wenn eine Frau beides will, Kinder und Karriere, kommt es manchmal zu Konflikten. In Umfragen erklären Männer wie Frauen, dass beruflicher Aufstieg für beide Partner gleich wichtig sein sollte. In der Praxis machen aber vor allem die Männer und die kinderlosen Frauen Karriere. Die Hälfte der verheirateten Männer macht Karriere, aber nur ein Viertel der verheirateten Frauen. In einer Partnerschaft ist es offenbar eher die Frau, die zurücksteckt.

Lebensentwürfe – mehr Freiheit für Frauen?

Eine Frau hat bei ihrem Lebensentwurf in unserer Gesellschaft mehr Wahlmöglichkeiten als ein Mann. Welchen Lebensentwurf sie auch wählt, es gibt jedoch immer eine Personengruppe, die sie deswegen angreift:
- Ist eine Frau Mutter und übt sie gleichzeitig keinen Beruf aus, so ist sie eine ‚Nur-Hausfrau' [...]
- Ist eine Frau berufstätig und hat sie keine Kinder, so gilt sie als eine ‚Karrierezicke'.
- Hat eine Frau Kinder und ist sie berufstätig, so ist sie eine schlechte Mutter, gar eine ‚Rabenmutter'.

Und da – gleich welchen Lebensentwurf eine Frau wählt – sich immer eine Personengruppe findet, die den gewählten Lebensentwurf anfeindet, kann eine Frau frei wählen, für welchen sie angegriffen wird. Wichtig ist jedoch, sich im eigenen privaten Umfeld mit Personen zu umgeben, die den eigenen Lebensentwurf [...] respektieren. [...]
Dagegen haben Männer weniger Wahlmöglichkeiten. Sie sollen der Ernährer der Familie sein und auch Karriere machen. [...] Hausmänner erhalten wenig bis gar keine gesellschaftliche Anerkennung.

Monika Henn: Die Kunst des Aufstiegs, Frankfurt/Main 2008, S. 160 f.

Wegen der Kindererziehungszeiten scheiden viele Frauen zumindest zeitweise aus dem Berufsleben aus. Diese Unterbrechung führt, ebenso wie die Teilzeitarbeit, oft zu einem **Karriereknick**. Sie ist einer der Gründe, warum Frauen im Durchschnitt weniger verdienen als Männer.
Die Chancen für Frauen auf einen erfolgreichen Wiedereinstieg in den Beruf steigen, wenn sie während ihrer Auszeit Kontakt zum Arbeitgeber halten und an Weiterbildungen teilnehmen. Damit der Wiedereinstieg klappt, müssen genügend Betreuungsangebote für Kinder vorhanden sein, die finanzierbar sind. Außerdem muss die Unternehmenskultur stimmen: Erleichtert der Betrieb mir den Wiedereinstieg? Nimmt er Rücksicht auf meine familiären Verpflichtungen?

Und was heißt das für mich persönlich?

Entscheidungen über Kinder und Karriere betreffen in einer Partnerschaft immer beide. Sie sollten gemeinsam besprochen und bewusst getroffen werden. Gerade wenn es für die Frau darum geht, weder auf Kinder noch auf Erfolg im Beruf zu verzichten, braucht sie einen Partner, der sie nicht nur mit Worten unterstützt, sondern auch das WC putzt und die Kinder vom Kindergarten abholt.
Job und Familie lassen sich in Deutschland nicht in allen Berufen gleichermaßen unter einen Hut bringen. In manchen Berufen mit hohem Männeranteil gibt es Schwierigkeiten, weil weder die männlichen Kollegen noch das Unternehmen auf Frauen mit kleinen Kindern eingerichtet sind. Auch den Arbeitgeber des Partners muss ich mir genau auf seine Familienfreundlichkeit hin ansehen. Männer, die für die Familie im Beruf zurückstecken, haben oft einen schweren Stand.
Work-Life-Balance: Die Frage nach der Balance zwischen Arbeit und Privatleben betrifft aber nicht nur Frauen. In manchen Berufen und Unternehmen wird von den Mitarbeitern erwartet, dass sie ständig erreichbar sind oder dass sie die liegen gebliebene Arbeit mit nach Hause nehmen. Die Grenze zwischen Beruf und Freizeit verschiebt sich dadurch. Gerade Menschen, die gerne arbeiten und im Beruf erfolgreich sind, versäumen es leicht, Grenzen zu ziehen. Sie setzen damit nicht nur ihre Gesundheit, sondern auch ihr privates Glück aufs Spiel.

Familien mit Kindern unter 3 Jahren

Erwerbstätige Mütter: 31%
davon in Teilzeit: 72%
Erwerbstätige Väter: 82%
davon in Teilzeit: 6%

Statistisches Bundesamt 2014 für 2013, Zahlen gerundet

Männer und Frauen in den verschiedenen Leistungsstufen und ihre Bezahlung

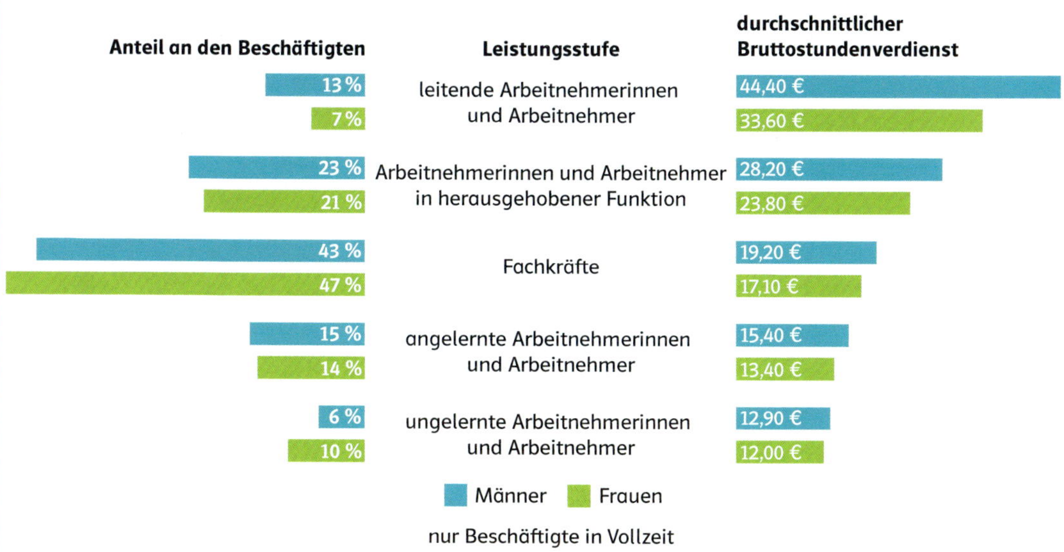

Statistisches Bundesamt, Fachserie 16, Reihe 2.1, 3. Vierteljahr 2016, S. 22 (Zahlen gerundet)

Lesebeispiel:

7% der Frauen und 13% der Männer waren 2016 in leitender Position beschäftigt. Die Männer verdienten in dieser Position im Durchschnitt 44,40 € brutto in der Stunde, 10,80 € (32%) mehr als die Frauen.

Zusammenfassung: Berufliche und private Lebensplanung

Berufliche Lebensplanung

↓

Ziele

- Karriere
- Verantwortung übernehmen
- hohes Gehalt
- Selbstverwirklichung
- Selbstständigkeit
- ...

Private Lebensplanung

↓

Ziele

- soziale Kontakte
- Familie, Partnerschaft
- Kinder
- Freizeit/Hobbys
- Wohnsituation
- ...

↓

Konflikte

- Vereinbarkeit von Familie und Beruf
- Work-Life-Balance

Übungsaufgaben

1. Stellen Sie anhand der Grafik *Formen des Zusammenlebens* (→ S. 25) fest,
   a) in wie viel Prozent der Haushalte Kinder leben,
   b) wie viel Prozent der Kinder außerhalb einer Ehe aufwachsen.

2. Definieren Sie den Begriff Work-Life-Balance.

3. Vergleichen Sie auf S. 12 die häufigsten Lehrberufe männlicher und weiblicher Jugendlicher.
   a) Welche Art von Berufen steht jeweils im Vordergrund?
   b) Suchen Sie nach Gründen für diese Unterschiede.

4. Lesen Sie das Buchzitat auf S. 26.
   a) Erklären Sie, welche Vor- und Nachteile Frauen im Vergleich zu Männern bei der Gestaltung ihres Lebens haben.
   b) Beurteilen Sie die Ansicht der Verfasserin.

5. Geben Sie die Kernaussagen der Grafik *Männer und Frauen in den verschiedenen Leistungsstufen und ihre Bezahlung* auf S. 27 wieder. Erläutern Sie, inwiefern darin eine Benachteiligung der Frauen zum Ausdruck kommt.

6. Betrachten Sie die unten stehende Karikatur.
   a) Erläutern Sie ihre Aussage in eigenen Worten.
   b) Geben Sie der Karikatur eine Überschrift.

Chancen und Risiken von Berufen

Lernsituation

Nico: In sechs Wochen hau ich ab. In Rostock macht'n Kumpel von mir'n Tattoo-Studio auf. Da krieg ich 'nen Job. Vielleicht kann ich später den Laden sogar übernehmen. Kannste massig Kohle mit machen.
Olli: Mit 'nem Tattoo-Studio?! Dass ich nicht lache! Der Hype ist längst rum. Heute machste viel Geld, wenn du den Leuten ihr Tattoo wieder weglaserst.
Nico: Gibt immer noch genug, die sich eins machen lassen. Außerdem hab ich keinen Schimmer, wie das mit dem Wegmachen geht.
Ralf: Also ich würde nie nach Rostock gehen. Mir gefällt's hier. Und meinen Job würd' ich nie für so was aufgeben.
Nico: Klar. Du sitzt noch in dreißig Jahren im gleichen miefigen Büro und zeichnest deine Entwürfe, und nur die Chefs über dir wechseln.
Ralf: Es gibt Schlimmeres. Immerhin habe ich meinen Job sicher.
Olli: Den Job zeig mir mal, der heute sicher ist!
Ralf: Es gibt Unterschiede! Wer gut ist, muss sich keine Sorgen machen.
(Pause. Alle nehmen einen Schluck.)
Olli: Man muss immer rechtzeitig aussteigen. Die Ersten haben sich mit ihren Tattoo-Studios dumm und dämlich verdient. Aber die sind längst wieder draußen.
Ralf: So, jetzt musst du mir bloß noch sagen, wann „rechtzeitig“ ist, dann bin ich in zwei Jahren Millionär.

Arbeitsauftrag

- Mischen Sie sich in die Debatte ein. Diskutieren Sie, wo Nico, Olli und Ralf recht haben und welche ihrer Aussagen nicht oder nur teilweise stimmen.

1. Wie verändert sich heutzutage die Berufswelt? Vergleichen Sie die Aussagen der drei jungen Männer. Wer sieht eher die Chancen, wer eher die Risiken dieser Veränderungen?
2. Wie gehen Olli, Nico und Ralf mit diesen Veränderungen um? Bewerten Sie ihr Verhalten.
3. Warum ist es schwer, anderen Leuten bei beruflichen Veränderungen Ratschläge zu geben? Begründen Sie Ihre Aussage.

1.2 Berufliche Perspektiven entwickeln

Normalarbeitsverhältnis

unbefristetes Vollzeit-Arbeitsverhältnis mit geregelter Arbeitszeit; bezahlt wird nach Tarif und arbeitsrechtliche Schutzvorschriften werden eingehalten

Die beliebtesten neuen Ausbildungsberufe

1. *Fachinformatiker*
2. *Mechatroniker*
3. *Automobilkaufmann*
4. *Maschinen- und Anlagenführer*
5. *Mediengestalter Digital und Print*

Ausbildungsberufe mit über 3000 Verträgen; Rangfolge nach BIBB-Datenreport 2016

Übernahmequote von Auszubildenden nach Betriebsgröße

1–9 Beschäftigte → 57%
10–49 Beschäftigte → 65 %
50–499 Beschäftigte → 70 %
500 und mehr Beschäftigte → 75 %

Durchschnitt → 68 %

BIBB-Datenreport 2016

Wandel der Arbeitswelt

Bei den Menschen, die zwischen 1950 und 1970 eine Ausbildung machten, war mit der Berufswahl die berufliche Laufbahn meist vorgezeichnet. Heute herrscht Unsicherheit. Niemand kann mehr erwarten, dass sein beruflicher Weg geradlinig und ohne Unterbrechungen verläuft. Die Berufswelt ist so raschen Veränderungen unterworfen, dass Vorhersagen für einen einzelnen Beruf oft unmöglich sind.
Die jungen Arbeitnehmer von heute treten mit einer besseren Qualifikation an als ihre Eltern oder Großeltern; dennoch ist ihre berufliche Zukunft unsicherer. Die Rahmenbedingungen der Arbeit verändern sich auf allen Ebenen:

- **Veränderung der Arbeitsinhalte** und der benötigten Qualifikationen;
- **Veränderung der Arbeitsorganisation**: Teamarbeit und selbst organisierte Arbeit nehmen zu; gearbeitet wird an verschiedenen Orten und zu unterschiedlichen Zeiten, je nach betrieblichem Bedarf;
- **Rückgang der Normalarbeitsverhältnisse** (d.h. Vollzeitbeschäftigung mit unbefristetem Arbeitsvertrag): Immer mehr Arbeitnehmer sind in Teilzeit oder nur geringfügig beschäftigt, bekommen nur einen befristeten Arbeitsvertrag oder leisten Arbeit auf Abruf.

Ein Zeichen der geschwundenen beruflichen Sicherheit ist auch, dass Zeiten der Arbeitslosigkeit oder der Umschulung völlig normal geworden sind.

Strukturwandel der Wirtschaft

Der Strukturwandel der Wirtschaft hat sich beschleunigt. Im Pfälzer Wald etwa haben die Menschen (neben der Landwirtschaft) 500 Jahre lang vom Bergbau und der Eisenverhüttung gelebt. Vor gut 100 Jahren wurden die Gruben stillgelegt, weil sie wegen neu entwickelter Verfahren der Verhüttung unrentabel geworden waren. Dann kam die Schuhindustrie. Die hielt sich 50 Jahre, bis sie in Billiglohnländer verlagert wurde. Was kommt jetzt? Und wie lange wird diese Branche bleiben?
Ursachen von Strukturwandel sind:

- **neue Technologien** (im Beispiel der Niedergang des Bergbaus);
- **veränderte internationale Arbeitsteilung**: Globalisierung (im Beispiel die Verlagerung der Schuhindustrie);
- **Veränderungen der Nachfrage**: Vor etwa 25 Jahren sind beispielsweise überall Sonnenstudios entstanden. Von denen sind viele wieder verschwunden, weil sich die Menschen

der Gesundheitsgefahren bewusst geworden sind und künstliche Bräune nicht mehr so gefragt ist.

Traditionelle und neue Berufe

Am raschesten verläuft der berufliche Wandel im Gewerbe. Aber auch hier gibt es Berufe, die sich nur langsam verändern: Verkäuferin im Nahrungsmittelhandwerk, Floristin, Friseurin, Medizinische Fachangestellte. Allesamt traditionelle Berufe im Bereich der persönlichen Dienstleistungen, die es auch in Zukunft geben wird. Der Bedarf schwankt weniger als in der Industrie.
Neue Berufe kommen in den Medien groß raus. Welche von ihnen Zukunft haben, weiß man oft erst nach einigen Jahren – beim Blick auf die Zahl der Auszubildenden, der Beschäftigten und der Arbeitslosen in diesem Beruf. Der Mechatroniker ist ein Renner, der Speiseeishersteller eher nicht. Statistiken zu allen wichtigen Berufen findet man im Internet.
Hoch spezialisierte Nischenberufe haben einen Nachteil: Was ist, wenn der Bedarf zurückgeht? In welchen Nachbarberufen kann ich dann arbeiten?

Modeberufe

Manche Ausbildungen sind völlig überlaufen. Dazu zählen vor allem kaufmännische Berufe wie der Bankkaufmann, aber auch der Fotograf oder die Tiermedizinische Fachangestellte. Überlaufen sind insbesondere Berufe, die ein hohes Ansehen genießen, in denen für die Zukunft ein hoher Arbeitskräftebedarf angenommen wird oder die gute Chancen für die Selbstverwirklichung bieten, z. B. weil man in künstlerischen Berufen das Hobby zum Beruf machen kann.
Ob der Alltag in diesen Berufen die hohen Erwartungen erfüllt, ist eine andere Frage. Mitunter sind gerade hier die Arbeitsbedingungen erbärmlich, ist die Bezahlung mies und hangeln sich viele junge Menschen von Praktikum zu Praktikum. Modeberufe können so zur Sackgasse werden. Andererseits ist es auch keine

Die Zukunft der Arbeit

So viele Erwerbstätige arbeiten in diesen Bereichen (in 1000)

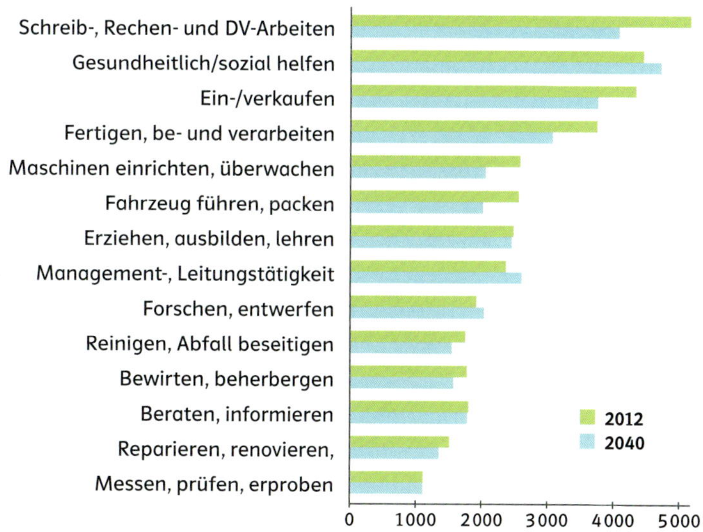

Vereinigung der Bayerischen Wirtschaft (Hrsg.): Arbeitslandschaft 2040. Studie der Prognos AG, München 2015, S. 35 (gekürzt)

Lebensperspektive, einen Beruf zu erlernen und auszuüben, der einen anödet, bloß weil die Berufsberaterin oder Onkel Manfred gesagt haben, dass er Zukunft hat.

Vorteil für qualifizierte Arbeit

Die Arbeitslosenzahlen sprechen eine klare Sprache: Je niedriger die Qualifikation, umso höher ist das Risiko der Arbeitslosigkeit und umso größer sind die Schwankungen, umso öfter folgen auf Einstellungen Entlassungen. In der Krise scheuen sich die Unternehmen, hoch qualifizierte Arbeitnehmer zu entlassen, weil sie nur schwer und nur mit hohen Kosten Ersatz finden, sobald die Geschäfte wieder besser laufen. Diese Arbeitskräfte sind knapp; ihre Einarbeitung ist teuer. Wenn sie entlassen werden, geht wichtiges Wissen verloren.

Neue Arbeitsformen

Viele der in den vergangenen Jahren neu geschaffenen Arbeitsplätze sind keine Normalarbeitsverhältnisse. Die Unternehmen reagieren

Formen der Beschäftigung	
Normalarbeitsverhältnisse	79 %
andere Arbeitsverhältnisse	21 %
darunter:	
befristete Beschäftigung	7 %
*Teilzeitbeschäftigung**	13 %
geringfügige Beschäftigung	7 %
Zeitarbeit	2 %

* unter 20 Stunden/Woche
Statistisches Bundesamt (Stand 2015) – Zahlen gerundet

auf eine höhere Nachfrage oft nicht durch eine Erhöhung der Stammbelegschaft. Sie fangen Arbeitsspitzen z. B. durch Überstunden, Einstellung von Leiharbeitern und befristete Arbeitsverträge ab oder durch die Vergabe von Arbeit nach außen (Outsourcing). Teilzeitarbeit erleichtert es den Unternehmen, schnell auf Schwankungen der Nachfrage zu reagieren.

- **Leiharbeit**: Die Arbeitnehmer werden von einer Zeitarbeitsfirma an ein Unternehmen ausgeliehen. Sie haben einen (in der Regel unbefristeten) Arbeitsvertrag mit der Zeitarbeitsfirma.
- **Befristete Beschäftigung**: Solche Arbeitsverträge werden vor allem mit Berufsanfängern oder projektbezogen geschlossen. Sie müssen nicht gekündigt werden, sondern enden automatisch.
- **Teilzeitarbeit**: Fast 90 Prozent der in Teilzeit oder als Minijobber Beschäftigten sind Frauen. Häufig werden sie flexibel eingesetzt bzw. leisten Arbeit auf Abruf.
- **Minijobs**: Wer bis 450 Euro verdient, zahlt keine Steuern und fast keine Abgaben. Minijobber stellen in manchen Branchen einen hohen Anteil der Beschäftigten (Gebäudereinigung, Gastgewerbe).
- **Neue Selbstständige**: Unternehmen vergeben Arbeitspakete als Auftrag an freie Mitarbeiter oder Subunternehmer. Diese arbeiten als Selbstständige und müssen selbst für ihre soziale Absicherung und ihre Vertretung im Krankheitsfall sorgen. Neue Selbstständige gibt es auf allen Qualifikationsebenen, vom Paketzusteller bis zum Ingenieur.

Diese Formen der Beschäftigung wälzen einen Teil des Risikos auf die Beschäftigten ab. Arbeitsinhalte und Arbeitsumfang werden von Phase zu Phase vertraglich neu vereinbart. Zeiten der Arbeitshetze wechseln mit Zeiten der Unterbeschäftigung oder Arbeitslosigkeit. Dies erfordert von den Beschäftigten mehr Flexibilität, unter Umständen auch den Wechsel in andere Aufgaben und Tätigkeiten. Probleme bringen diese Arbeitsformen oft auch im Alter. Wer wenig verdient hat (z. B. als geringfügig Beschäftigter oder Leiharbeiter), bekommt im Alter auch eine niedrige Rente. Viele Selbstständige sind derzeit (2017) gar nicht verpflichtet, für das Alter vorzusorgen. Wenn sie keine private Rentenversicherung abgeschlossen haben, müssen sie von ihren Ersparnissen leben oder über das Rentenalter hinaus noch arbeiten.

Arbeitsformen im Betrieb

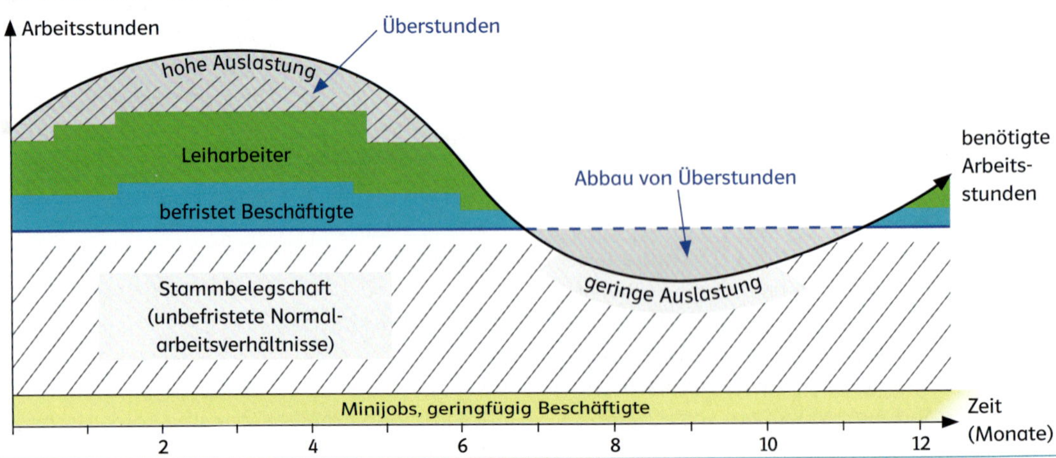

Zusammenfassung: Chancen und Risiken von Berufen

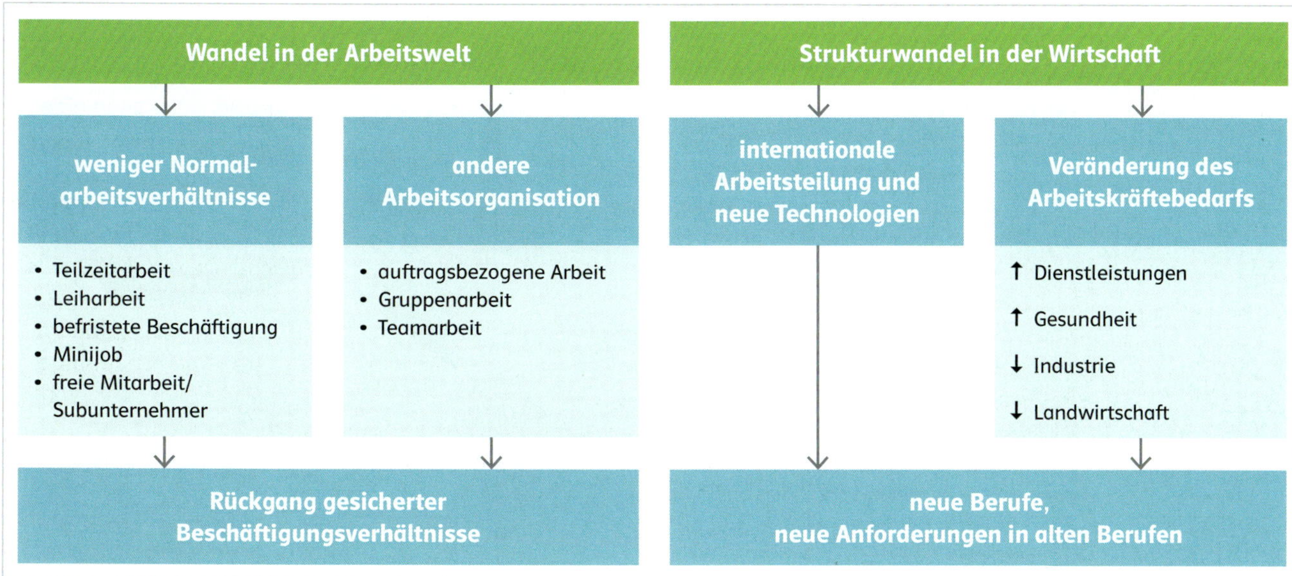

Übungsaufgaben

1. Nennen Sie anhand der Grafik *Die Zukunft der Arbeit* auf S. 31 die drei Wirtschaftsbereiche, in denen die Zahl der Beschäftigten bis zum Jahr 2040 vermutlich sinkt.

2. Beschreiben Sie zwei Maßnahmen, mit denen Unternehmen auf Schwankungen der Nachfrage reagieren.

3. Erläutern Sie den Begriff „neue Selbstständige". Nennen Sie Vor- und Nachteile dieser Arbeitsform.

4. Definieren Sie den Begriff „Normalarbeitsverhältnis".

5. Prüfen Sie die folgenden Aussagen auf ihre Richtigkeit. Begründen Sie!
   a) Weil niemand über die Zukunft von Berufen eine sichere Aussage machen kann, ist es egal, welchen Beruf man ergreift.
   b) Die Bindung zwischen den Unternehmen und den Beschäftigten wird lockerer.
   c) Durch die Berufswahl kann man sein persönliches Risiko verringern, arbeitslos zu werden.
   d) Arbeitslose gibt es auf allen Qualifikationsstufen.

6. Erläutern Sie, wodurch sich die Anforderungen in Ihrem Ausbildungsberuf verändern.
   a) Ordnen Sie die Veränderungen nach folgenden Gesichtspunkten:
      - Wo geht es um Veränderungen durch neue Technologien?
      - Wo geht es um Veränderungen durch den Markt?
      - Wo ändert sich das Berufsbild?
      - Wo ändern sich die Anforderungen an die Beschäftigten?
   b) Diskutieren Sie, welche Chancen und Risiken mit diesen Veränderungen jeweils verbunden sind.

Leben, lernen und arbeiten in Europa

Lernsituation

Patricia lernt Friseurin im dritten Lehrjahr. Die Berufsschule hat im Herbst für sie und zwei andere Auszubildende ein dreiwöchiges Praktikum in Mailand organisiert. Die drei haben in Friseursalons dort gelernt, was man in Italien anders macht, und sind begeistert zurückgekommen.
Das Praktikum in Italien hat Patricias Interesse geweckt. Nach der Prüfung will sie in Paris in einem Salon arbeiten – mindestens ein Jahr lang. Vielleicht findet sie ja in Paris die große Liebe. Und falls sie zurückkommt, dann hat sie mehr und andere Erfahrungen als ihre Kolleginnen, die in Deutschland geblieben sind.
Die Eltern sind skeptisch, als Patricia von ihren Plänen erzählt. Sie glauben nicht, dass es mit der Stelle in Paris klappt und dass Patricias Französisch gut genug ist. Patricia soll sich wenigstens erkundigen, welche Weiterbildungsprogramme es als Alternative gibt. Und sie soll den Eltern erklären, wie sie sich mit ihrem deutschen Abschluss in Frankreich bewerben will. Patricia beruhigt ihre Eltern und erklärt ihnen, dass es Hilfen für Arbeitnehmer gibt, die in einem anderen EU-Staat arbeiten wollen, z. B. den Europass.

Arbeitsauftrag

◒ Listen Sie die Fragen auf, die Patricia vor einem Arbeitsaufenthalt im Ausland klären muss, damit er für sie erfolgreich ist. Erläutern Sie, welche Hilfen es gibt, um diese Fragen zu beantworten.

1. Welche Hilfen bietet die Europäische Union (EU) für Arbeitnehmer, die in einem anderen Mitgliedstaat arbeiten wollen?
2. Welche Unterlagen helfen bei einer Bewerbung innerhalb der EU?
3. Was ist bei einem Arbeitsaufenthalt in einem Staat außerhalb der Europäischen Union besonders zu beachten?

Im Ausland arbeiten – warum nicht!

Immer mehr Menschen zieht es ins Ausland. Innerhalb der Europäischen Union gibt es dabei für fast alle EU-Bürger keine Einschränkungen: Wohnsitz und Arbeitsplatz können frei gewählt werden (Freizügigkeit). Wer nicht die Staatsangehörigkeit eines EU-Mitgliedsstaates besitzt, hat schlechtere Karten, denn: Außerhalb der EU bestehen meist Einschränkungen bei Zuzug, Arbeitserlaubnis und Wohnrecht. Damit soll eine unkontrollierte Einwanderung verhindert werden.
Manchmal sind es private Gründe, die ins Ausland führen, manchmal die besseren Berufsaussichten. Viele gehen nur auf Zeit, um in ihrem Beruf zu arbeiten oder um sich fortzubilden. Beides macht sich im Lebenslauf gut. Manche Unternehmen stellen solche Bewerber bevorzugt ein. Sie gehen davon aus, dass sie mehr Selbstständigkeit mitbringen, flexibler und mobiler sind und weniger Berührungsängste gegenüber ausländischen Kunden und Lieferanten zeigen. Die Erweiterung des Horizonts durch die sozialen Kontakte im Ausland, das Kennenlernen anderer Arbeitsweisen und anderer Kundenwünsche, einer anderen Mentalität und nicht zuletzt einer anderen Sprache sind für das Unternehmen nützlich.

Sichere Arbeitsbedingungen – nicht immer eine Selbstverständlichkeit.

Berufsbildungsgesetz (BBiG)

Bis zu einem Viertel der Ausbildung darf im Ausland absolviert werden (§2 (3) BBiG).

Europäische Sozialcharta und Charta der Grundrechte der EU

Wer im Ausland arbeiten will, erwartet, dass auch die Arbeitsbedingungen und die Bezahlung stimmen. Hier gibt es aber große Unterschiede. **Soziale Mindeststandards** gelten in den Staaten der Europäischen Union und den Staaten des Europarats.

1. In der EU gilt die **„Charta der Grundrechte der Europäischen Union"**. Sie enthält z. B. das Recht auf Schutz der Gesundheit, auf soziale Sicherheit, auf Mutterschutz, auf angemessene Arbeitsbedingungen und das Verbot der Diskriminierung am Arbeitsplatz. Eine gemeinsame Sozialpolitik der EU gibt es nicht, allerdings müssen sich europäische Gesetzgebung und Verwaltung nach den Maßstäben der Charta richten. Die Grundrechte der EU können vor dem Europäischen Gerichtshof eingeklagt werden, wenn nationale Gerichte den Kläger abgewiesen haben. Der Weg dahin ist allerdings lang.
2. In den Staaten des Europarats gilt die **„Europäische Sozialcharta"**. Im Europarat sind

Europäische Sozialcharta – die wichtigsten Rechte

Rechte für alle:
- Recht auf Arbeit, auf freie Berufswahl und Berufsausübung (Art. 1, 9–10, 18)
- Recht auf Schutz und staatliche Fürsorge bei Armut (Art. 13–14)
- Recht auf Gesundheitsversorgung (Art. 11)
- Recht auf Wohnung (Art. 31)

Rechte für Arbeitnehmer:
- Recht auf angemessene Bezahlung (Art. 4)
- Recht auf Sicherheit am Arbeitsplatz (Art. 3)
- Recht, sich in Gewerkschaften zu organisieren (Art. 5 – 6)
- Mutterschutz und Schutz berufstätiger Mütter vor Diskriminierung (Art. 8, 27)

Schutzrechte:
- Sozialer und wirtschaftlicher Schutz der Familie (Art. 16)
- Schutz für Mütter und Kinder (Art. 17)
- Kinder- und Jugendschutz (Art. 7)

Aktueller Stand (2017); Zusammenstellung des Autors

nicht nur die EU-Staaten vertreten, sondern praktisch alle europäischen Staaten, z. B. die Schweiz, Norwegen, die Türkei und Russland. Die Europäische Sozialcharta enthält ungefähr die gleichen Rechte wie die Charta der Grundrechte der EU. Allerdings sind diese Rechte nicht unmittelbar nationales Recht. Wichtig ist die Europäische Sozialcharta bei einem Aufenthalt in europäischen Staaten, die nicht EU-Mitglied sind.
Wie viel diese Rechte in der Praxis wert sind, ist aber fraglich. Ein Beispiel: Die Europäische Sozialcharta gibt in Artikel 4 allen Arbeitnehmern das Recht auf „ein gerechtes Arbeitsentgelt, das ihnen und ihren Familien einen angemessenen Lebensstandard sichert".
Es gibt aber eine Reihe von Ländern in Europa, in denen die Löhne der Mehrheit der Arbeitnehmer so niedrig sind, dass von einem angemessenen Lebensunterhalt keine Rede sein kann. Das sind Staaten mit hoher Arbeitslosigkeit, ohne stabile Wirtschaft, mit einem schwachen, womöglich korrupten Staat. Das Leben dort entspricht bei Weitem nicht dem Standard der Europäischen Sozialcharta.

Mobil in Europa, Schweden

„Das ganze Arbeiten in Schweden ist sehr locker. Man duzt sich, Chefs lassen einen ihre Macht nicht so spüren. Man ist auch nicht so pünktlich. [...] Allerdings hat sich in den letzten Jahren der Wettbewerbsdruck doch bemerkbar gemacht. Vor allem Firmen, die mit Deutschland zu tun haben, verlangen inzwischen mehr Leistung."

Susanne Örtendahl, Altenpflegerin, lebt seit 2004 in Schweden

Mindestens 25 Tage Urlaub im Jahr sind in Schweden gesetzlich vorgeschrieben, häufig sollten 4 Wochen davon zusammenhängend im Juli oder August genommen werden. [...] außerdem gibt es Urlaubsgeld in Höhe von zwölf Prozent des Jahresgehalts.

beide: Bundesagentur für Arbeit, Mobil in Europa – Schweden, Stand 2010, S. 11 und 18

Andere Länder, andere Sitten

Damit das Arbeiten im Ausland kein Reinfall wird, müssen folgende Fragen im Voraus geklärt werden:
- Welche Einschränkungen gibt es bei Zuzug, Aufenthaltserlaubnis und Arbeitserlaubnis?
- Wie sind die Arbeitsbedingungen (Arbeitszeiten, Rechte am Arbeitsplatz, Kündigungsschutz ...)?
- Wie hoch ist die Bezahlung? Mit welchen Abzügen vom Lohn muss ich rechnen? Wie hoch sind die Lebenshaltungskosten?
- Wie sieht es auf dem regionalen Wohnungsmarkt aus? Gibt es bezahlbare Wohnungen? Und wie sind sie ausgestattet?
- Wie steht es allgemein um die Lebensqualität – vom Lärm über öffentliche Verkehrsmittel und das Gesundheitswesen bis zur Kriminalität?
- Wie funktioniert das Zusammenleben zwischen Ausländern und Einheimischen?

Ein Stolperstein: die Anerkennung von Berufsabschlüssen

Wer längere Zeit im Ausland in seinem Beruf arbeiten will, muss sich um die Anerkennung seines Berufsabschlusses kümmern. Berufsausbildungen und Berufsabschlüsse sind in jedem Staat anders organisiert. Das in Deutschland bewährte System der dualen Ausbildung ist im Ausland die Ausnahme. Auch die Berufsbilder weichen ab. Wer als zahnmedizinische Fachangestellte nach Portugal gehen will, wird z. B. feststellen, dass dieser Beruf dort gar nicht existiert. Umgekehrt kann ein portugiesischer Bäcker in Deutschland nicht einfach eine Bäckerei eröffnen, weil im Bäckerhandwerk die Meisterpflicht gilt.
Zwar gibt es innerhalb der Europäischen Union Regelungen über die gegenseitige Anerkennung von Berufsabschlüssen. Diese Anerkennung ist aber nicht selbstverständlich. Nötig ist sie z. B., um entsprechend der eigenen Qualifikation bezahlt zu werden. Informationen über die Anerkennung deutscher Abschlüsse im Ausland gibt es im Internet.

Eine Hilfe: der Europass

Der Europass ist speziell für EU-Bürgerinnen und -Bürger entwickelt worden, die in einem anderen EU-Staat arbeiten wollen. Er hilft den Arbeitgebern, Abschlüsse zu beurteilen. Der Europass besteht aus fünf Elementen:

1. **Europass Lebenslauf**: Standardisierte Vorlage, die online ausgefüllt und auf dem Rechner des Nutzers gespeichert wird.
2. **Europass Sprachenpass**: Formular zur Selbsteinschätzung der Fremdsprachenkenntnisse. Dessen Stufen richten sich nach dem „Gemeinsamen Europäischen Referenzrahmen für Sprachen“. Inzwischen orientieren sich auch schulische Prüfungen in den Fremdsprachen an diesem Maßstab.
3. **Europass Mobilität**: Dokument zum Nachweis von Lernaufenthalten im europäischen Ausland – sei es ein Praktikum, ein Auslandssemester oder ein Abschnitt einer beruflichen Aus- und Weiterbildung. Beantragt wird er in der Regel von den entsendenden Einrichtungen (Schulen, Hochschulen, Betriebe).
4. **Europass Zeugniserläuterungen**: Für die Ausbildungsberufe des dualen Systems und für viele vollzeitschulische Ausbildungen gibt es die Europass Zeugniserläuterungen. Sie erläutern Berufsabschlüsse und machen diese europaweit vergleichbar.
5. **Europass Diploma Supplement**: Erläuterung zu Abschlusszeugnissen von Hochschulen.

Bildungs- und Mobilitätsprogramme der Europäischen Union

Erasmus+, das EU-Programm für allgemeine und berufliche Bildung, Jugend und Sport, umfasst im Bildungsbereich:

- Erasmus+ Berufsbildung (früher LEONARDO DA VINCI),
- Erasmus+ Schulbildung (früher COMENIUS),
- Erasmus+ Erwachsenenbildung (früher GRUNDTVIG),
- Erasmus+ Hochschulbildung.

Gefördert und organisiert werden Austauschprogramme, z. B. Auslandspraktika für Auszubildende und junge Arbeitnehmer, Fortbildungsprogramme in ausländischen Unternehmen oder Auslandssemester für Studenten und Professoren. Andere Bereiche von Erasmus+ sind Austauschprogramme in der Jugendarbeit (z. B. Europäischer Freiwilligendienst) und gemeinsame Sportveranstaltungen.

Meist kann sich der Einzelne nicht direkt für diese Programme bewerben. **Fördermittel** können von privaten und öffentlichen Institutionen beantragt werden, zum Beispiel von Schulen und Universitäten, gemeinnützigen und kommerziellen Organisationen, aber auch von Unternehmen. Einige Beispiele:

- Die Berufsschule unterhält eine Partnerschaft mit einer ausländischen Schule derselben Fachrichtung, und die EU beteiligt sich an den Kosten des Austauschs.
- Der Landkreis richtet eine (von der EU mitfinanzierte) Stelle ein, die Arbeitsaufenthalte für jüngere Arbeitnehmer organisiert.
- Ein Unternehmen schickt Arbeitnehmer zur Fortbildung in Betriebe derselben Branche im Ausland. Die EU trägt einen Teil der Kosten.

europass **Lebenslauf**

ANGABEN ZUR PERSON — Martina MUSTERFRAU
Kreuzlinger Straße 83, 68239 Mannheim (Deutschland)
(+49-XXX) XX XX (+49-XXX) XX XX (+49-XXX) XX XX
mar.muster@xxx.de
Geburtsdatum 06.04.1997 | Staatsangehörigkeit Deutsch

PREFERRED JOB — Gärtnerin

BERUFSERFAHRUNG
15.03.20xx–15.08.20xx — **Auslandspraktikum auf einer Farm in UK**
Widmouse Farm, Sample Street 889, Dartmouth (Devon)
(EX 258 Vereinigtes Königreich)
- Tierversorgung (Fütterung, Stall ausmisten)
- Schafe eintreiben, Scheren

Tätigkeitsbereich oder Branche Landwirtschaft

01.09.20xx–28.02.20xx — **Aushilfskraft im Garten- und Landschaftsbau**
Garten- und Landschaftsbaubetrieb Heinz
Bergweg 27, 68239 Mannheim
- Pflege von Grünanlagen, Pflanzenschnitt
- Teich- und Treppenbau

SCHUL- UND BERUFSBILDUNG
12.09.20xx–30.07.20xx — **Mittlere Reife**
Geschwister-Scholl-Realschule, Mittelweg 5, 68239 Mannheim

PERSÖNLICHE FÄHIGKEITEN
Muttersprache(n): Deutsch

Weitere Sprache(n)

	VERSTEHEN		SPRECHEN		SCHREIBEN
	Hören	Lesen	An Gesprächen teilnehmen	Zusammenhängendes Sprechen	
Englisch	B1	B1	B1	B1	B2

Niveaus: A1 und A2: Elementar – B1 und B2: Selbstständig – C1 und C2: Kompetent
Gemeinsamer Europäischer Referenzrahmen für Sprachen

…

Zusammenfassung: Leben, lernen und arbeiten in Europa

Europäische Sozialcharta

(für die 47 im Europarat vertretenen Staaten)
Die Rechte sind nicht unmittelbar nationales Recht.

Charta der Grundrechte der Europäischen Union

(für die 28 Staaten der Europäischen Union)

Arbeitnehmerrechte

Beispiele:
- Recht auf Arbeit
- Recht auf angemessene Arbeitsbedingungen
- Recht, Gewerkschaften zu gründen
- Verbot der Diskriminierung am Arbeitsplatz
- Mutterschutz

Rechte für alle Bürgerinnen und Bürger

Beispiele:
- Recht auf Schutz der Gesundheit
- Recht auf soziale Sicherheit
- Recht auf staatliche Fürsorge
- Recht auf wirtschaftlichen und sozialen Schutz der Familie
- Kinder- und Jugendschutz

Europass – vergleichbare Informationen für Arbeitgeber in der EU

Lebenslauf	Sprachenpass	Mobilität	Zeugniserläuterungen	Diploma Supplement
standardisierter Lebenslauf	Selbsteinschätzung der Fremdsprachenkenntnisse	Bescheinigung für Teilnahme an Auslandsaufenthalten	standardisierte Erläuterung zu Ausbildungsberufen	standardisierte Erläuterung zu Studienabschlüssen

Übungsaufgaben

○ 1. Nennen Sie die Elemente des Europasses, die für Sie vor einem Auslandsaufenthalt nützlich sind.

◒ 2. Vergleichen Sie Chancen und mögliche Probleme eines Auslandsaufenthalts und stellen Sie sie einander tabellarisch gegenüber.

3. Ihr Chef bietet Ihnen an, nach dem Ende Ihrer Ausbildung für ein ausländisches Tochterunternehmen nach Spanien zu gehen. Würden Sie ein solches Angebot annehmen?

◒ a) Ermitteln Sie, welche Fragen Sie klären müssen, bevor Sie über Annahme oder Ablehnung eines solchen Angebots entscheiden.

○ b) Nennen Sie mögliche Gründe für Annahme oder Ablehnung.

● c) Angenommen, Sie lehnen das Angebot ab: Entwickeln Sie Argumente, die Sie Ihrem Chef gegenüber vorbringen können.

● 4. Führen Sie ein Klassenprojekt zu den Arbeitsbedingungen in verschiedenen Staaten durch. Recherchieren Sie arbeitsteilig über die Lebens- und Arbeitsbedingungen im Ausland. Wählen Sie einige Staaten aus (EU-Staaten und andere). Präsentieren Sie Ihre Ergebnisse und vergleichen Sie. Den Einstieg erleichtert Ihnen der Online-Code auf S. 9.

Arbeiten im Team

Lernsituation

Eine praktische Übung für eine Schulstunde: Nötig ist eine große Fläche ohne Hindernisse und Stufen (Schulhof, Eingangshalle o.Ä.).
10 bis 15 Schülerinnen und Schüler bilden ein Team. Ihnen werden die Augen verbunden. Die anderen sind Beobachter und greifen nicht ein.

Die Aufgabe des Teams besteht darin, eine zu einem großen Kreis zusammengebundene Schnur so zu spannen, dass sich ein Quadrat ergibt. (Die Schnur muss so lang sein, dass sich die Teilnehmer nicht an den Händen fassen können.) Die Übung ist beendet, wenn sich die Teilnehmer einig sind, dass sie die Aufgabe gelöst haben.

Arbeitsauftrag

- Diskutieren Sie, wer bei dieser praktischen Übung welche Rolle im Team übernommen hat. Dabei hat sich folgendes Vorgehen bewährt:

  1. Die Teammitglieder schildern, wie sie in den verschiedenen Phasen der Übung ihre eigene Situation und die der anderen Teammitglieder erlebt haben: Welche Phasen empfanden sie als produktiv? Haben sie zwischendurch am Erfolg gezweifelt? Empfanden sie das Verhalten der anderen Teammitglieder als hilfreich? Wer hat welchen Beitrag zur Lösung der Aufgabe geleistet?

  2. Die Beobachter ergänzen und korrigieren aus ihrer Sicht.

  3. Teammitglieder und Beobachter ordnen verdeckt die Teilnehmer den verschiedenen Teamtypen (→ S. 40) zu. Die Ergebnisse werden verglichen und begründet.

Die Teamaufstellung ist der Schlüssel zum Erfolg.

Team

Mehrere Personen bearbeiten nach festgelegten Regeln über einen längeren Zeitraum eine Aufgabe, um gemeinsame Ziele zu erreichen. Sie haben im Rahmen ihres Auftrags Entscheidungsbefugnisse und vereinbaren Maßnahmen, um ihre Ziele zu erreichen. Entscheidungen im Team sind für die Mitglieder verbindlich.

Teamfähigkeit

Die Fähigkeit zu Kooperation und Kommunikation, Einfühlungsvermögen, Rücksichtnahme, aber auch Konfliktfähigkeit. Teamfähigkeit ist Teil der Sozialkompetenz.

Zusammenarbeiten – aber wie?

Arbeitnehmer sind heutzutage auf die Zusammenarbeit mit anderen angewiesen. Nur die Formen der Zusammenarbeit unterscheiden sich. Manchmal ist genau vorgegeben, wie die einzelnen Arbeiten ineinandergreifen, z. B. bei der Fließbandarbeit.
Meist haben aber die Beschäftigten mehr Freiheiten in der Art und Weise, wie sie ihre Arbeit aufteilen. Die Aufteilung kann sich nach den Stärken der einzelnen Mitarbeiter richten: Jeder macht, was er am besten kann. Aber auch andere Kriterien sind möglich: Der Auszubildende soll den Umgang mit einer neuen Maschine erlernen und wird entsprechend eingesetzt. Oder die Tätigkeiten werden danach verteilt, wie beliebt sie sind. Dann muss der Azubi die Dreckarbeit machen oder der, der in der betrieblichen Hierarchie ganz unten steht.
Diese Unterschiede in der Art der Zusammenarbeit beeinflussen

- die **Qualität des Arbeitsergebnisses**: Sie ist am höchsten, wenn jeder seine Stärken einbringen kann;
- den **Arbeitsaufwand**: Wer neu in eine Arbeit eingelernt werden muss, braucht Anleitung und arbeitet wegen der fehlenden Routine langsamer. Trotzdem ist dieser zusätzliche Aufwand sinnvoll. Wissen und Fertigkeiten müssen weitergegeben werden;
- die **Zufriedenheit der Mitarbeiter**: Wenn die Aufteilung der Arbeit sich nicht nach den Fähigkeiten richtet, merken die Beschäftigten, dass sie als Person und in ihrer Qualifikation nicht geachtet werden, und entsprechend gering sind ihre Motivation und ihre Sorgfalt bei der Arbeit.

So führt die Art, wie die Zusammenarbeit gestaltet wird, zu einem Gewinn oder einem Verlust an Effizienz.

Teams einrichten

Der **Gewinn an Effizienz und Qualität** ist der wichtigste Grund, warum Unternehmen Teams ins Leben rufen, warum sie sich genauer überlegen, wie sie die Teams zusammensetzen und wie sie die Arbeit im Team bewusst gestalten können. Dazu gehören insbesondere

- **Vorgaben** (finanziell, personell und zeitlich),
- **Verantwortlichkeiten** und verbindliche Regeln (z. B. über Information und Dokumentation),
- **Entscheidungsbefugnisse** im Rahmen des Auftrags,
- klare **Orientierung an Ergebnissen**.

Damit ein Team erfolgreich arbeitet, müssen verschiedene **Aufgaben** oder **Rollen** besetzt werden. Es ist wie bei einer Fußballmannschaft: Die Spieler übernehmen verschiedene Aufgaben. Sie haben unterschiedliche Stärken und Spezialisierungen. Am eindeutigsten ist das beim Torwart. Am Ende ist jede Funktion besetzt und

Typen im Team

Typ	Wichtige Eigenschaften im Team
Stratege	denkt langfristig, hat Mut, Hindernisse zu überwinden
Ideengeber	bringt neue Ideen ein, denkt ohne Scheuklappen
Systematiker	schafft Klarheit, behält den Überblick
Teamarbeiter	baut Reibungsverluste ab, hält Verbindungen nach außen
Moderator	bindet Teammitglieder ein, wirkt ausgleichend, ermutigt andere
Umsetzer	zuverlässig, effizient, fördert die Selbstdisziplin
Spezialist	liefert Fachwissen, sichert die Qualität

die Spieler sind entsprechend ihren Stärken eingesetzt. Außerdem ist darauf geachtet worden, dass ihr Zusammenspiel klappt. Aber erst in der Partie stellt sich heraus, ob die Zusammenstellung richtig war.
Wie für unterschiedliche Gegner unterschiedliche Mannschaftsaufstellungen gewählt werden, so werden in einem Unternehmen je nach Aufgabenstellung die Teams unterschiedlich zusammengestellt. Bewährt haben sich folgende Regeln:

- **Größe**: vier bis zehn Personen (optimal: fünf bis sechs Mitglieder).
- **Unterschiede** in Alter, Berufserfahrung, Geschlecht, Stärken (und Schwächen). Grundsatz: je unterschiedlicher, desto besser. Allerdings sollte die Qualifikation vergleichbar sein. Dies erleichtert die Kommunikation.

Als Hilfsmittel zur Besetzung von Teams sind verschiedene Typeneinteilungen entwickelt worden. Ein Beispiel finden Sie auf → S. 40.

Die eigene Aufgabe im Team finden

Das Team ist zusammengestellt. Auftrag und Zeitrahmen sind festgelegt. Die Teamleitung ist benannt. Die erste Teamsitzung beginnt. Die Teilnehmer sind innerlich angespannt – zu Recht. Denn jetzt geht es darum, den eigenen Platz im Team zu finden:

- die eigenen Qualifikationen und Stärken einzubringen;
- auf den eigenen Vorteil zu achten: an die eigene Karriere zu denken, aber auch an die damit verbundene Arbeitsbelastung;
- mit anderen zusammenzuarbeiten, aber nicht deren Arbeit mitzuerledigen;
- mit anderen auszukommen, aber klare Grenzen zu setzen.

Bis ein Team Ergebnisse liefert, braucht es Zeit (→ *Teamuhr*). Vor allem am Anfang entstehen Konflikte über die Position der Mitglieder im Team, über unterschiedliche Sichtweisen und Wege, den Auftrag zu erfüllen. Ob und wie diese Konflikte geregelt werden, entscheidet über die Arbeitsfähigkeit des Teams und über seine Fähigkeit, die Anforderungen zu erfüllen.

Teamuhr

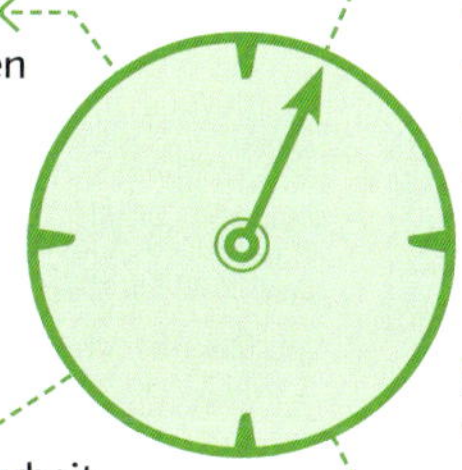

1. Orientierungsphase
- vorsichtiges Abtasten
- Sicherheit suchen
- den eigenen Platz finden
- Höflichkeit
- Anspannung

2. Ernüchterungsphase
- Einfluss gewinnen
- eigene Position durchsetzen
- Konflikte austragen
- Schuldzuweisungen
- Cliquenbildungen

3. Aufbruchphase
- Regeln für Zusammenarbeit festlegen
- Entspannung
- Offenheit
- Suche nach Übereinstimmung

4. Leistungsphase
- Sichern von Ergebnissen
- Effizienz
- Flexibilität
- solidarisches Handeln
- Hilfsbereitschaft

Kooperativer Führungsstil fördert Teamarbeit

Konfliktregelung
→ *S. 44 f.*

Die Zusammenarbeit der Beschäftigten wird stark beeinflusst durch den Führungsstil, der im Unternehmen oder in der Abteilung herrscht. Die Extreme sind ein **autoritärer** und ein **kooperativer Führungsstil**. Der autoritäre Führungsstil legt Wert auf den Gehorsam der Mitarbeiter. Der kooperative Führungsstil fördert Teamarbeit.
Bei den Führungsstilen geht es um das Vertrauen und die Wertschätzung, die sich Chefs und Mitarbeiter wechselseitig entgegenbringen. Fehlendes Vertrauen und fehlende Wertschätzung sind eine häufige Quelle für Misserfolg.

Autoritärer Führungsstil	Kooperativer Führungsstil
• Führungsperson entscheidet allein • Führungsperson wendet Druck an, um ihre Anweisungen durchzusetzen. Kritik ist nicht zugelassen • Mitarbeiter haben keinen eigenen Entscheidungsspielraum **Gefahren**: • Potenziale von Mitarbeitern werden nicht erkannt • eingleisiges Denken, Alternativen werden nicht erkannt • fehlendes Vertrauen • schlechtes Betriebsklima, innere Kündigung von Mitarbeitern	• Führungsperson bezieht Mitarbeiter in Entscheidungen ein • Eigeninitiative, konstruktive Kritik und Anregungen der Mitarbeiter sind erwünscht • Mitarbeiter übernehmen Verantwortung und haben eigenen Entscheidungsspielraum **Gefahren**: • Ziele werden nicht oder nicht in der vorgegebenen Zeit erreicht • unklare Zuständigkeiten

Zusammenfassung: Arbeiten im Team

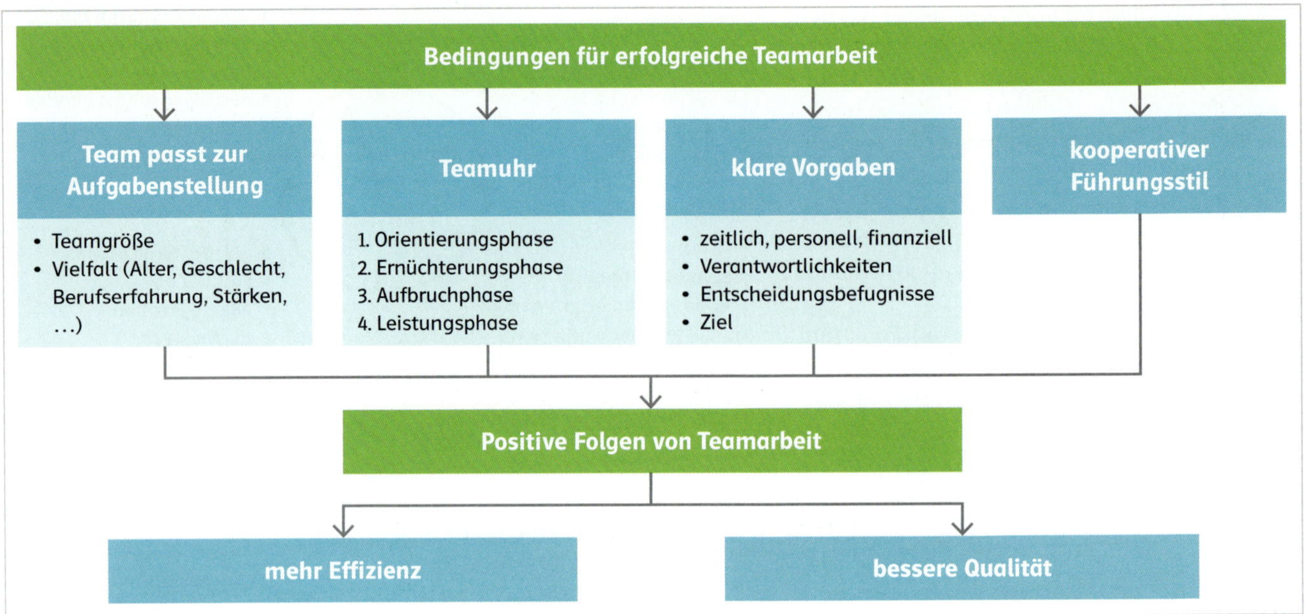

Übungsaufgaben

1. Erläutern Sie, warum das Arbeiten im Team die Arbeitszufriedenheit von Mitarbeitern erhöhen kann.

2. Nennen Sie drei Bedingungen, die erfüllt sein müssen, damit Teams effizient zusammenarbeiten.

3. Der Chef der Maschinenfabrik Gruber & Co. zum Prokuristen: „Der Absatz der neuen FC-856 liegt weit unter Plan. Das können wir uns nicht leisten. Machen Sie mal dalli, dalli einen Arbeitskreis und berichten Sie mir in zwei Wochen, was los ist! Und natürlich mit einem genauen Maßnahmenkatalog. – Das wär's für heute! Gruß an die Frau Gemahlin."
   a) Beschreiben Sie den Führungsstil des Chefs.
   b) Erläutern Sie dem Chef aus Sicht des Prokuristen, warum seine Erwartungen unrealistisch sind.
   c) Angenommen, Sie wären dieser Prokurist und müssten das neue Team zusammenstellen:
      - Nennen Sie die Bereiche des Unternehmens, aus denen Sie Mitarbeiter ins Team holen würden. Begründen Sie Ihre Auswahl.
      - Wenn Sie sich auf vier Personen beschränken müssten, welche Teamtypen wären Ihrer Ansicht nach besonders wichtig? Begründen Sie.

4. „Die Grundlage für das Scheitern eines Teams wird meist mit der Auswahl seiner Mitglieder gelegt." Erläutern Sie diese Aussage anhand von Beispielen.

Umgang mit Konflikten

Lernsituation

Dicke Luft in der Abteilung. Herr Buck hat die Schichtpläne für die kommende Woche ausgehängt und jetzt reden alle auf ihn ein …

Arbeitsauftrag

○ ◒ ● Analysieren Sie den Konflikt. Machen Sie Vorschläge, wie er in Zukunft entschärft werden kann.

1. Beschreiben Sie den Konflikt auf der Sach- und auf der Beziehungsebene. Welche der beiden Ebenen steht bei den einzelnen Beteiligten jeweils im Vordergrund?
2. Erläutern Sie, welche Streitpunkte geregelt werden müssen. Erarbeiten Sie eine Lösung auf der Sachebene, die alle Beteiligten akzeptieren können.
3. Entwickeln Sie einen Lösungsweg für diesen Konflikt.

Haben wir das wirklich beschlossen?

Sie haben mir keine Vorschriften zu machen.

Das haben wir noch nie so gemacht.

Damit wollen Sie bloß beim Chef Eindruck schinden.

Konflikte sind nichts Schlimmes

Dass sich Menschen nicht einig sind, kommt im Beruf und im Privatleben jeden Tag vor. Konflikte sind nichts Negatives, wenn sie ausdiskutiert und bearbeitet werden – im Gegenteil: Dann sind sie oft ein Anstoß für Veränderungen oder ein Anlass, über sich und andere nachzudenken. Offene Auseinandersetzungen können die Verhältnisse klären und eine Basis für die künftige Zusammenarbeit darstellen.

Nur ist es so, dass dieser offene Umgang mit Konflikten eher die Ausnahme ist. Häufig werden Konflikte verschwiegen oder sie werden zu Machtfragen, bei denen nicht die besseren Argumente entscheiden und kein Kompromiss gesucht wird, sondern bei denen derjenige entscheidet, der in der Rangordnung oben steht. Viele Konflikte lassen sich auch nicht so einfach „lösen“. In Unternehmen gibt es z. B. **Verteilungskonflikte** zwischen einzelnen Beschäftigten oder Abteilungen: Welches Büro bekommt den neuen Kopierer? Wer darf seinen Urlaub in den Schulferien nehmen? Wer bekommt im Großraumbüro den schlechten Platz an der Tür? In Fällen wie diesen wird um ein knappes Gut gestritten. Darum gibt es zwangsläufig Gewinner und Verlierer. Die Frage ist aber, nach welchen Maßstäben entschieden wird.

Mögliche Konfliktsignale:

- veränderter Tonfall
- aggressiver Unterton
- abwertende oder ironische Äußerungen
- Unterstellungen
- Nebengespräche oder Unterbrechungen in Teamsitzungen
- Vorenthalten von Informationen
- Desinteresse
- Dienst nach Vorschrift
- Weigerung, mit bestimmten anderen Mitarbeitern zusammenzuarbeiten
- Verspätungen
- Nichteinhaltung von Vereinbarungen
- Nichterreichbarkeit

Mehrere Konfliktebenen

In vielen Konflikten geht es neben der **Sachebene** (Welche Lösung ist besser?) auch um die **Beziehungsebene** (Wer gewinnt?). Die Sachebene kann von den Beteiligten offen angesprochen werden, die Beziehungsebene häufig nicht. Dabei kann es sogar sein, dass die Beziehungsebene die entscheidende ist. Womöglich tun die Beteiligten so, als ginge es um eine Klärung in der Sache, während in Wirklichkeit ein persönlicher Machtkampf tobt, in dem keiner nachgeben will. Oder jemand frisst seine ganze berechtigte Kritik in sich hinein, weil er den Konflikt auf der persönlichen Ebene vermeiden will. Es kann sogar sein, dass den Beteiligten der Konflikt auf der Beziehungsebe-

Auf welcher Ebene spielt sich der Konflikt ab?

- Mitteilen eigener Interessen
- Abwägung zwischen Alternativen
- Prüfen einer Aussage
- Stellungnahme zu einer Aussage

Sachebene

- Maß der Anerkennung, Achtung, Wertschätzung der anderen Person
- Erwartung an die Anerkennung, Achtung, Wertschätzung durch die andere Person

- Kampf um die Vorherrschaft
- Rache
- Rückzug, Unterwerfung

Beziehungsebene

ne gar nicht bewusst ist, das heißt, dass sie sich darüber täuschen, worum es zwischen ihnen geht. Außenstehende sehen das manchmal klarer als die Beteiligten.

Hilfe von außen: Regeln finden

Wenn ein Konflikt einmal aus dem Ruder gelaufen ist, ist Hilfe von außen nötig. Das können im Betrieb Kollegen sein, Vorgesetzte oder jemand vom Betriebsrat. Ein Unternehmen sieht nicht tatenlos zu, wenn seine Beschäftigten Konflikte pflegen, statt ihre Arbeit zu erledigen. Denn die Arbeit und das **Betriebsklima** leiden immer, wenn ein ungeklärter Konflikt existiert.
Am besten geeignet für den unvoreingenommenen Blick von außen ist eine Person, die weder direkt noch indirekt in den Konflikt verwickelt ist (also nicht unbedingt der Chef). Der Blick von außen zeigt oft, dass es für einen ungelösten Konflikt nicht einen eindeutigen Schuldigen, einen Sündenbock, gibt. Meist haben alle Beteiligten dazu beigetragen. Die Hilfe von außen macht es auch leichter, Regeln zu finden, mit denen die Beteiligten leben können und die nicht einseitig zulasten einer Person gehen. Regeln für Konflikte finden heißt auch: Konflikte zulassen, aber ihnen eine bestimmte Verlaufsform geben.
Die Regeln für den Umgang mit Konflikten betreffen dabei die **Ebene der Organisation** und Verteilung der Arbeit, die Zuständigkeiten, die Absprachen. Die Menschen kann ich nicht so verändern, wie ich sie gerne hätte – weder am Arbeitsplatz noch im Privatleben. Die Arbeit muss so organisiert werden, dass heikle Themen oder Schwächen der Persönlichkeit eines Mitarbeiters der Zusammenarbeit möglichst wenig im Weg stehen.

Von verdeckten Konflikten zum Mobbing

Verschleppte, verschwiegene und nicht ausgetragene Konflikte sind ein guter Nährboden für 🔍 **Mobbing**. In eine Mobbingsituation sind neben den ursprünglich Beteiligten weitere Kolleginnen und Kollegen einbezogen. Mit Konflikten auf der Sachebene haben die Auseinandersetzungen, die dann laufen, nichts mehr zu tun. Es sind systematische **persönliche Anfeindungen**. Mobbing kann jeden treffen. Zwar ist der Arbeitgeber verpflichtet, zugunsten des Opfers einzugreifen, wenn er von Mobbing in seinem Unternehmen erfährt. Typisch für Mobbing ist aber, dass viele Aktionen nicht offen ablaufen (z. B. wenn ein Mitarbeiter von wichtigen Informationen ausgeschlossen wird) oder den Anschein von Harmlosigkeit erwecken (z. B. Beleidigungen, die als Späße getarnt sind). Mobbing ist darum schwer beweisbar. Und umgekehrt: Nicht jeder Streit ist schon ein Beweis für Mobbing. Manchmal liegen die Nerven blank, weil so viel zu tun ist, weil Entlassungen anstehen oder jemand Stress zu Hause hat. Von Mobbing kann erst gesprochen werden, wenn hinter den Anfeindungen und Beleidigungen ein System, eine Absicht steckt.

Was sich unter der Oberfläche des Eisbergs verbirgt ...

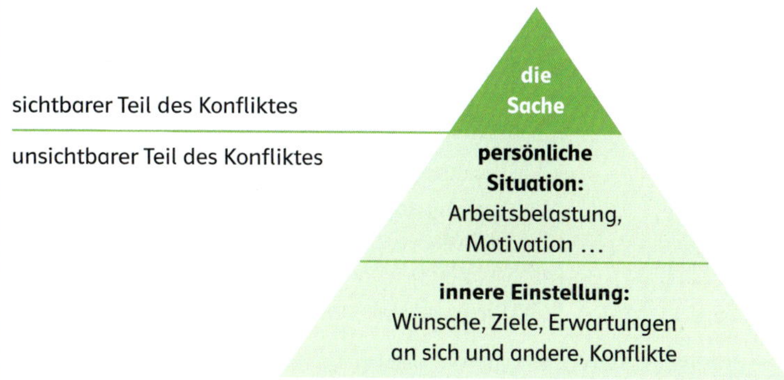

Folgen von Mobbing

Menschen, die sich gemobbt fühlen, leiden psychisch und oft auch körperlich. Sie werden häufig krank. Wenn die Mobbingsituation bedrängend wird, ist die häufigste Konsequenz, dass die Opfer den Arbeitsplatz innerhalb des Unternehmens wechseln oder sogar kündigen. Besonders schwierig werden Mobbingsituationen, wenn sich Vorgesetzte daran beteiligen. Denn dann haben die Opfer häufig das Gefühl, sie müssten sich Mobbing gefallen lassen.

🔍 ***Mobbing***

systematisches Schikanieren, Beleidigen oder Einschüchtern einer Person durch eine Gruppe, nicht durch körperliche Gewalt, sondern durch Psychoterror (Gerüchte, soziale Isolierung, Herabsetzung)

Phasen eines Mobbingprozesses

1. Phase
- *Konflikte*
- *einzelne Vorfälle*
- *Schuldzuweisungen*

↓

2. Phase
- *Ausgrenzung*
- *Psychoterror*

↓

3. Phase
- *Arbeit leidet*
- *Erkrankungen*
- *arbeitsrechtliche Schritte*

↓

4. Phase
- *Ausschluss, z. B. Kündigung*

Zusammenfassung: Umgang mit Konflikten

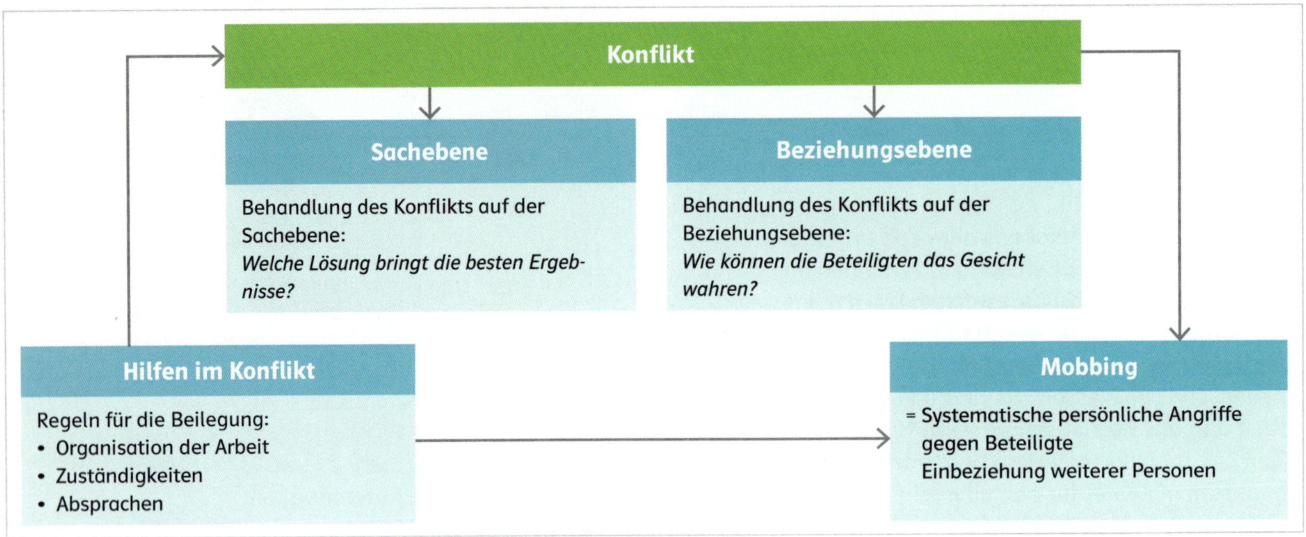

Übungsaufgaben

1. Nennen Sie zwei nützliche und zwei schädliche Folgen von Konflikten am Arbeitsplatz. Erläutern Sie genauer, worin Nutzen und Schaden jeweils bestehen.

2. Nennen Sie drei Merkmale, die die Schlussfolgerung nahelegen, dass es sich bei einem Konflikt in der Abteilung um Mobbing handelt.

3. Einige der folgenden Situationen können zu Verteilungskonflikten führen. Nennen Sie die entsprechenden Situationen. Erläutern Sie gegebenenfalls, worin der Verteilungskonflikt besteht.
   a) Vergabe einer Leistungsprämie
   b) Beförderung eines Mitarbeiters
   c) Entlassung eines Mitarbeiters in der Probezeit
   d) Umzug in ein anderes Büro
   e) Überstunden werden nicht mehr ausbezahlt, sondern müssen abgefeiert, d.h. in Form von Freizeit abgebaut werden

4. Die folgenden Äußerungen sind Konfliktsignale.
   - Deuten Sie jeweils diese Signale auf der Sachebene und der Beziehungsebene.
   - Erarbeiten Sie für zwei dieser Äußerungen Vorschläge für eine Antwort oder für einen sachgerechten Umgang mit der Äußerung.

   a) „Warum soll ausgerechnet ich immer Überstunden machen? Ist mein Feierabend weniger wert als der von den anderen?"
   b) „Frau Koslowski könnte sich ruhig etwas dezenter schminken. Und haben Sie den Rock gesehen, den sie gestern anhatte?"
   c) „Joachim versaut beim Arbeiten immer den ganzen Boden. Und nachher sagt er, dass wir das gewesen sind."
   d) „Wenn Robert fährt, wird mir jedes Mal kotzübel. Ich verstehe nicht, warum der Chef ihn überhaupt fahren lässt."
   e) „Jetzt weiß ich's: Karl-Heinz hat 'ne Pulle Wodka in seinem Spind. Die ganze Zeit habe ich ihn schon im Verdacht, dass er säuft."

Sozialer Arbeitsschutz

Lernsituation

Nils Stolpe arbeitet als Augenoptikermeister in einem kleinen Fachgeschäft. Er wird in Kürze Vater. Mit seiner Frau Esther hat er beschlossen, die Elternzeit so aufzuteilen, dass sie die ersten acht Monate nach der Geburt zu Hause bleibt. Dann will sie wieder in Teilzeit einsteigen, während er sechs Monate zu Hause bleibt. Als er dies seinem Chef, Herrn Pechstein, mitteilt, kommt es zum Krach.

Herr Pechstein: Wie wollen Sie das überhaupt finanzieren? Soweit ich weiß, bekommen Sie doch nur für zwei Monate Elterngeld. Von mir aus dürfen Sie vier Monate gehen, aber wir müssen darüber reden, wann ich auf Sie verzichten kann. Sie sind der Einzige hier, der ausbilden darf …
Nils: Außer Ihnen!
Herr Pechstein: Außer mir. Aber ich habe das schon ewig nicht mehr gemacht.
Nils: Sie können doch jemand für das halbe Jahr einstellen, in dem ich nicht da bin.
Herr Pechstein: Für ein halbes Jahr? Das stellen Sie sich leichter vor, als es ist.
Nils: Es ist ja noch lang hin. Da findet sich schon jemand. Ich weiß sowieso noch nicht, ob ich nachher gleich wieder voll einsteige.
Herr Pechstein: Wie soll ich da überhaupt planen? Sie können sich doch nicht alles offenhalten!
Nils: Ich stelle jetzt meinen schriftlichen Antrag, und dann werden wir ja sehen.

Arbeitsauftrag

1. Klären Sie die Rechtslage und stellen Sie fest, was Nils Stolpe seinem Chef mitteilen muss.
2. Schlagen Sie eine Lösung vor, mit der beide Seiten leben können.

Vertrauensarbeitszeit

Die Arbeitnehmer verteilen die Arbeitszeit weitgehend eigenverantwortlich; der Arbeitgeber verzichtet auf eine Kontrolle der Arbeitszeiten.

Beschränkungen der Arbeitszeit

Zu viel Arbeit macht auf Dauer krank – körperlich oder psychisch. Man hält die Belastung ein paar Jahre, vielleicht auch Jahrzehnte aus, aber nicht ein Leben lang. Darum ist heute in den meisten Industriestaaten die Dauer der täglichen und wöchentlichen Arbeitszeit beschränkt. In Deutschland regelt dies das **Arbeitszeitgesetz** (ArbZG).

Arbeitszeitgesetz – die wichtigsten Regelungen (nach ArbZG §§ 3–6, 9–11)	
Arbeitszeit	Höchstens 8 Stunden am Tag und 48 Stunden in der Woche. Dieser Wert muss im Durchschnitt von 6 Monaten erreicht werden. Ist das gewährleistet, ist eine Arbeitszeit von bis zu 10 Stunden am Tag zulässig. (Bei Nachtarbeit gelten strengere Vorschriften.)
Ruhepausen	Bei 6–9 Stunden Arbeitszeit mindestens 30 Minuten, bei längerer Arbeitszeit mindestens 45 Minuten.
Freizeit	Zwischen 2 Arbeitstagen eine Ruhezeit von mindestens 11 Stunden.
Sonn- und Feiertage	Beschäftigung nur, wenn die Arbeit an Werktagen nicht durchgeführt werden kann. Ausnahmen gelten z. B. für Gastgewerbe, Krankenhäuser, Verkehrsbetriebe. Mindestens 15 Sonntage pro Jahr müssen arbeitsfrei bleiben.

So viele Beschäftigte arbeiten am Wochenende

nur samstags	*20 %*
auch sonntags	*23 %*

BAuA 2016

Das Arbeitszeitgesetz erlaubt einige Ausnahmen. Die wichtigsten: Durch Tarifvertrag (→ S. 90 ff.) oder Betriebsvereinbarung (→ S. 85) können längere Arbeitszeiten und abweichende Ruhepausen und Ruhezeiten vereinbart werden. Das Arbeitszeitgesetz ist seit Jahren in der Kritik. Insbesondere die Begrenzung der täglichen Arbeitszeit auf 10 Stunden gilt als zu unflexibel. Bemängelt wird auch, dass es den neuen Arbeitsformen nicht gerecht werde: Jahresarbeitszeit, **Vertrauensarbeitszeit**, Gleitzeit, Arbeit im Home-Office usw. Vollzeit-Arbeitnehmer leisten derzeit im Durchschnitt 5 Überstunden in der Woche; 21 % arbeiten mehr als 48 Stunden/Woche. Das zeigt: Gegen das Arbeitszeitgesetz wird häufig verstoßen.

Selbst wenn im **Arbeitsvertrag** (→ S. 71 ff.) festgelegt ist, dass Überstunden oder z. B. dienstliche Fahrten am Steuer eines Pkws nicht bezahlt werden, gelten sie nach dem Arbeitszeitgesetz als Arbeitszeit. Manche Arbeitsverträge sehen vor, dass sich der Arbeitnehmer auch außerhalb seiner regulären Arbeitszeit für Arbeitsleistungen bereithalten muss. Man unterscheidet dabei zwischen Bereitschaftsdienst, der als Arbeitszeit zählt, und Rufbereitschaft, die nur dann als Arbeitszeit zählt, wenn die Leistung des Arbeitnehmers tatsächlich abgerufen wird.

Hauptgrund für Überstunden*

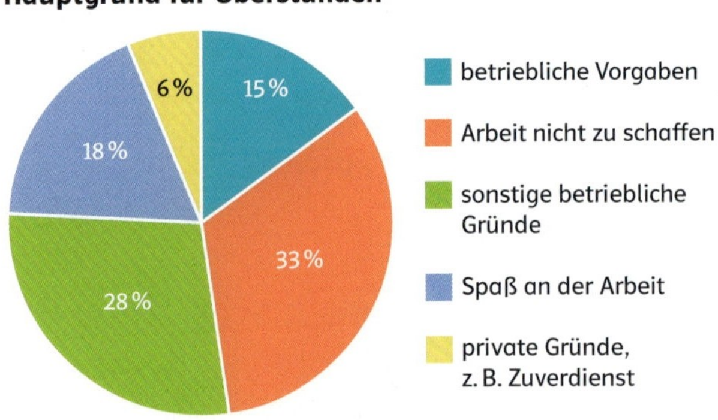

*Umfrage unter Arbeitnehmern, die mehr als 2 Überstunden pro Woche leisten
Bundesanstalt für Arbeitsschutz und Arbeitsmedizin (BAuA): Arbeitszeitreport Deutschland 2016

Bundesurlaubsgesetz (BUrlG)

Jedem Arbeitnehmer stehen im Jahr mindestens 24 Werktage bezahlter Urlaub zu. Als Werktage gelten Montag bis Samstag. In den Tarifverträgen ist meist ein längerer Urlaubsanspruch vereinbart. Wer neu im Betrieb ist, darf erst nach 6 Monaten zum ersten Mal Urlaub nehmen. Den Zeitpunkt des Urlaubs bestimmt der Arbeitgeber. Er muss aber die Wünsche des Arbeitnehmers berücksichtigen, soweit nicht betriebliche Gründe dagegen sprechen. Der Urlaub muss grundsätzlich in dem Kalenderjahr gewährt und genommen werden, in dem der Urlaubsanspruch entstanden ist.

Besonderer Schutz für bestimmte Personengruppen

Die Regelungen zur Arbeitszeit und zum Urlaub gelten für alle Arbeitnehmer, ebenso das Kündigungsschutzgesetz (→ S. 76 ff.). Für bestimmte Arbeitnehmer gibt es weitere Schutzvorschriften. Sie betreffen:

- **Jugendliche unter 18 Jahren:** Für sie gilt das **Jugendarbeitsschutzgesetz (JArbSchG)** (→ S. 16 f.).

Schwangerschaft

- keine Akkordarbeit
- keine schwere körperliche Arbeit
- keine gesundheitsgefährdende Arbeit

Kündigungsverbot

Entbindung

Arbeitsverbot
6 Wochen vor, 8 Wochen nach der Entbindung

4 Monate Kündigungsverbot

Keine die Leistungsfähigkeit überschreitende Arbeit

An den Mutterschutz können sich bis zu 3 Jahre Elternzeit anschließen.

- **Schwangere und Mütter:** Ihr Schutz ist im **Mutterschutzgesetz (MuSchG)** geregelt. Es schützt Schwangere und junge Mütter nicht nur vor gesundheitlichen Gefahren am Arbeitsplatz, sondern auch davor, dass der Arbeitgeber aufgrund der Schwangerschaft kündigt. Die Arbeitsgerichte gehen inzwischen noch einen Schritt weiter: Es ist unzulässig, wenn Unternehmen im Bewerbungsgespräch oder Personalfragebogen nach einer bestehenden Schwangerschaft oder einem Kinderwunsch fragen.
- **Eltern:** An den Mutterschutz kann sich **Elternzeit** anschließen – bis zum 3. Geburtstag des Kindes. Während der Elternzeit besteht Kündigungsschutz. Beide Elternteile haben zur Betreuung ihres Kindes Anspruch auf Elternzeit, und zwar unabhängig davon, in welchem Umfang der Partner die Elternzeit nutzt. Elternzeit kann also aufgeteilt oder gleichzeitig genutzt werden. Eltern müssen die Elternzeit mindestens 7 Wochen vorher schriftlich beim Arbeitgeber anmelden. Beginn und Ende müssen verbindlich festgelegt werden. Dadurch kann der Arbeitgeber besser planen und z. B. für diesen Zeitraum eine Vertretung einstellen.
  Die Unterbrechung der Berufstätigkeit ist nicht an Voraussetzungen gebunden; sie muss nur angemeldet werden. Anders sieht es beim Anspruch auf Teilzeitarbeit während der Elternzeit aus (15–30 Stunden/Woche). Voraussetzungen dafür sind, dass der Betrieb mehr als 15 Beschäftigte hat und dass keine dringenden betrieblichen Gründe entgegenstehen. Der Arbeitnehmer muss die Teilzeitarbeit mindestens 7 Wochen vorher beantragen. Wenn er sich mit dem Arbeitgeber nicht einigt oder wenn der Arbeitgeber den Antrag ablehnt, kann der Arbeitnehmer vor dem 🔍 **Arbeitsgericht** klagen.
  Fast alle Eltern machen von der Möglichkeit der Elternzeit Gebrauch, meist 12–14 Monate lang. 12 Monate haben sie nämlich Anspruch auf 🔍 **Elterngeld** für den Partner, der die Berufstätigkeit unterbricht und die Betreuung des Kindes übernimmt – 14 Monate, wenn auch der andere Partner (meist der Vater) Elternzeit beantragt. Wenn Eltern in Teilzeit weiterarbeiten, bekommen sie weniger Elterngeld, aber ihr Anspruch verlängert sich: Elterngeld plus. Elternzeit und Elterngeld sind im **Bundeselterngeld- und Elternzeitgesetz (BEEG)** geregelt.
- **Schwerbehinderte:** Arbeitnehmer, deren Erwerbsfähigkeit zu mindestens 50 % eingeschränkt ist, haben u. a. einen zusätzlichen Urlaubsanspruch von 5 Tagen im Jahr, genießen einen besonderen Kündigungsschutz und können nicht zu Mehrarbeit verpflichtet werden (Sozialgesetzbuch, IX. Buch). Die Beschäftigung von Schwerbehinderten wird vom Staat durch Zuschüsse gefördert. Umgekehrt müssen Unternehmen mit mindestens 20 Beschäftigten, die weniger als 5 % der Arbeitsplätze für Schwerbehinderte zur Verfügung stellen, für jeden nicht besetzten Arbeitsplatz eine Ausgleichsabgabe bezahlen.

Mutterschaftsgeld

Mitglieder der gesetzlichen Krankenversicherung erhalten Mutterschaftsgeld. Die Differenz zum zuletzt bezahlten Lohn muss der Arbeitgeber ausgleichen: Zuschuss zum Mutterschaftsgeld

🔍 ***Arbeitsgerichte***
→ S. 78

🔍 ***Elterngeld***

Etwa 2/3 des Nettogehalts des betreuenden Elternteils, mindestens 300 €, höchstens 1800 € (Stand 2017)

Zusammenfassung: Sozialer Arbeitsschutz

Sozialer Arbeitsschutz für alle Arbeitnehmer

Arbeitszeitgesetz	Bundesurlaubsgesetz	Kündigungsschutzgesetz
• im Durchschnitt höchstens 8 Stunden/Tag • im Durchschnitt höchstens 48 Stunden/Woche • Ruhepausen und Ruhezeiten vorgeschrieben • Sonntagsarbeit begrenzt; 15 arbeitsfreie Sonntage/Jahr sind Pflicht	• 24 Werktage/Jahr Mindesturlaub • Urlaub in dem Jahr, in dem der Urlaubsanspruch entstanden ist • Erster Urlaub erst nach 6 Monaten im Betrieb	→ S. 76 ff.

Zusätzlicher sozialer Arbeitsschutz für bestimmte Personengruppen

Mutterschutzgesetz	Elternzeit	Jugendarbeitsschutzgesetz	Schwerbehindertengesetz
• keine gesundheitsgefährdende Arbeit während der Schwangerschaft • Arbeitsverbot 6 Wochen vor bis 8 Wochen nach der Entbindung • Kündigungsverbot	• Anspruch für beide Partner bis zum 3. Geburtstag des Kindes, auch gleichzeitig • Kündigungsverbot • Elterngeld bis zu 14 Monate	→ S. 16 f.	• zusätzlicher Urlaubsanspruch (5 Tage) • erweiterter Kündigungsschutz • Zuschüsse/Ausgleichsabgabe für Arbeitgeber

Übungsaufgaben

○ 1. Verstöße gegen das Arbeitszeitgesetz können im Interesse des Arbeitgebers oder des Arbeitnehmers liegen. Nennen Sie für beide Fälle zwei Beispiele.

◒ 2. Erläutern Sie, wie in Ihrem Ausbildungsbetrieb die Einhaltung der folgenden Gesetze geregelt wird:
a) Jugendarbeitsschutzgesetz
b) Arbeitszeitgesetz
c) Bundesurlaubsgesetz
d) Mutterschutzgesetz

◒ 3. Vergleichen Sie Arbeitszeitgesetz bzw. Bundesurlaubsgesetz und Jugendarbeitsschutzgesetz hinsichtlich Arbeitszeit, Pausen, Freizeit, Sonn- und Feiertagen, Urlaubsanspruch und ggf. weiterer Einschränkungen. Legen Sie eine Tabelle an.

● 4. Beurteilen Sie, ob das Arbeitszeitgesetz geändert werden sollte und welche Änderungen ggf. sinnvoll sind.

◒ 5. Melina Borowski besucht dienstlich eine Messe in Köln. Sie will mit dem eigenen Pkw fahren, frühmorgens hin und abends nach Messeschluss wieder zurück. Der Arbeitgeber schreibt ihr vor, dass sie mit der Bahn fahren muss und begründet das mit dem Arbeitszeitgesetz. Stellen Sie dar, welche Überlegungen zu dieser Anweisung führen.

● 6. Bei einem Hersteller von Christbaumschmuck ist die Arbeitszeit durch Betriebsvereinbarung folgendermaßen geregelt: Im Jahresdurchschnitt gilt eine 40-Stunden-Woche. Von Juni bis November wird Montag bis Freitag 10 Stunden gearbeitet, am Samstag 6 Stunden. In den anderen Monaten wird entsprechend weniger gearbeitet. Von Juni bis November gilt eine Urlaubssperre. Überprüfen Sie, ob diese Regelung mit dem sozialen Arbeitsschutz vereinbar ist.

Schutz vor Gefahren am Arbeitsplatz

Lernsituation

Oliver ist heute allein in der Malerwerkstatt. Er soll mit einem Sprühgerät Türen abbeizen, bevor sie neu lackiert werden. Im Lager sucht er nach einem Abbeizmittel. Er legt sich in Ruhe seine Hilfsmittel zurecht und dreht das Radio auf volle Lautstärke. Dann packt er seine Stulle aus und seine Cola und legt die Zigaretten daneben. Gerade hat er mit dem Abbeizen angefangen, da platzt unvermutet der Meister herein. Er sieht das Abbeizmittel, blickt sich um, stellt das Radio ab und reißt die Fenster auf. Dann baut er sich vor Oliver auf. Er hält ihm das Sicherheitsdatenblatt des Abbeizers unter die Nase. „Sofort aufhören! Was hast du da um Gottes willen für eine Giftsuppe genommen? Lesen kannst du hoffentlich!"

Arbeitsauftrag

- Erklären Sie, warum der Meister Grund hat, sich aufzuregen. Beachten Sie bei Ihren Überlegungen das Sicherheitsdatenblatt auf Seite 52.

MAK-Grenzwert
maximal erlaubte Konzentration eines Stoffes am Arbeitsplatz

Exposition
Ausmaß, in dem der Körper schädigenden Einflüssen ausgesetzt ist

Arbeitsschutzgesetz
§ 12 (1) Der Arbeitgeber hat die Beschäftigten über Sicherheit und Gesundheitsschutz bei der Arbeit … ausreichend und angemessen zu unterweisen … Die Unterweisung muss bei der Einstellung, bei Veränderungen im Aufgabenbereich, der Einführung neuer Arbeitsmittel oder einer neuen Technologie vor Aufnahme der Tätigkeit der Beschäftigten erfolgen.

Auszug aus dem Sicherheitsdatenblatt eines Abbeizmittels

…

3. Mögliche Gefahren
Das Produkt ist gemäß Richtlinie 1999/45/EG und den Anhängen als gefährlich eingestuft.
Einstufung:
R12 – Hochentzündlich
R40 – Verdacht auf krebserzeugende Wirkung
R20/21 – Gesundheitsschädlich beim Einatmen und bei Berührung mit der Haut
R68 – Irreversibler Schaden möglich […]
…

7. Handhabung und Lagerung
Handhabung:
Lösemitteldämpfe sind schwerer als Luft und breiten sich über dem Boden aus. Dämpfe bilden zusammen mit Luft ein explosives Gemisch. Die Bildung entzündlicher und explosionsfähiger Lösemitteldämpfe in der Luft und ein Überschreiten der **MAK-Grenzwerte** vermeiden.
Das Material nur an Orten verwenden, bei denen offenes Licht, Feuer und andere Zündquellen ferngehalten werden.
Berührung mit den Augen und der Haut vermeiden.
Dämpfe, Spritznebel und Schleifstäube nicht einatmen.
Essen, Trinken und Rauchen ist in Bereichen zu verbieten, in denen dieses Produkt verwendet wird. […]

8. Expositionsbegrenzung und persönliche Schutzausrüstungen
Begrenzung und Überwachung der Exposition am Arbeitsplatz:
Beim Umgang mit diesem Produkt oder bei seiner Verwendung ist normalerweise eine ausreichende Lüftung erforderlich. Dies kann durch lokale oder Raumabsaugung erreicht werden. Bei unzureichender Lüftung ist ein Atemschutzgerät zum Schutz vor organischen Dämpfen und Staub/Nebel anzulegen. […]
Persönliche Schutzausrüstung
Atemwege: Liegt die Lösemittelkonzentration über den Luftgrenzwerten, so muss ein für diesen Zweck zugelassenes Atemschutzgerät getragen werden. Zum erhöhten Schutz wird eine Vollgesichts-Atemschutzmaske mit entsprechendem Filter empfohlen.
Haut: Für die verlängerte und wiederholte Behandlung sollten Neopren- oder Nitril-Handschuhe verwendet werden. Zusätzlich Schutzcreme für die Hautflächen, die mit dem Produkt in Kontakt kommen können.
Haut und Körper: Tragen antistatischer Kleidung aus Naturfaser (Baumwolle) oder hitzebeständiger Synthetikfaser.
Augen: Zum Schutz gegen Spritzer Schutzbrille tragen.
[…]

Technischer Arbeitsschutz

An fast allen Arbeitsplätzen gibt es besondere Gefahren für die Gesundheit der Beschäftigten. Diese Gefahren können ausgehen:
- von **Geräten, Maschinen, Arbeitsmitteln** am Arbeitsplatz (geregelt im Geräte- und Produktsicherheitsgesetz: GPSG);
- von der Beschaffenheit des **Arbeitsplatzes** selbst, z. B. auf Baustellen (geregelt in der Arbeitsstättenverordnung: ArbStättV);
- von **chemischen oder biologischen Stoffen**, mit denen Beschäftigte während der Arbeit umgehen müssen (geregelt in der Gefahrstoffverordnung: GefStoffV);
- vom **Arbeitsablauf** und der Arbeitsorganisation.

Die einzelnen Berufsgenossenschaften als Träger der gesetzlichen Unfallversicherung stellen darum für ihren Bereich **Unfallverhütungsvorschriften** auf und überwachen deren Einhaltung. Diese Vorschriften sind für Arbeitgeber und die Beschäftigten verbindlich. Dabei geht es
- um die Vermeidung von Unfällen,
- um eine möglichst niedrige gesundheitliche Belastung (z. B. Nichtraucherschutz, Lärmschutz) und um die Vermeidung von Berufskrankheiten,
- um die arbeitsmedizinische Untersuchung der Mitarbeiter,
- um vorbeugende Maßnahmen (z. B. Informationspflichten) und um das Sicherheitsmanagement im Unternehmen.

Der Arbeitgeber ist nach dem Arbeitsschutzgesetz (ArbSchG) verpflichtet, für jede Tätigkeit eine **Gefährdungsbeurteilung** vorzunehmen und geeignete Maßnahmen zu ergreifen. Bei der Wahl der Maßnahmen hat er einen großen Spielraum. Er muss aber folgende Grundsätze beachten:
- Die verbleibende Gefährdung und Belastung muss möglichst gering gehalten werden. Für

Was regelt die Arbeitsstättenverordnung (ArbStättV)?

Folgende Beispiele zeigen, in welchen Bereichen die ArbStättV Anforderungen an Arbeitsplätze stellt:
- Sicherheit elektrischer Anlagen
- Sicherheits- und Gesundheitskennzeichnung
- Nichtraucherschutz
- Gestaltung von Fußböden, Wänden, Decken, Dächern, Fenstern, Türen, Verkehrsflächen, Laderampen, Treppen, Leitern
- Schutzmaßnahmen vor Absturz und herabfallenden Gegenständen
- Brandschutz
- Fluchtwege und Notausgänge, Sicherheitsbeleuchtung
- Beleuchtung, Lüftung
- Lärmschutz
- Sanitärräume, Pausen- und Bereitschaftsräume, Erste-Hilfe-Räume
- besondere Anforderungen an Baustellen und Arbeitsplätze im Freien

manche Stoffe gelten Grenzwerte, die am Arbeitsplatz nicht überschritten werden dürfen, z.B. für Ozon oder Kohlendioxid (CO_2).
- Gefahren müssen an der Quelle bekämpft werden. Zum Beispiel müssen Maschinen so konstruiert sein, dass niemand bei laufendem Betrieb hineingreifen kann.
- Der aktuelle Stand der Technik und der Arbeitswissenschaft muss berücksichtigt werden.

Die **Wirksamkeit der Maßnahmen** muss überprüft werden. Der Betriebsrat (→ S. 85 ff.) hat hier wichtige Kontrollrechte. Eine Aufsicht findet durch die Arbeitsschutzbehörden der Länder statt (in Baden-Württemberg sind die Gewerbeaufsichtsämter der Landkreise zuständig). Beteiligt sind auch die gewerblichen Berufsgenossenschaften (z.B. die Berufsgenossenschaft der chemischen Industrie). Am technischen Arbeitsschutz sind außerdem der TÜV und die BAuA (Bundesanstalt für Arbeitsschutz und Arbeitsmedizin) beteiligt.
Besonders hoch ist die Unfallgefahr auf Baustellen. Beschäftigte unterschiedlicher Unternehmen arbeiten am selben Ort, oft unter großem Termindruck, auch bei Nässe und Kälte. Ihr Arbeitsplatz verändert sich täglich. Wo vor zwei Stunden eine Abdeckung war, ist jetzt womöglich keine mehr. Das Stromkabel, das gestern abgeschaltet war, steht heute unter Spannung. Die meisten Todesfälle auf Baustellen gehen auf Abstürze zurück; an zweiter Stelle folgen Elektrounfälle.

Vom technischen Arbeitsschutz ist der **soziale Arbeitsschutz** zu unterscheiden. Dort geht es z. B. um Arbeitszeiten, Kündigungsschutz und um den Schutz besonders gefährdeter Gruppen (Schwangere, Jugendliche, Schwerbehinderte, ...) (→ S. 48 f.).

Verhaltensvorschriften für Mitarbeiter

Technische Anforderungen an die Arbeitsmittel sind nur ein Teil des Arbeitsschutzes. Zum Arbeitsschutz gehören, abhängig vom Arbeitsplatz, auch Vorschriften für das Verhalten der Beschäftigten, das Tragen von Schutzkleidung usw. Auf diese Vorschriften wird durch eine farbige Kennzeichnung hingewiesen:
- blau für Vorschriften (z. B. das Tragen einer Schutzbrille);
- gelb für die Warnung vor Gefahren durch Geräte oder Arbeitsmittel (z. B. Quetschgefahr oder ätzende Stoffe);
- weiß mit rotem Rand für Verbote (z. B. das Verbot, in eine Maschine zu greifen);
- grün für Hinweise auf Rettungseinrichtungen.

Für den Umgang mit manchen Stoffen gelten verbindliche „Technische Regeln für Gefahrstoffe" (TRGS), die laufend aktualisiert werden. Ein *Beispiel:* Die TRGS 517 regelt den Umgang mit möglicherweise asbesthaltigen mineralischen Rohstoffen und schreibt unter anderem bestimmte Atemschutzgeräte und Masken vor. An manchen Arbeitsplätzen sind regelmäßige Gesundheitsuntersuchungen vorgeschrieben.

Nichtraucherschutz

Der Arbeitgeber hat die erforderlichen Maßnahmen zu treffen, damit die nicht rauchenden Beschäftigten in Arbeitsstätten wirksam vor den Gesundheitsgefahren durch Tabakrauch geschützt sind. Soweit erforderlich, hat der Arbeitgeber ein allgemeines oder auf einzelne Bereiche der Arbeitsstätte beschränktes Rauchverbot zu erlassen.

Auszug aus der Arbeitsstättenverordnung, § 5 (1)

Gefahrenschilder

Berufskrankheiten

Krankheitsgruppe (Auswahl)	Todesfälle	anerkannte Fälle
Atemwegserkrankungen (bes. durch anorganischen Staub, etwa Asbest, Silikat)	2124	5514
Lösungsmittel, Pestizide, andere chemische Stoffe	149	558
Strahlenbelastung	42	42
Lärmschwerhörigkeit u. Ä.	0	6408
Infektionen, Parasiten, Tropenkrankheiten	14	1181
Hautkrankheiten	1	2743
Schäden des Bewegungsapparats (z. B. Bandscheibenschäden)	0	1232
andere Krankheiten	85	364
insgesamt	2415	18042

Bearbeitet aus: Bundesministerium für Arbeit und Soziales (BMAS) 2016: Sicherheit und Gesundheit bei der Arbeit 2015, Tabellen TC 2, TC 4

Ergonomie
→ S. 57 f.

Die Zahl der **Berufskrankheiten** (→ Tabelle oben) erscheint niedrig, die Folgen sind jedoch weitreichend: Tod, Berufsunfähigkeit oder eingeschränkte Arbeitsfähigkeit. Viele Fälle sind auf mangelnden Schutz am Arbeitsplatz zurückzuführen.

Wirtschaftsbereiche mit den meisten Arbeitsunfällen 2015
(Zahl der Unfälle je 1000 Vollzeitbeschäftigte)

Wirtschaftsbereich	Unfälle
Landwirtschaft	64
Bau	56
Verkehr	42
Holz und Metall	37
Nahrungsmittel und Gastronomie	35
Handel und Warenlogistik	23
Durchschnitt	**23**

BMAS 2016 (s. o.), Tabelle TB 4 (Zahlen gerundet)

Verstöße gegen Arbeitsschutzvorschriften

Routine hilft, Unfälle zu vermeiden. Wer im Umgang mit einem Trennschleifer Erfahrung hat, hat sich an die Beachtung elementarer Regeln gewöhnt. Er weiß, wie er das Gerät halten muss, welche Arbeiten gefährlich sind und für welche Arbeiten das Gerät nicht geeignet ist. Routine ist andererseits eine Quelle für Unfälle. Die Aufmerksamkeit sinkt, weil die Tätigkeit immer wieder vorkommt.

Die Hauptquelle für Unfälle ist aber die Bequemlichkeit. Maßnahmen, die dem Arbeitsschutz dienen, kosten zusätzliche Zeit oder erschweren die Durchführung. Das ist besonders dann lästig, wenn der Aufwand für den Arbeitsschutz hoch ist im Vergleich zur Arbeit, die gemacht werden soll. Wer „nur mal kurz" eine Ecke der Hausfassade streicht, wird dafür nicht das Gerüst aufbauen wollen.

Ein besonderes Risiko besteht bei Schutzeinrichtungen, die erst bei Unfällen oder im Brandfall gebraucht werden. Im Alltag fällt nicht auf, wenn der Fluchtweg verstellt oder der Notausgang abgeschlossen ist.

Alkohol hat am Arbeitsplatz nichts zu suchen. Wer unter **Alkohol** oder **Drogen** einen Arbeitsunfall verursacht, verliert den Schutz der gesetzlichen Unfallversicherung. Ein weiterer Risikofaktor sind **Medikamente**. Ihre Nebenwirkungen kann der Kranke oft schwer einschätzen.

Folgen von Arbeitsunfällen

Etwa eine Million Arbeitsunfälle mit Verletzten oder Toten gibt es jedes Jahr in Deutschland. Die unmittelbaren Folgen muss das **Unfallopfer** tragen: vorübergehende oder dauernde Arbeitsunfähigkeit, Berufsunfähigkeit. Oft ist dies mit einem geringeren Einkommen verbunden.

Folgen eines Arbeitsunfalls für das **Unternehmen** sind der Ausfall einer Arbeitskraft, darüber hinaus je nach Art des Unfalls eine Unterbrechung der Produktion oder ein Sachschaden.

Kosten entstehen für die **gesetzliche Unfallversicherung**, die eine Heilbehandlung, eine Umschulung, eine Rente wegen Berufsunfähigkeit oder (bei tödlichen Unfällen) eine Hinterbliebenenrente bezahlen muss.

Zusammenfassung: Schutz vor Gefahren am Arbeitsplatz

Sozialer Arbeitsschutz

- Regelung der Arbeitszeit
- Schutzvorschriften für einzelne Gruppen, z. B. Jugendliche, Schwangere

→ S. 48 f.

Technischer Arbeitsschutz

Überwachung durch:
Betriebsrat, Gewerbeaufsichtsamt, Berufsgenossenschaft

Arbeitsorganisation

- Gestaltung von Arbeitsabläufen
- Einweisung der Beschäftigten
- Verhaltensvorschriften

Sicherheit von Anlagen und Geräten

- Einrichtung des Arbeitsplatzes
- Einsatz von Anlagen und Geräten
- Gestaltung der Arbeitsmittel

Sicherheit beim Einsatz von Gefahrstoffen

- Auswahl der Arbeitsstoffe
- Arbeitshygiene
- Umgang mit chemischen und biologischen Stoffen
- Lagerung

Arbeitswissenschaft (Ergonomie → S. 57 f.)

Individuelle Schutzmaßnahmen (z. B. Schutzausrüstung)

Gesundheitsuntersuchungen (Arbeitsmedizin)

Wichtige rechtliche Grundlagen:

- Geräte- und Produktsicherheitsgesetz (GPSG)
- Arbeitsschutzgesetz (ArbSchG)
- Arbeitsstättenverordnung (ArbStättV)

- Chemikaliengesetz (ChemG)
- Gefahrstoffverordnung (GefStoffV)
- Technische Regeln für Gefahrstoffe (TRGS)

Übungsaufgaben

○ 1. Nennen Sie die Bedeutung der auf Seite 53 abgebildeten Gefahren- und Hinweissymbole.

◒ 2. Ermitteln Sie, welche weiteren Gefahrensymbole es an Ihrem Arbeitsplatz gibt, und nennen Sie deren Bedeutung.

◒ 3. Ermitteln Sie, welche Personen und Institutionen in Ihrem Ausbildungsbetrieb für den technischen Arbeitsschutz zuständig sind.

● 4. Bei der Firma Verzahntechnik Müller GmbH fehlt seit einem Vierteljahr die Abdeckung einer CNC-Fräsmaschine. Stattdessen ist ein handgeschriebener roter Zettel angebracht: „Nicht in die Maschine greifen." Die Anlage soll in nächster Zeit durch eine neue ersetzt werden. Ein Mitarbeiter ist mit dieser Maßnahme nicht einverstanden und informiert den Betriebsrat. Erarbeiten Sie einen Vorschlag, was der Betriebsrat vorbringen kann.

Ergonomie am Arbeitsplatz

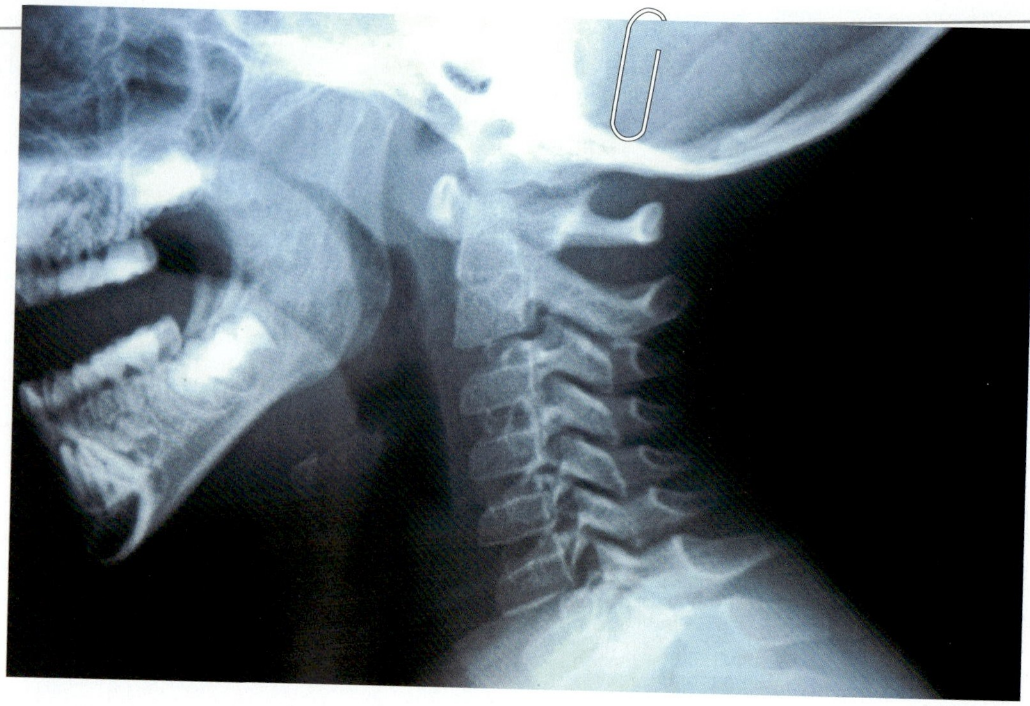

Lernsituation

Herr Jäger, einer der erfahrensten Techniker im Vertrieb, ist ein richtiges Arbeitstier. Man sieht ihn nur am Computer oder am Telefon. Außerdem ist er ein umgänglicher Mensch. In den vergangenen Monaten war Herr Jäger aber nicht gut drauf und immer wieder tageweise krank. Beim Mittagessen mit Kollegen in der Kantine beginnt er gleich zu erzählen:

„Was ich im letzten Vierteljahr bei Ärzten rumgesessen habe, das geht auf keine Kuhhaut: Hausarzt, Neurologe, Orthopäde … Letzten Endes war es die Halswirbelsäule. Jetzt kriege ich Krankengymnastik. Wie ich da gestern so liege, komme ich mit dem Therapeuten ins Gespräch. Sagt der: ‚Herr Jäger, was arbeiten Sie denn?' Ich erzähle ihm, was ich so mache. Fragt der: ‚Haben Sie eine Brille für das Arbeiten am Computer?'

Jedenfalls muss ich mir meinen Schreibtisch anders einrichten und brauche einen anderen Bildschirm und eine Brille für das Arbeiten am Computer. Ich weiß ja nicht, ob das des Rätsels Lösung ist. Aber es hat sich ganz plausibel angehört."

Arbeitsauftrag

- Unterstützen Sie Herrn Jäger bei der Gestaltung seines PC-Arbeitsplatzes.

Ergonomie am Büroarbeitsplatz

- Höhenverstellbarer Stuhl mit verstellbarer Rückenlehne. Das Handgelenk muss mit dem Ellenbogengelenk auf einer Höhe sein oder tiefer liegen.
- Schreibtisch: Gut sind höhenverstellbare Tische (üblich sind 68 – 76 cm).
- Der richtige Abstand zum Monitor hängt von der Bildschirmgröße ab; bei 22-Zoll-Bildschirmen ca. 80 cm.
- Ein Arbeitsblatthalter zwischen Bildschirm und Tastatur (nicht seitlich) erleichtert das Arbeiten.
- Beleuchtung: keine Spiegelungen auf dem Bildschirm. Gleichmäßige Beleuchtung. Keine zu starken Kontraste zwischen Bildschirm und Hintergrund.
- Für ältere Arbeitnehmer ist eine Bildschirmbrille sinnvoll. Gleitsichtbrillen sind für das Arbeiten am Computer ungeeignet, ebenso Lesebrillen.

Die für Büros angebotenen Stühle und Monitore erfüllen in der Regel die Vorschriften des Arbeitsschutzes an die Ergonomie.
Für Bildschirmarbeitsplätze gilt eine spezielle Bildschirmarbeitsverordnung (BildscharbV), die vom Arbeitgeber beachtet werden muss. Außerdem gibt es Hilfen (Leitfäden) für die Gestaltung von Büroarbeitsplätzen.

1 Oberkante des Bildschirms unterhalb von Augenhöhe; Entfernung zum Bildschirm 50 – 80 cm
2 Arbeitsblatthalter
3 Tisch 80 cm tief, 160 cm breit (Mindestmaße)
4 Arbeitstischhöhe 72 cm (wenn verstellbar: 68 – 76 cm)

Ergonomie
Schaffung geeigneter Arbeitsbedingungen, um die Arbeitsfähigkeit des Menschen zu verbessern und seine Belastungen während der Arbeit zu verringern. Ziel ist eine fehlerfreie Ausübung der Arbeit ohne gesundheitliche Schäden.

Warum Ergonomie wichtig ist

Die meisten haben sich schon mal über ein technisches Gerät geärgert, weil sie mit ihm nicht oder nur mit Mühe und dauerndem Blättern in der Anleitung zurechtgekommen sind. Das kann die Fernbedienung des Satelliten-Receivers sein oder ein Computerprogramm. Hier hat die **Ergonomie des Produkts** nicht gestimmt. Es war nicht benutzerfreundlich konstruiert.
Gute Ergonomie bemerken wir in der Regel nicht. Wenn wir den ganzen Tag auf demselben Stuhl sitzen können, dann stimmt seine Ergonomie. Wenn wir nach einer Stunde hin und her rutschen und nach einer bequemeren Position suchen, dann ist das ein Zeichen für schlechte Ergonomie.
Was für das Produkt gilt, ist auch wichtig für die Ergonomie der Arbeit, die **Produktionsergonomie**. Jeder weiß, wie anstrengend körperliche Arbeit gebückt, im Liegen oder hoch über dem Kopf ist und wie schnell man dabei ermüdet. Ingenieure und Techniker beschäftigen sich bei der Planung von Produktionsprozessen damit, die Arbeit so einzurichten, dass die Menschen möglichst wenig Verrenkungen machen und keine Zwangshaltungen einnehmen müssen. Zur Produktionsergonomie gehört neben der technischen Seite aber auch eine zweckmäßige Gestaltung der Arbeitsinhalte und des Arbeitsablaufs, d. h. die richtige Arbeitsorganisation.
Die zusätzlichen Kosten bei der Anpassung der Produktion an den Menschen lohnen sich aber. Die Arbeitskräfte arbeiten genauer und schneller, sie ermüden langsamer, sie machen weniger Fehler, die Gefahr von Erkrankungen durch einseitige Arbeit ist geringer.
Trotzdem sind wir am Ende eines Arbeitstages oft geschafft. Einige wichtige Gründe:

1. Ergonomie bezieht sich nicht auf alle Anstrengungen am Arbeitsplatz. Ergonomie kann am Arbeitsplatz eines Lkw-Fahrers die Instrumente gut ablesbar machen, seine Sitzposition optimieren usw., aber die Anspannung beim Fahren selbst bleibt.

Die häufigsten Gründe für Arbeitsunfähigkeit (nach Fehltagen)

Muskel-, Skelett- und Bindegewebserkrankungen	*23 %*
psychische Erkrankungen	*12 %*
Atemwegserkrankungen	*13 %*
Verletzungen und Vergiftungen	*11 %*
Kreislauferkrankungen	*5 %*

Bundesministerium für Arbeit und Soziales: Sicherheit und Gesundheit bei der Arbeit 2015, Tabelle TD 4 (Zahlen gerundet)

Überkopf-Arbeiten ist anstrengend.

2. Jede Arbeit ist in irgendeiner Weise einseitig. Das ist ein Nebenprodukt der Arbeitsteilung. Auch gute Ergonomie beseitigt diese Einseitigkeit nicht.
3. Viele Tätigkeiten zwingen uns nach wie vor unnatürliche Arbeitshaltungen auf. Das betrifft besonders körperliche Arbeit.

Arbeiten in der richtigen Arbeitshöhe

4. Auch an einem ergonomisch erstklassig eingerichteten Arbeitsplatz kann ich unzweckmäßig arbeiten. Ich bücke mich immer wieder nach derselben Seite, ich hebe Lasten auf die falsche Weise – all dies sind Quellen für den Verschleiß des Körpers und oft Ursachen für Erkrankungen.

Vernachlässigte Ergonomie

In manchen Betrieben ist das Bewusstsein für den Nutzen der Ergonomie wenig ausgeprägt. Die Arbeitsplätze sind so eingerichtet, dass die Berufsgenossenschaft nicht meckert, aber mehr auch nicht: Der Bürostuhl hat fünf Beine und ist kippsicher, aber man kann an ihm nicht ermüdungsfrei arbeiten. Die Erzieherin im Kindergarten sitzt jahraus, jahrein auf Stühlen, die für Drei- bis Sechsjährige gedacht sind.
In Büros herrscht ergonomisch oft Nachholbedarf (→ S. 57). Mal werden neue Bildschirme angeschafft und irgendwann neue Stühle. Aber die Anschaffungen sind nicht aufeinander abgestimmt und bei den Stühlen wird nur über die Farbe diskutiert. Das Arbeiten am Laptop ist ergonomisch nicht optimal.

Körperschonend arbeiten

Zum ergonomisch gut gestalteten Arbeitsplatz gehört ein entsprechendes Verhalten der Mitarbeiter. Oft ist einem selbst gar nicht bewusst, dass man etwas falsch macht. Man gewöhnt sich zum Beispiel an eine falsche Haltung beim Sitzen, nicht nur bei der Arbeit, sondern auch zu Hause. Das geht jahrelang, vielleicht jahrzehntelang gut – und irgendwann kommen die Rückenprobleme. Dann ist es schwierig, sich eine falsche Haltung wieder abzugewöhnen.
An vielen Arbeitsplätzen kann ich selbst für ein Stück Abwechslung sorgen: andere Arbeiten dazwischenschieben, die Arbeitshaltung ändern, rechtzeitig Pause machen.
Bei körperlichen Arbeiten gehört es auch zur Berufsausbildung, Werkzeuge richtig einzusetzen, kräfteschonend zu arbeiten, die richtige Arbeitshöhe zu beachten, beim Heben von Lasten Überbeanspruchung zu vermeiden usw.

Zusammenfassung: Ergonomie am Arbeitsplatz

Produktionsergonomie

Arbeitsprozess ist technisch und arbeitsorganisatorisch so gestaltet, dass körperliche und geistige Überbeanspruchung vermieden wird

Anwendung: Arbeitsplatz

Produktergonomie

Arbeitsmittel sind so gestaltet, dass sie leicht bedienbar sind und körperliche Überbeanspruchung vermieden wird

Anwendung: Arbeitsplatz, Freizeit

↓

Folgen schlechter Ergonomie

↓

Arbeitsleistung

- geringer
- schlechtere Qualität
- höhere Fehlerquote

Arbeitnehmer

- höhere Belastung
- schnellere Ermüdung
- Gefahr gesundheitlicher Schäden

Beispiel Büroarbeitsplatz

Arbeitsmittel:		**Anforderungen:**
Arbeitstisch	→	Höhe/Verstellbarkeit
Arbeitsstuhl	→	Höhe/Verstellbarkeit
Beleuchtung	→	gleichmäßige Ausleuchtung, keine Reflexionen
Computer	→	Abstand des Bildschirms zum Nutzer/Höhe
Ziel: richtige Arbeitshaltung		aufrechtes Sitzen

Übungsaufgaben

○ 1. Definieren Sie den Begriff Ergonomie.

◒ 2. Ihr Arbeitsplatz im Betrieb:
   a) Ermitteln Sie anhand Ihres Arbeitsplatzes zwei Beispiele für gute oder für schlechte Ergonomie.
   b) Erläutern Sie, ob bzw. inwieweit sich die Ergonomie Ihres Arbeitsplatzes verbessern lässt, und machen Sie Vorschläge.

◒ 3. Ermitteln Sie, ob es bei den folgenden Problemen am Arbeitsplatz um Fragen der Ergonomie geht. Begründen Sie ihre Zuordnung.
   A fehlender Gehörschutz am Arbeitsplatz
   B Arbeitsstuhl ohne Höhenverstellung
   C Bildschirm steht vor dem Fenster
   D längeres Arbeiten in gebückter Haltung
   E hoher Kraftaufwand beim Schieben von Paletten

○ 4. Nennen Sie die Vorteile, die gute Ergonomie des Arbeitsprozesses für das Unternehmen und die Beschäftigten bringt.

○ 5. Ordnen Sie die folgenden Körperhaltungen bei der Arbeit danach, inwieweit sie ergonomisch sinnvoll sind. Beginnen Sie mit der Körperhaltung, die am wenigsten belastet.

Rollenspiel durchführen

Rollenspiel

Durch Rollenspiele sollen Konflikte im persönlichen Bereich spielerisch gelöst werden. Die Situationsbeschreibung und die Rollenkarten legen fest, welcher Konflikt gelöst werden soll. Wie er gelöst wird, ist den Teilnehmern freigestellt.

So geht's!

1. Rolle vorbereiten (einzeln)

- Situationsbeschreibung und Rollenkarte lesen.
- Situation klären: Was ist das Problem? Ist noch weiteres Material nötig? Müssen Sie noch Informationen recherchieren?
- Gruppen einteilen.

2. Meinung bilden (Gruppe)

Rollenkarten besprechen:

- Worin besteht aus Sicht dieser Person der Konflikt?
- Wie könnte der Konflikt aus ihrer Sicht gelöst werden?
- Mögliche Gegenargumente überlegen.

3. Rollenspiel durchführen

- Spieler auswählen. Die anderen Gruppenmitglieder sind Beobachter und protokollieren den Verlauf.
- Rolle spielen.

4. Auswertung

- Erste Eindrücke bei Spielern und Beobachtern sammeln.
- Ergebnis bewerten.
- Argumente zusammenfassen und beurteilen, Alternativen diskutieren.

Rollenspiel zu Konflikten im Betrieb durchführen

M1 Konfliktsituation im Betrieb

Morgen früh müssen die Pläne für die neue Heizanlage eines Industriebetriebs beim Architekten sein. Außer Frau Adolini ist nur noch Yasmin da, die eine Ausbildung zur Technischen Systemplanerin macht. Zu zweit kann die Arbeit bis etwa 19 Uhr erledigt werden, weil Yasmin sich im CAD-Programm gut auskennt. Gearbeitet wird in der Abteilung normalerweise bis 16:45 Uhr.

M2 Rollenkarte für Frau Adolini

Die Pläne für die neue Heizung müssen morgen früh unbedingt bei Architekt Lauffer sein. Der hat schon zweimal gemahnt. Allein ist dies kaum zu schaffen. Sie sehen auch nicht ein, dass Sie das allein machen sollen. Außerdem sollen die Lehrlinge ruhig lernen, wie hektisch es manchmal zugeht.

M3 Rollenkarte für die Auszubildende Yasmin

Frau Adolini ist erst seit gestern für Sie zuständig. Sie haben vorher noch nicht mit ihr zu tun gehabt. Ihr Ausbilder, Herr Hodler, ist drei Wochen im Urlaub. Gerade heute haben Sie sich mit Ihrem neuen Schwarm für 18 Uhr verabredet. Es liegt Ihnen viel an diesem Treffen.

Rechte und Pflichten von Auszubildenden *(→ S. 16)*

M4 Gesprächsregeln (nicht nur für Rollenspiele)

- Sorgen Sie durch Freundlichkeit für eine positive Gesprächsatmosphäre.
- Hören Sie Ihrem Gesprächspartner in aller Ruhe zu.
- Versuchen Sie, die Hintergründe seiner Aussagen zu verstehen.
- Fassen Sie sich kurz.
- Argumentieren Sie sachlich.
- Vermeiden Sie persönliche Angriffe.
- Zeigen Sie, dass Sie Ihren Gesprächspartner akzeptieren, indem Sie auf seine Aussagen bewusst eingehen.
- Bitten Sie Ihren Gesprächspartner um Vorschläge zur Lösung des Problems.
- Erkennen Sie bessere Argumente an.
- Halten Sie Blickkontakt.

Arbeitsauftrag

Führen Sie zur oben beschriebenen Situation ein Rollenspiel durch. Gehen Sie so vor, wie auf der linken Seite beschrieben.

Online-Code
f4h26m
Prüfungsaufgaben

Berufsausbildung

1. Ausbildungsverhältnis

Anna Karsunke hat die Abschlussprüfung der Berufsausbildung nicht bestanden.
Der Ausbildende ist der Meinung, dass damit das Ausbildungsverhältnis beendet sei.

○ 1.1 Nennen Sie die Angaben, die im Ausbildungsvertrag von Anna mindestens gemacht werden müssen.

● 1.2 Prüfen Sie, ob die Aussage des Ausbildenden zutrifft. Begründen Sie.
Erarbeiten Sie die Schritte, die Anna unternehmen muss, um die Ausbildung trotzdem noch erfolgreich abschließen zu können.
Ziehen Sie zur Beantwortung den Auszug aus dem Berufsbildungsgesetz (M1) heran.

○ 1.3 Anna bringt vor, dass ihr in der Ausbildung nicht die nötigen Kenntnisse vermittelt worden seien, um die Prüfung zu bestehen.
Nennen Sie die schriftlichen Unterlagen, aus denen hervorgeht, welche Kenntnisse und Fertigkeiten Anna in der Ausbildung vermittelt werden mussten.

◒ 1.4 Nennen und erläutern Sie je vier wichtige Pflichten des Auszubildenden und des Ausbildenden nach dem Berufsbildungsgesetz.

M1 Auszug aus dem Berufsbildungsgesetz (BBiG)

§ 8: Abkürzung und Verlängerung der Ausbildungszeit
(1) Auf gemeinsamen Antrag der Auszubildenden und Ausbildenden hat die zuständige Stelle die Ausbildungszeit zu kürzen, wenn zu erwarten ist, dass das Ausbildungsziel in der gekürzten Zeit erreicht wird. Bei berechtigtem Interesse kann sich der Antrag auch auf die Verkürzung der täglichen oder wöchentlichen Ausbildungszeit richten (Teilzeitberufsausbildung).
(2) In Ausnahmefällen kann die zuständige Stelle auf Antrag Auszubildender die Ausbildungszeit verlängern, wenn die Verlängerung erforderlich ist, um das Ausbildungsziel zu erreichen. Vor der Entscheidung nach Satz 1 sind die Ausbildenden zu hören.

§ 21: Beendigung
(1) Das Berufsausbildungsverhältnis endet mit dem Ablauf der Ausbildungszeit. Im Falle der Stufenausbildung endet es mit Ablauf der letzten Stufe.
(2) Bestehen Auszubildende vor Ablauf der Ausbildungszeit die Abschlussprüfung, so endet das Berufsausbildungsverhältnis mit Bekanntgabe des Ergebnisses durch den Prüfungsausschuss.
(3) Bestehen Auszubildende die Abschlussprüfung nicht, so verlängert sich das Berufsausbildungsverhältnis auf ihr Verlangen bis zur nächstmöglichen Wiederholungsprüfung, höchstens um ein Jahr.

◒ 2. Jugendarbeitsschutzgesetz

Anna Karsunke war zu Beginn ihrer Ausbildung erst 16 Jahre alt. Ihr Geburtstag ist im Oktober. Darum galt für sie noch das Jugendarbeitsschutzgesetz (JArbSchG).

2.1 Ermitteln Sie, wie lange das JArbSchG für Anna noch galt.

2.2 Stellen Sie vier Regelungen dar, in denen das JArbSchG über die Vorschriften des Arbeitszeitgesetzes (ArbZG) hinausgeht. Benennen Sie jeweils die Regelung im ArbZG und die weitergehende Regelung im JArbSchG.

2.3 Im JArbSchG ist festgelegt, dass Berufsschultage Arbeitstage sind. Der Ausbildende von Anna war der Meinung, dass Berufsschultage keine Arbeitstage mehr sind, sobald das JArbSchG nicht mehr gilt. Begründen Sie, warum diese Aussage falsch ist.

Arbeitsschutz

1. Arbeitszeitgesetz

M1 Fallbeispiel: Sind diese Arbeitszeiten zulässig?

David Bönninghaus ist als Anlagenmechaniker für die Wartung von Maschinen in verschiedenen Industriebetrieben und für die Beseitigung von Störungen zuständig. Er fährt mit dem Werkstattwagen des Betriebs von Kunde zu Kunde. Die Fahrtzeit zwischen den Kunden wird ihm nicht bezahlt, obwohl sie manchmal über eine Stunde beträgt. Nach seinen Unterlagen ist er von Montag bis Freitag 10–12 Stunden unterwegs (mit 1 Stunde Pause). Bezahlt bekommt er in der Regel 7–8 Stunden. Einmal im Monat hat er am Wochenende Rufbereitschaft, d.h. er muss raus, wenn es Störungen in einem Betrieb gibt. Die Einsätze (ohne Fahrtzeit) werden als Überstunden bezahlt.

Als die Probezeit nach einem halben Jahr vorbei ist, redet Sabrina, seine Partnerin, mit ihm Klartext: „Du bist den ganzen Tag auf Achse und hundemüde, wenn du nach Hause kommst. Jedes vierte Wochenende müssen wir zu Hause sitzen, weil du jederzeit angerufen werden kannst. Und die Bezahlung stimmt auch nicht. Ist das überhaupt erlaubt, was dein Chef mit dir macht?“

David bekommt Zweifel. Er schaut in seinem Arbeitsvertrag nach. Dort steht, dass Wegezeiten nicht als Arbeitszeit bezahlt werden. Er will mehr Geld und er will nicht mehr so lange arbeiten.

○ 1.1 Nennen Sie die Regelungen des Arbeitszeitgesetzes (ArbZG) zur täglichen und wöchentlichen Arbeitszeit und zu den Ruhepausen.

● 1.2 Überprüfen Sie, ob die Arbeitszeiten von David Bönninghaus mit dem ArbZG vereinbar sind.

◒ 1.3 Erläutern Sie, warum die Arbeitszeit nach dem ArbZG und die tatsächlich bezahlte Arbeitszeit voneinander abweichen können.

● 1.4 Schlagen Sie David eine Verhandlungsstrategie gegenüber seinem Chef vor: Was kann er vorbringen? Wie kann er es begründen? Was sollte er mindestens erreichen?

● 1.5 Nach Ansicht vieler Experten ist das ArbZG nicht mehr zeitgemäß. Nennen Sie zwei Kritikpunkte der Wirtschaft an diesem Gesetz. Diskutieren Sie, ob Änderungen sinnvoll sind und wenn ja, welche.

2. Arbeitsschutz

○ 2.1 Zum Arbeitsschutz gehört auch die Elternzeit. Nennen Sie drei Regelungen zur Elternzeit, die für Paare wichtig sind, die Nachwuchs erwarten und überlegen, wie sie Beruf und Familie unter einen Hut bringen können.

◒ 2.2 Nennen Sie zwei weitere Beispiele für sozialen Arbeitsschutz. Stellen Sie eines davon genauer dar.

◒ 2.3 Grenzen Sie technischen und sozialen Arbeitsschutz gegeneinander ab.

3. Elternzeit

Bei 34% der im Jahr 2014 geborenen Kinder haben die Väter Elterngeld bezogen, im Durchschnitt 3,1 Monate lang (die Mütter im Durchschnitt 11,6 Monate lang). Bei den im Jahr 2008 geborenen Kindern waren es noch 21% der Väter.

◒ 3.1 Nennen und erläutern Sie zwei Gründe, warum auch Väter Elternzeit beantragen.

● 3.2 Beurteilen Sie diese Entwicklung.

2 Arbeitswelt und Sozialstaat

Betriebsrat und Gewerkschaft – Wer braucht die schon?

Niklas und Ina, beide Auszubildende zum Technischen Modellbauer bei der Firma Kurz GmbH, im Gespräch über das bevorstehende lange Wochenende.

Niklas: Super, dass der 1. Mai in diesem Jahr auf einen Donnerstag fällt. Am Freitag nehme ich einen Brückentag und dann geht es bei diesem tollen Wetter für vier Tage in den Süden. Und was machst du so?
Ina: Ich werde an der Maikundgebung der Gewerkschaften teilnehmen.
Niklas: Respekt, aber wofür soll das gut sein? Als Mitglied der Jugend- und Auszubildendenvertretung in unserem Betrieb ist es vielleicht richtig, wenn du da mal vorbeischaust. Ich brauche das alles nicht. Was es mit dem Chef zu regeln gibt, das schaffe ich allein. Das Verhältnis zwischen Mitarbeiter und Vorgesetzten hat sich in den letzten Jahrzehnten doch völlig geändert. Daher brauche ich weder die Gewerkschaft noch den Betriebsrat. Ich kenne meine Rechte. Notfalls muss ich sie vor Gericht durchsetzen.
Ina: Was glaubst du denn, wer in erster Linie dafür gesorgt hat, dass du als Arbeitnehmer Rechte hast und die gegenüber unserem Chef durchsetzen kannst? Woher kommt denn der hohe Tariflohn für unsere Branche und wer hat dafür gesorgt, dass die Kollegen am Freitag einen Urlaubstag nehmen können? Aber gut, vielleicht denkst du mal darüber nach, wenn du morgen am Strand in der Sonne liegst.

Hätten Sie's gewusst?

1. Von 10 Arbeitnehmern sind wie viele Mitglieder in einer Gewerkschaft?
2. Wie viele Gesetze regeln in Deutschland das Arbeitsrecht?
3. Wie hoch ist der Anteil von Frauen in den Betriebsräten?

1: jeder Fünfte (insg. ca. 7,4 Mio. Mitglieder)
2: ca. 31
3: 30%

Worum geht es?

Die beiden Auszubildenden Ina und Niklas sprechen über ihre Rechte als Arbeitnehmer und Auszubildende. Unterscheiden sich die Rechte und Pflichten eines Auszubildenden von denen eines Arbeitnehmers? Wie können ihre Ansprüche gegenüber dem Arbeitgeber am besten durchgesetzt werden? Wer hilft ihnen dabei? Wo kann man das nachlesen?
Das Kollektivarbeitsrecht befasst sich mit dem Verhältnis zwischen Gewerkschaften und Betriebsräten auf der einen und Arbeitgeberverbänden und Arbeitgebern auf der anderen Seite. Welche Aufgaben übernehmen Gewerkschaften und Betriebsräte? Welche Rolle spielt der Staat? Schützt er Arbeitnehmer, und wenn ja, wie? Sorgt er für deren soziale Absicherung? Welche Gegenleistung verlangt er dafür von Arbeitnehmern und welchen Beitrag zur privaten Vorsorge müssen diese selbst leisten?

Informieren Sie sich!

So geht's!
Simulationsspiel umsetzen

Verschaffen Sie sich mithilfe des Buchs einen Überblick. Sie finden in diesem Kapitel Lernsituationen zu folgenden Themen:

- Arbeitsrecht
- Tarifverträge und Tarifauseinandersetzungen
- Vorsorge für die Wechselfälle des Lebens
- Arbeitsvertrag und Kündigung
- Sozialversicherungen und Leistungen des Sozialstaats
- Arbeitsbewertung und Lohnformen
- Betriebliche Mitbestimmung
- Altersvorsorge
- Entgeltabrechnung und Einkommensteuererklärung

Was hat das mit mir zu tun?

- Lernen Sie, Ihre Rechte im Betrieb angemessen zu vertreten.
- Informieren Sie sich, wie Tarifabschlüsse in Ihrer Branche zustande kommen.
- Entscheiden Sie, inwieweit Sie die betrieblichen Mitbestimmungsmöglichkeiten in Anspruch nehmen wollen.
- Eine Auseinandersetzung mit dem Arbeitgeber vor dem Arbeitsgericht birgt Chancen und Risiken. Sie sollten wissen, welche das sind.
- Lernen Sie, Ihren Lohn zu berechnen und eine Steuererklärung zu erstellen.
- Sorgen Sie für den Fall der Berufsunfähigkeit und fürs Alter vor.

Arbeitsrecht

Lernsituation

Im Personalbüro der Metallbau GmbH.

Herr Berthold: Sie haben mir für diesen Monat einen Stundenlohn von 13,20 Euro berechnet. Von einem Bekannten habe ich jetzt erfahren, dass der Tariflohn aber bei 14,40 Euro liegt. Sie haben mir 176 Euro im Monat zu wenig gezahlt!
Herr Kern: Für uns spielt der Tarifvertrag keine Rolle. Wir sind schon vor Jahren aus dem Arbeitgeberverband ausgetreten, weil uns die Haltung des Verbandes gegenüber der Gewerkschaft bei den Tarifauseinandersetzungen nicht mehr passte.
Herr Berthold: Das mag für Sie ja richtig sein. Aber solange ich Mitglied der Gewerkschaft bin, habe ich auch Anspruch auf die tariflichen Bestimmungen. Wofür bezahle ich sonst eigentlich Beiträge? Außerdem haben Sie mir während der Ausbildung bis vor einem Monat die Vergütung nach Tarif gezahlt.
Herr Kern: Dies wurde in Ihrem Ausbildungsvertrag auch ausdrücklich so geregelt. Als wir Ihnen vor einem Monat den Arbeitsvertrag vorlegten, waren Sie mit einem Stundenlohn von 13,20 Euro einverstanden. Sie selbst haben doch den Vertrag unterschrieben.
Herr Berthold: Ich war davon ausgegangen, dass das der Tariflohn sei. Konnte ich denn zu dem Zeitpunkt wissen, dass Sie mich so hereinlegen?

Arbeitsauftrag

- Erläutern Sie, ob Herr Berthold Anspruch auf zusätzliche 176 Euro monatlich hat. (Hinweis: Der Tarifvertrag wurde nicht für allgemein verbindlich erklärt.)

Regelungsmittel im Arbeitsrecht

Im Arbeitsrecht gilt der Grundsatz der Vertragsfreiheit. So können einzelne Personen (z. B. Arbeitgeber und Arbeitnehmer) oder Gruppen (z. B. Gewerkschaften und Arbeitgeberverbände) Vereinbarungen treffen. Diese Vereinbarungen können aber nicht frei von rechtlichen Bestimmungen abgeschlossen werden. Dazu erlässt der Staat Gesetze und Verordnungen. Sie

- regeln die Mitbestimmung der Arbeitnehmer am betrieblichen Entscheidungsprozess (Betriebsverfassungsgesetz, Mitbestimmungsgesetz);
- legen die Rechte und Pflichten des Arbeitnehmers und Arbeitgebers oder des Auszubildenden und des Ausbildenden fest (z. B. Berufsbildungsgesetz → S. 16 ff.);
- legen die Regelungen fest, die zugunsten des Arbeitnehmers im sozialen und technischen Arbeitsschutz gelten (z. B. Arbeitsschutzgesetz → S. 48 ff.);
- regeln die Gleichbehandlung aller Arbeitnehmer. Niemand darf aufgrund von Rasse, ethnischer Herkunft, Geschlecht, Religion/Weltanschauung, Behinderung, Alter oder sexueller Identität benachteiligt und diskriminiert werden (Allgemeines Gleichbehandlungsgesetz → S. 71).

Bei der Vielzahl der gesetzlichen Bestimmungen und der Vielzahl von Vereinbarungen zwischen Gruppen und Einzelpersonen stellt sich die Frage nach deren Bedeutung und Rangordnung. Wie viele Urlaubstage stehen z. B. einem Arbeitnehmer zu, wenn sich dazu unterschiedliche Angaben im Arbeitsvertrag, im Tarifvertrag oder im Bundesurlaubsgesetz finden?

Rangordnung der Regelungsmittel

Der Gesetzgeber hat eine klare Rangordnung der Rechtsquellen vorgegeben.
Danach hat das Grundgesetz der Bundesrepublik Deutschland den höchsten Rang.
Die **Art. 12 GG** und **Art. 9 GG** beziehen sich im Besonderen auf arbeitsrechtliche Aspekte:

Art. 12 Alle Deutschen haben das Recht, Beruf, Arbeitsplatz und Ausbildungsstätte frei zu wählen.

Art. 9 (3) Das Recht, zur Wahrung und Förderung der Arbeits- und Wirtschaftsbedingungen Vereinigungen zu bilden, ist für jedermann und für alle Berufe gewährleistet.

Am Grundgesetz richten sich alle anderen gesetzlichen Bestimmungen aus (z. B. Jugendarbeitsschutzgesetz).
Dann folgen Tarifverträge, die nicht gegen gesetzliche Bestimmungen verstoßen dürfen. Auf die Tarifverträge folgen Betriebsvereinbarungen, danach die Arbeitsverträge.
Betriebsvereinbarungen werden zwischen dem Arbeitgeber (Geschäftsleitung) und dem Betriebsrat abgeschlossen. Sie gelten für alle Mitarbeiter des Betriebes (→ S. 85).
Den niedrigsten Rang nehmen die Weisungen des Arbeitgebers ein. Widersprechen die Weisungen dem Inhalt des Arbeitsvertrags oder gesetzlichen Bestimmungen, so kann der Arbeitnehmer sich der Weisung widersetzen.
Beispiele: Ein Facharbeiter wird zu Gartenarbeiten beim Chef eingeteilt oder ein Berufskraftfahrer soll Fahrten durchführen, die über die vorgeschriebenen Lenkzeiten hinausgehen.
Das **Rangfolgeprinzip** besagt, dass jede Vereinbarung dem höhergestellten Regelungsmittel nicht widersprechen darf. Ein Tarifvertrag kann

Rangfolgeprinzip und Günstigkeitsprinzip

Verordnung

Rechtsnorm, die in der Regel von einer Regierung oder Verwaltungsstelle erlassen wird

Kündigungsschutzgesetz *→ S. 75 f.*

Jugendarbeitsschutzgesetz *→ S. 17*

Bestimmungen des Jugendarbeitsschutzgesetzes (JArbSchG) nicht aufheben. Eine Abweichung ist nur erlaubt, wenn sie für den Arbeitnehmer günstiger ist: **Günstigkeitsprinzip**.
Beispiel: Ein Auszubildender kann eine höhere Vergütung erhalten, als im Tarifvertrag vorgesehen ist.
Eine Abweichung vom Rangfolgeprinzip kann sich auch aus einer im Tarifvertrag festgelegten **Öffnungsklausel** ergeben. Danach können Bestimmungen eines Tarifvertrags in einer Betriebsvereinbarung oder in einem Arbeitsvertrag unterschritten werden. Öffnungsklauseln können zulassen, dass z. B. in wirtschaftlichen Krisensituationen tariflich verbindlich vereinbarte Mindeststandards unterschritten werden.
Beispiel: Ein Unternehmen, das sich in finanziellen Schwierigkeiten befindet, darf vorübergehend weniger als den Tariflohn zahlen.

Bedeutung des europäischen Rechts

Das Arbeitsrecht der Bundesrepublik Deutschland muss im Einklang mit dem europäischen Recht stehen. Für ihre rund 232 Mio. Beschäftigten in den einzelnen Mitgliedsländern stellt die EU **Mindestanforderungen** auf hinsichtlich der Arbeitsbedingungen (z. B. Arbeitszeiten, Teilzeitarbeit, befristete Arbeitsverträge) und hinsichtlich der Unterrichtung und Anhörung der Beschäftigten bei Massenentlassungen, Betriebsverlagerungen usw. Bei Verstößen können EU-Bürger vor dem Europäischen Gerichtshof klagen.

Wann ist ein Tarifvertrag für den Arbeitnehmer gültig?

Tarifverträge werden zwischen den Gewerkschaften und Vereinigungen von Arbeitgebern (Arbeitgeberverbände) bzw. einzelnen Unternehmen (Tarifvertragsgesetz § 2) geschlossen. Damit ein Arbeitnehmer einen Anspruch auf die Bestimmungen des Tarifvertrags hat, müssen die folgenden Bedingungen erfüllt sein:
Der Arbeitnehmer muss unter den räumlichen, fachlichen und persönlichen **Geltungsbereich** des Tarifvertrags fallen.

- **Räumlicher** Geltungsbereich: Gebiet, für das der Tarifvertrag gilt (z. B. das Bundesland).
- **Fachlicher** Geltungsbereich: Bezeichnung derjenigen Betriebe, die ihrer Art nach unter den Tarifvertrag fallen (z. B. Betriebe der Eisen-, Metall- und Elektroindustrie).
- **Persönlicher** Geltungsbereich: bestimmte Arbeitnehmer, für die der Tarifvertrag gelten soll (z. B. alle kaufmännischen und gewerblichen Angestellten).

Der Tarifvertrag gilt nur „zwischen den beiderseits Tarifgebundenen“ (Tarifvertragsgesetz § 4). Einen Anspruch auf die Bestimmungen des Tarifvertrags gibt es somit nur, wenn der Arbeitgeber Mitglied im vertragsschließenden Arbeitgeberverband ist oder selbst den Tarifvertrag (Haustarifvertrag/Firmentarifvertrag) unterzeichnet hat **und** der Arbeitnehmer Mitglied in der vertragsschließenden Gewerkschaft ist.
Anspruch auf den Tarifvertrag besteht auch, wenn
- im Arbeitsvertrag Bestimmungen des Tarifvertrags vereinbart werden (z. B. „Es gilt der Tarifvertrag der …“);
- der Bundesminister für Arbeit und Sozialordnung den Tarifvertrag für allgemein verbindlich erklärt hat. Alle Arbeitnehmer des Geltungsbereichs haben dann Anspruch auf die Bestimmungen des Tarifvertrags.

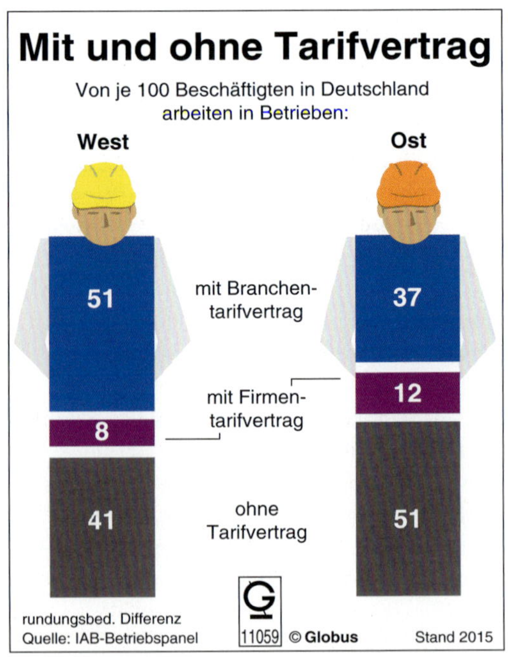

Zusammenfassung: Arbeitsrecht

Aufbau des Arbeitsrechts

Rangfolgeprinzip / Günstigkeitsprinzip

Grundgesetz	Tarifautonomie, freie Wahl des Berufs …
Gesetze/ Verordnungen	Staatliche Rahmenbedingungen zur Mitbestimmung, zu Rechten und Pflichten des Arbeitnehmers und des Arbeitgebers und zum technischen und sozialen Arbeitsschutz …
Tarifvertrag	Zustandekommen durch Tarifvertragsparteien, Gültigkeit für den Arbeitnehmer, wenn bestimmte Voraussetzungen vorliegen
Betriebs-vereinbarung	Zustandekommen durch Betriebsrat und Geschäftsleitung, Rechte des Betriebsrats
Arbeitsvertrag	Zustandekommen durch Arbeitgeber und Arbeitnehmer, regelt Rechte und Pflichten zwischen Vertragspartnern
Weisungen des Arbeitgebers	Weisungsgebundenheit des Arbeitnehmers aus dem Arbeitsvertrag

Übungsaufgaben

1. Prüfen Sie, ob die folgenden Fälle rechtlich zulässig sind.
   a) § 1 Lohnfortzahlungsgesetz legt fest, dass ein Arbeiter, der infolge einer Krankheit an seiner Arbeitsleistung gehindert wird, ohne dass ihn daran ein Verschulden trifft, den Anspruch auf sein Arbeitsentgelt für sechs Wochen behält. Ein Arbeitgeber vereinbart mit dem Arbeitnehmer schriftlich im Arbeitsvertrag eine Dauer von fünf Wochen.
   b) Arbeitgeber Kretschmer stellt die Verkäuferin Skomroch ein. Im Arbeitsvertrag wird vereinbart, das Mutterschutzgesetz solle keine Anwendung finden, weil im Betrieb schon zwei Frauen wegen des Mutterschutzes ausgefallen seien. Kretschmer fügt hinzu, ohne diese Klausel hätte er diesen Arbeitsvertrag nicht schließen können.

2. Herr Semmeling ist bei der Firma Reitmeyer beschäftigt. Beide sind tarifgebunden. Der tarifliche Stundenlohn beträgt 12,50 Euro. Kraft Vereinbarung erhält Herr Semmeling 14,00 Euro. Durch einen neuen Tarifvertrag wird der Lohn um zehn Prozent erhöht. Ermitteln Sie, welchen Lohn Herr Semmeling verlangen kann.

3. Erläutern Sie die Begriffe *Rangfolgeprinzip* und *Günstigkeitsprinzip*.

4. Einige Tarifverträge enthalten Öffnungsklauseln.
   a) Erläutern Sie, was man darunter versteht.
   b) Beschreiben Sie die wirtschaftliche Bedeutung dieser Klausel bei bestimmten Unternehmensentscheidungen.

Arbeitsvertrag

Lernsituation

Sofia ist Auszubildende als Kfz-Mechatronikerin beim Autohaus Scholz. In einem Monat endet mit der Abschlussprüfung ihr Ausbildungsverhältnis. Da ihre Leistungen in der Schule und im Betrieb bisher sehr gut sind, wird sie sicherlich die Prüfung bestehen.
Heute hat sie mit ihrem Chef darüber gesprochen, ob sie nach der bestandenen Gesellenprüfung weiterhin im Autohaus arbeiten kann. Er versicherte ihr, dass sie im nächsten Monat als Gesellin beschäftigt wird, wenn alles wie geplant läuft. Weil ein Kunde den Chef dringend sprechen musste, konnten weitere Einzelheiten nicht besprochen werden.
Auf dem Weg nach Hause kommen Sofia Bedenken, ob mit der Zusage des Chefs schon ein Arbeitsvertrag zustande gekommen ist. Schließlich wurde ja nichts schriftlich vereinbart. Außerdem fragt sie sich, was sich ändern wird, wenn sie nicht mehr als Auszubildende, sondern als Gesellin beim Autohaus Scholz arbeitet.

Arbeitsauftrag

○ ◒ Klären Sie, ob zwischen dem Chef und Sofia ein Arbeitsvertrag zustande gekommen ist, und klären Sie für Sofia die folgenden Fragen:

1. Nennen Sie die Rechte und Pflichten, die Sofia als Gesellin hat.
2. Vergleichen Sie den Berufsausbildungsvertrag mit dem Arbeitsvertrag.

Personalbeschaffung

Die Personalbeschaffung kann intern erfolgen oder durch Übernahme von Auszubildenden, Leiharbeitern und Praktikanten in ein Arbeitsverhältnis. Bei der externen Personalbeschaffung gewinnt man neue Mitarbeiter u.a. durch Stellenangebote auf der eigenen Homepage, Anzeigen in Zeitungen, Netzwerkportale wie XING und über die Arbeitsagenturen.
Für die Wahl des richtigen Bewerbers stehen verschiedene Auswahlverfahren zur Verfügung, z.B. Bewerbungsunterlagen, Einstellungstests und das Vorstellungsgespräch. Lädt ein Unternehmen einen Bewerber zu einem Bewerbungsverfahren ein, muss es ihm die Kosten (Fahrtkosten, Übernachtung) ersetzen, sofern es die Übernahme der Kosten nicht vorher ausgeschlossen hat.

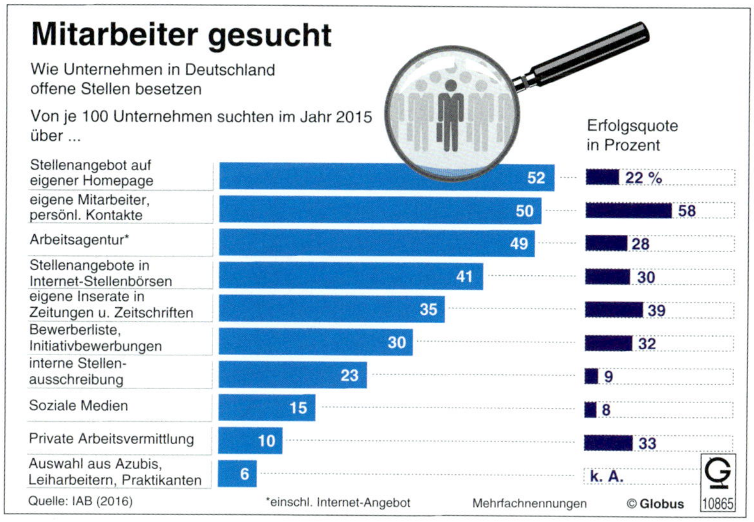

Bewerbungsunterlagen

Durch die Angaben in den Bewerbungsunterlagen kann ein Unternehmen eine Vorauswahl der Bewerber vornehmen. Deshalb gehören zu den Bewerbungsunterlagen:

- **Bewerbungsschreiben:** den Grund der Bewerbung nennen, auf Stellenbeschreibung beziehen, den bisherigen Arbeitsplatz beschreiben, Qualifikationen und Fähigkeiten aufführen, soweit gefordert Arbeitsbeginn und Gehaltsvorstellung nennen. Das Bewerbungsschreiben sollte eine persönliche Note aufweisen;
- **Lichtbild** (keine Pflicht, wird aber empfohlen);
- verständlicher und zeitlich geordneter **Lebenslauf** (tabellarisch);
- **Zeugnisse**: Abschlusszeugnisse der Schul- und Ausbildungszeit, Prüfungszeugnisse (Meisterbrief, Technikerausbildung), Nachweise über zusätzlich erworbene Qualifikationen (z.B. EDV-Kurs) und Arbeitszeugnisse.

Die äußeren Kriterien der Bewerbungsunterlagen beziehen sich auf das Erscheinungsbild und die Vollständigkeit. Eine gegliederte und sinnvolle Zusammenstellung der Unterlagen zeigt, dass der Bewerber gewissenhaft ist.

Vorstellungsgespräch

Das Vorstellungsgespräch entscheidet in den meisten Fällen, ob es zum Abschluss eines Arbeitsvertrages kommt. Im Vorstellungsgespräch will das Unternehmen mehr über die Qualifikationen und die Persönlichkeit des Bewerbers erfahren. Neben den typischen Fragen über den beruflichen Werdegang und die fachlichen Kompetenzen soll ein erster persönlicher Kontakt hergestellt werden. Dabei werden dem Bewerber mitunter Fragen gestellt, die nach dem **Allgemeinen Gleichbehandlungsgesetz (AGG)** unzulässig sind.
Fragen zu folgenden Themen sind in einem Bewerbungsgespräch **unzulässig**, soweit sie nicht für die Arbeitsstelle relevant sind:

- Schwangerschaft
- Familienplanung
- Privatleben/sexuelle Neigungen, Vorlieben
- Parteizugehörigkeit, Religionszugehörigkeit, Mitgliedschaft in einer Gewerkschaft (Ausnahme: Bewerbung bei einer politischen Partei, der Gewerkschaft oder einer konfessionell gebundenen Einrichtung, z.B. Erzieherin in einem katholischen Kindergarten)
- Vermögensverhältnisse und Schulden (Ausnahmen: bei einer besonderen Vertrauensstellung oder bei Gehaltspfändung)
- Vorstrafen (Ausnahmen: Strafen stehen im Zusammenhang mit der Stelle, z.B. Vorstrafe wegen Diebstahls bei einer Kassiererin)

§ 1 AGG

Ziel des Gesetzes ist, Benachteiligungen aus Gründen der Rasse oder wegen der ethnischen Herkunft, des Geschlechts, der Religion oder Weltanschauung, einer Behinderung, des Alters oder der sexuellen Identität zu verhindern oder zu beseitigen.

TzBfG = Teilzeit- und Befristungsgesetz

- Krankheiten (Ausnahmen: wenn die Arbeitsfähigkeit dadurch beeinträchtigt ist, z. B. im Gesundheitsbereich oder bei der Lebensmittelherstellung oder eine Frisörin verträgt die im Salon eingesetzten Chemikalien nicht.)

Unzulässige Fragen müssen **nicht oder nicht wahrheitsgemäß beantwortet werden.** Selbst bei einer bestehenden Schwangerschaft könnte die Bewerberin antworten, dass ein Kind weder erwartet noch geplant ist. Das hätte keine arbeitsrechtlichen Folgen für sie. Unzulässige Fragen können auch gestellt werden, um die Reaktion des Bewerbers zu testen. Daher sollte man gut vorbereitet sein und bei allen Fragen souverän und freundlich bleiben.

Inhalt des Arbeitsvertrags

Arbeitsverträge können formlos (mündlich, schriftlich oder stillschweigend) abgeschlossen werden. Ein Arbeitsvertrag muss allerdings schriftlich festgehalten werden. Vorgeschrieben ist, dass Arbeitgeber die Vertragsinhalte spätestens vier Wochen nach dem Abschluss schriftlich dokumentieren und beide Seiten diese Dokumentation unterschreiben: **Nachweisgesetz**. Erfolgt kein schriftlicher Nachweis, ist der Arbeitsvertrag dennoch weiterhin gültig.

Wenn sie eine neue Stelle antreten, müssen Arbeitnehmer zeitgerecht ihre **Arbeitspapiere** abgeben: Urlaubsbescheinigung des vorherigen Arbeitgebers, Mitgliedsbescheinigung der Krankenkasse, Sozialversicherungsausweis. Die überwiegende Zahl der Arbeitsverträge wird noch immer **unbefristet** abgeschlossen, allerdings nimmt die Zahl der **befristeten Arbeitsverträge** zu. Gerade Auszubildende erhalten nach bestandener Prüfung oft befristete Arbeitsverträge. Befristete Arbeitsverträge dürfen höchstens 24 Monate Laufzeit haben, wenn kein Sachgrund (z. B. eine Projektarbeit) vorliegt. Außerdem dürfen sie nur dreimal verlängert werden (TzBfG). Beim vierten Mal der Verlängerung werden sie automatisch zu unbefristeten Arbeitsverträgen. Insbesondere bei neu eingestellten Mitarbeitern ist die Vereinbarung einer **Probezeit** (bis zu sechs Monate) üblich. In diesem Zeitraum kann ohne Angabe von Gründen von beiden Seiten gekündigt werden.

Rechte und Pflichten im Arbeitsverhältnis

Durch den Abschluss eines Arbeitsvertrags entstehen für Arbeitgeber und Arbeitnehmer gesetzlich festgelegte Rechte und Pflichten (BGB § 611 ff. → Tabelle S. 73).

Auszug aus dem Nachweisgesetz (NachwG)

§ 2:

1) Der Arbeitgeber hat spätestens einen Monat nach dem vereinbarten Beginn des Arbeitsverhältnisses die wesentlichen Vertragsbedingungen schriftlich niederzulegen, die Niederschrift zu unterzeichnen und dem Arbeitnehmer auszuhändigen. In die Niederschrift sind mindestens aufzunehmen:
   1. der Name und die Anschrift der Vertragsparteien,
   2. der Beginn des Arbeitsverhältnisses,
   3. bei befristeten Arbeitsverträgen: die vorhersehbare Dauer des Arbeitsverhältnisses,
   4. der Arbeitsort oder ein Hinweis darauf, dass der Arbeitnehmer an verschiedenen Orten beschäftigt werden kann,
   5. eine kurze Charakterisierung oder Beschreibung der zu leistenden Tätigkeit,
   6. die Zusammensetzung und die Höhe des Arbeitsentgelts einschließlich der Zuschläge, der Zulagen, Prämien und Sonderzahlungen sowie anderer Bestandteile des Arbeitsentgelts und deren Fälligkeit,
   7. die vereinbarte Arbeitszeit,
   8. die Dauer des jährlichen Erholungsurlaubs,
   9. die Kündigungsfristen,
   10. ein Hinweis auf die Tarifverträge, Betriebs- oder Dienstvereinbarungen, die auf das Arbeitsverhältnis anzuwenden sind.

Berufsausbildungsvertrag und Arbeitsvertrag im Vergleich

Beim Arbeitsvertrag muss der Arbeitnehmer die nötigen Kenntnisse, Fertigkeiten und Fähigkeiten für seine Tätigkeit bereits mitbringen. Er muss nach einer Einarbeitungszeit die volle Arbeitsleistung erbringen, andernfalls kann ihm gekündigt werden. Beim Berufsausbildungsvertrag erwirbt der Auszubildende erst die Kenntnisse, Fertigkeiten und Fähigkeiten des Ausbildungsberufs, und der Ausbildungsbetrieb ist verpflichtet, sie ihm zu vermitteln.
Beim Arbeitsvertrag gibt es viele Gründe für spätere Vertragsänderungen: Der Arbeitnehmer wird für andere Arbeiten eingesetzt; er soll länger oder kürzer arbeiten oder im Schichtdienst; seine Bezahlung ändert sich oder sein Arbeitsort. Bei einem Berufsausbildungsvertrag sind solche Änderungen im Nachhinein nicht möglich; selbst wenn das Unternehmen aufgelöst wird, muss der Arbeitgeber versuchen, seine Auszubildenden anderweitig unterzubringen.

Pflichten der Arbeitgeber = Rechte des Arbeitnehmers	Pflichten der Arbeitnehmer = Rechte des Arbeitgebers
Vergütungspflicht: Die Höhe der Bezahlung ist oft durch einen Tarifvertrag oder durch den gesetzlichen Mindestlohn von 8,84 € (Stand 2017) festgelegt.	**Arbeitspflicht**: Pflicht, die vereinbarte Arbeitsleistung persönlich zu erbringen
Beschäftigungspflicht: Der Arbeitnehmer muss mit den vertraglich vereinbarten Aufgaben beschäftigt werden.	**Gehorsamspflicht**: Den Weisungen des Arbeitgebers ist Folge zu leisten im Rahmen des Arbeitsvertrags und der gesetzlichen Bestimmungen.
Fürsorgepflicht: Die gesetzlichen Bestimmungen (z. B. Abführung der Beiträge zur gesetzlichen Sozialversicherung, Arbeitszeitgesetz, Unfallschutzbestimmungen) sind einzuhalten. **Zeugnispflicht**: Pflicht, ein Arbeitszeugnis auszustellen	**Treuepflicht**: Sie beinhaltet *Sorgfaltspflicht:* Übertragene Aufgaben müssen sorgfältig erledigt, mit Werkzeug und Maschinen muss sorgfältig umgegangen werden. *Schweigepflicht:* Der Arbeitnehmer muss Betriebsgeheimnisse und den Datenschutz wahren. *Wettbewerbsverbot:* Der Arbeitnehmer darf dem Arbeitgeber keine Konkurrenz machen.

Erstellen eines Arbeitszeugnisses

Ein Arbeitszeugnis (BGB §630) muss mindestens Angaben zu Art und Dauer der Tätigkeit enthalten: **einfaches Zeugnis**. Arbeitnehmer können verlangen, dass sich die Angaben darüber hinaus auf eine Beurteilung ihrer Leistung und ihres Verhaltens im Arbeitsverhältnis erstrecken: **qualifiziertes Zeugnis**. Das Arbeitszeugnis muss der Wahrheit entsprechen, damit sich der neue Arbeitgeber ein Bild von dem Arbeitnehmer machen kann. Das Arbeitszeugnis ist aber auch für den Arbeitsuchenden ein wesentlicher Teil der Bewerbungsunterlagen. Daher soll es wohlwollend formuliert sein.

Pflichten im Ausbildungsverhältnis → S. 16

Was diese Formulierungen im Arbeitszeugnis bedeuten	
sehr gut	hat die übertragenen Arbeiten stets zu unserer vollsten Zufriedenheit erledigt
gut	hat die übertragenen Arbeiten stets zu unserer vollen Zufriedenheit erledigt
befriedigend	hat die übertragenen Arbeiten zu unserer vollen Zufriedenheit erledigt
ausreichend	hat die übertragenen Arbeiten zu unserer Zufriedenheit erledigt
mangelhaft	hat die übertragenen Arbeiten im Großen und Ganzen zu unserer Zufriedenheit erledigt
ungenügend	hat sich bemüht, die übertragenen Arbeiten zu unserer Zufriedenheit zu erledigen

Zusammenfassung: Arbeitsvertrag

Arbeitsvertrag ← **Bewerbungsverfahren**

wird abgeschlossen zwischen dem Arbeitgeber und dem Arbeitnehmer und regelt Beginn, Ziele, Form und Inhalt des Arbeitsverhältnisses.

↓

Ziel

gegen Bezahlung eine Leistung erbringen

↓

Form

mündlicher, schriftlicher oder stillschweigender Vertrag

↓

Vertragsinhalte

gesetzlich festgelegte Mindestinhalte als Nachweis des Arbeitgebers

(Form und Vertragsinhalte) → **Nachweisgesetz**

Inhalte des Arbeitsvertrags sind nach spätestens vier Wochen vom Arbeitgeber schriftlich zu dokumentieren

↓

Rechte und Pflichten ← **Bürgerliches Gesetzbuch (BGB) und andere arbeitsrechtliche Bestimmungen**

Übungsaufgaben

○ 1. Nennen Sie die Arbeitspapiere, welche dem Arbeitgeber bei Antritt einer neuen Beschäftigung ausgehändigt werden müssen.

◒ 2. Ermitteln Sie, gegen welche Pflichten in den folgenden Fällen vonseiten des Arbeitnehmers bzw. des Arbeitgebers verstoßen wird.
   a) Ein Malergeselle tapeziert in seiner Freizeit gegen Entgelt Wohnungen.
   b) Ein Berufskraftfahrer wird von seinem Chef aufgefordert, länger als die gesetzlich vorgeschriebenen Lenkzeiten zu fahren.
   c) Ein Zerspanungsmechaniker verlässt trotz des Verbots durch den Meister seinen Arbeitsplatz. Durch einen Defekt an der CNC-Maschine wird das eingespannte Werkstück beschädigt.
   d) Aufgrund einer berechtigten fristlosen Kündigung verweigert der Personalleiter dem Arbeitnehmer die Ausstellung eines Zeugnisses.

○ 3. Nennen Sie die Vertragsbedingungen, die in einem Arbeitsvertrag schriftlich niederzulegen sind. Wählen Sie aus:
   a) zu leistende Arbeit
   b) Anzahl der zu leistenden Überstunden
   c) Pausenregelung
   d) Höhe des Arbeitsentgelts

● 4. Die Zahl der befristeten Arbeitsverträge hat in den vergangenen Jahren zugenommen.
   a) Diskutieren Sie die Gründe dafür.
   b) Nennen Sie die gesetzlichen Bestimmungen, die der Arbeitgeber beachten muss.

○ 5. Nennen Sie die Unterschiede zwischen einem einfachen und einem qualifizierten Zeugnis.

◒ 6. Auf welche Fragen sollte ein Bewerber in einem Vorstellungsgespräch vorbereitet sein?

Kündigung und Kündigungsschutz

Lernsituation

Die Geschäftsleitung der Türenfabrik Lansing informiert am 25. Mai den Betriebsrat über die beabsichtigte Kündigung des Berufskraftfahrers Martin Visse. Begründet wird die Maßnahme damit, dass die notwendigen Transporte in Zukunft aus Kostengründen von einer Fremdfirma übernommen werden sollen. Als der Betriebsrat Martin Visse von der beabsichtigten Kündigung in Kenntnis setzt, weist dieser darauf hin, dass in Zeitungsanzeigen ein neuer Mitarbeiter für das Lager gesucht wird. Um die notwendigen beruflichen Qualifikationen zu erwerben, ist er bereit, an Umschulungs- und Fortbildungsmaßnahmen teilzunehmen.
Am 27. Mai teilt der Betriebsrat der Geschäftsleitung schriftlich mit, dass er der beabsichtigten Kündigung aus den oben genannten Gründen widerspricht. Der Arbeitgeber lehnt dennoch die Weiterbeschäftigung ab und kündigt das Arbeitsverhältnis fristgerecht zum 30. Juni des Jahres. Herr Visse akzeptiert die Kündigung nicht und will vor dem Arbeitsgericht klagen. Dazu trifft er sich mit einem Vertreter seiner Gewerkschaft. Von ihm erhofft er sich Informationen über sein weiteres Vorgehen.

Arbeitsauftrag

- Unterstützen Sie Martin Visse bei seiner Klage gegen die Kündigung vor dem Arbeitsgericht.

1. Erarbeiten und formulieren Sie eine Begründung für die Klageerhebung vor dem Arbeitsgericht.

2. Klären Sie darüber hinaus die folgenden Punkte:
   a) Nennen Sie die Frist für die Einhaltung der Kündigungsschutzklage.
   b) Stellen Sie dar, von wem sich Martin Visse vor Gericht vertreten lassen kann.
   c) Prüfen Sie, ob das Arbeitsverhältnis nach dem 30. Juni weiterbesteht, wenn die Entscheidung des Arbeitsgerichts erst zu einem späteren Zeitpunkt fällt.

3. Beurteilen Sie die Erfolgsaussichten der Klage vor dem Arbeitsgericht.

Beendigung des Arbeitsverhältnisses

Während der Arbeitsvertrag durch die Zustimmung beider Partner zustande kommt, geht die Kündigung nur von einer Seite aus. Dies gilt nur für unbefristete Arbeitsverträge; befristete Verträge enden automatisch. Die Schriftform ist vorgeschrieben. Damit die andere Seite Zeit hat, sich auf die veränderte Lage einzustellen, schreibt der Staat bei einer **ordentlichen Kündigung** eine gesetzliche **Kündigungsfrist** von mindestens vier Wochen zum 15. oder zum Ende des Monats vor. Bei längerer Betriebszugehörigkeit verlängert sich die Kündigungsfrist des Arbeitgebers (auf bis zu sieben Monate). Eine vertragliche Verkürzung dieser Fristen ist gesetzlich nicht erlaubt. In vielen Tarifverträgen bzw. Betriebsvereinbarungen werden längere Kündigungsfristen vereinbart.

Bei einer Kündigung während der Probezeit gilt für beide Parteien die kürzere gesetzliche Kündigungsfrist von zwei Wochen.

Kündigungsschutzfristen nach BGB § 622

Betriebs-zugehörigkeit	Kündigungsfrist
unter 2 Jahren	4 Wochen zum 15. oder Monatsende
ab 2 Jahren	1 Monat zum Monatsende
ab 5 Jahren	2 Monate zum Monatsende
ab 8 Jahren	3 Monate zum Monatsende
ab 10 Jahren	4 Monate zum Monatsende
ab 12 Jahren	5 Monate zum Monatsende
ab 15 Jahren	6 Monate zum Monatsende
ab 20 Jahren	7 Monate zum Monatsende

Anders ist es bei **fristlosen Kündigungen**. Diese setzen ein Fehlverhalten der anderen Vertragsseite voraus, das so schwerwiegend ist, dass eine Fortsetzung des Arbeitsverhältnisses nicht mehr zumutbar ist, z. B. wenn ein Mitarbeiter gestohlen hat oder der Arbeitspflicht nicht nachkommt.
Eine Beendigung des Arbeitsverhältnisses kann auch im beiderseitigen Einvernehmen erfolgen. Arbeitgeber und Arbeitnehmer können ohne Einhaltung der Kündigungsfristen das Vertragsverhältnis auflösen.

Eine dritte Form der Kündigung ist die **Änderungskündigung**. In diesem Fall kündigt der Arbeitgeber das Arbeitsverhältnis und bietet dem Arbeitnehmer gleichzeitig die Fortführung des Arbeitsverhältnisses zu geänderten Bedingungen an. *Beispiel:* Einem Industriemechaniker wird gekündigt und gleichzeitig eine Stelle in der Werkstatt gegen geringere Bezahlung angeboten.
Der Betriebsrat ist vor jeder Kündigung zu hören. Eine ohne Anhörung des Betriebsrates ausgesprochene Kündigung ist unwirksam (Betriebsverfassungsgesetz § 102).

Kündigungsschutz dient Arbeitnehmern

Bei der ordentlichen, fristgerechten Kündigung braucht weder der Arbeitgeber noch der Arbeitnehmer einen Grund zu nennen, um das Arbeitsverhältnis zu kündigen.
Damit Arbeitnehmer nicht willkürlich vor die Tür gesetzt werden können, gibt es den

Kündigungsschutz. Dieser gilt für **besondere Personengruppen**. Das sind:

- Auszubildende: Nach Ablauf der Probezeit kann nur aus einem wichtigen Grund gekündigt werden;
- Schwerbehinderte: Sie sind nur kündbar mit Zustimmung des Integrationsamts;
- Personengruppen, die laut Tarifvertrag oder Betriebsvereinbarung Kündigungsschutz genießen;
- Schwangere und Arbeitnehmer während Mutterschutz und Elternzeit (→ S. 49);
- Betriebsräte und Jugend- und Auszubildendenvertreter (→ S. 81 ff.).

Der Kündigungsschutz nach dem **Kündigungsschutzgesetz (KSchG)** gilt für Betriebe mit mehr als zehn Beschäftigten. Für Beschäftigte, die vor dem 01.04.2003 eingestellt wurden, gilt das Gesetz sogar schon bei Unternehmen mit mehr als fünf Arbeitnehmern. Ab den genannten Betriebsgrößen dürfen Mitarbeiter nach einer Betriebszugehörigkeit von mehr als sechs Monaten nur aus personen,- verhaltens- oder betriebsbedingten Gründen gekündigt werden.

- **Gründe in der Person des Arbeitnehmers** (personenbedingt): mangelnde Eignung für den Arbeitsplatz, lange Krankheit;
- **Gründe im Verhalten des Arbeitnehmers** (verhaltensbedingt): Fehlverhalten wie Störung des Betriebsfriedens, unentschuldigtes Fehlen. Dieser Kündigung muss allerdings eine **Abmahnung** vorausgehen. Dabei droht der Arbeitgeber mit der Kündigung, falls der Arbeitnehmer sein Fehlverhalten fortsetzt;
- **Gründe in den Erfordernissen des Unternehmens** (betriebsbedingt): Auftragsmangel, Umstellungen in der Produktion, Betriebseinschränkungen.

Eine gesetzliche Regelung der Abmahnung gibt es nicht. Der Arbeitgeber muss aber den Grundsatz der Verhältnismäßigkeit beachten. Jeder Mitarbeiter soll die Möglichkeit haben, sein Fehlverhalten zu erkennen und für die Zukunft zu ändern, ohne dass gleich das Vertragsverhältnis gekündigt wird. Je nach der Schwere des Fehlverhaltens sind sogar mehr als eine oder zwei Abmahnungen wegen desselben Fehlverhaltens nötig, bevor gekündigt werden darf.

Bei betriebsbedingten Kündigungen muss der Arbeitgeber begründen, warum gerade diesem Arbeitnehmer gekündigt wurde. Dabei ist der Arbeitgeber verpflichtet, soziale Gesichtspunkte zu berücksichtigen (**Sozialauswahl**): Alter, Dauer der Betriebszugehörigkeit, Unterhaltspflichten, z. B. gegenüber der Familie, oder eine Schwerbehinderung.
Die Kündigung ist auch dann **sozial ungerechtfertigt**, wenn

- die Kündigung gegen eine Richtlinie nach § 95 Betriebsverfassungsgesetz (Richtlinie über die personelle Auswahl bei Kündigungen) verstößt;
- der Arbeitnehmer an einem anderen Arbeitsplatz im selben Betrieb oder in einem anderen Betrieb des Unternehmens weiterbeschäftigt werden kann;
- die Weiterbeschäftigung des Arbeitnehmers unter geänderten Vertragsbedingungen möglich ist;
- die Weiterbeschäftigung des Arbeitnehmers nach zumutbaren Umschulungs- oder Fortbildungsmaßnahmen möglich ist.

Ablauf einer Kündigung

1. Anhörung des Betriebsrates
↓
2. Prüfung des besonderen Kündigungsschutzes
↓
3. Anwendung des Kündigungsschutzgesetzes

Mitbestimmung bei Kündigungen BetrVG § 102

2.1 Rechte und Pflichten als Arbeitnehmer kennen

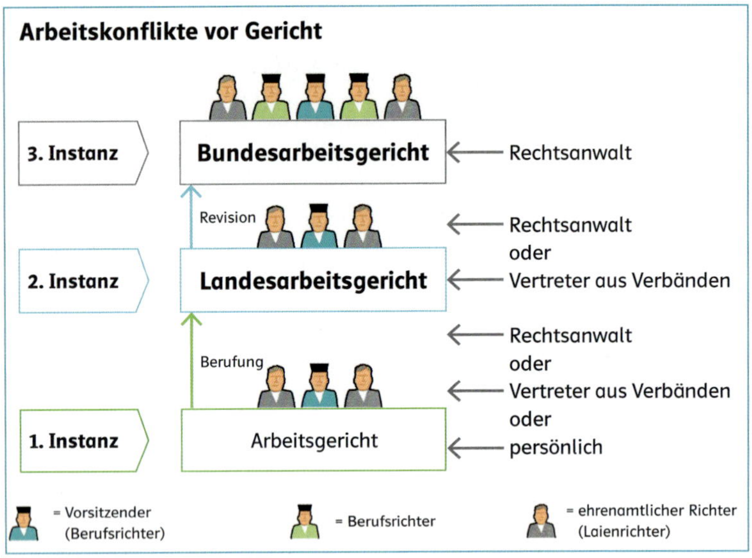

Anrufung des Arbeitsgerichts KSchG § 4

Wenn der Betriebsrat einer ordentlichen Kündigung widersprechen will, muss er dies innerhalb der vorgeschriebenen Frist von einer Woche tun.

Revision

Nachprüfung eines Gerichtsurteils

Zuständigkeiten der Arbeitsgerichte

Die Arbeitsgerichte regeln Streitigkeiten aus
- dem Arbeitsverhältnis (Arbeitnehmer und Arbeitgeber);
- dem Berufsausbildungsvertrag (Auszubildender und Ausbildender);
- dem Tarifvertrag (Gewerkschaften und Arbeitgeber/Arbeitgeberverband);
- dem Betriebsverfassungsgesetz (Betriebsrat und Geschäftsleitung).

Einreichung der Klage

Ein Arbeitnehmer muss innerhalb von drei Wochen nach Zugang der Kündigung Klage beim Arbeitsgericht erheben. Hält der Arbeitnehmer diese Frist nicht ein, ist die Kündigung rechtswirksam. Bei der Einreichung der Klage helfen Gewerkschaften, Anwälte und Mitarbeiter des Arbeitsgerichts.

Ob das Arbeitsverhältnis bis zur Entscheidung des Arbeitsgerichts bestehen bleibt, hängt davon ab, ob der Betriebsrat der ordentlichen Kündigung innerhalb einer Woche (der außerordentlichen Kündigung innerhalb von drei Tagen) widersprochen hat. In diesem Fall muss der Arbeitgeber den Arbeitnehmer nach Ablauf der Kündigungsfrist bis zum rechtskräftigen Abschluss des Rechtsstreits zu unveränderten Arbeitsbedingungen weiterbeschäftigen – wenn der Arbeitnehmer das möchte.

Instanzen der Arbeitsgerichtsbarkeit

Die Arbeitsgerichtsbarkeit kennt drei **Instanzen**. Die unterste Instanz ist das Arbeitsgericht. Gegen dessen Urteil kann beim Landesarbeitsgericht **Berufung** eingelegt werden. Die Revisionsinstanz ist das Bundesarbeitsgericht.
Im Berufungsverfahren werden alle Tatsachen nochmals festgestellt, geprüft und rechtlich gewürdigt. Die **Revision** überprüft die korrekte Anwendung der gesetzlichen Bestimmungen im vorliegenden Fall.
In allen Instanzen setzt sich das Gericht aus Berufsrichtern und ehrenamtlichen Richtern (mit Stimmrecht) zusammen. Die ehrenamtlichen Richter werden jeweils von den Arbeitnehmer- und Arbeitgeberorganisationen gestellt.
Jeder Verhandlung vor dem Arbeitsgericht geht eine **Güteverhandlung** voraus mit dem Ziel, die Streitigkeiten zu schlichten. In der 1. Instanz kann man sich durch Vertreter der jeweiligen Verbände vertreten lassen (Rechtsvertretung), z. B. durch die Gewerkschaft.
In der 1. Instanz trägt jede Partei, unabhängig vom Ausgang der Klage, ihre eigenen Anwaltskosten. Bei einem Vergleich fallen keine Gerichtskosten an. Entscheidet ein Richter den Rechtsstreit, muss die unterlegene Partei die Gerichtskosten tragen.

Zusammenfassung: Kündigung und Kündigungsschutz

Kündigung → **Anhörung des Betriebsrates** → **Kündigungsschutz** ← **Kündigungsschutzgesetz**

Kündigung
durch Arbeitgeber

Anhörung des Betriebsrates

Kündigungsschutz
Kündigungsschutz für bestimmte Personengruppen (Schwangere, Betriebsräte …)

Kündigungsschutzgesetz
Voraussetzungen: mehr als zehn Arbeitnehmer, mindestens sechs Monate beschäftigt

Gründe für Kündigung:
- personenbedingt
- verhaltensbedingt
- betriebsbedingt

zu beachten:
- Weiterbeschäftigung
- Abmahnung
- Sozialauswahl

Arbeitsgerichtsbarkeit

Zuständigkeiten
Streitigkeiten aus
- Arbeitsverhältnissen
- Berufsausbildungsverhältnissen
- Tarifverträgen
- Betriebsverfassungsgesetz

Instanzen
Arbeitsgerichte
↓
Landesarbeitsgerichte (Berufungsinstanz)
↓
Bundesarbeitsgericht (Revisionsinstanz)

Arbeitsgerichtsverfahren
Klageeingang (Frist: drei Wochen)
↓
Güteverhandlung
↓
Verhandlung/Urteil

Übungsaufgaben

1. KSchG § 1 Sozial ungerechtfertigte Kündigungen: „Die Kündigung des Arbeitsverhältnisses gegenüber einem Arbeitnehmer, dessen Arbeitsverhältnis im selben Betrieb oder Unternehmen ohne Unterbrechung länger als sechs Monate bestanden hat, ist rechtsunwirksam, wenn sie sozial ungerechtfertigt ist.“
   - ○ a) Beschreiben Sie, wann eine Kündigung sozial gerechtfertigt ist.
   - ○ b) Bei einer betriebsbedingten Kündigung hat der Arbeitgeber soziale Gesichtspunkte zu berücksichtigen. Nennen Sie die Faktoren, die zur Sozialauswahl gehören.
   - ◒ c) Erklären Sie die Rolle des Betriebsrats bei der Kündigung und beim Kündigungsschutz.
   - ◒ d) Erläutern Sie, wann einer Kündigung eine Abmahnung vorausgehen muss.

○ 2. Beschreiben Sie, worin sich Berufung und Revision unterscheiden.

◒ 3. Bei Rechtsstreitigkeiten vor dem Arbeitsgericht zahlt in der 1. Instanz, unabhängig vom Ausgang des Rechtsstreits, jede Partei ihre Anwaltskosten selbst. Erklären Sie, warum diese Regelung Vorteile für den Arbeitnehmer hat.

◒ 4. Die Grafik „Ärger mit dem Job – Wenn der Streit bis zur letzten Instanz geht“ (→ S. 77) zeigt, welche Fälle vor dem Arbeitsgericht verhandelt wurden. Begründen Sie, warum die Beendigung von Arbeitsverhältnissen zu den häufigsten Streitfällen gehört.

Betriebsrat und Jugend- und Auszubildendenvertretung

Lernsituation

Das Bauunternehmen Baier hat sich vom kleinen Handwerksbetrieb zum Unternehmen mit inzwischen 137 Mitarbeitern entwickelt. In der Vergangenheit wurden Probleme zwischen Herrn Baier und den Mitarbeitern persönlich gelöst. Die Erweiterung des Betriebes und die Einstellung eines Geschäftsführers machen es inzwischen erforderlich, eine andere Form der Konfliktlösung zwischen Geschäftsleitung und Mitarbeitern zu finden. Aus diesem Grunde bemüht sich Peter Daniels zusammen mit einigen anderen Mitarbeitern um die Einrichtung eines Betriebsrates und einer Jugend- und Auszubildendenvertretung (JAV). Auf einer Betriebsversammlung wurde bereits ein Wahlvorstand gewählt, dem auch Peter Daniels angehört. Aufgabe des Wahlvorstandes ist es, die Betriebsratswahl unverzüglich einzuleiten, durchzuführen und das Wahlergebnis festzustellen. Peter Daniels wurde gebeten, bis zur nächsten Sitzung anhand der gesetzlichen Bestimmungen des Betriebsverfassungsgesetzes und der Wahlordnung Antworten auf eine Reihe offener Fragen zu finden.

Arbeitsauftrag

- Ermitteln Sie anhand der Tabelle und der Bestimmungen des Betriebsverfassungsgesetzes:
  1. die Zahl der wahlberechtigten Arbeitnehmer;
  2. die Zahl der wählbaren Arbeitnehmer;
  3. die Zahl der Betriebsratsmitglieder;
  4. die Zusammensetzung des Betriebsrates;
  5. die Zahl der von der beruflichen Tätigkeit freizustellenden Betriebsratsmitglieder;
  6. die möglichen Wahlverfahren;
  7. die Zahl der wahlberechtigten und wählbaren Personen zur JAV;
  8. die Zahl der JAV-Mitglieder.

	insgesamt	über 18 Jahre	unter 18 Jahre	unter 25 Jahre
Arbeitnehmer	137	117	20	45
davon:				
Frauen	21	19	2	8
Männer	104	91	13	25
Auszubildende	12	7	5	12
Betriebsangehörigkeit				
Frauen				
• unter 6 Monate	2	1	1	
• über 6 Monate	19	18	1	
Männer				
• unter 6 Monate	10	4	6	
• über 6 Monate	94	87	7	
Auszubildende				
• unter 6 Monate				
• über 6 Monate	12	7	5	

Das Betriebsverfassungsgesetz (BetrVG)

Das Betriebsverfassungsgesetz regelt die Rechte des Arbeitnehmers und der gewählten Organe im Betrieb (→ S. 286). Die Stellung des Betriebsrates bildet das Kernstück dieses Gesetzes.
Voraussetzung für die Wahl eines Betriebsrates ist die Anzahl der Mitarbeiter im Unternehmen. In Unternehmen mit in der Regel mindestens fünf wahlberechtigten Arbeitnehmern, von denen drei wählbar sind, kann ein Betriebsrat eingerichtet werden.
Wahlberechtigt sind alle Arbeitnehmer, die das 18. Lebensjahr vollendet haben (aktives Wahlrecht). Zu den Arbeitnehmern im Sinne des BetrVG gehören auch volljährige Azubis und Leiharbeiter, wenn sie länger als drei Monate im Betrieb eingesetzt werden.
Wählbar sind alle Wahlberechtigten, die sechs Monate dem Betrieb angehören (passives Wahlrecht).
Bei der **Zusammensetzung des Betriebsrates** muss das Geschlecht, das im Betrieb in der Minderheit ist, mindestens entsprechend seinem Anteil an der Belegschaft vertreten sein.
Beispiel: Wenn in einem Betrieb Frauen ein Drittel der Belegschaft ausmachen, müssen sie auch mindestens ein Drittel der Sitze im Betriebsrat erhalten. Der Betriebsrat soll sich möglichst auch aus Arbeitnehmern der einzelnen Organisationsbereiche und der verschiedenen Beschäftigtenarten der im Betrieb tätigen Arbeitnehmer zusammensetzen.
Die **Größe des Betriebsrates** ist abhängig von der Zahl der wahlberechtigten Arbeitnehmer.

Der Betriebsrat besteht in Betrieben von	in der Regel aus
5 bis 20 Arbeitnehmern	1 Mitglied
21 bis 50 Arbeitnehmern	3 Mitgliedern
51 bis 100 Arbeitnehmern	5 Mitgliedern
101 bis 200 Arbeitnehmern	7 Mitgliedern
201 bis 400 Arbeitnehmern	9 Mitgliedern
401 bis 700 Arbeitnehmern	11 Mitgliedern
701 bis 1000 Arbeitnehmern	13 Mitgliedern
1001 bis 1500 Arbeitnehmern	15 Mitgliedern usw.

Ablaufschema für Betriebsratswahlen

Die regelmäßigen Betriebsratswahlen finden alle **vier Jahre** in der Zeit vom 1. März bis 31. Mai statt. Außerhalb dieser Zeit wird gewählt, wenn z. B. im Betrieb noch kein Betriebsrat besteht oder der Betriebsrat mit der Mehrheit seiner Mitglieder seinen Rücktritt erklärt.
Die Wahlen erfolgen nach den im Kasten beschriebenen Schritten (→ S. 82).

Die Stellung der Betriebsratsmitglieder

Die Mitglieder des Betriebsrates führen ihr Amt unentgeltlich als Ehrenamt. Der Betriebsrat kann während der Arbeitszeit Sprechstunden einrichten und Betriebsratssitzungen durchführen. Das Arbeitsentgelt wird in dieser Zeit weitergezahlt. Die durch die Tätigkeit des Betriebsrates entstehenden Kosten trägt der Arbeitgeber.
In Betrieben ab 200 Arbeitnehmern werden Betriebsratsmitglieder für ihre **Betriebsratstätigkeiten freigestellt**. Die freigestellten Betriebsratsmitglieder dürfen wirtschaftlich nicht schlechter als vergleichbare Arbeitnehmer gestellt werden. Alle Mitglieder des Betriebsrates genießen während ihrer Amtszeit und ein Jahr nach ihrem Ausscheiden Kündigungsschutz.

Zahl freizustellender Betriebsräte:

200 bis 500 Arbeitnehmer = 1

500 bis 1000 Arbeitnehmer = 2

1001 bis 1500 Arbeitnehmer = 3

1501 bis 2 000 Arbeitnehmer = 4

usw. in Schritten zu Tausend

Ablaufschema einer Betriebsratswahl (BetrVG §§14–18)	
Normales Wahlverfahren → 1.–7.	
1. Bestellung des Wahlvorstands	Gibt es einen Betriebsrat, bestellt dieser den Wahlvorstand. Besteht kein Betriebsrat, wird der Wahlvorstand in einer Betriebsversammlung gewählt.
2. Erstellen einer Wählerliste	Verzeichnis der Personen, die wählen und gewählt werden dürfen.
3. Erlass des Wahlausschreibens	Im Wahlausschreiben werden die Arbeitnehmer des Betriebes über den Wahlablauf informiert (u.a. über Zeitpunkt und Ort der Stimmabgabe, Größe und Zusammensetzung des Betriebsrates).
4. Entgegennahme von Wahlvorschlägen	Die Wahlvorschläge müssen von mindestens einem Zwanzigstel, nicht weniger aber als drei wahlberechtigten Arbeitnehmern unterzeichnet sein. In Betrieben mit bis zu 20 wahlberechtigten Arbeitnehmern genügt die Unterzeichnung durch zwei Arbeitnehmer.
5. Erstellen der Wahlunterlagen: Verhältnis- oder Mehrheitswahl	Von Mehrheitswahl (Persönlichkeitswahl) spricht man, wenn die wahlberechtigten Arbeitnehmer mit ihrer Stimme einen Namen ankreuzen können (es dürfen so viele Bewerber angekreuzt werden, wie Betriebsratsmitglieder zu wählen sind). Von Verhältniswahl (Listenwahl) spricht man, wenn die wahlberechtigten Arbeitnehmer nur eine Vorschlagsliste als Ganzes ankreuzen können.
6. Durchführung der Wahl	Der Wahlvorstand hat die Wahlen durchzuführen, das Wahlergebnis bekannt zu machen und die neu gewählten Betriebsratsmitglieder zur ersten Sitzung einzuladen.
7. Wahl der Vorsitzenden, Bildung von Ausschüssen	Hat der Betriebsrat neun oder mehr Mitglieder, bildet er einen Betriebsausschuss, der die laufenden Geschäfte führt. In Betrieben mit mehr als 100 Arbeitnehmern werden vom Betriebsrat Ausschüsse und Arbeitsgruppen gebildet. Sie sollen bestimmte Aufgaben übernehmen und die Unternehmensleitung beraten (Wirtschaftsausschuss).
Vereinfachtes Verfahren	Bei Kleinbetrieben mit 5 bis 50 Arbeitnehmern wird nach dem vereinfachten Wahlverfahren gewählt. Bei Unternehmen mit 51 bis 100 Arbeitnehmern kann das vereinfachte Wahlverfahren angewendet werden. Die Wahl des Betriebsrates erfolgt in zwei Stufen. Auf der ersten Wahlversammlung wird der Wahlvorstand gewählt. Eine Woche später wird auf einer zweiten Wahlversammlung der neue Betriebsrat gewählt. Die Wahl erfolgt nach den Grundsätzen der Mehrheitswahl.

Die Jugend- und Auszubildendenvertretung (JAV)

Damit die besonderen Interessen von Jugendlichen und Auszubildenden berücksichtigt werden, sieht das Betriebsverfassungsgesetz zusätzlich zum Betriebsrat eine Jugend- und Auszubildendenvertretung vor.
Maßnahmen und Anregungen der JAV können nur über den Betriebsrat beim Arbeitgeber beantragt werden.
Zu den Betriebsratssitzungen kann ein Vertreter entsandt werden; Stimmrecht hat die JAV aber nur bei Beschlüssen, die überwiegend die Jugendlichen bzw. Auszubildenden betreffen.
Vor jeder Betriebsversammlung führt die JAV eine Jugend- und Auszubildendenversammlung durch. Die JAV-Vertreter genießen ebenfalls Kündigungsschutz. Für Auszubildende in der JAV besteht nach Ende der Ausbildung Anspruch auf Weiterbeschäftigung.

Jugend- und Auszubildendenvertretung (JAV)	
Voraussetzungen	Mindestens fünf Beschäftigte unter 18 Jahren oder Auszubildende unter 25 Jahren gehören zur Belegschaft.
Wahl	Wahlberechtigt sind alle oben genannten Beschäftigten. Wählbar sind alle Beschäftigten unter 25 Jahren (außer Betriebsratsmitglieder). Alle Bereiche des Betriebs, alle Ausbildungsberufe, Männer und Frauen sollen vertreten sein.
Zahl der Vertreter	Bei 5–20 Wahlberechtigten wird ein Vertreter, bei 21–50 werden drei Vertreter gewählt usw.
Amtszeit	Die Amtszeit beträgt zwei Jahre.

Zusammenfassung: Betriebsrat und Jugend- und Auszubildendenvertretung

Die Interessenvertretung der Arbeitnehmer im Unternehmen

Betriebsrat

Wahl
Voraussetzungen:
fünf Arbeitnehmer,
davon drei wählbar

Wahlverfahren und Größe abhängig von der Zahl der Arbeitnehmer

Stellung der Betriebsräte
- ehrenamtlich
- Kündigungsschutz
- evtl. Freistellung

Jugend- und Auszubildendenvertretung

Wahl
Voraussetzungen:
fünf Beschäftigte unter 18 oder Auszubildende unter 25 Jahren

Größe abhängig von der Zahl der Wahlberechtigten

Stellung der Vertreter
- ehrenamtlich
- Kündigungsschutz
- Weiterbeschäftigungsgarantie

Übungsaufgaben

1. In einem Unternehmen sind 120 Arbeitnehmer beschäftigt, 74 Frauen und 46 Männer. Nennen Sie die Zahl der zu wählenden Betriebsratsmitglieder. Notieren Sie, wie sich der Betriebsrat zusammensetzt.

2. Ermitteln Sie die Zahl der Jugendlichen und Auszubildenden in Ihrem Ausbildungsbetrieb, die eine Jugend- und Auszubildendenvertretung wählen dürfen, sowie die Zahl der zu wählenden Vertreter.

3. Die Amtszeit der Jugend- und Auszubildendenvertretung beträgt nur zwei Jahre und nicht wie beim Betriebsrat vier Jahre. Begründen Sie diese Regelung.

4. Es soll zum ersten Mal ein Betriebsrat gewählt werden. Erklären Sie, warum es sinnvoll sein kann, die Unterstützung der für diesen Betrieb zuständigen Gewerkschaft in Anspruch zu nehmen.

5. Erklären Sie, warum die Wahl eines Betriebsrates und einer Jugend- und Auszubildendenvertretung für die Beschäftigten eines Betriebes wichtig sein kann.

6. Bewerten Sie die Möglichkeiten der Jugend- und Auszubildendenvertretung, selbstständig ihre Interessen gegenüber der Geschäftsleitung durchzusetzen.

7. Betrachten Sie das Plakat.

a) Nehmen Sie Stellung zu den Aussagen des Plakats.
b) Beschreiben Sie die besondere Stellung der Betriebsratsmitglieder im Unternehmen.

Handlungsmöglichkeiten des Betriebsrats

Lernsituation

Der neue Betriebsratsvorsitzende Jansen im Gespräch mit Geschäftsführer Baier.

Jansen: Frau Rose war gerade bei mir. Sie war sehr verärgert, weil Sie ihren Urlaubsantrag für die ersten drei Ferienwochen abgelehnt haben. Sie wissen doch, dass sie zwei schulpflichtige Kinder hat und die Urlaubszeit mit ihrem Mann abstimmen muss.
Baier: Ja, ich weiß, aber was soll ich tun? Frau Rose war mit ihrem Antrag einfach später als die anderen. Bei wem soll ich die Zusage wieder rückgängig machen? Außerdem haben die meisten ihre Urlaubsreise schon gebucht.
Jansen: Wir haben doch erst Februar. Und es kann nicht angehen, dass die Urlaubszeiten nach dem Prinzip vergeben werden: Wer zuerst kommt, mahlt zuerst!
Baier: Also, Herr Jansen, mir ist es eigentlich gleich, wer wann Urlaub macht. Die Hauptsache ist, es sind genügend Mitarbeiter während der Ferienzeit anwesend, damit der betriebliche Ablauf nicht gestört wird. Mir wäre auch daran gelegen, für den Betrieb allgemeine Urlaubsgrundsätze aufzustellen. Dazu möchte ich gerne die Vorstellungen des neuen Betriebsrates kennenlernen.

Arbeitsauftrag

● 1. Entwickeln Sie Urlaubsgrundsätze für eine Betriebsvereinbarung. Dabei sollten Sie folgende Gesichtspunkte berücksichtigen:
Anmeldung des Urlaubs (Urlaubslisten), nachträgliche Änderungen, Vorrang sozialer Gesichtspunkte (z. B. Lebensalter, Betriebszugehörigkeit, Anzahl und Alter der schulpflichtigen Kinder), betriebliche Interessen, Stellung der Auszubildenden.

2. Überprüfen Sie die rechtlichen Möglichkeiten des Betriebsrates, die ausgearbeiteten Grundsätze in einer Betriebsvereinbarung durchzusetzen.

3. Prüfen Sie: Muss Herr Baier Frau Roses Urlaubsantrag doch noch zustimmen?

Die Aufgaben des Betriebsrates

Die Betriebsräte sind ein wichtiges Organ der betrieblichen Mitbestimmung. Sie wirken an vielen Unternehmensentscheidungen mit und tragen dazu bei, dass die getroffenen Maßnahmen von den Mitarbeitern mitgetragen werden. Der Betriebsrat hat folgende Aufgaben:
- darüber zu wachen, dass die zugunsten der Arbeitnehmer geltenden Gesetze, Verordnungen, Unfallverhütungsvorschriften, Tarifverträge und Betriebsvereinbarungen beachtet werden;
- Maßnahmen beim Arbeitgeber zu beantragen, die dem Betrieb und der Belegschaft dienen;
- Anregungen von Arbeitnehmern und der Jugendvertretung entgegenzunehmen und, falls sie berechtigt erscheinen, mit dem Arbeitgeber zu verhandeln;
- die Eingliederung Schwerbehinderter und sonstiger besonders schutzbedürftiger Personen zu fördern;
- die Wahl einer Jugendvertretung vorzubereiten und durchzuführen;
- die Beschäftigung älterer Arbeitnehmer im Betrieb zu fördern;
- die Eingliederung ausländischer Arbeitnehmer im Betrieb und das Verständnis zwischen ihnen und den deutschen Arbeitnehmern zu fördern.

Betriebsversammlungen einberufen

Der Betriebsrat hat vierteljährlich eine Betriebsversammlung einzuberufen und dort einen Tätigkeitsbericht vorzulegen. Einmal im Jahr muss der Arbeitgeber über das Personal- und Sozialwesen sowie die wirtschaftliche Lage und Entwicklung des Unternehmens informieren. Darüber hinaus können auch außerordentliche Betriebsversammlungen stattfinden. Der Betriebsrat ist verpflichtet, sie einzuberufen, wenn ein bestimmter Anlass vorliegt bzw. ein Viertel der Arbeitnehmer oder der Arbeitgeber dies wünscht. Anlässe für eine außerordentliche Betriebsversammlung sind z. B. Einführung von Kurzarbeit oder eine Betriebsverlagerung.

Betriebsversammlung in einem Unternehmen

Betriebsvereinbarungen treffen

Arbeitgeber und Beschäftigte haben gegensätzliche Interessen. Arbeitgeber möchten im Rahmen der gesetzlichen Vorgaben den Aufwand so niedrig wie möglich halten und den Gewinn steigern. Arbeitnehmer dagegen wollen ihre Belastung durch den Beruf begrenzen und ein möglichst hohes Einkommen erzielen. Überstundenregelungen, Arbeitszeiten, Kündigungen, Urlaubspläne sind darum Reibungspunkte zwischen Arbeitgeber- und Arbeitnehmerseite.
Der Staat stärkt durch das Betriebsverfassungsgesetz die Rechte der Arbeitnehmer gegenüber dem Arbeitgeber. Er gibt dem Betriebsrat das Recht, im Namen der Belegschaft mit der Geschäftsführung zu verhandeln. Das Ergebnis einer solchen Verhandlung nennt man Betriebsvereinbarung. Dabei sollen beide Parteien vertrauensvoll zusammenarbeiten. Die Betriebsvereinbarungen werden schriftlich niedergelegt und sind für das Unternehmen und alle Beschäftigten verbindlich und haben **Vorrang vor den Einzelarbeitsverträgen** (entsprechend der Rangordnung der Regelungsmittel im Arbeitsrecht → S. 67). Da Tarifverträge häufig **Öffnungsklauseln** enthalten oder nur einen Rahmen vorgeben, können Betriebsvereinbarungen diese Regelungen für den Betrieb konkretisieren. Sie helfen, Interessenkonflikte zwischen Arbeitgeber und Beschäftigten zu entschärfen und den Betriebsfrieden zu wahren.

Öffnungsklausel

Eine Öffnungsklausel im Tarifvertrag ermöglicht eine vom Tarifvertrag abweichende Regelung durch Betriebsvereinbarung oder durch Arbeitsvertrag (§ 4 Tarifvertragsgesetz) *→ S. 68*

Tarifverträge → S. 90 f.

Die Beteiligungsrechte des Betriebsrats

Im Rahmen des Betriebsverfassungsgesetzes werden dem Betriebsrat in sozialen, personellen und wirtschaftlichen Angelegenheiten unterschiedliche Handlungsmöglichkeiten zugestanden. Danach lassen sich grundsätzlich drei abgestufte Beteiligungsrechte unterscheiden:
- echte (erzwingbare) Mitbestimmungsrechte,
- Anhörungs- und Vetorechte,
- Unterrichtungs- und Beratungsrechte.

Bei **echten (erzwingbaren) Mitbestimmungsrechten** können sowohl der Betriebsrat als auch der Arbeitgeber Vorschläge machen, über die sie am Ende gemeinsam entscheiden. Kommt keine Einigung zustande, so wird die Angelegenheit einer **Einigungsstelle** vorgelegt, die dann eine verbindliche Entscheidung trifft. Maßnahmen des Arbeitskampfes wie Streik und Aussperrung sind nicht erlaubt. Sie können lediglich im Rahmen von Tarifauseinandersetzungen von den Tarifvertragsparteien eingesetzt werden, aber nicht bei innerbetrieblichen Auseinandersetzungen. Der Betriebsrat kann mitbestimmen, soweit noch keine gesetzliche oder tarifliche Regelung besteht. Dazu zählen u. a.:
- Fragen der Ordnung des Betriebs und des Verhaltens der Arbeitnehmer im Betrieb (Betriebsordnung), z. B. Kleider- und Parkplatzordnungen;
- Beginn und Ende der täglichen Arbeitszeit einschließlich der Pausen, Verteilung der Arbeitszeit auf die Wochentage, z. B. gleitende Arbeitszeit, Aufstellung von Dienstplänen, Rufbereitschaft;
- vorübergehende Verkürzung oder Verlängerung der betriebsüblichen Arbeitszeit (Überstunden, Kurzarbeit);
- Zeit, Ort und Auszahlung der Arbeitsentgelte;
- Aufstellung allgemeiner Urlaubsgrundsätze und des Urlaubsplans (Der Arbeitgeber muss die Wünsche des Arbeitnehmers bei der Festlegung der Urlaubstage berücksichtigen und kann nicht willkürlich den Urlaubszeitpunkt bestimmen. Der Arbeitgeber hat aber das Recht, den Urlaubszeitpunkt nach den betrieblichen Erfordernissen zu bestimmen.);
- Regelungen über die Verhütung von Arbeitsunfällen und Berufskrankheiten;
- Zuweisung und Kündigung von Wohnräumen (Werkswohnungen);
- Festsetzung der Akkord- und Prämiensätze und vergleichbarer leistungsbezogener Entgelte, einschließlich der Geldfaktoren;
- Grundsätze über das betriebliche Vorschlagswesen (d. h. Umgang mit Verbesserungsvorschlägen von Arbeitnehmern, aber nicht über die Höhe der Vergütung);
- Grundsätze für die Durchführung der Gruppenarbeit;
- Aufstellung von Richtlinien, die bei Einstellungen, Versetzungen, Umgruppierungen und Kündigungen gelten.

Zu den Beteiligungsrechten des Betriebsrats gehört auch das **Anhörungs- und Vetorecht**. So kann der Betriebsrat bei personellen Einzelmaßnahmen (Einstellung, Versetzung, Umgruppierung, Eingruppierung) unter bestimmten Voraussetzungen widersprechen. Dies hat zur Folge, dass der Arbeitgeber sich an das Arbeitsgericht wenden muss, um die Zustimmung des Betriebsrats ersetzen zu lassen. Das Vetorecht gilt beispielsweise, wenn eine personelle Maßnahme gegen ein Gesetz verstößt oder wenn bei der Besetzung eines Arbeitsplatzes die erforderliche Ausschreibung unterblieben ist.
Bei einer **Kündigung** hat der Betriebsrat dagegen nur ein Anhörungsrecht. Der Arbeitgeber hat ihm die Gründe der Kündigung mitzuteilen.

Eine ohne Anhörung des Betriebsrates ausgesprochene Kündigung ist unwirksam.
Der Betriebsrat kann der ordentlichen Kündigung widersprechen, wenn

- der Arbeitgeber bei der Auswahl des Arbeitnehmers soziale Gesichtspunkte nicht oder nicht ausreichend berücksichtigt hat,
- der zu kündigende Arbeitnehmer an einem anderen Arbeitsplatz im selben Betrieb weiterbeschäftigt werden kann,
- die Weiterbeschäftigung des Arbeitnehmers nach zumutbaren Umschulungs- oder Fortbildungsmaßnahmen möglich ist oder
- eine Weiterbeschäftigung des Arbeitnehmers unter geänderten Vertragsbedingungen möglich ist.

Der Widerspruch des Betriebsrats hindert den Arbeitgeber nicht an der Kündigung.

Daneben gibt es **Unterrichtungs- und Beratungsrechte**. In wirtschaftlichen Angelegenheiten hat der Arbeitgeber vor der Entscheidung den Betriebsrat zu unterrichten, sich mit ihm zu beraten oder die Meinung des Betriebsrats dazu anzuhören.
Zu diesen Angelegenheiten gehören:

- die Planung von Neu-, Um- und Erweiterungsbauten von Fabrikations-, Verwaltungs- und sonstigen betrieblichen Räumen, von technischen Anlagen, von Arbeitsverfahren und Arbeitsabläufen oder der Arbeitsplätze,
- Art und Umfang der Personalplanung,
- geplante Betriebsänderungen,
- Arbeitsschutz und betrieblicher Umweltschutz,
- Vorschläge zur Beschäftigungssicherung.

Sozialplan

In Unternehmen mit Betriebsrat muss bei betriebsbedingten Kündigungen aufgrund von Betriebsänderungen (Verlagerung, komplette oder teilweise Stilllegung u.a.) ein Sozialplan zwischen Betriebsrat und Unternehmensleitung ausgehandelt werden. Dieser soll die wirtschaftlichen Nachteile für die gekündigten Beschäftigten abmildern: Der Arbeitgeber zahlt ihnen eine bestimmte Summe (z.B. eine Abfindung für jedes Jahr der Betriebszugehörigkeit in Höhe von 1000 Euro) oder er bietet ihnen den Übergang in eine Beschäftigungsgesellschaft an, was die Suche nach einem neuen Job erleichtern soll. Wenn sich Geschäftsführung und Betriebsrat nicht einigen können, entscheidet auch hier die Einigungsstelle. Diese Regelungen geben dem Betriebsrat bei geplanten Rationalisierungsmaßnahmen oder Betriebsverlagerungen eine besondere Macht. Er kann zwar Betriebsänderungen nicht verhindern, aber er hat Einfluss darauf, wen sie treffen, wie hoch die Leistungen aus dem Sozialplan sind und wie sie berechnet werden.

Rechte des Einzelnen

Unabhängig davon, ob ein Betriebsrat vorhanden ist, hat jeder Arbeitnehmer das Recht auf Einsicht in die **Personalakte**, auf Anhörung, Beratung und Information in Angelegenheiten, die ihn persönlich betreffen. Die Personalakte kann in Papierform oder digital angelegt sein. Mitarbeiter dürfen sich bei der Einsicht in die Personalakte Notizen machen, ggf. Kopien einzelner Teile anfertigen und auch ein Betriebsratsmitglied hinzuziehen. Ein rechtlicher Anspruch, dass dem Arbeitnehmer die Personalakte für einen Zeitraum überlassen wird, besteht nicht. Auch nach Ende des Arbeitsverhältnisses besteht das Recht auf Einsichtnahme. Weiterhin hat der Arbeitnehmer die Möglichkeit, zum Inhalt seiner Personalakte Stellung zu nehmen. Er kann Erklärungen oder (schriftliche) Gegendarstellungen verfassen, die an der entsprechenden Stelle in die Personalakte eingefügt werden müssen. Darüber hinaus kann er die Entfernung unrichtiger Angaben aus der Personalakte verlangen. Kommt der Arbeitgeber dem nicht oder unzureichend nach, kann der Mitarbeiter seinen Anspruch auf Änderung oder Löschung vor Gericht geltend machen.

Was gehört in die Personalakte?

- Bewerbungsunterlagen
- Lichtbilder
- Arbeitsvertrag
- Zeugnisse
- Personalfragebögen
- Führungs- und Leistungsbeurteilungen
- Fortbildungsmaßnahmen
- Urlaubsbewilligungen
- Krankheitsbescheinigungen
- Abmahnungen
- Kündigung
- Aufhebungsvertrag
- Schlusszeugnis

Zusammenfassung: Handlungsmöglichkeiten des Betriebsrats

Beteiligungsrechte des Betriebsrats

Echtes Mitbestimmungsrecht

Soziale Angelegenheiten
Arbeitgeber und Arbeitnehmer entscheiden gemeinsam; evtl. Einschaltung der Einigungsstelle

Anhörungs- und Vetorecht

Personelle Angelegenheiten
Anhörungsrecht bei Kündigung, Widerspruchsrecht unter bestimmten Voraussetzungen

Unterrichtungs- und Beratungsrecht

Wirtschaftliche Angelegenheiten
Maßnahmen müssen vor der Entscheidung dem Betriebsrat mitgeteilt und mit ihm beraten werden

Rechte des Einzelnen

Recht auf Einsicht in die Personalakte, auf Anhörung, Beratung und Beschwerde

Bei Betriebsänderungen

Verhandlung mit dem Unternehmen über einen Sozialplan (Abfindung, Beschäftigungsgesellschaft)

Übungsaufgaben

1. Analysieren Sie die folgenden Fälle und entscheiden Sie, welche Rechte der Betriebsrat hat. Unterscheiden Sie nach:
   - Unterrichtungs- und Beratungsrecht
   - Anhörungsrecht
   - Vetorecht
   - echtes Mitbestimmungsrecht

   a) In der Fertigungsabteilung Dreherei sollen die Prämiensätze gekürzt werden.
   b) Das Textilunternehmen Basler beabsichtigt die Errichtung eines Fertigungsbetriebes in Ungarn.
   c) Gerda Schröter soll fristgerecht zum 30. Juni 20XX gekündigt werden.
   d) Bei der Kündigung von Dieter Breitscheid sind nach Ansicht des Betriebsrats bei der Auswahl der zu kündigenden Arbeitnehmer soziale Gesichtspunkte nicht ausreichend berücksichtigt worden.
   e) Das Bauunternehmen Hübner möchte den Beginn der täglichen Arbeitszeit von 6 Uhr auf 5 Uhr verlegen.
   f) Das Elektrounternehmen Berner will in der Fertigung Gruppenarbeit einführen.
   g) Das Unternehmen Lenz erhielt im Januar einen termingebundenen Großauftrag und beabsichtigt, im März an vier Samstagen jeweils acht Stunden arbeiten zu lassen.
   h) Die Personalabteilung hat einen Personalfragebogen ausgearbeitet.

2. Erläutern Sie die Rechte, die der Betriebsrat im Rahmen von Personalentscheidungen hat.

3. Fassen Sie die Aufgaben der Einigungsstelle nach dem Betriebsverfassungsgesetz zusammen.

4. Beschreiben Sie die Aufgaben einer ordentlichen Betriebsversammlung.

5. Begründen Sie, warum sich die Betriebsratsarbeit am häufigsten mit den Fragen des Gesundheitsschutzes und der Arbeitszeit beschäftigt (→ Grafik S. 86).

Tarifverträge und Tarifauseinandersetzungen

Lernsituation

Mike: Das ist doch eure Gewerkschaft, die zum Streik aufruft! Ihr seid gut! Während andere froh sind, Arbeit zu haben, wollt ihr die Sachen hinwerfen.

Peter: Was sollen wir denn machen? Du hast doch selber gehört, dass die Arbeitgeber keinen Millimeter von ihrem bisherigen Angebot abweichen; und das bei lächerlichen drei Prozent. Die wollen ja nicht einmal die Preissteigerungsraten des letzten Jahres ausgleichen. So einfach lassen wir uns nicht abspeisen.

Mike: Und höheren Lohn bekommt man, wenn man ein bisschen streikt?

Peter: Allerdings. Auch wenn die Arbeitgeber in dieser Zeit keinen Lohn zahlen müssen, bleibt ihnen ein Großteil der Kosten wie Zinszahlungen oder Miete.

Mike: Und wie sieht das bei dir aus, wenn du keinen Lohn erhältst? Werden dir für diese Zeit die Zinsen für dein neues Auto von der Bank erlassen? Oder verzichtet dein Vermieter etwa auf die Mietzahlungen?

Peter: Ich weiß, einfach fällt mir das auch nicht. Außerdem ist es ja noch nicht so weit. Erst mal müssen 75 Prozent der Mitglieder in der Urabstimmung für Streik stimmen. Und selbst wenn es zum Streik kommt – früher oder später muss eine Einigung her!

Arbeitsauftrag

Wie es für Peter und seine Gewerkschaft bei dem Tarifkonflikt weitergeht, hängt von vielen Faktoren ab. Erläutern Sie diese Faktoren. Dabei helfen Ihnen die folgenden Fragen:

1. Welche Voraussetzungen sollten vorliegen, damit eine Gewerkschaft von einer guten Verhandlungsposition sprechen kann?
2. Über welche Instrumente verfügen Arbeitgeber, um auf Maßnahmen der Gewerkschaften reagieren zu können?
3. Warum wird/muss es am Ende des Tarifstreits zu einer Einigung kommen?

Tarifpartner und Tarifautonomie

Tarifverträge werden zwischen Arbeitgebern (z. B. VW) bzw. Arbeitgeberverbänden (z. B. Arbeitgeberverband Gesamtmetall) und den Gewerkschaften als Arbeitnehmervertreter (z. B. IG Metall) abgeschlossen. Sie regeln Löhne, Gehälter und weitere Arbeitsbedingungen von Arbeitnehmern einer Branche oder eines Unternehmens. In der Bundesrepublik garantiert das Grundgesetz den Tarifvertragsparteien/Sozialpartnern (Arbeitgeberverbände und Gewerkschaften) das Recht auf **Tarifautonomie** (GG Art. 9, Abs. 3). Tarifautonomie heißt, dass die Tarifpartner ohne Einmischung des Staates die Tarifverträge frei aushandeln dürfen.

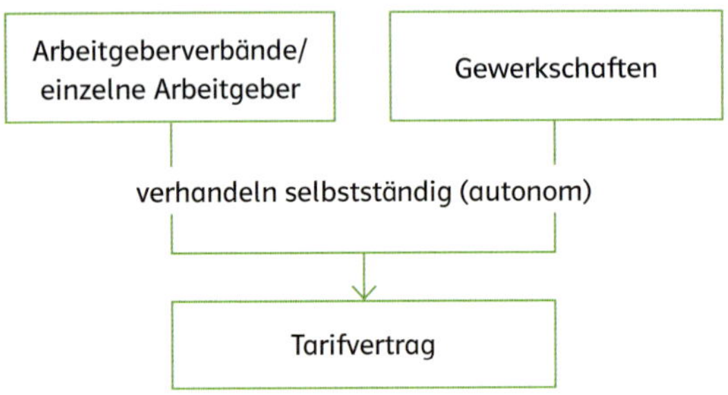

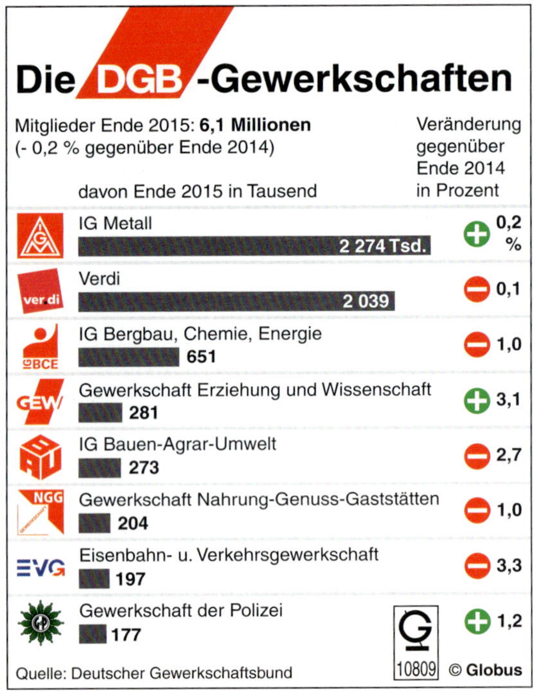

Funktionen von Tarifverträgen

Geltungsbereich des Tarifvertrags *→ S. 68*

Tarifverträge haben folgende Aufgaben:

- **Schutzfunktion**: Der einzelne Arbeitnehmer soll davor geschützt werden, dass der wirtschaftlich stärkere Arbeitgeber die Arbeitsbedingungen einseitig festlegt.
- **Ordnungsfunktion**: Alle Arbeitsverträge, die von dem Tarifvertrag erfasst sind, werden gleichartig behandelt.
- **Richtlinienfunktion**: Es werden klare Regelungen für die Rechte und Pflichten von Gewerkschaften und Arbeitgeberverbänden getroffen.
- **Friedensfunktion**: Für die Gültigkeitsdauer (Laufzeit) des Tarifvertrags verpflichten sich die Tarifvertragsparteien zur Friedenspflicht, d. h. Kampfmaßnahmen (Streik, Aussperrung) müssen unterbleiben. Verletzt ein Vertragspartner diese Pflicht, so kann er zum Schadensersatz herangezogen werden.

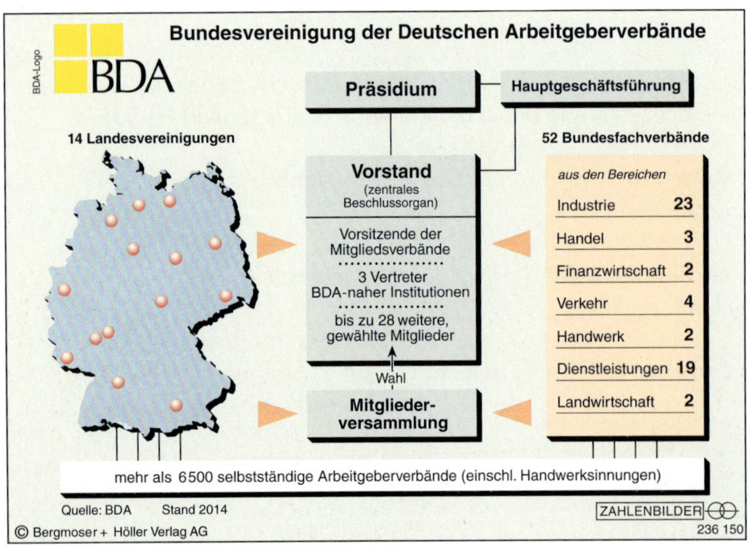

Arten von Tarifverträgen

Tarifverträge unterscheidet man in drei unterschiedliche Arten:

- **Lohn- und Gehaltstarifverträge** enthalten die Lohnsätze sowie Zu- und Abschläge, die für die einzelnen Lohn- und Gehaltsgruppen zu zahlen sind. Das gesamte Tarifgefüge wird dabei von einem **Ecklohn** bestimmt.

Rechtswirkungen der Tarifverträge auf

einzelne Arbeitnehmer und Arbeitgeber	Tarifvertragsparteien
Sie erhalten Normen, die z. B. Arbeitsverträge regeln: • Inhalt (z. B. Lohn, Urlaub) • Abschluss (z. B. Schriftform des Arbeitsvertrags) • Beendigung (z. B. Kündigungsregelungen)	Sie sind gebunden an: • Tariferfüllungspflicht (Einhaltung vereinbarter Verpflichtungen) • Friedenspflicht

Der Ecklohn ist der für einen 21 Jahre alten Facharbeiter festgesetzte Normallohn, aus dem sich durch prozentuale Zu- und Abschläge die Tariflöhne für andere Lohngruppen berechnen.

- **Manteltarifverträge** legen die allgemeinen Arbeitsbedingungen fest. Dazu zählen Arbeitszeit (z. B. 35-Stunden-Woche), Urlaub, Kündigungsfristen, Rationalisierungsschutz, Überstundenzuschläge usw.
- **Rahmentarifverträge** regeln z. B. die Festlegung von Lohn- und Gehaltsgruppen sowie die Zuordnung bestimmter Tätigkeiten und Merkmale dieser Gruppen. Die Laufzeiten dieser Vereinbarungen betragen meist mehrere Jahre.

Interessengegensätze und Tarifverhandlungen

Die Tarifvertragsparteien gehen mit unterschiedlichen Interessen in die Tarifauseinandersetzung. Dabei muss grundsätzlich die Bereitschaft zum Abschluss eines Tarifvertrags vorliegen.

mögliche Interessen der Gewerkschaftsvertreter	mögliche Interessen der Arbeitgebervertreter
• Arbeitsplatzsicherung • Lohn- und Gehaltserhöhung • humane Arbeitsbedingungen	• Sicherung der Wettbewerbsfähigkeit • an der Produktivität orientierte Lohnabschlüsse • Gewinnsteigerung

Die Gewerkschaften gehen bei der Höhe ihrer Lohn- und Gehaltsforderungen von verschiedenen Aspekten aus. Zum einen sollen zumindest die Preissteigerungsraten für Güter des täglichen Bedarfs ausgeglichen werden (Inflationsausgleich). Zum anderen sollen die Arbeitnehmer aber auch an der Produktivitätssteigerung und an den Gewinnsteigerungen des Unternehmens teilhaben. Dabei ist jedoch auch die zukünftige wirtschaftliche Lage des Unternehmens zu berücksichtigen.

Inwieweit die Forderungen durchsetzbar sind, hängt u. a. ab

- von dem Organisationsgrad, d. h. wie viele Arbeitnehmer in einem Unternehmen gewerkschaftlich organisiert sind,
- davon, wie gut die Streikkassen der Gewerkschaften gefüllt sind, um einen längeren Arbeitskampf finanziell durchstehen zu können,
- von der Auftragslage der Unternehmen.

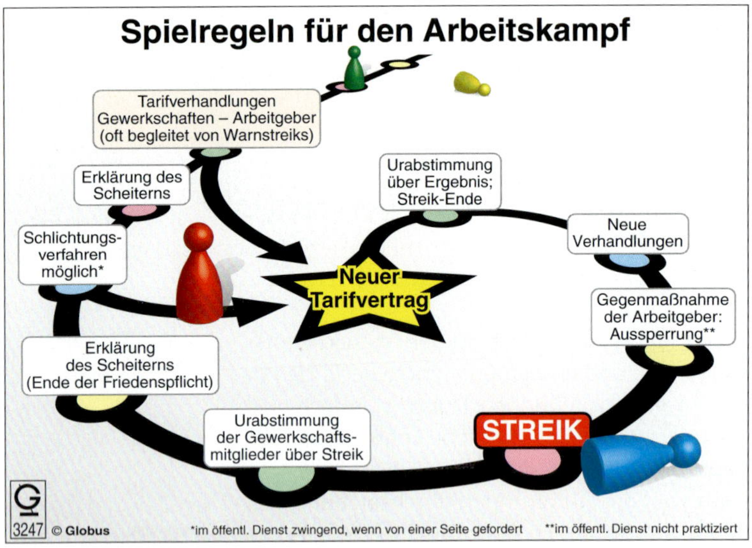

Warnstreik

Kurze Arbeitsniederlegung vor Ende der Friedenspflicht in ausgewählten Betrieben

Ablauf von Tarifverhandlungen

Nach Ablauf und Kündigung des Tarifvertrags versuchen die von den Tarifpartnern bestimmten Verhandlungskommissionen, einen neuen Vertrag auszuhandeln.
Kommt es zu keiner Einigung, wird die **Schlichtung** eingeleitet. Die Schlichtungskommission wird von einer unabhängigen, von beiden Seiten anerkannten Persönlichkeit geleitet. Während dieser Zeit kann es erneut zu **Warnstreiks** kommen. Kommt eine Einigung zustande, mündet sie in einen neuen Tarifvertrag. Bei einem Scheitern folgt der Arbeitskampf.

Mittel des Arbeitskampfes

Um ihren Forderungen Nachdruck zu verleihen, setzen die Gewerkschaften das Mittel des **Streiks** (planmäßig durchgeführte Arbeitsniederlegung) ein. Den Unternehmen wird ein wirtschaftlicher Schaden zugefügt. Teure Anlagen stehen still, Liefertermine platzen, es entstehen Verluste. Zur Durchführung des Streiks müssen die vom Tarifvertrag betroffenen Gewerkschaftsmitglieder darüber abstimmen (**Urabstimmung**), ob Arbeitskampfmaßnahmen zur Erreichung des Ziels eingesetzt werden sollen. Dabei ist in der Regel eine Zustimmung von 75 Prozent und mehr erforderlich. Während der Dauer des Streiks, an dem alle betroffenen Arbeitnehmer teilnehmen dürfen, erhalten die Gewerkschaftsmitglieder Streikgeld.
Den Arbeitgebern steht als Gegenmittel die **Aussperrung** zur Verfügung. Die Aussperrung bedeutet den Ausschluss der Arbeitnehmer von ihrem Arbeitsplatz und die damit verbundene Einstellung der Lohnzahlung. Das trifft vor allem die gewerkschaftlich nicht organisierten Arbeitnehmer (Gewerkschaftsmitglieder erhalten Streikgeld) und soll sie gegen den Streik aufbringen. Außerdem wird dadurch der Streik für die Gewerkschaft teurer.
Die Aussperrung darf jedoch die Verhältnismäßigkeit der Mittel nicht überschreiten, d. h., die Zahl der ausgesperrten Arbeitnehmer sollte in einem angemessenen Verhältnis zu der Anzahl der Streikenden stehen. Damit soll das Gleichgewicht der Arbeitskampfmittel auf beiden Seiten gewahrt bleiben.

Während der Zeit des Arbeitskampfes finden weitere Verhandlungen und Schlichtungsversuche statt. Kommen die Tarifkommissionen zu einer Einigung, müssen die Gewerkschaftsmitglieder in einer erneuten Urabstimmung dem Tarifvertrag zustimmen (mindestens 25 Prozent).
Für beide Tarifvertragsparteien ist der Arbeitskampf mit Risiken verbunden. Darum sind lange Streiks in Deutschland die Ausnahme. Beide Seiten bemühen sich deshalb um zügige Verhandlungen oder eine Schlichtung.

Arbeitskampfbedingte Ausfalltage pro 1000 Beschäftigte	
Dänemark	120
Frankreich	117
Spanien	62
Norwegen	54
UK	26
Deutschland	7
USA	7
Schweiz	1

IW Köln (Jahresdurchschnitt 2006–2015)

Zusammenfassung: Tarifverträge und Tarifauseinandersetzungen

Tarifvertrag

Aufgaben/Funktionen
- Schutzfunktion
- Ordnungsfunktion
- Richtlinienfunktion
- Friedenspflicht

Zustandekommen
- durch Tarifvertragsparteien
- ohne staatlichen Einfluss (Tarifautonomie)

Arten
- Lohn- und Gehaltstarifvertrag
- Manteltarifvertrag
- Rahmentarifvertrag

Ziele von Arbeitnehmern
- Arbeitsplatzsicherung
- hoher Lohnabschluss

Tarifauseinandersetzungen
- nach Kündigung des Tarifvertrags: Verhandlung bzw. Schlichtung
- neuer Tarifvertrag oder Arbeitskampf: Streik (nach Urabstimmung, wenn 75 Prozent der Gewerkschaftsmitglieder dafür sind), Gegenmaßnahme: Aussperrung
- Einigung nach Arbeitskampf und erneuter Urabstimmung (25 Prozent und mehr der Gewerkschaftsmitglieder sind für neuen Tarifvertrag)

Ziele von Arbeitgebern
- geringe Lohnerhöhung
- mehr Gewinn
- höhere Flexibilität bei betrieblichen Entscheidungen (z. B. Kündigungen)

Übungsaufgaben

1. Das Grundgesetz (Art. 9) garantiert den Tarifvertragsparteien die Tarifautonomie.
   a) Erklären Sie den Begriff Tarifautonomie.
   b) Nennen Sie die Vertragspartner von Tarifverträgen.
   c) Vergleichen Sie die verschiedenen Arten von Tarifverträgen.
   d) Erklären Sie die Verpflichtungen, die sich aus dem Tarifvertrag für die Tarifvertragsparteien ergeben.

2. Erläutern Sie die folgenden Begriffe im Rahmen einer Tarifauseinandersetzung:
   a) Schlichtung
   b) Urabstimmung
   c) Aussperrung

3. Die Tabelle auf S. 92 zeigt die Anzahl der Streiktage in verschiedenen Staaten.
   a) Nennen Sie die Voraussetzungen dafür, dass ein Streik ausgerufen werden kann.
   b) Beschreiben Sie die wirtschaftlichen Folgen eines Streiks für Unternehmen, Gewerkschaften und Arbeitnehmer.
   c) Erklären Sie die geringe Anzahl von Streiktagen in Deutschland im Vergleich zu anderen Ländern.

4. Im Jahr 2014 waren ca. 17,5 % aller Arbeitnehmer in einer Gewerkschaft organisiert. Der Anteil in den jeweiligen Altersgruppen sieht folgendermaßen aus:

51 Jahre und älter:	22,2 %
41 bis 50 Jahre:	18,3 %
31 bis 40 Jahre:	14,4 %
18 bis 30 Jahre:	12,1 %

(IW Köln)

Diskutieren Sie, warum jüngere Arbeitnehmer immer seltener einer Gewerkschaft beitreten.

Aufgaben der Sozialversicherungen

Lernsituation

Arbeitsauftrag

- Erläutern Sie die Grundsätze, nach denen die gesetzliche Sozialversicherung funktioniert.

1. Nach welchen Grundsätzen werden die Beiträge zur gesetzlichen Krankenversicherung erhoben? Welche Rolle spielt in diesem Zusammenhang das Solidaritätsprinzip?
2. Aus diesen Grundsätzen ergeben sich für manche Versicherte Vorteile, für manche Nachteile. Nennen Sie Beispiele.
3. Welche Leistungen erbringen die anderen Zweige der Sozialversicherung? Unter welchen Bedingungen können sie in Anspruch genommen werden?
4. Warum sind die Sozialversicherungen für die meisten Beschäftigten eine Pflichtversicherung?

Aufgaben des Sozialstaats

Die Bundesrepublik Deutschland bezeichnet sich in ihrer Verfassung ausdrücklich als Sozialstaat. Der Sozialstaat hat es zu seiner Aufgabe gemacht, Menschen zu helfen, die in Not sind – das heißt: nicht oder nur eingeschränkt in der Lage sind, ihre Existenz aus eigenen Mitteln zu sichern. Das können Arbeitslose sein, Familien mit vielen Kindern, Alleinerziehende, Rentner oder Behinderte. Auch persönliche Schicksalsschläge wie Scheidung, Krankheit, Arbeitslosigkeit führen leicht in die Armut oder in die Verschuldung.

Die Sozialversicherung – Pflicht für viele

Die meisten Arbeitnehmer werden durch eine **Pflichtversicherung** vor Risiken wie Krankheit, Arbeitslosigkeit, Arbeitsunfällen, Pflegebedürftigkeit und im Alter abgesichert: die gesetzliche Sozialversicherung (für Beamte und Selbstständige gelten meist andere Regelungen). Eine genaue Übersicht über die fünf Säulen der Sozialversicherung, den versicherten Personenkreis, die Leistungen und die Beitragshöhe finden Sie in der Tabelle auf S. 96.
Der Staat überlässt es nicht der Entscheidung des Einzelnen, ob und wie er Vorsorge für diese Risiken trifft, sondern zieht die Versicherungsbeiträge wie eine Steuer direkt vom Lohn oder Gehalt ab. Er legt im **Sozialgesetzbuch** (SGB) Art und Umfang der Leistungen fest, den versicherten Personenkreis und – mit Ausnahme der Unfall- und der Krankenversicherung – auch die Höhe der Beitragssätze. Träger der Versicherungen ist aber nicht der Staat, sondern es sind Körperschaften des öffentlichen Rechts, wie z. B. die Krankenkassen.
Die Beiträge zur Unfallversicherung trägt der Arbeitgeber allein. Bei den anderen Zweigen der Sozialversicherung gilt der Grundsatz, dass die Beiträge jeweils zur Hälfte von Arbeitgeber und Arbeitnehmer bezahlt werden. Allerdings zahlen Arbeitnehmer in der Krankenversicherung einen Zusatzbeitrag, der von Kasse zu Kasse unterschiedlich hoch ist. Kinderlose Arbeitnehmer zahlen zusätzlich auch in der Pflegeversicherung einen Zusatzbeitrag.

Stichwort: Solidaritätsprinzip

Die Versicherungen sind nach dem Solidaritätsprinzip aufgebaut. Besonders deutlich ist dies in der Krankenversicherung. Der Beitrag richtet sich nach dem Bruttolohn/-gehalt und nicht danach, wie oft jemand krank wird und was er die Krankenkasse kostet. Unabhängig von der Höhe des Beitrags und der Dauer der Beitragszahlung erhalten alle Versicherten die gleichen Leistungen. Die Gesunden zahlen für die Kranken. Familienmitglieder ohne eigenes Einkommen (Kinder, nicht erwerbstätige Ehepartner) sind ohne zusätzliche Kosten mitversichert.
Ob die Beiträge gesenkt werden können oder erhöht werden müssen, hängt ab von den Ausgaben des jeweiligen Zweigs der Sozialversicherung. Die Beitragszahler sind eine **Solidargemeinschaft**.
Durch die Sozialversicherung wird normalerweise auch verhindert, dass Menschen im Alter oder bei Pflegebedürftigkeit anderen zur Last fallen und von ihnen abhängig werden. Wer alt ist, muss sich nicht wie früher auf die Nachkommen verlassen und von deren Geld leben.
Die Sozialversicherungen nützen damit dem Einzelnen, indem sie ihn unabhängiger machen von den Zuwendungen anderer Menschen.
Sie nützen der Gemeinschaft, weil ihr der Einzelne seltener zur Last fällt.
Wenn heute jemand pflegebedürftig wird, gibt es die freie Entscheidung zwischen häuslicher Pflege und einem Pflegeheim. Beide Formen der Pflege werden finanziell unterstützt, auch wenn die Versicherungsleistungen nicht die gesamten Kosten abdecken.

Sozialgesetzbuch (SGB)

Im Sozialgesetzbuch sind wesentliche Teile des Sozialrechts geregelt, z. B. Arbeitsförderung, die Zweige der Sozialversicherung, Sozialhilfe, Kinder- und Jugendhilfe. Das Arbeitsrecht ist nicht Teil des SGB.

Lohnfortzahlung bei Krankheit

Bei Arbeitsunfähigkeit bis 6 Wochen wird der Lohn vom Arbeitgeber weiterbezahlt. Spätestens am 3. Krankheitstag muss ihm eine Arbeitsunfähigkeitsbescheinigung vorgelegt werden.

Wer versorgt die Pflegebedürftigen?

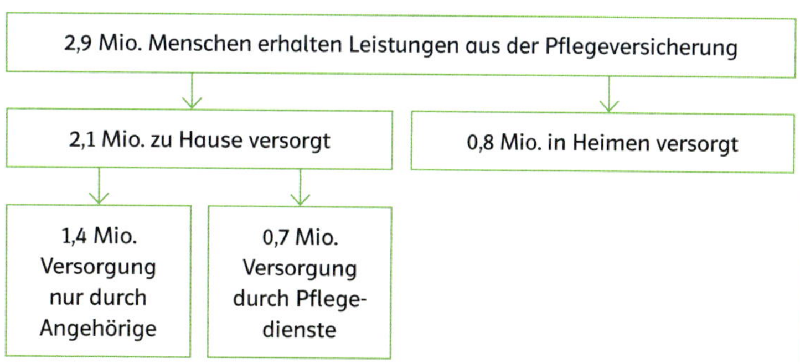

Statistisches Bundesamt (2017): Pflegestatistik 2015

2.4 Die eigene Existenz absichern

Die fünf Säulen der Gesetzlichen Sozialversicherung					
	Gesetzliche Krankenversicherung	**Rentenversicherung**	**Arbeitslosenversicherung**	**Gesetzliche Pflegeversicherung**	**Unfallversicherung**
Träger	Krankenkassen (AOK, Betriebskrankenkassen u. a.)	Deutsche Rentenversicherung Bund	Bundesagentur für Arbeit	Pflegekassen der Krankenkassen	Berufsgenossenschaften, Unfallkassen
Pflichtversicherung für	Arbeitnehmer mit Bruttoeinkommen bis 4 800 €; außerdem Auszubildende, Arbeitslose, Rentner, Studenten, Landwirte	alle Arbeitnehmer, Auszubildende, Arbeitslose; außerdem Handwerker und Landwirte	alle Arbeitnehmer, Auszubildende	alle Mitglieder einer gesetzlichen Krankenversicherung	alle Arbeitnehmer und Auszubildende; Schüler, Studenten (Versicherung durch Arbeitgeber, Schule, Universität u. Ä.)
Wichtige Leistungen	für Versicherte und Familienangehörige ohne eigene Versicherung: • Behandlungskosten beim Arzt und im Krankenhaus • Heil- und Arzneimittel • Krankengeld bei Arbeitsunfähigkeit über sechs Wochen • Mutterschaftshilfe • Vorsorgeuntersuchungen • Rehabilitation	• Rente im Alter • Rente bei Erwerbsunfähigkeit, abhängig vom Grad der Erwerbsunfähigkeit: bei 3 – 6 Stunden Arbeit täglich Teilerwerbsunfähigkeit; wenn weniger: volle Erwerbsunfähigkeit • Hinterbliebenenrente	• Arbeitslosengeld I bei Arbeitslosigkeit, je nach Höhe des Nettoeinkommens • Kurzarbeitergeld Arbeitsförderung: • Arbeitsvermittlung • Berufsberatung • Umschulung	Geldleistung für Pflege zu Hause oder in Heimen (Pflegegeld) je nach Schwere des Falls (5 Pflegegrade)	Unfallverhütung; bei Arbeitsunfällen (auch Wegeunfällen) und bei Berufskrankheiten: • Behandlungskosten • Rehabilitationsmaßnahmen • Umschulung • Rente bei Erwerbsunfähigkeit und für Hinterbliebene
Finanziert durch	Arbeitgeber 50 % / Arbeitnehmer 50 %				Arbeitgeber 100 %
	Beitragssatz 14,6 %, zusätzlicher Arbeitnehmerbeitrag, außerdem staatlicher Zuschuss	Beitragssatz 18,7 %, außerdem staatlicher Zuschuss	Beitragssatz 3,0 %	Beitragssatz 2,55 %, kinderlose Arbeitnehmer zahlen zusätzlich 0,25 %.	Beitragssatz abhängig von Schadenklasse des Unternehmens und Lohnsumme

Freiwillige Versicherung ist auch für andere Personengruppen möglich. Andere Regelungen gelten bei Beamten, bei geringfügig Beschäftigten, z. T. bei Rentnern.
Zusammenstellung des Autors, Stand 2017. Aktueller Stand → Online-Code S. 65

Wann zahlt die Arbeitslosenversicherung?

Arbeitslosengeld I gibt es für Arbeitslose, die in den vergangenen zwei Jahren mindestens zwölf Monate in die Arbeitslosenversicherung einbezahlt haben (Anwartschaftszeit). Die Höhe richtet sich hauptsächlich nach dem letzten Nettoeinkommen. Die Agentur für Arbeit zahlt auch die Beiträge zur Kranken-, Pflege- und Rentenversicherung.

Arbeitslosengeld II, Hartz IV → S. 109

Arbeitnehmer, die selbst gekündigt oder durch ihr Verhalten ihre Arbeitslosigkeit verschuldet haben, haben erst nach einer **Sperrzeit** Anspruch auf Arbeitslosengeld I. Sperrzeiten gibt es auch, wenn zumutbare Arbeiten oder Eingliederungsmaßnahmen abgelehnt wurden.
Der Anspruch auf Arbeitslosengeld ist zeitlich befristet; die Dauer beträgt normalerweise zwölf Monate (bei älteren Arbeitnehmern länger). Wer danach noch arbeitslos ist oder keinen Anspruch auf Arbeitslosengeld I hat, kann **Arbeitslosengeld II** beantragen, umgangssprachlich bekannt als **Hartz IV**. Es handelt sich dabei nicht um eine Versicherungsleistung, sondern es wird vom Staat bezahlt und ist von bestimmten Bedingungen abhängig.

Die besonderen Aufgaben der Unfallversicherung

Träger der gesetzlichen Unfallversicherung sind die Berufsgenossenschaften, z. B. die Berufsgenossenschaft Bau. Sie sind in ihrem Bereich zuständig für alle Kosten von **Arbeitsunfällen**. Außerdem zahlt sie die Kosten von **Berufskrankheiten**. Das sind Erkrankungen, die ursächlich durch die Berufstätigkeit entstanden sind (→ S. 54).

Ausgaben der gesetzlichen Unfallversicherung 2015
31 % Heilbehandlung, Rehabilitation
29 % Renten an Versicherte
10 % Hinterbliebenenrente
30 % sonstige Ausgaben, z. B. Prävention, Verwaltung

Deutsche gesetzliche Unfallversicherung; Zahlen gerundet

Zu den Arbeitsunfällen zählen auch **Wegeunfälle** auf dem direkten Weg zur Arbeitsstelle oder zurück. Nur wenn der Arbeitnehmer den Unfall unter Alkoholeinfluss oder Drogen verursacht hat, erbringt die Unfallversicherung keine Leistungen.
Ein Beispiel: Ein Arbeitnehmer kommt auf dem Weg zur Arbeit bei Glatteis mit dem Auto von der Straße ab. Die Krankheitskosten werden nicht von der Krankenversicherung, sondern von der Unfallversicherung übernommen. Wenn er dadurch seinen Beruf nicht mehr ausüben kann, wird eine Umschulung von der Unfallversicherung bezahlt und nicht von der Arbeitslosenversicherung. Wenn er erwerbsunfähig wird, zahlt die Unfallversicherung eine Rente. Nur den Schaden am eigenen Auto muss er selbst tragen, wenn er keine Vollkaskoversicherung (→ S. 106) abgeschlossen hat.
Anders sieht es aus, wenn der Unfall in der Freizeit oder auf einem Umweg auf der Fahrt zur Arbeitsstelle passiert. Die Unfallversicherung ist dann nicht mehr zuständig. Eine wichtige Konsequenz: Wenn der Arbeitnehmer erwerbsunfähig wird, ist die Erwerbsunfähigkeitsrente, die ihm die Rentenversicherung zahlt, oft sehr niedrig. Der Grund: Jüngere Arbeitnehmer haben noch nicht lange in die Rentenversicherung einbezahlt. Hier zeigt sich eine Versorgungslücke, die durch private Vorsorge geschlossen werden sollte (→ S. 105 ff.).

Stichwort: Generationenvertrag

Die **Rentenversicherung** ist nach dem Grundsatz des Generationenvertrags organisiert. Aus den laufenden Beiträgen der berufstätigen Versicherten werden die Zahlungen an die Rentner finanziert: **Umlageverfahren**. Die Beitragszahler erwerben dadurch einen Rentenanspruch, dessen Höhe sich in erster Linie nach der Zahl der Beitragsjahre und der Höhe der bezahlten Beiträge richtet. Zeiten der Kindererziehung werden dabei berücksichtigt.
Die Renten sind dynamisch, d. h. sie folgen mit zeitlichem Abstand der Entwicklung der Löhne. Dennoch werden wegen der Finanzierungsprobleme der Rentenversicherung künftige Generationen weniger Rente bekommen (→ S. 101 ff.).

Rehabilitation, Reha

Maßnahmen zur Wiederherstellung der Arbeitsfähigkeit nach Unfall oder Krankheit

Zuständig: die Sozialgerichte

Für Streitigkeiten über Sozialversicherungen und Sozialleistungen (z. B. Hartz-IV-Leistungen oder Wohngeld) sind die Sozialgerichte zuständig. Klagen vor dem Sozialgericht sind grundsätzlich kostenfrei.
Wie bei der Arbeitsgerichtsbarkeit (→ S. 78) gibt es auch bei den Sozialgerichten **drei Instanzen**:

Aufbau der Sozialgerichtsbarkeit

Bundessozialgericht
↑ Revision
Landessozialgericht
↑ Berufung
Sozialgericht

Erste Instanz ist das Sozialgericht (ein Berufsrichter, zwei ehrenamtliche Richter). Gegen dessen Urteil kann beim Landessozialgericht Berufung eingelegt werden. Dabei werden alle Tatsachen nochmals festgestellt, geprüft und rechtlich gewürdigt. Bei einer Revision vor dem Bundessozialgericht wird nur noch überprüft, ob die gesetzlichen Bestimmungen korrekt angewendet wurden. Landessozialgericht und Bundessozialgericht sind mit drei Berufsrichtern und zwei ehrenamtlichen Richtern besetzt. Für die ehrenamtlichen Richter gilt: Bei Streitfällen zu den Sozialversicherungen wird ein ehrenamtlicher Richter aus dem Kreis der Arbeitgeber bestimmt, der andere aus dem Bereich der Versicherten. In den meisten anderen Fällen werden sie von den Landkreisen bestimmt.

Finanzierungsprobleme der Sozialversicherung

Das Grundproblem aller Zweige der Sozialversicherung ist, dass die **Ausgaben** steigen, aber der Anstieg nicht einfach durch höhere Beitragssätze ausgeglichen werden kann. Das wäre problematisch, weil durch steigende Lohnnebenkosten die Arbeit für die Arbeitgeber teurer wird. Zugleich würde der ausbezahlte Lohn sinken. Steigende Arbeitskosten bei sinkenden Löhnen sind eine Kombination, die die Politik auf jeden Fall vermeiden will.

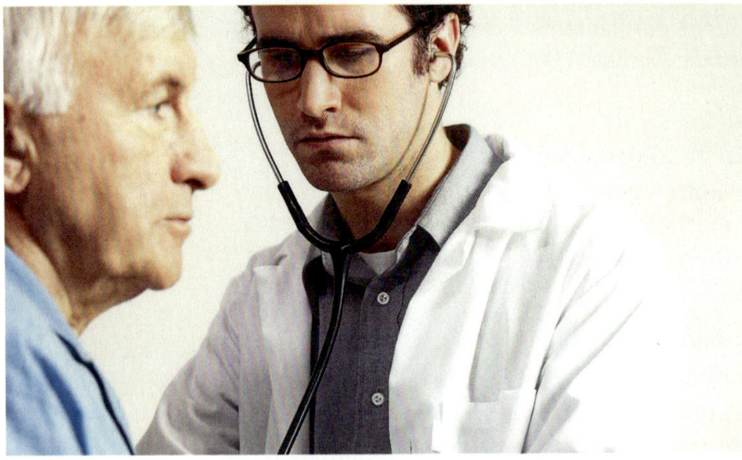

Die **Einnahmen** der Sozialversicherung sind abhängig von der Situation auf dem Arbeitsmarkt. Hohe Arbeitslosigkeit führt in allen Zweigen der Sozialversicherung zu sinkenden Einnahmen, weil weniger Beschäftigte Beiträge zahlen. Außerdem steigen die Ausgaben der Arbeitslosenversicherung stark. Eigentlich müssten deshalb die Beitragssätze erhöht werden. Dies würde jedoch zu der oben dargestellten Verteuerung der Arbeit für die Arbeitgeber führen, die die Wettbewerbsfähigkeit der deutschen Wirtschaft weiter schwächen würde.

In der **Krankenversicherung** steigen die Kosten in allen Industriestaaten vor allem wegen der Fortschritte in der Medizin und der steigenden Lebenserwartung – zwei positiven Entwicklungen. Eine Versorgung nach heutigen Maßstäben lässt sich nicht mit den Kosten von gestern erreichen. Durch Reformen wurde in Deutschland versucht, die Kosten stabil zu halten. Dies ist bisher jedoch nicht gelungen (→ Grafik *Kosten des Gesundheitswesens 2015*).

Kosten des Gesundheitswesens 2015

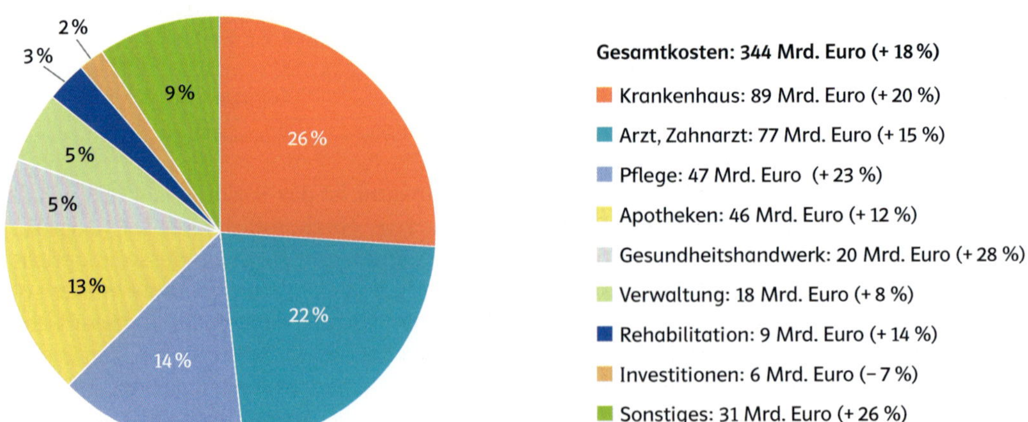

Gesundheitsberichterstattung des Bundes (Stand 2015; in Klammern die Steigerung gegenüber 2010; Zahlen gerundet)

Zusammenfassung: Aufgaben der Sozialversicherungen

	Krankenversicherung	Rentenversicherung	Arbeitslosenversicherung	Gesetzliche Pflegeversicherung	Unfallversicherung
Träger	gesetzliche Krankenkassen	Deutsche Rentenversicherung Bund	Bundesagentur für Arbeit	gesetzliche Pflegekassen der Krankenkassen	Berufsgenossenschaften
wichtige Leistungen	• Arzt • Krankenhaus • Arzneimittel • Krankengeld • Mutterschaftshilfe	• Rente im Alter • Rente bei Erwerbsunfähigkeit • Hinterbliebenenrente	• Arbeitslosengeld I • Kurzarbeitergeld • Arbeitsvermittlung • Arbeitsförderung • Umschulung	Geldleistung für Pflege • zu Hause • in Heimen	Unfallverhütung Bei Arbeitsunfällen/ Berufskrankheiten: • Behandlungskosten • Umschulung • Erwerbsunfähigkeitsrente
Finanzierungsgrundsätze	Arbeitgeber 50 % Arbeitnehmer 50 %				Arbeitgeber 100 %
Beitragshöhe	fester Prozentsatz des Bruttoeinkommens				hängt von Schadenklasse des Unternehmens und Lohnsumme ab
	↓ Pflichtversicherung für Arbeitnehmer				↓ Pflichtversicherung für Unternehmen

Übungsaufgaben

◒ 1. Erläutern Sie den Begriff „Generationenvertrag“.

○ 2. Nennen Sie zwei Berufsgruppen, die nicht rentenversicherungspflichtig sind.

◒ 3. Vanessa, Restaurantfachfrau, wird von einer Wespe gestochen, während sie auf der Terrasse des Strandcafés Meersburg Kuchen serviert. Sie reagiert auf den Stich allergisch und muss sofort zum Arzt. Sie bekommt Medikamente und ist drei Tage arbeitsunfähig.
   a) Ermitteln Sie, welche Versicherung die Kosten trägt.
   b) Was würde sich ändern, wenn nicht Vanessa, sondern ein Gast von der Wespe gestochen worden wäre?

◒ 4. Kosten des Gesundheitswesens
   a) Ermitteln Sie aus der Grafik auf S. 98, in welchen Bereichen die Kosten besonders stark gestiegen sind.
   b) Erläutern Sie, warum in den meisten Industriestaaten die Kosten des Gesundheitswesens steigen.

● 5. Nennen Sie Gründe, warum sich der Versicherungsbeitrag in der gesetzlichen Krankenversicherung nicht nach dem Gesundheitsrisiko und der Zahl der versicherten Personen richtet. Bewerten Sie diesen Grundsatz.

● 6. Verfahren vor dem Sozialgericht sind kostenfrei. Prüfen Sie, ob dies so bleiben soll.

Altersvorsorge

Lernsituation

Die Mutter von Alina Michoudi ist seit einem halben Jahr in Rente. Sie war alleinerziehend und hat bis zur Rente als Altenpflegerin gearbeitet. Alina ist entsetzt, als sie erfährt, wie niedrig die Rente ihrer Mutter ist. Die Mutter hat eine Putzstelle angenommen, damit sie einigermaßen über die Runden kommt und sich weiter ein Auto leisten kann. Wohngeld will sie nicht beantragen und Geld von Alina will sie nicht annehmen. „So weit kommt es noch, dass mich meine eigene Tochter unterstützen muss!"

Alina macht sich nun Sorgen um ihre eigene Rente. Aus dem Fernsehen hat sie erfahren, dass das Rentenniveau weiter sinken soll: „In diese Situation will ich nie kommen!"

Aber sie merkt, dass es gar nicht so einfach ist, für das Alter vorzusorgen, weil sie als pharmazeutisch-technische Assistentin nicht mehr als 100 Euro im Monat auf die Seite legen kann und auch, weil ihre eigene Lebensplanung noch nicht klar ist. Ob sie heiraten wird, ob sie Kinder haben will, weiß sie nicht so genau.

Arbeitsauftrag

- Untersuchen Sie, ob Alinas Furcht begründet ist, dass sie im Alter nicht von der gesetzlichen Rente leben kann.
  Vergleichen Sie verschiedene Möglichkeiten der zusätzlichen Altersvorsorge für Alina und wägen Sie die Vor- und Nachteile ab.

Rentenversicherung unter Druck

Die Zahl der Rentner steigt; die Zahl der Erwerbstätigen sinkt. Diese Tendenz wird sich in Zukunft weiter verstärken (→ Grafik rechts). Die zwei Hauptursachen für diese ungünstige **demografische Entwicklung** sind die höhere Lebenserwartung und das Schrumpfen der Bevölkerung aufgrund der seit Jahrzehnten niedrigen Geburtenrate von derzeit 1,5 Kindern je Frau. Um die Bevölkerungszahl stabil zu halten, wären 2,1 Geburten je Frau nötig. Die Zuwanderung aus anderen Staaten kann diese Entwicklung nur teilweise ausgleichen.

Die Renten werden aus den Beiträgen der sozialversicherungspflichtigen Arbeitnehmer zur Rentenversicherung bezahlt (→ Generationenvertrag, S. 97). Mehr Rentner und weniger Erwerbstätige sind eine hohe Belastung für die arbeitende Generation. Um diese Last zu verringern, wurde das Rentenalter auf 67 Jahre erhöht und die Renten gesenkt: Vor dreißig Jahren betrug das Rentenniveau 57%; derzeit beträgt es 48%. Das heißt, wer heute nach 45 Jahren Arbeit in Rente geht, erhält 48% seines Durchschnittslohns. Im Jahr 2045 wird das **Rentenniveau** nach Berechnungen des Arbeitsministeriums bei knapp 42% liegen – bei einem Beitragssatz von dann 23,6% (heute 18,7%). Wenn das Rentenniveau im Jahr 2045 so hoch liegen soll wie heute, wäre ein Beitragssatz von 26,4% nötig.

Modellrechnungen enthalten natürlich große Unsicherheiten, zum Beispiel was die Entwicklung der Löhne und die Arbeitslosigkeit angeht. Aber sie zeigen einen Trend. Eine weitere, hier noch gar nicht berücksichtigte Unsicherheit ist: Die Berechnungen gehen von einem Rentner aus, der 45 Jahre ohne Unterbrechung in die gesetzliche Rentenversicherung einbezahlt hat. Aber immer weniger Menschen erreichen so viele Versicherungsjahre. Wer zwischendurch arbeitslos war, nicht sozialversicherungspflichtig gearbeitet hat (z. B. als Selbstständiger), wer in Teilzeit gearbeitet hat oder wer seine Berufstätigkeit wegen Kindern unterbrochen hat, bekommt eine niedrigere Rente. Zwar werden bei Müttern die Erziehungszeiten bei der Rente berücksichtigt. Dies gleicht jedoch die tatsächlichen Einkommenseinbußen nicht aus. Ein Überblick über die Rentenhöhe zeigt, dass gerade Frauen oft eine niedrige Rente haben (→ Grafik unten).

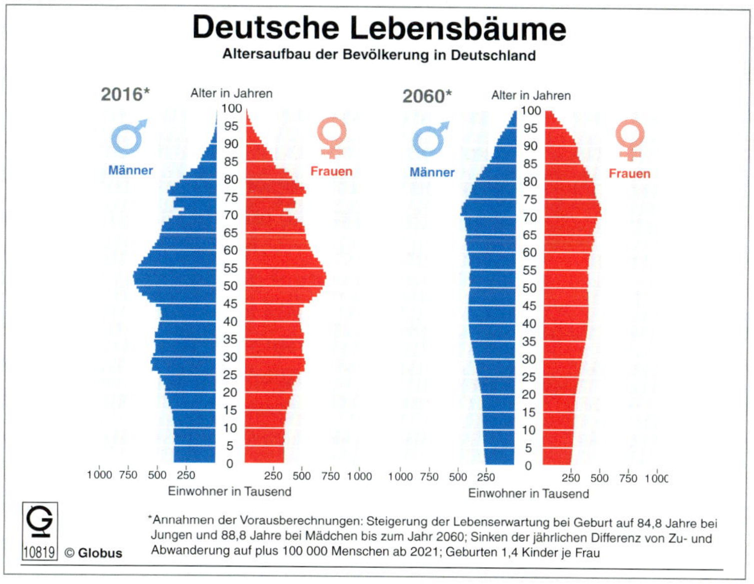

Private Altersvorsorge

Die Renten sinken. Deshalb ist eine zusätzliche private Altersvorsorge heute nötiger denn je. Viele Menschen werden künftig mit der gesetzlichen Rente nicht mehr auskommen. Das Problem wird oft verdrängt, weil viele es für kompliziert halten.

So hoch sind die Renten

Von je 1 000 Versichertenrenten* in der gesetzlichen Rentenversicherung betragen:

	Westdeutschland		Ostdeutschland	
	Männer	Frauen	Männer	Frauen
1 500 Euro und mehr	186	14	119	18
1 200 bis unter 1 500	223	42	205	74
900 bis unter 1 200	201	133	365	265
600 bis unter 900	144	269	240	489
300 bis unter 600	113	289	56	129
unter 300 Euro	134	253	16	25

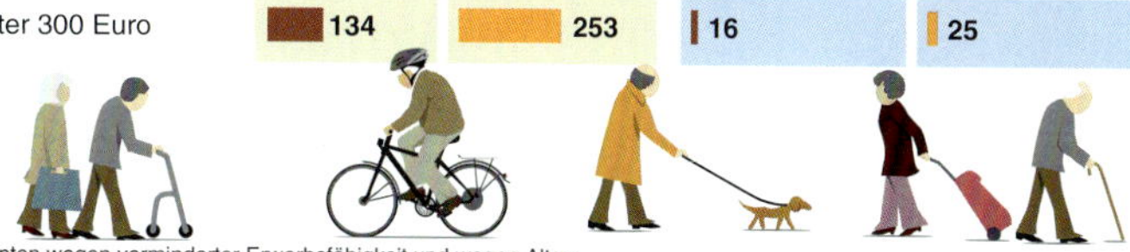

*Renten wegen verminderter Erwerbsfähigkeit und wegen Alters
Quelle: Deutsche Rentenversicherung Stand Ende 2015 rundungsbed. Differenzen © Globus 11331

Annabel Oelmann von der Verbraucherzentrale Bremen formulierte es einmal so: „Die Haltung ‚Wenn ich nichts mache, mache ich nichts falsch' findet sich bei beiden Geschlechtern. Männer wie Frauen recherchieren ausführlich Handytarife, aber nicht ihre Altersvorsorge."
Handytarife lassen sich leichter recherchieren als Produkte der Altersvorsorge. Und wenn ich den falschen Handytarif gewählt habe, kann ich nach spätestens zwei Jahren wechseln. Das geht bei der Altersvorsorge nicht. Verträge zur Altersvorsorge – ob private Rentenversicherung oder betriebliche Altersvorsorge – haben oft eine Laufzeit von mehreren Jahrzehnten. Diesen Zeitraum können weder die Anbieter noch die Kunden überblicken. Nicht selten sind zudem die Prognosen über die erwartete Rendite unrealistisch. Sie berücksichtigen nicht alle Kosten oder gehen von sehr optimistischen Annahmen aus. Außerdem denkt kaum einer daran, dass bis zur Auszahlung auch die Preise steigen, das heißt der Auszahlungsbetrag ist weniger wert als heute (→ S. 225 ff.).
Wichtig ist auch die steuerliche Seite: Grundsätzlich sind Beiträge zur Altersvorsorge steuerfrei, die Auszahlungen im Rentenalter müssen aber versteuert werden. (Teilweise gelten noch abweichende Übergangsregelungen).

Altersvorsorge ist eine Rechnung mit vielen Unbekannten. Man muss die Vertragsbedingungen sehr genau prüfen und sich vor Vertragsabschluss am besten von Fachleuten beraten lassen. Die Verbraucherzentralen bieten solche Beratungen an (→ S. 148). (Weitere Informationen zur Vermögensbildung → S. 174 ff.)

Private Rentenversicherungen funktionieren so: Der Versicherte zahlt regelmäßig einen festgelegten Betrag ein. Dafür wird ihm im Alter bis zu seinem Tod eine Mindestrente garantiert. Wenn der Versicherer gut wirtschaftet, fällt die Rente höher aus. Möglich ist auch eine Auszahlung des Gesamtbetrags bei Rentenbeginn.

Wer nicht in die gesetzliche Rentenversicherung einzahlt (z. B. Selbstständige), kann durch **freiwillige Einzahlungen** einen Rentenanspruch erwerben. Wer 50 ist oder älter, kann seine gesetzliche Rente durch zusätzliche Einzahlungen erhöhen. Ob sich das lohnt und wie die Bedingungen sind, kann man nicht generell sagen. Das muss im Einzelfall geprüft werden.

Staatliche Förderung

Ein Problem der privaten Altersvorsorge ist: Wer wenig verdient, bekommt wenig Rente, kann aber auch kaum Geld für die eigene Vorsorge zurücklegen. Darum gibt es staatliche Fördermaßnahmen, die vor allem Geringverdiener bei der Altersvorsorge unterstützen sollen. Die Maßnahmen im Einzelnen:

- **Betriebliche Altersvorsorge**: Jeder Arbeitnehmer hat einen gesetzlichen Anspruch darauf. Der Arbeitgeber kann freiwillige Leistungen zur betrieblichen Altersvorsorge erbringen. Tut er das nicht, kann der Arbeitnehmer einen Teil seines Lohns z. B. in eine Direktversicherung einzahlen, die der Arbeitgeber für ihn abschließt. Die Arbeitnehmer-Beiträge zur betrieblichen Altersvorsorge werden direkt vom Lohn abgezogen.
- **Zusätzliche Altersvorsorge**: Wer einen Teil seines Einkommens (höchstens 4 % bzw. 2 100 € jährlich) in eine private Rentenversicherung oder einen Banksparplan einzahlt, bekommt eine staatliche Prämie von bis zu 154 € im Jahr (Stand 2017). Eine zusätzliche Prämie gibt es für Kinder. Im Alter wird dann eine monatliche Rente ausbezahlt. Die Regelungen dieser sogenannten Riester-Rente sind kompliziert. Bei manchen Anbietern sind zudem die Gebühren höher als die staatliche Prämie. Darum muss man genau prüfen, ob sich ein solcher Vertrag lohnt.
- **Vermögenswirksame Leistungen**: Jeden Monat muss ein fester Betrag in einen Sparbrief, einen Bausparvertrag, einen Investmentfonds o. Ä. angelegt werden; je nach Anlageform 6 bis 7 Jahre lang. Für Einzahlungen bis 40 €/Monat gibt es staatliche Zuschüsse, abhängig von Einkommensgrenzen. Zusätzlich gewähren viele Arbeitgeber einen Zuschuss.

Einzahlungen in Verträge zur eigenen Altersvorsorge können als Sonderausgaben in der Einkommensteuererklärung geltend gemacht werden (→ S. 122 ff.).

Zusammenfassung: Altersvorsorge

Private Altervorsorge

z. B.
- Private Rentenversicherung
- Vermögensbildung (→ S. 106 ff., S. 174 ff.)

Staatlich geförderte Altersvorsorge

z. B.
- Betriebliche Altersvorsorge
- Zusätzliche Altersvorsorge
- Vermögenswirksame Leistungen

Gesetzliche Rente

- Einzahlungen in die Rentenversicherung als Arbeitnehmer
- Freiwillige Beiträge zur Rentenversicherung

Probleme der gesetzlichen Rentenversicherung

- Rentenniveau sinkt wegen des demografischen Wandels
- Viele Arbeitnehmer erreichen nicht 45 Beitragsjahre

Übungsaufgaben

1. Nennen Sie drei Entscheidungen, die Sie schon heute treffen können, um über die gesetzliche Rente hinaus für Ihr Alter vorzusorgen.

2. Nennen und erläutern Sie drei Faktoren, von denen die Höhe Ihrer künftigen gesetzlichen Rente abhängig ist.

3. Probleme der gesetzlichen Rentenversicherung
   a) Nennen Sie zwei Probleme der gesetzlichen Rentenversicherung.
   b) Stellen Sie zwei mögliche staatliche Gegenmaßnahmen dar.
   c) Erörtern Sie, warum es schwierig ist, die Probleme der Rentenversicherung dauerhaft zu lösen.

4. Das Problem der Altersarmut
   a) Ermitteln Sie aus der Grafik *So hoch sind die Renten* auf S. 101, welche Gruppe besonders von Altersarmut betroffen ist.
   b) Suchen Sie nach Gründen dafür.

5. In der Schweiz gibt es eine gesetzliche Mindestrente von umgerechnet 1090 € (= 1175 Franken) (Stand 2017). Außerdem ist ab einem bestimmten Einkommen eine betriebliche Altersvorsorge Pflicht. 7–18 % des Bruttoeinkommens müssen einbezahlt werden. Darüber hinausgehende private Vorsorge ist teilweise steuerbegünstigt.
   Beurteilen Sie diese Regelungen zuerst einzeln und dann als Gesamtpaket.

Vorsorge für die Wechselfälle des Lebens

Lernsituation

Stefanie und Alexander Padeffke sind seit zwei Jahren verheiratet. Jetzt kündigt sich Nachwuchs an. Stefanie arbeitet als Hauswirtschafterin und will nach der Elternzeit wieder in den Beruf einsteigen. Alexander ist Kfz-Mechatroniker. Sie haben ein Reihenhaus gemietet, damit die Kleine genug Platz zum Spielen hat. Jetzt sind sie dabei, sich neu einzurichten. „Brauchen wir dann eine Hausratversicherung?", fragt Stefanie. „Und gibt es andere Versicherungen, die auch nötig sind?"
Die beiden vereinbaren einen Termin mit einem Versicherungsvertreter. Im Voraus überlegen sie, was ihnen wichtig ist: Das Einkommen der Familie soll abgesichert werden, falls Alexander aus irgendwelchen Gründen nicht mehr arbeiten kann. Außer dem Auto hat Alexander ein Motorrad, eine schwere Maschine, die er nur in den Sommermonaten fährt.

Arbeitsauftrag

- Erstellen Sie ein sinnvolles Versicherungspaket für Familie Padeffke.

Warum ist private Vorsorge nötig?

Haben Sie reiche Eltern? Erben Sie ein paar Mietshäuser oder ein Aktienpaket? Nein? Dann müssen Sie selbst vorsorgen und Geld auf die Seite legen für Anschaffungen, für unvorhergesehene Ausgaben, für den Fall der Berufsunfähigkeit, fürs Alter. Die Sozialversicherung deckt nämlich nicht alle Risiken und Schäden ab. Es ist verkehrt, sich darauf zu verlassen, dass Sozialversicherung oder Staat im Notfall schon für das nötige Geld sorgen werden. Die gesetzliche Vorsorge muss durch private Vorsorge ergänzt werden. Die eigene Vorsorge sollte auf drei Säulen ruhen:
- Sozialversicherung (→ S. 95 ff.),
- Individualversicherungen,
- Vermögensbildung.

Arten von Individualversicherungen

Bei den Individualversicherungen wird unterschieden zwischen
- **Personenversicherungen**: Sie decken Risiken ab, die in der Person des Versicherten liegen. Zum Beispiel gleichen sie Einkommensverluste bei Berufsunfähigkeit, nach einem Unfall oder (als Lebensversicherung) beim Tod des Versicherten aus. Zu ihnen gehört auch die private Krankenversicherung. Dort sind insbesondere Selbstständige, Beamte und besser verdienende Angestellte versichert, die sich nicht in der gesetzlichen Krankenversicherung versichern müssen. Eine Krankenversicherungspflicht besteht nämlich für jeden.
- **Sachversicherungen**, z. B. Hausratversicherung, Wohngebäudeversicherung: Sie ersetzen Sachschäden oder tragen die Kosten des Wiederaufbaus eines Gebäudes, etwa nach einem Brand.
- **Vermögensversicherungen**: Sie schützen vor Ansprüchen anderer auf Schadensersatz, z. B. private Haftpflichtversicherung, Rechtsschutzversicherung (übernimmt Anwalts- und Gerichtskosten).

Die Höhe des Beitrags richtet sich nach dem individuellen Risiko und nach dem Umfang des Versicherungsschutzes. So sind z. B. Personen-

versicherungen teurer, wenn der Versicherte eine gefährliche Sportart betreibt. Oder es sind – etwa in der privaten Krankenversicherung – bestimmte Leistungen ausgeschlossen, wenn der Versicherte Vorerkrankungen hat. Wer eine Individualversicherung abschließt, hat die Wahl zwischen mehreren privaten Anbietern mit unterschiedlichen Leistungen und Kosten. Ein Vergleich der Angebote ist sinnvoll.

Was leisten die Versicherungen?

Berufsunfähigkeit	Rente für Berufstätige bei Berufs- oder Erwerbsunfähigkeit; neun von zehn Frührentnern verlieren ihre Arbeit durch Krankheit, nicht durch Unfall.
Private Haftpflicht	Deckt alle Personen-, Sach- und Vermögensschäden bei fremden Personen ab; auch Schäden, die von Familienmitgliedern verursacht wurden. Kfz-Haftpflichtversicherung ist vorgeschrieben.
Private Rente	Altersrente zusätzlich zur gesetzlichen Rente (bis zum Tod). Auch als betriebliche Altersvorsorge möglich.
Hausrat	ersetzt Schäden an der Einrichtung, z. B. nach Einbruch, Feuer u. Ä.
Unfall	Absicherung bei privaten Unfällen
Risikoleben	Bei Tod des Versicherten erhalten die Hinterbliebenen die Versicherungssumme.

Versicherungen – was ist notwendig?

Die meisten Risiken kann ich gegen Geld versichern. Aber nicht alle Versicherungen sind notwendig. Die Grundregel lautet: Eine Versiche-

rung ist dann notwendig, wenn die Kosten eines Schadens so hoch sind, dass ich sie nicht aus eigener Tasche bezahlen kann. Eine Reisegepäckversicherung ist darum nicht unbedingt nötig; schlimmstenfalls muss ich die abhanden gekommenen Sachen neu kaufen. Eine private Haftpflichtversicherung ist dagegen notwendig. Denn es kann sein, dass ich ungewollt einen hohen Schaden bei einem anderen verursache, zum Beispiel wenn der Schlauch meiner Waschmaschine platzt und die Wohnung darunter unter Wasser gesetzt wird.
Besonders wichtig ist die **Berufsunfähigkeits-Versicherung**. Wer wegen Krankheit oder nach einem Unfall im privaten Bereich nicht mehr oder nur noch in Teilzeit arbeiten kann, bekommt nur eine niedrige Rente. Dies gilt vor allem für diejenigen, die erst wenige Jahre in die Rentenversicherung einbezahlt haben. Die Berufsunfähigkeits-Versicherung gleicht diesen Einkommensverlust teilweise aus, abhängig von der Höhe, über die sie abgeschlossen wurde.
Wer Familie hat, braucht mehr Versicherungen. Dann geht es auch um die Vorsorge für die Familienmitglieder (→ Grafik *Wer braucht welche Versicherung?*).

Manche Individualversicherungen sind in Deutschland sogar vorgeschrieben. *Ein Beispiel:*

Wer braucht welche Versicherung?

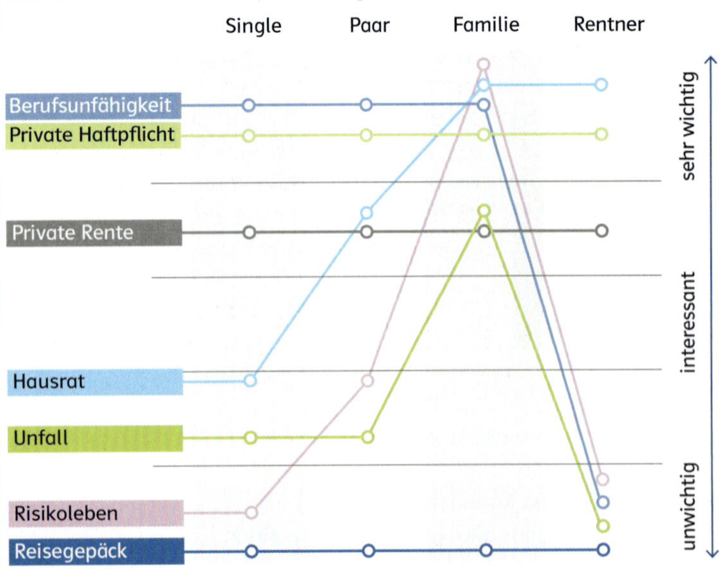

Wer ein Auto hat, muss eine **Kfz-Haftpflichtversicherung** abschließen. Sie deckt Sach- und Personenschäden ab, die durch die Schuld des Fahrers an fremdem Eigentum entstehen. Auch der Schaden am eigenen Fahrzeug kann durch eine Vollkaskoversicherung versichert werden. Diese ist aber nicht Pflicht.

Vermögensbildung

Etwa zehn Prozent des Einkommens werden in Deutschland gespart (Stand 2016). Banken und Versicherungen konkurrieren mit unterschiedlichen Produkten um die Ersparnisse.
Die ideale Form der Vermögensbildung gibt es nicht. Sie hängt von der persönlichen Situation ab, etwa der Familie oder Partnerschaft, den beruflichen Verpflichtungen und Interessen. Je nach den eigenen Sparzielen und der eigenen Risikobereitschaft kommen unterschiedliche Formen der Anlage infrage. Was für den einen Sparpläne und Kapitalanlagen sind, ist für den anderen das eigene Häuschen.
Viele Modelle der Vermögensbildung sind allerdings zu unflexibel. Die persönlichen Verhältnisse können sich schnell ändern, geplant und ungeplant. Plötzlich steht mehr Geld zur Verfügung oder gar keines mehr, z. B. nach einer Scheidung oder bei Arbeitslosigkeit.

Weil die Zinsen seit vielen Jahren niedrig sind, sind die Erträge aus Kapitalanlagen ebenfalls niedrig. Wer zum Beispiel mit den Zinserträgen seine Rente aufbessern will, muss Beträge in einer Höhe ansparen, die ein Normalverdiener gar nicht sparen kann. Oder er muss für höhere Erträge ein höheres Risiko in Kauf nehmen – das Risiko, dass ein Teil der Anlagesumme (schlimmstenfalls alles) verloren gehen kann. (Mehr zu verschiedenen Anlageformen → S. 174)

Oft läuft es darauf hinaus, dass im Alter die Ersparnisse ganz oder teilweise wieder aufgebraucht werden müssen, die man in den Jahren der Berufstätigkeit gesammelt hat. Und weil niemand weiß, wie viel Geld er im Alter braucht und wie lange er lebt, ist das eine Gleichung mit vielen Unbekannten (mehr zur Altersvorsorge → S. 101 ff.).

Zusammenfassung: Vorsorge für die Wechselfälle des Lebens

Die drei Säulen der Vorsorge

Sozialversicherungen
- gesetzliche Krankenversicherung
- Pflegeversicherung
- Arbeitslosenversicherung
- Rentenversicherung
- Unfallversicherung

gesetzliche Vorsorge (Pflichtversicherung für die meisten Arbeitnehmer)

Individualversicherungen
- Personenversicherungen
- Sachversicherungen
- Vermögensversicherungen

private Vorsorge

Vermögensbildung
- Altersvorsorge (z.T. staatlich gefördert)
- Wohnungseigentum
- Kapitalanlage (→ S. 174 ff.)

private Vorsorge

Personenversicherungen

Personenversicherungen
- Berufsunfähigkeitsversicherung
- private Rentenversicherung
- private Unfallversicherung

Zweck:
Einkommen, wenn andere Einkommensquellen wegfallen oder geringer werden

Sachversicherungen

Sachversicherungen
- Hausratversicherung
- Wohngebäudeversicherung

Zweck:
Ersatz von Schäden am eigenen Eigentum

Vermögensversicherungen

Vermögensversicherungen
- private Haftpflichtversicherung
- Rechtsschutzversicherung
- Kfz-Haftpflichtversicherung

Zweck:
Absicherung gegen Schadensersatzansprüche anderer (Schutz des eigenen Vermögens)

Übungsaufgaben

1. Beitragseinnahmen privater Versicherungen 2015:

Lebensversicherung, private Rentenversicherung u. Ä.	88,0 Mrd. €
private Krankenversicherung	36,8 Mrd. €
Kfz-Haftpflichtversicherung	15,0 Mrd. €
private Haftpflichtversicherung	7,5 Mrd. €
Unfallversicherung	6,4 Mrd. €
Wohngebäudeversicherung	6,3 Mrd. €
Rechtsschutzversicherung	3,6 Mrd. €
Hausratversicherung	2,9 Mrd. €

Gesamtverband der deutschen Versicherungswirtschaft 2016, Auswahl

a) Stellen Sie fest, welche dieser Versicherungen für junge Menschen am Anfang des Berufslebens nötig sind und ob wichtige Versicherungen fehlen. Erläutern Sie Ihre Entscheidung.

b) Kann man sagen, dass eine Versicherung umso wichtiger ist, je höher die Beitragseinnahmen sind? Beziehen Sie Stellung und begründen Sie.

2. Private und gesetzliche Krankenversicherung
   a) Wonach richtet sich jeweils die Beitragshöhe? Für welche Bevölkerungsgruppen hat die private Krankenversicherung Vorteile, für welche die gesetzliche Krankenversicherung?
   b) Wer kann wählen, ob er sich privat oder gesetzlich krankenversichern will? Wer kann es nicht?

3. Prüfen Sie die folgende Aussage auf ihre Richtigkeit: „Eine private Rentenversicherung ist eine Form der Kapitalanlage."

Leistungen des Sozialstaats

Lernsituation

Vier Jahre lang haben Kerstin und Jan zusammengelebt. Zuerst in einer kleinen Zweizimmerwohnung, dann, nach der Geburt von Max, in einer großen Wohnung in einem Vorort. Heiraten wollten sie beide nicht. Jan hatte eine sichere Stelle als Fliesenleger; Kerstin arbeitete immer wieder als Aushilfe im Verkauf. Finanziell kamen sie über die Runden, aber große Sprünge waren nicht drin. Jetzt haben sich die beiden getrennt. Jan ist ausgezogen. Mal zahlt er ein wenig Unterhalt für den Kleinen, mal zahlt er nicht.
Kerstin steht vor einem Berg von Problemen und weiß nicht, wie sie sie lösen soll. Allein kann sie die Miete für die Wohnung nicht aufbringen. Ihre Ausbildung als Friseurin ist schon vier Jahre her. Seit der Geburt von Max hat sie nicht mehr in ihrem Beruf gearbeitet. Bevor sie eine Stelle annehmen kann, muss sie einen Platz für Max in einer Kindertagesstätte finden. Ohnehin wird sie mit ihm manchmal nicht fertig, seit Jan weg ist.

Arbeitsauftrag

Erklären Sie Kerstin, welche Angebote und welche finanziellen Leistungen des Staates ihr weiterhelfen können.

1. Auf welche finanziellen Leistungen des Staates hat Kerstin einen Anspruch?

2. An wen kann sie sich wegen der Unterhaltszahlungen ihres Expartners und wegen der Probleme mit Max wenden?

Was gibt der Staat, was nimmt er?

Sozialleistungen gibt es als

- **Versicherungsleistungen** für die Pflichtversicherten der Sozialversicherungen (→ S. 95 ff.);
- **Versorgungsleistungen** für Menschen, die eine besondere Leistung für den Staat erbringen (z. B. als Kindergeld);
- **Fürsorgeleistungen** für Menschen, die in einer Notlage sind, wenn ihre Einkünfte eine bestimmte Grenze nicht überschreiten.

Versicherungsleistungen werden aus den Beiträgen der Versicherten bezahlt. Bei Versorgungs- und Fürsorgeleistungen ist es anders: Hier gibt es **Transferzahlungen**, also direkte Geldleistungen, mit denen der Staat die Schwächeren stärkt und Chancengleichheit herstellt. Beispiel Ausbildungsförderung: Kinder sollen unabhängig von der finanziellen Situation der Eltern eine ihrer Begabung entsprechende Ausbildung machen können. Die Transferleistungen finanziert der Staat aus seinen Einnahmen, d. h. in erster Linie aus Steuern.

Soziale Grundsicherung nach Regelsätzen

Berufstätige sind meist über die Sozialversicherung gut abgesichert. Die Fürsorgeleistungen des deutschen Staates sollen aber allen Menschen eine soziale Grundsicherung garantieren, z. B.

- wenn die eigene Rente nicht ausreicht,
- als Zusatzzahlung bei niedrigem Arbeitseinkommen: Aufstockung durch **Arbeitslosengeld II (Hartz IV)**,
- zur Sicherung einer angemessenen Unterkunft: **Wohngeld**.

Für die Höhe der Leistungen gelten oft sogenannte Regelsätze. Das bedeutet: Es wird nicht der individuelle Bedarf ermittelt, sondern ein Pauschalbetrag, der als **Existenzminimum** ermittelt wird. Grundlage dafür sind die Lebenshaltungskosten und die Einkommen in den untersten Lohngruppen. Für Sozialhilfe und Arbeitslosengeld II sind dies derzeit (2017) 409 €/Monat; außerdem werden die Kosten für Miete und Heizung übernommen.

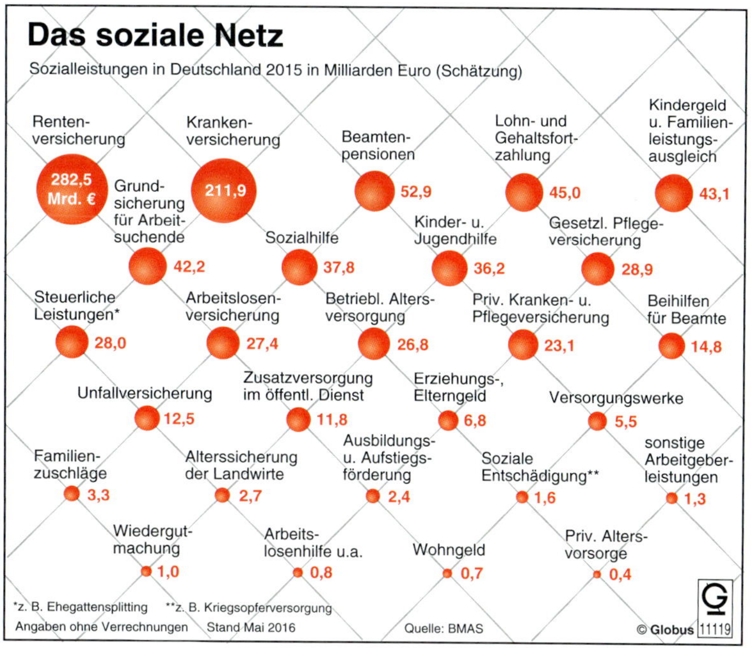

Stichwort: Subsidiarität

Fürsorgeleistungen des Staates gibt es nur subsidiär, d. h. nur dann, wenn der Einzelne bzw. seine Familie nicht in der Lage ist, die Belastungen aus eigenem Einkommen oder Vermögen zu tragen. Zuerst muss das eigene Vermögen (z. B. Geldvermögen, vermietetes Wohneigentum) weitgehend verbraucht werden, bevor der Staat hilft. Auch das Einkommen des Partners wird oft angerechnet. In manchen Fällen müssen Eltern für ihre Kinder oder Kinder für ihre Eltern finanziell einstehen, soweit ihre Einkommens- und Vermögensverhältnisse das erlauben.

Beratung und Betreuung

Oft fehlt es Menschen, die in einer Notlage sind, nicht nur an Geld, sondern überhaupt an Unterstützung von außen. Diese Hilfe, Beratung und Betreuung, kommt nicht immer von staatlichen Stellen, etwa der Gemeinde oder dem Landkreis. Auch kirchliche, gemeinnützige und private Selbsthilfegruppen und -initiativen leisten Hilfe und entlasten damit die öffentlichen Haushalte. Vieles wird ehrenamtlich, also ohne Bezahlung, geleistet. Im Folgenden einige

Transferzahlungen

Zahlungen, die ein Empfänger ohne Verpflichtung zu einer Gegenleistung erhält (z. B. Sozialhilfe).

Arbeitslosengeld II

auch Hartz IV genannt; soziale Grundsicherung für Bedürftige, die keine Arbeit finden. Hartz-IV-Empfänger müssen alle Arbeiten annehmen.

Existenzminimum

Die Mittel, die zur Befriedigung der materiellen Bedürfnisse notwendig sind, vor allem Nahrung, Kleidung, Wohnung und eine medizinische Notfallversorgung.

Beispiele für ehrenamtliche und öffentlich finanzierte Beratung und Betreuung:

- Familien- und Erziehungsberatung,
- Schuldnerberatung (→ S. 193 f.),
- Beratung in Krisen- und Konfliktsituationen,
- Beratung in Unterhaltsfragen,
- Mutter-Kind-Programme,
- Beratung bei Drogen- und Suchtproblemen,
- Kontaktstellen für Ausländer und Flüchtlinge,
- Nachbarschaftshilfe,
- Tafelläden (verbilligte oder kostenlose Abgabe von Lebensmitteln an Bedürftige),
- Jugendhäuser.

Die Zuständigkeiten sind regional unterschiedlich; die Bürgerbüros der Gemeinden können oft weiterhelfen. Daneben gibt es Vereine und Verbände, die ihre Mitglieder kostenlos beraten, z. B. der Mieterverein oder die Gewerkschaften.

Was tut der Sozialstaat für die Familie?

Seit Jahrzehnten ist die Zahl der Geburten in Deutschland so niedrig, dass die Bevölkerung schrumpft – trotz Zuwanderung (→ S. 101). Das bringt Probleme für die Wirtschaft und für die Sozialversicherung mit sich und wird die Struktur der Gesellschaft grundlegend verändern.

Der Staat hat erkannt, dass er die Familie stärken muss. Nur dann steigen die Geburtenzahlen wieder. Zwei Formen der Hilfe sind dabei besonders wichtig:

- Maßnahmen, die den **Konflikt zwischen Beruf und Familie entschärfen** und Müttern den Wiedereinstieg in den Beruf erleichtern. Dabei geht es vor allem um den Ausbau der Betreuungsangebote für Kinder in Kitas und Kindergärten und um die Rechte der Eltern (besonders der Mütter) am Arbeitsplatz: Mutterschutz und Elternzeit (→ S. 49).
- Finanzielle Unterstützung, um die **Einkommenseinbußen und zusätzlichen Kosten teilweise auszugleichen**, die mit Kindern verbunden sind. Dabei gibt es Leistungen, die unabhängig von Einkommensgrenzen gewährt werden, wie Elterngeld und Kindergeld, und Leistungen, die abhängig von Einkommensgrenzen sind, wie Wohngeld und Ausbildungsförderung (BAFöG).

Staatliche Hilfen für Familien

Finanzielle Hilfen
- Kindergeld, Steuerfreibeträge für Kinder
- Elterngeld (→ S. 49)
- Ausbildungsförderung
- Wohngeld
- Sozialhilfe

Unterstützende Einrichtungen
- Kinderkrippe, Kindergarten
- Ganztagsschulen
- soziale Dienste/Sozialstationen
- Rehabilitation für Behinderte

Beratungsangebote
- Schwangerschaftsberatung
- Erziehungsberatung
- Schuldnerberatung (→ S. 193 f.)
- Familienberatung
- Bildungsangebote

Hilfen für Mütter
- Mutterschutz/Mutterschaftsgeld (→ S. 49 f.)
- Elternzeit (→ S. 49)
- Anerkennung von Erziehungszeiten bei der Rente

Zusammenfassung: Leistungen des Sozialstaats

Sozialleistungen

Versicherungsleistungen	Versorgungsleistungen	Fürsorgeleistungen
Leistungen erhält, wer als Pflichtversicherter Beiträge einbezahlt hat. Beispiel: Rentenversicherung	Leistungen erhält, wer besondere Leistungen für den Staat erbringt. Beispiel: Kindergeld	Leistungen erhält, wer in einer finanziellen Notlage ist und nicht auf die Hilfe anderer zurückgreifen kann (Subsidiarität). Beispiel: Sozialhilfe

↓

Unterstützung durch den Sozialstaat

Finanzielle Leistungen (Transferzahlungen)	Beratung	Betreuung
Soziale Grundsicherung, abhängig von Einkommensgrenzen: • Wohngeld • Arbeitslosengeld II • BAFöG Ohne Einkommensgrenzen (für Familien): • Kindergeld • Elterngeld	• Erziehungsberatung • Familienberatung • Schuldnerberatung • Beratung bei Drogen- und Suchtproblemen	• Nachbarschaftshilfe • Kinderkrippen/Kindertagesstätten • Sozialstationen

Übungsaufgaben

◒ 1. Vergleichen Sie Versicherungsleistungen und Versorgungsleistungen.

2. Versicherungsleistungen, Versorgungsleistungen und Fürsorgeleistungen
   ○ a) Nennen Sie je 3 Beispiele für diese drei Leistungen.
   ◒ b) Welche der von Ihnen genannten Leistungen sind Transferleistungen? Erklären Sie.

◒ 3. Erläutern Sie den Begriff „Regelsatz".

◒ 4. Vergleichen Sie Arbeitslosengeld I und Arbeitslosengeld II. Stellen Sie die Merkmale in einer Tabelle gegenüber.

◒ 5. Erklären Sie, warum der Staat Fürsorgeleistungen nur subsidiär erbringt.

◒ 6. Ermitteln Sie, wer in Ihrem Wohnort Auskünfte über das Beratungs- und Betreuungsangebot erteilen kann.

○ 7. Nennen Sie je zwei Beratungs- und Betreuungsangebote, die besonders für Kinder und Jugendliche wichtig sind.

● 8. Leistungen für Familien
   a) Beurteilen Sie, ob die Leistungen des Sozialstaats für Familien ihren Zweck erfüllen.
   b) Erarbeiten Sie sinnvolle Änderungen.

Arbeitsbewertung und Lohnformen

Lernsituation

Die Firma Jansen KG plant, die Fertigungsorganisation auf Gruppenarbeit umzustellen. Eine Gruppe besteht aus vier Mitarbeitern. In diesem Zusammenhang soll auch die bisherige Entlohnung nach dem Zeitlohn auf den Gruppenakkord umgestellt werden. Der Betriebsleiter hat gemeinsam mit einem Betriebsrat eine der zukünftigen Arbeitsgruppen zu einem Informationsgespräch eingeladen, um das neue Entlohnungsmodell vorzustellen.

Arbeitsauftrag

◒ ● Zeigen Sie die Auswirkungen der Umstellung vom Zeitlohn auf den Gruppenakkord.

1. Bewerten Sie die Aussagen der Gruppenmitglieder in der Karikatur.

2. Ermitteln Sie anhand folgender Angaben den Akkordstundenlohn der Gruppenmitglieder nach dem
   - Stückgeldakkord,
   - Stückzeitakkord.

   (Hinweis: Alle Gruppenmitglieder erhalten den gleichen Lohn.)

   Arbeitszeit der Gruppe (4 Personen): täglich 8 Std., 20 Arbeitstage im Monat

Mindestlohn:	12,50 €
Akkordzuschlag:	20 %
Normalleistung:	5 Teile/Std. je Arbeitnehmer
Istleistung/Monat:	4 576 Teile/Gruppe

Verantwortung und hohe Konzentrationsfähigkeit sollten sich im Lohn ebenso widerspiegeln wie körperliche Anstrengung und starke Belastung.

Wie lässt sich ein leistungsgerechter Lohn ermitteln?

Löhne bedeuten für Unternehmen Kosten, für Arbeitnehmer die Entlohnung für ihre geleistete Arbeit. Zu hohe Löhne verschlechtern die Wettbewerbssituation eines Unternehmens; einen zu niedrigen Lohn empfinden Arbeitnehmer als ungerecht, was sich dann häufig in einer geringen Leistungsbereitschaft niederschlägt. Das Ziel einer leistungsgerechten Entlohnung kann durch die folgenden zwei Schritte erreicht werden:
Schritt 1: Festlegung der Grundlagen, nach denen die geleistete Arbeit bewertet wird: **Methoden der Arbeitsbewertung**.
Schritt 2: Berücksichtigung der individuellen Leistung des Arbeitnehmers: **Lohnformen**.

Methoden der Arbeitsbewertung

Bei der Festlegung, welche Faktoren in eine Arbeitsbewertung einfließen und wie sie gewichtet werden, unterscheidet man zwischen der summarischen und der analytischen Arbeitsbewertung.

- **Summarische Arbeitsbewertung:** Bei dieser Methode werden hauptsächlich zwei Bewertungsmerkmale berücksichtigt, nämlich die Arbeitskenntnisse (Ausbildung und Erfahrung) und die Arbeitsbelastung (Denkfähigkeit, Handfertigkeiten, Körpergewandtheit). Man bildet Lohngruppen, in denen unterschiedliche Anforderungen beschrieben werden. Die Arbeitsanforderungen und Tätigkeiten eines Arbeitnehmers werden dann der entsprechenden Lohngruppe zugeordnet: **Lohngruppenverfahren**.

Summarische Arbeitsbewertung (Lohngruppenverfahren)

Eine Tätigkeit (Arbeit) wird einer Lohngruppe zugeordnet.

Lohngruppe	in % des tariflichen Grundgehalts
Lohngruppe 1 Arbeiten mit geringen Anforderungen, die nach entsprechender Einweisung ohne weitere Sach- und Arbeitskenntnis ausgeführt werden können.	**86 %**
Lohngruppe 5 Aufgaben, deren komplexe Anforderungen den Einsatz von umfassenden Fachkenntnissen im Sinne des Berufsbildes erfordern.	**100 %**
Lohngruppe 9 Aufgabenfelder, deren Entscheidungsspielräume nur durch hervorragendes Können, Dispositionsvermögen und Führungskompetenz ausgefüllt werden können.	**125 %**

Anschließend wird für jede Gruppe der Lohn festgelegt.
Dieses Verfahren wird bei Tarifverhandlungen angewendet. Grundlage der Verhandlungen ist eine Lohngruppe oder der sogenannte **Ecklohn**. Der Ecklohn ist der Lohn eines 21-jährigen Facharbeiters. Beide Werte werden mit 100 Prozent angesetzt. Durch Zu- und Abschläge werden die Entgelte der anderen Lohngruppen ermittelt.

- **Analytische Arbeitsbewertung:** Sollen weitere Faktoren (z. B. Verantwortung, Arbeitsbedingungen, Umwelteinflüsse) bei der Arbeitsbewertung berücksichtigt werden, wird das analytische Verfahren angewandt. Die Einzelanforderungen werden genau erfasst, gewichtet und mit Punkten bewertet. Die daraus ermittelte Gesamtpunktzahl ermöglicht es, die Tätigkeit einer Lohngruppe zuzuordnen.
  Die analytische Arbeitsbewertung ist zwar aufwendiger in der Durchführung; die Ergebnisse sind allerdings genauer als bei der summarischen Arbeitsbewertung.

Arbeitsplatzbewertung (Reparaturschlosser)

Arbeitsanforderung	Höchstpunktzahl	Ist-Punktzahl
I. Fachkönnen		
a) Fachkenntnisse	7	5
b) Geschicklichkeit	4	3
II. Anstrengung		
a) geistige Beanspruchung	6	5
b) körperliche Beanspruchung	5	5
III. Verantwortung		
a) für eigene Arbeit	8	6
b) für Betriebsmittel	5	3
IV. Umwelteinflüsse (Temperatur, Öl, Fett, Gase, Dämpfe, Unfallgefährdung, Lärm)	10	8
Summe der Teilarbeitswerte	**45**	**35**
35 Punkte = Lohngruppe 7		

Wahl der Lohnform

Bei Arbeitnehmern mit gleichen Anforderungen oder Arbeitsaufgaben können sich unterschiedliche Arbeitsergebnisse und Arbeitsgeschwindigkeiten ergeben. Die persönliche Leistung des Arbeitnehmers zu erfassen und in die Lohnberechnung einfließen zu lassen, hängt von der Wahl der Lohnform ab. Dabei unterscheidet man zwischen Zeitlohn- und Leistungs- bzw. Akkordlohn.

- **Zeitlohn**: Es wird eine feste Vergütung für eine bestimmte Zeiteinheit (z. B. Stunden, Monat) bezahlt. Diese Lohnform wird gewählt, weil eine genaue Bewertung der Arbeitsleistung nicht möglich ist.

Lehrer erhalten einen Zeitlohn.

- **Akkordlohn**: Die Arbeitnehmer werden nach ihrer Leistung bezahlt. Voraussetzungen für diese Lohnform sind:
  - Die Arbeitsabläufe und Arbeitsbedingungen müssen immer gleich sein.
  - Der Arbeitnehmer kann die Arbeitsleistung beeinflussen.
  - Das Arbeitsergebnis lässt sich leicht erfassen.

Die Höhe des Akkordlohns können Mitarbeiter durch ihre Leistung beeinflussen.

Bei der Berechnung des Akkordlohns wird zunächst ein Grundlohn bzw. Akkordrichtsatz festgelegt (z. B. 16,80 €). Dieser **Grundlohn/ Akkordrichtsatz** setzt sich zusammen aus einem **Mindestlohn** (z. B. 14 €, ergibt sich aus dem Tarifvertrag) und einem **Akkordzuschlag** (z. B. 20 % = 2,80 €). Diesen Lohn erhält ein Arbeitnehmer, der eine durchschnittliche Leistung (Normalleistung) erbringt. Erreicht er die **Normalleistung** nicht, bleibt ihm auf alle Fälle der Mindestlohn.
Maßstab für die Entlohnung ist der Vergleich der Normalleistung (Soll-Leistung) mit der tatsächlich erbrachten Leistung (Ist-Leistung). Dabei unterscheidet man
- den **Stückgeldakkord**, bei dem der Lohn pro gefertigtem Stück festgelegt ist, und
- den **Stückzeitakkord**, bei dem die Zeiten für die Bearbeitung eines Auftrags (Soll-Zeit) vorgegeben werden.

Der Akkordlohn kann für den einzelnen Arbeitnehmer (Einzelakkord) oder für eine Gruppe von mehreren Arbeitnehmern (Gruppenakkord) festgelegt werden.

- **Prämienlohn**: Es soll genauso wie beim Akkordlohn die Leistungsbereitschaft des Mitarbeiters erhöht werden. Neben einer Grundvergütung (Zeit- oder Akkordlohn) wird eine Prämie für besondere Leistungen gezahlt.

In Industriebetrieben wird der Prämienlohn häufig bei Gruppenarbeit angewandt. Mit einer Prämienzahlung lassen sich Verbesserungen in folgenden Bereichen vergüten:
- Nutzung der Betriebsmittel (Vermeidung von Störungen, weniger Stillstandzeiten),
- Qualitätssicherung (weniger Ausschuss, Nacharbeit usw.),
- Energie- und Materialeinsparung,
- Verbesserung der Termintreue.

Die Höhe der Prämie wird in einer Zielvereinbarung zwischen Betriebsleitung und Fertigungsgruppe ausgehandelt.

- **Beteiligungslohn**: Einige Unternehmen lassen ihre Mitarbeiter über einen Beteiligungslohn am Erfolg des Unternehmens teilhaben. Neben der normalen Vergütung erhalten sie einen Teil des Gewinns. Der Beteiligungslohn wird

Ein Autoverkäufer erhält neben einem festen Gehalt (Zeitlohn) eine Prämie, die abhängig ist von der Zahl der verkauften Autos.

- als **Gewinnbeteiligung** häufig am Ende des Jahres ausgezahlt,
- als **Kapitalbeteiligung** am Unternehmen angelegt. Die Beteiligung erfolgt in Form eines Darlehens oder in Form von Belegschaftsaktien.

Die Kapitalbeteiligung bringt für Unternehmen folgende Vorteile:
- Sie können mit dem nicht ausgezahlten Lohn arbeiten (z. B. investieren).
- Unternehmen zahlen weniger Steuern.
- Mitarbeiter, die am Unternehmen finanziell beteiligt sind, identifizieren sich stärker mit ihrer Arbeit.

Grundlohn/ Akkordrichtsatz

= Mindestlohn + Akkordzuschlag

Berechnung des Akkordstundenlohns	
Vorgaben	
Grundlohn/Akkordrichtsatz:	16,80 €
Normalleistung: 4 Teile	
Ist-Leistung: 5 Teile	
Stückgeldakkord	
Stückgeldakkordsatz (Lohnsatz je Stück)	4,20 €
Akkordstundenlohn	
Ist-Leistung × Stückgeldakkordsatz	**21,00 €**
Stückzeitakkord	
Minutenfaktor = Grundlohn : 60 Min.	
Stückzeit (Vorgabezeit): 15 Minuten	
Ist-Zeit (tatsächlich benötigte Zeit): 12 Minuten	
Ist-Leistung: 5 Teile	
Akkordstundenlohn	
Ist-Leistung × Stückzeit × Minutenfaktor	
5 × 15 × 0,28	**21,00 €**
Bei einer Lohntarifänderung müssen beim Stückgeldakkord alle Stückgeldakkordsätze neu berechnet werden; beim Stückzeitakkord lediglich der Minutenfaktor (die Vorgabezeiten bleiben unverändert).	

Zusammenfassung: Arbeitsbewertung und Lohnformen

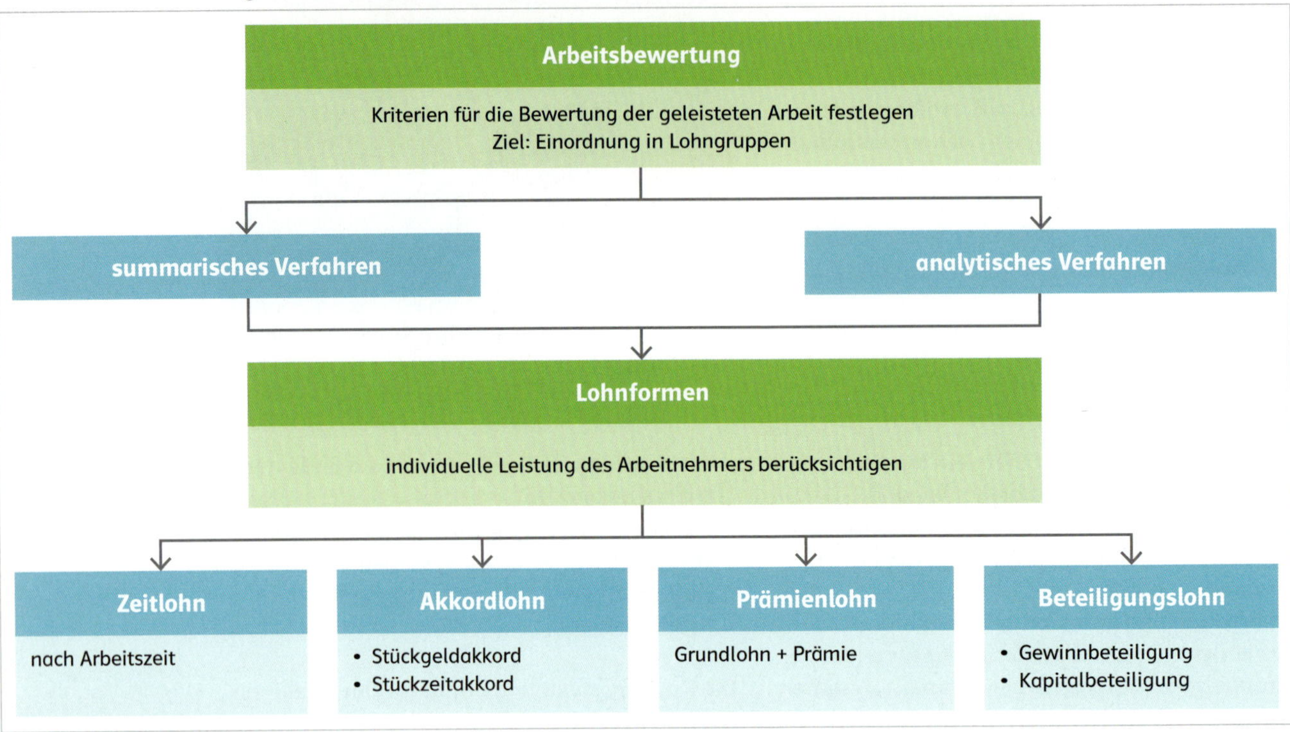

Übungsaufgaben

1. Nennen Sie jeweils zwei Tätigkeiten, für die sich die folgenden Lohnformen anbieten:
   - Zeitlohn
   - Akkordlohn
   - Prämienlohn

2. Vergleichen Sie Stückzeit- und Stückgeldakkord.

3. Nennen Sie die Voraussetzungen, die vorliegen müssen, um Arbeit nach dem Akkordlohn zu vergüten.

4. Beschreiben Sie die Vorteile des Akkordlohns gegenüber dem Zeitlohn.

5. Vergleichen Sie die summarische Arbeitsbewertung mit der analytischen.

6. Ermitteln Sie anhand der folgenden Angaben den Akkordstundenlohn.

Mindestlohn:	12 €
Akkordzuschlag:	15 %
Normalleistung:	10 Stück
Ist-Leistung:	12 Stück

Lohn- und Gehaltsabrechnung

Lernsituation

Ausriss aus einer Lohnabrechnung

Abr.-Monat	Steuer-tage	SV-Tage	Steuer-ID-Nr.	StKl	KFB	Konf.	Kranken-kasse	SV-Nr.	DEÜV-Schlüssel
07/17	30	30	52 670 093 415	IV	1,0	ev/ev	AOK	122208898G345	263023212

Abr.-Nr.	Lohnart	Anzahl	Wert	St.-pflichtig	SV-pflichtig	Summe
168	Gehalt Gruppe 5a (60 %)	0,6	2.640,00	1.584,00	1.584,00	1.584,00
181	Überstunden 05/17	13	17,20	223,60	223,60	223,60
197	Urlaubsgeld (60 %)	0,6	200,00	120,00	120,00	120,00
971	VL-Zuschuss	1	20,00	20,00	20,00	20,00
	Gesamt brutto			**1.947,60**	**1.947,60**	**1.947,60**

Arbeitnehmeranteile	Jahressumme	lfd. Monat
Rentenversicherung	1298,01	182,10
Krankenversicherung	1110,61	155,81
Pflegeversicherung	176,99	24,83
Arbeitslosenvers.	208,21	29,21

Abzüge	
Lohnsteuer	180,83
Solidaritätszuschlag	4,43
Kirchensteuer	8,25
SV-Beiträge Arbeitnehmer	391,95
VL-Überweisung	40,00
Auszahlung	**1322,14**

Arbeitsauftrag

Helfen Sie Frau Gassner, ihre Lohnabrechnung zu analysieren.

1. Was bedeuten die in der Lohnabrechnung verwendeten Kürzel?
2. Aus welchen Elementen setzt sich der Bruttolohn von Frau Gassner zusammen?
3. Welche Lohnabzüge wurden vorgenommen? Wie werden sie ermittelt?
4. Wie kommen die Schwankungen im ausbezahlten Lohn zustande?

gesetzliche Abzüge vom Lohn/Gehalt

Bruttolohn/-gehalt
– Lohnsteuer
– Solidaritätszuschlag
– Kirchensteuer
– Sozialversicherungen
= Nettolohn/-gehalt

KFB = Kinderfreibetrag

Zahl der Kinder, die steuerlich berücksichtigt werden

Stand aller Angaben: Februar 2017

Was geht vom Lohn/Gehalt ab?

Der **Bruttolohn** bzw. das **Bruttogehalt** ist im Arbeitsvertrag oder Tarifvertrag vereinbart. Darin enthalten sind folgende Elemente:

- Grundlohn (Zeitlohn oder Akkordlohn → S. 114 f.) oder Grundgehalt;
- Zuschläge, z. B. als Leistungszulage oder für Überstunden, Schicht- oder Sonntagsarbeit;
- Einmalzahlungen, insbesondere Weihnachtsgeld, Urlaubsgeld, Gewinnbeteiligung;
- sonstige Leistungen des Arbeitgebers, z. B. vermögenswirksame Leistungen oder Zuschüsse zur betrieblichen Altersversorgung.

Vom Bruttolohn/-gehalt zieht der Arbeitgeber direkt Steuern und Sozialversicherungsbeiträge ab und leitet sie an die zuständigen Stellen weiter. Bei diesen sogenannten **gesetzlichen Abzügen** handelt es sich um

- Lohnsteuer; deren Höhe hängt von der Steuerklasse und von der Lohnhöhe ab (mehr dazu weiter unten),
- Solidaritätszuschlag (5,5 % der Lohnsteuer),
- Kirchensteuer (9 % der Lohnsteuer; in Bayern und Baden-Württemberg nur 8 %),
- Sozialversicherungsbeiträge des Arbeitnehmers: Rentenversicherung, Krankenversicherung, Pflegeversicherung, Arbeitslosenversicherung. Auch deren Höhe richtet sich nach dem Bruttolohn/-gehalt und wird jährlich neu festgesetzt (→ S. 96).

Die verbleibende Summe ist der **Nettolohn** bzw. das **Nettogehalt**. Die tatsächliche Auszahlung kann davon abweichen. Das ist z. B. dann der Fall, wenn der Arbeitnehmer einen Spar- oder Investmentvertrag über vermögenswirksame Leistungen (VL-Leistungen) abgeschlossen hat (→ S. 102).
Die VL-Leistungen werden direkt vom Lohn abgezogen. Auch Beiträge des Arbeitnehmers zur betrieblichen Altersversorgung werden vom Nettolohn bzw. Nettogehalt abgezogen. Dasselbe gilt für Vorschüsse und Pfändungen. VL-Leistungen (auch solche des Arbeitgebers) sind steuer- und sozialversicherungspflichtig; Beiträge des Arbeitnehmers zur betrieblichen Altersvorsorge sind es nicht.

Lohnsteuer – abhängig von der Steuerklasse

Wie viel Lohnsteuer einem Beschäftigten abgezogen wird, hängt von seiner Lohn-/Gehaltshöhe und von seiner Steuerklasse ab. Es muss nicht für das ganze Einkommen Lohnsteuer bezahlt werden, sondern es gibt **Freibeträge**, z. B. 8 820 Euro jährlich als „steuerfreies Existenzminimum“ (Grundfreibetrag). Erst wenn diese Freibeträge überstiegen werden, wird Lohnsteuer fällig. Deren Höhe steigt von 14 % bis auf 45 % (für Einkommen über ca. 256 000 €/Jahr). Wer viel verdient, zahlt also einen höheren Anteil seines Einkommens als Lohnsteuer. Das nennt man **Steuerprogression.**
Für Verheiratete verdoppeln sich diese Freibeträge, denn ihr Einkommen wird zusammengezählt. Alleinerziehende bekommen einen besonderen Entlastungsbetrag. Aufgrund dieser Unterschiede werden Arbeitnehmern unterschiedliche Steuerklassen zugeordnet:

- Steuerklasse I für Unverheiratete ohne Kinder;
- Steuerklasse II für Alleinerziehende;
- Steuerklasse III und IV: Wer verheiratet ist oder in einer eingetragenen Lebensgemeinschaft lebt, kann wählen. Entweder sind beide Partner in Steuerklasse IV oder der besser Verdienende in Steuerklasse III und der andere in Steuerklasse V.
- Steuerklasse VI gilt für einen Zweitjob (nicht für Minijob).

Solidaritätszuschlag und Kirchensteuer richten sich nach der Lohnsteuer. Für **Minijobs** (max. 450 €/Monat) fällt weder Lohnsteuer noch Kirchensteuer an.

Was steht noch auf der Entgeltabrechnung?

Die Lohn- und Gehaltsabrechnung enthält neben der **Steuer-Identifikationsnummer**, die jeder Steuerpflichtige zugewiesen bekommt, auch Angaben zur **Steuerklasse**, zur **Konfession** (bei Verheirateten auch zur Konfession des Ehepartners) und zu **Kinderfreibeträgen (KFB)**. Der Arbeitgeber übernimmt diese Merkmale aus der elektronischen Lohnsteuerkarte, deren Daten er direkt vom Finanzamt erhält. Außerdem enthält die Lohn-/Gehaltsabrechnung die **Sozialversicherungsnummer** in der Rentenversicherung und den **Tätigkeitsschlüssel** (DEÜV-Schlüssel) für die Statistik der Bundesagentur für Arbeit. Die Zahl der **Steuertage** und der **Sozialversicherungstage** ist nur wichtig, wenn das Arbeitsverhältnis nicht den ganzen Monat gedauert hat.

Am Jahresende: Einkommensteuererklärung

Die Steuerabzüge vom Lohn/Gehalt sind nur vorläufig. Steuerzahler können durch eine Einkommensteuererklärung einen Teil der bezahlten Steuern zurückbekommen. Das lohnt sich in der Regel bei Verheirateten oder bei Beschäftigten, die hohe Kosten im Zusammenhang mit ihrer Berufstätigkeit hatten (z. B. als Pendler) oder außergewöhnliche Belastungen (z. B. wegen einer Behinderung). Mehr dazu ab Seite 122.

Arbeitnehmerbeiträge zur Sozialversicherung

Diese Beiträge werden in der Regel von Arbeitgeber und Arbeitnehmer zu gleichen Teilen getragen. Sie richten sich nach dem Bruttolohn/-gehalt und werden jedes Jahr neu festgelegt. Anders ist es nur bei der Unfallversicherung, die der Arbeitgeber allein trägt. Bei der Berechnung der Arbeitnehmerbeiträge sind einige Besonderheiten zu beachten:

- In der **Arbeitslosenversicherung** (Beitragssatz 1,5 %) und der **Rentenversicherung** (Beitragssatz 9,35 %) gilt eine Beitragsbemessungsgrenze von 6 350 €/Monat (alte Bundesländer; neue Bundesländer 5 700 €). Für das Einkommen, das über dieser Grenze liegt, müssen keine Beiträge bezahlt werden.
- In der **Krankenversicherung** gilt eine andere Bemessungsgrenze, nämlich 4 350 €. Zusätzlich gibt es hier eine **Versicherungspflichtgrenze** (4 800 €/Monat). Wer mit seinem Einkommen über dieser Grenze liegt, kann sich stattdessen auch privat krankenversichern, darf aber später nicht mehr in die gesetzliche Krankenversicherung zurück. Eine Pflicht zur Krankenversicherung besteht aber für jeden.
  Der Beitragssatz zur Krankenversicherung beträgt mindestens 7,3 %. Fast alle Krankenkassen erheben jedoch einen Zusatzbeitrag, den der Arbeitnehmer alleine trägt. Die Höhe des Beitrags ist von Kasse zu Kasse unterschiedlich. Derzeit beträgt er durchschnittlich 1,1 % (Stand 2016).
- In der **Pflegeversicherung** (Beitragssatz 1,275 %; Sachsen: 1,775 %) bezahlen kinderlose Arbeitnehmer über 23 Jahre zusätzlich 0,25 % des Bruttolohns/-gehalts. Die Pflegeversicherung richtet sich nach der Krankenversicherung. Es gilt dieselbe Bemessungsgrenze und dieselbe Grenze für die Versicherungspflicht. Wer privat krankenversichert ist, ist auch privat pflegeversichert.

Bei einem Bruttolohn/-gehalt von 450,01 – 850 € pro Monat gelten niedrigere Arbeitnehmerbeiträge zur Sozialversicherung. Man nennt diesen Einkommensbereich **Gleitzone**. Bei Minijobs (bis 450 €) zahlt der Arbeitnehmer keine Steuern, sondern nur Beiträge zur Rentenversicherung (derzeit 3,7 %).

Auszug aus der Lohnsteuertabelle

Kinderfreibetrag			0		0,5		1	
ab €	StKl	Steuer	SolZ	KiSt	SolZ	KiSt	SolZ	KiSt
1.947,00 €								
	I	180,83	9,94	14,46	4,43	8,25	–	2,75
	II	139,91	–	–	–	5,21	–	0,57
	III	5,00	–	0,40	–	–	–	–
	IV	180,83	9,94	14,46	7,77	11,31	4,43	8,25
	V	407,33	22,40	32,58	–	–	–	–
	VI	437,50	24,06	35,00	–	–	–	–

Stand 2017; Kirchensteuer 8 % für Bayern und Baden-Württemberg (andere Bundesländer 9 %)

Zusammenfassung: Lohn- und Gehaltsabrechnung

	Bruttolohn/-gehalt	Bruttolohn/-gehalt + Zuschläge + Einmalzahlungen + sonstige Leistungen (z. B. VL-Leistungen des Arbeitgebers) Grundlage: Arbeits- oder Tarifvertrag, Betriebsvereinbarung
–	**gesetzliche Abzüge**	– Lohnsteuer – Solidaritätszuschlag – Kirchensteuer – Sozialversicherungsbeiträge Berechnungsgrundlage: • Steuerklasse und Kinderfreibeträge (Lohn- und Kirchensteuer, Solidaritätszuschlag) • fester Prozentsatz vom Bruttolohn/-gehalt (Sozialversicherungsbeiträge)
=	**Nettolohn/-gehalt**	
–	**weitere Abzüge**	– vermögenswirksame Leistungen (VL-Leistungen des Arbeitnehmers) – betriebliche Altersvorsorge (Arbeitnehmerbeiträge) – Vorschüsse – Pfändungen Grundlage: Arbeits- oder Tarifvertrag, Betriebsvereinbarung
=	**Auszahlung**	

Übungsaufgaben

○ 1. Der gleiche Bruttolohn bzw. das gleiche Bruttogehalt führt nicht immer zum gleichen Nettolohn/-gehalt. Arbeiten Sie drei Gründe heraus, warum das so ist.

○ 2. Stellen Sie anhand der Lohnabrechnung von Frau Gassner (→ S. 117) ihren Familienstand und ihre Steuerklasse fest. Hat sie Kinder?

◒ 3. Ermitteln Sie aus der Tabelle (→ S. 119), wie hoch das Nettogehalt von Frau Gassner wäre, wenn sie statt in Steuerklasse IV in Steuerklasse III wäre. Stellen Sie die gleiche Rechnung für alle Steuerklassen an, und berechnen Sie, wie viel Prozent die Abzüge insgesamt betragen.

○ 4. Ermitteln Sie für einen Minijob mit einem Bruttolohn von 420 € den Nettolohn.

5. Weshalb steigt der Lohnsteuersatz mit dem Einkommen?

● a) Begründen Sie, warum der Staat niedrige Einkommen nicht oder nur gering besteuert und hohe Einkommen mit bis zu 45 %.

◒ b) Man könnte alle Einkommen mit dem gleichen Steuersatz besteuern. Stellen Sie mögliche Folgen einer solchen Änderung dar.

● 6. Matthias behauptet, dass bei ihm die Abzüge mehr als die Hälfte des Bruttolohns betragen. Überprüfen Sie, ob das überhaupt möglich ist.

Einkommensteuererklärung

Lernsituation

Yosvany Monteiro hat es geschafft: Nach abgeschlossener Lehre als Fachinformatiker und einem weiteren Jahr im selben Betrieb hat er in Aschaffenburg eine tolle neue Stelle gefunden. Im Oktober hat er angefangen. Jetzt, im April des nächsten Jahres, macht er sich an die Steuererklärung. Durch seinen Umzug hat er eine Menge zusätzlicher Ausgaben gehabt, und er weiß, dass er das meiste steuerlich geltend machen kann. Auch sonst hat er fleißig Belege gesammelt.

- Miete Transporter für Umzug 165,00 €
- Diesel für Transporter 43,78 €
- Geld für Umzugshelfer 150,00 €
- Verpflegung für Helfer (ohne Beleg) 25,00 €
- Ablösung für Übernahme der Küche in der neuen Wohnung 800,00 €
- Mietkaution für die neue Wohnung 1 170,00 €
- Malerarbeiten neue Wohnung: Material 120,98 €, Arbeitslohn 785,14 € 906,12 €
- Für Bewerbung: Anzug, Krawatte, Hemd, Schuhe 640,70 €
- Foto für Bewerbungen 34,80 €
- Reisekosten für Bewerbungen (Fahrtkosten und Übernachtungskosten) 339,70 €
- Fahrten zur Arbeitsstelle mit eigenem Pkw
  - 164 Tage, 27 km Entfernung 1 328,40 €
  - 57 Tage, 12 km Entfernung 205,20 €

Arbeitsauftrag

1. Stellen Sie die Ausgaben von Yosvany zusammen, geordnet nach Werbungskosten und Sonderausgaben: Welche Ausgabenposten können wo angesetzt werden? Prüfen Sie, ob er etwas vergessen hat.
2. Installieren Sie *ElsterFormular* für Privatanwender und tragen Sie die Beträge dort in die richtigen Zeilen der Einkommensteuererklärung ein (www.elster.de/elfo).

2.5 Entlohnung berechnen, Steuererklärung erstellen

Einkommen

Das Geld, das man als Entlohnung für die Tätigkeit als Arbeitnehmer oder Selbstständiger, als Zinsen oder Dividenden für Kapitalvermögen oder als Miete bzw. Pacht erhält.

Frist für die Abgabe der Steuererklärung

31. Mai des Folgejahres (ab 2018: 31. Juli); längere Fristen gelten für Lohnsteuerhilfe-Vereine und Steuerberater. Wer nicht verpflichtet ist, eine Steuererklärung abzugeben, hat 4 Jahre Zeit bis zur Abgabe.

Steuerformulare im Internet

www.elster.de

Warum eine Steuererklärung?

Wer **Einkommen** hat, muss darauf Steuern zahlen – egal ob er Arbeitnehmer, Vermieter, Geldanleger oder Unternehmer ist. Er kann von seinem Einkommen Ausgaben abziehen, die ihm aufgrund seiner Einnahmen entstanden sind, und es gibt Freibeträge, bis zu denen keine Steuern anfallen. Das ändert nichts am Grundsatz, dass alle Einnahmen versteuert werden müssen, die Einkommen sind.

Die meisten von uns betrifft das als Arbeitnehmer. In den Lohn- und Gehaltsabrechnungen sind für jeden Monat Abzüge für Lohnsteuer, Solidaritätszuschlag und Kirchensteuer ausgewiesen. Diese Beträge zieht der Arbeitgeber anhand von Lohnsteuertabellen ab (→ S. 118 ff.). Sie sind **Vorauszahlungen** auf die Steuerschuld. Sie können zu hoch oder zu niedrig sein:

- Zu hoch sind sie, wenn der Arbeitnehmer zusätzliche Ausgaben hatte, die in Zusammenhang mit seinem Beruf stehen, z. B. wenn er als Pendler einen langen Arbeitsweg hat. Dasselbe gilt, wenn er z. B. Einzahlungen in eine private Rentenversicherung geleistet hat. Wer solche Ausgaben hat und keine Steuererklärung macht, verschenkt Geld.
- Zu niedrig sind sie, wenn der Arbeitnehmer z. B. weiteres Einkommen hatte, von dem keine Steuer abgezogen wurde, etwa Mieteinnahmen aus einer vermieteten Wohnung.

Der erste Fall führt zu einer Steuererstattung, der zweite zu einer Steuernachzahlung. Eine Steuererklärung ist Pflicht insbesondere bei Nebeneinkünften, bei mehreren Arbeitgebern, beim Bezug von Arbeitslosengeld oder Elterngeld o. Ä. oder wenn ein Ehepartner in Steuerklasse V oder VI ist. Dadurch wird verhindert, dass zu wenig Steuern bezahlt werden. Ehepartner geben üblicherweise eine gemeinsame Steuererklärung ab (Zusammenveranlagung).

Steuererklärung – nur etwas für Spezialisten?

Auch wenn das Steuerrecht voll ist von Obergrenzen, Pauschbeträgen, Einschränkungen, Ausnahmen und Ausnahmen von den Ausnahmen – so kompliziert ist es für den Normalverdiener auch wieder nicht. Die Steuerformulare können mithilfe einer kostenlosen Software der Finanzverwaltung am PC ausgefüllt werden. Das Programm weist meist auf fehlende oder unlogische Eingaben hin. Die Angaben zum Arbeitslohn und zu den Sozialversicherungen können direkt aus der Lohnsteuerbescheinigung des Arbeitgebers in die Anlage N der Steuererklärung übertragen werden. Für Werbungskos-

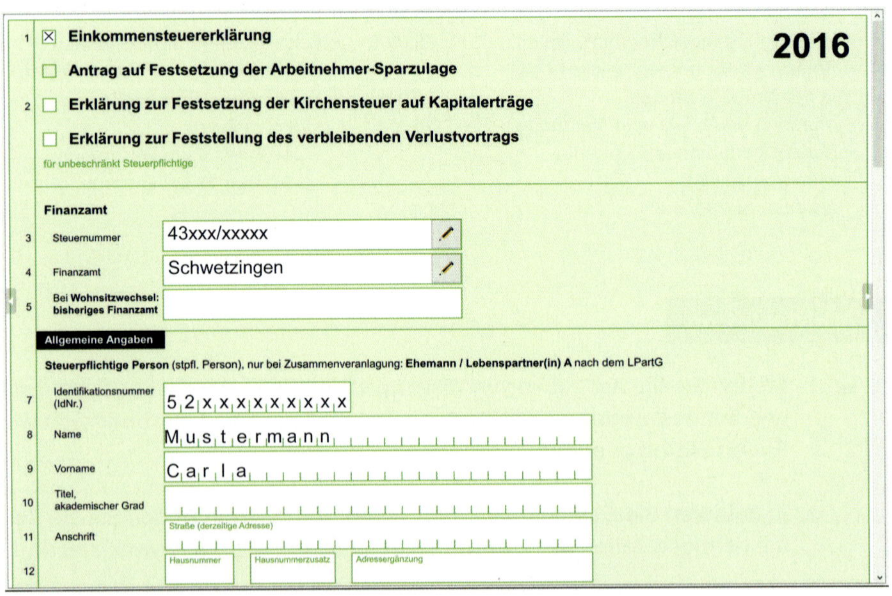
1 ☒ Einkommensteuererklärung — 2016
☐ Antrag auf Festsetzung der Arbeitnehmer-Sparzulage
2 ☐ Erklärung zur Festsetzung der Kirchensteuer auf Kapitalerträge
☐ Erklärung zur Feststellung des verbleibenden Verlustvortrags
für unbeschränkt Steuerpflichtige

Finanzamt
3 Steuernummer: 43xxx/xxxxx
4 Finanzamt: Schwetzingen
5 Bei Wohnsitzwechsel: bisheriges Finanzamt:

Allgemeine Angaben
Steuerpflichtige Person (stpfl. Person), nur bei Zusammenveranlagung: Ehemann / Lebenspartner(in) A nach dem LPartG
7 Identifikationsnummer (IdNr.): 52xxxxxxxxx
8 Name: Mustermann
9 Vorname: Carla
10 Titel, akademischer Grad:
11 Anschrift: Straße (derzeitige Adresse)
12 Hausnummer | Hausnummerzusatz | Adressergänzung

ElsterFormular zur Einkommensteuererklärung, Hauptvordruck (Auszug)

ten und Sonderausgaben gibt es Pauschalen, Pauschbeträge und Obergrenzen. Sie werden automatisch berücksichtigt.
Die Hauptarbeit besteht darin, die Ausgaben und Belege zusammenzustellen und dem richtigen Begriff zuzuordnen. In vielen Feldern sind gar keine Einträge nötig.
Wer möchte, kann bei der Finanzverwaltung die Daten abrufen, die Arbeitgeber und Versicherungen elektronisch an das Finanzamt gemeldet haben, und sie per Mausklick in die Steuerformulare übernehmen. Das nennt sich **vorausgefüllte Steuererklärung**. Dafür ist allerdings vor der ersten Nutzung eine Registrierung nötig.
Wer sich überfordert fühlt oder befürchtet, bestimmte Ausgaben zu übersehen, für den gibt es **Lohnsteuerhilfe-Vereine**. Diese bieten gegen einen jährlichen Mitgliedsbeitrag Hilfe bei der Erstellung der Einkommensteuererklärung an.

Werbungskosten

Der Begriff Werbungskosten ist irreführend. Er hat mit Werbung nichts zu tun. Gemeint sind damit alle unvermeidbaren **Ausgaben im Zusammenhang mit der Berufstätigkeit**.
Ein Beispiel: Für den Weg zur Arbeit entstehen Kosten – je weiter der Arbeitsplatz von meinem Zuhause entfernt ist, umso höher. Diese Kosten sind unvermeidbar. Wenn ich mich aber für die Arbeit oder ein Vorstellungsgespräch neu einkleide, um beim Chef, bei den Kollegen oder den Kunden Eindruck zu schinden und Karriere zu machen, dann sind die Kosten dafür nicht unvermeidbar. Es ist meine private Entscheidung, wie viel ich in mein Auftreten im Betrieb investiere.

Auch hier gibt es 30 Cent je Entfernungs-Kilometer

Weitere Beispiele für Werbungskosten sind: Umzugskosten (wenn die neue Wohnung näher am Arbeitsplatz liegt), Kosten für Arbeitsmittel, Fortbildungen oder Dienstreisen, soweit sie nicht vom Arbeitgeber erstattet werden, Kosten für die Bewerbung auf eine neue Stelle; in bestimmten Fällen auch die Kosten für eine doppelte Haushaltsführung. Die Werbungskosten werden in die Anlage N der Steuererklärung eingetragen.
Bei den Werbungskosten gibt es einige Vereinfachungen und Beschränkungen. Zum Beispiel darf man für die Fahrten zum Arbeitsplatz eine **Pauschale** ansetzen: 30 Cent je Entfernungs-Kilometer, egal welches Verkehrsmittel man nutzt. Wer genau rechnet, stellt fest: Die Kosten, die man steuerlich geltend machen kann, sind meist niedriger als die tatsächlich entstandenen Kosten, etwa bei der Benutzung eines Pkws. Bei manchen beruflich bedingten Ausgaben sind **Obergrenzen** festgesetzt, z. B. bei den Kosten für ein Arbeitszimmer.

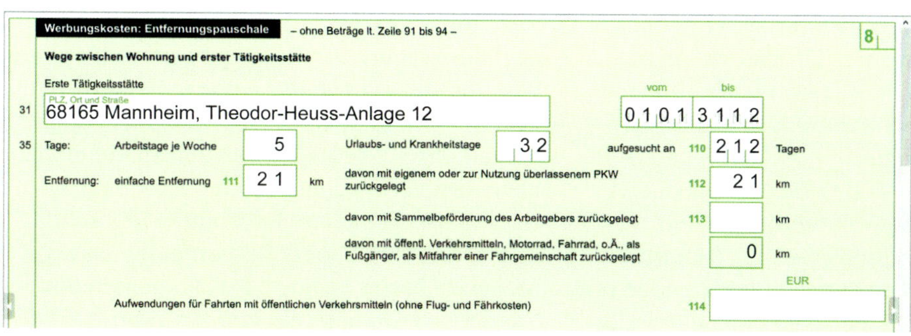

Werbungskosten: Entfernungspauschale – ohne Beträge lt. Zeile 91 bis 94 – 8

Wege zwischen Wohnung und erster Tätigkeitsstätte

Erste Tätigkeitsstätte

31 PLZ, Ort und Straße: 68165 Mannheim, Theodor-Heuss-Anlage 12 | vom 0101 | bis 3112

35 Tage: Arbeitstage je Woche 5 | Urlaubs- und Krankheitstage 32 | aufgesucht an 110 212 Tagen

Entfernung: einfache Entfernung 111 21 km | davon mit eigenem oder zur Nutzung überlassenem PKW zurückgelegt 112 21 km

davon mit Sammelbeförderung des Arbeitgebers zurückgelegt 113 km

davon mit öffentl. Verkehrsmitteln, Motorrad, Fahrrad, o.Ä., als Fußgänger, als Mitfahrer einer Fahrgemeinschaft zurückgelegt 0 km

EUR

Aufwendungen für Fahrten mit öffentlichen Verkehrsmitteln (ohne Flug- und Fährkosten) 114

ElsterFormular zur Einkommensteuererklärung, Anlage N (Auszug)

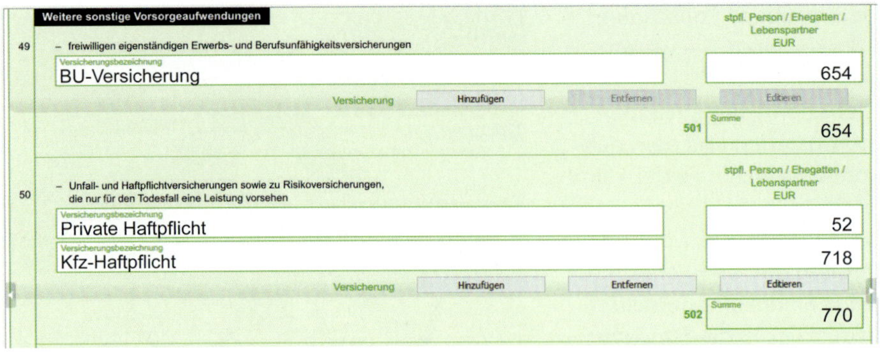
Weitere sonstige Vorsorgeaufwendungen

stpfl. Person / Ehegatten / Lebenspartner EUR

49 – freiwilligen eigenständigen Erwerbs- und Berufsunfähigkeitsversicherungen

Versicherungsbezeichnung: BU-Versicherung | 654

Versicherung | Hinzufügen | Entfernen | Editieren

501 Summe 654

stpfl. Person / Ehegatten / Lebenspartner EUR

50 – Unfall- und Haftpflichtversicherungen sowie zu Risikoversicherungen, die nur für den Todesfall eine Leistung vorsehen

Versicherungsbezeichnung: Private Haftpflicht | 52

Versicherungsbezeichnung: Kfz-Haftpflicht | 718

Versicherung | Hinzufügen | Entfernen | Editieren

502 Summe 770

ElsterFormular zur Einkommensteuererklärung, Anlage Vorsorgeaufwand (Auszug)

Handwerkerleistungen

20 % der Arbeits- und Fahrtkosten für Renovierung, Erhalt oder Modernisierung können direkt von der Steuerschuld abgezogen werden (max. 1200 €). Materialkosten zählen nicht dazu.

Auf der anderen Seite gibt es sogenannte **Pauschbeträge**, die jedem ohne Nachweis automatisch zugutekommen, etwa der Arbeitnehmer-Freibetrag (Werbungskosten-Pauschale) von derzeit 1000 €. Er ist in die Lohnsteuer-Tabellen eingearbeitet. Erst wenn meine beruflich veranlassten Ausgaben höher sind als der Pauschbetrag, wirken sich die Werbungskosten steuerlich aus.

Sonderausgaben

Bestimmte Kosten, die nicht beruflich veranlasst sind, werden trotzdem steuerlich anerkannt (meist mit Obergrenzen oder nur mit bestimmten Prozentsätzen). Oft sind es politische oder soziale Überlegungen, die hinter der steuerlichen Anerkennung dieser Ausgaben stehen. Man nennt sie Sonderausgaben.
Darunter fallen die sogenannten **Vorsorgeaufwendungen** (Anlage Vorsorgeaufwand in der Steuererklärung). Dazu gehören die Beiträge zur Sozialversicherung (→ S. 95 ff.), Individualversicherungen (→ S. 105 ff.) oder Aufwendungen für die Altersvorsorge (→ S. 101). Hier gelten Obergrenzen und weitere Einschränkungen. Eine Vorsorgepauschale, deren Höhe abhängig ist vom Einkommen, ist bereits in die Steuertabellen eingearbeitet.
Ein zweiter Bereich sind Kosten für haushaltsnahe Dienstleistungen, Kinderbetreuung, Arbeitskosten für Handwerker u. Ä. (Hauptvordruck, S. 3). Ein dritter Bereich sind Spenden und Mitgliedsbeiträge für Parteien und gemeinnützige Organisationen (Hauptvordruck, S. 2).

Belege beim Finanzamt einreichen?

Seit 2017 müssen Belege für Ausgaben (Rechnungen, Quittungen u. Ä.) nur noch in Ausnahmefällen eingereicht werden. Viele Daten, z. B. die Angaben in der Lohnsteuerbescheinigung, werden automatisch digital an die Finanzverwaltung übermittelt. Im Normalfall kann die Steuererklärung komplett elektronisch abgewickelt werden. Das Finanzamt macht lediglich Stichproben nach dem Zufallsprinzip. In diesem Fall (oder wenn die Angaben in der Steuererklärung nicht plausibel sind) fordert es Belege an. Sämtliche Belege muss der Steuerpflichtige nach Erhalt des Steuerbescheids noch ein Jahr lang aufbewahren.
In den folgenden Fällen sollten die Belege unaufgefordert vorgelegt werden: beruflich veranlasster Umzug, doppelte Haushaltsführung, Einrichtung eines Arbeitszimmers. Es genügen Kopien.

Steuerbescheid

Nicht jeder Steuerbescheid ist richtig. Es ist deshalb wichtig, den Bescheid genau zu prüfen. Wer meint, dass sich das Finanzamt geirrt hat, kann innerhalb eines Monats Einspruch dagegen erheben. Wer vorher rechtlichen Rat einholt, kann seine Erfolgsaussichten besser beurteilen. Und wenn man im Nachhinein feststellt, dass man Schreib- oder Rechenfehler in seiner Steuererklärung gemacht hat, kann man den Steuerbescheid noch ein Jahr lang korrigieren lassen.

Zusammenfassung: Einkommensteuererklärung

So wird die Steuerschuld berechnet

1. Schritt Berechnung des zu versteuernden Einkommens		**Einkommen aus unselbstständiger Arbeit** (Anlage N)	laut Lohnsteuerbescheinigung
	+	**Einnahmen aus anderen Einkunftarten**	z. B. Mieteinnahmen (Anlage V)
	–	**Werbungskosten** (Anlage N)	z. B. Ausgaben für: • Fahrten zur Arbeitsstelle • Fortbildung • Bewerbung • doppelte Haushaltsführung • Mitgliedsbeitrag Gewerkschaft
	–	**Sonderausgaben** (Anlage Vorsorgeaufwand und Hauptvordruck)	z. B. Ausgaben für: • Vorsorgeaufwendungen • Kinderbetreuungskosten • haushaltsnahe Dienstleistungen • Mitgliedsbeiträge und Spenden
	–	**besondere Freibeträge**	z. B. für Alleinerziehende
	=	**zu versteuerndes Einkommen**	
2. Schritt Berechnung der Steuerschuld		**Steuerschuld** (Einkommensteuer-Tabelle)	abhängig von der Steuerklasse
	–	**bereits bezahlte Lohnsteuer** (Anlage N)	Lohnsteuer laut Lohnsteuerbescheinigung
	=	**restliche Steuerschuld bzw. Steuererstattung**	Solidaritätszuschlag und Kirchensteuer errechnen sich aus der gesamten Steuerschuld

Übungsaufgaben

○ 1. Nennen Sie die Unterschiede zwischen Freibetrag und Pauschbetrag.

◒ 2. Der Mitgliedsbeitrag für die Gewerkschaft zählt zu den Werbungskosten, der Mitgliedsbeitrag für das Rote Kreuz zu den Sonderausgaben. Begründen Sie, warum das so ist.

● 3. Diskutieren Sie, ob es sinnvoll ist, dass es für viele Sonderausgaben und manche Werbungskosten Obergrenzen gibt.

◒ 4. Schätzen Sie ab: Wie hoch sind Ihre eigenen Sonderausgaben und Werbungskosten im vergangenen Jahr gewesen? Welches sind die drei größten Ausgabenposten?

◒ 5. Erläutern Sie, warum Ihre Steuerschuld nicht um 2000 € sinkt, sondern um weniger, wenn Sie Vorsorgeaufwendungen in Höhe von 2000 € hatten.

Simulationsspiel umsetzen

Simulationsspiel

Die Beteiligten an einem Simulationsspiel vertreten in einem Konflikt die Interessen von Politikern, Arbeitgebern, Verbandsfunktionären etc. Das Ziel ist die Lösung des Konflikts. Das Abschneiden der Beteiligten hängt ab von ihrer Macht, ihren Rechten und ihrem Verhandlungsgeschick. Themen für Simulationsspiele können sein: Tarifverhandlungen, Betriebsvereinbarungen, Bau einer Windkraftanlage.

So geht's!

1. Konflikt beschreiben und Informationen beschaffen
- Den Interessenkonflikt beschreiben, der simuliert werden soll.
- Informationen einholen über die politischen bzw. wirtschaftlichen Rollen und die Regeln, die mit der Rolle verbunden sind.
- Gruppen einteilen.

2. Eine Meinung bilden (Gruppe)
- Die eigene Position erarbeiten und festlegen: Maximalforderungen und Ziele, die mindestens erreicht werden sollen.
- Die eigene Verhandlungsstrategie ausarbeiten.

3. Miteinander verhandeln
- Spieler auswählen, der die Rolle spielt. Die anderen Gruppenmitglieder beobachten und protokollieren den Verlauf.
- Die Verhandlungen simulieren (evtl. mehrere Verhandlungsrunden, unterbrochen durch erneute Meinungsbildung in der Gruppe).
- Entscheidung (Einigung)

4. Ergebnis auswerten (Gruppen und Plenum)
- Erste Eindrücke bei Spielern und Beobachtern sammeln.
- Ergebnis bewerten.
- Schritte analysieren, die zu diesem Ergebnis geführt haben, Alternativen diskutieren.
- Mit der Wirklichkeit vergleichen: Worin ähnelt die Simulation der Wirklichkeit? Was ist anders?

Simulationsspiel zu einer Betriebsvereinbarung

M1 Position des Betriebsrates zur Erreichbarkeit außerhalb der Arbeitszeit

Mitarbeiter beschweren sich, dass E-Mails und Telefonanrufe nach Feierabend, am Wochenende, in Einzelfällen sogar im Urlaub zunehmen. Eine Betriebsvereinbarung zur Erreichbarkeit der Mitarbeiter außerhalb der Arbeitszeit ist nötig, denn oft wird erwartet, dass Mitarbeiter auch in der Freizeit regelmäßig ihre E-Mails abrufen und umgehend reagieren, wenn der Vorgesetzte das verlangt. Es ist im Interesse aller Beteiligten, klare Regelungen für die Erreichbarkeit außerhalb der Arbeitszeit zu treffen. Solche Regelungen haben sich auch in anderen Unternehmen bewährt. Der Betriebsrat schlägt vor:

- E-Mails und Telefonanrufe außerhalb der Arbeitszeit sollen auf dringende Fälle beschränkt werden.
- Beschäftigte müssen das Recht haben, außerhalb ihrer Arbeitszeit auf berufliche E-Mails oder Anrufe nicht zu reagieren, ohne dass sie dadurch Nachteile haben.
- Anders ist es nur, wenn Bereitschaftsdienst oder Rufbereitschaft vereinbart ist.
- Sofern Arbeitnehmer außerhalb ihrer regulären Arbeitszeit für das Unternehmen tätig werden, haben sie Anspruch auf angemessene Vergütung bzw. Freizeitausgleich.

M2 Position der Geschäftsführung zur Erreichbarkeit außerhalb der Arbeitszeit

Die Einführung von Gleitzeit und die Arbeit im Home-Office dienen der Vereinbarkeit von Familie und Beruf. Sie sind zwangsläufig mit einem erhöhten E-Mail-Verkehr und häufigeren Telefonanrufen verbunden – auch außerhalb der Arbeitszeit. Die größere Freiheit für die Beschäftigten ist nicht zum Nulltarif zu haben. Durch die gewünschte Betriebsvereinbarung wird die Kommunikation im Unternehmen erschwert und unnötige Bürokratie aufgebaut.

- Die internationale Ausrichtung des Unternehmens erlaubt es nicht, E-Mail-Verkehr und Telefonanrufe auf die Arbeitszeit zu beschränken.
- Nur in Ausnahmefällen, z. B. bei Notfällen oder zur Einhaltung von Fristen, wird von Arbeitnehmern verlangt, kurzfristig Aufgaben in ihrer Freizeit zu erledigen. E-Mails und Telefonanrufe erleichtern in diesen Fällen die Kommunikation.
- Das Unternehmen hat einzelne Mitarbeiter mit Diensthandys ausgestattet, damit sie jederzeit erreichbar sind.
- Eine Vergütung der Tätigkeit außerhalb der regulären Arbeitszeit ist selbstverständlich.

M3 Umfrage unter Arbeitnehmern zur Erreichbarkeit außerhalb der Arbeitszeit

Erreichbarkeit im Privatleben wird erwartet (in %)

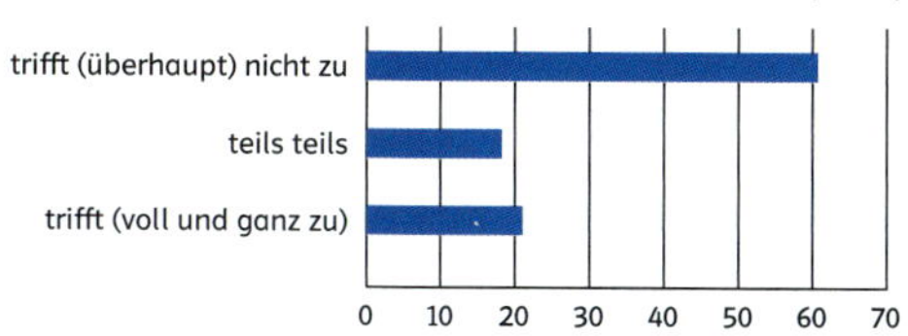

Tatsächlich im Privatleben kontaktiert (in %)

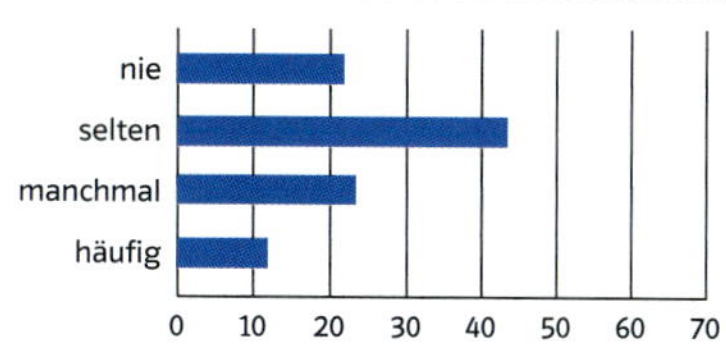

https://www.baua.de/de/Publikationen/Fachbeitraege/F2398.html Seite 76

Arbeitsauftrag

- Führen Sie ein Simulationsspiel zu einer Betriebsvereinbarung über die Erreichbarkeit der Mitarbeiter außerhalb der Arbeitszeit durch. Gehen Sie dabei so vor, wie auf der linken Seite beschrieben. Dabei sind M 1, M 2 und M 3 die Grundlage für Ihre Verhandlungen. Beschäftigen Sie sich vor Beginn mit dem rechtlichen Rahmen der Tätigkeit des Betriebsrats (→ S. 81 ff.) und den Vorschriften des Arbeitsschutzes (→ S. 48 ff.).

Online-Code
f4h26m
Prüfungsaufgaben

Tarifverhandlungen, Betriebsrat

1. Tarifverhandlungen

M1 Arbeitskampf

○ 1.1 Beschreiben Sie die Aussage der Karikatur.

◒ 1.2 Erklären Sie zwei Faktoren, die die Höhe von Lohnforderungen beeinflussen.

● 1.3 Bewerten Sie die Verhandlungsstärke der Gewerkschaften, wenn sich die am Tarifkonflikt beteiligten Unternehmen in einer wirtschaftlich guten Situation befinden.

◒ 1.4 Stellen Sie den üblichen Ablauf von Tarifverhandlungen in Form einer schematischen Übersicht dar.

◒ 1.5 Erläutern Sie die in der Karikatur verwendeten Begriffe Streik und Aussperrung.

● 1.6 Im Jahr 2015 wurde der zehnmonatige Tarifstreit zwischen der Gewerkschaft der Lokführer (GDL) und der Bahn nach einem Schlichtungsverfahren beendet. Vorausgegangen waren mehrere mehrtätige Streiks im Personen- und Güterverkehr.

1.6.1 Beschreiben Sie die Rolle des Schlichters im Tarifkonflikt.

1.6.2 Erläutern Sie die Folgen einer so langen Tarifauseinandersetzung für die nicht direkt an der Tarifauseinandersetzung betroffenen Gruppen.

1.6.3 Von den Tarifvertragsparteien ist im Rahmen von Tarifauseinandersetzungen das Prinzip der Verhältnismäßigkeit zu beachten. Ist es in diesem Tarifkonflikt eingehalten worden? Nehmen Sie dazu Stellung.

2. Betriebsrat

M2 Betriebsrat und Unternehmensgröße

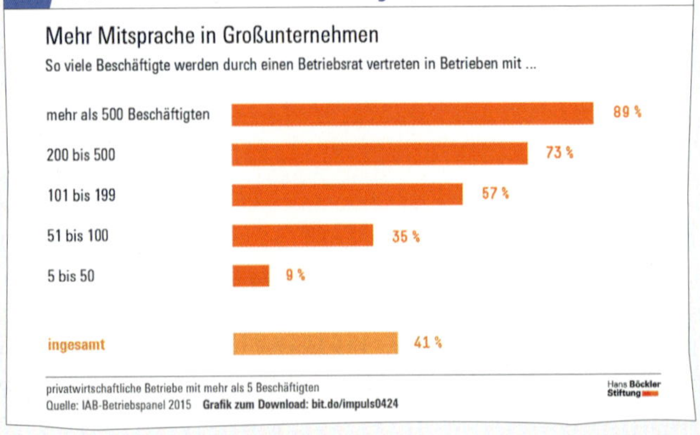

○ 2.1 Geben Sie die Kernaussagen der Grafik M2 in eigenen Worten wieder.

◒ 2.2 Erläutern Sie drei wesentliche Aufgaben des Betriebsrates.

◒ 2.3 Auf die betrieblichen Entscheidungen hat der Betriebsrat unterschiedliche Einflussmöglichkeiten. Erläutern Sie die Handlungsmöglichkeiten jeweils anhand eines Beispiels.

Lohnabrechnung, Steuererklärung, private Vorsorge, soziales Netz

1. Lohnabrechnung

Hannah Kröger arbeitet als Mikrotechnologin in einem kleinen Unternehmen bei Stuttgart. Sie ist 27 Jahre alt, evangelisch, kinderlos und lebt in einer festen Partnerschaft. Im Monat verdient sie 2313,80 €.

1.1 Berechnen Sie den ausbezahlten Lohn von Frau Kröger anhand der Lohnsteuertabelle und folgender Angaben zur Sozialversicherung:
- Rentenversicherung 18,7%
- Krankenversicherung 14,6% (+ 0,5% Arbeitnehmer-Zusatzbeitrag)
- Arbeitslosenversicherung 3,0 %
- Pflegeversicherung 2,55% (+ 0,25% für kinderlose Arbeitnehmer ab 23 Jahre)
- Kirchensteuersatz 8%

1.2 Der Arbeitgeber von Frau Kröger zahlt ab dem kommenden Monat zusätzlich 10 € pro Monat vermögenswirksame Leistungen. Frau Kröger wird deshalb monatlich 30 € in einen VL-Vertrag einzahlen. Berechnen Sie auf dieser Grundlage den ausbezahlten Lohn neu.

M1 Lohnsteuertabelle

Kinderfreibetrag			0	
ab €	StKl	Steuer	SolZ	KiSt
2.313,00 €				
	1	264,16	14,52	21,13
	2	220,58	–	–
	3	58,50	–	4,68
	4	264,16	14,52	21,13
	5	519,00	28,54	41,52
	6	552,00	30,36	44,16
2.316,00 €				
	1	264,83	14,56	21,18
	2	221,25	–	–
	3	59,16	–	4,73
	4	264,83	14,56	21,18
	5	520,00	28,60	41,60
	6	553,00	30,41	44,24
2.319,00 €				
	1	265,58	14,60	21,24
	2	221,91	–	–
	3	59,66	–	4,77
	4	265,58	14,60	21,24
	5	521,00	28,65	41,68
	6	554,00	30,47	44,32
2.322,00 €				
	1	266,25	14,64	21,30
	2	222,58	–	–
	3	60,16	–	4,81
	4	266,25	14,64	21,30
	5	521,83	28,70	41,74
	6	555,00	30,52	44,40
2.325,00 €				
	1	266,91	14,68	21,35
	2	223,33	–	–
	3	60,66	–	4,85
	4	266,91	14,68	21,35
	5	522,83	28,75	41,82
	6	556,00	30,58	44,48

2. Steuererklärung

2.1 Erklären Sie den Begriff „Werbungskosten“ und nennen Sie zwei Beispiele.

2.2 Begründen Sie, warum sich bei niedrigen Werbungskosten eine Einkommensteuererklärung für Arbeitnehmer nicht lohnt (außer wenn sie weitere Ausgaben geltend machen können).

2.3 Frau Kröger hat einen Arbeitsweg von 28 km (einfache Strecke). Sie fährt die ersten 5 km mit dem eigenen Auto. Für den Rest hat sie eine Mitfahrgelegenheit, für die sie 50 € pro Monat bezahlt. Stellen Sie fest, ob sich für Frau Kröger bei 187 Arbeitstagen die Abgabe einer Einkommensteuererklärung lohnt.

3. Private Vorsorge

3.1 Noch vor 20 Jahren haben die meisten Arbeitnehmer keine private Altersvorsorge betrieben. Begründen Sie, warum das inzwischen wichtig geworden ist (zwei Argumente).

3.2 Stellen Sie zwei Möglichkeiten dar, wie Frau Kröger für ihr Alter vorsorgen kann.

3.3 Nennen Sie je zwei Leistungen
- der gesetzlichen Krankenversicherung,
- der Arbeitslosenversicherung,
- der Unfallversicherung.

3.4 Nennen Sie drei private Versicherungen, die für Frau Kröger notwendig bzw. sinnvoll sind. Begründen Sie Ihre Entscheidung.

4. Soziales Netz

4.1 Nennen Sie vier Leistungen aus der Grafik „Das soziale Netz“ (→ S. 109), auf die Frau Kröger einen Anspruch hat.

4.2 Nennen Sie vier Leistungen aus der Grafik, die es nur für bestimmte Personengruppen gibt.

3 Kaufvertrag, Vertragsstörungen und Verbraucherschutz

Als Verbraucher den Durchblick behalten!

Vor 50 Jahren versorgte der Tante-Emma-Laden den Verbraucher mit Lebensmitteln und weiteren Gütern des täglichen Bedarfs. Das Angebot war überschaubar. Die Produkte kamen überwiegend aus der Region. Zwischen Kunde und Verkäufer bestand ein persönliches Verhältnis, Beratung war selbstverständlich. Heute gelten Lebensmittelmärkte mit einer Verkaufsfläche von unter 2000 qm als unwirtschaftlich, Shopping Malls sollen den Einkauf für Konsumenten zu einem Erlebnis machen, Online-Anbieter verfügen über ein riesiges Waren- und Güterangebot, sei es im Bereich Auto, Tourismus oder Immobilien. Dabei muss der Kunde nicht einmal mehr zum Produkt kommen, das Produkt kommt zu ihm. Und das 24 Stunden am Tag.

Es hat für den Verbraucher Vorteile, dass er aus einer Vielfalt von Produkten auswählen kann und nach dem günstigsten Preis und der besten Qualität suchen kann. Aber weiß er bei all dem Angebot noch, woher die Waren stammen, wie sie produziert wurden und was drin steckt? Welche Möglichkeiten hat er, wenn ein Produkt nicht hält, was die Werbung oder der Verkäufer versprechen? Und was passiert mit seinen persönlichen Daten, die vor allem im Online-Handel erfasst werden? Es ist es für den Konsumenten heute nicht einfach, den Durchblick zu behalten.

Hätten Sie's gewusst?

1. Die gesetzliche Grundlage des Vertragsrechts für Privatpersonen ist das BGB. In welchem Jahr trat das Gesetz in Kraft?
2. Wie viele Haushalte sind Mitglied im Deutschen Mieterbund?
3. Wie hoch ist der Anteil von Computern und anderen IT-Geräten am Stromverbrauch in deutschen Haushalten?

Lösungen:
1: 1900
2: 1,3 Mio. Haushalte
3: 18 %

Worum geht es?

Täglich werden Verträge abgeschlossen, sei es beim Einkauf im Supermarkt, am Schulkiosk, beim Abschluss eines Handyvertrages. Häufig hat der Käufer die Qual der Wahl, bevor er eine Kaufentscheidung trifft. Aber wie erkennt man ein gutes Angebot? Welche Faktoren bestimmen eine Kaufentscheidung? Worauf muss man beim Abschluss eines Vertrages achten? Welche Rechte und Pflichten haben Käufer und Verkäufer, wenn sie einen Kaufvertrag abschließen? Wen kann man um Rat fragen? Schützt der Staat die Verbraucher vor den Unternehmen? Wenn ja, wie? Gibt es darüber hinaus Organisationen, an die sich Verbraucher wenden können? Warum sind Verbraucherberatung und -schutz so wichtig?

Informieren Sie sich!

Verschaffen Sie sich mithilfe des Buchs einen Überblick. Sie finden in diesem Kapitel Lernsituationen zu folgenden Themen:

So geht's!
Mit Gesetzestexten arbeiten

- Zustandekommen von Rechtsgeschäften
- Mängelreklamationen
- Angebotsvergleich
- Gültige und ungültige Rechtsgeschäfte
- Verbraucherberatung
- Verbraucherschutzbestimmungen
- Liefer- und Annahmeverzug

Was hat das mit mir zu tun?

- Informieren Sie sich über Ihre Rechte als Konsument und die gesetzlichen Grundlagen dieser Rechte.
- Damit Sie als Kunde nicht den Kürzeren ziehen, sollten Sie die rechtlichen Möglichkeiten kennen, die der Verbraucherschutz Ihnen bietet.

Zustandekommen von Rechtsgeschäften

Lernsituation

Thomas hat vor Kurzem seinen Führerschein gemacht und möchte sich ein Auto kaufen. In der Zeitung findet der Auszubildende unter der Rubrik Gebrauchtwagen folgende Anzeige:

!!! Gelegenheitskauf !!!
→ VW Golf, 7 Jahre alt, 80 000 km
→ TÜV neu, **Top-Zustand**
VB: 3 000 €
Tel.: (0 78 59) 98 33 4…

Thomas meldet sich noch am gleichen Tag auf diese Anzeige und einigt sich mit dem Verkäufer, Herrn Kirch, dass er das Auto am nächsten Tag abholen und bezahlen wird. Pünktlich, wie verabredet, erscheint Thomas am nächsten Tag bei Herrn Kirch. Zu seiner Überraschung teilt Herr Kirch ihm jedoch mit, dass er das Auto bereits am Morgen jemand anderem verkauft habe. Er habe ja nicht wissen können, ob Thomas auch wirklich komme. Schließlich habe man ja nichts Schriftliches vereinbart und dann gelte nun mal: „Wer zuerst kommt, mahlt zuerst."

Arbeitsauftrag

- Prüfen Sie, ob zwischen Herrn Kirch und Thomas ein rechtsgültiger Kaufvertrag zustande gekommen ist.

Beantworten Sie zur Lösung des Arbeitsauftrags die folgenden Fragen:

1. Hat Herr Kirch ein rechtsgültiges Angebot abgegeben?
2. Liegen zwei übereinstimmende Willenserklärungen vor?
3. Wurde die für den Abschluss eines solchen Kaufvertrags vorgeschriebene Form eingehalten?

Rechtsgeschäfte abschließen

Rechtsgeschäfte kommen durch **Willenserklärungen** zustande. Eine Willenserklärung liegt vor, wenn eine Person ihren Willen zum Ausdruck bringt. Dies kann

- mündlich,
- schriftlich oder
- durch schlüssiges Handeln erfolgen (z.B. durch Handheben bei einer Versteigerung).

Rechtsgeschäfte lassen sich in einseitige und zweiseitige Rechtsgeschäfte unterteilen.

- **Einseitige Rechtsgeschäfte**: Sie entstehen, wenn nur eine Person eine Willenserklärung abgibt (*Beispiele*: Kündigung, Testament).

Testament

Jch, Heinz Müller, geboren am 3. April 1954, wohnhaft in 70190 Stuttgart, Am Ring 467, verheiratet, 2 Kinder, deutscher Staatsangehöriger, errichte folgendes Testament:

- **Zweiseitige Rechtsgeschäfte**: Sie entstehen, wenn zwei übereinstimmende Willenserklärungen vorliegen. Zu diesen Rechtsgeschäften zählen alle Verträge. Zu den wichtigen Verträgen gehören:

Kaufvertrag BGB §§ 433 ff.	Veräußerung von Sachen. *Beispiel: Sabine erwirbt in einem Elektrofachgeschäft einen Fernseher.*
Darlehensvertrag BGB §§ 488 ff.	Überlassung von **vertretbaren Sachen** oder Geld. Der Darlehensnehmer verpflichtet sich zur Rückzahlung. *Beispiel: Aufnahme eines Kredites bei der Bank.*
Mietvertrag BGB §§ 535 ff.	Überlassung einer Sache zum Gebrauch gegen Zahlung der vereinbarten Miete. *Beispiel: Wohnungsgesellschaft vermietet an Petra eine Wohnung.*
Pachtvertrag BGB §§ 581 ff.	Überlassung einer Sache zum Gebrauch und zur Nutzung des Ertrages gegen Entgelt. *Beispiel: Bauer Heinz pachtet von seinem Nachbarn Ackerland.*
Leihvertrag BGB §§ 598 ff.	Überlassung einer Sache zum Gebrauch ohne Entgelt. *Beispiel: Peter überlässt seinem Freund kostenlos für einen Tag sein Fahrrad.*
Dienstvertrag/ Arbeitsvertrag BGB §§ 611 ff.	Leistung von Diensten gegen Entgelt. *Beispiel: Frau Meier arbeitet als Konstruktionsmechanikerin bei der Firma Flander.*
Werkvertrag BGB §§ 631 ff.	Herstellung eines Werkes. *Beispiel: Eine Schneiderin ändert einen Anzug nach den Wünschen des Kunden um.*

Im Vertragsrecht gilt der Grundsatz: Verträge sind einzuhalten. Bei einem Kaufvertrag gilt:

Der Kunde muss die gekaufte Ware	Der Verkäufer muss
• annehmen und • bezahlen	• rechtzeitig liefern und • mangelfrei liefern und • das Eigentum übertragen

vertretbare Sachen
alle beweglichen Sachen, die nach Maß, Zahl, Gewicht bestimmt werden

Form der Rechtsgeschäfte

Die meisten Rechtsgeschäfte können nach dem **Prinzip der Formfreiheit** abgeschlossen werden (z.B. mündlich oder schriftlich). Häufig empfiehlt es sich jedoch, einen Vertrag schriftlich abzuschließen, damit man bei Streitigkeiten ein Beweismittel hat. Bei einigen Rechtsgeschäften verlangt das Gesetz eine bestimmte Form. Wird diese Form nicht eingehalten, führt dies zur Nichtigkeit, d.h. es kommt kein Rechtsgeschäft zustande.

Es gelten folgende **Formvorschriften**:

- **Schriftform**: u.a. bei Berufsausbildungsvertrag, Testament, Verbraucherkredit;

3.1 Verträge abschließen

Angebotsvergleich
→ S. 158 ff.

Einkauf im Internet
→ S. 155

BGB

Das Bürgerliche Gesetzbuch (BGB) regelt die Rechtsbeziehungen zwischen Privatpersonen.

HGB

Das Handelsgesetzbuch (HGB) gilt für Kaufleute.

- **Öffentliche Beglaubigung**: Die Echtheit der Unterschrift wird von einem Notar oder einer Behörde beglaubigt. *Beispiel:* Antrag auf Eintragung ins Handels- oder Vereinsregister;
- **Notarielle Beurkundung**: Der Inhalt und die Unterschrift eines Schriftstücks werden von einem Notar beglaubigt. *Beispiele:* Ehevertrag, Grundstückskauf, Schenkungsversprechen.

Kaufvertrag abschließen

Der Kaufvertrag gehört zu den wichtigsten Vertragsarten. Ein Vertragspartner macht einen Antrag (z. B. ein Angebot), der andere nimmt diesen Antrag an (Annahme/Bestellung). Der erste Schritt (der Antrag) kann aber auch ein ausgefülltes Bestellformular sein, das vom Vertragspartner angenommen wird (Bestellungsannahme).
Beispiel: Ein Kunde bestellt bei einem Versandhandel einen Artikel. Durch die Lieferung erfolgt die Bestellannahme.

Voraussetzungen für einen Vertragsabschluss

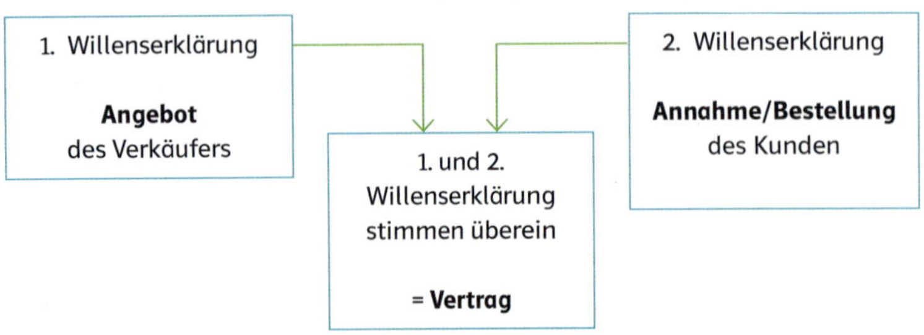

Ein Angebot abgeben

Das Angebot ist eine Willenserklärung an eine bestimmte Person, in der die Bereitschaft versichert wird, eine Ware oder Dienstleistung zu einem bestimmten Preis zu verkaufen bzw. anzubieten. Ein Autoverkäufer bietet einem Kunden ein Auto zum Kauf an. Für den Verkäufer besteht Vertragsfreiheit, d. h. er kann selber bestimmen, ob und an wen er seine Ware verkauft. Gibt er jedoch ein rechtswirksames Angebot ab, ist er daran auch gebunden.
Anpreisungen von Waren in Zeitungsanzeigen, Rundschreiben, Preislisten oder auch im Schaufenster richten sich an die Allgemeinheit. Sie sind keine Vertragsangebote im rechtlichen Sinn. Die in einem Supermarkt ausgelegten Waren gelten als verbindliches Angebot. Wenn der Kunde die Ware auf das Verkaufsband legt, wird dies als Kaufannahme bezeichnet.
In einem Angebot werden in der Regel nur die wichtigsten Punkte genannt. Wenn ein Sachverhalt nicht ausdrücklich zwischen zwei Partnern geklärt ist, tritt die gesetzliche Regelung in Kraft. Diese Regelungen finden sich im **BGB** und im **HGB**.
Angebote sind so lange gültig, wie unter normalen Umständen eine Antwort erwartet werden kann.
Beispiel:
- Telefonisches oder mündliches Angebot gilt für die Dauer des Gesprächs.
- Schriftliches Angebot gilt eine Woche.

Besonderheiten bei Internetangeboten

Grundsätzlich gelten für Internetangebote die gleichen rechtlichen Bestimmungen wie für das herkömmliche Einkaufen:
- Die Internetseite des Anbieters stellt eine Anpreisung dar (das Angebot richtet sich an die Allgemeinheit).
- Die Bestellung des Internetkäufers ist die erste Willenserklärung (Antrag).
- Durch die Auftragsbestätigung des Anbieters kommt der Kaufvertrag zustande (Annahme). An die Stelle einer schriftlichen Bestätigung kann auch die Lieferung der Ware treten (schlüssiges Handeln).

Zusammenfassung: Zustandekommen von Rechtsgeschäften

Rechtsgeschäfte
(übereinstimmende) Willenserklärungen

- **Arten**
  - **Einseitige Rechtsgeschäfte**
    z. B. Testament
  - **Zweiseitige Rechtsgeschäfte**
    alle Verträge

    Zustandekommen durch:
    a) Angebot (an bestimmte Person) ⟷ Annahme
    b) Bestellung ⟷ Annahme
- **Form**
  - grundsätzlich formlos

  Ausnahmen:
  - Schriftform (z. B. Berufsausbildungsvertrag)
  - öffentliche Beglaubigung (z. B. Eintragung in das Handelsregister)
  - öffentliche Beurkundung (z. B. Ehevertrag)

Übungsaufgaben

○ 1. Geben Sie bei den folgenden Rechtsgeschäften an, ob es sich um einseitige oder zweiseitige Rechtsgeschäfte handelt:
a) Kündigung
b) Arbeitsvertrag
c) Testament
d) Pachtvertrag

○ 2. In welcher Form müssen die folgenden Verträge abgeschlossen werden?
a) Berufsausbildungsvertrag
b) Grundstückskauf
c) Kauf von Aktien
d) Ehevertrag

◒ 3. Ermitteln Sie, ob in den folgenden Situationen jeweils ein Vertrag zustande gekommen ist:
a) Verkäufer: „Ich kann Ihnen diesen Fernseher für 420 € anbieten."
Kunde: „Ihr Konkurrent bietet dieses Modell für 399 € an. Wenn Sie mir den Fernseher zum gleichen Preis verkaufen, nehme ich ihn."
Verkäufer: „Einverstanden."
b) In einer Maschinenfabrik steht im Aufenthaltsraum ein Getränkeautomat. Ein Angestellter steckt eine Ein-Euro-Münze hinein und entnimmt dann eine Flasche Limonade.
c) Meister zu dem Auszubildenden: „Wenn du im nächsten Monat die Prüfung zum Zerspanungsmechaniker bestehst, kannst du hier weiterarbeiten."

● 4. Prüfen Sie folgenden Fall. Hat der Kunde Recht? Begründen Sie Ihre Entscheidung.
Einem Kunden gefällt das neue Pkw-Modell, das im Ausstellungsraum eines Autohauses steht, so gut, dass er es unbedingt haben möchte, und zwar sofort. Der Händler ist bereit, dieses neu eingetroffene Modell in einigen Tagen abzugeben. Er möchte warten, bis ein weiteres Modell eingetroffen ist, da er mehrere Interessenten hat, die sich bereits angemeldet haben, um sich diesen Wagen anzuschauen.
Kunde: „Wenn Sie die Wagen im Ausstellungsraum anbieten, müssen Sie sie auch verkaufen."

Gültige und ungültige Rechtsgeschäfte

Lernsituation

Im Verkaufsraum der Firma „Motor Kranz“: Der 17-jährige Henning betrachtet schon einige Zeit den Motorroller, als ein Verkäufer auf ihn zukommt:

Verkäufer: Gefällt Ihnen der Roller?

Henning: Ja, sehr. Aber 3 100 Euro ist auch ein stolzer Betrag. Ich überlege schon die ganze Zeit, wie ich es finanzieren soll.

Verkäufer: Sie sehen sehr jung aus, entschuldigen Sie die Frage, aber sind Sie schon 18?

Henning: Noch nicht, aber in zwei Monaten.

Verkäufer: Wenn Sie erst 17 Jahre alt sind, darf ich Ihnen den Roller ohne Einwilligung Ihrer Eltern nicht verkaufen.

Henning: Wieso? Das ist doch mein Geld. Ich bekomme 620 Euro Ausbildungsvergütung. Seit einem Jahr spare ich für den Roller. Außerdem, mit 17 Jahren kann ich mit meinem Taschengeld doch kaufen, was ich will.

Verkäufer: Solch ein Betrag geht aber über das Taschengeld hinaus. Wir können den Vertrag ja schon so weit fertig machen. Wenn Ihre Eltern dann unterschreiben, ist alles klar.

Henning: Meine Eltern lassen wir besser aus dem Spiel. Wenn der Betrag in einer Summe zu hoch ist, bezahle ich eben in Raten. Sie bieten diese Zahlungsform an. Hier steht doch: 36 Monatsraten à 90 Euro; und 90 Euro im Monat bewegen sich doch im Rahmen meines Taschengelds, oder?

Arbeitsauftrag

- Prüfen Sie, ob Henning ohne Einwilligung der Eltern mit der Firma „Motor Kranz“ einen rechtsgültigen Vertrag

  1. über den Barkauf eines Motorrollers zum Preis von 3 100 Euro oder

  2. über 36 Monatsraten in Höhe von je 90 Euro

  abschließen darf.

Rechtsfähigkeit besitzen

Die Rechtsfähigkeit beinhaltet die Fähigkeit von Personen, Träger von Rechten und Pflichten zu sein.
Beispiele: Erben, Steuern zahlen.

Man unterscheidet zwischen natürlichen und juristischen Personen.
Natürliche Personen (alle Menschen) sind von der Geburt bis zum Tod rechtsfähig,
juristische Personen von der Gründung bis zur Auflösung. Zu den juristischen Personen zählen u. a. Unternehmen, Vereine, Gemeinden, Handwerkskammern, IHKs.
Beispiel: Eine GmbH existiert von der Eintragung ins Handelsregister bis zur Löschung dort.
Tiere sind nicht rechtsfähig.

Drei Stufen der Geschäftsfähigkeit

Von der Rechtsfähigkeit des Menschen ist die **Geschäftsfähigkeit** zu unterscheiden. Wenn Kinder und Jugendliche teure Sachen einkaufen wollen, ist zu prüfen, ob sie berechtigt sind, Kaufverträge abzuschließen. Kaufverträge sind Rechtsgeschäfte. Die Berechtigung, Rechtsgeschäfte selbstständig und wirksam abzuschließen, ist vom Alter eines Menschen abhängig. Man unterscheidet drei Stufen der Geschäftsfähigkeit.
Bis zum siebten Lebensjahr ist der Mensch **geschäftsunfähig.** Er kann keine Kaufverträge abschließen, weil seine Willenserklärungen von vornherein ungültig (nichtig) sind. Kinder können als Boten eingesetzt werden, indem sie z. B. die Willenserklärung der Mutter übermitteln. Der Kaufvertrag kommt dann zwischen der Mutter und dem Verkäufer zustande.
Vom siebten Geburtstag an werden Kinder **beschränkt geschäftsfähig**. Das bedeutet, sie dürfen rechtswirksam

- im Rahmen ihres **Taschengelds** einkaufen. Kaufverträge mit beschränkt Geschäftsfähigen, die über das Taschengeld hinausgehen, sind **schwebend unwirksam**, d. h., erst durch die nachträgliche Zustimmung der Erziehungsberechtigten kommt ein rechtswirksamer Vertrag zustande. Bei der Frage, ob ein Kauf sich im Rahmen des Taschengeldes bewegt, ist zu prüfen, wie alt das Kind oder der Jugendliche ist und in welchem familiären Umfeld es/er sich bewegt. Bestimmte Geldbeträge können nicht genannt werden, weil sich die Auffassung über die angemessene Höhe des Taschengelds ändert. Für die Beurteilung ist nur die Höhe des Kaufbetrags entscheidend. So dürfen z. B. beschränkt Geschäftsfähige auch nicht über höhere Geldbeträge frei verfügen, die sie aus dem Taschengeld angespart haben. Kreditverträge bzw. Teilzahlungsverträge, auch in Höhe des Taschengelds, sind unwirksam.

Jugendliche dürfen:
- im Rahmen ihres Ausbildungs- oder Arbeitsverhältnisses Geschäfte abschließen;
- Geschäfte abschließen, die nur Vorteile bringen. *Beispiel:* Geldgeschenk.

Erziehungsberechtigte, die zusammen mit ihrem minderjährigen Kind einen Ausbildungsvertrag oder Arbeitsvertrag abschließen, stimmen durch ihre Unterschrift allen Geschäften zu, die im Rahmen der Ausbildung bzw. der Arbeit anfallen.
Beispiele: Kauf von Ausbildungsmitteln, Kündigung des Arbeitsvertrags.

Mit 18 Jahren wird man **voll geschäftsfähig**.

Erbfähigkeit BGB § 1923:

(2) Wer zur Zeit des Erbfalls noch nicht lebte, aber bereits gezeugt war, gilt als vor dem Erbfall geboren.

Geschäftsfähigkeit BGB §§ 104 – 113

Beschränkte Geschäftsfähigkeit

Geistig behinderte Menschen sind – je nach Schwere ihrer Behinderung – in ihrer Geschäftsfähigkeit eingeschränkt oder geschäftsunfähig.

„Taschengeldparagraf" BGB § 110:

Mit Kindern und Jugendlichen zwischen sieben und 18 Jahren sind nur Bargeschäfte erlaubt.

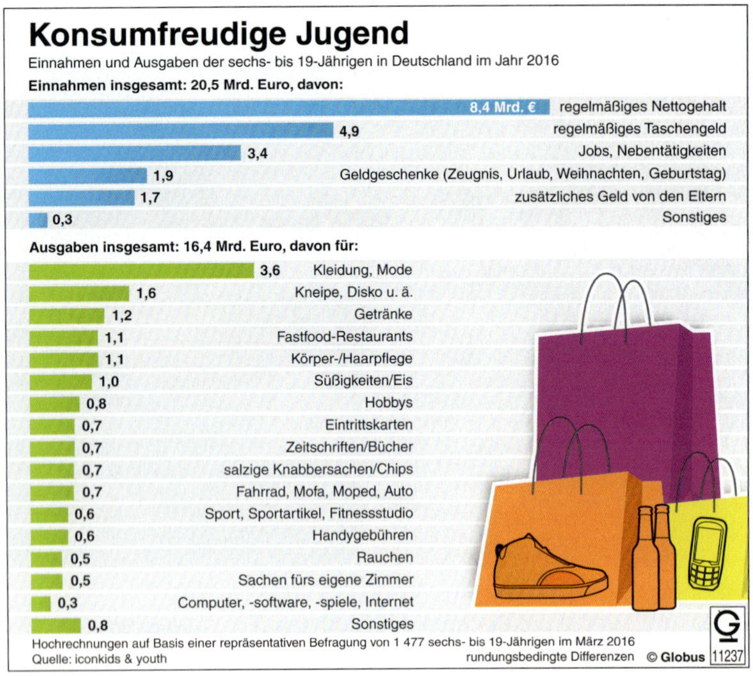

„Gute Sitten“

entsprechen dem Gerechtigkeits- und Anstandsgefühl der Mehrheit der Menschen in einer Gesellschaft

Nichtige Rechtsgeschäfte

Auch wenn Vertragsfreiheit herrscht, sind Rechtsgeschäfte mit Geschäftsunfähigen von vornherein ungültig, d.h. sie sind nichtig. Die **Nichtigkeit** von Rechtsgeschäften gilt ebenfalls bei:

- Verträgen, die im Zustand der Bewusstlosigkeit oder bei vorübergehender Störung der Geistestätigkeit abgeschlossen wurden,
- Scherz- und Scheingeschäften (nicht ernst gemeinte Willenserklärungen),
- Verträgen, die gegen ein gesetzliches Verbot verstoßen (z.B. Rauschgifthandel),
- Verträgen, die gegen die **guten Sitten** verstoßen (z.B. Mietwucher),
- Verträgen, die gegen die vorgeschriebene Form verstoßen (z.B. mündlich abgeschlossener Ehevertrag).

Geschäfte, die gegen ein gesetzliches Verbot verstoßen, sind immer illegal.

Anfechtbare Rechtsgeschäfte

Im Unterschied zur Nichtigkeit sind anfechtbare Rechtsgeschäfte zunächst gültig und werden erst mit der erfolgreichen Anfechtung rückwirkend außer Kraft gesetzt. Solange keine Anfechtung erfolgt, ist das Rechtsgeschäft gültig. Gründe, die zu einer Anfechtung führen können, sind:

- **Irrtum**, z.B. in der Erklärung, wenn die Äußerung eines Vertragspartners nicht das besagt, was er eigentlich ausdrücken wollte, z.B. durch Verschreiben oder durch einen Versprecher. Die Anfechtung muss unverzüglich nach Entdeckung vorgenommen werden. Den dadurch entstandenen Schaden trägt der Anfechtende.
- **Arglistige Täuschung**, wenn z.B. eine Fälschung als echtes Bild verkauft wird.
- **Widerrechtliche Drohung**, wenn z.B. ein Versicherungsvertreter einem Kunden droht, dass er dessen Vorstrafe in der Nachbarschaft erzählen werde, wenn dieser nicht bei ihm eine Lebensversicherung abschließt.

Dagegen ist der **Motivirrtum** nicht anfechtbar. Damit ist Folgendes gemeint: Viele Kaufverträge sind mit bestimmten Erwartungen (Absichten, Motiven) verbunden. Eltern kaufen z.B. ihrer Tochter ein Fahrrad zum Geburtstag, weil sie glauben, dass sie sich darüber freut. Ist das nicht der Fall, ist der Fahrradhändler dafür nicht verantwortlich. Der Kaufvertrag bleibt gültig, weil die Erklärung der Eltern zum Kauf des Fahrrads eindeutig war und ihrem damaligen Willen entsprach. Es liegt lediglich ein Motivirrtum vor.

Zusammenfassung: Gültige und ungültige Rechtsgeschäfte

Rechtsgeschäfte

Voraussetzung für Gültigkeit

Rechtsfähigkeit aller beteiligten Personen (natürliche und juristische Personen), das bedeutet:

- volle Geschäftsfähigkeit
- beschränkte Geschäftsfähigkeit nur in bestimmten Ausnahmefällen

Nichtigkeitsgründe

- Geschäftsunfähigkeit
- Verstoß gegen die guten Sitten
- Verstoß gegen ein Gesetz
- Scherz- und Scheingeschäfte
- Nichteinhaltung der vorgeschriebenen Form

→ Rechtsgeschäfte sind von Anfang an ungültig.

Anfechtungsgründe

- Irrtum
- arglistige Täuschung
- widerrechtliche Drohung

→ Rechtsgeschäfte werden durch Anfechtung ungültig.

Übungsaufgaben

○ 1. Unterscheiden Sie zwischen natürlichen und juristischen Personen.
   a) Fußballverein
   b) Herr Kleinert
   c) Staatsanwalt Schulte
   d) GmbH
   e) Firma Kremer

◒ 2. Sind die nachfolgenden Rechtsgeschäfte nichtig oder anfechtbar? Begründen Sie Ihre Entscheidung.
   a) Auf einem Markt werden Schmuckteile aus 585er-Gold angeboten, obwohl es sich nur um 333er-Gold handelt.
   b) Ein Artikel wurde irrtümlich mit einem falschen Preis ausgezeichnet.
   c) Ein Betrunkener verkauft im Rausch an der Theke eine wertvolle Krawattennadel.
   d) Um Einkommensteuern zu sparen, wird der Arbeitsvertrag schriftlich zu einem niedrigeren Lohn abgeschlossen als mündlich vereinbart.
   e) Ein Kioskbesitzer verkauft eine Flasche Branntwein an einen 15-jährigen Schüler.
   f) Ein Vermieter verlangt von einem Studenten 550 Euro Miete für ein Kellerzimmer, für das er unter marktüblichen Bedingungen nur 350 Euro bekommen hätte.
   g) Ein Hauseigentümer verkauft seine Villa ohne die gesetzlich vorgeschriebene notarielle Beurkundung.

◒ 3. Ermitteln Sie, ob in folgenden Fällen ein Rechtsgeschäft zustande gekommen ist.
   a) Ein Zehnjähriger erwirbt für 30 Euro ein ferngesteuertes Auto.
   b) Susanne ist 17 Jahre alt und Auszubildende in einer Kfz-Werkstatt. Heute hat sie einem Kunden ein Autoradio für 298 Euro verkauft.
   c) Herr Meier, keine Angehörigen, hat in seinem Testament den örtlichen Fußballverein und seinen Hund Rex als Erben eingesetzt.
   d) Nach fünf Monaten hat Azubi Frank (17 Jahre) so viel Taschengeld gespart, dass er sich die lang gewünschte Stereoanlage für 250 Euro kaufen kann.
   e) Regelmäßig kommt die kleine Mira (fünf Jahre) ins Lebensmittelgeschäft, händigt einen Einkaufszettel aus und übergibt einen Geldbeutel, der ihr von ihrer Mutter mitgegeben wurde. Daraufhin wird ihr die auf der Einkaufsliste genannte Ware ausgehändigt.
   f) Der 15-jährige Patrick erhält gegen den Widerstand der Eltern von seinem Onkel einen Hund geschenkt. Patrick möchte den Hund behalten.

Liefer- und Annahmeverzug

Lernsituation

Frau Schlüter lässt sich für ihre Hochzeit bei der Schneiderin Frau Brauer ein Hochzeitskleid fertigen. Sie vereinbaren, dass das Kleid am Morgen der kirchlichen Trauung abgeholt wird. Drei Tage vor diesem Termin liegt die Schneiderin aufgrund eines Unfalls eine Woche bewusstlos im Krankenhaus. Da Frau Brauer das Geschäft allein betreibt, wird Frau Schlüter darüber nicht informiert. Als sie am Hochzeitstag das Kleid abholen will, findet sie das Geschäft geschlossen vor. Kurz entschlossen kauft Frau Schlüter im nächstgelegenen Fachgeschäft ein Brautkleid, das jedoch 300 Euro teurer ist als das vergleichbare Brautkleid von der Schneiderin.
Nach ihrer Entlassung aus dem Krankenhaus erscheint Frau Brauer mit dem Hochzeitskleid bei Frau Schlüter und verlangt die Abnahme und die Bezahlung des Kleides. Schließlich habe sie Auslagen für Material gehabt und viele Arbeitsstunden eingesetzt. Dass sie für einige Tage bewusstlos war, dafür könne sie ja schließlich nichts. Da Frau Schlüter keine Verwendung mehr für das Kleid hat, verweigert sie nicht nur die Annahme, sondern verlangt Schadensersatz für die höheren Ausgaben, die ihr durch den Kauf im Fachgeschäft entstanden sind.

Arbeitsauftrag

- Prüfen Sie, ob Frau Schlüter das Kleid annehmen muss oder ob sie neben der Annahmeverweigerung Schadensersatz verlangen kann. Bitte begründen Sie Ihre Entscheidungen.

Eigentum übertragen

Mit Abschluss des Kaufvertrags verpflichtet sich der Verkäufer, die Ware dem Käufer zu übertragen; der Käufer verpflichtet sich, die Ware anzunehmen. Erfolgt dies unter bestimmten Voraussetzungen nicht, spricht man von Verzug (→ S. 188 Zahlungsverzug).
Der Begriff **„Eigentum“** wird im allgemeinen Sprachgebrauch häufig mit dem Begriff **„Besitz“** gleichgesetzt. Aber aus juristischer Sicht gibt es einen Unterschied: Eigentum ist die rechtliche Gewalt über eine Sache, der Besitzer einer Sache übt nur die tatsächliche Gewalt über den Gegenstand aus.
Beispiel: Peter hat seinem Freund Fabian über das Wochenende sein Auto geliehen. Fabian ist demnach am Wochenende Besitzer eines Pkws, da er zu der Zeit mit dem Wagen fährt; Eigentümer ist nach wie vor Peter.
Die Übertragung des Eigentums erfolgt bei
- beweglichen Sachen (z. B. Auto, Möbelstück) durch Einigung der Vertragspartner und Übergabe des Gegenstandes,
- unbeweglichen Sachen (Haus, Grundstück) durch Einigung vor einem Notar (notarielle Beurkundung) und durch die Eintragung ins Grundbuch.

Bei gestohlenen Waren kann das Eigentum grundsätzlich nicht übertragen werden. Der rechtmäßige Eigentümer kann von dem Käufer einer gestohlenen Ware diese zurückverlangen. Dies gilt auch, wenn der Käufer die Ware gutgläubig erworben hat, d. h. der Käufer davon ausging, dass er sie tatsächlich vom Eigentümer kaufte.
Erwirbt ein Käufer gutgläubig Ware vom Besitzer (z. B. kauft jemand von Fabian ein Fahrrad, das dieser sich nur von einem anderen geliehen hatte), so wird der Käufer Eigentümer. Der ursprüngliche Eigentümer kann vom Besitzer (Fabian) Schadensersatz verlangen.

In Lieferverzug geraten

Damit ein Verkäufer in Lieferverzug gerät, müssen zwei Voraussetzungen erfüllt sein. Die erste Voraussetzung ist, dass nicht oder nicht

rechtzeitig geliefert wird, also der Termin der Fälligkeit überschritten wird. Zum Zweiten muss ein Verschulden des Lieferanten vorliegen.
Bei **Fälligkeit** ist zu unterscheiden:
- Der Liefertermin ist kalendermäßig festgelegt (Lieferdatum, z. B. 22. Juni oder Ende April). In diesem Fall kommt der Verkäufer ohne Mahnung in Verzug.
- Der Liefertermin ist kalendermäßig unbestimmt. Der Verkäufer ist dann dazu verpflichtet, unverzüglich zu liefern. Kommt er der Verpflichtung nicht nach, muss der Käufer mahnen.

Verschulden bedeutet, dass der Lieferant die Gründe für die verspätete Lieferung zu vertreten hat. *Beispiele:*
- Der Lieferant überwacht die Liefertermine nicht sorgfältig genug: **fahrlässiges Handeln**.
- Er liefert bewusst ein Einzelstück an einen anderen Kunden, weil dieser für das Produkt einen höheren Preis bezahlt: **vorsätzliches Handeln**.

Eigentumsvorbehalt

Im Kaufvertrag wird vereinbart, dass der Verkäufer bis zur vollständigen Bezahlung Eigentümer der Ware bleibt. Kommt der Käufer seinen Zahlungsverpflichtungen nicht nach (Zahlungsverzug), kann der Verkäufer die Ware zurückverlangen. Dies gilt auch bei einem Insolvenzverfahren. *→ S. 194*

Verzug des Schuldners BGB § 286

Rechte des Käufers bei Lieferverzug

Ist der Lieferant in Verzug, so kann der Käufer wahlweise verschiedene Rechte beanspruchen.
Er kann:
- auf Lieferung, d. h. auf Erfüllung des Vertrags bestehen,
- auf Lieferung und Schadensersatz wegen Verzögerung bestehen (Verzögerungsschaden),
- vom Vertrag zurücktreten,

Rücktrittsrecht BGB § 323

(2) Die Fristsetzung ist entbehrlich, wenn besondere Umstände vorliegen, die unter Abwägung der beiderseitigen Interessen den sofortigen Rücktritt rechtfertigen.

- vom Vertrag zurücktreten und Schadensersatz wegen Nichterfüllung (Nichterfüllungsschaden) verlangen.

Sein Recht auf **Rücktritt** mit oder ohne Schadensersatz kann der Käufer einzeln oder zusammen geltend machen. Er muss aber dem Schuldner eine angemessene Nachfrist setzen. Der Käufer kann, ohne eine Nachfrist zu setzen, vom Vertrag zurücktreten, wenn für ihn kein Interesse mehr an der Leistung besteht.
Beispiel: Ein Weihnachtsbaum wird nach Weihnachten geliefert.

Konventionalstrafe festlegen

Die Festlegung der Schadensersatzansprüche kann mit einigen Schwierigkeiten verbunden sein, da nur der konkrete Schaden geltend gemacht werden darf. Die Mehrausgaben, die im Rahmen einer Ersatzbeschaffung entstanden sind, lassen sich einfach nachweisen. Schwieriger ist da schon die Berechnung des entgangenen Gewinns sowie abstrakter Verluste (Geschäftsschädigung). Diese Probleme kann man umgehen, indem man bei Vertragsabschluss festlegt, wie hoch eine Vertragsstrafe bei Nichteinhaltung des Liefertermins ist. Diese Regelung heißt **Konventionalstrafe**; sie wird häufig im Baugewerbe eingesetzt.
Beispiel: Es wird eine Vertragsstrafe von 10 000 Euro für jeden Tag festgelegt, um den der vereinbarte Liefer- bzw. Fertigstellungstermin überschritten wird.

Bei Annahmeverzug von leicht verderblicher Ware darf der Verkäufer einen Selbsthilfeverkauf starten.

In Annahmeverzug geraten

Kommt ein Käufer seiner Pflicht aus dem Kaufvertrag zur Annahme der Ware nicht nach, liegt eine Leistungsstörung vonseiten des Käufers vor. Er gerät in Annahmeverzug, wenn er die ordnungsgemäß gelieferte Ware nicht annimmt. Ordnungsgemäß heißt, die Ware muss zur richtigen Zeit, an den richtigen Ort und mangelfrei geliefert worden sein. Dabei spielt es keine Rolle, warum der Käufer die Ware nicht annimmt.

Rechte des Verkäufers bei Annahmeverzug

Weigert sich ein Kunde, die Ware anzunehmen, so kann der Verkäufer dem Kunden entgegenkommen, indem er die Ware zurücknimmt und anderweitig verkauft. Ist der Verkäufer dazu jedoch nicht bereit, hat er folgende rechtliche Möglichkeiten:

- **Auf Annahme der Ware bestehen** und gegebenenfalls auf Annahme klagen. In der Zwischenzeit kann der Verkäufer die Ware auf Kosten und Gefahr des Käufers in einem öffentlichen Lagerhaus oder sonst sicher hinterlegen. Für die Lagerung und Pflege der Ware kann der Verkäufer Kostenerstattung verlangen.
- Einen **Selbsthilfeverkauf durchführen**. Das bedeutet, dass der Verkäufer die Ware nach vorheriger Androhung und Setzen einer angemessenen Frist öffentlich versteigern lassen kann. Diese Androhung ist nicht nötig, wenn es sich um leicht verderbliche Ware handelt (Obst, Gemüse, Fisch usw.). In diesem Fall spricht man von Notverkauf. Sämtliche Kosten und einen möglichen Mindererlös muss der Käufer tragen.

Zusammenfassung: Liefer- und Annahmeverzug

Eigentum ← Abgrenzung → **Besitz**

Eigentum = rechtliche Gewalt über einen Gegenstand

Besitz = Verfügungsgewalt über einen Gegenstand

↓

Eigentumsübertragung

↓

Störungen

Annahmeverzug

Voraussetzung:
Käufer verweigert Annahme

Rechte des Verkäufers:
- auf Annahme bestehen und klagen
- Einlagerung / Kostenerstattung
- Selbsthilfeverkauf
- Schadensersatz

Lieferverzug

Voraussetzungen:
Fälligkeit und Verschulden des Verkäufers

Rechte des Käufers:
- Lieferung verlangen unter Setzen einer Nachfrist
- Schadensersatz
- Rücktritt vom Vertrag

Übungsaufgaben

○ 1. Beschreiben Sie den Unterschied zwischen Eigentum und Besitz.

◒ 2. Liegt in folgenden Fällen ein Annahmeverzug vor?
a) Ein Kunde hat bei einem Elektrogeschäft eine Waschmaschine bestellt. Als der Händler zum vereinbarten Termin die Ware ausliefern möchte, ist der Kunde nicht zu Hause.
b) Ein Kunde hat eine Ware gekauft und sie angezahlt. Zum vereinbarten Termin holt er die Ware aber nicht ab.

● 3. Prüfen Sie, welches Recht aus dem Annahmeverzug Sie im folgenden Fallbeispiel aus der Sicht der Schreinerei in Anspruch nehmen würden.
Ein Küchenhersteller hat den Auftrag, für eine Villa eine besonders exklusive Einbauküche zu bauen. Der Hersteller hat diese Küche mit hohen Kosten fertiggestellt. Der Käufer aber verweigert die Annahme der Küche, da er inzwischen eine ähnliche Küche bei einem Küchenhersteller am Ort günstiger bekommen hat.

◒ 4. Erklären Sie, ob in den folgenden Fällen Fahrlässigkeit bzw. Vorsatz des Lieferanten vorliegt.
a) Eine Auszubildende vergisst, den Auftrag weiterzuleiten.
b) Aufgrund eines Streiks im Rahmen der Tarifauseinandersetzungen fällt die Produktion aus.

● 5. Diskutieren Sie: Welche der möglichen Rechte bei Lieferverzug würden Sie in folgenden Fällen geltend machen?
a) Aufgrund der Verbilligung des Rohstoffs (z. B. Gold) ist der Preis der Ware inzwischen um ca. zehn Prozent gesunken.
b) Die bestellte Ware ist eine Sonderanfertigung, die nur bei diesem einen Lieferanten zu erhalten ist.

Mängelreklamation

Lernsituation

In einer Boutique:
Lisa: Guten Tag. Dieses Top habe ich hier letzte Woche gekauft und zu Hause erst festgestellt, dass da im Rückenteil ein Webfehler ist. Ich möchte das Top zurückgeben.
Verkäuferin: Darf ich mal sehen?
(Lisa gibt der Verkäuferin das Top.) Naja, da muss man aber schon ganz genau hinschauen.
Lisa: Bei einem Top, das 110 Euro kostet, kann man doch erwarten, dass es einwandfrei ist.
Verkäuferin: Also gut, möchten Sie sich etwas anderes aussuchen oder soll ich Ihnen einen Gutschein ausstellen?
Lisa: Weder noch. Ich hätte gerne das Geld zurück.
Verkäuferin: Das ist nicht möglich. Die Kassenabrechnung der letzten Woche ist bereits abgeschlossen. Wie soll ich den Betrag buchen? Außerdem ist es nicht üblich, dass bei zurückgebrachter Ware das Geld erstattet wird. Das machen wir grundsätzlich nicht.
Lisa: Und was soll ich mit einem Gutschein, wenn ich hier nichts anderes kaufen möchte? Nein, ich bestehe auf meinem Geld.

Arbeitsauftrag

- Überprüfen Sie, ob Lisa die Herausgabe des Geldes verlangen kann. Beantworten Sie zunächst die folgenden Fragen:

1. Ist der von Lisa vorgebrachte Mangel erheblich?
2. Welche Mängelart liegt hier vor?
3. Ist die Frist für eine Mängelrüge eingehalten worden?
4. Welche Rechte können bei Lieferung mangelhafter Ware in Anspruch genommen werden?

Mangel ist nicht gleich Mangel

Im Kaufvertrag verpflichtet sich der Verkäufer, dem Käufer die Ware ohne Mängel zu übergeben. Dennoch tauchen in der Praxis immer wieder folgende Sachmängel auf:
- **Mangel in der Art** (Gattungsmangel): Falsche Ware wird geliefert.
- **Mangel in der Menge** (Quantitätsmangel): Es wurde zu wenig Ware geliefert.
- **Mangel in der Güte** (Qualitätsmangel): Die tatsächliche Beschaffenheit weicht von der vereinbarten Beschaffenheit ab (z. B. ein Backofen erreicht nicht die vertraglich zugesicherte Leistung) oder die Beschaffenheit dient nicht dem Zweck, zu dem sie gekauft wurde (fehlerhafte oder verdorbene Ware).
- **Mangel in der Werbung**: Die gelieferte Ware entspricht nicht den Versprechen der Werbung, z. B. ein Pkw verbraucht mehr Benzin als in der Werbung angegeben.
- **Mangel in der Montage**: Der Verkäufer hat die Montage falsch durchgeführt.
- **Mangel in der Montageanleitung**: Die Montageanleitung ist so fehlerhaft, dass der Käufer die Sache nicht montieren kann oder fehlerhaft montiert („IKEA-Klausel").

Rügefristen einhalten

Die Dauer der **Rügefristen** hängt davon ab, zwischen welchen Personen der Vertrag zustande kommt.
- Sind Käufer und Verkäufer Kaufleute, hat der Käufer die Ware unverzüglich, soweit dies nach ordnungsgemäßem Geschäftsgang möglich ist, auf Güte, Menge und Art zu prüfen und zu rügen. Durch einen Vertrag kann der Verkäufer seine Haftung beliebig verkürzen oder ausschließen.
- Ist der Käufer eine Privatperson und kauft er bei einem Unternehmen, spricht man von einem **Verbrauchsgüterkauf**. Die Rügefrist beträgt zwei Jahre und gilt auch, wenn Käufer und Verkäufer Privatpersonen sind. Bei gebrauchten Produkten kann die Frist beim Verbrauchsgüterkauf ein Jahr herabgesetzt werden. Der normale Verschleiß gehört nicht zu den Sachmängeln.

Auch eine falsche Montageanleitung ist ein Mangel.

Bei Mängeln an Bauwerken verjähren die Ansprüche nach fünf Jahren.
Bei einem arglistig verschwiegenen Mangel gilt die regelmäßige Verjährungsfrist (drei Jahre). Sie beginnt Ende des Jahres, in dem der Mangel festgestellt wurde.

Besonderheiten beim Kauf von Verbrauchsgütern (Verbraucherprivileg)

Innerhalb der zweijährigen Sachmangelhaftung gilt, wenn der Käufer eine Privatperson und der Verkäufer ein Unternehmen ist:
- Wenn innerhalb der ersten sechs Monate ein Sachmangel auftritt, so kann man unterstellen, dass der Mangel bereits bei der Übergabe vorhanden war (**Rückwirkungsvermutung**). Der Verkäufer muss nun nachweisen, dass die Ware zum Zeitpunkt der Übergabe mangelfrei war (**Beweislastumkehr**).
- In der restlichen Gewährleistungsfrist muss der Käufer beweisen, dass die Ware bereits bei der Übergabe Mängel hatte.

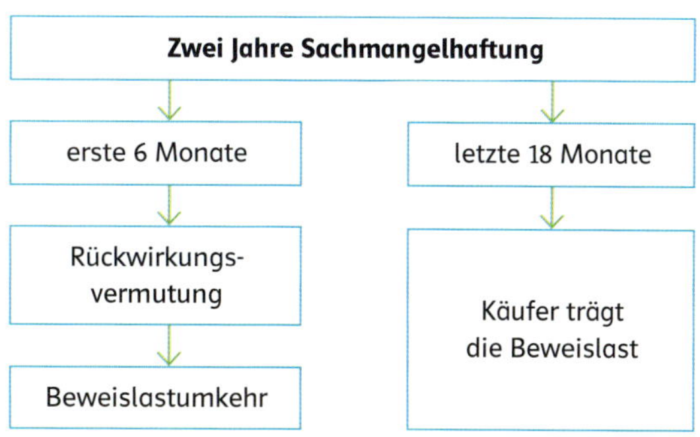

Rügefrist
die Zeitspanne, in der ein Käufer den Mangel rügen muss, damit seine Ansprüche gegenüber dem Verkäufer erhalten bleiben

Verjährung der Mängelansprüche BGB § 438

Gewährleistung
Zusicherung, dass zum Zeitpunkt der Übergabe eines Gutes keine Mängel vorliegen

Bei arglistiger Täuschung kann der Käufer den Vertrag anfechten → S. 138.

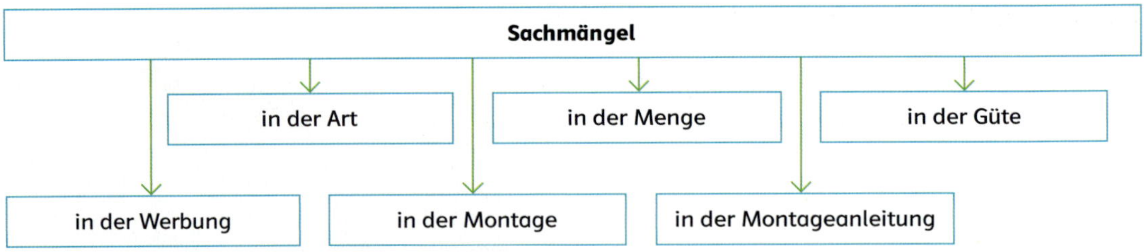

Garantie
Zusicherung der Funktionsfähigkeit einer Ware für eine bestimmte Zeitspanne

Nacherfüllung BGB §439

Besondere Bedingungen für Rücktritt und Schadensersatz BGB §§440 ff.

Wenn der Käufer die Mängelrüge unterlässt, so gilt die Ware als genehmigt. Um sicherzugehen, sollte ein Mangel unverzüglich angezeigt werden. Die Mängelrüge kann formlos erteilt werden.

Auswirkungen einer Garantie

Gibt der Verkäufer eine über die gesetzliche Gewährleistungspflicht von zwei Jahren hinausgehende **Garantie**, z. B. von fünf Jahren, so gelten die Rechte, die in der Garantieerklärung aufgeführt sind.

Rechte des Käufers bei einem Sachmangel	
Stufe 1	**Nacherfüllung**: Der Käufer kann die Nacherfüllung verlangen. Dabei hat er folgendes Wahlrecht: **Nachbesserung**: Er kann die Reparatur der Ware fordern oder **Ersatzlieferung**: Er kann eine mangelfreie Ware beanspruchen. Die mit der Nacherfüllung verbundenen Aufwendungen, wie Transport-, Arbeits- und Materialkosten, hat der Verkäufer zu tragen.
Stufe 2	In dieser Stufe hat der Käufer folgende Rechte: **Rücktritt vom Kaufvertrag**: Der Käufer kann wegen eines Mangels vom Kaufvertrag zurücktreten und erhält, falls die Ware schon bezahlt ist, den Kaufpreis erstattet. Einen Gutschein muss der Kunde nicht akzeptieren. **Minderung** (Herabsetzung des Kaufpreises): Kann der Käufer die fehlerhafte Ware noch verwenden, ist durch eine Einigung mit dem Verkäufer auch eine angemessene Preisminderung möglich. **Ersatz vergeblicher Aufwendungen**: Der Käufer kann auf den Schadensersatz verzichten und dafür den Ersatz seiner vergeblichen Aufwendungen verlangen. *Beispiel:* Ein Käufer hat für den Einbau eines Pizzaofens im Garten Vorarbeiten verrichtet. Der gelieferte Pizzaofen ist zweimal vergeblich repariert worden. Nun kann der Käufer den Ersatz für seine Vorarbeiten verlangen. **Schadensersatz**: Der Käufer kann zusätzlich Schadensersatz verlangen, wenn folgende Voraussetzungen vorliegen: – Der Verkäufer muss schuldhaft gehandelt haben. – Der Käufer hat eine angemessene Frist zur Nacherfüllung gesetzt und die Frist ist abgelaufen.

Beispiel: Ein Automobilhersteller gibt in seiner Fernsehwerbung eine Garantie von fünf Jahren gegen Durchrostungsschäden.

Die Rechte des Käufers bei Sachmängeln

Bringt ein Kunde einwandfreie Ware zurück, z. B. weil sie ihm nicht mehr gefällt, so liegt kein Sachmangel vor und es besteht kein Umtauschrecht. Bietet man dem Kunden in diesem Fall die Rücknahme der Ware gegen einen Gutschein an, liegt ein Entgegenkommen des Verkäufers (Kulanz) vor.
Liegt ein Sachmangel vor, hat der Käufer verschiedene Rechte, die sich auf zwei Stufen verteilen (Tabelle links). Das Wahlrecht des Käufers auf Nachbesserung oder Ersatzlieferung gilt jedoch nicht in jedem Fall:

- Der Verkäufer kann die Nachbesserung verweigern, wenn damit unverhältnismäßig hohe Kosten verbunden sind. *Beispiel:* Die Reparatur eines Haartrockners kostet 30 €, der Kaufpreis beträgt 20 €.
- Der Verkäufer hat das Recht auf Nachbesserung, wenn dies in den AGB oder im Vertrag wirksam vereinbart wurde. Der Käufer braucht nur zwei Nachbesserungen zu akzeptieren.

Hat die Nacherfüllung keinen Erfolg, tritt Stufe 2 in Kraft. Ist der Mangel unerheblich, besteht kein Rücktrittsrecht vom Vertrag.

In folgenden Fällen kennt das Gesetz keine Gewährleistungsansprüche:

- Der Käufer nimmt die Ware trotz Kenntnis des Mangels ohne Vorbehalt an, rügt den Mangel nicht (*Beispiel:* Die Ware ist schon im Preis herabgesetzt.).
- Die Ware wurde auf einer öffentlichen Versteigerung gekauft.

Zusammenfassung: Mängelreklamation

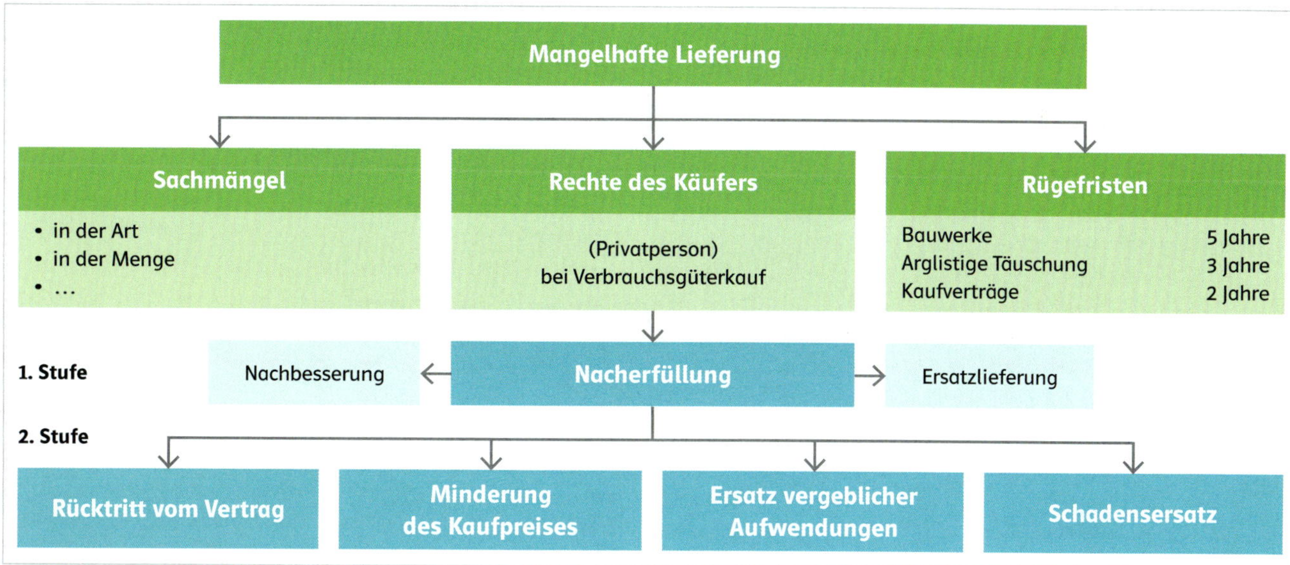

Übungsaufgaben

1. Ermitteln Sie jeweils den Sachmangel, der in den folgenden Fällen vorliegt.
   a) Der neue Backofen der Bäckerei Schmitz erreicht nicht die im Vertrag zugesicherte Backleistung.
   b) Michael kauft einen neuen Pkw. Im Werbeprospekt gibt der Hersteller an, dass der durchschnittliche Benzinverbrauch bei vier Litern pro 100 Kilometern liegt. Im ersten Monat verbraucht der Pkw jedoch durchschnittlich acht Liter.
   c) Einem Kunden wird das falsche Waschbecken eingebaut.
   d) Schreinermeister Klein hat eine Tür falsch herum eingebaut.

2. Bei mangelhafter Lieferung kann der Käufer Nacherfüllung verlangen. Erläutern Sie, was der Gesetzgeber darunter versteht.

3. Erläutern Sie, von welchen Käuferrechten Sie in den folgenden Fällen Gebrauch machen können.
   a) Ein Pkw hatte bereits nach einigen hundert Kilometern Fahrleistung einen Motorschaden, der von der Werkstatt behoben wurde. Wenige Wochen später trat der gleiche Fehler noch einmal auf. Das Fahrzeug wurde ein zweites Mal repariert. Als der Fehler zum dritten Mal auftritt, ist der Käufer mit seiner Geduld am Ende.
   b) Peter hat in einem Mitnahmemarkt ein Regal gekauft. Die Montageanleitung ist lückenhaft. Nach jedem Zusammenbau bricht das Regal zusammen.
   c) Ein Pizzaservice liefert anstelle einer Pizza Margherita eine Pizza Calzone aus.

4. Prüfen Sie, worin sich Garantie und Gewährleistung unterscheiden.

Verbraucherberatung

10 Laufschuhe + CSR

test Laufschuhe für Herren 8/2015

www.test.de

Neutrallaufschuhe	Mittlerer Preis ca. (Euro)	Stützfunktion, gemessen im Labortest[1)]	Stoßdämpfung, gemessen im Labortest[1)]	Beurteilung im Praxistest	Druckverteilung im Labortest	Beurteilung durch Orthopäden	Haltbarkeit
Asics Gel-Cumulus 16	130	Mittel	Ausgeprägt	+	○	+	+
New Balance 880 V4	130	Mittel	Ausgeprägt	+	++	+	○
Adidas Supernova Glide Boost 7	130	Gering	Mittel	+	+	+	+
Saucony Ride 7	130	Mittel	Mittel	+	++	+	+
Brooks Defyance 7	130	Mittel	Mittel	+	+	○	+
Mizuno Wave Ultima 6	130	Mittel	Sehr ausgeprägt	+	○	+	+
Salomon X-Scream 3D	130	Mittel	Sehr ausgeprägt	+	+	+	+
Reebok One Cushion 2.0	110	Mittel	Mittel	+	○	+	+
Nike Air Zoom Elite 7	130	Gering	Gering	○	○	○	+
Lunge Vivo[2)]	180	Ausgeprägt	Mittel	○	+	○	⊖

Bewertungsschlüssel der Prüfergebnisse: ++ = Sehr gut (0,5–1,5). + = Gut (1,6–2,5). ○ = Befriedigend (2,6–3,5). ⊖ = Ausreichend (3,6–4,5). — = Mangelhaft (4,6–5,5).
Reihenfolge nach Bewertung im Praxistest. Bei gleichem Urteil nach Alphabet.
1) Die Stützfunktion und die Stoßdämpfung wurden nicht bewertet, da die Anforderungen individuell sehr unterschiedlich sind. Abstufung: sehr ausgeprägt, ausgeprägt, mittel, gering, sehr gering.
2) Laut Anbieter Fersenfutter geändert.

Einkauf der Prüfmuster: Dez. 2014 bis Febr. 2015.

Auszug aus: Stiftung Warentest, test 8/2015, www.test.de

CSR

*(**C**orporate **S**ocial **R**esponsibility): Unternehmerische Gesellschafts-verantwortung für Soziales und Umwelt*

Lernsituation

Jenny und Daniel treffen sich vor einem Sportgeschäft in einer Einkaufspassage.

Jenny: Hallo Daniel, auch beim Einkaufen?
Daniel: Ja, ich fang demnächst mit dem Joggen an. Deshalb bin ich auf der Suche nach Laufschuhen. Bei dem Discounter drüben habe ich schon etwas Preisgünstiges gesehen.
Jenny: Vielleicht solltest du nicht nur auf den Preis schauen, sonst wird dir der Spaß am Laufen bald vergehen. Die richtigen Schuhe sind enorm wichtig. Ich habe auch mit Billigschuhen angefangen. Da ging nach zwei Monaten die Sohle ab. Deshalb bin auf was Besseres umgestiegen. In der Zeitschrift *test* hat es neulich eine Veröffentlichung zu diesem Thema gegeben. Meinst du nicht, es wäre besser, wenn du dich erst mal informierst?
Daniel: Stimmt, du hast recht. Das spart mir vermutlich Stress und Ärger.

Arbeitsauftrag

- Empfehlen Sie Daniel Laufschuhe. Nutzen Sie dazu das Testergebnis von oben. Begründen Sie Ihre Entscheidung.

Verbraucherpolitik

Bei der Vielzahl der heute auf dem Markt angebotenen Güter und Dienstleistungen fällt es nicht immer leicht, als Verbraucher den Durchblick zu behalten. Die Geschäftsbedingungen sind nicht immer fair und verständlich. Besteht z. B. der Telefonanbieter auf Zahlung einer aus Sicht des Kunden zu hohen Rechnung oder erhöht der Vermieter zum wiederholten Male drastisch die Miete, wissen die wenigsten, welche Rechte sie haben. Guter Rat muss in solchen Fällen nicht teuer sein. Es gibt zahlreiche Organisationen und staatliche Stellen, bei denen man sich in der Regel kostenlos informieren und beraten lassen kann und die dabei helfen, die eigenen Rechte bei unredlichen Geschäftspraktiken durchzusetzen. Neben den staatlich initiierten Organisationen wie z. B. *Stiftung Warentest* gibt es auch privat initiierte Organisationen wie z. B. *foodwatch* oder *Greenpeace*. Zudem hat der Staat zum Schutz der Verbraucher Gesetze und Verordnungen erlassen (→ S. 153 ff.).
Zu den verbraucherpolitischen Zielen der Bundesregierung und der Europäischen Union gehören u. a. die Rechte der Verbraucher auf
- Sicherheit und Schutz der Gesundheit;
- Wiedergutmachung eines wirtschaftlichen Schadens;
- Information und Bildung;
- Vertretung (Recht, gehört zu werden).

Organisation der Verbraucherberatung

Der Verbraucherzentrale Bundesverband (vzbv) ist die Dachorganisation von 16 Verbraucherzentralen in den 16 Bundesländern und 25 Verbraucherorganisationen (u. a. *Stiftung Warentest, Deutscher Mieterbund e. V.*). Ziel der Arbeit der Verbraucherzentralen in ihren rund 200 Beratungsstellen ist es, Verbraucher in Fragen des privaten Konsums zu informieren, zu beraten und zu unterstützen. Sie benennen Verbraucherrechte, etwa zur Kündigung und Gewährleistung und zeigen Wege zur Wahrnehmung der eigenen Ansprüche auf. Darüber hinaus haben sie die Abmahn- und Klagebefugnis und setzen sich für die Interessen der Verbraucher bei politischen und behördlichen Stellen sowie vor Gericht und bei privaten Wirtschaftsorganisationen ein.

verbraucherzentrale
Baden-Württemberg

Beratung

In unseren Beratungsstellen, am Telefon und im Internet beraten wir Sie zu rechtlichen und wirtschaftlichen Themen des privaten Haushalts – so informieren wir beispielsweise zu Kauf- und Dienstleistungsverträgen, falschen Versprechen aus Gewinnspielen, den neuesten Wunderdiäten und Nahrungsergänzungsmitteln, zur Berechtigung von Telekommunikations- und Energieabrechnungen, zu Versicherungen, zur bedarfsgerechten Altersvorsorge und Krankenversicherung.

Wir beraten u. a. zu:

- Altersvorsorge
- Banken, Kredite
- Versicherungen
- Gesundheitsdienstleistungen
- Reiserecht
- Baufinanzierung
- Energie
- Lebensmittel, Ernährung, Kosmetik, Hygiene
- Telekommunikation, Internet, Verbraucherrecht

Mieterschutzvereine

Mieterschutzvereine beraten ihre Mitglieder in allen Fragen des Mietrechts wie z. B. Kündigung, Nebenkostenabrechnung, Mieterhöhung, Renovierungskosten. Ein zweiter Aufgabenbereich ist die Mitwirkung bei der kommunalen Wohnungspolitik. Mietervereine gibt es in fast allen Städten und Gemeinden Deutschlands. Die örtlichen Vereine sind im *Deutschen Mieterbund e. V.* (DMB) zusammengeschlossen.

DMB MIETER VEREIN Sindelfingen

NGO

*(**n**on-**g**overnmental **o**rganization); nichtstaatliche Vereinigung oder Organisation, die sich meist in den Bereichen Sozial- und Umweltpolitik engagiert*

Online-Angebot der Stiftung Warentest

Unter www.test.de können einzelne Testberichte kostenpflichtig abgerufen werden.

Stiftung Warentest

Stiftung Warentest ist eine gemeinnützige Verbraucherorganisation. Ihre Aufgabe ist es, durch den Test von Waren und Dienstleistungen die Verbraucher objektiv über eine optimale Haushaltsführung und Einkommensverwendung zu informieren sowie über eine gesunde, umweltbewusste Lebensweise. Die Stiftung wurde 1964 auf Beschluss der damaligen Bundesregierung gegründet. Sie finanziert sich zum größten Teil über den Verkauf ihrer Publikationen (*test* und *Finanztest*).
Viele Verbraucher beziehen ihre Informationen über Preise und Qualität von Produkten und Dienstleistungen aus den Zeitschriften *test* und *Finanztest*. Für *test* werden z. B. Produkte aus den Bereichen Informationstechnik, Haushaltsgeräte, Lebensmittel und Energie geprüft. Die Zeitschrift *Finanztest* veröffentlicht Untersuchungen zu Versicherungen, Angeboten der Altersvorsorge, der Geldanlage und der Baufinanzierung.

Foodwatch

Foodwatch ist, wie *Stiftung Warentest* und *Greenpeace*, eine Nichtregierungsorganisation, auch **NGO** genannt. *Foodwatch* versteht sich als Organisation von Verbrauchern für Verbraucher und finanziert sich aus Beiträgen und Spenden. Ziele der Organisation sind:

- Verbraucherfeindliche Praktiken der Lebensmittelindustrie aufdecken. Dazu zählen u. a. falsche und irreführende Produktwerbung und fehlende Angaben auf Verpackungen. Jedes Jahr verleiht *foodwatch* den „Goldenen Windbeutel" für die aus Sicht von *foodwatch* dreisteste Werbemasche.
- Für qualitativ gute, gesundheitlich unbedenkliche und ehrliche Lebensmittel kämpfen. *Foodwatch* kämpft u. a. gegen Gentechnik im Essen.
- Ausgewogene, ausreichende Ernährung zu einem erschwinglichen Preis für alle Menschen fördern.
- Gesetzesvorschläge zu Verbraucherfragen unterbreiten.

Verbraucherschutz in den Medien

Kostenlose Ratgeber und Informationsmaterialien sind bei den Verbraucherverbänden und den entsprechenden Ministerien von Bund und Ländern erhältlich.
Zeitungen berichten im Wirtschaftsteil über Verbraucherfragen, es gibt spezielle Fachzeitschriften und im Radio und Fernsehen werden regelmäßig Verbrauchersendungen, wie beispielsweise *WISO* und *plusminus* ausgestrahlt. Außerdem findet man alle Verbraucherschutzinstitutionen im Internet. Viele Publikationen sind kostenlos und per Download abrufbar.

Zusammenfassung: Verbraucherberatung

Verbraucherberatung

- **Organisationen**
  - Verbraucherzentrale Bundesverband (vzbv) (16 Verbraucherzentralen der Bundesländer)
  - Nichtstaatliche Verbraucherorganisationen (z. B. *Stiftung Warentest, Deutscher Mieterbund, foodwatch*)
- **In den Medien**

  Publikationen der
  - Verbraucherzentralen
  - Verbraucherorganisationen (z. B. *test*)
  - zuständigen staatlichen Stellen

  Berichte in
  - Fernsehen
  - Hörfunk
  - Zeitungen und Zeitschriften

Übungsaufgaben

○ 1. Nennen Sie die Verbraucherinstitution (*Verbraucherzentrale, Stiftung Warentest, Mieterschutzbund*), die Sie in den folgenden Situationen in Anspruch nehmen können:
- Kauf eines Fahrrades
- Herr Grundner kann seine Schulden nicht zurückbezahlen.
- Die Qualität eines Produktes entspricht nicht den Vorstellungen des Käufers.
- Frau Kleinert hält die gesetzlichen Vorschriften zur Warenkennzeichnung für unzureichend.
- Frau Bintzig ist mit der Mieterhöhung nicht einverstanden.

◒ 2. Begründen Sie, warum Verbraucherberatung wichtig ist.

◒ 3. Die Verbraucherzentralen sind unabhängige, überwiegend öffentlich finanzierte, gemeinnützige Organisationen. Sie verzichten auf Sponsorengelder und Spenden. Erläutern Sie die Bedeutung dieser Art der Finanzierung.

● 4. Auf der Internetplattform *lebensmittelklarheit.de* können Kunden sich über Lebensmittelhersteller beschweren. Verantwortlich für das Portal sind der Bundesverband der Verbraucherzentralen und die Verbraucherzentrale Hessen. Auch die betroffenen Unternehmen können sich dort zu Wort melden. Bewerten Sie diese Maßnahme.

○ 5. Nennen Sie zu den folgenden Themenbereichen konkrete Beispiele für Konflikte oder Fragestellungen, zu denen Beratungsstellen Verbrauchern Hilfe anbieten:
- Banken, Geldanlage
- Versicherungen
- Energie
- Ernährung
- Telekommunikation
- Reiserecht

Verbraucherschutzbestimmungen

Lernsituation

Frau Schmöller vom Verbraucherschutzverband erhält neben dem Fax und dem Anruf folgenden Brief:

„[…] mein Sohn Klaus ist mit dem Fahrrad verunglückt. Ursache des Unfalls waren blockierte Bremsen. Dadurch wurde Klaus über das Lenkrad katapultiert und verlor durch den Aufprall mehrere Zähne. Eine Fahrradwerkstatt stellte fest, dass aufgrund eines Konstruktionsfehlers das Blockieren der Bremsen bei diesem Modell schon viele Male vorgekommen sei. Der Fahrradhändler Kremer lehnt alle Forderungen mit der Begründung ab, dass die Gewährleistungsfrist bereits abgelaufen sei und ihn keine Schuld am Konstruktionsfehler treffe. Er habe lediglich das Fahrrad aus Asien importiert und verkauft. Kann ich eine kostenlose Reparatur, den Eigenanteil an der Zahnarztrechnung von 1200 Euro und Schmerzensgeld verlangen?“

Arbeitsauftrag

- In den oben dargestellten Fällen bitten die Verbraucher um die rechtliche Klärung ihrer Probleme. Bearbeiten Sie die Fälle.

Ansprüche aus dem Produkthaftungsgesetz (ProdHaftG)

Ein Unternehmen haftet nach dem **Produkthaftungsgesetz** für Schäden, die sein mangelhaftes Produkt beim Verbraucher anrichtet. Wichtig für den Verbraucher ist, dass er die gesetzlichen Regelungen zur Produkthaftung von den Gewährleistungsrechten (→ S. 145 ff.) unterscheidet.
Beispiel: Jemand kauft ein mangelhaft verarbeitetes Fantrikot. Zu allem Übel färbt es auch noch auf andere Kleidungsstücke ab. Geht es dem Kunden darum, sein Geld für das Trikot zurückzubekommen, so hat er alle Rechte eines Käufers (z. B. aus der Gewährleistung). Dagegen regelt die Produkthaftung die Schäden, die ein fehlerhaftes Produkt verursacht. Das sind hier verfärbte Textilien, z.B. eine teure Designerjacke.
Nach dem Gesetz haften:
- Hersteller mit Sitz in der EU;
- Quasihersteller, die sich durch Anbringen ihres Namens als Hersteller ausgeben;
- am Vertrieb Beteiligte, z. B. der Importeur, der die Ware in die EU eingeführt hat.

Voraussetzungen für die Haftung

Damit das Produkthaftungsgesetz greift, muss ein Fehler am Produkt vorhanden sein. Ein Fehler liegt vor, wenn das Produkt nicht die Sicherheit bietet, die üblicherweise erwartet werden kann. Allenfalls ein unvernünftiger Missbrauch schließt die Haftung des Herstellers aus (z. B. Nichtbeachtung der Gebrauchsanweisung, eigene unsachgemäße Reparatur).
Gehaftet wird für Konstruktionsfehler, Fabrikationsfehler und Instruktionsfehler (mangelhafte Bedienungsanleitung).
Ein Verschulden des Herstellers ist nicht erforderlich. Es genügt, wenn durch die Produkte ein Schaden verursacht worden ist: Man spricht von **Gefährdungshaftung**.

Umfang der Haftung

Gehaftet wird für Personenschäden und Sachschäden. Bei Personenschäden muss der Händler den entstandenen Schaden bis höchstens 85 Mio. Euro ersetzen. Sachschäden werden ersetzt, sofern sie den Betrag von 500 Euro überschreiten. Sachschäden bis zu dieser Höhe muss der Geschädigte selbst tragen.
Alle Ansprüche aus der Produkthaftung verjähren drei Jahre ab Kenntnis des Mangels und maximal zehn Jahre, nachdem der Gegenstand verkauft wurde.

Gesetz gegen den unlauteren Wettbewerb (UWG)

Kaufleute sollen nach fairen Regeln um Kunden werben. Das **UWG** verbietet es den Marktteilnehmern,
- mit ihren Handlungen gegen die guten Sitten zu verstoßen oder
- irreführende Angaben zu machen.

Als **Verstoß gegen die guten Sitten** gelten insbesondere
- anreißerische (aufdringliche, belästigende) Werbung, z. B. unaufgeforderte Telefonanrufe bei Privatleuten, das Ansprechen von Personen auf offener Straße;
- vergleichende Werbung, wenn die Aussagen nicht nachprüfbar sind oder wenn es zu einer Verunglimpfung oder Herabsetzung fremder Waren, Dienstleistungen oder Mitbewerber kommt. Direkte Werbevergleiche mit Konkurrenten sind jedoch erlaubt;

Sonderangebot oder Lockvogelangebot?

ProdHaftG § 1: Haftung

Wird durch den Fehler eines Produktes jemand getötet, sein Körper oder seine Gesundheit verletzt oder eine Sache beschädigt, so ist der Hersteller des Produktes verpflichtet, dem Geschädigten den daraus entstandenen Schaden zu ersetzen.

Gefährdungshaftung

Der Hersteller haftet für alle Gefahren, die von seinem Produkt ausgehen.

Verstöße gegen UWG

Der Anspruch auf Unterlassung wird in der Praxis von Mitbewerbern und der IHK geltend gemacht.

Widerrufsrecht
§ 312 b–g BGB

Widerrufsfristen
§355 BGB

Teilzahlungsgeschäfte
§§ 501 ff. BGB

- Gewinnspiele/Preisausschreiben/Verlosungen mit Kaufzwang, z.B. wenn die Aushändigung von Teilnahmekarten an einem Preisausschreiben vom Kauf einer Ware abhängig gemacht wird.

Von einer **Irreführung des Verbrauchers** spricht das UWG
- bei falschen Angaben über Beschaffenheit und Qualität von Waren;
- bei Lockvogelangeboten: Sonderangebotswerbung, ohne dass Artikel in ausreichender Menge zur Verfügung stehen;
- wenn Produkte in der Werbung mengenmäßig beschränkt werden („Abgabe nur in Haushaltsmengen“, „Kein Verkauf an Wiederverkäufer“). Davon ausgenommen ist der Verkauf von Sonderangeboten.

Wie lange Sonderangebote aus der Werbung vorrätig gehalten werden müssen, hängt von der Ware und von vergleichbaren Aktionen aus der Vergangenheit ab. Sonderangebote sind naturgemäß nur in begrenzter Stückzahl vorhanden. Der Kaufmann darf daher die Menge und den Zeitraum des Angebots begrenzen.

Die Preisangabenverordnung (PAngV)

Wer erwerbs- oder geschäftsmäßig Verbrauchern Waren oder Dienstleistungen anbietet, muss diese mit Preisen auszeichnen. Dabei gelten nach der PAngV folgende Vorschriften:
- Die Preise sind einschließlich der Mehrwertsteuer und sonstiger Bestandteile anzugeben. Dazu zählt z.B. der Preis für Bedienung in Gaststätten.
- Für angebotene Dienstleistungen (z.B. Friseur, Gaststätten) muss ein Preisverzeichnis erstellt und ausgehängt werden.
- Der Preis für unverpackte Ware, die noch ausgewogen wird, muss in 1000 g oder 100 g angegeben sein. Energieversorger (für Strom, Gas, Wasser …) haben den Preis für eine Mengeneinheit, z.B. Kilowattstunde, anzugeben.
- Bei der Auszeichnung der Preise müssen die Grundsätze der **Preisklarheit** und **Preiswahrheit** beachtet werden. Die Preise müssen dem Angebot oder der Werbung eindeutig zugeordnet werden können, leicht erkennbar und deutlich lesbar sein. So sind an Tankstellen die Kraftstoffpreise so auszuzeichnen, dass der auf der Straße heranfahrende Kraftfahrer die Preise lesen kann.
- Für Kredite ist der „effektive Jahreszins“ anzugeben (→ S. 184).

Widerrufsrecht bei Haustürgeschäften

Der Käufer kann **innerhalb von 14 Tagen schriftlich widerrufen**, wenn der Abschluss des Vertrages
- am Arbeitsplatz oder in der Privatwohnung,
- durch überraschendes Ansprechen auf der Straße oder in Verkehrsmitteln,
- auf einer vom Verkäufer organisierten Veranstaltung („Kaffeefahrt“) zustande kam.

Die **Frist** von zwei Wochen verlängert sich auf einen Monat, wenn die Belehrung erst nach Vertragsabschluss erfolgte. Wenn der Verbraucher nicht ordnungsgemäß belehrt wird, erlischt das Widerrufsrecht spätestens nach 1 Jahr und 14 Tagen.
Ein Recht auf Widerruf besteht nicht, wenn
- die Kaufverhandlung auf Wunsch des Käufers geführt wurde, er also den Berater bestellt hat;
- sofort geliefert und gezahlt wird und der Kaufpreis 40 Euro nicht übersteigt.

In Raten zahlen

Bei **Teilzahlungsgeschäften** wird der Kaufpreis in Raten beglichen. Der Vertrag zwischen Unternehmer und Verbraucher muss schriftlich abgeschlossen werden und folgende Angaben enthalten:
- den Barzahlungspreis;
- den Teilzahlungspreis (Gesamtbetrag von Anzahlungen und allen vom Verbraucher zu zahlenden Teilbeträgen, einschließlich Zinsen und sonstiger Kosten);
- Betrag, Anzahl und Fälligkeit der einzelnen Teilzahlungen;
- den effektiven Jahreszins;

- die Belehrung, dass der Verbraucher innerhalb von 14 Tagen schriftlich ohne Angabe von Gründen oder durch Rücksendung der Sache den Vertrag widerrufen kann.

Die angegebenen Vorschriften gelten nur, wenn die Summe der zu leistenden Teilzahlungen über 200 Euro liegt.
Das Widerrufsrecht gilt ebenfalls beim:
- **Verbraucherdarlehensvertrag,**
- **Ratenlieferungsvertrag.**

Zu den Ratenlieferverträgen zwischen Unternehmen und Verbrauchern gehören
- regelmäßige Lieferungen von Sachen gleicher Art, z. B. Zeitschriftenabonnements;
- die Verpflichtung des Verbrauchers, in regelmäßigen Abständen immer wieder Sachen zu kaufen oder zu beziehen (*Beispiel:* Mitgliedschaft im Bücherklub).

Fernabsatzverträge und elektronischer Geschäftsverkehr

Der § 312 BGB gilt für Verträge, die unter ausschließlicher Verwendung von Fernkommunikationsmitteln abgeschlossen werden, d. h. durch Briefe, Kataloge, Telefonanrufe, Fax, E-Mails sowie Rundfunk, Tele- und Mediendienste.
Dieses Gesetz gilt aber nicht für
- die Lieferung von Speisen und Getränken, z. B. Pizzaservice;
- Bank-, Wertpapier- und Versicherungsgeschäfte.

Einige Besonderheiten sind im **E-Commerce** zu beachten. Danach hat der Unternehmer dem Verbraucher die Möglichkeit zu verschaffen, die Vertragsbestimmungen einschließlich der Allgemeinen Geschäftsbedingungen (AGB → S. 160) abzurufen und auf seinem PC zu speichern.

Zudem hat jedes Unternehmen eine **Informationspflicht**, d. h., es muss dem Käufer folgende Daten angeben:
- Anschrift des Unternehmens;
- wesentliche Eigenschaften der Ware oder Dienstleistung;

- Preise der Waren und Dienstleistung einschließlich aller Steuern und sonstigen Preisbestandteile;
- zusätzlich anfallende Versandkosten;
- Gewährleistungs- und Garantiebedingungen;
- Bestehen eines Widerrufs- oder Rückgaberechts.

E-Commerce
elektronischer Handel/Handelsverkehr

Das Widerrufsrecht besteht nicht bei ersteigerten Gegenständen, entsiegelten Audio- und Videoaufzeichnungen und Software, Spezialanfertigungen und Waren, die für eine Rücksendung ungeeignet sind (z. B. schnell verderbende Ware).
Auch bei Geschäften über Tele- und Mediendienste muss der **Widerruf** schriftlich innerhalb von 14 Tagen erfolgen. Gründe müssen dafür nicht angegeben werden.
Wenn sich der Unternehmer zum Abschluss des Vertrags eines Tele- oder Mediendienstes (Internet) bedient, hat er dem Kunden gegenüber bestimmte Pflichten. Er muss
- technische Mittel zur Verfügung stellen, mit deren Hilfe der Kunde Eingabefehler vor Abgabe einer Bestellung erkennen und berichtigen kann,
- den Zugang der Bestellung unverzüglich auf elektronischem Weg bestätigen,
- bestimmte Informationen mitteilen und dem Kunden die Möglichkeit geben, Vertragsbestimmungen abzurufen und zu speichern.

Falls der Unternehmer eine dieser Pflichten verletzt, kann der Käufer schriftlich innerhalb von sechs Monaten vom Vertrag zurücktreten.

Zusammenfassung: Verbraucherschutzbestimmungen

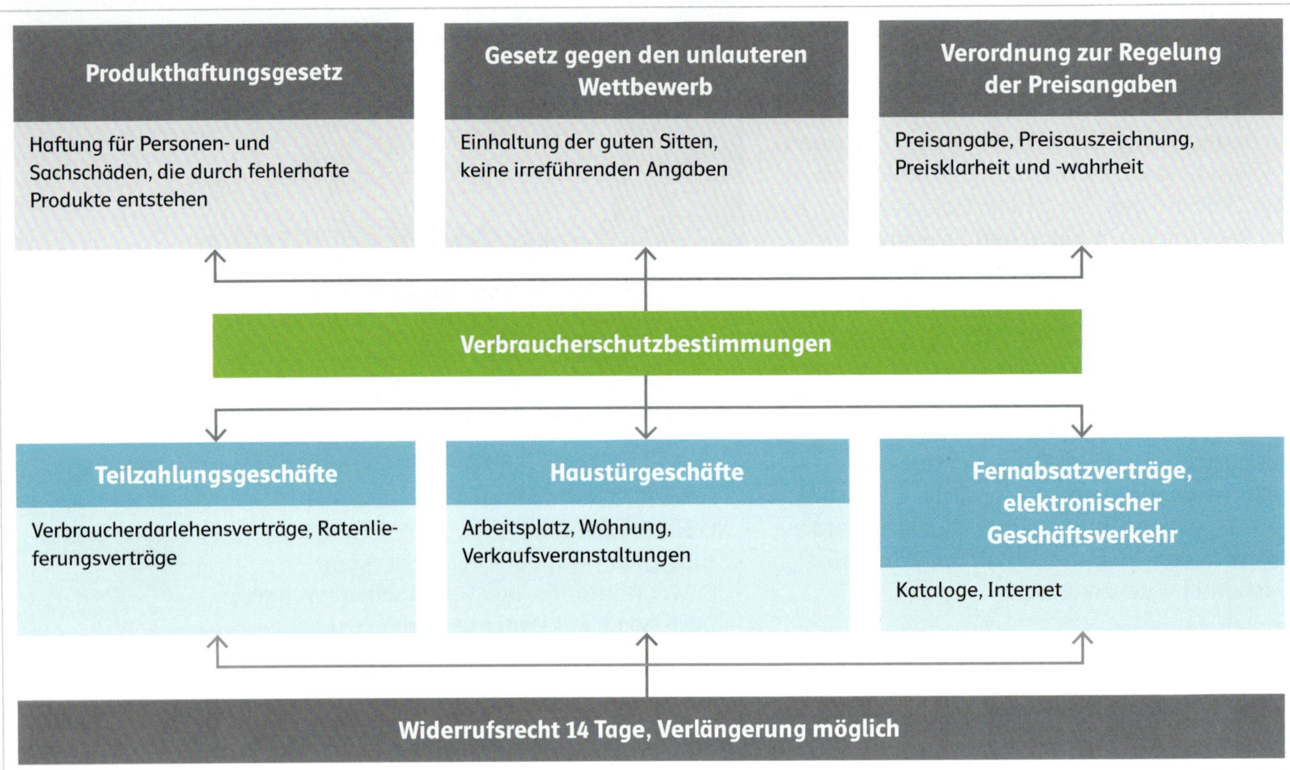

Übungsaufgaben

1. Bearbeiten Sie die folgenden Fälle:
   a) Herr Buchholtz hat aufgrund einer Anzeige des Getränkehandels Scholz dort für seine Gartenparty Bier bestellt. Als er später die Rechnung erhält, stellt er fest, dass er mehr bezahlen soll, weil zu den Preisen in der Anzeige noch die Umsatzsteuer (USt) hinzugerechnet wurde. Auf Anfrage erhält Herr Buchholtz vom Getränkehandel die Auskunft, er hätte wegen des günstigen Preises erkennen müssen, dass es sich um Nettopreise handle und die Umsatzsteuer noch dazukomme. Herr Buchholtz möchte wissen, ob er den höheren Rechnungsbetrag bezahlen muss.
   b) Herr Bähron hat den Vertreter des Möbelherstellers Pieron zu sich nach Hause eingeladen, um sich wegen einer neuen Wohnzimmereinrichtung beraten zu lassen. Am Ende schließt er einen Kaufvertrag ab. Darin ist vereinbart, dass er 30 Tage nach der Lieferung 15 000 Euro zahlen muss. Am nächsten Tag kommen Herrn Bähron Bedenken, ob er der künftigen Zahlungsverpflichtung nachkommen kann. Er möchte vom Vertrag zurücktreten.
   Prüfen Sie, ob das möglich ist.

2. Nennen Sie die Widerrufsfristen bei Haustür- und Teilzahlungsgeschäften.

3. Erläutern Sie, welche Absichten das Produkthaftungsgesetz verfolgt.

4. Das UWG verbietet es den Marktteilnehmern,
   a) mit ihren Handlungen gegen die guten Sitten zu verstoßen und
   b) irreführende Angaben zu machen.
   Erläutern Sie die beiden Punkte.

5. Nennen Sie den Unterschied zwischen Verbraucherdarlehensvertrag und Ratenlieferungsvertrag.

Angebotsvergleich und AGB

Lernsituation

Inga hat das erste Gehalt als Facharbeiterin erhalten. Jetzt kann sie sich endlich den 48-Zoll-Fernseher anschaffen, den sie sich schon lange wünscht. Im Internet hat sie ein passendes Gerät gefunden. Sie hat aber auch noch einmal beim Fachhändler Kraus in der Nachbarschaft nachgefragt. Nachdem sie das Angebot schriftlich erhalten hat, sucht sie zunächst die Testergebnisse beider Geräte heraus. Bevor sie bestellt, will sie die beiden Angebote miteinander vergleichen.

Auszug aus dem Angebotsschreiben der Firma Kraus

....

Vielen Dank für Ihre Anfrage. Wir bieten Ihnen an:

Fernseher, Typ 30 S, 48-Zoll

Listenpreis:	920 €
Sonderrabatt	15 % vom Listenpreis
Lieferungsbedingungen:	frei Haus, einschl. Aufbau- und Wandmontage
Zahlungsbedingungen:	8 Tage nach Lieferung 2 % Skonto 30 Tage netto Kasse
Lieferzeit:	1 Monat
Jahresstromverbrauch (kWh):	80
Wartung/Reparaturen:	sofort
Garantie:	5 Jahre

Wir freuen uns auf Ihre Bestellung.

Mit freundlichen Grüßen

Arbeitsauftrag

- Entscheiden Sie, für welches Angebot Inga sich entscheiden soll.
  Damit Sie das Angebot aus dem Internet und das des Fachhändlers vergleichen können, tragen Sie bitte die Angaben aus dem Angebotsschreiben in eine Übersicht ein. Anschließend nehmen Sie die Gewichtung der Kriterien und eine Bewertung beider Angebote vor (Online-Code zum Download der Angebotsübersicht → S. 131).

Kriterien	Gewichtung	Internetangebot			Angebot Kraus		
		Fakten	Bewertung	Punkte ges.	Fakten	Bewertung	Punkte ges.
Bezugspreis		710 €					
Test-Qualitätsurteil		2,2			1,9		
Garantie		3 Jahre					
Lieferzeit		3 Tage					
Zahlungsbedingungen		sofort					
Energieverbrauch/Jahr in kWh		110					
Service		–					
Punkte gesamt							
Rang							

Angebote vergleichen

Bei der Festlegung, welche Lieferanten die Aufträge erhalten, bedienen sich Unternehmen des Angebotsvergleichs, indem sie die wesentlichen Bestandteile der Angebote gegenüberstellen. Verglichen werden der Listenpreis, Preisnachlässe und die Bezugskosten. Darüber hinaus wird die Entscheidung auch von den Faktoren bestimmt, die nicht unmittelbar in Geld ausgedrückt werden können. Dazu zählen u. a. Qualität, Lieferzeit, Kundendienst, Liefertreue, Kulanz und auch die Flexibilität, auf plötzliche Kundenwünsche reagieren zu können.
Verbraucher entscheiden sich nicht immer so rational, wie es vielleicht Unternehmen tun. Der Kauf von Gütern des täglichen Bedarfs (z. B. Lebensmittel) erfolgt in den meisten Fällen ohne großen Angebotsvergleich. Häufig geschieht dies spontan (z. B. weil einem die Schuhe gefallen), aus Gewohnheit oder auf der Grundlage von Erfahrungswerten. Auch ein vermeintliches Schnäppchen kann zum Kauf führen, wenn z. B. der vorherige Preis mit einem dicken roten Balken durchgestrichen und durch einen niedrigeren Preis ersetzt wird. Anders sieht es bei größeren Anschaffungen aus. Hier achten die meisten auf Qualität, Preis, Kulanz oder Kundendienst. Man liest verschiedene Testberichte oder sucht den Rat von Freunden und Bekannten. Aber manchmal ist auch schon allein der Name oder das Image eines Produktes kaufentscheidend.

Unternehmen nutzen eine einfache Methode zur Bewertung, wenn mehrere Angebote zur Auswahl stehen: die **Entscheidungsmatrix**. Dabei werden zunächst die für den Käufer relevanten Einflussfaktoren nach ihrer Wichtigkeit bewertet, indem man einen Gewichtungsfaktor von 1 bis 10 vergibt. 10 ist besonders wichtig und 1 unwichtig. Zwischenstufen sind möglich. Danach werden die Kriterien der verschiedenen Angebote mit Punkten von 1 bis 5 bewertet. Hier ist z. B. 5 sehr gut, 1 sehr schlecht. Die Gewichtungsfaktoren werden mit den Punkten multipliziert und die Ergebnisse für jedes Angebot summiert. Das Angebot mit der höchsten Punktzahl entspricht am besten den Anforderungen.

Beispiel eines Angebotsvergleichs

Kriterien	Gewichtung	Angebot A		Angebot B	
		Bewertung	Punkte	Bewertung	Punkte
Preis	8	3	24	4	32
Qualität	9	2	18	3	27
Lieferzeit	7	4	28	1	7
Liefertreue	5	4	20	3	15
Service	4	2	8	3	12
Punkte ges.			**98**		**93**
Rang		**1**		**2**	

Bezugspreis ermitteln

Ein Preisvergleich verschiedener Anbieter ist nur auf der Grundlage des Bezugspreises aussagekräftig. Hier werden neben dem Listenpreis alle Faktoren berücksichtigt, die beim Einkauf entstehen. Dazu zählen Preisnachlässe, Versand- oder Transportkosten sowie Verpackungskosten.

Ermittlung der Bezugskosten
(Beispielrechnung in €)

Listenpreis	15 000
– Rabatt (10 %)	1 500
= Zieleinkaufspreis	13 500
– Skonto (2 %)	270
= Bareinkaufspreis	13 230
+ Versandkosten	400
+ Verpackungskosten	200
= **Bezugspreis**	**13 830**

Wenn bestimmte Voraussetzungen vorliegen, gewähren Lieferanten Preisnachlässe. Dazu zählen u.a.:

- Mengenrabatt: wenn eine größere Menge bestellt wird.
- Treuerabatt: wenn man über einen längeren Zeitraum beim selben Lieferer bestellt.
- Sonderrabatt: z. B. anlässlich eines Geschäftsjubiläums beim Lieferanten.
- Skonto: Preisnachlass für vorzeitige Zahlung oder innerhalb einer bestimmten Frist (z. B. acht Tage).

Versand- und Transportkosten nicht vergessen

Versand oder Transport von Waren vom Lieferanten zum Kunden kostet Geld. Beim Kauf eines Autos können das mehrere hundert Euro sein. Der Käufer trägt, wenn nichts vereinbart wurde, die Versand- oder Transportkosten. Online-Händler kommen dem Kunden entgegen, indem sie ab einer bestimmten Kaufsumme die Versandkosten übernehmen. Wer letztlich die Kosten trägt, ergibt sich aus den Regelungen (Beförderungsbedingungen) im Angebot des Lieferanten. Daher ist die Formulierung auch aus seiner Sicht aufzufassen. *Beispiele:*

- „ab Werk“: Der Lieferer stellt die Ware ab seinem Werk zur Verfügung, das heißt, die Versand- oder Transportkosten gehen voll zulasten des Käufers.
- „frei Haus“: Der Lieferer liefert frei bis zum Haus des Käufers und trägt damit die Versand- oder Transportkosten selbst.

Wenn nichts anderes vereinbart ist, trägt der Käufer die Verpackungskosten.

Stichwort Nachhaltigkeit

Nachhaltige, ökologische Materialien und Güter, die Berücksichtigung der Umwelt und faire Arbeitsbedingungen (z. B. Arbeitsbedingungen in der Textilindustrie in Asien) sind heute bedeutende qualitative Entscheidungsfaktoren beim Einkauf. Um die Umwelt zu entlasten, bevorzugen immer mehr Kunden Produkte aus der heimischen Region.

EU-Energielabel

Beispiel Fernseher

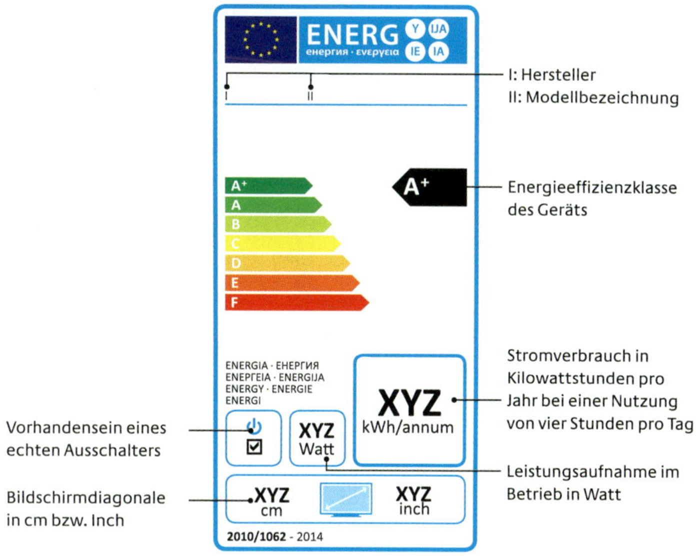

Geräte mit niedrigem Energieverbrauch verringern die Folgekosten einer Anschaffung. Beim Kauf von IT-Geräten lohnt es sich deshalb, auf den Stromverbrauch zu achten und die Ausstattung nach dem tatsächlichen Bedarf zu wählen. Mit einem energieeffizienten Fernseher kann man pro Jahr, abhängig von der Nutzung, knapp 60 € Stromkosten einsparen.
Wie erkennt man als Verbraucher nachhaltig produzierte Güter? Ein hoher Preis beim Kauf von Textilien gibt keinen Rückschluss auf faire Arbeitsbedingungen und nachhaltige Herstellungsverfahren. Einen Anhaltspunkt geben aber die verschiedenen Labels. Die Effizienzklasse eines Elektrogeräts kann man beispielsweise am **EU-Energielabel** ablesen. Kennzeichnungspflicht besteht für Kühl- und Gefriergeräte, Staubsauger, Lampen und Leuchten, Waschmaschinen, Wasch- und Wäschetrockner, Elektrobacköfen, Dunstabzugshauben, Geschirrspüler, Klimageräte und Fernseher.

Das *Fairtrade*-Siegel kennzeichnet Waren, die aus fairem Handel stammen und bei deren Herstellung bestimmte soziale, ökologische und ökonomische Kriterien eingehalten wurden.

FAIRTRADE ®

Dieses Siegel steht für Fairen Handel.

Lieferung per Nachnahme

Allgemeine Geschäftsbedingungen BGB § 305 ff.

Zahlungsbedingungen aushandeln

Übliche Angebotsformulierungen zur Zahlungsbedingung lauten:

Zahlung vor der Lieferung:
- Lieferung gegen Vorauszahlung,
- 50 Prozent Anzahlung.

Zahlung bei Lieferung:
- Zahlung bei Empfang der Ware,
- Lieferung gegen bar,
- Lieferung gegen Nachnahme.

Zahlung nach der Lieferung:
- Zahlung innerhalb von 30 Tagen,
- Zahlungsziel drei Monate,
- zahlbar in sechs Monatsraten.

Eine Zahlung innerhalb von acht Tagen gilt als Barzahlung.

Eigentumsvorbehalt beachten

Durch den Eigentumsvorbehalt bleibt der Lieferant bis zur vollständigen Bezahlung Eigentümer der Ware; der Käufer wird lediglich Besitzer. Falls der Käufer seinen Zahlungsverpflichtungen nicht nachkommt, kann der Verkäufer die Rückgabe der Ware verlangen.

Allgemeine Geschäftsbedingungen (AGB)

Nicht bei jedem Kaufvertrag, vor allem nicht zwischen Unternehmen und Privatpersonen, können alle Bedingungen so ausgehandelt und schriftlich festgehalten werden wie in der Lernsituation. Aus diesem Grunde haben viele Kaufleute in ihren Kaufverträgen die Allgemeinen Geschäftsbedingungen aufgenommen. Darin wird z. B. geregelt:
- Wer trägt die Verpackungs- und Versandkosten?
- Innerhalb welcher Zeit muss die Ware bezahlt werden?
- Wie lange garantiert der Verkäufer die Fehlerfreiheit des Produktes?
- Welche Schadensersatzansprüche bestehen bei Liefer- oder Annahmeverzug?
- Gerichtsstand: Privatkäufer können nur am zuständigen Gericht ihres Wohnsitzes klagen und verklagt werden.

Damit dieses „Kleingedruckte" nicht zum Nachteil des Verbrauchers ausgestaltet wird, hat der Gesetzgeber Vorschriften im Bürgerlichen Gesetzbuch (BGB) erlassen. Folgende **Voraussetzungen** müssen erfüllt sein, damit die AGB Bestandteil eines Kaufvertrags werden:
- Auf die AGB ist ausdrücklich hinzuweisen.
- Der Käufer muss vom Inhalt der AGB in zumutbarer Weise Kenntnis nehmen können.
- Der Käufer muss den AGB zustimmen.

Folgende Bestimmungen sind **unwirksam**:
- überraschende Klauseln (z. B. wenn ein Möbelgeschäft in seinen AGB die Haftung für Schäden ausschließt, die seine eigenen Mitarbeiter beim Aufbau im Kundenhaushalt verursachen);
- nachträgliche Preiserhöhungen für Waren, die innerhalb von vier Monaten nach Vertragsabschluss geliefert werden;
- Verkürzung der gesetzlichen Fristen zur Sachmangelhaftung;
- Beschränkung der Rechte des Käufers bei mangelhafter Lieferung (es gelten immer die Bestimmungen des BGB);
- unangemessene Lieferfristen.

Zusammenfassung: Angebotsvergleich und AGB

Preisnachlässe
- Rabatte
- Skonto

Transport- oder Versandkosten
- ab Werk
- frei Haus

Verpackungskosten

Trägt der Käufer, wenn nichts anderes vereinbart ist.

Zahlungsbedingungen

Zahlung
- vor der Lieferung
- bei Lieferung
- nach der Lieferung

Kriterien des Angebotsvergleichs

Listenpreis | **Garantie** | **Lieferzeit** | **Eigentumsvorbehalt** | **Wartung/Reparatur** | **Nachhaltigkeit**

Übungsaufgaben

1. Wie nennt man die Preisnachlässe in folgenden Fällen?
   a) Anlässlich des 25-jährigen Firmenjubiläums wird auf alle Artikel ein Preisnachlass von 25 % gewährt.
   b) Frau Kramer ist seit zehn Jahren Mitglied in einem Bücherklub. Bestimmte Bücher werden ihr mit einem Rabatt von 30 % angeboten.
   c) Bei Bezahlung der Rechnung innerhalb einer bestimmten Frist kann der Käufer 2 % vom Rechnungsbetrag abziehen.

2. Bestimmen Sie den Anteil an den Beförderungskosten, den der Käufer bei den folgenden Angeboten zu tragen hat:
   a) ab Werk
   b) frei Haus

3. Erläutern Sie die Bedeutung des Eigentumsvorbehalts aus der Sicht des Käufers.

4. Erläutern Sie, warum die Allgemeinen Geschäftsbedingungen Bestandteil von vielen Verträgen sind.

5. Sie wollen sich eine Jeans kaufen. Zur Auswahl stehen die Produkte von drei Herstellern.
   a) Entscheiden Sie sich für sechs Kriterien, die Ihrer Meinung nach für Ihre Kaufentscheidung wichtig sind.
   b) Nehmen Sie eine Gewichtung der Kriterien vor.

6. Die meisten Käufer würden laut Umfrage nachhaltig produzierte Textilien kaufen. Obwohl es keinen großen Preisunterschied zu anderen Textilien gibt, haben Waren, die aus umweltverträglichen Materialien bestehen und zu fairen Arbeitsbedingungen hergestellt werden, nur einen geringen Marktanteil.
   Versuchen Sie, für das Käuferverhalten eine Erklärung zu finden.

Gesetzestexte anwenden

Gesetzestexte

Die meisten Rechtsgeschäfte erfolgen formlos und werden ohne Probleme abgewickelt. Es kann aber auch zu Streitigkeiten zwischen den Vertragsparteien kommen, die zum Schluss vor Gericht ausgetragen werden. Deshalb ist es von Vorteil, wenn man den Aufbau von Gesetzestexten versteht.

So geht's!

1. Problem analysieren
- Welche Frage soll gelöst werden?
- Wer will was von wem woraus?

2. Gesetzliche Grundlage bestimmen
- Welches Gesetz regelt diesen Streitfall?
- Aktuelle Fassung des Gesetzes besorgen.

3. Gesetz auf den Streitfall anwenden
- Welche Ansprüche ergeben sich aus dem Gesetz?
- Wird auf andere Paragrafen verwiesen?
- Unbekannte Fachbegriffe klären und erst dann die Formulierungen des Gesetzes auf den Streitfall übertragen.

4. Lösung formulieren
- Welche Rechtsfolgen ergeben sich für die Beteiligten? Begründen Sie.

Motorschaden am Gebrauchtwagen – Wie ist die Rechtslage?

Der Auszubildende Peter kauft beim Autohaus Lachmann einen zwei Jahre alten gebrauchten Pkw, einen *VW Polo*. In dem Kaufvertrag befindet sich unter § 4 Gewährleistung folgende Regelung: *Sämtliche Gewährleistungsansprüche verjähren innerhalb von sechs Monaten ab Übergabe des Fahrzeugs.*
Neun Monate nach Kauf und Übergabe des Pkw hat der Motor einen Totalschaden. In der Werkstatt des Autohauses Lachmann stellt sich später heraus, dass die Ursache für den Motorschaden schon bei Vertragsschluss vorlag und einen eindeutigen Mangel darstellt. Peter verlangt daraufhin, dass das Autohaus Lachmann den Motor auf dessen Kosten repariert. Das Autohaus Lachmann verweigert eine solche kostenlose Reparatur unter Hinweis auf § 4 des Kaufvertrages.

1. Problem analysieren

Hier will Peter (**wer**) die für ihn kostenlose Reparatur des VW Polo (**was**) von dem Autohaus Lachmann (**von wem**) aus dem zwischen Peter und dem Autohaus Lachmann geschlossenen Vertrag (**woraus**).

2. Gesetzliche Grundlage bestimmen

Bei dem Vertrag zwischen Peter und dem Autohaus Lachmann handelt es sich um einen Kaufvertrag, auf den die Regelungen der BGB §§ 433–480 angewendet werden. Die Rechte eines Käufers bei Mängeln an der Kaufsache ergeben sich aus BGB § 437. Als Anspruchsgrundlage für die Forderung von Peter gegenüber dem Autohaus Lachmann auf kostenlose Reparatur kommt der § 439 BGB in Betracht.

3. Gesetz auf den Streitfall anwenden

Die gesetzlichen Voraussetzungen für eine Reparatur des Pkw auf Kosten des Verkäufers sind: 1. Zwischen Peter und dem Autohaus Lachmann wurde ein Kaufvertrag geschlossen. 2. Der übergebene Kleinwagen ist mangelhaft. Beide Voraussetzungen liegen hier vor.
Das Autohaus Lachmann beruft sich jedoch darauf, dass der Mangel von Peter erst neun Monate nach Übergabe des Polos geltend gemacht wurde und der Nacherfüllungsanspruch von Peter aufgrund der Regelung in § 4 des Kaufvertrags verjährt sei.
Gemäß BGB § 438 verjährt der Anspruch beim Verbrauchsgüterkauf auf Nacherfüllung grundsätzlich nach zwei Jahren. Von dieser Regelung können die Parteien abweichen. Dies gilt allerdings nicht für den Verbrauchsgüterkauf. In diesem Falle ist Peter Verbraucher, das Autohaus Unternehmer und damit handelt es sich nach BGB § 474 um einen Verbrauchsgüterkauf.

4. Lösung formulieren

Die Verjährungsfrist konnte nicht durch den Kaufvertrag wirksam auf sechs Monate verkürzt werden. Peter hat daher einen Anspruch auf kostenlose Reparatur.

Üben
f4h26m
Prüfungsaufgaben

Vertragsrecht

1. Kaufvertragsstörungen

M1 Telefonat zwischen Laura und dem Möbelhaus Kranich

Laura

„... ich habe vor acht Monaten bei Ihnen eine Küche gekauft, die mein Freund und ich nach Ihrer Montageanleitung eingebaut haben. Gestern hat sich der Hängeschrank mit der Dunstabzugshaube aus der Halterung gelöst und ist auf den Herd geknallt. Der Schrank mit dem teuren Porzellan, die Dunstabzugshaube und das Ceranfeld sind völlig kaputt. Ein guter Bekannter, der als Schreiner arbeitet, meint auch, dass die mitgelieferten Halterungen bei dem Schrank auf Dauer nicht halten konnten. Außerdem ist die Garantiezeit noch nicht abgelaufen. Ich habe schon mal alles zusammengerechnet. Der Schaden müsste so bei 1500 € liegen."

Verkäufer

„... den wir Ihnen erstatten sollen? So einfach geht das nicht. Nach acht Monaten kommen Sie, um den Schrank zu reklamieren. Bis dahin war alles in Ordnung. Woher sollen wir wissen, was sie alles hineingepackt und noch oben darauf gestellt haben? Das hält ein normaler Schrank nicht aus. Und wer sagt uns, ob Sie die Montageanleitung richtig gelesen und alles sachgemäß montiert haben? Bisher hat es bei diesem Küchenmodell noch keine Beanstandungen gegeben. Es tut uns leid, aber mit dem Schaden haben wir nichts zu tun und Garantie können Sie auch nicht in Anspruch nehmen."

Unterstützen Sie Laura bei der Durchsetzung ihrer Forderungen gegenüber dem Möbelhaus. Klären sie dazu die folgenden Fragen:

○ 1.1 Nennen Sie die Verpflichtungen, die Käufer und Verkäufer mit Abschluss des Kaufvertrages eingehen.

◒ 1.2 Bei einigen Rechtsgeschäften verlangt das Gesetz eine bestimmte Form. Überprüfen Sie, ob die Formvorschriften eingehalten wurden.

○ 1.3 Nennen Sie die Voraussetzungen, damit Laura einen rechtsgültigen Kaufvertrag abschließen kann.

◒ 1.4 Bestimmte Rechtsgeschäfte sind nichtig oder anfechtbar.
a) Erläutern Sie den Unterschied zwischen Nichtigkeit und Anfechtbarkeit.
b) Nennen Sie die Gründe, in denen Rechtsgeschäfte nichtig oder anfechtbar sind.

◒ 1.5 Bestimmen Sie die Mängelart im oben beschriebenen Fall.

◒ 1.6 Überprüfen Sie, ob die gesetzliche Frist für eine Mängelrüge eingehalten wurde. Erläutern Sie in diesem Zusammenhang die Begriffe „Rückwirkungsvermutung" und „Beweislastumkehr".

○ 1.7 Zählen Sie die Rechte des Käufers in der Stufe 1 und Stufe 2 bei einem Sachmangel auf.

◒ 1.8 Zeigen Sie den Unterschied zwischen Garantie und Gewährleistung auf.

● 1.9 Bewerten Sie die Erfolgsaussichten für Laura, ihre Forderungen gegenüber dem Möbelgeschäft durchzusetzen.

Verbraucherschutz

1. Produkthaftung

Iris hat ein neues Handy gekauft. Kurz nach Inbetriebnahme beginnt der Akku wegen Überhitzung zu brennen. Dabei wird außer dem Handy auch ein Teil ihrer Kleidung beschädigt.

M1 Produkthaftungsgesetz

§ 1 Haftung
(1) Wird durch den Fehler eines Produkts jemand getötet, sein Körper oder seine Gesundheit verletzt oder eine Sache beschädigt, so ist der Hersteller des Produkts verpflichtet, dem Geschädigten den daraus entstehenden Schaden zu ersetzen. Im Falle der Sachbeschädigung gilt dies nur, wenn eine andere Sache als das fehlerhafte Produkt beschädigt wird und diese andere Sache ihrer Art nach gewöhnlich für den privaten Ge- oder Verbrauch bestimmt und hierzu von dem Geschädigten hauptsächlich verwendet worden ist.

1.1 Überprüfen Sie anhand des Produkthaftungsgesetzes, welche Schadensersatzforderungen Iris stellen kann.
1.2 Unterscheiden Sie zwischen Gewährleistung und Produkthaftung.

2. Unlauterer Wettbewerb, Widerrufsrecht, E-Commerce

Neben dem Produkthaftungsgesetz gibt es weitere gesetzliche Bestimmungen zum Verbraucherschutz.

2.1 Erläutern Sie anhand von drei Beispielen, was der Gesetzgeber unter „unlauterem Wettbewerb“ versteht.
2.2 Bei Haustürgeschäften, Teilzahlungsgeschäften und Fernabsatzverträgen hat der Verbraucher ein Widerrufsrecht. Nennen Sie die Regelungen.
2.3 Zählen Sie die Besonderheiten auf, die im E-Commerce zu beachten sind.

3. Verbraucherverbände

Verbraucherverbände fordern zur besseren Kennzeichnung von Lebensmitteln, dass auf allen Produkten eine sogenannte Ampel aufgedruckt ist.

3.1 Erläutern Sie die Funktion einer solchen Lebensmittelampel.
3.2 Bewerten Sie diesen Vorschlag der Verbraucherverbände.
3.3 Erläutern Sie die Aufgaben folgender Verbraucherverbände:
- Stiftung Warentest
- Mieterverein

M2 Lebensmittelampel

Stand 2015, © Verbraucherzentralen

4 Zahlungsverkehr, Geldanlagen und Darlehen

Gut geplant ist halb finanziert

Der Kauf einer Immobilie ist für einen Privathaushalt etwas Besonderes. Er ist mit großem finanziellem Aufwand verbunden. Ein solches Vorhaben kann man nicht aus der Haushaltskasse bezahlen. In fast allen Fällen benötigt ein Privathaushalt dafür einen Kredit. Dies gilt auch für viele andere private Anschaffungen, sei es der Kauf eines neuen Autos oder die Finanzierung der Wohnungseinrichtung.

Investitionen von privaten Haushalte und Unternehmen sind für die Entwicklung unserer Wirtschaft wichtig. Sie steigern das Wirtschaftswachstum, verbessern die Wettbewerbsfähigkeit der Unternehmen und tragen zur Sicherung des Wirtschaftsstandorts Deutschland bei. Der Kauf einer Immobilie bietet privaten Haushalten darüber hinaus die Möglichkeit zur Alterssicherung oder dient als Geldanlage.

Da viele Investitionen auf die Zukunft gerichtet sind, liegen der Entscheidung Annahmen zugrunde. Haushalte gehen dabei von zu erwartenden Einkommensentwicklungen aus. Fehleinschätzungen können deshalb leicht zu Fehlinvestitionen und zu einer Überschuldung führen.

Hätten Sie's gewusst?

1. Wie hoch ist der Anteil der über Kredite finanzierten Autokäufe?
2. Wie viele Menschen sind in Deutschland überschuldet?
3. Wie viele Haushalte in Deutschland besitzen Wohneigentum?

Lösungen:
1: ca. 65 %
2: 6,8 Mio. Menschen (Stand 2016)
3: 43 %

Worum geht es?

Bauträger wollen den zukünftigen Bauherren das Wohnen im eigenen Zuhause schmackhaft machen, Banken werben für ihre Baufinanzierung. Laut Umfragen wünschen sich viele Deutsche die „eigenen vier Wände". Beim Immobilienkauf handelt es sich um eine Investitionsentscheidung mit hoher finanzieller Belastung. Damit aus dem Vorhaben eine sichere Entscheidung wird, sollte man folgende Fragen vorab klären: Anhand welcher Kriterien bewertet man eine Investitionsentscheidung? Welche Finanzierungsmöglichkeiten gibt es? Welche Risiken und welche Folgen sind damit verbunden? Welche anderen Formen der Geldanlage gibt es? Wie regelt man seine Geldgeschäfte?

Informieren Sie sich!

Verschaffen Sie sich mithilfe des Buchs einen Überblick.
Sie finden in diesem Kapitel Lernsituationen zu folgenden Themen:

So geht's!
Informationen visualisieren

- Geld- und Geldarten, Zahlungsmöglichkeiten
- Haushaltsplan und Konsumgewohnheiten
- Mahnverfahren und Verjährung
- Verschiedene Anlageformen
- Verbraucherdarlehen
- Raus aus den Schulden

Was hat das mit mir zu tun?

Sie werden im Laufe Ihres Lebens über kleinere oder größere Investitionen entscheiden müssen. Eine falsche Entscheidung kann Ihre wirtschaftliche Situation über Jahre hinaus erheblich beeinträchtigen. Damit es nicht dazu kommt, sollten Sie Ihre Entscheidungen anhand der in diesem Abschnitt aufgeführten Kriterien überprüfen und die für Sie beste Finanzierung oder Anlageform wählen.

Geld und Geldarten, Zahlungsmöglichkeiten

Lernsituation

Arbeitsauftrag

Ein altes Sprichwort lautet: „Geld regiert die Welt“. Ob das wirklich so ist, können wir hier nicht klären. Richtig ist aber, dass die Entwicklung des Geldes wirtschaftliches Handeln entscheidend geprägt hat.

1. Zeigen Sie die Bedeutung des Geldes für die Entwicklung der Wirtschaft auf.
2. Erarbeiten Sie mithilfe einer Internetrecherche eine Zeitschiene, aus der die Entwicklung des Geldes hervorgeht (→ S. 358 Internetrecherche).
3. Zeigen Sie auf, welche Zahlungsformen Sie für welche Vorgänge zurzeit nutzen und welche Sie in Zukunft nutzen wollen.
4. In einigen europäischen Ländern (z. B. Schweden) ist das Bargeld so gut wie abgeschafft, andere Länder begrenzen Bargeldzahlungen auf eine bestimmte Summe (z. B. Frankreich bis 1000 €).
   Bewerten Sie solche Maßnahmen für die Bundesrepublik Deutschland.

Warum gibt es Geld?

Stellen wir uns eine Welt ohne Geld vor. In welcher Form erhält man seine Ausbildungsvergütung ausgezahlt? In Naturalien? Wenn ja, in welchen? Lassen sich diese Güter beim Besuch in einem Club für Eintritt und Getränke eintauschen? Wie werden sie dorthin transportiert und sind sie teilbar? Es wird schnell deutlich, dass ein Leben ohne Geld nur in einer Selbstversorgungswirtschaft funktioniert. Eine arbeitsteilige Wirtschaft, in der sich einzelne Menschen auf die Herstellung bestimmter Güter spezialisieren, ist ohne Geld undenkbar. Die wichtigste Funktion des Geldes ist die als **Tausch- und Zahlungsmittel**.

Funktionen des Geldes	
Tausch- und Zahlungsmittel	Geld ist ein Zwischentauschgut, d.h. man tauscht Güter gegen Geld und kann es gegen andere Güter wieder eintauschen.
Wertaufbewahrungsmittel	Geld lässt sich lagern (zu Hause, bei der Bank) und kann zu einem späteren Zeitpunkt in Kaufkraft umgewandelt werden.
Maßeinheit	Alle Güter haben einen Preis. Dieser wird in € angegeben. So lässt sich der Wert von Gütern vergleichen.

Geschichte des Geldes

Grundsätzlich kann jedes Gut die Funktion des Geldes übernehmen. Es sollte nach Möglichkeit mehrere der folgenden Eigenschaften besitzen:

- knapp und teilbar;
- hohe Wertbeständigkeit;
- leicht aufzubewahren und bequem zu transportieren;
- von allen als Zahlungsmittel akzeptiert.

Schon Jahrtausende v. Chr. wurde das sogenannte **Warengeld** verwendet (Muscheln, Steine, Speerspitzen, Vieh und später auch Edelmetalle wie Gold). Es erfüllte aber nur einen Teil der benötigten Eigenschaften. Es verlor z. B. entweder an Wert oder war nicht teilbar. Die ersten **Münzen** (Gold und Silber) hatten den Vorteil, dass jede Münze einen festen Wert besaß. Aufgrund der zunehmenden Arbeitsteilung und der Ausweitung des Handels bereitete aber der Transport des Geldes zunehmend Probleme. Händler deponierten deshalb ihre Münzen bei einem Geldwechsler und erhielten dafür eine Bescheinigung, mit der der Überbringer die Münzen abholen konnte. Die Bescheinigungen wurden mit der Zeit als Zahlungsmittel verwendet. Dies war die Geburtsstunde des **Papiergelds**, der Banknoten. Heute wird das eingezahlte Geld auf Bankkonten gutgeschrieben. Lohn- und Gehaltszahlungen oder das Begleichen von Rechnungen geschehen durch Gutschrift oder Belastung der jeweiligen Konten = **Buchgeld**. Buchgeld ist heute die wichtigste Erscheinungsform des Geldes. Daraus haben sich weitere Formen des Zahlungsverkehrs entwickelt: Kreditkarten, Onlinebanking, Online-Bezahlsysteme (z. B. *PayPal*) bis hin zum kontaktlosen Bezahlen.

Zahlungsarten

Je nachdem, ob in bar oder mithilfe eines Kontos gezahlt wird, unterscheidet man folgende Zahlungsarten:

- Barzahlung
- halbbare Zahlung
- bargeldlose Zahlung

Innerhalb der Zahlungsarten gibt es verschiedene Verfahren (z. B. Überweisung, Nachnahme), um den Zahlungsvorgang vorzunehmen. Diese bezeichnet man als Zahlungsformen.

Barzahlung: Erfolgt die Übergabe des Geldes persönlich oder mithilfe der Post und der Postbank, spricht man von Barzahlung.

Halbbare Zahlung: Zahlt der Schuldner bei einem Geldinstitut den Betrag bar ein und wird dieser dem Zahlungsempfänger auf dem Konto gutgeschrieben, spricht man von einem **Zahlschein**. Bei einer **Nachnahme** erfolgt die Auslieferung der bestellten Ware erst dann, wenn der Empfänger dem Boten den Rechnungsbetrag bar ausgezahlt hat. Der Betrag wird dem Absender der Ware auf dem Konto gutgeschrieben. Die Gebühren bei beiden Verfahren sind meist sehr hoch. Bei einem **Barscheck** beauftragt der Aussteller des Schecks die Bank, aus seinem Guthaben dem Überbringer des Schecks den genannten Betrag bar auszuzahlen.

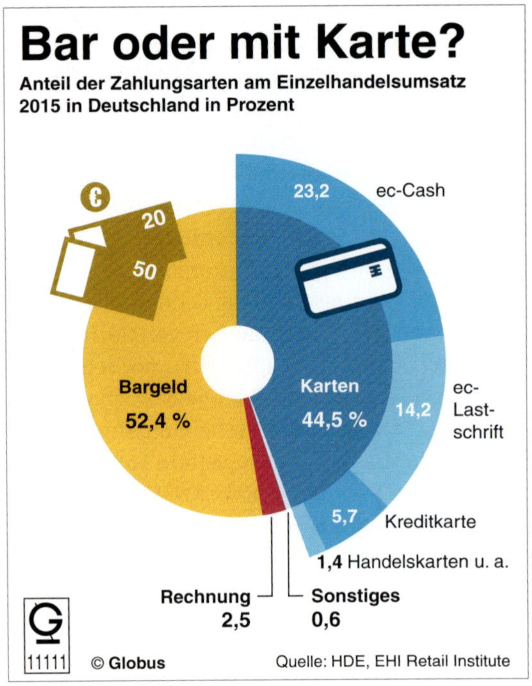

Bargeldlose Zahlung

Die klassischen bargeldlosen Zahlungsformen sind:
Verrechnungsscheck: Der Aussteller des Schecks beauftragt die Bank, aus seinem Guthaben dem Überbringer des Schecks den genannten Betrag auf seinem Konto gutzuschreiben.
Überweisung: Der Geldbetrag wird vom Konto des Zahlenden auf das Konto des Empfängers überwiesen. Man trägt auf dem Überweisungsträger die Angaben zum Zahlungsempfänger, den Geldbetrag, den Verwendungszweck, Datum, Unterschrift und die IBAN-Nummern des Zahlenden und des Empfängers ein. Dieses sogenannte SEPA-Verfahren gilt in Deutschland, der EU und weiteren Staaten des SEPA-Raums.
Dauerauftrag und Lastschrift: Bei einem Dauerauftrag wird die Bank beauftragt, feste Beträge (z. B. für Miete, Versicherungen) zu einem vereinbarten Termin (z. B. Monatsanfang) auf das Konto des Empfängers zu überweisen. Erteilt der Kontoinhaber dem Zahlungsempfänger schriftlich die Erlaubnis, den Betrag von seinem Konto einzuziehen, spricht man von einer Lastschrift. Dieses Verfahren ist sinnvoll, wenn die Zahlungen unregelmäßig oder in unterschiedlicher Höhe erfolgen (z. B. Handyrechnung). Beide Verfahren können jederzeit vom Zahlenden widerrufen werden.

Girokonto

Für die Teilnahme am halbbaren und bargeldlosen Zahlungsverkehr benötigen die Beteiligten ein Girokonto.
Wer ein solches eröffnen will, muss
- voll geschäftsfähig sein – spätestens mit dem 16. Lebensjahr und dem Beginn einer Berufsausbildung wird das Girokonto unverzichtbar. Die Zustimmung der gesetzlichen Vertreter ist dabei erforderlich. Eine Überziehung des Kontos ist nicht möglich;
- sich ausweisen können, z. B. durch den Personalausweis.

Das Girokonto ist die zentrale Basis für alle Geldgeschäfte, auch für Ein- und Auszahlungen von Bargeld. Über die Umsätze wird der Kontoinhaber durch einen Kontoauszug unterrichtet. Die Gebühren für die Nutzung können je nach Geldinstitut unterschiedlich ausfallen. Dabei sollte man achten auf:
- Kontoführungsgebühren (Grundbetrag oder Einzelabrechnung);
- Kosten für Kontokarten (Girocard, Kreditkarte);
- Gebühren bei Kartenzahlung;
- Zinsen für Guthaben und Kontoüberziehung.

Beim **Onlinebanking** und **Mobile Banking** kann man sein Girokonto von zu Hause aus mit dem PC oder mit dem Smartphone verwalten (z. B. Überweisungen durchführen, Kontostände abfragen, Daueraufträge erteilen).

Girocard (Girokarte)

Mit der Girocard kann man bei Banken und Sparkassen Geld abheben und auf das Konto einzahlen. Dazu benötigt man eine persönliche 4-stellige Geheimzahl (**PIN**). Die Girocard und die PIN sollte man immer getrennt aufbewahren. Girocards können entweder mit einem *V-Pay*-Logo oder mit einem *Maestro*-Logo versehen sein. Mit einem *Maestro*-Logo kann weltweit

Akzeptanzzeichen: Karte einsetzbar zum kontaktlosen Bezahlen **(1)**, als Electronic Cash **(2)**, als Geldkarte = Kleinbeträge bargeldlos bezahlen **(3)**

mit der Karte Geld abheben oder in Geschäften bezahlen. Handelt es sich um eine Karte mit *V-Pay*-Aufdruck, so sind die Einsatzmöglichkeiten auf die Länder der EU sowie einige weitere Staaten innerhalb Europas beschränkt.
Die bargeldlose Bezahlung in Geschäften ist heute Normalität. Der Kunde steckt die Girocard in das Terminal, tippt seine persönliche Geheimzahl (PIN) ein und bestätigt den Rechnungsbetrag. Garantiert die Bank die Einlösung, ist der Zahlungsvorgang abgeschlossen.

Kontaktlos bezahlen

Eine moderne Form des bargeldlosen Zahlens ist das kontaktlose Bezahlen von Einkäufen per Karte. Die Girocard muss dazu mit der Funktion für das kontaktlose Bezahlen ausgestattet sein. Ob sie das ist, erkennt man an dem entsprechenden Symbol auf der Girocard.
Beim kontaktlosen Bezahlen erkennt das Kassenterminal die Karte, auch ohne dass sie in das Gerät eingeführt wird. Terminal und Karte tauschen die nötigen Daten aus (Kartennummer, Gültigkeitsdatum und Betrag) und ein optisches Signal oder ein Piepton bestätigt die Zahlung.
Je nach Kartenanbieter können Kleinbeträge kontaktlos bezahlt werden (meist bis max. 25 €). Bei höheren Beträgen muss die Karten-PIN eingegeben oder eine Unterschrift geleistet werden.

girogo

Symbole für kontaktloses Bezahlen

Zahlen mit Kreditkarte

Kreditkarten (z. B. *Mastercard, Visa, American Express*) werden von Kreditkartenunternehmen und Banken ausgegeben. Sogenannte Prepaid- und Debitkarten können nur bis zu dem Betrag belastet werden, der auch auf dem Girokonto zur Verfügung steht. „Echte" Kreditkarten können bis zum vereinbarten Kreditkartenlimit belastet werden.
Kreditkarten können zur Begleichung von Rechnungen genutzt werden, wenn der Zahlungsempfänger diese Zahlungsform akzeptiert. Am Ende eines Abrechnungszeitraums (z. B. ein Monat) erhält der Kunde eine Abrechnung. Das Geld wird dann in den meisten Fällen vom Girokonto des Kartenbesitzers abgebucht. Einkäufe im Internet sind häufig nur in Verbindung mit einer Kreditkarte möglich.

VISA

mastercard.

Bezahlen im Internet

Geschäfte im Internet sind für Käufer und Verkäufer mit einem Risiko verbunden. Es kann passieren, dass bereits bezahlte Ware nicht oder falsch geliefert wird oder der Käufer nicht bezahlt. **Bezahlsysteme**, wie z. B. *PayPal* oder *giropay*, bieten hier ihre Dienste an. Sie stellen mit einer Zahlungsgarantie sicher, dass der Händler das Geld für die Ware auch bekommt. PayPal hilft dem Käufer mit dem Käuferschutz, wenn die Bestellung nicht ankommt oder die Ware nicht der Beschreibung entspricht.

PayPal

giropay

Zusammenfassung: Geld und Geldarten, Zahlungsmöglichkeiten

Geld

Erscheinungsformen
- Warengeld
- Metallgeld und Münzen
- Papiergeld
- Buchgeld

Funktionen
- Tauschmittel/Zahlungsmittel
- Wertaufbewahrungsmittel
- Maßeinheit

Zahlungsarten

Barzahlung
Weder Zahlender noch Empfänger nutzen ein Konto für die Zahlung (persönliche Geldübergabe oder durch Boten).

Bargeldlose Zahlung
Zahlender und Empfänger nutzen ein Konto für die Zahlung.

Halbbare Zahlung
Entweder Zahlender oder Empfänger nutzt ein Konto für die Zahlung:
- Zahlschein
- Nachnahme
- Barscheck

Überweisung
(SEPA-Verfahren)
- Einzelüberweisung
- Dauerauftrag
- Lastschrift

Verrechnungsscheck

Zahlung mit Girocard
- Electronic Cash
- Geldkarte
- kontaktloses Bezahlen

Zahlung mit Kreditkarte
(hohe Akzeptanz beim Zahlungsempfänger)
- Prepaid-Karten
- Debit-Karten
- „echte“ Kreditkarten

Bezahlen im Internet
spezielle Bezahlsysteme zum Schutz von Käufer und Verkäufer

Übungsaufgaben

1. Bargeldlose Zahlungsformen nehmen immer mehr zu.
Versuchen Sie, dafür eine Erklärung zu finden. Erläutern Sie den Unterschied zur halbbaren Zahlung.

2. Entscheiden Sie, mit welcher Zahlungsform (Überweisung, Dauerauftrag, Nachnahme, Zahlschein, Barzahlung, Lastschrifteinzug) die nachfolgenden Zahlungen am besten durchgeführt werden. Begründen Sie Ihre Entscheidung.

   a) Petra kauft sich am Schulkiosk in der Pause ein Brötchen.
   b) Eine Handwerkerrechnung muss beglichen werden.
   c) Rechnungen des Handy-Betreibers
   d) Ein bestimmter Betrag soll bar bei einem Kreditinstitut eingezahlt und dann dem Konto des Empfängers gutgeschrieben werden.
   e) Zahlung der monatlichen Miete
   f) Der Verkäufer möchte den Rechnungsbetrag bar einziehen, bevor er die Ware dem 500 km entfernt wohnenden Kunden übergibt.

3. Erläutern Sie, warum man die Girokarte und die PIN immer getrennt aufbewahren soll.

4. Nehmen Sie zu folgender Behauptung Stellung: „Das Bezahlen mit Kreditkarten verleitet zu Mehrausgaben.“

5. Erläutern Sie jeweils anhand eines Beispiels die Funktionen des Geldes.

Verschiedene Anlageformen

Lernsituation

Moritz möchte die 30 000 €, die er von seiner Oma geerbt hat, anlegen. Im Gespräch mit dem Anlageberater der Bank hat er seine Vorstellungen genannt: Er möchte auf keinen Fall mit dem Geld zocken. Wenn er in ein bis zwei Jahren eine eigene Wohnung bezieht oder vielleicht sogar noch mit dem Studium anfangen sollte, möchte er über das Geld verfügen können. Dann vielleicht noch eine gute Rendite, das wäre nicht schlecht.

Arbeitsauftrag

- Unterbreiten Sie Moritz einen Vorschlag, wie er die 30 000 € anlegen soll.
  Zunächst bewerten Sie die einzelnen Anlageformen anhand der vorgegebenen Kriterien. Nutzen Sie den Bewertungsschlüssel unter dem Raster.

	Sparbuch/ Sparkonto	Tages-/ Festgeld	Anleihen	Aktien	Fonds	Immo-bilien	Gold
Rendite							
Sicherheit							
Verfügbarkeit							

Bewertungsschlüssel: ++ = sehr gut + = gut – = schlecht – – = sehr schlecht

Stellen Sie für Moritz ein Paket aus mehreren Anlageformen zusammen. Begründen Sie Ihre Entscheidung.

4.2 Geldanlagen vergleichen

Staatlich geförderte Anlagemodelle zur Alterssicherung *→ S. 102*

Versicherungssparen (z. B. Lebensversicherung) *→ S. 105*

Erträge aus Kapitalvermögen unterliegen der Einkommensteuer *→ S. 122 ff.*

Geldvermögen der privaten Haushalte in Deutschland (Ende 2015)

Einlagen bei Banken	*39,7 %*
Geldanlagen bei Versicherungen	*36,8 %*
Investmentfonds	*9,9 %*
Aktien	*6,5 %*
Festverzinsliche Wertpapiere	*3,2 %*
Sonstige	*3,9 %*

insgesamt: 5 482 Mrd. Euro

Deutsche Bundesbank, BVR

Wohin mit dem Geld?

Einen Volltreffer beim Lotto landen oder die Eine-Million-Euro-Frage richtig beantworten – Wer hat daran noch nicht gedacht? Aber was macht man mit der gewonnenen Million? Diese Frage müssen sich in der Realität nur ganz Wenige stellen. Allerdings muss es auch nicht gleich das ganz große Geld sein. Auch kleinere Beträge sollten gut verwaltet werden. Was macht man beispielsweise mit dem Geld, das am Monatsende übrig bleibt oder wie legt man das geerbte Geld von Onkel Theo an?

Für die Deutschen sind bei der Geldanlage die folgenden drei Kriterien von großer Bedeutung:

- Sicherheit (Wie hoch ist die Wahrscheinlichkeit, dass ich das eingezahlte Geld zurückbekomme?)
- Verfügbarkeit (Unter welchen Bedingungen und wie schnell kann ich über das angelegte Geld verfügen?)
- Rendite (Wie hoch ist die jährliche Verzinsung meiner Einlage, welche Gewinne kann ich erzielen?)

Leider sind nicht alle drei Ziele miteinander vereinbar. So sind die Chancen auf eine hohe Rendite meist mit einem hohen Risiko verbunden, langfristig angelegte Gelder erzielen höhere Zinsen, schränken jedoch die Verfügbarkeit ein.

Beratungsgespräch

Viele private Anleger wissen nicht so recht, wie sie ihr Geld investieren sollen. Zu viele Fragen sind vorab zu klären. Worin unterscheiden sich die verschiedenen Anlageformen? Welche eignet sich am besten für mich? Wen kann ich um Rat fragen? Banken, Sparkassen und sonstige Finanzdienstleister helfen beim Kauf von Wertpapieren (z. B. Aktien, Anleihen, Fonds). Dazu führen sie mit dem privaten Anleger ein Beratungsgespräch/Verkaufsgespräch, das in einem **Beratungsprotokoll** dokumentiert wird. Der Berater muss das Protokoll unterschreiben und dem Kunden ein Exemplar aushändigen – vor Abschluss des Geschäfts. Dieser gesetzlich vorgeschriebene Ablauf (gilt nicht für Tagesgeld, Festgeld, Sparanlagen) soll Kunden vor falscher Anlageberatung schützen. Hat ein Kunde eine risikolose Anlageform gewünscht, wird ihm aber dennoch eine riskante Wertpapieranlage verkauft, so kann er die Ansprüche auf Schadensersatz bei Falschberatung in einem Rechtsstreit belegen. Grundsätzlich sollte man nur Finanzprodukte kaufen, die man auch verstanden hat. Das schützt später vor unangenehmen Überraschungen.

Das magische Dreieck der Geldanlage

Sparkonto/Sparbuch

Diese Art der Geldanlage ist in Deutschland nach wie vor sehr beliebt. Früher waren es gebundene Sparbücher, in denen die Ein- und Auszahlungen des Sparers eingetragen wurden. Heute wird das Sparguthaben auf Kontoauszügen oder Chipkarten dokumentiert. In der Regel können Beträge bis zu 2 000 € im Monat abgehoben werden. Wer mehr abheben möchte, muss dies vorher ankündigen (dreimonatige Kündigungsfrist), ansonsten werden Strafzinsen fällig. Die Verfügbarkeit von größeren Beträgen ist durch die Kündigungsfrist deutlich eingeschränkt. Die Zinsen auf Sparguthaben sind niedrig. Vereinbart man eine längere Kündigungsfrist, verbessert sich die Verzinsung etwas. Sparkonten bieten eine große Sicherheit, da Einlagen bis 100 000 € pro Anleger und Bank gesichert sind = **gesetzliche Einlagensicherung**.

Tagesgeld

Ein Tagesgeldkonto ist eine jederzeit verfügbare Geldanlage ohne feste Laufzeit, allerdings mit einer, wenn auch niedrigen, Verzinsung. Tagesgeldguthaben sind über die gesetzliche Einlagensicherung abgesichert wie Spareinlagen auch.

Festgeld/Termingeld

Kann man für eine bestimmte Zeit auf sein Geld verzichten, sollte man es als Fest- oder Termingeld anlegen (für z. B. 12, 24 oder 36 Monate). Dadurch erzielt man höhere Zinsen. Ein weiterer Vorteil ist, dass man sich unabhängig von der Hausbank ein Tagesgeldkonto mit den höchsten Zinsen suchen kann. Die Mindesteinlage beträgt häufig 5 000 €. Fest- und Termingelder unterliegen der gesetzlichen Einlagensicherung.

Sparbrief

Sparbriefe sind mit dem Sparkonto vergleichbar, werden allerdings für einen Anlagezeitraum (meist zwischen vier und fünf Jahren) von den Banken und Sparkassen ausgegeben. Sparbriefe werden meist auf den Namen des Kunden ausgestellt, sodass sie nicht vorzeitig verkauft werden können. Die Verzinsung liegt über der des Sparbuchs. Sparbriefe sind so sicher wie ein Sparkonto.

Anleihen (Festverzinsliche Wertpapiere)

Anleihen garantieren einen gleichbleibenden Zins über eine lange Laufzeit hinweg (bis zu 30 Jahre). Die Verzinsung ist höher als bei anderen Sparformen. Solche festverzinslichen Wertpapiere werden meist von Staaten, Bundesländern, Gemeinden, Unternehmen oder Banken ausgegeben, um ihren Finanzbedarf zu decken, und privaten Anlegern zum Kauf angeboten. Werden die Anleihen von einer Gemeinde ausgegeben, nennt man sie Kommunalobligationen. Wer eine Anleihe kauft, kann sie erst am Ende der Laufzeit an den Emittenten (= Herausgeber der Anleihe) zurückgeben. Allerdings können sie vorher bereits an der Börse verkauft werden. Der Börsenpreis ergibt sich nicht nur aus dem Nennwert des Papiers, sondern auch aus der Risikoeinschätzung (z. B. gelten Schweizer Anleihen zurzeit als sicherer als griechische Anleihen) und dem gegenwärtigen Marktzins.
Beispiel: Liegt der Kapitalmarktzins bei 5 %, der Zinssatz der Anleihe bei 4 %, kann die Anleihe nur mit einem Abschlag verkauft werden.

Am Ende der Laufzeit wird der auf dem Wertpapier stehende Nennbetrag ausgezahlt. Anleihen gelten als sicher; das größte Risiko sind Insolvenzen und Staatspleiten.

Beim Kauf von Finanzprodukten können Kosten anfallen: Abschlussgebühr, Provision, Verwaltungskosten.

Aktien

Wer eine Aktie kauft, beteiligt sich an einem Unternehmen. Die Rendite einer Aktie setzt sich aus zwei Komponenten zusammen:

- **Dividende:** Ausschüttung des Gewinns eines Unternehmens am Ende des Geschäftsjahres
- **Kursgewinn:** Aktien werden an der Börse gehandelt. Der Kurs einer Aktie entsteht durch das Zusammenspiel von Angebot und Nachfrage. Erwarten die Anleger, dass es einem Unternehmen in Zukunft gut gehen wird und es Gewinne erwirtschaftet, so steigt die Nachfrage nach dieser Aktie und somit auch ihr Kurswert, also ihr Preis. Geht es einem Unternehmen schlecht, wollen viele Anleger verkaufen und der Preis der Aktie sinkt.

Aktien bieten die Chance auf hohe Renditen, bergen aber auch eine Menge Risiken. Das kann sogar so weit gehen, dass im Falle einer Unternehmensliquidation der Anleger gar nichts oder nur einen Bruchteil seiner Kapitalanlage zurückerhält. Dieses Risiko lässt sich verringern, indem man Aktien verschiedener Unternehmen kauft.

Aktiengesellschaften

→ S. 285 ff.

Unternehmensliquidation

→ S. 273

Entwicklung der Lufthansa-Aktie 2014–2016

Quelle: www.onvista.de

So funktionieren Investmentfonds

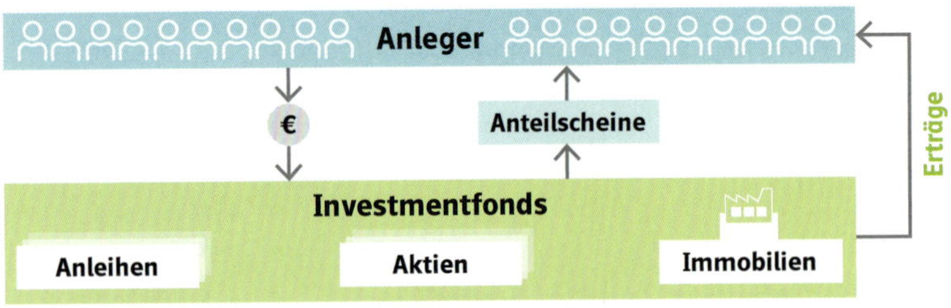

Offene Fonds

Die Investmentgesellschaft kann beliebig viele Fondsanteile herausgeben und nimmt sie zum aktuellen Rücknahmepreis wieder zurück.

Geschlossene Fonds

Es werden meist Anteile für Großprojekte herausgegeben (z.B. Immobilien). Sobald alle Anteile verkauft sind, wird der Fonds geschlossen (meist für 10 bis 20 Jahre). Eine frühere Rückzahlung der Anteile ist nicht oder nur unter erheblichen Verlusten möglich.

Investmentfonds

Bei einem Fonds investiert die Fondsgesellschaft (= Investmentgesellschaft) das Geld ihrer Anleger in verschiedene Anlagebereiche, z.B. in Aktien (= Aktienfonds), in Grundstücke und Gebäude (= Immobilienfonds), in festverzinsliche Wertpapiere (= Rentenfonds) oder in Aktien und Wertpapiere (= gemischter Fonds). Der Anleger erhält im Gegenzug ein **Investmentzertifikat** (= Anlageschein am Fonds). Fonds werden von Managern verwaltet. Je geschickter dieser Manager das eingesammelte Geld investiert, umso höher die ausgeschütteten Erträge oder der Wert des Fonds. Grundsätzlich lassen sich Anteile bei **offenen Fonds** jederzeit zu dem täglich neu berechneten Rücknahmepreis verkaufen (meist an die Fondsgesellschaft oder an der Börse).
Investmentfonds unterliegen weniger starken Kursschwankungen als einzelne Aktien, da sie in verschiedene Branchen oder Bereiche investieren, die unterschiedliche Gewinne und Verluste erzielen. Die Anteilscheine müssen zum angegebenen Anteilswert von der Investmentgesellschaft zurückgenommen werden.
Zu den Fonds zählen auch die sogenannten Indexfonds, auch **ETF** (Exchange Traded Funds) genannt. Sie bilden einen Index wie beispielsweise den DAX (Deutscher Aktienindex) eins zu eins ab und werden nicht von Managern gesteuert. Sie verursachen dadurch weniger Kosten und bieten gute Renditechancen.

Immobilien

Niedrige Kreditzinsen sorgen für niedrige Finanzierungskosten. Da die meisten Immobilien über Kredit finanziert werden, steigt in Zeiten niedriger Zinsen deshalb die Nachfrage nach Immobilien. Es wird ganz einfach günstiger, sich ein Haus oder eine Wohnung zu kaufen. Nutzt man die Immobilie selbst, hat man zwar die Zinslast zu tragen, spart dafür aber die Miete ein. Eine Möglichkeit, um für eine Immobilie anzusparen, ist der Bausparvertrag (→ S. 102). Eine steigende Nachfrage führt zu steigenden Immobilienpreisen. Das kann dazu führen, dass der Kaufpreis den tatsächlichen Wert der Immobilie übersteigt und man bei einem späteren Verkauf Verlust macht. Trotzdem zählen Häuser und Grundstücke immer noch zu den sichersten und wertbeständigsten Kapitalanlagen. Die Verfügbarkeit über das investierte Geld ist allerdings eingeschränkt.

Weitere Sachanlagen

Es gibt noch viele weitere Möglichkeiten, um sein Geld anzulegen, z.B. Kunst, Antiquitäten oder Rohstoffe (Gold, Silber). Der Anleger profitiert zwar von der Sicherheit in die Sachanlage, es ist allerdings nicht garantiert, dass er beim Verkauf einen höheren Preis als beim Kauf erzielt. Auf diesem Gebiet tummeln sich erfahrene Anleger, die auf eine Wertsteigerung der Gegenstände spekulieren. Der Wert solcher Anlagen unterliegt häufig großen Kursschwankungen.

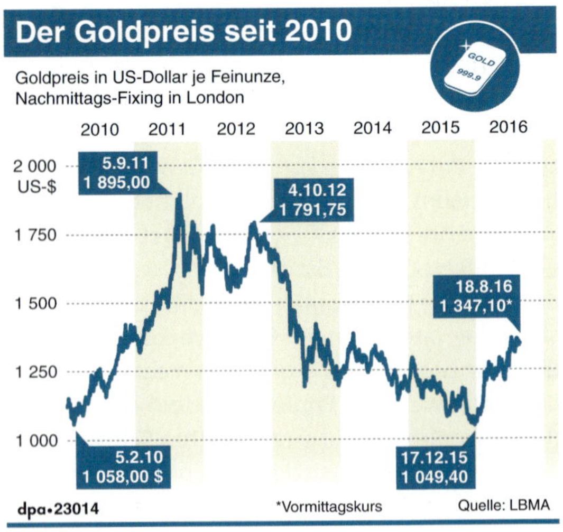

Zusammenfassung: Verschiedene Anlageformen

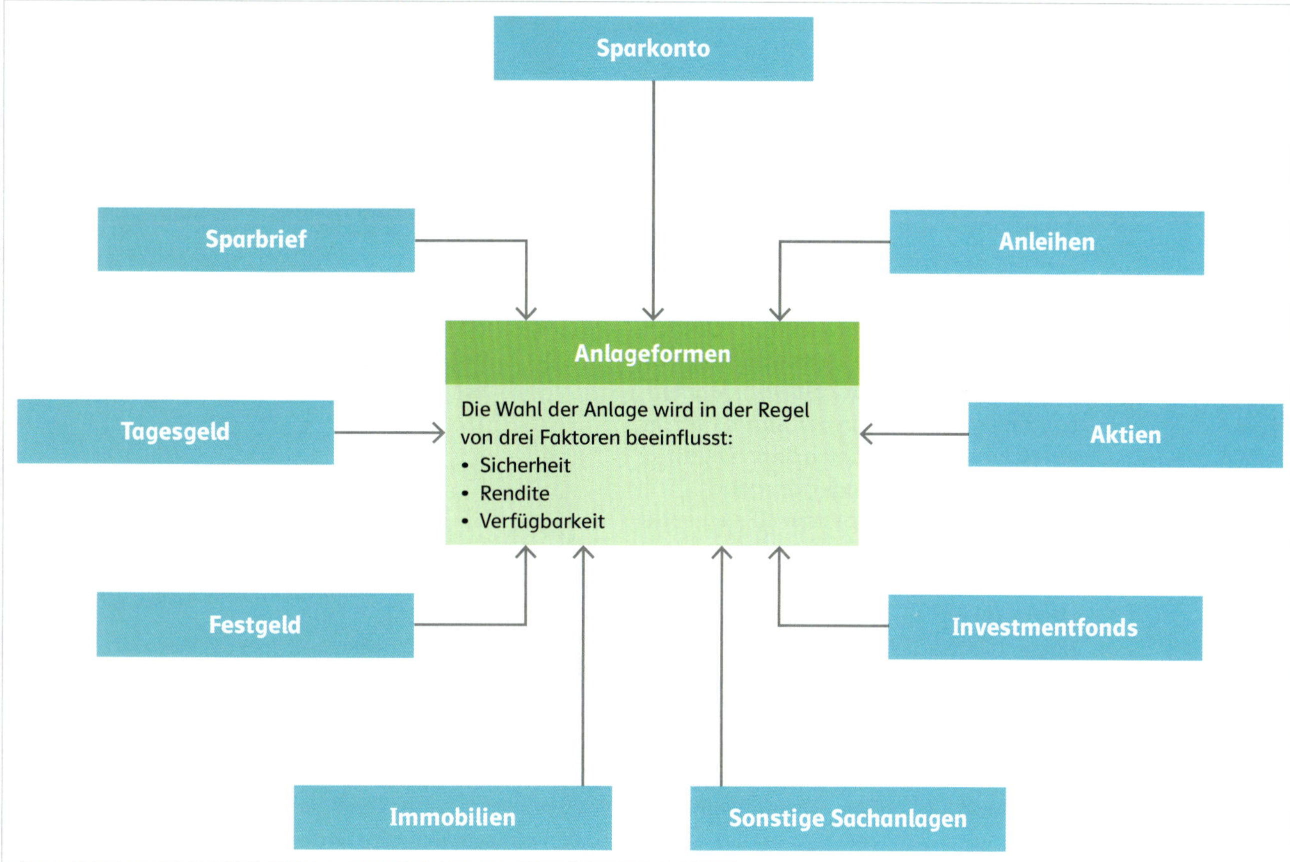

Übungsaufgaben

○ 1. Nennen Sie Faktoren, welche die Form der Geldanlage privater Haushalte bestimmen.

◒ 2. Erläutern Sie die Funktionsweise eines Investmentfonds.

◒ 3. Erläutern Sie, warum es sinnvoll ist, sein Geld auf mehrere Anlageformen zu verteilen.

● 4. Interpretieren Sie die folgenden beiden Börsenweisheiten
a) „Besitzer von Zinspapieren schlafen gut; Aktienbesitzer dagegen leben gut."
b) „Was ist der Unterschied zwischen der Börse und einer Straßenbahn? An der Börse wird zum Ein- und Aussteigen nicht geklingelt."

● 5. Charakterisieren Sie den Anlegertyp, der sein Geld so anlegt:

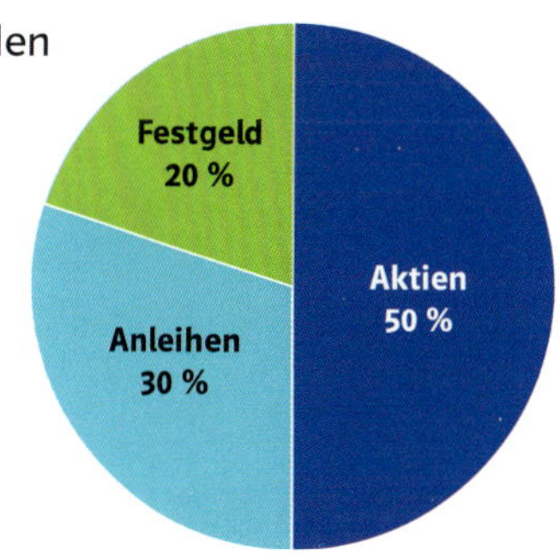

● 6. Die Grafik *Der Goldpreis seit 2010* auf S. 176 zeigt die starke Preisveränderung über die Dauer von sechs Jahren. Der Preis ergibt sich aus dem Spiel von Angebot und Nachfrage. Stellen Sie Vermutungen an, was die Gründe für die Schwankungen sind.

Haushaltsplan und Konsumgewohnheiten

Lernsituation

Nele und Max leben schon lange zusammen und sind seit vier Jahren verheiratet. Beide haben eine sichere Stelle, bereits 60 000 € gespart und 50 000 € geerbt. Jetzt spielen sie mit dem Gedanken, ein kleines Haus zu bauen oder zu kaufen. Auf die Idee mit dem Haus sind sie gekommen, weil sie an Kinder denken. Momentan leben sie mitten in der Stadt – schön, um abends noch was zu unternehmen, aber absolut nicht kinderfreundlich. An diesem Sonntagabend sind sie wieder bei ihrer Lieblingsidee.

Max: Ich habe ausgerechnet, dass wir im Moment etwa 7 000 € im Jahr auf die Seite legen. Wenn wir dann im eigenen Haus wohnen, sollten wir schon 12 000 € im Jahr für Zinsen und Tilgung einkalkulieren.
Nele: Ich bin unsicher, ob wir das schaffen.
Max: Wenn wir wollen, schaffen wir das schon.
Nele: Aber es hat keinen Sinn, nur wegen dem Haus auf alles zu verzichten. Ich kenne das von meinen Eltern. Sie haben sich nie etwas gegönnt. Jetzt ist nach 25 Jahren die Kiste endlich abbezahlt. War es das wirklich wert?
Max: Aber wir wollen es doch beide nicht nur für uns, sondern auch für die Kinder.
Nele: Wenn du den Bankberater hörst, dann ist das alles ganz einfach. Aber ich will eine realistische Rechnung mit allem Wenn und Aber. Und wir müssen auch auf den Tisch legen, worauf wir beide nicht verzichten wollen.
Max: Gut, dann fangen wir einfach mal an …

Arbeitsauftrag

- Die Entscheidung können Sie Nele und Max nicht abnehmen. Aber Sie können erarbeiten, was sie vor einer solchen Entscheidung wissen und bedenken müssen.

  1. Welche neuen Ausgaben kommen nach einem Hauskauf auf Nele und Max zu? Welche Ausgaben verändern sich?
  2. Wie verändern sich Einnahmen und Ausgaben, wenn die beiden Nachwuchs haben? Welche Rolle spielt dabei die Zahl der Kinder?
  3. Welche Unsicherheiten bleiben nach einem Hauskauf? Welche Unsicherheiten bleiben, wenn die beiden zur Miete wohnen?

Warum private Haushaltsplanung?

Die meisten von uns haben keinen genauen Überblick über ihre Ausgaben. Ein solcher Überblick ist aber besonders dann wichtig, wenn das Geld nicht reicht oder wenn wir mehr auf die hohe Kante legen wollen – für einen tollen Urlaub, für Anschaffungen oder für eine eigene Wohnung. Es geht also immer um zwei Fragen: Wie viel Geld ist nicht verplant? Welche Ausgaben sind unnötig? Wenn diese Fragen beantwortet sind, können wir unser verfügbares Geld gezielt für die Dinge verwenden, die uns wirklich wichtig sind.
Der erste Schritt zu einer solchen bewussten Ausgabenplanung ist, über die eigenen Ausgaben Buch zu führen. Dafür gibt es Apps für das Smartphone und kostenlose Programme für den Computer. Wichtig ist, alle Ausgaben zu erfassen, auch solche, die nur einmal im Jahr vorkommen, wie etwa Versicherungsbeiträge. Für eine erste Orientierung eignet sich ein Haushaltsplan auf Papier, wie Sie ihn hier sehen.

Monatlicher Haushaltsplan

Monat: Jahr:	aktuell	geplant
Einnahmen		
• Lohn/Gehalt		
• andere Einkünfte		
Summe Einnahmen		
Ausgaben		
• Wohnen, Heizung, Strom		
• Nahrungsmittel, Getränke, Tabakwaren		
• Körperpflege, Gesundheitspflege		
• Bekleidung und Schuhe		
• Hausrat, Haustiere, Garten		
• Verkehr (Auto, öffentliche Verkehrsmittel)		
• Kommunikation		
• Freizeit, Unterhaltung, Bildung (Hobbys, Ausgehen)		
• Versicherungen		
• Anschaffungen (Auto, Möbel, Elektronik)		
• Vermögensbildung (Sparvertrag, Altersvorsorge)		
• Verbindlichkeiten aus Krediten (Zinsen, Tilgung)		
• Sonstiges		
Summe Ausgaben		
Überschuss/Fehlbetrag		

Online-Code zum Download des Haushaltsplans → S. 167

4.3 Verantwortungsvoll wirtschaften

Wer einige Monate Buch geführt hat, wird vermutlich feststellen, dass seine Ausgaben sich anders verteilen als erwartet. Grob gesehen gibt es zwei Arten von Ausgaben:

- **feste Ausgaben**, deren Höhe kurzfristig nicht änderbar ist (z. B. Miete, Versicherungsbeiträge, Mitgliedsbeiträge, Gebühren ...);
- **veränderliche Ausgaben**, die jeden Monat anfallen (Ernährung, Strom, Heizung, Benzin), und solche, die unregelmäßig anfallen (Bekleidung, Urlaub, Geschenke sowie alle Anschaffungen: vom Computer über die Waschmaschine bis zum Auto).

Wenn einzelne Ausgabenposten unerwartet hoch sind, lohnt es sich, sie genauer unter die Lupe zu nehmen und zu unterteilen: Sind die Kosten für Ernährung hoch, weil teuer eingekauft wurde oder weil viele Restaurantbesuche dabei waren?

Eine vernünftige Haushaltsplanung orientiert sich an der jetzigen Ausgabenverteilung und am Durchschnitt der Bevölkerung (→ Tabelle unten). Das oberste Ziel lautet: Einzelne Posten dürfen nicht ausufern. Wenn die Ausgaben für Essen und Getränke über dem Plan liegen, muss im nächsten Monat eben sparsamer eingekauft werden oder der Restaurantbesuch fällt flach. Das zweite Ziel der Haushaltsplanung ist, genügend Geld für Anschaffungen und ungeplante Ausgaben zurückzulegen. Fehlende Rücklagen für Unvorhergesehenes sind häufig ein Grund für Verschuldung. Es ist sinnvoll, zwei Monatsgehälter so anzulegen, dass man rasch darauf zugreifen kann.

Wer seine Ausgaben nicht unter Kontrolle hat oder sie unrealistisch ansetzt, ist ein Kandidat für Überschuldung (→ S. 193). Auch bei hohem Einkommen kann man über seine Verhältnisse leben. Generell gilt: Wenn die Haushaltsplanung nicht zu den Konsumgewohnheiten passt, läuft etwas schief. Die Planung muss korrigiert werden. Die Kunst besteht darin, Ausgaben dort einzusparen, wo es am wenigsten weh tut.

Ausgaben privater Haushalte pro Monat	Paare ohne Kinder	Paare mit Kindern
Wohnen, Energie, Wohnungsinstandhaltung	999 €	1108 €
Essen, Getränke, Tabakwaren	517 €	634 €
Gesundheitspflege	145 €	96 €
Bekleidung und Schuhe	117 €	175 €
Möbel, Haushaltsgeräte und -gegenstände	168 €	187 €
Verkehr (Auto, öffentliche Verkehrsmittel)	390 €	466 €
Kommunikation	63 €	84 €
Freizeit, Unterhaltung, Kultur, Urlaub	390 €	475 €
Sonstiges	105 €	128 €
Gesamtausgaben	**2894 €**	**3353 €**

Statistisches Bundesamt (Stand 2015)

Konsumgewohnheiten ändern sich

Konsumgewohnheiten sind von mehreren Faktoren abhängig:

- **Lebensphase**: Wer in die erste eigene Wohnung einzieht, muss eine Menge Anschaffungen machen. Genauso ist es, wenn Kinder kommen. Der finanzielle Spielraum ist in dieser Zeit gering. In späteren Jahren steht mehr Geld zur Verfügung; entsprechend großzügiger wird meist eingekauft. Die Ansprüche an die Qualität steigen, man gönnt sich mehr. Rentner dagegen leben oft wieder sparsamer, teils gezwungenermaßen, weil ihre Rente niedrig ist, teils weil sie für die Kinder und Enkel oder für den Fall der eigenen Pflegebedürftigkeit sparen.
- **Lebensumstände**: Wer in München oder Hamburg wohnt, gibt mehr Geld aus für Miete, aber weniger fürs Auto als jemand, der in einem Dorf im Schwarzwald wohnt, wo die Arbeitsplätze weit weg sind. Wer alleinerziehend ist, hat (im Durchschnitt) wenig Geld zur Verfügung. Dann ist vieles Luxus, was für andere normal ist.
- **Lebensziele und Lebensstil**: Wofür jemand Geld ausgibt und wie wichtig Geld ihm überhaupt ist, hängt von der Lebenseinstellung ab. Die einen wollen vorzeigen, was sie sich alles leisten können und wie weit sie es gebracht haben. Den anderen ist wichtig, was sie erleben. Wer in erster Linie Wert auf soziale Beziehungen und Selbstverwirklichung legt, für den ist Geld weniger wichtig als für jemanden, dem es vor allem auf die Wertschätzung anderer ankommt (→ S. 25 *Maslowsche Bedürfnispyramide*). Was den einen glücklich macht, lässt den anderen kalt.
- **Soziale Gruppe**: Wir lassen uns in unseren Kaufentscheidungen von unserem Umfeld leiten. Was dort angesagt ist, interessiert uns auch.
- **Intuition, Information und Erfahrung**: Viele Entscheidungen, auch Kaufentscheidungen, treffen wir spontan und intuitiv. Wir haben uns innerlich entschieden, und erst im Anschluss suchen wir nach guten Gründen, um die Entscheidung vernünftig aussehen zu lassen. Ich hätte gerne ein iPhone und finde anschließend viele Argumente, warum Apple besser ist als die Konkurrenz. Bei Produkten mit weniger Prestige vergleichen wir ernsthaft Preise und Qualität – im Zeitalter des Internets kein Problem. Eine Hilfe ist auch das Abschneiden der Produkte in Warentests und Informationen der Verbraucherberatung (→ S. 149 ff.) Und schließlich helfen uns unsere bisherigen guten und schlechten Erfahrungen mit Produkten und Händlern bei der Auswahl.

Die besten Produktmarken in Deutschland

1. *Nivea*
2. *Coca-Cola*
3. *Samsung*
4. *Rotkäppchen*
5. *Lego*
6. *Bosch*
7. *Persil*
8. *WMF*
9. *Apple*
10. *Lindt*

GfK (2016)

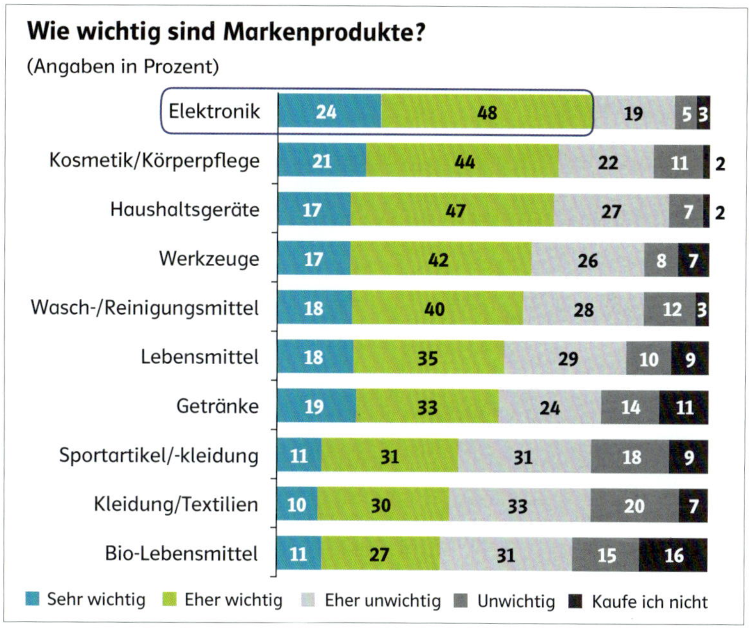

pwc Bevölkerungsbefragung Dezember 2015

Lesebeispiel: Bei Elektronik ist es 24 % der Befragten sehr wichtig und 48 % eher wichtig, Markenprodukte zu kaufen (zusammen 72 %). Bei Elektronik sind für 19 % Markenprodukte eher unwichtig, für 5 % unwichtig. Nur 3 % kaufen keine Elektronik-Produkte.

Zusammenfassung: Haushaltsplan und Konsumgewohnheiten

Ausgaben → **Haushaltsplan** ← **Einnahmen**

Ausgaben
- Wohnen
- Essen und Trinken
- Gesundheit
- Bekleidung
- Haushalt
- Verkehr
- Kommunikation
- Anschaffungen
- Sparen

Arten von Ausgaben:
- feste
- veränderliche

Haushaltsplan

dient der Konsumkontrolle

↓

Konsumgewohnheiten

↑

Einflüsse auf die Konsumgewohnheiten
- Lebensphase
- Lebensumstände
- Lebensziele, Lebensstil
- soziale Gruppe
- Intuition, Information, Erfahrung

Einnahmen
- Lohn/Gehalt
- andere Einnahmen

Übungsaufgaben

1. Vergleichen Sie die Rubriken der Ausgaben privater Haushalte (→ S. 180) mit den Rubriken des Haushaltsplans (→ S. 179). Nennen Sie die Unterschiede.

2. Erläutern Sie, inwiefern ein Haushaltsplan hilft, Kosten zu sparen.

3. Erläutern Sie, ob es sich bei den folgenden Ausgaben um feste oder um veränderliche Ausgaben handelt:
   a) Leasingrate für Pkw
   b) Kosten der Heizung
   c) Monatliche Abschlagszahlung für Strom
   d) Mitgliedsbeitrag der Gewerkschaft

4. Arbeitslose ohne Kinder bekommen etwa 60 % des letzten Nettolohns als Arbeitslosengeld I.
   a) Kürzen Sie in der Tabelle „Ausgaben privater Haushalte" (→ S. 180) die Ausgaben von Paaren ohne Kinder so, dass sie mit dem Arbeitslosengeld I auskommen.
   b) Begründen Sie Ihren Kürzungsvorschlag.
   c) Erläutern Sie in diesem Zusammenhang den Unterschied zwischen festen und veränderlichen Ausgaben.

5. Nennen Sie die verschiedenen Einflussfaktoren auf das Konsumverhalten und nennen Sie für jeden dieser Faktoren ein Beispiel.

6. Die durchschnittlichen Ausgaben von Alleinerziehenden betrugen 2015:

Wohnen, Energie, Wohnungsinstandhaltung	715 €
Essen, Getränke, Tabakwaren	345 €
Gesundheitspflege	39 €
Bekleidung und Schuhe	101 €
Möbel, Haushaltsgeräte und -gegenstände	90 €
Verkehr (Auto, öffentliche Verkehrsmittel)	205 €
Kommunikation	65 €
Freizeit, Unterhaltung, Kultur, Urlaub	242 €
Sonstiges	74 €
Gesamtausgaben	1876 €

Statistisches Bundesamt

Vergleichen Sie mit den Ausgaben von Paaren ohne Kinder.
   a) Nennen Sie die wichtigsten Unterschiede.
   b) Ermitteln Sie Gründe für diese Unterschiede.

Verbraucherdarlehen

Lernsituation

Hendrik im Gespräch mit dem Leiter der Sparkassenfiliale, Herrn Kalisch.

Hendrik: Ich möchte mir beim Autohaus Hofer das neue Modell kaufen. Ich weiß nicht, ob Sie es schon kennen. 25 000 € kostet es neu. 12 000 € bekomme ich für meinen alten Wagen. Für die restlichen 13 000 € benötige ich einen Kredit. In Ihren Anzeigen bieten Sie doch an, dass man einen Dispokredit problemlos und schnell in Anspruch nehmen kann. Wäre das keine Möglichkeit für mich?
Kalisch: Inwieweit Sie ihr Konto überziehen können, hängt u. a. von der Kredithöhe, Ihrem Beruf und der Höhe Ihres Einkommens ab. Ich sehe, Sie bekommen monatlich 1600 € Lohn überwiesen. Wie viel davon stehen Ihnen für Tilgung und Zinsen zur Verfügung?
Hendrik: Ich hatte so an 300 € gedacht.
Kalisch: Dann kämen wir auf eine Laufzeit von ungefähr 48 Monaten. Das ist für die Dauer einer Autofinanzierung normal, allerdings nicht in Form der Kontoüberziehung, sondern als Darlehen. Ihr Girokonto ist in erster Linie dazu da, Ihre Zahlungseingänge und -ausgänge zu verbuchen. Außerdem ist der Zinssatz dort bei einer Überziehung viel höher.
Hendrik: Dann schließe ich eben einen Darlehensvertrag ab.
Kalisch: Gut, als Sicherheit könnten wir den neuen Pkw im Wert von 25 000 € einsetzen.
Hendrik: Wie, mein Auto soll ich hinterlegen? Dann habe ich ja nichts davon.
Kalisch: Den Wagen können Sie schon benutzen. Sie übertragen uns das Eigentumsrecht an dem Auto, indem Sie uns den Fahrzeugbrief bis zur vollständigen Bezahlung überlassen. Haben Sie sonst noch Kreditverträge abgeschlossen, die Sie zurzeit zurückzahlen?
Hendrik: Nein.
Kalisch: Wenn Sie damit einverstanden sind, dass wir bei der Schufa nachfragen, kann ich den Vertrag soweit vorbereiten.

Arbeitsauftrag

- Vergleichen Sie Dispositionskredit und Verbraucherdarlehen. Erarbeiten Sie dazu eine Übersicht nach diesem Muster (Online-Code zum Download der Übersicht → S. 167):

	Dispositionskredit	Darlehen
Grund/Anlass		
Formvorschriften		
Kredithöhe		
Laufzeit/Tilgung		
Kreditkosten		
Sicherheiten		

Finanzierung von Anschaffungen

Schufa
Schutzgemeinschaft für allgemeine Kreditsicherung

Finanzierung über einen Leasingvertrag *→ S. 294*

Zinssatz
Preis für die zeitweilige Überlassung von Geld und Kapital, ausgedrückt in Prozent

Festzinssatz
für einen bestimmten Zeitraum festgeschriebener Prozentsatz

variabler Zinssatz
Prozentsatz wird an den aktuellen Marktzins angepasst

Wenn Privatpersonen sich für eine Anschaffung (Wohnungseinrichtung, Auto, Haus) entschieden haben, muss das notwendige Kapital beschafft werden. Das nennt man Finanzierung. Die einfachste Form der Finanzierung ist gegeben, wenn kein Dritter zur Kapitalbeschaffung erforderlich ist. Bei Privatpersonen ist das der Fall, wenn der Kauf vom Ersparten oder aus den laufenden Einnahmen erfolgen kann.
Mit dem Kauf ist eine Reihe von Vorteilen verbunden. Man ist Eigentümer des Gegenstandes, hat keine regelmäßige monatliche Belastung und ist bei einem Barkauf in einer guten Verhandlungsposition gegenüber dem Verkäufer. Da aber vor allem bei größeren Anschaffungen meist nicht ausreichend eigene Mittel zur Verfügung stehen, erfolgt die Finanzierung dann über einen Kredit.

Die Voraussetzung: Kreditwürdigkeit

Wer einen Kredit aufnimmt, muss kreditwürdig sein, d.h., der Antragsteller muss sich in geordneten wirtschaftlichen Verhältnissen befinden und voraussichtlich in der Lage sein, den Kredit vereinbarungsgemäß zurückzuzahlen. Bei Privatpersonen spielen bei der Kreditwürdigkeit das Einkommen, die berufliche Sicherheit und die laufenden finanziellen Belastungen eine Rolle. Bei der Überprüfung der Kreditwürdigkeit können Banken die Hilfe der **Schufa** in Anspruch nehmen. Dort werden mit Einwilligung der Kunden deren Kreditverträge mit Kreditinstituten und Einzelhandelsunternehmen gespeichert. Der Anfragende erhält Auskunft über noch bestehende Verpflichtungen des Kreditnehmers und ob dieser seinen Zahlungsverpflichtungen nachkommt.

Dafür nehmen die Deutschen am liebsten einen Ratenkredit auf

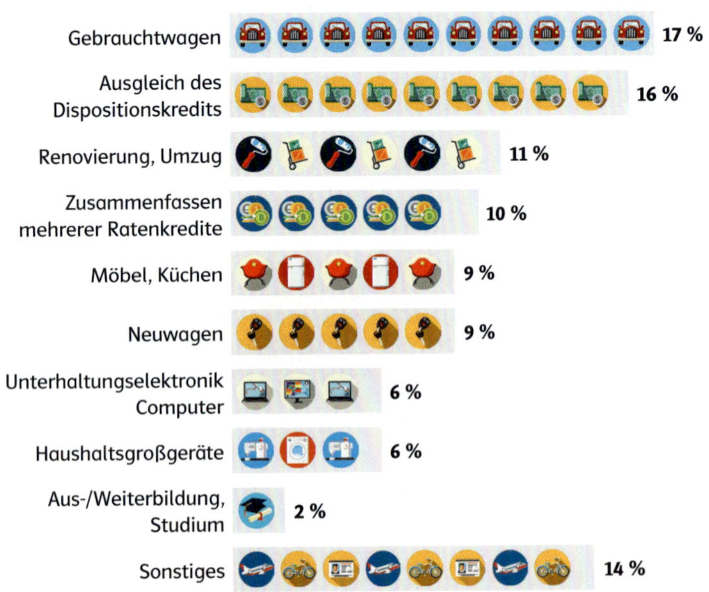

Quelle: © Marktstudie 2014 Konsum- und Kfz-Finanzierung, GfK Finanzimarktforschung im Auftrag des Bankenfachverbandes e. V.

Die häufigsten Kreditarten

Banken und Sparkassen bieten unterschiedliche Kreditformen an, die sich je nach Laufzeit und Finanzierungsanlass unterscheiden.

- **Dispositionskredit:** Zur Buchung der laufenden Ein- und Ausgaben nutzen Privatleute Girokonten. Diese können überzogen werden, d.h. es sind auch dann Abbuchungen möglich, wenn kein Guthaben mehr auf dem Konto ist. Wie hoch das Konto überzogen werden darf, muss mit der Bank vereinbart werden. Da die Zinsen hier deutlich höher sind als bei anderen Kreditarten, sollte man den Überziehungskredit nur für kurze Zeit nutzen.
- **Darlehen**: Ein Darlehen wird in einer Summe zur Verfügung gestellt. Das Kreditinstitut erstellt für jedes Darlehen einen detaillierten Rückzahlungsplan, der die monatlichen Zahlungen bis zum Ende der Kreditlaufzeit auflistet. Der **Zinssatz** für Darlehen wird oft „festgeschrieben", d.h. während der Laufzeit verändert er sich nicht mehr.
  Die Tilgung, das heißt die Rückzahlung des Kredites, kann vertraglich unterschiedlich geregelt sein:
  - Fälligkeitsdarlehen: Das Darlehen wird bei Fälligkeit in einer Summe zurückgezahlt.
  - Abzahlungsdarlehen: Das Darlehen wird in vereinbarten Raten getilgt.
  - Annuitätendarlehen: Der Kreditnehmer zahlt monatlich eine gleichbleibende Rate aus Tilgung und Zinsen an das Kreditinstitut. Mit zunehmender Laufzeit nimmt dabei der Zinsanteil ab und der Tilgungsanteil nimmt zu. Das

Annuitätendarlehen ist die häufigste Form bei einem Verbraucherdarlehen.

Die Dauer der Finanzierung darf niemals länger als die Lebensdauer des Gutes sein. So kann die Finanzierung eines Hauses (Hypothekendarlehen) über langfristige Darlehensverträge (30 Jahre) erfolgen; bei einer Autofinanzierung (Anschaffungsdarlehen) sollte das Darlehen spätestens nach fünf Jahren zurückgezahlt sein. Verbraucherkreditverträge unterliegen der Schriftform und müssen folgende Angaben enthalten: Nettodarlehensbetrag, Gesamtbelastung, Rückzahlungsmodalitäten, Zinssatz sowie sämtliche Kosten (keine Bearbeitungsgebühr), effektiven Jahreszins, Hinweis auf das Widerrufsrecht (14 Tage).

Vorab Kreditkosten prüfen

Die Kosten eines Kredits ergeben sich aus dem **effektiven Jahreszins**. Dieser drückt aus, wie hoch die Kosten insgesamt für den Kreditnehmer in einem Jahr sind. Diese Kosten setzen sich meist wie folgt zusammen:

- Zins,
- Disagio: Die Kreditsumme ist höher als der ausgezahlte Betrag. Die Bank behält einen Teil der Summe vorab für Zinsen und Verwaltungskosten ein.

Einige Banken bieten ihren Kunden mit dem Abschluss eines Kreditvertrages eine **Restschuldversicherung** an. Sie tritt ein, wenn der Gläubiger (Verbraucher) aus bestimmten Gründen (Arbeitslosigkeit, Krankheit und Invalidität oder Todesfall) seinen Zahlungsverpflichtungen nicht nachkommen kann. Die Kosten der Versicherung sind hoch, sofort fällig und erhöhen somit die Kreditsumme. Verfügt der Kreditnehmer über ein gesichertes und gutes Einkommen und ist der Kreditbetrag nicht hoch, sodass eine problemlose Darlehensrückzahlung zu erwarten ist, lohnt sich eine Restschuldversicherung nicht. Dies gilt auch dann, wenn andere Vermögenswerte oder Sicherheiten zur Absicherung des Darlehens zur Verfügung stehen.

Banken verlangen Sicherheiten

Neben der Kreditwürdigkeit verlangen Banken bei hohen und langfristigen Krediten zusätzliche Sicherheiten. Kleinere und kurzfristige Kredite werden in der Regel ohne diese Auflagen vergeben, wenn keine Bedenken bestehen. Mögliche Sicherheiten sind:

- **Abtretung von Forderungen**: Bei einem Privatkredit können als Sicherheit Lohn und Gehaltsforderungen abgetreten werden. Der Lebensunterhalt des Schuldners darf dabei aber nicht gefährdet werden.
- **Grundschuld/Hypothek**: Erfolgt die Finanzierung eines Grundstücks oder Gebäudes über ein Darlehen (Hypothekendarlehen), so kann als Sicherheit eine Hypothek oder Grundschuld ins Grundbuch eingetragen werden. Kommt der Schuldner seinen Zahlungen nicht nach, so hat der Kreditgeber das Recht, das Grundstück oder Gebäude im Zuge einer Zwangsversteigerung zu verkaufen. Die Unterscheidung in 1., 2. und 3. Hypothek drückt aus, in welcher Reihenfolge Gläubiger Zugriff auf das Vermögen des Schuldners haben. Der Kreditgeber mit der 1. Hypothek bedient sich als Erster usw.
- **Sicherungsübereignung**: Die Sicherungsübereignung wird als Kreditsicherheit gewählt, wenn der Kreditnehmer die Sache weiter benutzt, z. B. den Pkw. Der Bank wird das 🔍 **Eigentumsrecht** an dem Vermögensteil (Pkw) übertragen. Bei Rückzahlung der Schuldsumme geht das Eigentum an den Kreditnehmer zurück. Die Hinterlegung des Kfz-Briefes schützt die Bank davor, dass der Kreditnehmer den Pkw an einen gutgläubigen Dritten verkauft.
- **Vertragliches Pfandrecht**: In diesem Fall bleibt der Kreditnehmer Eigentümer, das Kreditinstitut/Pfandhaus wird Besitzer der Sache. Es werden werthaltige Sachen als Sicherheit übergeben (Schmuck, Aktien, Goldmünzen), die leicht aufbewahrt werden können.
- **Bürgschaften**: Eine Bürgschaft ist ein Vertrag zwischen einem Bürgen (z. B. Verwandter, Ehefrau) und dem Kreditgeber. Darin verpflichtet sich der Bürge, für die Schulden des Kreditnehmers einzustehen, wenn dieser seinen Verpflichtungen nicht mehr nachkommt.

Verbraucherinsolvenz

Privatpersonen können ihre Rechnungen, Zinsen und Tilgung nicht mehr bezahlen *→ S. 194*

Verbraucherschutzbestimmungen zu Kreditverträgen *→ S. 193 ff.*

Immobilienkredite

Nach einer EU-Richtlinie sind Banken seit 2016 angehalten, strengere Kriterien bei der Vergabe von privaten Immobilienkrediten vorzunehmen.

🔍 ***Eigentum und Besitz***

Eigentum ist die rechtliche, Besitz die tatsächliche Herrschaft über eine Sache.

Zusammenfassung: Verbraucherdarlehen

Verbraucherdarlehen

Kreditarten
- Dispositionskredit
- Darlehen
  - Fälligkeitsdarlehen
  - Abzahlungsdarlehen
  - Annuitätendarlehen

Kreditkosten
= effektiver Jahreszins

Voraussetzungen
- Einhaltung der Formvorschriften
- Kreditwürdigkeit
(geordnete wirtschaftliche Verhältnisse:
- berufliche Sicherheit
- Einkommen
- sonstige finanzielle Belastungen
- Schufa-Eintragungen)

Sicherheiten
- Abtretung von Forderungen
- Grundschuld/Hypothek
- Sicherungsübereignung
- vertragliches Pfandrecht
- Bürgschaften

Übungsaufgaben

○ 1. Beschreiben Sie die Funktion der Schufa.

○ 2. Nennen Sie fünf Angaben, die ein Verbraucherkredit enthalten muss.

◒ 3. Erläutern Sie, was der „effektive Jahreszins" aussagt.

◒ 4. Erläutern Sie den Unterschied zwischen einem vertraglichen Pfandrecht und einer Sicherungsübereignung.

◒ 5. Erläutern Sie jeweils anhand eines Beispiels, wann die Kontoüberziehung (Dispositionskredit) und wann die Inanspruchnahme eines Darlehens sinnvoller ist.

◒ 6. Berechnen Sie die Kosten eines Dispositionskredits, wenn folgende Angaben vorliegen:
Dispositionskredit: 2000 €
Überziehungszinssatz/Jahr: 12%
Überziehungsdauer: 5 Monate

◒ 7. Ermitteln Sie die Kosten folgender Finanzierungsformen:
Autokauf bar
Preis: 19500 €
Barzahlung: Rabatt 8%

Autokauf finanziert
Anzahlung: 4875 €
Effektiver Jahreszins: 3%
Anzahl der Raten: 48
Leasingraten: 47 Monate 250 €; 1 Monat 3752 €

○ 8. Nennen Sie die Vor- und Nachteile des Barkaufs gegenüber einem Verbraucherdarlehen.

◒ 9. Erklären Sie, warum Banken für die Finanzierung einer Hochzeit einen höheren Zinssatz verlangen als bei der Kreditaufnahme für ein Haus.

Mahnverfahren und Verjährung

Lernsituation

Klaus hat vor einiger Zeit sein Auto zur Reparatur gegeben. Da die Reparaturkosten höher als erwartet ausfielen, konnte er den Rechnungsbetrag nicht bezahlen. Später ließ er drei Mahnungen des Autohauses unbeachtet, weil er das Geld schon für andere Zwecke ausgegeben hatte. Heute ist in dieser Angelegenheit der Brief eines Rechtsanwalts gekommen. Darin teilt er Klaus mit, dass er vom Autohaus beauftragt wurde, den Forderungsbetrag einzuziehen. Der Betrag ist durch Gebühren, Zinsen und Auslagen von ursprünglich 583 Euro auf 655 Euro gestiegen. Sollte Klaus in den nächsten zwei Wochen seinen Zahlungsverpflichtungen nicht nachkommen, wird ein gerichtliches Mahnverfahren eingeleitet.

Arbeitsauftrag

○ ◒ ● Vervollständigen Sie die Ablaufskizze eines gerichtlichen Mahnverfahrens. Erörtern Sie anschließend, wie Klaus sich Ihrer Meinung nach verhalten soll (Online-Code zum Download der Ablaufskizze → S. 167)

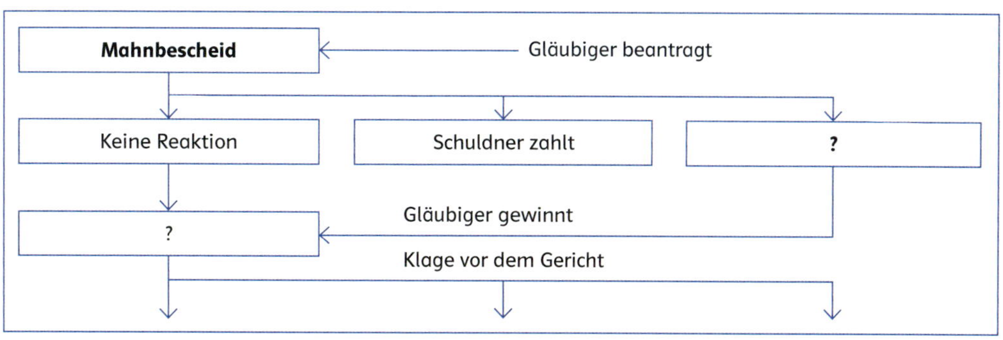

In Zahlungsverzug geraten

Der Käufer hat sich mit Abschluss des Kaufvertrags verpflichtet, den vereinbarten Kaufpreis zum vereinbarten Termin zu zahlen. Wenn er dieser Verpflichtung nicht nachkommt, gerät er in Zahlungsverzug. Dabei müssen bestimmte **Voraussetzungen** erfüllt sein:

- **Verschulden:** Ein Verschulden liegt vor, wenn der Käufer vergisst zu zahlen, sich in Zahlungsschwierigkeiten befindet oder nicht zahlen will.
- **Fälligkeit:** Wurde der Zahlungstermin kalendermäßig bestimmt (z. B. „Die Rechnung ist bis zum 22. April 20xx zahlbar."), so befindet sich der Schuldner (Käufer) vom Fälligkeitstag an in Zahlungsverzug. Ist kein kalendermäßig bestimmter Zahlungstermin vereinbart, gerät der Käufer in Zahlungsverzug, wenn der Gläubiger eine Mahnung ausspricht oder wenn 30 Tage seit Rechnungseingang vergangen sind. (Ist der Schuldner ein Verbraucher, muss der Verkäufer in der Rechnung ausdrücklich darauf hinweisen.)

Voraussetzungen für Zahlungsverzug

Verschulden

Fälligkeit überschritten bei
- kalendermäßig bestimmtem Termin *oder*
- nach Mahnung *oder*
- 30 Tage nach Rechnungseingang

Rechte des Gläubigers

Ist ein Zahlungsverzug des Schuldners gegeben, kann der Gläubiger
- die **Zahlung des Kaufpreises** verlangen,
- die **Zahlung des Kaufpreises** und die durch den Zahlungsverzug entstandenen **Kosten** (Mahngebühren, Verzugszinsen, d. h. den Verzögerungsschaden) verlangen

oder
- **vom Vertrag zurücktreten**,
- **vom Vertrag zurücktreten und Schadensersatz** wegen Nichterfüllung (Nichterfüllungsschaden) verlangen.

Für den Rücktritt vom Vertrag gilt, dass der Gläubiger dem Schuldner den beabsichtigten Rücktritt androhen und ihm eine Nachfrist zur Zahlung einräumen muss. Die Nachfrist entfällt, wenn der Schuldner die Zahlung verweigert oder der Zahlungstermin kalendermäßig festgelegt worden ist.

Außergerichtliches (kaufmännisches) Mahnverfahren

In der kaufmännischen Praxis ist es üblich, drei Mahnungen zu versenden, obwohl eine Mahnung genügen würde. Die erste und zweite Mahnung sind mehr als **Zahlungserinnerung** aufzufassen. Sie werden daher gewöhnlich sehr höflich, aber mit zunehmender Bestimmtheit abgefasst.
Die dritte Mahnung sollte ein konkretes Datum als letzten Zahlungstermin enthalten.
Der Schuldner ist verpflichtet, den Schaden zu ersetzen, der dem Gläubiger durch die verspätete Zahlung entstanden ist. Der Gläubiger wird z. B. durch Zinsverluste (**Verzugszinsen**) geschädigt oder durch Rechtsanwaltskosten, die mit der Durchsetzung der Zahlung verbunden sind.

Gerichtliches Mahnverfahren

Wenn das kaufmännische Mahnverfahren nicht zum Erfolg führt, hat der Gläubiger die Möglichkeit, eine Mahnung durch das zuständige Amtsgericht aussprechen zu lassen. Dies geschieht

durch ein einheitliches Formular (Mahnbescheid), das dem Schuldner vom Amtsgericht zugestellt wird.
Im Mahnbescheid wird der Schuldner aufgefordert, den geschuldeten Betrag (einschließlich Verzögerungsschaden) an den Gläubiger zu zahlen. Der Schuldner hat folgende Möglichkeiten, auf den Mahnbescheid zu reagieren:

- **Er zahlt** den geforderten Betrag. Damit ist das Verfahren beendet.
- **Er erhebt Widerspruch** gegen den Mahnbescheid. Es kommt zu einer Gerichtsverhandlung, in der geklärt wird, ob bzw. in welcher Höhe eine Forderung besteht. Hat die Klage des Gläubigers vor Gericht Erfolg, so kann er die Zwangsvollstreckung einleiten.
- **Er unternimmt nichts.** Der Gläubiger beantragt bei seinem Amtsgericht den Erlass eines Vollstreckungsbescheids.

Der Schuldner, dem ein **Vollstreckungsbescheid** zugestellt wurde, hat wiederum drei Möglichkeiten zu reagieren:

- **Er zahlt** den geforderten Betrag. Damit ist das Verfahren beendet.
- **Er erhebt Einspruch** gegen den Vollstreckungsbescheid. Es kommt zu einer Gerichtsverhandlung.
- **Er unternimmt nichts.** Damit wird der Vollstreckungsbescheid rechtskräftig. Der Gläubiger kann jetzt die Zwangsvollstreckung gegen den Schuldner durchführen lassen.

Die **Zwangsvollstreckung** wird vom Gerichtsvollzieher vorgenommen. Er darf pfänden:

- bewegliche Sachen (z. B. Wertpapiere, Fahrzeuge, Maschinen),
- unbewegliche Sachen (z. B. Grundstücke, Gebäude),
- Forderungen/Rechte: Lohnforderungen, Bankguthaben.

Nicht pfändbar sind:

- Sachen, die zum Existenzminimum gehören (z. B. normale Kleidung, Möbelgrundausstattung),
- berufsnotwendige Gegenstände (z. B. Auto des Vertreters).

Gepfändete Sachen werden versteigert. Ihr Erlös geht an den Gläubiger.

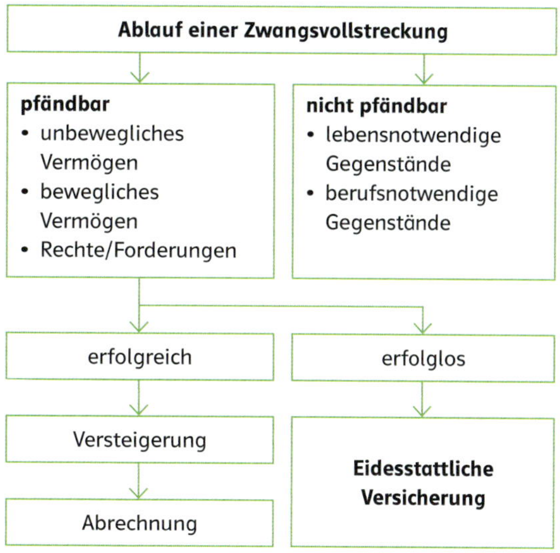

Zwangsvollstreckung

Der Gerichtsvollzieher bringt auf pfändbaren Gegenständen des Schuldners ein Pfandsiegel an.

Wenn die Pfändung erfolglos verlief oder der Versteigerungserlös nicht ausreicht, kann der Gläubiger beim Amtsgericht beantragen, dass der Schuldner ein Verzeichnis über sein Vermögen aufstellt und dies eidesstattlich bekräftigt: **Eidesstattliche Versicherung**. Eine falsche Aussage wird mit Gefängnis bestraft.
Manchmal beauftragen Unternehmen **Inkassobüros** mit dem Eintreiben ihrer Forderungen.

Verjährung beendet Zahlungspflicht

Einem Schuldner kann nicht zugemutet werden, für unbegrenzte Zeit seine Unterlagen, z. B. Rechnungen, Bankauszüge, Überweisungs-

Katastrophen können die Verjährung hemmen.

Recht auf Einrede der Verjährung

Leistungsverweigerungsrecht des Schuldners. Er muss die Verjährung geltend machen.

Regelmäßige Verjährungsfrist

BGB §§ 195 ff.

durchschriften, aufzubewahren. Nach mehreren Jahren ist es oft schwierig, eine bestimmte Rechtslage noch eindeutig nachzuweisen. Deshalb hat der Gesetzgeber verschiedene Verjährungsfristen festgelegt. Sie ergeben sich aus der Überlegung heraus, in welcher Zeit es dem Gläubiger zugemutet werden kann, seine Forderungen einzutreiben. Nach Ablauf der Verjährungsfrist kann es der Schuldner ablehnen, die Schuld zu begleichen. Die Schuld besteht zwar weiterhin, der Gläubiger kann sie dann aber nicht mehr gerichtlich einklagen. Zahlt der Schuldner nach Ablauf der Verjährungsfrist, kann er den Betrag nicht mehr zurückfordern. Es gelten folgende **Verjährungsfristen**:

- **Regelmäßige Verjährungsfrist: drei Jahre.** Diese Regelung betrifft die meisten Ansprüche. Die Verjährung **beginnt am Ende des Jahres**, in dem der Anspruch entstanden ist:

  Anspruch
  01.08.2017
  Verjährungsfrist 3 Jahre
  31.12.2017 (Beginn) — 31.12.2020 (Ende)

- **Verlängerte Verjährungsfristen: 10 und 30 Jahre.** Bei Rechten an Grundstücken beträgt die Verjährungsfrist zehn Jahre (z. B. Ansprüche aus dem Verkauf eines Grundstücks). Rechtskräftige Entscheidungen (z. B. Urteile, Vollstreckungsbescheide, familien- und erbrechtliche Ansprüche) verjähren nach 30 Jahren. Beide Verjährungsfristen **beginnen mit der Entstehung des Anspruchs**:

  Erbanspruch
  01.04.2017
  Verjährungsfrist 30 Jahre
  01.04.2017 (Beginn) — 31.03.2047 (Ende)

Hemmung der Verjährung

Bei der Hemmung ruht für einen bestimmten Zeitraum die Verjährungsfrist. Die Verjährungsfrist wird um den Zeitraum der Hemmung verlängert.
Hemmungsgründe sind zum *Beispiel:*
- Wenn Gläubiger und Schuldner über die Berechtigung des Anspruchs verhandeln (Verlängerung um drei Monate).
- Wenn ein Mahnbescheid ausgestellt, eine Klage erhoben oder ein Vollstreckungsbescheid erlassen ist (Verlängerung um sechs Monate).
- Wenn der Gläubiger innerhalb der vergangenen sechs Monate der Verjährungsfrist durch höhere Gewalt (Krieg, Katastrophen) gehindert wurde, seine Ansprüche durchzusetzen (Verlängerung um diese Zeit).

Neubeginn der Verjährung

Anders als bei der Hemmung beginnt in diesem Fall die Verjährungsfrist nach dem Zeitpunkt der Unterbrechung von Neuem zu laufen. Gründe für einen Neubeginn sind, wenn
- der Schuldner die Schuld anerkennt (z. B. durch Anzahlung, Zinszahlung, Bitte um Stundung) oder
- der Gläubiger eine gerichtliche Vollstreckung (z. B. Pfändung von Kontenguthaben) beantragt oder durchführen lässt.

Zusammenfassung: Mahnverfahren und Verjährung

Zahlungsverzug eines Kunden

Voraussetzungen
- Verschulden des Käufers
- Fälligkeit der Forderung

Rechte des Verkäufers
- Zahlung verlangen

oder
- Rücktritt vom Vertrag (mit oder ohne Schadensersatz)

↓

Mahnverfahren

außergerichtlich

1., 2. … Mahnung

gerichtlich

Mahnbescheid
↓
Vollstreckungsbescheid
↓
Zwangsvollstreckung

→ **Verjährung des Zahlungsanspruchs**

Nach Ablauf der Verjährungsfrist kann der Schuldner es ablehnen zu bezahlen.

Fristen
- 3 Jahre (regelmäßige Verjährung)
  Beginn: Ende des Jahres
- 10 Jahre (bei Grundstücksgeschäften)
  Beginn: sofort
- 30 Jahre (bei rechtskräftigen Entscheidungen)
  Beginn: sofort

Die Verjährungsfrist kann sich durch Hemmung (z. B. Mahnbescheid ist erlassen) und Neubeginn (z. B. der Schuldner erkennt die Schuld an) verlängern.

Übungsaufgaben

1. Erläutern Sie, warum der Gläubiger nach dem erfolglosen außergerichtlichen Mahnverfahren das gerichtliche Mahnverfahren einleitet.

2. Nennen Sie die Voraussetzungen, die vorliegen müssen, damit ein Schuldner in Zahlungsverzug gerät.

3. Am Ende eines erfolglosen gerichtlichen Mahnverfahrens kann der Gläubiger vom Schuldner eine „Eidesstattliche Versicherung" verlangen. Erläutern Sie den Sinn einer solchen Maßnahme.

4. Erläutern Sie, welche der folgenden Positionen zwangsvollstreckt werden können. Begründen Sie.
   a) Sparguthaben
   b) DVD-Player
   c) Polstergarnitur
   d) Webstühle in einer Weberei
   e) Fernsehgerät
   f) Anspruch auf Arbeitslosengeld

5. Ermitteln Sie, wann die folgenden Ansprüche verjährt sind:
   a) Der Holzgroßhändler König hat eine Forderung an den Schreinermeister Schwers. Rechnungsdatum: 22.09.2017.
   b) Der Vermieter Klein bekommt noch Miete für den Monat Januar 2017.
   c) Frau Schmittker hat ihrer Nachbarin am 13.05.2017 ein Grundstück für 50 000 Euro verkauft. Bisher ist keine Zahlung erfolgt.
   d) Der Malermeister Krieg hat eine Forderung an den Kunden Fritz Fischer. Rechnungsdatum: 28.12.2017.
   e) Durch ein rechtskräftiges Urteil des Amtsgerichts hat Ernst Busch eine Forderung von 1 000 Euro gegenüber seinem Nachbarn. Wann verjährt sein Anspruch?

6. Erklären Sie jeweils anhand eines Beispiels den Unterschied zwischen der Hemmung und dem Neubeginn der Verjährung.

Raus aus den Schulden!

Lernsituation

Tobias, Chemikant in einem Industriebetrieb, und Sina, Konditorin im dritten Lehrjahr, leben seit zwei Jahren zusammen. Gut erholt sind sie vorgestern von ihrem Cluburlaub am Mittelmeer zurückgekommen. Heute ruft Tobias online den Kontostand ab und fällt aus allen Wolken.

Tobias: Uups! 4300 Euro in den Miesen! Das kann doch nicht sein!
Sina: Lass mal sehen! – Wo? – Tatsächlich! Du, das kann nicht stimmen! Wir müssen sofort checken, wer zu Unrecht abgebucht hat! Vor dem Urlaub hatten wir doch noch 500 Euro auf dem Konto …
Tobias: Jaja, ist schon gut. Ich schau' mal. *(Pause)* Ich les' es dir vor:

- Allgemeine Auto-Leasing AAL 559 €
- Miete und Nebenkosten 705 €
- Küchen-Albrecht, Rate 109 €
- Wohnland Neu-Ulm, Rate 270 €
- Bankautomat 500 €
- EC-Karte, Schuh Gruber 130 €
- Kreditkartenabbuchung 2071 €
- Bankautomat 500 €
- EC-Karte, Jeans-Oase 87 €

Kannst du mir mal erklären, wie 2000 Euro über die Kreditkarte zusammenkommen? So viel verdienen wir ja im Monat nicht!
Sina: Das wird der Urlaub sein, wenigstens das meiste. Aber ein Teil ist noch gar nicht abgebucht. Da kommen sicher nochmal 1000 Euro drauf.
Tobias (*nach längerer Pause*): Wie kommen wir da bloß wieder raus?

Arbeitsauftrag

- Prüfen Sie, was Tobias und Sina tun müssen, damit sie wieder aus den Schulden herauskommen.

Manchmal müssen Schulden sein

Keine Schulden machen – leichter gesagt als getan. Fast jeder gerät irgendwann in seinem Leben in eine Situation, wo es ohne Schulden nicht weitergeht: Das Auto kommt nicht durch den TÜV und die Reparatur lohnt nicht mehr, die erste eigene Wohnung soll eingerichtet werden, der Traum von den eigenen vier Wänden lässt sich nicht ohne einen Bankkredit verwirklichen. Die einen machen Schulden und zahlen sie zurück. Die anderen versinken in den Miesen. Was haben sie falsch gemacht?

Drei Schritte in die Schuldenfalle

Schritt 1: Der größte Teil des Einkommens ist normalerweise verplant (→ S. 179 ff.). Was übrig bleibt, ist das frei verfügbare Einkommen. Ich kann es sparen oder ausgeben. Wenn ich nichts spare, habe ich keine Reserve für Anschaffungen, Reparaturen und andere unvorhergesehene Ausgaben. Dann brauche ich dafür einen Kredit, entweder von der Bank oder durch die Vereinbarung von Ratenzahlung beim Kauf (**Ratenkredit**).
Schritt 2: Für einen Kredit muss ich Zinsen zahlen und ich muss ihn zurückzahlen (Tilgung). Dadurch wird mein frei verfügbares Einkommen geschmälert. Viele Menschen überschätzen beim Schuldenmachen ihren finanziellen Spielraum. Jetzt braucht bloß der Betrieb Kurzarbeit anzumelden, der Vermieter die Miete zu erhöhen, das Auto kaputtzugehen – und das Geld reicht nicht mehr für die Zinsen und die Tilgung des Kredits. Ein niedrigeres Einkommen, z. B. durch Arbeitslosigkeit oder Schwangerschaft, ist der häufigste Grund für Überschuldung.
Schritt 3: Wenn das frei verfügbare Einkommen nicht mehr für die Zinsen und die Tilgung der Kredite reicht, ist das Stadium der 🔍 **Überschuldung** erreicht. Es häufen sich unbezahlte Rechnungen und es gibt die ersten gerichtlichen Mahnverfahren (→ S. 188 ff.). Wer jetzt einen zweiten Kredit aufnimmt, um den ersten abzahlen zu können, oder Freunde anpumpt, der macht die Sache nur noch schlimmer und beschleunigt seinen Absturz. Am Ende stehen Lohn- und Kontopfändungen und die Schulden sind um ein Vielfaches höher als der ursprünglich aufgenommene Kredit.

Wege aus der Überschuldung

Bei einer Überschuldung führt kein Weg an der Schuldnerberatung oder der Verbraucherberatung vorbei. Diese können die geschlossenen Kreditverträge prüfen, mit den **Gläubigern** (Banken, Privatpersonen, Leasing-Firmen, Inkassobüros) verhandeln und nach Auswegen suchen. Eine Möglichkeit ist, dass der Gläubiger auf einen Teil seiner Forderungen verzichtet und der Schuldner den Rest sofort bezahlt.
Schuldnerberatung wird von Gemeinden, Landkreisen, kirchlichen Trägern oder Einrichtungen wie der Arbeiterwohlfahrt angeboten. Ein großes Problem sind die Wartezeiten – oft mehrere Monate: Während der Schuldner auf einen Termin wartet, verschlechtert sich seine finanzielle Situation weiter.
Bei der Suche nach einer Lösung spielt es auch eine Rolle, wofür die Schulden gemacht wurden. Wer sich für die Handyrechnung oder den Urlaub verschuldet hat, steht schlechter da als jemand, der ein Auto auf Raten gekauft hat. Das Auto lässt sich (mit Verlust) verkaufen und hilft, die Schuldenlast zu verringern.

🔍 ***Überschuldung***

Wenn ein Schuldner seinen Zahlungsverpflichtungen nicht mehr nachkommen kann, ohne seine eigene Grundversorgung (Nahrung, Kleidung, Wohnung …) zu gefährden.

Häufige Gründe für Überschuldung (Auswahl)
Ergebnisse der Überschuldungsstatistik für das Jahr 2015

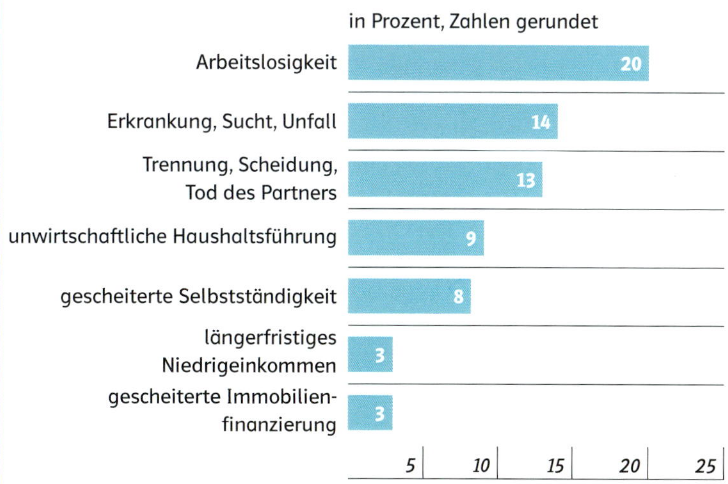

Statistisches Bundesamt (2016): Statistik zur Überschuldung privater Haushalte

Interview mit einem Schuldnerberater

Peter Zwegat, fast 30 Jahre Schuldnerberater ist durch die TV-Serie „Raus aus den Schulden" (2007–2015) bekannt geworden.

Süddeutsche Zeitung: Herr Zwegat, […] wofür haben Sie sich denn das erste Mal in Ihrem Leben verschuldet?
Zwegat: Als ich meine erste eigene Wohnung bezog, war ich 24 und alles, was ich wollte, war eine Fototapete: „Ein Buchenwald im Frühling". Dafür habe ich einen Kredit aufgenommen. […] Das waren sieben Bahnen und eine kostete 90 Mark. […] Ich wollte diese Tapeten, alles andere war mir egal.
SZ: Wie hoch war die Rate?
Zwegat: 118 Mark im Monat. Ich habe gedacht, das kriegste locker hin. Dann habe ich aber schon gemerkt, dass es knapp wurde. Ich habe damals Glück gehabt, dass ich nicht abgestürzt bin. […] Die Leute machen den Fehler immer: Sie rechnen schon mit dem Weihnachtsgeld des nächsten Jahres. Das ist gefährlich. […]
SZ: Noch nie waren die Deutschen so verschuldet wie heute. Woran liegt das?
Zwegat: Schuldenmachen ist heute leicht und locker. Und genau das ist die Gefahr. Viele Leute können nicht mit Geld umgehen und sie schätzen Risiken falsch ein. […] Ein 20-jähriger Kfz-Mechatroniker hat 1500 Euro netto im Monat. Damit ist er für das Zwanzig- bis Vierzigfache seines Nettoeinkommens kreditfähig. […] Er kriegt ganz locker bis zu 40000 Euro – und er wird das Geld in der Regel auch nehmen. […] Die Wirtschaft lebt ja davon, dass auf Pump gekauft wird. […] 75 Prozent aller Autos sind hierzulande finanziert.

Süddeutsche Zeitung vom 12.09.2008 (gekürzt und aktualisiert)

Verbraucherinsolvenz

Zahlungsunfähigkeit einer Privatperson im Unterschied zur Zahlungsunfähigkeit eines Unternehmens

Verschuldung in Deutschland 2015

- *47% der Schuldner in Schuldnerberatungen waren arbeitslos.*
- *Die durchschnittlichen Schulden betrugen 34400 €, die Schulden aus Ratenkrediten 22600 €.*
- *Fast die Hälfte der Schuldner hatte ein Einkommen von unter 900 € im Monat.*
- *Etwa 78000 Privatinsolvenzen wurden abgewickelt.*

Statistisches Bundesamt (2016): Statistik zur Überschuldung privater Personen

Letzter Ausweg: Verbraucherinsolvenz

Überschuldung führt nicht selten zu einer **Verbraucherinsolvenz**. Das gesetzliche Verfahren läuft folgendermaßen ab:
Schritt 1: Aufstellung eines **Schuldenbereinigungsplans**. Außergerichtlicher Einigungsversuch mit allen Gläubigern, ob sie auf einen Teil ihrer Forderungen verzichten. Ein Schuldnerberater oder ein Anwalt müssen mitwirken.
Schritt 2: Scheitert dies, muss der Schuldner ein **gerichtliches Verbraucherinsolvenz-Verfahren** beantragen. Dort wird das pfändbare Vermögen (→ S. 189) des Schuldners verwertet und der Ertrag an die Gläubiger verteilt.
Schritt 3: Sechs Jahre lang muss der Schuldner sein ganzes pfändbares Einkommen an einen Treuhänder abgeben, der es an die Gläubiger verteilt. Anschließend bekommt er eine **Restschuldbefreiung**, d.h. die Gläubiger haben keinen Anspruch mehr gegen ihn. Er steht schuldenfrei da. Unter bestimmten Bedingungen ist eine Restschuldbefreiung schon nach 3 bzw. 5 Jahren möglich.

Überschuldung vermeiden, aber wie?

Um gar nicht erst in die Schuldenfalle zu tappen, hilft nur eines: Die Ansprüche müssen sich nach dem Einkommen richten. Konsum an einer Stelle bedeutet immer Verzicht woanders. Alles andere geht schief.
Null-Prozent-Ratenkredite im Laden erwecken den Eindruck, man könne praktisch ohne Zusatzkosten teure Waren kaufen. Dass der Kredit keine Zinsen kostet, ist eine Rabattaktion des Händlers. An der Tilgung ändert sich nichts. Vor allem wenn mehrere Ratenkredite zusammenkommen, verlieren viele Käufer den Überblick und übernehmen sich. Auch dass die Bank einen Kredit gibt, ist noch kein besonderer Vertrauensbeweis: Kredite sind für Banken ein Geschäft.
Oft unterschätzen junge Menschen die Ausgaben, die für den eigenen Lebensunterhalt nach dem Auszug von Zuhause entstehen.
Vor der Aufnahme eines Kredits muss darum eine vorsichtige Gegenüberstellung der monatlichen Einnahmen und Ausgaben mithilfe eines Haushaltsbuchs stehen (→ S. 179 ff.). Dabei gilt:

- einen Puffer für unvorhergesehene Ausgaben einplanen,
- Risiken wie Arbeitslosigkeit, Schwangerschaft, längere Krankheit einkalkulieren.

Zusammenfassung: Raus aus den Schulden!

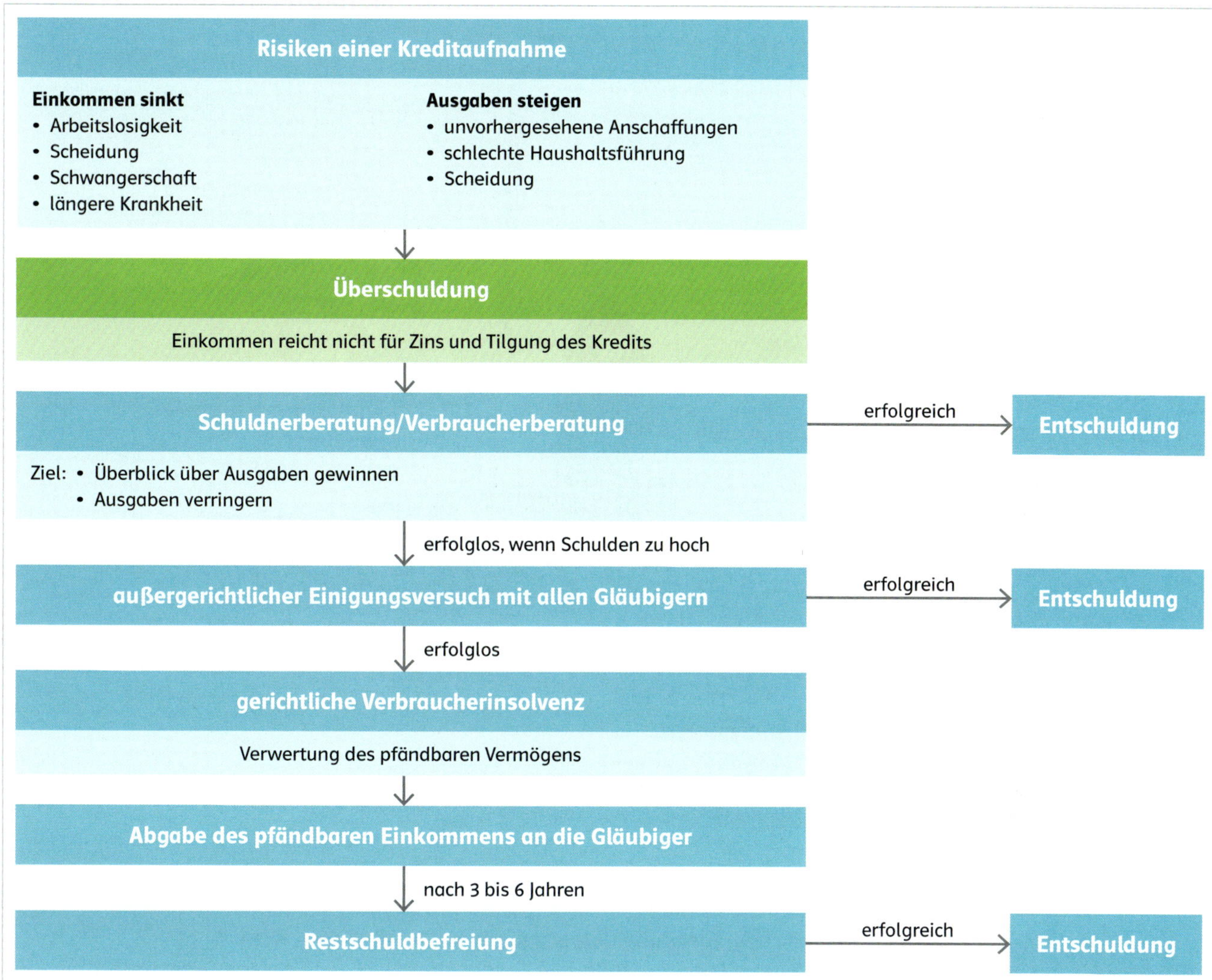

Übungsaufgaben

1. Analysieren Sie die folgenden Gründe für eine Kreditaufnahme. Welche Fälle sind ohne weitere Informationen nicht eindeutig entscheidbar?
   a) Kauf eines Gebrauchtwagens, um die neue Arbeitsstelle erreichen zu können
   b) Kauf von Eheringen
   c) Erneuerung der Heizung im Eigenheim
   d) Kreditkartenkonto ständig im Soll
   e) Kosten des Umzugs in eine billigere Wohnung
   f) Urlaubsreise
   g) Studium

2. Nennen Sie die Ursachen für Überschuldung aus a) – d), die sich leicht vermeiden lassen. Erläutern Sie Ihre Entscheidung.
   a) Arbeitslosigkeit und dadurch geringeres Einkommen
   b) Einkommen so niedrig, dass Anschaffungen durch Schulden finanziert werden müssen
   c) Schleichende Verschuldung durch Kontoüberziehung, EC-Karte, Kreditkarte
   d) Kein Überblick mehr: Schulden aus Ratenkäufen, bei der Bank, bei Kreditvermittlern, bei Unternehmen, bei Freunden

Informationen visualisieren

Visualisierungen

Bildliche Darstellungen sind leichter verständlich als Text (z. B. Piktogramme an Flughäfen, Benutzeroberfläche eines Smartphones). Durch die Anordnung der Informationen können Sie die Aufmerksamkeit des Betrachters auf das Wesentliche lenken. Sie können ihn aber auch manipulieren, indem Sie Daten dramatischer darstellen, als sie in Wirklichkeit sind.

So geht's!

1. Material analysieren

- Um welche Informationen geht es?
- Welche Art von Informationen liegt vor? (Prozentzahlen, absolute Werte, Mengen, Zeiträume, Zeitpunkte, Orte, Maße, Listen)

2. Ziel der Visualisierung bestimmen

- Welchem Zweck dient die Visualisierung? (Überblick herstellen, Vergleiche ermöglichen, Zusammenhänge herstellen, für eine Absicht werben)
- Welche Details sind wichtig und sollen betont werden? Welche können oder sollen weggelassen werden?

3. Art der Visualisierung festlegen

- Welche Art der Visualisierung ist geeignet?
- Welche Bedeutung haben die einzelnen Elemente? (Was soll in Signalfarben dargestellt werden? Was soll weniger auffallen?)
- Sollen verschiedene Elemente kombiniert werden? Wenn ja: wie? (Beispiel Wetterbericht: animierte Karte mit Symbolen, Farben und Uhrzeit, dazu Sprechtext)
- Welche Erläuterungen und Beschriftungen sind wichtig? Sollen sie mit Symbolen, mit Worten oder mit Zahlen verdeutlicht werden?

4. Visualisierung umsetzen

- Entwurf
- Umsetzung des Entwurfs.

Die eigenen Ausgaben visualisieren

M1 Möglichkeiten der Visualisierung

Liste

Arten von Sachmängeln:

- ☑ Mangel in der Art
- ☑ Mangel in der Menge
- ☑ Mangel in der Güte
- ☑ Mangel in der Werbung
- ☑ Mangel in der Montage
- ☑ Mangel in der Montage-anleitung

Strukturskizze oder Organigramm

Aufbau der Sozialgerichtsbarkeit

Bundes-sozialgericht

↑ Revision

Landes-sozialgericht

↑ Berufung

Sozialgericht

Tabelle

Arbeitskampfbedingte Ausfalltage	
Dänemark	120
Frankreich	117
Spanien	62
Norwegen	54
UK	26
Deutschland	7
USA	7
Schweiz	1

IW Köln

Grafik

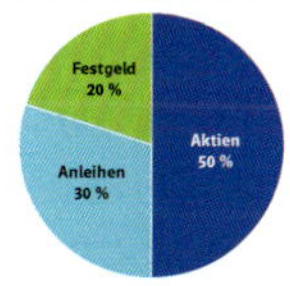

Altersaufbau der Bevölkerung in Deutschland

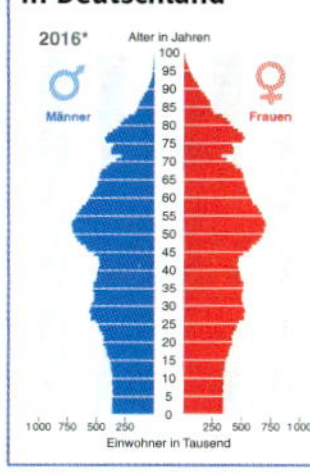

Symbol (oft ergänzend)

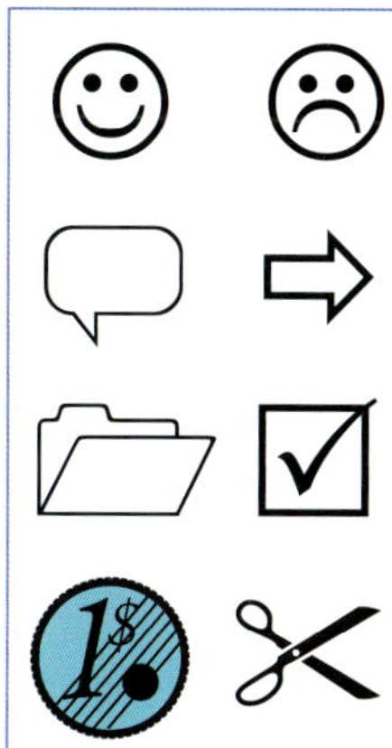

M2 Konsumausgaben einer Auszubildenden

Lara, 20 Jahre, ist Auszubildende im 3. Lehrjahr. Sie wohnt noch bei ihren Eltern. Ihre Ausbildungsvergütung als zahnmedizinische Fachangestellte beträgt 840 €. Außerdem bekommen ihre Eltern für sie noch Kindergeld (192 €/Monat). Sie hat ihre Ausgaben für den vergangenen Monat grob überschlagen und kommt auf diese Zahlen:

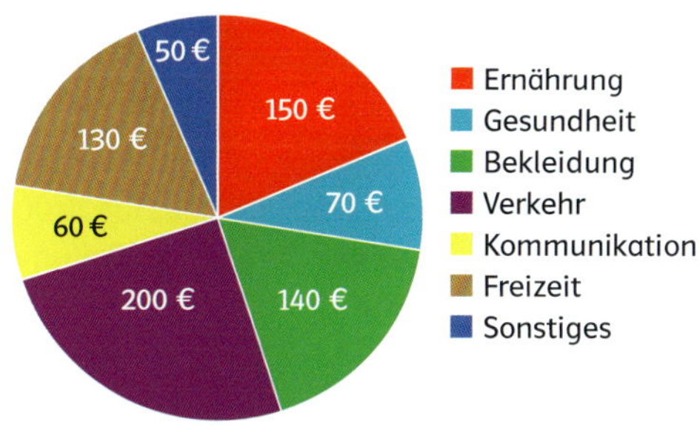

Durchschnittliche Ausgaben von Paaren mit und ohne Kinder (→ S. 180)

Arbeitsauftrag

- Visualisieren Sie Ihre Konsumgewohnheiten. Gehen Sie bei der Erarbeitung folgendermaßen vor:

1. Listen Sie Ihre monatlichen Ausgaben über einen längeren Zeitraum auf, z. B. in einem elektronischen Haushaltsbuch (→ S. 179).
2. Einigen Sie sich in der Klasse darüber, wie Sie Ihre Ergebnisse visualisieren wollen (Art der Visualisierung, Farben und Symbole). Nur so sind Ihre Ergebnisse vergleichbar.
3. Stellen Sie Ihre Ergebnisse in der Klasse vor und vergleichen Sie untereinander:
   - In welchen Punkten unterscheiden sie sich?
   - Welche Rückschlüsse auf die Konsumgewohnheiten können Sie ziehen?

Üben
f4h26m
Prüfungsaufgaben

Zahlungsarten, Geldanlage, Verbraucherdarlehen

1. Zahlungsarten

1.1 Erläutern Sie, wofür das girocard-Logo steht.

1.2 Bevor man ein Girokonto eröffnet, sollte man die Angebote der verschiedenen Geldinstitute vergleichen. Nennen Sie vier Kriterien, anhand derer Sie den Vergleich vornehmen.

1.3 Sämtliche Zahlungsformen lassen sich der folgenden Übersicht zuordnen. Nennen Sie für jedes der angegebenen freien Felder (a–d) zwei Zahlungsformen.

M1 Logo girocard

Empfänger / Zahlender	ohne Konto	mit Konto
ohne Konto	a)	b)
mit Konto	c)	d)

1.4 Zu den Sonderformen der Banküberweisung zählen der Dauerauftrag und das Lastschriftverfahren.

1.4.1 Erläutern Sie, was man darunter versteht.

1.4.2 Beschreiben Sie, in welchen Fällen Sie welches Verfahren nutzen.

2. Geldanlage

2.1 Die 19-jährige Auszubildende Lisa hat 10 000 € geerbt und möchte das Geld anlegen. Bewerten Sie die beiden folgenden Anlageformen anhand der Kriterien Sicherheit, Verfügbarkeit und Rendite:
- Investmentfonds
- Festgeld/Termingeld

3. Verbraucherdarlehen

3.1 Begründen Sie, in welchen der in M2 genannten Fälle Sie die Aufnahme eines Kredits für sinnvoll halten.

3.2 Nennen Sie die Bestandteile, aus denen sich die Rate eines Verbraucherdarlehens zusammensetzt.

3.3 Beschreiben Sie, wovon die Kreditwürdigkeit des Verbrauchers abhängt. Erläutern Sie in diesem Zusammenhang den Begriff *Schufa*.

3.4 Banken verlangen von ihren Kreditnehmern Sicherheiten. Erläutern Sie die folgenden:
- Bürgschaft
- Sicherungsübereignung
- Hypothek

M2 Top-10-Kreditgründe der Deutschen

Platz 1	Gebrauchtwagen
Platz 2	Umschuldung
Platz 3	Ausgleich Dispositionskredit
Platz 4	Möbelkauf
Platz 5	Wohnung oder Haus
Platz 6	Neuwagen
Platz 7	Motorrad
Platz 8	Reisen
Platz 9	Hochzeit
Platz 10	Zahnarzt

www.kredit-online-beantragen.net

Konsum und Haushaltsplanung, Verbraucherinsolvenz

1. Konsum und Haushaltsplanung

M1 Ergebnisse einer Umfrage: Wo schränken sich die Deutschen ein, wenn das Geld knapp wird?

	Einkommen unter 1500 Euro	Einkommen 3500 Euro und mehr
Ausgehen (Restaurant, Kino, Disco)	68%	67%
Urlaubsreisen	65%	54%
Wochenendausflüge	56%	52%
Kleidung	45%	35%
Medien (Computer, Video, Zeitschriften)	44%	35%
Hobbys und Sport	38%	29%
Auto	32%	18%
Sparvertrag, private Renten- oder Lebensversicherung	31%	15%
Wohnen, Haus und Garten	18%	8%
Essen und Trinken	14%	9%

Konsumstudie 2015 der Stiftung für Zukunftsfragen, Zahlen gerundet

Lesebeispiel: 14% der Befragten mit einem Einkommen von weniger als 1500 Euro würden sich bei Essen und Trinken einschränken, wenn das Geld knapp wird, aber nur 9% der Befragten mit einem Einkommen von 3500 Euro und mehr.

◒ 1.1 Werten Sie die zentralen Aussagen der Statistik über das Sparen (M1) aus.
● 1.2 Erörtern Sie, inwieweit die in der Umfrage von den Befragten mit niedrigem Einkommen (unter 1500 Euro) genannten Sparmaßnahmen sinnvoll sind.
◒ 1.3 Ergänzen Sie die vorgeschlagenen Sparmaßnahmen durch drei eigene und erläutern Sie diese.
○ 1.4 Stellen Sie die acht wichtigsten Posten eines Haushaltsplans zusammen.
◒ 1.5 Grenzen Sie die Begriffe „feste Ausgaben“ und „veränderliche Ausgaben“ gegeneinander ab.
◒ 1.6 Ordnen Sie die von Ihnen in 1.4 genannten Ausgabenposten den festen und den veränderlichen Ausgaben zu und begründen Sie.

2. Verbraucherinsolvenz

Bei Verbraucherinsolvenzen sind die Schulden besonders hoch bei
- gescheiterter Selbstständigkeit und
- gescheiterter Immobilienfinanzierung.

○ 2.1 Klären Sie den Begriff „Verbraucherinsolvenz“.
○ 2.2 Stellen Sie den Ablauf einer Verbraucherinsolvenz in Worten oder als Schema mit Erläuterungen dar.
◒ 2.3 Erläutern Sie, warum in den beiden oben genannten Fällen die Schulden besonders hoch sind.
◒ 2.4 Bei jüngeren Menschen ist das Risiko einer Insolvenz höher als bei älteren, aber die Schulden sind im Durchschnitt niedriger. Erklären Sie diesen Sachverhalt.

5 Marktwirtschaft und Wirtschaftpolitik

Adam Smith (1723–1790)

Hätten Sie's gewusst?

1. Wie hoch ist der tägliche Umsatz auf dem deutschen Aktienmarkt?
2. Welche Steuer bringt dem deutschen Staat die höchsten Steuereinnahmen: die Umsatzsteuer, die Lohn- und Einkommensteuer oder die Energiesteuer?
3. Wie viel Prozent der Betriebe in Deutschland beschäftigen Mitarbeiter mit einem im Ausland erworbenen Berufsabschluss (z. B. Ausbildung oder Studium): 4 %, 8 %, 12 %, 16 %, 20 %?

Lösung:
1: jährlich 1.383 Mrd. US-$, täglich: ca. 4,6 Mrd. US-$
2: Umsatzsteuer
3: 8 %

Preisbildung auf internationalen Märkten – gestern und heute

Die Bundesrepublik Deutschland ist eine Marktwirtschaft. Auf dem Markt zahlen Käufer für Waren einen Preis oder bieten ihre Arbeitskraft gegen Lohn an. Der Markt ist somit nichts anderes als eine Tauschbörse. Durch Arbeitsteilung und Spezialisierung entstehen unterschiedliche Marktarten, national und international. Wie der Markt funktioniert und welche Vorteile sich aus der Arbeitsteilung ergeben, hat der Ökonom Adam Smith bereits im Jahr 1776 in seinem Buch „Wohlstand der Nationen" aufgezeigt.
Ein Beispiel soll dies verdeutlichen. Nehmen wir an, Frankreich und Deutschland stellen jeweils Wein und Töpfe her. Die Kosten für die Produktion sind aber unterschiedlich hoch:

Länder	Kosten für Weinproduktion (1 Liter)	Kosten für Topfproduktion (1 Topf)	hergestellte Einheiten	Summe der Kosten
Deutschland	3,00 €	1,50 €	1 Liter Wein 1 Topf	4,50 €
Frankreich	2,00 €	2,50 €	1 Liter Wein 1 Topf	4,50 €

Ohne Spezialisierung auf die Produktion eines Gutes haben beide Länder Kosten für die Gesamtproduktion in Höhe von 4,50 €. Wenn ein Land nur das Produkt herstellt, welches es preiswerter produzieren kann und danach im Rahmen des internationalen Handels austauscht, ergeben sich folgende Kosten:
Deutschland: Herstellung von 2 Töpfen → Gesamtkosten = 3,00 €
Frankreich: Herstellung von 2 Litern Wein → Gesamtkosten = 4,00 €

Beide Länder profitieren also von der Spezialisierung auf ein Gut, welches sie dann international austauschen. Wenn die Waren dort produziert werden, wo sie am günstigsten hergestellt werden, hat es für den Verbraucher den Vorteil, dass er Waren zu niedrigen Preisen kaufen kann.

Worum geht es?

Was haben die Wirtschaftstheorien von Adam Smith aus dem 18. Jahrhundert mit dem zu tun, was heute auf den Märkten passiert? Es geht doch nicht mehr um Wein und Töpfe. Autos, Maschinen, EDV-Systeme oder Geldgeschäfte bestimmen den Markt von heute. Oder hat sich am grundsätzlichen Prinzip des Marktes doch nichts geändert? Erfolgt die Preisbildung immer noch nach den gleichen Regeln? Wie greift der Staat in das Wirtschaftsgeschehen ein? Welche Ziele verfolgt er dabei?
Die deutsche Wirtschaft muss sich in der weltweiten Konkurrenz bewähren. Nur wenn ihr das gelingt, können wir unseren Lebensstandard sichern und sogar noch steigern. Aber was versteht man eigentlich unter dem Begriff Lebensstandard und wie gestalten Unternehmen ihr Geschäft in der globalisierten Welt?

Informieren Sie sich!

So geht's!
Statistiken auswerten

Verschaffen Sie sich mithilfe des Buchs einen Überblick.
Sie finden in diesem Kapitel Lernsituationen zu folgenden Themen:

- Markt, Preis und Marktformen
- Finanzierung staatlicher Aufgaben
- Konjunkturzyklen und wirtschaftliche Stabilität
- Entwicklung der Märkte
- Reallohn, Inflation, Deflation
- Herausforderungen durch globale Konkurrenz
- Unternehmenszusammenschlüsse
- Bedeutung des Bruttoinlandsprodukts
- Standortfaktoren – die Bedeutung der Lohnkosten
- Rolle des Staates in der Wirtschaft

Was hat das mit mir zu tun?

- Von staatlichen und unternehmerischen Entscheidungen sind Sie als Bürger, Steuerzahler, Arbeitnehmer und Konsument betroffen. Machen Sie Ihren Einfluss auf diese Entscheidungen geltend – als Wähler, als Mitglied eines Verbands oder einer Gewerkschaft, als Bürger in der Öffentlichkeit.
- Das Unternehmen, in dem Sie zurzeit ausgebildet oder in dem Sie in Zukunft arbeiten werden, muss sich auf dem Markt behaupten. Märkte verändern sich laufend. Passen Sie Ihre berufliche Entwicklung daran an.
- Nutzen Sie die beruflichen und privaten Chancen, die Ihnen die Globalisierung bietet.

Markt, Preis und Marktformen

Lernsituation

Bäckermeister Gerd Wilting im Gespräch mit seinem alten Schulfreund Berthold Huhn, Geschäftsführer eines metallverarbeitenden Unternehmens.

Berthold: Hallo Gerd, wie laufen die Geschäfte?
Gerd: Ich will nicht klagen. Es geht alles seinen gewohnten Gang. Wir haben hier unseren festen Kundenstamm und seitdem unser direkter Konkurrent Bäcker Hornig aufgehört hat, weil er keinen Nachfolger gefunden hat, sind wir der einzige Anbieter.
Berthold: Und die Backdiscounter in der Innenstadt nehmen euch keine Kunden weg?
Gerd: Zu Anfang haben wir es doch ein wenig gemerkt. Aber auf Dauer haben sich unsere Qualität, der Service und die Nähe zum Kunden doch durchgesetzt. Man muss allerdings am Ball bleiben. Und wie sieht es bei euch aus?
Berthold: Der Markt bei uns ist da schon etwas schwieriger. Wir verkaufen unsere Produkte weltweit. Da schwankt die Auftragslage erheblich. Du hast sicherlich in der Zeitung gelesen, dass die Prognosen für die Entwicklung der Weltwirtschaft nicht allzu rosig sind. Der Auftragsrückgang, vor allem aus Asien, ist heute schon zu spüren. Es trifft aber alle in der Branche. Das führt dazu, dass nur noch mit einem ordentlichen Preisabschlag verkauft werden kann. Aber die Zeiten werden sich bestimmt wieder ändern.
Gerd: Weltmarkt ist für unsere kleine Bäckerei ein Fremdwort. Es sei denn beim Einkauf von einigen Rohstoffen, da merken wir es auch.
Berthold: Rohstoffe? *(lacht)* Ich habe immer gedacht, eure Fertigkeit besteht darin, Wasser schnittfest zu machen …

Arbeitsauftrag

Die Marktstellung eines Unternehmens hängt davon ab, welche Leistungen es anbietet, wie groß der Absatzmarkt ist und wie viele Anbieter und Nachfrager es auf dem Markt gibt.

1. Vergleichen Sie die Marktstellung der oben aufgeführten Unternehmen.

2. Untersuchen Sie die Marktstellung Ihres Ausbildungsbetriebs in der Branche.

Bedürfnisse erzeugen Bedarf

Jeder Mensch hat **Bedürfnisse**. Neben den Primärbedürfnissen gibt es Sekundärbedürfnisse, die nicht lebensnotwendig sind, aber das Leben angenehmer machen (Kultur- und Luxusbedürfnisse).
Zur Befriedigung seiner Bedürfnisse fragt der Mensch Sachgüter oder Dienstleistungen nach. Aufgrund der begrenzten finanziellen Mittel muss er sich entscheiden, welche Wirtschaftsgüter er kaufen kann. Dies bezeichnet man als Bedarf. Kommt noch der entsprechende Kaufwille hinzu, dann wird in der Marktwirtschaft eine **Nachfrage** daraus.
Wirtschaftsgüter müssen produziert und bereitgestellt werden, denn nur wenige Güter sind frei und in unbegrenzter Menge verfügbar (freie Güter), wie z. B. Wüstensand und Meerwasser.

Bedürfnisse → *S. 25 (Maslowsche Bedürfnispyramide)*

Marktarten und Marktformen

Je nach Art der gehandelten Güter und Dienstleistungen unterscheidet man verschiedene Marktarten (→ Tabelle).

Marktarten	Gegenstand des Marktes
Gütermarkt	Handel mit Konsumgütern für Haushalte (Fernseher, Nahrungsmittel usw.), Investitionsgütern für Unternehmen (Güter, die für die Produktion benötigt werden, z. B. Drehmaschinen)
Dienstleistungsmarkt	Bereitstellung von Dienstleistungen, z. B. Haarschnitt
Geldmarkt	Bereitstellung von kurzfristigen Krediten
Kapitalmarkt	Bereitstellung von langfristigen Krediten/Darlehen
Arbeitsmarkt	Bereitstellung des Produktionsfaktors Arbeit
Immobilienmarkt	Handel mit Häusern und Grundstücken
Devisenmarkt	Handel mit ausländischen Währungen
Aktienmarkt	Handel mit Aktien an der Börse

Alle Haushalte und Unternehmen erstellen Einzelpläne, die auf dem Markt zusammengeführt werden. Die Wirtschaftssubjekte (Haushalte und Unternehmen) verhalten sich dabei nach dem **ökonomischen Prinzip**, d. h. sie treffen ihre Entscheidungen so, dass sie mit gegebenen Mitteln den größtmöglichen Nutzen bzw. Gewinn für sich erzielen. So versuchen Unternehmen ihre Produkte kostengünstig herzustellen (u. a. durch niedrige Lohnzahlungen) und sie auf dem Markt mit einem maximalen Gewinn zu veräußern. Private Haushalte dagegen sind an hohen Löhnen interessiert und versuchen, preisgünstig einzukaufen (Nutzenmaximierung).
Auf dem Markt treffen die verschiedenen Interessen von Anbietern und Nachfragern aufeinander. Im Idealfall gibt es am Markt unendlich viele Nachfrager und Anbieter (Polypol). In der Realität ist das jedoch häufig eingeschränkt. Deshalb gibt es auch andere Marktformen, beispielsweise das Oligopol und das Monopol.
Der **Marktpreis** ergibt sich aus dem Aufeinandertreffen von Nachfrage (Käufer) und Angebot (Verkäufer).

Wirtschaftsgüter

- nach der Beschaffenheit
  - materielle Güter = Sachgüter, z. B. Autos, Brot
  - immaterielle Güter = Dienstleistungen und Rechte, z. B. Gütertransporte, Lizenzen
- nach der Verwendung
  - Konsumgüter = werden in Haushalten verwendet, z. B. Lebensmittel, Fahrräder
  - Produktionsgüter (Investitionsgüter) = dienen der Herstellung von Gütern, z. B. Maschinen
- nach der Nutzungsdauer
  - Gebrauchsgüter = Nutzung über einen längeren Zeitraum, z. B. Autos
  - Verbrauchsgüter = einmalige Verwendung, z. B. Druckerpatronen

5.1 Wettbewerbsfaktoren kennen

Marktformen

Marktform	Anbieter	Nachfrager	Beispiel
Polypol	viele	viele	Gaststätten (Heidelberger Altstadt)
Angebots-Oligopol	wenige	viele	Lebensmitteleinzelhandel
Nachfrage-Oligopol	viele	wenige	Landwirte/Molkereien
Angebots-Monopol	ein	viele	kommunale Verkehrsbetriebe
Nachfrage-Monopol	viele	ein	Bundeswehr (Rüstungsgüter)

Nachfragekurve

Die Nachfrage ist abhängig vom Preis. Je höher der Preis für ein Gut, umso weniger Käufer finden sich und umgekehrt. *Beispiel:* Ist der Preis eines Smartphones bei der Markteinführung sehr hoch, finden sich nur wenige Käufer, die bereit sind, den geforderten Kaufpreis zu bezahlen. Sinkt der Preis, erhöht sich die Nachfrage. Die Nachfragekurve kennzeichnet dieses Verbraucherverhalten (Gesetz der Nachfrage). Sie verläuft von links oben nach rechts unten (Kurve N 1).

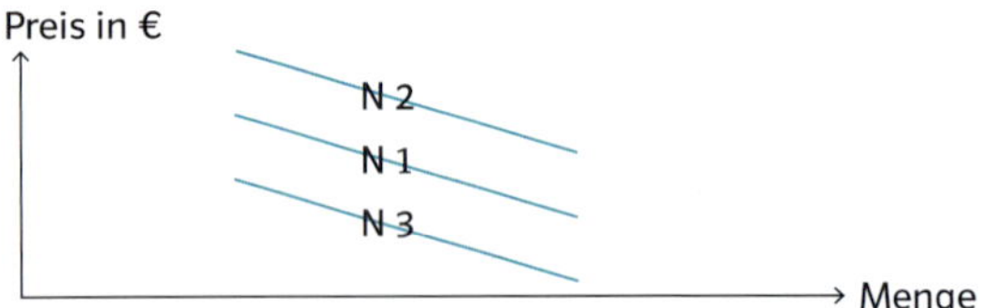

Nachfragekurve

Die Nachfragekurve kann sich nach oben (N 2) oder nach unten (N 3) verschieben. Grund dafür ist ein verändertes Verbraucherverhalten. Steigt z. B. das Einkommen der Verbraucher aufgrund einer Lohnerhöhung so können sie bei unveränderten Bedingungen einen höheren Preis für ein Gut bezahlen (N 2). Bei sinkendem Einkommen verschiebt sich die Nachfragekurve nach unten (N 3). Weitere Faktoren, die eine Veränderung des Verbraucherverhaltens bewirken:

- Die Aufnahme von Verbraucherkrediten bzw. eine erhöhte Sparbereitschaft, wodurch sich das Haushaltsbudget erhöht bzw. verringert.
- Die Beliebtheit eines Produkts sinkt bzw. steigt. *Beispiel:* Konzertkarten einer erfolgreichen Band werden stark nachgefragt.
- Der Preis von ähnlichen Produkten (Substitutionsgüter) verändert sich. *Beispiel:* Aufgrund gestiegener Benzinpreise fahren mehr Menschen mit der Bahn.
- Die Anzahl oder der Bedarf der Nachfrager verändert sich. *Beispiel:* China kauft aufgrund seines stetigen Wirtschaftswachstums mehr Rohstoffe auf dem Weltmarkt ein.

Angebotskurve

Die Angebotsseite verhält sich entgegengesetzt zur Nachfrageseite. Erhöht sich der Preis, sind mehr Produzenten bereit, dieses Gut anzubieten, weil der Ertrag pro Einheit steigt. Sinkt der Preis, verringert sich die Zahl der Anbieter (A 1). Die Angebotskurve zeigt den Zusammenhang zwischen Preis und angebotener Menge.

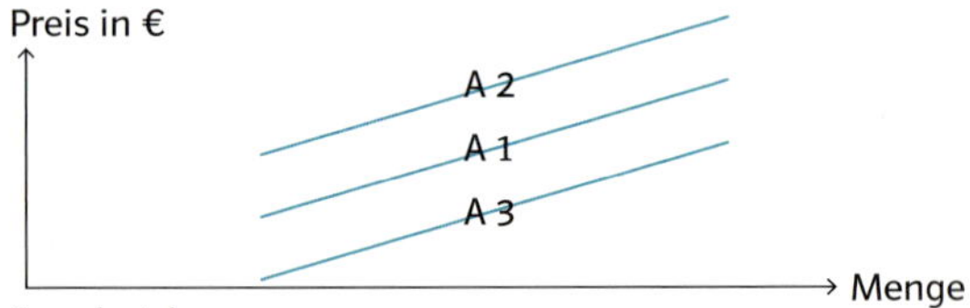

Angebotskurve

Ebenso wie bei der Nachfragekurve kann es auch bei der Angebotskurve zu einer Verschiebung nach oben (A 2) und nach unten (A 3) kommen. Die Ursachen für eine Erhöhung bzw. einer Verringerung der Angebotsmenge sind:

- Miss- bzw. Rekordernten;
- Anzahl der Anbieter: Betriebsschließungen bzw. Neugründungen;
- Kostenstruktur bei der Herstellung: Steigen die Herstellkosten (z. B. die Preise für Rohstoffe), verringert sich die Zahl der Anbieter bei jeder Steigerung; eine Kosteneinsparung aufgrund von Rationalisierungsmaßnahmen erhöht hingegen das Angebot;
- Die Marktstellung eines Unternehmens hat sich verändert (→ Preisbildung im Oligopol und Monopol).

Preisbildung im Polypol

Beim Polypol treffen viele Anbieter und viele Nachfrager aufeinander. Man spricht bei dieser Marktform von vollständiger Konkurrenz. Die

Käufer suchen sich aus einem großen Warenangebot die Produkte heraus, die ihnen am günstigsten und qualitativ am besten erscheinen. Auf der anderen Seite gibt es ausreichend Nachfrager, sodass eine große Anzahl von Anbietern ihre Waren mit Gewinn veräußern kann.
Der **Gleichgewichtspreis** ist der Schnittpunkt von Nachfrage- und Angebotskurve, also dort, wo sich die Anbieter und Nachfrage auf einen gemeinsamen Preis geeinigt haben. Beide Seiten sind bereit zu verkaufen bzw. zu kaufen. Bei diesem Preis wird die größte Menge an Waren verkauft und der höchste Umsatz erzielt.
Der Anbieter, der über dem Gleichgewichtspreis liegt, kann seine Waren nicht verkaufen (Angebotsüberhang); der Käufer, der nicht bereit ist, diesen Preis zu bezahlen, geht leer aus (Nachfrageüberhang). Bei einer Verschiebung der Angebots- oder Nachfragekurve entsteht ein neuer Gleichgewichtspreis.
Die beschriebene Preisbildung geht von einem **vollkommenen Markt** aus, den man allerdings nirgends antrifft.

Dieser vollkommene Markt existiert im Wirtschaftsleben praktisch nicht. Daher bezeichnet man fast alle Märkte als unvollkommene Märkte. Dort können Anbieter von Waren und Leistungen ihre Angebote regional (Stadt oder Land) oder zeitlich unterschiedlich gestalten. Durch Marketingmaßnahmen oder Kundendienstleistungen (z. B. kurze Lieferzeit, bequemes Bestellverfahren) lassen sich die Vorlieben der Kunden verstärken.

Preisbildung im Oligopol

Stehen sich auf dem Markt wenige Anbieter und viele Nachfrager gegenüber, spricht man von einem **Angebotsoligopol**. Bei dieser Marktform herrscht oft eine gegenseitige Abhängigkeit unter Oligopolisten. Ein Oligopolist wird seine Preise erhöhen, wenn er damit rechnen kann, dass sich seine Mitkonkurrenten genauso verhalten. Es kann aber auch zu scharfem Wettbewerb unter Anbietern kommen, wenn Unternehmen ihren Marktanteil erhöhen wollen oder der Branchenumsatz rückläufig ist. Andererseits besteht aufgrund der geringen Zahl der Anbieter die Gefahr verbotener Absprachen. Beim **Nachfrageoligopol** gibt es auf der Nachfrageseite nur wenige Marktteilnehmer.

Preisbildung im Monopol

Ein Monopolist ist alleiniger Anbieter oder Nachfrager auf dem Markt. Bei einem Angebotsmonopol kann der Monopolist überhöhte Preise festsetzen, da kein Wettbewerb besteht. Setzt er den Preis zu hoch an, muss er damit rechnen, dass die Käufer sich zurückhalten oder auf Ersatzgüter umsteigen.

Bedingungen für einen vollkommenen Markt:

- *Es handelt sich um gleichartige Produkte (qualitativ kein Unterschied).*
- *Käufer und Verkäufer sind über Preise und Qualität der Produkte informiert.*
- *Es gibt keine Vorlieben der Käufer für bestimmte Produkte oder einen Verkäufer.*

Bildung von Marktpreisen

Preis in € je Stück	Angebot (Unternehmen) in Stück	Nachfrage (Haushalte) in Stück
1,00	200	1000
2,00	400	800
3,00	600	600
4,00	800	400
5,00	1000	200

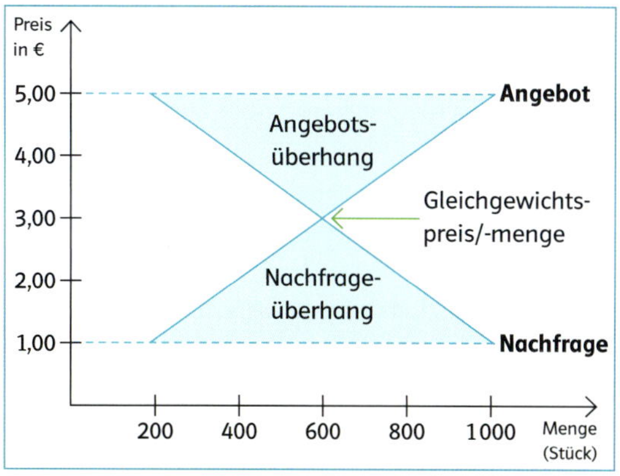

Der Gleichgewichtspreis liegt bei 3,00 €. Zu diesem Preis wird der höchstmögliche Umsatz von 1800 € (600 × 3) erzielt. Bei einem Marktpreis von 2,00 € beträgt der Nachfrageüberhang 400 Stück; bei einem Preis von 4,00 € der Angebotsüberhang 400 Stück.

Zusammenfassung: Markt, Preis und Marktformen

Bedürfnisse
(Primär- und Sekundärbedürfnisse)

Angebot
- materielle und immaterielle Güter
- Konsum- und Produktionsgüter
- Gebrauchs- und Verbrauchsgüter

Markt
Auf dem Markt treffen Angebot und Nachfrage aufeinander. Daraus ergibt sich der Marktpreis, dessen Höhe von der Marktform beeinflusst wird.

Nachfrage
Bedürfnisse erzeugen Bedarf, der wiederum zu Nachfrage nach Wirtschaftsgütern führt.

Marktformen
- Polypol
- Oligopol
- Monopol

Rahmenbedingungen
- vollkommener Markt
- unvollkommener Markt

Größe des Marktes
- lokal
- Europäische Union
- Weltmarkt

Marktarten
- Gütermarkt
- Dienstleistungsmarkt
- usw.

Übungsaufgaben

○ 1. Benennen Sie die Art der folgenden Wirtschaftsgüter. Verwenden Sie dazu das Schema auf S. 203: Kaffeemaschine im Haushalt, Lizenz zur Vermarktung eines Produktes, Hemd, Drehmaschine, Lkw, Lebensmittel.

◒ 2. Interpretieren Sie den folgenden Spruch von Wilhelm Busch: „Ein jeder Wunsch, wenn er erfüllt, kriegt augenblicklich Junge."

◒ 3. Beschreiben Sie mögliche Vor- und Nachteile des Angebotsoligopols für den Verbraucher.

● 4. Erstellen Sie eine Übersicht, aus der hervorgeht, auf welchen Märkten Sie als Anbieter oder Nachfrager am Marktgeschehen teilnehmen.

● 5. Der bisherige Gleichgewichtspreis ergab sich aus der Angebotskurve A1 und der Nachfragekurve N1.

a) Wie verändert sich der Preis, wenn die neue Angebotskurve A2 ist, und was können die Gründe für diese Verschiebung sein?

b) Wie verändert sich der Preis, wenn die neue Nachfragekurve N2 ist, und was können die Gründe für diese Verschiebung sein?

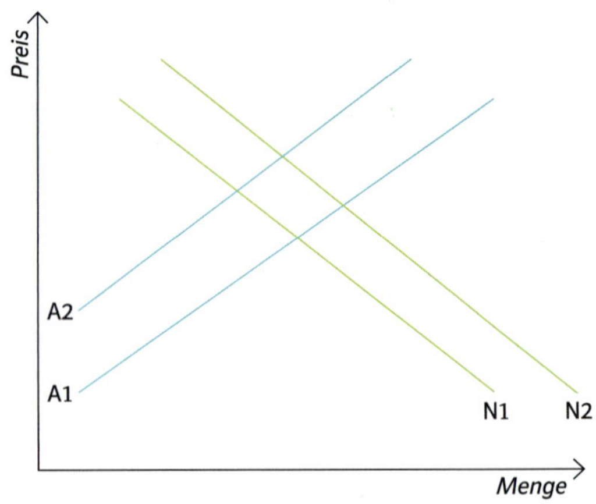

Entwicklung der Märkte

Lernsituation

Arbeitsauftrag

- In den letzten Jahrzehnten haben sich die Märkte aufgrund zunehmender Arbeitsteilung stark verändert.

1. 2008 weitete sich die Immobilienkrise in den USA zu einer Weltwirtschaftskrise aus. Die Schlagzeilen oben dokumentieren diese Entwicklung. Bringen Sie diese Schlagzeilen in die richtige Reihenfolge, sodass sich daraus eine Argumentationskette ergibt, die die Auswirkungen einer Immobilienkrise in den USA darstellt (*Zinsen steigen in den USA – Amerikanische Hausbesitzer …*).

2. Erläutern Sie die Ursachen für die zunehmende gegenseitige Abhängigkeit der Volkswirtschaften in fast allen Wirtschaftsbereichen.

3. Befürworter der Globalisierung glauben, dass freier Handel und internationale Arbeitsteilung für alle Länder von Vorteil sind. Bewerten Sie diese Position.

5.1 Wettbewerbsfaktoren kennen

Entwicklung des grenzüberschreitenden Warenhandels

→ Grafik S. 239

Globale Handelsströme

→ Grafik S. 249

Globalisierung

Prozess, durch den Märkte und Produktionen in verschiedenen Ländern immer mehr voneinander abhängig werden – dank der Dynamik des Handels mit Gütern und Dienstleistungen und durch die Bewegung von Kapital und Technologie

Standortfaktoren

→ S. 239 ff.

Freihandel

grenzüberschreitender Handel, der nicht durch Zölle und andere Handelshemmnisse beeinträchtigt wird

Internationale Arbeitsteilung

Wirtschaften beruht auf Arbeitsteilung und Tausch. Der Austausch arbeitsteilig produzierter Güter ermöglicht Spezialisierung. Im Idealfall macht jeder das, was er am besten kann. **Spezialisierung** führt zu steigender Produktivität und bringt allen Beteiligten einen höheren Nutzen. So können z. B. Verbraucher Waren zu niedrigen Preisen einkaufen und mehr konsumieren. Diese Zusammenhänge gelten für eine Dorfgemeinschaft und im Rahmen der Weltwirtschaft. Außenhandel lohnt sich vor allem dann, wenn sich jedes Land/Unternehmen auf die Produktion der Güter spezialisiert, die es kostengünstiger produzieren kann als andere. Man sagt auch, es hat bei diesen Gütern einen absoluten Kostenvorteil. Die Verdoppelung der weltweiten Warenproduktion in den letzten 30 Jahren wäre ohne den grenzüberschreitenden Warenverkehr nicht möglich gewesen.

Vom lokalen Markt zum Weltmarkt

Das wirtschaftliche Handeln hat sich während des größten Teils der Menschheitsgeschichte auf die lokale Ebene bezogen. Produkte wurden gezielt für den heimischen Markt produziert. Mit dem Beginn des grenzüberschreitenden Handels vor etwa 200 Jahren veränderte sich zunächst das Warenangebot auf den lokalen Märkten. Bis in die 70er-Jahre des letzten Jahrhunderts exportierten die Industrieländer vor allem Industrieprodukte untereinander und in die weniger entwickelten Länder. Von dort führten sie Rohstoffe und Vorprodukte ein. Containerschiffe bringen heute Fertigwaren wie Textilien, Spielzeug, Haushaltsgeräte, Fernseher usw. nach Europa. Industrieprodukte wie z. B. Maschinen, Autos, medizinische Geräte werden in umgekehrter Richtung transportiert. Die Öffnung des Weltmarktes für Güter, Dienstleistungen, Kapital und – in geringerem Maße – für Menschen hat zu einem beispiellosen internationalen Wettbewerb geführt: Staaten konkurrieren um Investoren. Investoren vergleichen die Wirtschaftsstandorte weltweit danach, wie günstig man dort produzieren kann und wie attraktiv sie als Absatzmärkte sind. Diese zunehmende wirtschaftliche Verflechtung der Volkswirtschaften zu einem weltweiten Wirtschaftsraum nennt man wirtschaftliche **Globalisierung**.

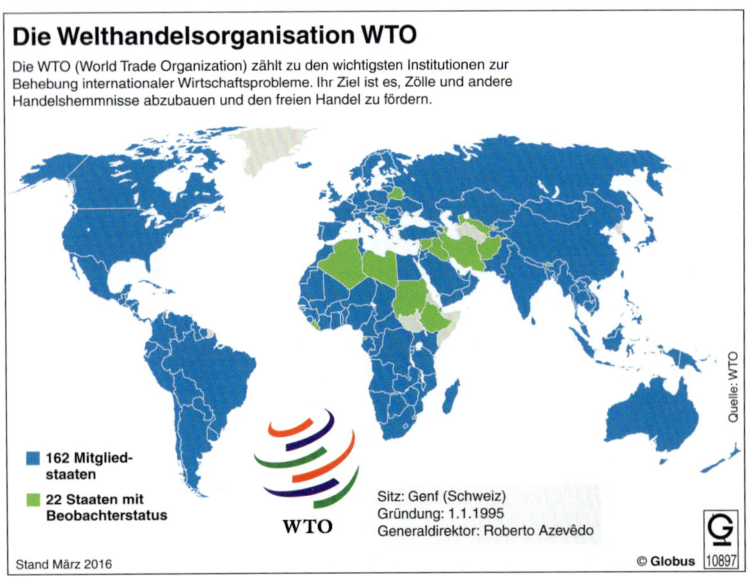

Ursachen der Globalisierung

Der enorme Zuwachs des Welthandels hat technische und politische Ursachen. Dazu gehören:

- die Verbilligung des Transports über See durch die Containerschifffahrt. Die Transportkosten einer Ladung Hemden von China nach Deutschland sind nicht höher als die Kosten des Weitertransports per Lkw von Hamburg nach Süddeutschland. Die größten Containerschiffe fassen mehr als 19 000 Container;
- die weltweite Vernetzung von Information und Kommunikation. Sie verändert die Organisation der Wirtschaft, die weltweit riesige Datenmengen mit ihren Niederlassungen, mit Lieferanten und Kunden austauscht. Komplizierte Finanzgeschäfte können per Knopfdruck ausgeführt werden. Aufträge über die Herstellung von z. B. 100 000 T-Shirts werden weltweit im Internet versteigert.
- die Öffnung der meisten Staaten der Welt für den **Freihandel**, d. h. für ausländische Unternehmen, die vor Ort produzieren, investieren und verkaufen dürfen. Fast alle Staaten sind heute Mitglied der **Welthandelsorganisation (WTO)**.

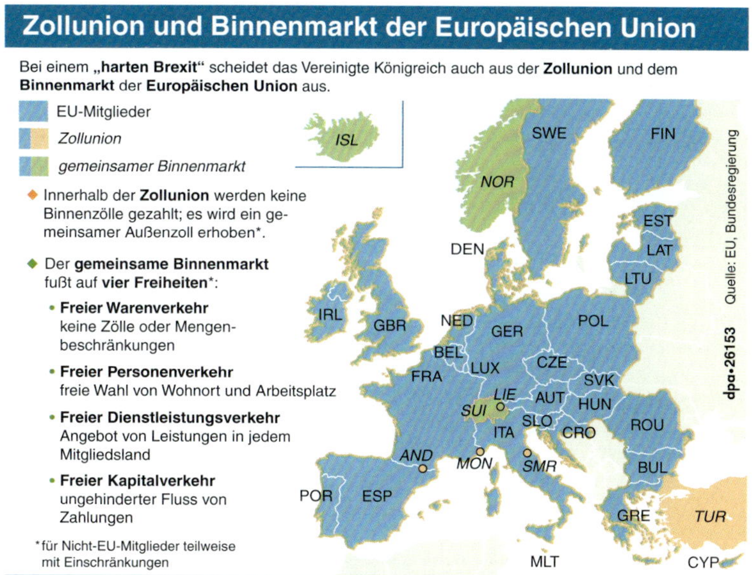

Handelsabkommen

Freier Handel und somit das Zusammenwachsen von Märkten ist nur möglich, wenn es keine Behinderungen gibt durch Zölle, Exportverbote oder andere Handelsbeschränkungen (z. B. unterschiedliche technische Anforderungen). Der Abbau von Handelshemmnissen kann erfolgen:

- bilateral: zwischen zwei Ländern oder Ländergruppen, z. B. das Freihandelsabkommen CETA zwischen der EU und Kanada (2016);
- regional: zwischen mehreren Ländern mit engen Handelsbeziehungen, die sich zusammenschließen, z. B. die EU;
- multilateral: zwischen sehr vielen Ländern, die sich am Zollabbau beteiligen. Dieses Ziel verfolgt die WTO. Es gibt fast 300 Handelsabkommen unter dem Dach der WTO.

Die WTO legt die Regeln für den Welthandel fest. Zu ihren Aufgaben gehören:

- Verhandlungen über Zollsenkungen und Handelsrichtlinien;
- Regelungen über den Handel mit Waren und Dienstleistungen;
- Überwachung der Einhaltung der getroffenen Entscheidungen;
- Vermittlung bei Konflikten;
- Verhängung von Handelssanktionen bei Nichteinhaltung der Regeln.

Europäische Union

Innerhalb der **Europäischen Union** gelten für die wirtschaftliche Zusammenarbeit seit dem Jahr 1993 die „vier Freiheiten“:

- freier Warenverkehr,
- freier Personenverkehr,
- freier Dienstleistungsverkehr,
- freier Kapitalverkehr.

Mit der **Zollunion** verfolgen die Mitgliedstaaten eine gemeinsame Außenhandelspolitik. Gegenüber allen Nichtmitgliedstaaten werden die gleichen Zölle erhoben.
Innerhalb der EU bilden 19 Staaten eine **Währungsunion**, die sogenannte Eurozone. Die Mitgliedstaaten haben ihre nationalen Währungen (z. B. die DM) zugunsten einer gemeinsamen Währung aufgegeben. Seit dem 1. Januar 2002 ist das Euro-Bargeld im Umlauf. Der Verzicht auf eine nationale Währung bedeutet auch, dass ein Staat das Instrument der Geldpolitik auf eine überstaatliche Behörde abtritt. In der EU ist das die **Europäische Zentralbank EZB**.
Im Jahr 2010 gerieten einige südeuropäische Länder, vor allem Griechenland, aufgrund einer tiefen Rezession und hoher Staatsschulden in Schwierigkeiten. Um einen Staatsbankrott und damit ein Ausscheiden Griechenlands aus dem Währungsverbund zu verhindern, spannten die Länder der Eurozone einen finanziellen Rettungsschirm in Höhe von 750 Milliarden Euro.

Europäische Union

Der europäischen Union gehören 28 Länder an (Stand Anfang 2017).

Europäische Zentralbank (EZB)

ihre Aufgaben im Rahmen der Geldpolitik *→ S. 226*

Gewinner und ...

Von der heutigen internationalen Arbeitsteilung profitieren nicht nur die führenden Industriestaaten in Europa, Nordamerika und Asien. Zu den Gewinnern zählen auch die sogenannten Schwellenländer wie Brasilien, Russland, Indien, China und Südafrika (BRICS-Staaten). Diese vormals armen Länder haben es geschafft, durch Industrialisierung (häufig über Direktinvestitionen) Anschluss an die Industrienationen zu finden. In den Schwellenländern gibt es Regionen und Wirtschaftszweige, die auf dem Weltmarkt wettbewerbsfähig sind und ähnlich produktiv arbeiten wie die großen Industrienationen.

5.1 Wettbewerbsfaktoren kennen

Wohlstandsverteilung weltweit

Die acht reichsten Männer dieser Welt besitzen so viel wie die ärmere Hälfte der Weltbevölkerung (Quelle: Oxfam). Etwa die Hälfte der 6,5 Milliarden Menschen auf der Welt lebt von weniger als zwei Dollar pro Tag.

Folgen der Globalisierung für die Arbeitswelt

→ S. 244 ff.

Der freie Handel, verbunden mit zunehmender Arbeitsteilung und Globalisierung, bietet selbst kleinen und mittelständischen Unternehmen die Möglichkeit, weltweit zu agieren. Große Unternehmen können darüber hinaus einzelne Geschäftsfelder weltweit verteilen. Handwerksbetriebe sind heute weit über den heimischen Bereich hinaus tätig.
Wirtschaftswachstum kann mit einem höheren Wohlstand verbunden sein. Es hat aber auch negative Folgen. Dazu zählen Umweltbelastung und Verschwendung von Ressourcen (→ S. 229 ff.).

... Verlierer der Arbeitsteilung

Nicht alle Länder profitieren von der wirtschaftlichen Entwicklung. Die meisten afrikanischen Staaten spielen im Welthandel keine Rolle. Die geringe Kaufkraft macht sie als Absatzmarkt uninteressant; die politische Unsicherheit und die schlechte Infrastruktur verhindern die Ansiedlung von ausländischen Unternehmen. Zum Aufbau einer eigenen Wirtschaft fehlt das notwendige Kapital. Lediglich einige Staaten treten als Exporteure von landwirtschaftlichen Produkten wie Kaffee, Kakao oder Früchten auf. Dabei entwickeln sich die Preisrelationen aber zu ihren Ungunsten. Während die Preise für ihre Produkte tendenziell fallen, werden Industrieprodukte und vor allem Energie teurer. Häufig wird den ärmeren Ländern der freie Zugang zu den Märkten der Industrienationen verwehrt. All dies führt zu einer Verschlechterung der Lebenssituation in den Ländern der Dritten und Vierten Welt bzw. zu einer noch höheren Verschuldung dieser Länder.

Abhängigkeiten durch Arbeitsteilung

Die Verflechtung einer nationalen Volkswirtschaft mit den Volkswirtschaften anderer Länder führt zu Abhängigkeiten. Das gilt besonders für die Bundesrepublik Deutschland. Jeder dritte Arbeitsplatz ist direkt oder indirekt vom Export abhängig. Veränderungen auf den Finanz- oder Handelsmärkten wirken sich bereits nach kurzer Zeit positiv oder negativ auf die Auftrags- und Beschäftigungslage der deutschen Unternehmen aus. *Zwei Beispiele:* Eine Senkung der Rohölpreise kann sich positiv auf die deutsche Volkswirtschaft auswirken, weil viele Industriezweige günstiger produzieren können. Negativ wirken sich Finanzkrisen aus, insbesondere jene von 2008, die nicht nur die deutsche, sondern die gesamte Weltwirtschaft beeinträchtigte.

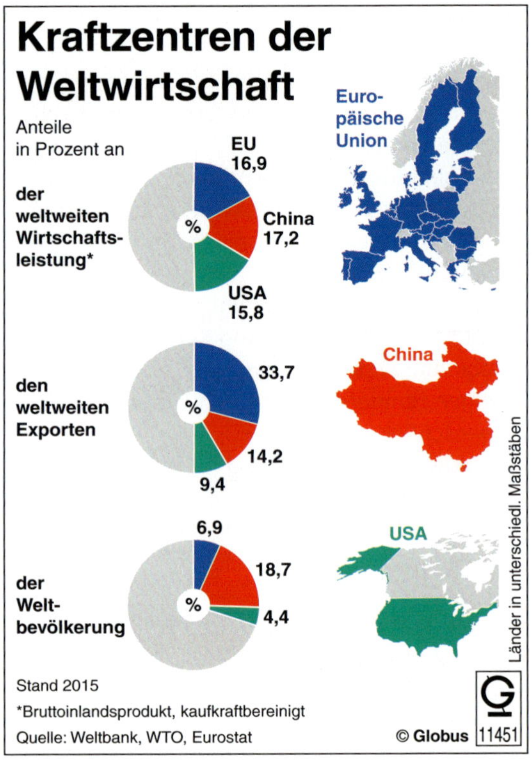

Folgen eines sinkenden Rohölpreises

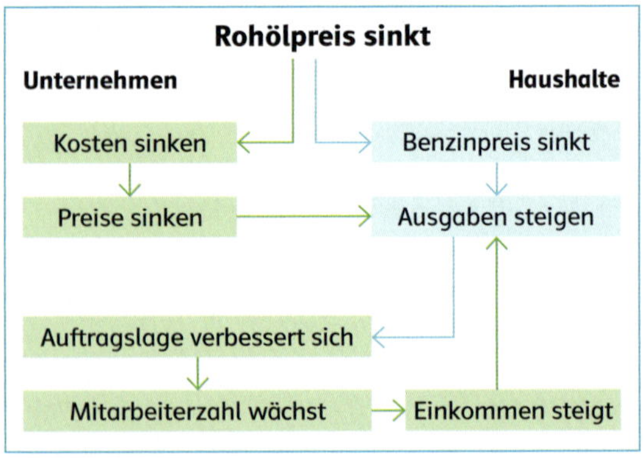

Zusammenfassung: Entwicklung der Märkte

Gründe für die Entwicklung und Veränderung der Märkte

- Kostengünstige Transportsysteme
- Verbesserte Informations- und Kommunikationsysteme
- Internationale Arbeitsteilung (Spezialisierung)
- Öffnung der Märkte (Freihandel)

Folgen des veränderten Weltmarkts

Positive Folgen

- Kostenvorteile/Preisvorteile
- Erhöhung der Weltproduktion
- Unternehmen können weltweit agieren
- Erhöhung des Lebensstandards
- Entwicklungsmöglichkeiten für arme Länder

Negative Folgen

- Unterschiedliche Entwicklung in den Ländern
- Abhängigkeiten machen nationale Volkswirtschaften störanfällig
- Schwierige Kontrolle der Kapital- und Warenströme
- Umweltbelastung und Verschwendung von Ressourcen

Übungsaufgaben

○ 1. Erläutern Sie den Begriff *Globalisierung*.

◒ 2. Erläutern Sie, warum bilaterale und regionale Abkommen nicht im Einklang mit dem Prinzip des freien Handels stehen.

◒ 3. Beschreiben Sie anhand der Grafik *Globale Handelsströme* (→ S. 249), in welchem Maße die verschiedenen Regionen in den Welthandel integriert sind.

◒ 4. Bestimmen Sie anhand der Grafik *Kraftzentren der Weltwirtschaft* (→ S. 210) die Stellung der Europäischen Union im Rahmen der Weltwirtschaft.

◒ 5. Binnenmarkt, Zollunion und Währungsunion sind Grundpfeiler der Europäischen Union. Erläutern Sie deren Bedeutung.

Unternehmenszusammenschlüsse

Lernsituation

Anna ist Auszubildende zur Zerspanungsmechanikerin bei der Rieger AG. Das Unternehmen gehört zur metallverarbeitenden Branche und ist im Bereich der Antriebstechnik tätig. Als Anna am Morgen den Aufenthaltsraum betritt, sind die Mitarbeiter der Abteilung in heller Aufregung.

Völlig unerwartet ist bekannt geworden, dass die Radloff AG, bisher größter Konkurrent der Rieger AG, die Aktienmehrheit des Unternehmens mit 51 Prozent übernommen hat. Die Mitarbeiter befürchten, dass in Zukunft mit einigen Veränderungen bei der Rieger AG zu rechnen ist.

Arbeitsauftrag

- Nehmen Sie eine Bewertung der Übernahme der Rieger AG durch die Radloff AG vor. Bearbeiten Sie dabei mithilfe des Informationstextes folgende Teilaufgaben:

1. Stellen Sie Vermutungen über die Ursachen der Übernahme an.
2. Bestimmen Sie die Form und Art des Unternehmenszusammenschlusses.
3. Prüfen Sie, inwieweit sich die wirtschaftliche und rechtliche Selbstständigkeit der Rieger AG durch den Zusammenschluss verändert.
4. Nennen Sie die Voraussetzungen, damit das Kartellamt einem solchen Zusammenschluss zustimmt.
5. Bestimmen Sie mögliche Vor- und Nachteile, die sich aus der Übernahme für die Rieger AG ergeben können.

Wirtschaftliche Verflechtungen

Viele Unternehmen haben sich in den vergangenen Jahren zusammengeschlossen. Zu den Ursachen gehören:
- Ausbau der Marktanteile, um die Wettbewerbsposition zu stärken;
- Kostensenkung durch rationellere Produktion (Automation); durch die Produktion in größeren Stückzahlen können die Stückkosten gesenkt werden (→S. 318). Die Ausnutzung der Mengenrabatte beim Einkauf größerer Mengen ist der wichtigste Grund, warum man im Einzelhandel größere Unternehmenseinheiten schaffen will;
- kostenintensive Forschung ist nur noch von großen Unternehmen durchzuführen;
- Einsatz modernster Technologie im Bereich der Planung, Steuerung und Kontrolle sowie im Vertrieb;
- Verminderung des unternehmerischen Risikos durch geringere Konkurrenz;
- Erweiterung des Eigenkapitals und somit höhere Kreditwürdigkeit.

Formen des Unternehmenszusammenschlusses

Wenn die Unternehmen beim Zusammenschluss ihre wirtschaftliche Selbstständigkeit ganz oder weitgehend behalten, so bezeichnet man dies als Kooperation. Bei Verlust der wirtschaftlichen Selbstständigkeit spricht man von einem verbundenen Unternehmen (z. B. Konzern). Wenn die beteiligten Unternehmen sowohl die rechtliche als auch die wirtschaftliche Selbstständigkeit verlieren, entsteht ein Trust.

Unternehmenszusammenschluss	Selbstständigkeit	
	wirtschaftlich	**rechtlich**
Kooperation	bleibt erhalten	bleibt erhalten
Konzern	geht verloren	bleibt erhalten
Trust/Fusion	geht verloren	geht verloren

Zu den **Kooperationen** zählen **Interessengemeinschaften** und Kartelle. Interessengemeinschaften sind rechtlich selbstständige

VW und seine Töchter: Unter dem Dach der Konzernmutter befinden sich mittlerweile zwölf höchst unterschiedliche Marken.

Unternehmen. Sie verfolgen gemeinschaftlich bestimmte wirtschaftliche Interessen, um z. B. gemeinsam Forschungs- und Entwicklungsarbeit zu leisten (z. B. zwei Elektronikunternehmen entwickeln gemeinsam einen neuen Computerchip) oder gemeinsam Werbung zu betreiben (z. B. Winzer einer Region).
Bei einem **Kartell** schließen gleichartige Unternehmen sich durch einen Vertrag zusammen. Dabei bleiben sie rechtlich selbstständig, geben aber ihre wirtschaftliche Selbstständigkeit teilweise auf. Das Kartellamt verbietet jedoch Preisabsprachen (Preiskartell), die Aufteilung eines Absatzgebiets (Gebietskartell) und die Vereinbarung über bestimmte Produktionsmengen (Quoten- oder Mengenkartell), um Nachteile für Verbraucher zu verhindern.

Aufbau eines Konzerns am Beispiel der Radloff AG

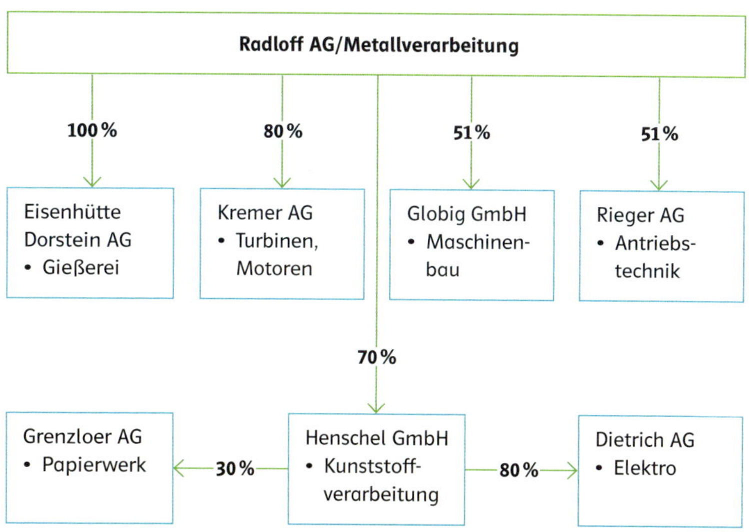

Zusammenschlüsse in Europa

Für Unternehmenszusammenschlüsse innerhalb der EU ist der EU-Kartellausschuss in Brüssel zuständig.

Gesetz gegen Wettbewerbsbeschränkungen (GWB)

§1 Verbot wettbewerbsbeschränkender Vereinbarungen: Vereinbarungen zwischen Unternehmen, Beschlüsse von Unternehmensvereinigungen und aufeinander abgestimmte Verhaltensweisen, die eine Verhinderung, Einschränkung oder Verfälschung des Wettbewerbs bezwecken oder bewirken, sind verboten.

Liegt kein spürbarer Nachteil für den Verbraucher und keine Einschränkung des Wettbewerbs vor, sind Ausnahmeregelungen möglich. Dazu zählen u.a. Vereinbarungen,

- die die Warenerzeugung oder Warenverteilung der Mitglieder verbessern,
- die den technischen und wirtschaftlichen Fortschritt fördern,
- die mittelständische Unternehmen zum Zweck der Rationalisierung treffen.

Beispiel: In einer Region können Nachprüfungen für Fahrschüler so von den Fahrschulen geregelt werden, dass zu den einzelnen Terminen jeweils nur eine Fahrschule diese Prüfung anbietet.

Ein **Konzern** entsteht, wenn ein Unternehmen die Mehrheit am Kapital (z.B. mehr als 50 Prozent des Aktienkapitals) eines anderen Unternehmens erwirbt, das rechtlich selbstständig bleibt, aber seine wirtschaftliche Selbstständigkeit verliert. Unternehmen, welche andere beherrschen, bezeichnet man als Muttergesellschaften, die abhängigen als Tochtergesellschaften. Konzerne, die im Ausland Töchter haben, bezeichnet man als **multinationale Konzerne**.

Beim **Trust** oder der **Fusion** verliert das aufgekaufte Unternehmen die rechtliche und wirtschaftliche Selbstständigkeit. Die Firma erlischt, indem das gesamte Vermögen in der anderen aufgeht, oder es entsteht durch Zusammenschluss der beteiligten Unternehmen ein neues Unternehmen.

Folgen des Zusammenschlusses

Wenn Großbetriebe mit Milliardenumsätzen das Bild einzelner Wirtschaftsbereiche bestimmen, besteht die Gefahr, dass diese Unternehmen, zumindest auf Teilmärkten, marktbeherrschend werden. Sie können z.B. die Preise nach Belieben festsetzen, weil die Konkurrenz fehlt. Außerdem kann die Vielfalt an angebotenen Waren verloren gehen, wenn sich nur noch wenige Unternehmen den Markt teilen. Weiterhin besteht die Gefahr, dass Großunternehmen aufgrund der wirtschaftlichen Macht leichter ihre Interessen durchsetzen können (z.B. Erlangung von Baugenehmigungen).

Eine solche Entwicklung soll durch das **Gesetz gegen Wettbewerbsbeschränkungen (Kartellgesetz)** verhindert werden. Zuständig für die Einhaltung der Bestimmungen ist das Kartellamt in Bonn.
So müssen beabsichtigte Zusammenschlüsse von Unternehmen ab einer bestimmten Größenordnung beim Kartellamt angemeldet werden. Ihm obliegt die **Fusionskontrolle**. Außerdem hat das Kartellamt die **Missbrauchsaufsicht**. Es überwacht marktbeherrschende Unternehmen und achtet darauf, dass keine verbotenen Kartelle entstehen und dass genehmigungspflichtige Kartelle beantragt werden. Dies ist die **Kartellaufsicht**. Bei Verstößen gegen das Kartellgesetz können Bußgelder verhängt werden.

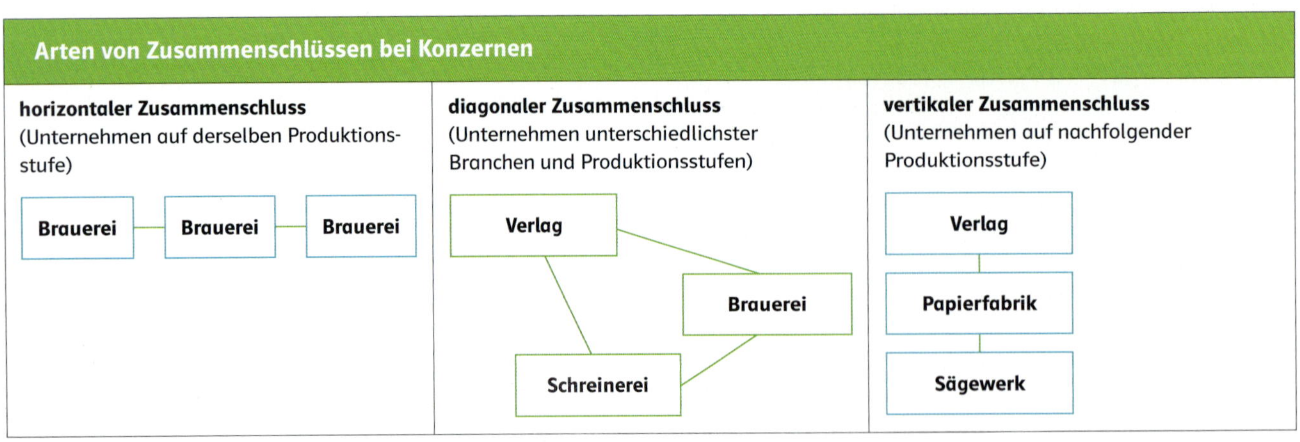

Zusammenfassung: Unternehmenszusammenschlüsse

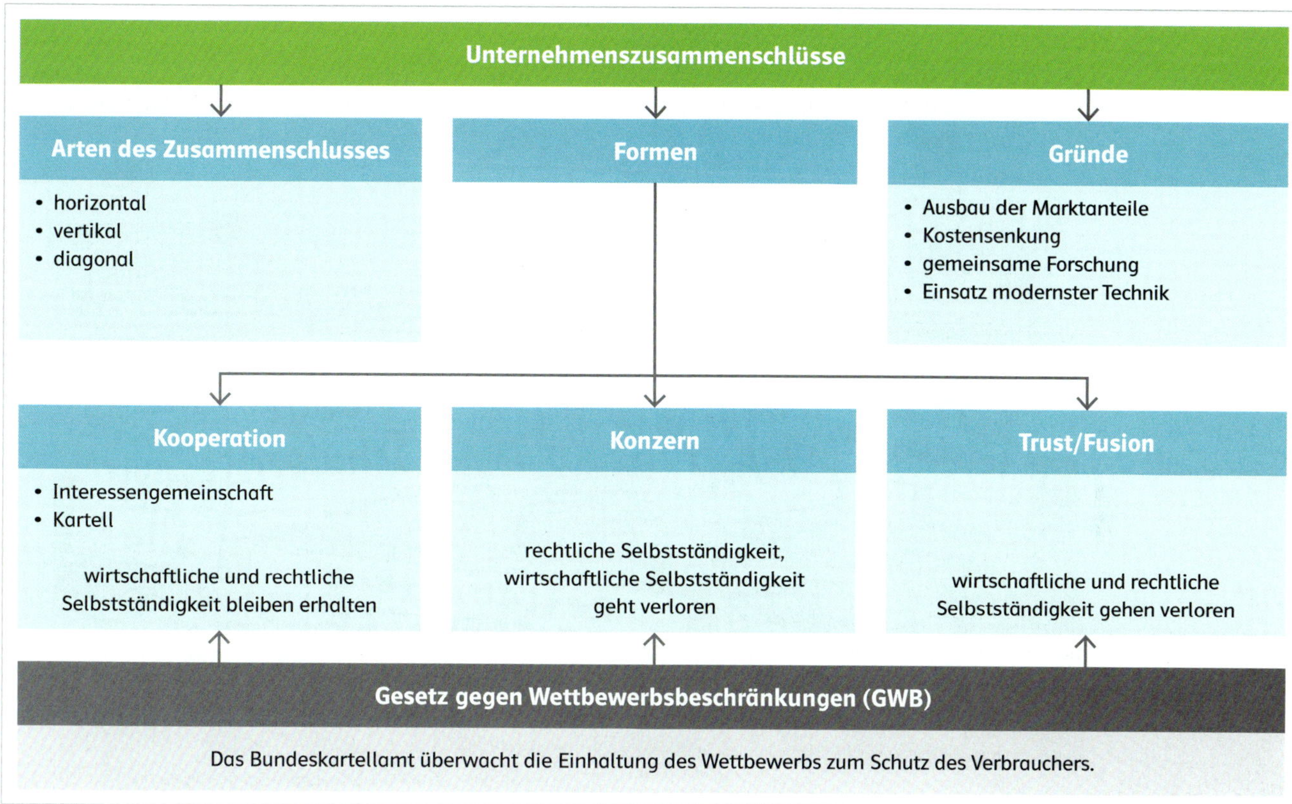

Übungsaufgaben

1. Zu den Aufgaben des Kartellamts zählen die Missbrauchsaufsicht, die Fusionskontrolle und die Kartellaufsicht. Erläutern Sie diese Aufgabenbereiche.

2. Wenn Großunternehmen mit Milliardenumsätzen das Bild einzelner Wirtschaftsbereiche bestimmen, besteht die Gefahr, dass diese Unternehmen, zumindest auf Teilmärkten, marktbeherrschend werden und z. B. die Preise nach Belieben festsetzen können, weil die Konkurrenz fehlt.
Diskutieren Sie weitere Gefahren, die sich für den Verbraucher aus der Unternehmenskonzentration ergeben können.

3. Beschreiben Sie drei Möglichkeiten von Unternehmenszusammenschlüssen. Gehen Sie dabei auf die Kriterien der wirtschaftlichen und rechtlichen Selbstständigkeit ein.

4. Vergleichen Sie vertikale, horizontale und diagonale Zusammenschlüsse und geben Sie jeweils ein Beispiel.

Rolle des Staates in der Wirtschaft

Lernsituation

Arbeitsauftrag

○ ◒ ● Bestimmen Sie, welche Aufgaben der Staat im Wirtschaftsgeschehen der Bundesrepublik Deutschland übernehmen soll.

So gehen Sie dabei vor:

1. Beschreiben Sie den Unterschied zwischen der freien und der sozialen Marktwirtschaft.
2. Erläutern Sie, warum der Wettbewerb als Motor der Marktwirtschaft gilt.
3. Wenn ein großes Unternehmen in wirtschaftliche Schwierigkeiten gerät, wird der Ruf nach staatlichen Hilfen laut. Nennen Sie die Folgen für die Wirtschaft, wenn der Staat diesen Forderungen nachkommt.
4. Erläutern Sie die Auswirkungen von drei staatlichen Maßnahmen auf den sozialen, wirtschaftlichen und ökologischen Bereich.
5. Soll der Staat sich mehr oder weniger in die Wirtschaft einmischen? Nehmen Sie Stellung.

Wirtschaftsordnungen

Das Zusammenleben in einer Wirtschaftsgesellschaft gelingt nur, wenn es feste Rahmenbedingungen gibt. Im Vordergrund stehen dabei die folgenden Fragen:
- Was, wie viel und wie wird produziert?
- Wer entscheidet über Löhne und Preise?
- Was wird exportiert und importiert?

Diese Fragen werden in jedem Land anders beantwortet. Dennoch beruht jede Volkswirtschaft auf einer von zwei grundlegenden, idealtypischen Wirtschaftsordnungen:
- der freien Marktwirtschaft, in der die Wirtschaft dem freien Spiel der Kräfte von Angebot und Nachfrage überlassen wird;
- der zentralen Verwaltungswirtschaft, in der der Staat über Konsum und Produktion entscheidet.

Mit der Gründung der Bundesrepublik Deutschland (1949) musste eine Entscheidung darüber getroffen werden, an welches Modell sich die neu zu bestimmende Wirtschaftsordnung anlehnen sollte – eher marktwirtschaftlich oder eher planwirtschaftlich orientiert.

Planwirtschaft

In einer Planwirtschaft plant der Staat die gesamte Produktion der Güter und teilt diese den Haushalten nach Bedarf (Bedarfsdeckungsprinzip) zu. Dazu ist eine umfangreiche Planbehörde notwendig, die den Einsatz der Produktionsfaktoren Arbeit, Boden und Kapital (z. B. Maschinen) bestimmt.
Das Planrisiko entsteht dadurch, dass ein solcher umfassender Zentralplan fehlerhaft ist, sobald die geplanten Daten nicht mit den tatsächlichen Daten übereinstimmen.

Freie Marktwirtschaft

Die Wirtschaft soll sich durch Angebot und Nachfrage auf dem Markt selbst steuern. Alle am Wirtschaftsgeschehen Beteiligten wollen für sich den größtmöglichen Nutzen erzielen. Unternehmen versuchen ihre Produkte kostengünstig herzustellen (u. a. durch niedrige Lohnzahlungen) und sie auf dem Markt mit einem maximalen Gewinn zu veräußern. Verbraucher wollen preisgünstig einkaufen; Arbeitnehmer sind an hohen Löhnen interessiert.
Auf dem Markt treffen diese verschiedenen Interessen aufeinander. Sind die Produktionskosten eines Unternehmens für eine bestimmte Ware zu hoch und muss es deswegen einen hohen Preis verlangen, wird es keine Käufer finden und es scheidet aus. Sind die Qualifikationen eines Arbeitnehmers zu gering oder seine Lohnforderungen zu hoch, findet er keine Beschäftigung. Der Wettbewerb auf den Märkten treibt so die Wirtschaft voran.
Die freie Marktwirtschaft in der ersten Industrialisierungsphase zu Beginn des 19. Jahrhunderts führte jedoch nur für wenige Menschen zum Wohlstand. Weite Bevölkerungsteile verelendeten. Die menschliche Arbeitskraft wurde wie eine Ware gehandelt. Schlechte Arbeitsbedingungen, lange Arbeitszeiten, geringe Entlohnung und Kinderarbeit waren an der Tagesordnung. Eine soziale Absicherung gab es nicht. Verbraucher waren benachteiligt, weil Unternehmen Preise absprachen oder es zu Monopolbildungen kam.

Kinderarbeit unter Tage: Jungen und Mädchen ab 8 Jahren transportierten die Kohle in den Loren, Kinder ab 4 Jahren mussten die Tore öffnen und schließen, die Arbeitszeit betrug 12 Stunden.

Soziale Marktwirtschaft

Die Wirtschaftsordnung der Bundesrepublik ist marktwirtschaftlich orientiert. Damit die Wirtschaftssubjekte (Haushalte und Unterneh-

5.2 Soziale Marktwirtschaft kennenlernen

Ludwig Erhard, (1897–1977)

„Vater des Wirtschaftswunders", mit seinem Buch „Wohlstand für Alle" von 1957

mungen) am Markt frei und unabhängig ihre Entscheidungen treffen können (Konsum- und Produktionsfreiheit), müssen folgende Rechte garantiert sein:

- Recht auf Eigentum (Grundgesetz Art 14: Sein Gebrauch soll zugleich dem Wohle der Allgemeinheit dienen);
- freie Berufs- und Arbeitsplatzwahl;
- Koalitionsfreiheit: Bildung von Vereinigungen und Gesellschaften (u.a. Gewerkschaften);
- Vertrags- und Gewerbefreiheit.

Eine komplette Übernahme der freien Marktwirtschaft kam aufgrund der geschichtlichen Erfahrungen aber nicht infrage. Das Prinzip der Freiheit sollte mit einem sozialen Ausgleich verbunden sein. Daher muss der Staat in der sozialen Marktwirtschaft eine Reihe von Aufgaben übernehmen:

Wettbewerbspolitik: Der Wettbewerb ist der Motor der Marktwirtschaft. Zu seiner Sicherung stehen dem Staat eine Reihe von Wettbewerbsgesetzen (Verbraucherschutzbestimmungen, Gesetz gegen Wettbewerbsbeschränkungen) zur Verfügung (→ S. 214).

Sozialpolitik: Bürger, die in Not geraten oder sozial benachteiligt sind, sollen durch den Staat geschützt und gesichert werden. Die wichtigsten Bestandteile der sozialen Sicherung:

- die Sozialversicherungssysteme (→ S. 95 ff.),
- die Arbeitsschutzgesetze (→ S. 67 ff.),
- die Sozialleistungen, wie z.B. die Grundsicherung für Arbeitssuchende (Arbeitslosengeld II → S. 109).

Innenansicht der Stuttgarter Stadtbibliothek

Strukturpolitik: Strukturell schwache Wirtschaftsregionen (z.B. in den neuen Bundesländern) und Wirtschaftsbranchen (z.B. Landwirtschaft) erhalten Unterstützungszahlungen (Subventionen).

Umweltpolitik: Im Jahre 1994 wurde angesichts der um sich greifenden Umweltzerstörung der Artikel 20 a (Schutz der natürlichen Lebensgrundlage) in das Grundgesetz eingefügt. Durch staatliche Anreize, Verbote und Gesetze sollen Haushalte und Unternehmen zu einem umweltfreundlichen Verhalten bewegt werden (→ S. 259 ff.).

Einkommens- und Vermögenspolitik: Ziel ist die Schaffung einer gerechten Verteilung der Einkommen und Vermögen

- durch die Belastung der Einkommen derjenigen, die leistungsfähig sind. So sind Steuersätze von der Höhe des Einkommens abhängig. Dies bewirkt ein starkes Ansteigen der Steuer bei hohem Einkommen (→ S. 118);
- durch die Unterstützung derjenigen mit sozialen Leistungen, die einen gesetzlichen Anspruch auf diese Leistungen haben, z.B. Kindergeld, BAföG (→ S. 110);
- durch vermögensbildende Maßnahmen, z.B. vermögenswirksame Leistungen und Bausparprämie (→ S. 102).

Konjunkturpolitik: Der Staat soll durch wirtschaftspolitische Maßnahmen Wirtschaftsschwankungen verhindern (→ S. 234 ff.).

Versorgung der Bevölkerung

Der Staat ist dafür verantwortlich, dass die Bevölkerung mit wichtigen Gütern und Dienstleistungen versorgt wird. Dazu zählen u. a. Wasserversorgung, Müllabfuhr, Polizei, Schwimmbäder, Bibliotheken, Museen und der örtliche Personennahverkehr. Da diese Leistungen oft nicht kostendeckend angeboten werden können und man sie nicht privaten Anbietern überlassen will, übernehmen öffentliche Unternehmen diese Aufgaben.

Zusammenfassung: Rolle des Staates in der Wirtschaft

Markt	→ Soziale Marktwirtschaft ←	Staat
regelt nach dem Gesetz von Angebot und Nachfrage	mehr Staat? mehr Markt?	regelt, wenn nötig
↓		↓
• Produktion (was, wie, wie viel?) • Preise und Löhne • Import und Export		• soziale Absicherung • gerechte Einkommens- und Vermögensverteilung • Erhaltung des Wettbewerbs • Sicherstellung der Versorgung • usw.

Übungsaufgaben

1. Ordnen Sie die folgenden Begriffe der freien Marktwirtschaft oder der Zentralverwaltungswirtschaft zu:
   Pläne Einzelner, Eigentumsrecht, Konsum- und Produktionsfreiheit, freie Berufs- und Arbeitsplatzwahl, Absatzrisiko, Planerfüllung, Gewinnmaximierung.

2. Erläutern Sie, was passiert, wenn der Anhänger abgehängt wird.

3. Beurteilen Sie die folgende Aussage eines Politikers: „Die zunehmende Aktivität des Staates lässt die Leistungsbereitschaft der Bürger verkümmern."

4. Beurteilen Sie:
   a) die Umwandlung der städtischen Müllabfuhr in ein privates Unternehmen,
   b) den Vorschlag, den Bau von Autobahnen in private Hände zu überführen.

5. Ordnen Sie die folgenden staatlichen Maßnahmen den Bereichen Wettbewerbspolitik, Sozialpolitik, Strukturpolitik, Umweltpolitik, Einkommens- und Vermögenspolitik und der Versorgung der Bevölkerung zu:
   - Bau eines Krankenhauses
   - Verbot von Dieselfahrzeugen in der Innenstadt
   - Erhöhung des Kindergelds
   - Verbot eines Unternehmenszusammenschlusses
   - Finanzielle Unterstützung von Forschungsprojekten in Zukunftstechnologien
   - Neuregelung der Pflegestufen bei der Pflegeversicherung

Finanzierung staatlicher Aufgaben

Lernsituation

Anna: Für uns gibt es heute was zu feiern. Heute ist der Steuerzahlergedenktag.
Franziska: Was soll das denn sein?
Anna: Das Datum rechnet der Bund der Steuerzahler jedes Jahr aus. Ein durchschnittlich verdienender Arbeitnehmer muss jedes Jahr bis Anfang oder Mitte Juli nur für das Finanzamt und die Sozialversicherungen arbeiten. Und in diesem Jahr fällt der Tag auf den 11. Juli. Erst ab heute dürfen wir den Lohn ganz für uns behalten.
Franziska: Das mag vielleicht für dich gelten. Nach meiner letzten Lohnabrechnung habe ich nicht mehr als 33 Prozent an Abzügen gehabt.
Anna: Du musst schon ein wenig weiter rechnen. Es gibt ja auch noch die Mehrwertsteuer, die Energiesteuer, die Kaffeesteuer, die Tabaksteuer, die Biersteuer …
Franziska: Ist ja schon gut. Vielleicht zahlen wir ein bisschen zu viel, aber ohne Steuern gäbe es keine Schulen, Straßen, Polizei, BAföG, Kindergeld ...
Anna: Wie auch immer, lass uns lieber diesen Tag feiern. Wie wär‘s mit einer Erdbeertorte und einem großen Cappuccino?
Franziska: Klar doch, ab heute ist ja alles steuerfrei.

Arbeitsauftrag

- Informieren Sie sich über das deutsche Steuersystem und gestalten Sie es nach Ihren Vorstellungen. Begründen Sie Ihren Vorschlag.

Folgende Fragen helfen Ihnen bei der Bearbeitung:
- Wie hoch sollte die Abgabenlast sein?
- Welche Arten von Steuern sollten erhoben werden?
- Wie hoch soll der Anteil der direkten und indirekten Steuern sein?
- Dürfen die Ausgaben die Steuereinnahmen übersteigen?
- In welchen Bereichen lassen sich Ausgaben verringern?

Ausführliche Informationen zur Lohn- und Einkommensteuer finden Sie in Kapitel 2.5 (→ S. 118 ff.).

Wozu Steuern?

Der Staat (Bund, Länder und Gemeinden) tritt als Unternehmer auf (z. B. städtische Müllabfuhr), als Käufer (z. B. Bau und Einrichtung einer Schule) und als Arbeitgeber (z. B. öffentlicher Dienst). Zudem unterstützt er private Haushalte (z. B. Kindergeld) oder Unternehmen (z. B. bei einer Unternehmensgründung). Damit der Staat seine vielfältigen Aufgaben erledigen kann, benötigt er erhebliche finanzielle Mittel. Diese stammen überwiegend aus Steuereinnahmen.

Steuerarten

Die ca. 50 verschiedenen Steuern in Deutschland lassen sich u. a. unterteilen nach

- der **Erhebungsart**: Der Steuerpflichtige kennt bei den direkten Steuern seine Steuerschuld und führt sie an das Finanzamt ab. *Beispiele:* Einkommen-/Lohnsteuer, Hundesteuer. Die indirekten Steuern sind im Endverkaufspreis enthalten. Sie werden vom Verbraucher bezahlt, aber vom Verkäufer an das Finanzamt abgeführt. *Beispiel:* Umsatzsteuer;
- dem **Steuergegenstand**: Verbrauchssteuern werden auf bestimmte Verbrauchsgüter erhoben. *Beispiele:* Tabaksteuer, Biersteuer, Verkehrssteuern bei der Übertragung von Vermögenswerten (z. B. Grunderwerbssteuer); Besitzsteuern beziehen sich auf Einkommen und Vermögen. *Beispiele:* Lohn- und Einkommensteuer, Erbschaftssteuer.

Die größte Einnahmequelle ist die Umsatzsteuer (Mehrwertsteuer), die allein vom Verbraucher getragen wird. Neben dem regulären Steuersatz von 19 Prozent gibt es den ermäßigten von 7 Prozent, u. a. für Zeitungen, Bücher und Lebensmittel. Einige Umsätze wie z. B. Mieten und Arztrechnungen unterliegen nicht der Umsatzsteuer. Unternehmen in Deutschland zahlen Gewerbesteuer. Sie ist die wichtigste Einnahmequelle für Städte und Gemeinden. Kapitalgesellschaften (AG und GmbH) müssen Körperschaftsteuer entrichten.
In welcher Höhe der Staat seine Bürger mit Steuern belastet, ergibt sich aus der **Steuerquote**. Die Bezugsgröße für die Steuerquote ist das Bruttoinlandsprodukt (→ S. 229 ff.). Die Steuerquote ist in Deutschland im Vergleich zu skandinavischen Ländern sehr gering. In diesen Ländern werden allerdings die Sozialleistungen fast völlig aus Steuergeldern finanziert. Für einen Vergleich müssen deshalb die Beiträge zu den Sozialversicherungen in Deutschland berücksichtigt werden. Daraus ergibt sich die **Abgabenquote** (ohne indirekte Steuern). In Deutschland liegt sie bei ca. 36 %.

Der Steuerzahler hat keinen Anspruch auf eine konkrete Gegenleistung für seine Steuerzahlungen. Wer Kfz-Steuer bezahlt, kann nicht darauf bestehen, dass das Geld zur Sanierung der Straßen eingesetzt wird. Vielmehr fließt es in die Haushalte von Bund, Ländern und Gemeinden. Deren Parlamente beschließen, wofür das Geld verwendet wird.

Staatliche Haushalte

Die Verteilung der Steuereinnahmen auf Bund, Länder und Gemeinden erfolgt anhand der sogenannten „Finanzverfassung", die im Grundgesetz geregelt ist (Artikel 104 a bis 108). Die Höhe der Steuereinnahmen und Ausgaben lässt sich an den jeweiligen Haushalten (Arbeit und Soziales, Verteidigung, Verkehr etc.) ablesen. Den Anteil der Staatsausgaben an der gesamten Wirtschaftsleistung eines Landes bezeichnet man als 🔍 **Staatsquote**. Sie lag in den letzten Jahren bei rund 45 Prozent.

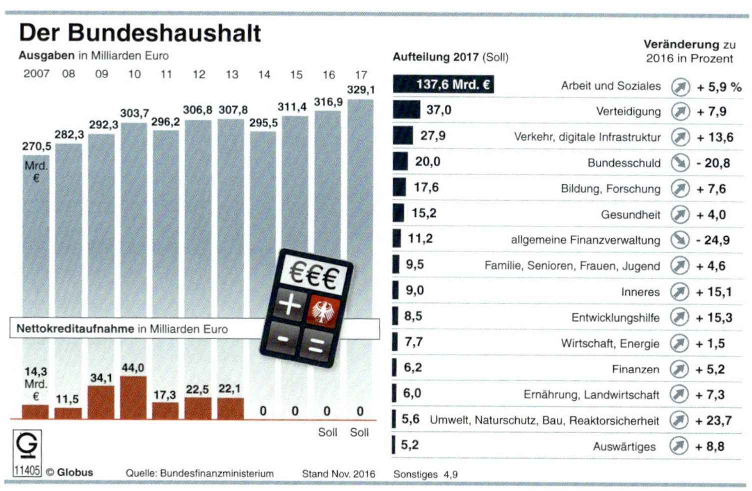

Lohn- und Einkommensteuer

→ S. 118 ff.

🔍 ***Staatsquote***

Ausgaben aller öffentlichen Haushalte und der gesetzlichen Sozialversicherungen, gemessen als Prozentsatz des nominalen Bruttoinlandsprodukts

Die Steuereinnahmen von Bund, Ländern und Gemeinden 2015 *(Auszug)*

Umsatzsteuer	*209 921*
Lohnsteuer	*178 891*
Einkommensteuer	*48 580*
Gewerbesteuer	*45 737*
Energiesteuer	*39 594*
Körperschaftsteuer	*19 583*
Steuereinnahmen insgesamt:	***673 261***

BMV (in Mio. Euro)

5.2 Soziale Marktwirtschaft kennenlernen

Steuervermeidung

Viele große Konzerne zahlen in Deutschland wenig oder gar keine Steuern, z. B. Amazon, IKEA, Starbucks, Apple, Facebook.

Kapitalmarkt

Markt, auf dem sich Unternehmen und Staaten Geld in Form von langfristigen Krediten besorgen

Schuldenbremse

Zusätzliche Verschuldung auf Bundesebene ist seit 2016 nur mehr sehr begrenzt möglich, ab 2020 ist sie auch auf Landesebene stark eingeschränkt (Ausnahmen, z. B. bei Naturkatastrophen, möglich).

Mit Steuern lenken

Mit der Besteuerung kann der Staat Einfluss auf das Verhalten von Bürgern und Unternehmen nehmen. Hohe Steuern auf Tabak und Alkohol erhöhen die Preise für diese Produkte und sollen zum Verzicht oder zur Einschränkung des Konsums führen. Genauso ändert sich das Verhalten bei einer niedrigen Besteuerung. Schadstoffarme Autos sind geringer besteuert und damit attraktiver für Käufer. Unternehmen erhöhen ihre Investitionstätigkeit, wenn damit Steuererleichterungen verbunden sind.

Steuergerechtigkeit

Im deutschen Steuersystem gilt der Grundsatz, dass jeder Bürger nach seiner individuellen Leistungsfähigkeit besteuert werden soll. Das bedeutet: Diejenigen, die viel verdienen, zahlen mehr Steuern auf ihre Einkünfte. Menschen, die weniger Geld zur Verfügung haben, müssen weniger abgeben. Dieser Grundsatz lässt sich bei den direkten Steuern gut umsetzen. Der Steuersatz bei der Einkommensteuer richtet sich z. B. nach dem zu versteuernden Einkommen. Mit steigendem Einkommen steigt auch der Steuersatz. Die Berücksichtigung individueller Umstände macht ein Steuersystem allerdings kompliziert und wenig transparent. Viele halten es für ungerecht.

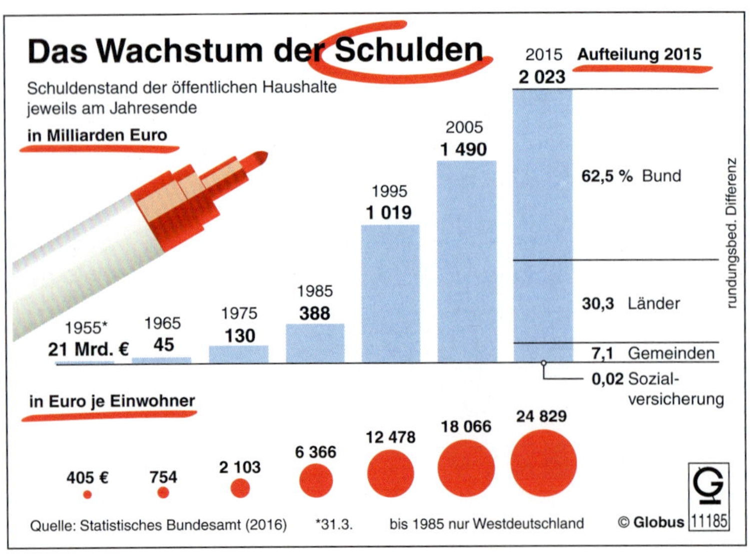

Indirekte Steuern werden unabhängig vom Einkommen erhoben. Jeder Bürger zahlt den gleichen Betrag. Das macht es den Finanzämtern leicht, die Steuern zu erheben und einzutreiben. Unternehmen behalten von den Verbrauchern z. B. die Umsatzsteuer ein und führen sie an den Staat ab. In Ländern mit einer schlechten Steuermoral neigt der Staat dazu, vermehrt indirekte Steuern zu erheben.
Die Globalisierung wirkt sich auf nationale Steuersysteme und die Steuergerechtigkeit aus. Volkswirtschaften und Finanzmärkte sind so eng miteinander verflochten, dass Unternehmen und Privatleuten unter bestimmten Umständen ihre Einkommen bzw. Gewinne dort versteuern können, wo keine Steuern anfallen oder die Steuerbelastung gering ist.

Staatsverschuldung

Übersteigen die Ausgaben die Einnahmen, braucht der Staat zusätzliche Mittel, um alle Ausgaben zu finanzieren. Dazu nimmt er Kredite auf den **Kapitalmärkten** auf. Es entsteht ein Haushaltsdefizit. Staatsverschuldung ist die Summe der aufgelaufenen Haushaltsdefizite. Kredite verursachen Zinsen, die den Staatshaushalt mit zusätzlichen Ausgaben belasten und den Handlungsspielraum für wichtige Aufgaben einschränken. Um das Steigen der Schuldenlast zu verhindern, wurde 2009 beschlossen, eine **Schuldenbremse** einzuführen. Gerät die Staatsverschuldung eines Landes außer Kontrolle, ist es eines Tages nicht mehr in der Lage, seine Zinszahlungen zu leisten. Es erhält auf den Kapitalmärkten dann keine oder nur sehr teure Kredite (wie derzeit einige EU-Staaten). Staatsverschuldung muss nicht immer negativ sein. Der Staat kann bei einem Wirtschaftsabschwung mit höheren Ausgaben die gesamtwirtschaftliche Nachfrage stärken (→ S. 234 ff.). Häufig können Investitionen, die erst in der Zukunft Erträge einbringen, mit Krediten finanziert werden (z. B. der Aufbau Ost nach der Wiedervereinigung). Anders als beim staatlichen Konsum (Renten, Gehälter, Sozialleistungen) können Subventionen für technologische Entwicklungen, Investitionen in Infrastruktur und Bildung zukünftige Erträge sichern.

Zusammenfassung: Finanzierung staatlicher Aufgaben

Staatliche Haushalte (Bund, Länder, Gemeinden)

Ausgaben
- Arbeit und Soziales
- Verteidigung
- Verkehr, digitale Infrastruktur
- …

Einnahmen
- Steuern
- Abgaben

Einteilung der Steuern

Erhebungsart
- direkte Steuern
- indirekte Steuern

Steuergegenstand
- Verbrauchssteuern
- Verkehrssteuer
- Besitzsteuern

Kreditaufnahme

wenn die Ausgaben die Einnahmen übersteigen (= Haushaltsdefizit)

Folgen der Kreditaufnahme

Positive Folgen
- staatliche Nachfrage dämpft Wirtschaftsabschwung
- staatliche Investitionen und Subventionen sichern zukünftige Erträge

Negative Folgen
- Zinsen belasten Staatshaushalt
- Einschränkung der staatlichen Handlungsfähigkeit
- staatliche Kreditaufnahme auf den Kapitalmärkten verteuert sich

Übungsaufgaben

1. Erläutern Sie die Bedeutung der Steuern für den Staat und für den Bürger.

2. Die Tabaksteuer wird nach dem Einzelpreis einer Zigarette berechnet. Sie kann zwischen 75 % und 90 % liegen. Halten Sie eine solche Besteuerung für gerechtfertigt? Begründen Sie Ihre Meinung.

3. Erläutern Sie, warum es für den Gesetzgeber so schwer ist, ein gerechtes Steuersystem zu gestalten.

4. Die Grafik *Das Wachstum der Schulden* (→ S. 222) zeigt die Entwicklung der Staatsschulden.
   a) Erläutern Sie anhand der Grafik, wie sich die Staatsschulden entwickelt haben.
   b) Erläutern Sie die Probleme für die Wirtschaft und für die Bürger, wenn der Staat sehr hoch verschuldet ist.

5. Der Bund hat in den Jahren 2013–2017 einen Finanzierungsüberschuss erzielt. Bestimmen Sie, ob der Staat Schulden abbauen oder Steuern senken soll. Begründen Sie Ihre Entscheidung.

Reallohn, Inflation, Deflation

Lernsituation

Floristin: Gefällt Ihnen der Strauß? Dann bekomme ich 25,00 Euro.
Marco: 25 Euro? Wie machen Sie denn Ihre Preise? Vor einem halben Jahr habe ich für den gleichen Strauß nur 20 Euro bezahlt. Eigentlich müssten die Blumen im Frühjahr doch billiger sein.
Floristin: Das hat nichts mit der Jahreszeit zu tun. Die meisten Blumen kommen aus Treibhäusern. Außerdem, die Blumen, die Sie ausgesucht haben, beziehen wir über einen Großhändler. Und vor Feiertagen kann der aufgrund der hohen Nachfrage fast jeden Preis verlangen. Sie sehen ja selber, was hier los ist. Die Preiserhöhung müssen wir an unsere Kunden weitergeben.
Marco: Aber das macht doch nicht gleich 5 Euro aus!
Floristin: Selbst ohne „Muttertags-Zuschlag" hätten Sie diesen Strauß nicht für 20 Euro bekommen. Erstens ist unser Einkaufspreis heute höher als vor einem halben Jahr und somit sind auch unsere Kosten höher. Zweitens bekommen Sie doch auch jedes Jahr mehr Lohn.
Marco: Ja, und das nicht zuletzt wegen der Preissteigerungsraten. Fragt sich nur, was eine Lohnerhöhung bringt, wenn sowieso alles teurer wird.

Arbeitsauftrag

Machen Sie die Auswirkungen hoher Preissteigerungsraten deutlich.

1. Bestimmen Sie, wie sich der Reallohn von Arbeitnehmern (und damit ihre Kaufkraft) in den Jahren 2007–2016 verändert hat. Stellen Sie dazu die Entwicklung der Nominallöhne dem jeweiligen Anstieg der Verbraucherpreise gegenüber. Tragen Sie das Ergebnis in eine Übersicht nach folgendem Muster ein und bewerten Sie das Ergebnis.

Jahr	2007	2008	2009	2010	2011	2012	2013	2014	2015	2016
Nominallohnsteigerung in %	2,8	3,0	0,2	2,6	3,3	2,5	1,4	2,7	2,7	2,3
Anstieg Verbraucherpreise in %	2,3	2,6	0,3	1,1	2,1	2,0	1,5	0,9	0,3	0,5
Reallohnveränderung in %										

www.statista.com (2016) (Anstieg jeweils gegenüber dem Vorjahr in Prozent)

2. Erklären Sie, um welche Arten der Inflation es im Gespräch oben geht.

3. Beschreiben Sie die Auswirkungen hoher Preissteigerungsraten auf
   – Schuldner – Gläubiger – Sparer

Wert des Geldes (Geldwert)

Die Entwicklung des Geldes erfolgte vom Metallgeld (Gold) über das Papiergeld bis hin zum **Buchgeld**. Auch wenn der Materialwert des Geldes im Laufe der Zeit immer geringer wurde, so stellt doch ein Guthaben auf dem Bankkonto für jeden einen Wert dar. Entscheidend ist also nicht der Materialwert, sondern das, was man davon kaufen kann. Man spricht von der Kaufkraft des Geldes. Die Kaufkraft kann man beziehen auf

- Güter und Dienstleistungen im Inland, den **Binnenwert des Geldes**;
- auf ausländische Währungen (z. B. US-$), den **Außenwert des Geldes** bzw. der Währung.

Binnenwert des Geldes

Der Binnenwert des Geldes ist abhängig von den Preisveränderungen. Steigen in einem Jahr z. B. die Preise für Lebensmittel gegenüber dem Vorjahr um 10 %, so kann man mit dem gleichen Geldbetrag 10 % weniger Lebensmittel einkaufen. Das bedeutet, wenn das Preisniveau ansteigt, sinkt der Geldwert bzw. die Kaufkraft. Man spricht von einer Inflation. Eine Deflation liegt vor, wenn das Preisniveau sinkt und somit Geldwert und Kaufkraft steigen.
Die Veränderung des Preisniveaus in einer Volkswirtschaft wird vom Statistischen Bundesamt mithilfe eines „Warenkorbs" ermittelt (→ Grafik).

Ursachen der Inflation

Preissteigerungen entstehen durch Veränderungen im Verhältnis der Angebotsmenge (Gütermenge) zur Nachfragemenge (Geldmenge). Wird in einer Volkswirtschaft mehr nachgefragt, als Güter auf dem Markt vorhanden sind, gleicht sich das über höhere Preise aus. Die wenigen Produkte werden von denjenigen gekauft, die bereit sind, mehr dafür zu bezahlen als andere. Die Nachfrage nach Gütern kann sich durch verschiedene Ereignisse erhöhen, die dafür sorgen, dass die Preise steigen **(Nachfrageinflation)**:

- steigende Verbrauchereinkommen aufgrund von Lohnerhöhungen, Mehrarbeit, Steuersenkung;
- sinkende Sparbereitschaft oder steigende Kreditaufnahme. Wenn die Zinsen niedrig sind, wird weniger gespart. Große Anschaffungen (z. B. Auto- oder Hauskauf) sind bei niedrigen Zinsen leichter möglich;
- steigende Auslandsnachfrage (mehr Export als Import) verringert die Angebotsmenge im Inland, die Geldmenge dagegen steigt.

Geschichte des Geldes
→ *S. 169*

Preisbildung im Monopol
→ *S. 205*

Folgende Ereignisse auf der Angebotsseite verursachen Preissteigerungen und können zu einer Inflation führen:

- Preiserhöhungen für Produkte, die importiert werden. Steigt beispielsweise der Preis für Rohöl, wird diese Steigerung direkt an die Verbraucher weitergegeben. Man spricht von einer **importierten Inflation**;
- hat ein Unternehmen eine Monopolstellung, kann es den Preis für seine Güter relativ frei bestimmen. Es kann seine Preis erhöhen, um damit seinen Gewinn zu maximieren **(Gewinninflation)**;
- Kostensteigerungen werden durch Preiserhöhungen ausgeglichen. Steigen die Löhne oder

5.3 Einflüsse auf Kaufkraft und Lebensstandard erkennen

Lohn-Preis-Spirale

Ein Anstieg der Löhne bewirkt einen Anstieg des Preisniveaus, was wiederum zu einer Lohnerhöhung führt usw.

Verschiedene Anlageformen

→ S. 174 ff.

Europäische Zentralbank (EZB)

Sitz in Frankfurt am Main; oberstes Ziel: Preisstabilität

die Materialkosten, steigen auch die Preise der hergestellten Güter (**Lohn-Preis-Spirale**). Man bezeichnet das als Kosteninflation;

- Verringerung des Angebots aufgrund von Missernten oder Verringerung der Produktionsmenge.

Folgen der Inflation

Erhöht sich der Nettolohn eines Arbeitnehmers (= **Nominallohn**) in einem Jahr um 2%, so bedeutet das nicht automatisch, dass er sich gegenüber dem Vorjahr um 2% mehr Güter und Dienstleistungen leisten kann. Sind nämlich im gleichen Zeitraum die Preise um 3% gestiegen, so ist sein **Reallohn**, d.h. die tatsächliche Kaufkraft seines Nettolohns gesunken.
Hohe jährliche Preissteigerungsraten benachteiligen Gläubiger und Sparer, da der Wert ihres Vermögens durch die geringere Kaufkraft sinkt. Bei der Geldanlage muss das Kapital mindestens in Höhe der Preissteigerungsrate verzinst werden, um den Wert des Kapitals zu erhalten. Schuldner hingegen profitieren von dieser Entwicklung, da sich der Wert ihrer Schulden verringert.

Ursachen und Folgen einer Deflation

Die Deflation ist das Gegenteil der Inflation. Dem Angebot steht eine zu geringe Nachfrage (Geldmenge) gegenüber und das Preisniveau sinkt. Die Produktion geht zurück, Unternehmen müssen Arbeitnehmer entlassen. Die Folge ist, dass der Konsum aufgrund sinkender Einkommen oder weil sich Verbraucher in der Hoffnung auf weiter fallende Preise beim Kauf zurückhalten, noch weiter sinkt. Deutschland erlebte von 1929–1932 eine Deflation mit Massenarbeitslosigkeit, verursacht unter anderem auch durch die strikte Sparpolitik der damaligen Regierungen.
Weitere Ursachen für eine Deflation sind:

- hohe Zinsen für Kreditverträge und Spareinlagen;
- es werden überwiegend importierte Waren konsumiert.

Anders als bei der Inflation profitieren Sparer und Kreditgeber während einer Deflation. Die fallenden Preisen haben zur Folge, dass der Wert der Spareinlagen und Schulden steigt.

Aufgaben der Europäischen Zentralbank

Inflation und Deflation haben als Ursachen, dass entweder zu viel oder zu wenig Geld im Umlauf ist. Hier setzt die **Europäische Zentralbank** an, indem sie mit ihren geldpolitischen Instrumenten (u.a. Offenmarkt- und Mindestreservepolitik) Einfluss auf die Höhe des Zinssatzes nimmt. Niedrige Zinsen führen in Zeiten der Deflation zu einer erhöhten Nachfrage; hohe Zinsen verringern in Zeiten der Inflation die Nachfrage nach Gütern und Dienstleistungen.

Außenwert der Währung

Der Außenwert einer Währung wird bestimmt durch das Austauschverhältnis gegenüber anderen Währungen. In der Europäischen Währungsunion sind die nationalen Währungen (z.B. DM und Lira) zugunsten einer gemeinsamen Währung, dem Euro, aufgegeben worden. Die Folgen von Wechselkursschwankungen entfallen demnach innerhalb der Währungsunion. Bei Reisen in Länder außerhalb der Währungsunion oder beim Export/Import dorthin sieht es aber anders aus. Unternehmen und Urlauber müssen sich die jeweiligen ausländischen Währungen beschaffen. Das Tauschverhältnis wird ausgedrückt durch den **Wechselkurs**. *Beispiel:* Der Euro hatte am 30. Dezember 2016 gegenüber dem US-$ einen Wechselkurs von 1,0541 Dollar. Das bedeutet, tauschte man an diesem Tag Dollar in Euro um, musste man für einen Euro 1,0541 Dollar bezahlen. Wechselkurse können flexibel sein, d.h. der Kurs ergibt sich aus Angebot und Nachfrage der Währung. Länder können sich aber auch auf ein festes Austauschverhältnis der Währungen verständigen (meist innerhalb einer bestimmten Bandbreite). Feste Wechselkurse haben den Vorteil, dass Unternehmen beim Im- und Export mit festen Ein- und Ausgaben planen können. Die Kaufkraft einer inländischen Währung (z.B. Euro) im Ausland gibt an, wie „teuer“ oder wie „günstig“ ein Land gemessen am Preisniveau des eigenen Landes ist.

Zusammenfassung: Reallohn, Inflation, Deflation

Binnenwert des Geldes
- abhängig von Schwankungen im Preisniveau
- ermittelt vom Statistischen Bundesamt Grundlage: Warenkorb

Außenwert des Geldes
- wird bestimmt durch feste oder freie Wechselkurse mit anderen Währungen

↓

Kaufkraftschwankungen

↓

Inflation (Geldmenge > Gütermenge)

Ursachen
- steigende Verbrauchereinkommen
- steigende Kreditaufnahme
- steigende Auslandsnachfrage
- steigende Produktionskosten
- steigende Rohstoffpreise
- Gewinnmaximierung
- sinkende Angebotsmenge

Folgen
- Reallöhne sinken
- Werte von Sparvermögen sinken
- Schulden verlieren an Wert

Deflation (Gütermenge < Geldmenge)

Ursachen
- sinkender Konsum
- hohe Zinsen
- hohe Importe

Folgen
- Produktion sinkt
- Entlassungen
- Konsum sinkt
- im schlimmsten Fall Zusammenbruch der Wirtschaft und Massenarbeitslosigkeit
- Werte von Sparvermögen steigen
- Schulden steigen im Wert

↑

Eingriffe durch Europäische Zentralbank (EZB)

oberstes Ziel: Preisstabilität

Übungsaufgaben

1. Erklären Sie, warum es in den folgenden Fällen zu Preissteigerungen kommen kann:
   a) Auf dem Weltmarkt steigt der Rohölpreis pro Barrel um 20 % auf 85 US-$.
   b) Aufgrund einer Naturkatastrophe ist die Kaffeeernte eines wichtigen Erzeugerlandes zerstört.
   c) Die Tarifvertragsparteien vereinbaren eine Lohnerhöhung, die weit über der Preissteigerungsrate und dem Produktivitätszuwachs liegt.
   d) Aufgrund des günstigen Wechselkurses steigt der Export in die USA drastisch an.
   e) Die Zinsen für Anschaffungsdarlehen sind besonders niedrig. Die Automobilbranche verzeichnet deutliche Umsatzsteigerungen.

2. Der Lohnzuwachs eines Arbeitnehmers beträgt 4 %. Im gleichen Zeitraum liegt die Preissteigerungsrate bei 3 %.
   a) Erklären Sie den Unterschied zwischen Nominallohn und Reallohn.
   b) Erläutern Sie, wie sich in diesem Fall die Reallohnänderung für den Arbeitnehmer auswirkt.

3. Stellen Sie die Situation der privaten Haushalte
   a) in Zeiten starker Inflation und
   b) in Zeiten der Deflation dar.

4. Beschreiben Sie die Auswirkungen in den folgenden Fällen, wenn sich der Wert eines Euros von 1,20 US-$ auf 1,40 US-$ verändert.
   a) Die Firma Flander AG verkauft Getriebe zum Festpreis von 30 000,00 US-$ in die USA.
   b) Linda hat für ihren Aufenthalt in den USA 1000 € gespart.

Bedeutung des Bruttoinlandsprodukts

Lernsituation

Theresa besucht nach einem Einkaufsbummel ihre Oma.

Oma: Schön, dass du wieder mal hereinschaust. Wofür hast du denn heute dein Geld ausgegeben?
Theresa: Eigentlich wollte ich nichts kaufen. Aber als ich diese Schuhe für 129 Euro sah, musste ich einfach zugreifen.
Oma: Willst du damit sagen, dass 129 Euro für ein Paar Schuhe ein besonders günstiges Angebot ist? Als ich in deinem Alter war, hab ich für ein ähnliches Paar 40 Mark bezahlt. Das sind heute 20 Euro. Und das fand ich damals unverschämt teuer.
Theresa: Das kann schon sein, Oma. Aber wie viel hast du damals im Monat verdient? Erstens sind 129 Euro für ein gutes Paar Schuhe gar nicht so teuer und zweitens bekomme ich 2 100 Euro brutto, seitdem ich die Ausbildung als Mechatronikerin abgeschlossen habe.
Oma: Ich weiß noch ganz genau, mein erstes Gehalt betrug umgerechnet 320 Euro. Dafür musste ich, einschließlich Samstag, 45 Stunden in der Woche arbeiten. Und Urlaub gab es 15 Tage. Aber an eine Urlaubsreise war nicht zu denken. Das verdiente Geld wurde fast ausschließlich für Wohnung und Lebensunterhalt aufgebracht. Für kostspielige Freizeitgestaltung und teure Hobbys blieb nichts übrig. So erging es den meisten Menschen.
Theresa: Ging es euch denn damals im Vergleich zu uns heute so viel schlechter?
Oma: Schlechter? Ich weiß nicht. Vielleicht waren wir früher sogar zufriedener als viele Leute heute, die gar nicht wissen, wie gut es ihnen geht? Manchmal hat man das Gefühl, niemand hat mehr Zeit, obwohl viel weniger gearbeitet wird.
Theresa: Apropos Zeit, ich muss weg, sonst verpass ich meine Verabredung, Oma, tschüss.

Arbeitsauftrag

○ ◒ ● Das Sozialprodukt gilt als Wohlstandsmesser in einer Gesellschaft. Zu Recht? Bei der Lösung helfen Ihnen die folgenden Aufgaben.

1. Beschreiben Sie, wie sich die Kaufkraft der Lohnminute insgesamt verändert hat.
2. Erklären Sie, warum bei einigen Produkten und Dienstleistungen viel länger, viel kürzer oder genauso viel gearbeitet werden musste.
3. Erläutern Sie den Zusammenhang zwischen der Steigerung des Bruttoinlandsproduktes, den Veränderungen bei der Kaufkraft und der zu leistenden Wochenarbeitszeit.
4. Nehmen Sie Stellung zur Kritik am Sozialprodukt als Wohlstandsmesser.

Bruttoinlandsprodukt

Die wirtschaftliche Leistungsfähigkeit und der Wohlstand einer Volkswirtschaft werden an der Höhe des Bruttoinlandsproduktes (BIP) gemessen. Es bezeichnet den Wert aller Güter und Dienstleistungen, die in einem bestimmten Jahr innerhalb einer Volkswirtschaft produziert werden. Bei der Berechnung werden die Marktpreise zugrunde gelegt. Will man die BIP der einzelnen Jahre vergleichen, muss man die Preissteigerungsraten herausrechnen und gelangt so zum realen BIP. Bereinigt man diesen Wert um den Wertverlust (z. B. Abschreibung bei Maschinen), so erhält man das Nettoinlandsprodukt.

Entwicklung des Bruttoinlandsprodukts

Die Steigerung des BIP war in den Jahrzehnten nach dem Zweiten Weltkrieg aufgrund des Wiederaufbaus besonders hoch. In den letzten 10 Jahren waren die Wachstumsraten niedrig (2009 gab es sogar einen Rückgang). Das ist aber völlig normal, da man bereits ein sehr hohes Niveau erreicht hat. Gründe für die Steigerung der Leistungsfähigkeit der Wirtschaft sind:

- Zunahme der Faktoren Arbeit und Boden: mehr Arbeitskräfte, längere Arbeitszeiten, Erschließung neuer Rohstoffquellen;
- Steigerung der Produktivität: neue Produktionsverfahren, leistungsfähigere Maschinen und veränderte Organisationsmodelle.

Die Politik nimmt Einfluss auf diese Faktoren, indem sie die Rahmenbedingungen festlegt: die Öffnung internationaler Märkte für Unternehmen (z. B. durch Handelsabkommen), die staatliche Ausgabenpolitik, die Energiepolitik, die Förderung technologischer Entwicklungen und die politische Stabilität und Rechtssicherheit.

Entstehung des Bruttoinlandsprodukts

An der Entstehung des BIP wirken die einzelnen Wirtschaftsbereiche mit. Dabei hat der Anteil des Dienstleistungsbereiches an der Erarbeitung des BIP im Laufe der Jahre kontinuierlich

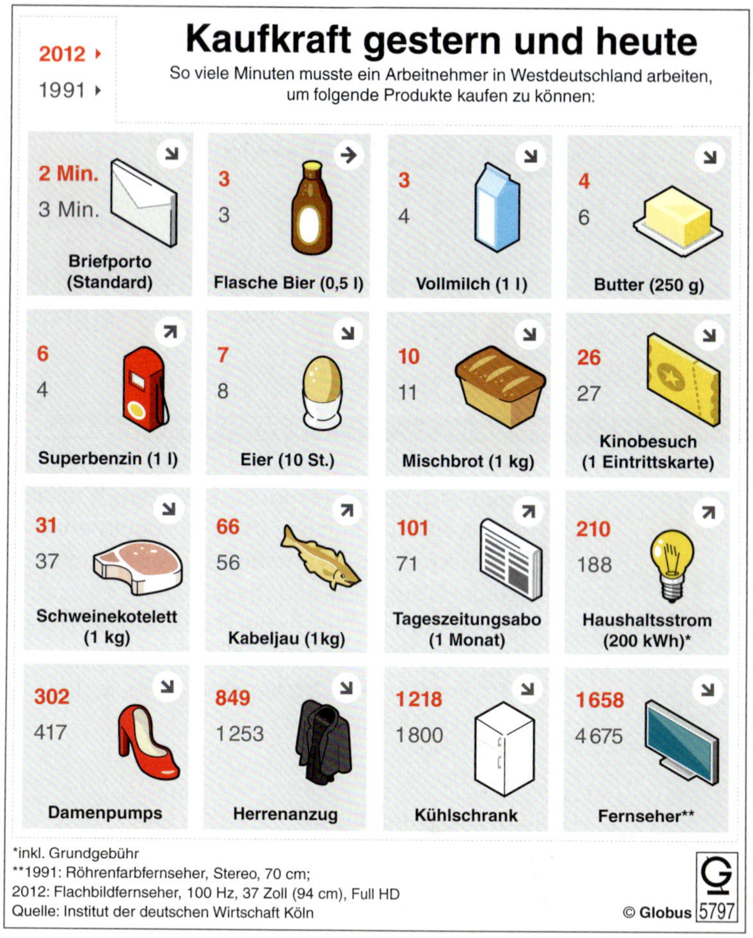

Unternehmen	Produktionswert (€)	Vorleistungen (€)	Wertschöpfung (€)
Forstbetrieb	1000	–	1000
Sägerei	2500	1000	1500
Möbelfabrik	4500	2500	2000
			4500

Beispiel: Ein Forstbetrieb verkauft Bäume an eine Sägerei. Die dort hergestellten Bretter werden an eine Möbelfabrik verkauft, die daraus Möbel baut und an Kunden verkauft.

zugenommen, die Land- und Forstwirtschaft hingegen hat an Bedeutung verloren. Dies lässt sich damit erklären, dass bei steigendem Einkommen der Bedarf an gewerblichen Erzeugnissen und Dienstleistungen stärker zunimmt als der Bedarf an landwirtschaftlichen Produkten.

Rationalisierung
→ S. 338 ff.

Entwicklung der Produktivität
→ S. 340

Ausgangspunkt für die Berechnung des BIP ist die **Wertschöpfung** in einer Volkswirtschaft. Sie

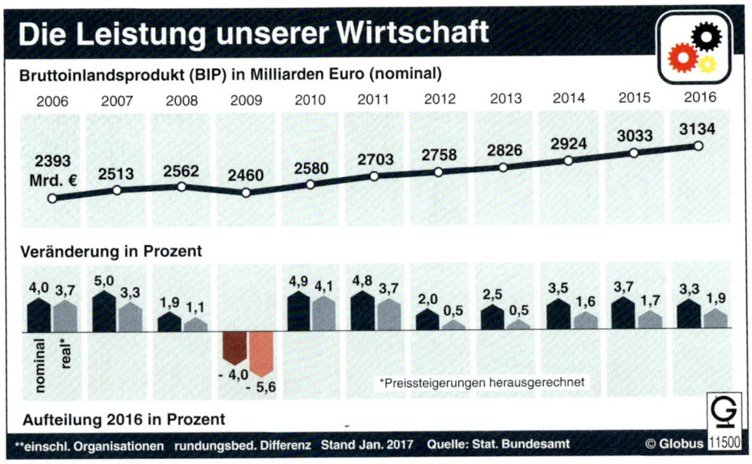

ergibt sich aus den Produktionswerten (Umsatz, selbst erstellte Anlagen usw.) der Unternehmen abzüglich der darin enthaltenen Vorleistungen (eingekaufte Güter und Dienstleistungen). Löhne und Gewinne bilden die Wertschöpfung. Die Wertschöpfung aller Unternehmen entspricht dem Produktionswert/Marktpreis des Endproduktes (→ Tabelle S. 229).

Verwendung des BIP

Das erwirtschaftete BIP wird zum überwiegenden Teil privat verbraucht. Die restlichen Teile entfallen auf Investitionen, den Staatsverbrauch (→ Staatsquote S. 221) und auf den Außenbeitrag (Wareneinfuhr – Warenausfuhr). Investitionen bedeuten Konsumverzicht. Sie sind aber Voraussetzung für technologischen Fortschritt und Produktivitätssteigerungen. Unterentwickelten Ländern gelingt es kaum, auf Kosten des Konsums zu investieren.

Verteilung des BIP

Das **Volkseinkommen** ist die Summe aller Einkünfte, die die Haushalte beziehen. Wer Arbeit zur Verfügung stellt, erhält Lohn, für Kapital erhält man Zinsen und Gewinne und für Boden Miete und Pacht. Außerdem zahlt der Staat Geld an Haushalte (Kindergeld, Sozialhilfe usw.), Unternehmen gewährt er Subventionen. In der Verteilungsrechnung wird unterschieden, welcher Anteil des Volkseinkommens auf Löhne und Gehälter (Lohnquote) und welcher Anteil auf Gewinne sowie Einkommen aus Vermögen entfällt (Gewinnquote).

BIP als Wohlstandsmesser

Ein stetiges Wirtschaftswachstum kann unterschiedlich genutzt werden. Grundsätzlich bestehen zwei Möglichkeiten:
Verkürzung der Arbeitszeit: Durch höhere Leistungsfähigkeit kann in kürzerer Zeit ein höheres Bruttoinlandsprodukt erwirtschaftet werden. So sank die Arbeitszeit von 1960 bis heute von jährlich 2 124 Arbeitsstunden auf 1 390 im Jahr 2013. Für Arbeitnehmer bedeutet dies: kürzere Wochenarbeitszeit, mehr Urlaub.
Steigerung des Durchschnittseinkommens: Verteilt man den erwirtschafteten Wert an Gütern und Dienstleistungen auf den Einzelnen, spricht man vom BIP pro Kopf. Dieser Wert gilt als Gradmesser für den Lebensstandard in einer Volkswirtschaft, obwohl er nichts über die tatsächliche Verteilung aussagt.

Hohes BIP = Wohlstand?

Die Kritik am BIP als Wohlstandsmesser kann man wie folgt zusammenfassen:
Fehlende Güter: Bei der Berechnung des BIP werden nur Güter und Dienstleistungen zusammengefasst, die offiziell am Markt verkauft werden. Somit fehlen die Leistungen, für die es keinen Marktpreis gibt: z. B. Hausarbeit, Ehrenamt und der informelle Wirtschaftssektor: z. B. Eigenleistungen beim Hausbau, Schwarzarbeit (wird mit einem geschätzten Aufschlag eingerechnet, genauso wie Drogenhandel und Tabakschmuggel).
Negative Einflussgrößen: Kosten für Reparaturen an Unfallfahrzeugen erhöhen das Bruttoinlandsprodukt genauso wie der Ersatz für Schäden aus Umweltkatastrophen.
Umweltgedanke: Betriebe benötigen Rohstoffe und Energie zur Herstellung von Waren und Gütern. Durch die Produktion werden Schadstoffe an die Umwelt abgegeben. Produktionsabfälle müssen entsorgt werden, ebenso wie Güter, die nicht mehr benötigt werden. Das wirtschaftliche

Handeln war bis vor 40 Jahren auf wirtschaftliches Wachstum ausgerichtet, mit dem Ziel, eine rasche Steigerung des Lebensstandards zu erreichen. Erst die Erkenntnis, dass uneingeschränktes Wachstum zu Umweltbelastung und raschem Verbrauch nicht erneuerbarer Rohstoffe (z. B. Öl, Kupfer) führt, veränderte das Bewusstsein. Der Wert von Gütern und Dienstleistungen bemisst sich daran, ob der Mensch sie in einem intakten Lebensraum nutzen kann. Daher wird heute die ökonomische Sichtweise zunehmend durch die ökologische ergänzt.

Wohlstand – anders vermessen

Bislang gilt das Bruttoinlandsprodukt (BIP) und seine Wachstumsrate als Maßstab, um den Wohlstand eines Landes zu messen. Eine Bundestags-Kommission hat Vorschläge für einen breiteren und nachhaltigeren Wohlstandsbegriff gemacht. Er umfasst drei Bereiche mit zehn **Leitindikatoren** und sogenannten **Warnlampen**.

Bereiche	Materieller Wohlstand	Soziales und Teilhabe	Ökologie
Leitindikatoren	• BIP • Einkommensverteilung • Staatsschulden	• Beschäftigung • Bildung • Gesundheit (Lebenserwartung) • Freiheit	• Treibhausgasemissionen national • Stickstoffüberschuss national • Artenvielfalt national
Warnlampen	• Nettoinvestitionen • Vermögensverteilung • Finanzielle Nachhaltigkeit des Privatsektors	• Qualität der Arbeit • Weiterbildung • Gesundheit (gesunde Lebensjahre)	• Treibhausgasemissionen international • Stickstoffüberschuss international • Artenvielfalt international
außerdem **Hinweislampe**	• Nicht-marktvermittelte Produktion (z. B. Hausarbeit, ehrenamtliche Tätigkeit)		

Stand 2013
Quelle: Deutscher Bundestag
© Globus 5999

Was ist Wohlstand?

Das Bruttoinlandsprodukt, weltweit Maßstab für den Lebensstandard oder das Wohlergehen einer Gesellschaft, enthält nur quantitative Größen, z. B. wie hoch das Sozialprodukt pro Kopf der Bevölkerung ist. Brauchen wir also einen neuen, qualitativen Wachstumsbegriff? Dabei sollen qualitative Größen wie nachhaltige Entwicklung, Lebenszufriedenheit, Lebensqualität, Glück, Sicherheit, Freiheit, Lebenserwartung, soziale Gerechtigkeit oder Bildungschancen einfließen. Eine Bundestags-Kommission hat 2013 in die neue Wohlstandsformel die folgenden drei Bereiche aufgenommen: materieller Wohlstand, Soziales und Teilhabe, Ökologie. Kanada hat einen „Index für Wohlergehen" entwickelt, das Königreich Bhutan ein „Bruttoglücksprodukt".

Wo sie das Bruttoinlandsglück steigern

Es war einmal ein König in einem kleinen Land mitten im Himalaja. Jigme Singye Wangchuk wollte seine Landsleute glücklich machen. So sehr, dass er das Streben nach Glück in der Verfassung des Königreiches Bhutan verankern ließ. „Der Staat bemüht sich, jene Bedingungen zu fördern, die das Streben nach Bruttoinlandsglück ermöglichen", steht dort in Artikel 9, Absatz 2.
Das war in den 80er-Jahren, und der König meinte es schließlich sehr ernst mit dem Staatsziel des Bruttonationalglücks. Auch wenn es vermutlich nur folgenschwere Verlegenheit war, als der König vor der Glücksoffensive auf die Frage nach dem Bruttoinlandsprodukt Bhutans, dem weltweit niedrigsten, geantwortet hatte: „Das Bruttoinlandsprodukt interessiert mich nicht. Mich interessiert das Bruttoinlandsglück."
Die Welt belächelte ihn dafür zunächst. Das Glück über das Wirtschaftswachstum stellen? Für andere schien das undenkbar – und irgendwie naiv. Wohlstand schafft Zufriedenheit, auf dieser Annahme basierte das Bruttoinlandsprodukt als weltweit meistgenutztes Maß des Lebensstandards. Dann aber geriet man auch in anderen Ländern ins Grübeln.

Fanny Jiménez, Die Welt vom 25.01.2015

Der ökologische Fußabdruck der Länder

Der **ökologische Fußabdruck** misst den Verbrauch aller Ressourcen (u. a. Energie, Ernährung, Abfall), die ein Mensch für den Alltag benötigt. Er berechnet, wie viel Fläche dafür benötigt wird. Angegeben wird der Fußabdruck in globalem Hektar (gha).

■ < 1,75 gha ■ 1,75 - 3,49 gha ■ 3,50 - 5,24 gha ■ 5,25 - 7,00 gha ■ > 7,00 gha ■ keine Angaben

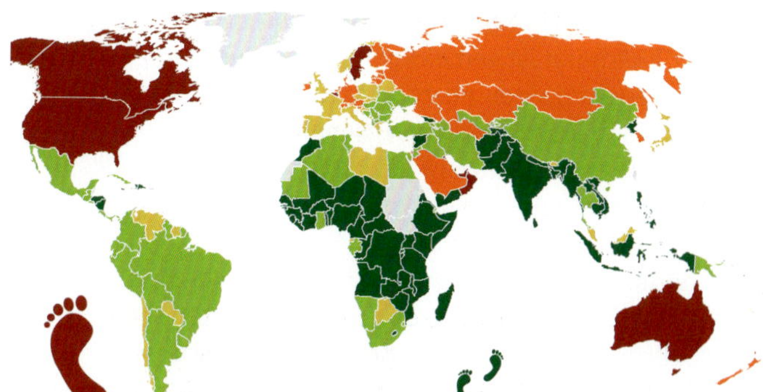

Die größten Fußabdrücke

Luxemburg	15,8 gha
Katar	10,8
Australien	9,3
USA	8,2
Kanada	8,2
Kuwait	8,1
Singapur	8,0

Die kleinsten Fußabdrücke

Eritrea	0,4
Osttimor	0,5
Haiti	0,6
Bangladesch	0,7
Pakistan	0,8
Afghanistan	0,8
Burundi	0,8

Rein rechnerisch steht jedem Menschen eine Fläche von 1,73 globalen Hektar zur Verfügung. Das entspricht der Biokapazität der Erde.

zum Vergleich: Deutschland 5,3

Quelle: Global Footprint Network (Living Planet Report 2016)
© Globus 11369

Zusammenfassung: Bedeutung des Bruttoinlandsprodukts

Bruttoinlandsprodukt (BIP)

= Wert aller Güter und Dienstleistungen, die in einem bestimmten Zeitraum von den Mitgliedern einer Volkswirtschaft im Inland erwirtschaftet werden.

Entstehung
- Landwirtschaft
- Industrie und Handwerk
- Staat
- Dienstleistungsbereich

Verwendung
- privater Verbrauch
- Staatsverbrauch
- Investitionen
- Außenbeitrag

Verteilung
- Löhne (Lohnquote)
- Gewinne und Zinsen (Gewinnquote)

Bedeutung

= Maßstab für Leistungsfähigkeit und Wohlstand

Kritik ↓
- fehlende Leistungen
- negative Einflussfaktoren
- fehlender Umweltgedanke

Lösungsansatz ↓

= Berücksichtigung qualitativer Faktoren

Übungsaufgaben

1. Beurteilen Sie, ob durch die folgenden Leistungen das Sozialprodukt gesteigert wird.
   a) Peter hilft ausnahmsweise beim Aufräumen der Wohnung und erhält dafür von seiner Mutter 5,00 €.
   b) Der Malergeselle tapeziert nach Feierabend bei Bekannten und Freunden die Wohnung und erhält dafür einen Stundenlohn von 17,00 €.
   c) Frau Rösner pflegt ihre kranke Mutter und erhält dafür von der Krankenkasse Pflegegeld.
   d) Herr Fielmann ist seit einigen Jahren Rentner. In unregelmäßigen Abständen leitet er gegen Bezahlung bei der Volkshochschule Sprachkurse.
   e) Die durch einen Autounfall entstandenen Reparaturkosten belaufen sich auf 1500,00 €.

2. Die Länder A und B weisen in etwa die gleiche Bevölkerungszahl und Fläche auf. Das Bruttoinlandsprodukt des Landes A ist doppelt so hoch wie das des Landes B.
   Erläutern Sie, welche Folgerungen daraus abgeleitet werden können.

3. Der ökologische Fußabdruck eines Deutschen liegt bei 5,3 Hektar nutzbarer Fläche, der eines US-Amerikaners bei 8,2 und der eines Pakistaners bei 0,8 (→ Grafik S. 231).
   a) Erklären Sie, was man unter dem ökologischen Fußabdruck versteht.
   b) Finden Sie eine Erklärung für das Zustandekommen der unterschiedlichen Werte.

4. Die Tabelle zeigt die Veränderungen bei den Verbrauchsausgaben eines Vier-Personen-Haushalts im Laufe der Jahre auf.

Ausgaben für den privaten Verbrauch in %	1950	1970	1990	2015
Wohnen, Energie	15,5	20,2	26,9	32,6
Verkehr	2,1	10,8	15,9	14,6
Nahrung, Getränke, Tabak	50,7	35,3	24,1	15,1
Freizeit, Unterhaltung	7,0	7,3	10,6	10,9
Ausstattung, Haushaltsgeräte	4,5	9,0	7,2	5,4
Bekleidung, Schuhe	13,2	10,8	8,1	5,3
Gesundheitspflege	4,2	3,6	3,7	3,1

   a) Beschreiben Sie die Veränderungen bei den Verbrauchsausgaben.
   b) Erläutern Sie die Gründe für die starken Veränderungen im Laufe der Jahre.

Konjunkturzyklen und wirtschaftliche Stabilität

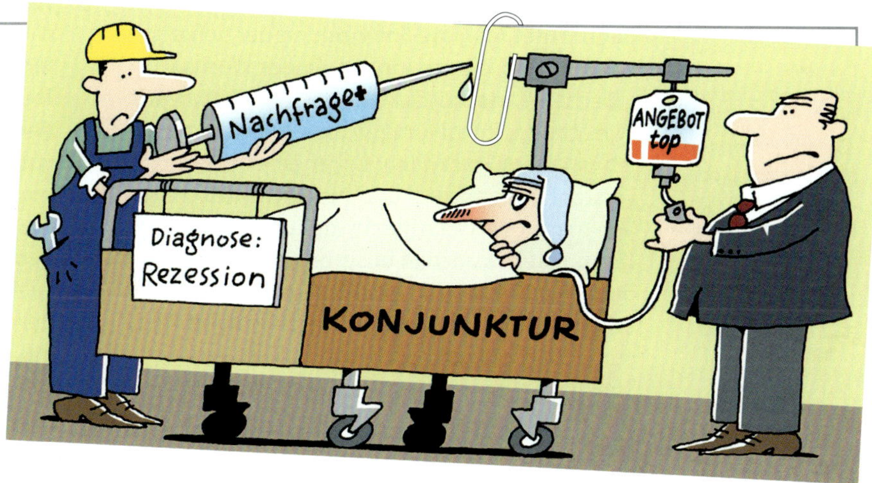

Lernsituation

Der Geschäftsführer Kemper im Gespräch mit dem Betriebsratsvorsitzenden Hinz über die wirtschaftliche Lage:

Kemper: … wenn die Rezession weiterhin anhält, kommen wir an Entlassungen nicht vorbei.
Hinz: Die Realeinkommen der Arbeitnehmer sind in den letzten Jahren gesunken. Da wundert es doch nicht, dass nicht genügend Waren verkauft werden. Der Staat müsste endlich was dagegen tun und Steuern senken.
Kemper: … das finde ich auch. Die meisten Unternehmen stehen wie wir unter hohem Konkurrenzdruck. Der Staat sollte uns dabei unterstützen, das Angebot zu verbessern. Das wäre der richtige Ansatz, die Konjunktur wieder im Schwung zu bekommen.
Hinz: … aber bitte nicht auf Kosten der Arbeitnehmer.

Arbeitsauftrag

Entscheiden Sie sich gut begründet für drei wirtschaftspolitische Maßnahmen, die der Staat in Zeiten der Rezession ergreifen soll.

Bearbeiten Sie dazu folgende Teilaufgaben:

1. Erklären Sie den Begriff „Rezession“.
2. Informieren Sie sich über die aktuellen wirtschaftspolitischen Daten und vergleichen Sie diese mit den wirtschaftspolitischen Zielen des Staates.
3. Diskutieren Sie, warum man die wirtschaftspolitischen Ziele des Staates als „magisches Viereck“ bezeichnet. (Hinweis: Betrachten Sie die Entwicklung der Indikatoren in den einzelnen Konjunkturphasen.)
4. Erläutern Sie die Maßnahmen, die der Staat in Zeiten der Rezession einsetzen kann. Ordnen Sie diese der angebots- und der nachfrageorientierten Wirtschaftspolitik zu.

5.4 Konjunkturverläufe kennen, Wirtschaftspolitik verstehen

Bruttoinlandsprodukt (BIP)
Bezeichnung für den Wert aller Sachgüter und Dienstleistungen, die in einem bestimmten Jahr innerhalb der Landesgrenzen einer Volkswirtschaft produziert werden; mehr zum BIP *→ S. 229 ff.*

Konjunkturzyklen

Beobachtet man die Entwicklung der Volkswirtschaften, gibt es immer wieder Wechsel zwischen Wirtschaftskrisen und guten Phasen. Wirtschaftsschwankungen lassen sich unterteilen in Konjunkturzyklen: Unter einer Konjunktur versteht man das Auf und Ab einer Wirtschaft. Von diesen Wirtschaftsschwankungen sind die meisten Branchen unserer Volkswirtschaft betroffen. Die ständige Veränderung der Wirtschaftslage findet in einer bestimmten Abfolge statt, die aus vier Phasen besteht:
Tiefstand (Depression), Aufschwung (Expansion), Hochkonjunktur (Boom) und Abschwung (Rezession) bilden einen Konjunkturzyklus (→ Schema unten).
Die einzelnen Phasen lassen sich anhand von sogenannten **Konjunkturindikatoren** beschreiben. Wichtigster Indikator ist die Veränderung des **Bruttoinlandsprodukts**. Weitere Indikatoren sind:
- die Entwicklung der Preise und Löhne,
- die Zahl der Arbeitslosen,
- der Auftragseingang in der Industrie,
- der Umsatz im Handel,
- die Einschätzung der wirschaftlichen Lage („Stimmungsbarometer“) und
- die Zahl der Unternehmensinsolvenzen.

Neben den Konjunkturzyklen gibt es
- **saisonale Schwankungen**, die meist jährlich wiederkehrend bestimmte Branchen betreffen. *Beispiele:* In den Wintermonaten hat der Tourismus in den Skigebieten Hochsaison; in der Bauindustrie wird hingegen wenig oder gar nicht gearbeitet;
- **strukturelle Veränderungen**, die langfristig die Wirtschaftsentwicklung in bestimmten Regionen und Branchen beschreiben. *Beispiele:* das Zechensterben im Ruhrgebiet oder der Niedergang der Bekleidungs- und Textilindustrie in Württemberg.

Arbeitslosigkeit hat oft strukturelle Ursachen, dann nämlich, wenn Angebot und Nachfrage auf dem Arbeitsmarkt nicht zueinanderpassen. Dann gibt es freie Stellen, aber die Arbeitslosen verfügen nicht über die nötige Qualifikation dafür.

Die Konjunktur beschreibt die eher kurzfristige Auslastung der Produktionskapazitäten einer Wirtschaft. Daneben gibt es das Wirtschaftswachstum, das sich auf eine langfristigere Entwicklung der Wirtschaft über die Jahre bezieht. Wichtigster Indikator ist auch hier die Entwicklung des Bruttoinlandsprodukts (Wachstumsrate des BIP).

Berg- und Talfahrt der Konjunktur

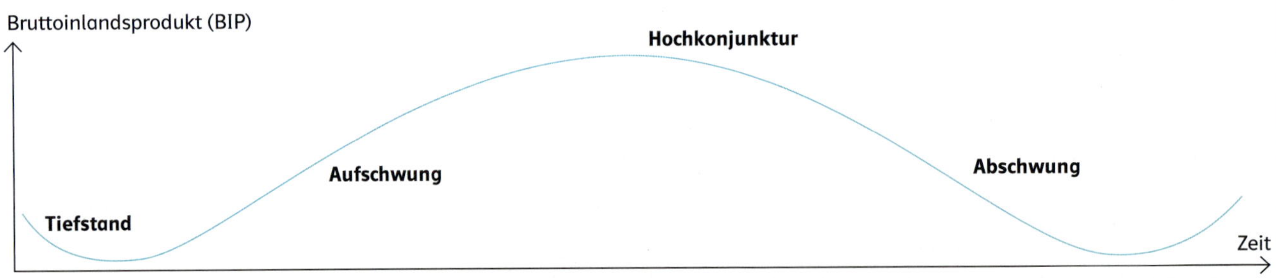

Tiefstand	Aufschwung	Hochkonjunktur	Abschwung
Die Nachfrage nach Gütern ist gering. Es wird wenig investiert und produziert. Die Arbeitslosenquote ist hoch. Gewinne und Löhne sind niedrig.	Die Nachfrage nach Gütern steigt, Unternehmen investieren und stellen Arbeitskräfte ein, Löhne und Gewinne steigen. Die Zukunftserwartungen der Haushalte, Unternehmen und des Staats sind positiv.	Die Produktionskapazitäten der Unternehmen sind voll ausgelastet. In einigen Bereichen herrscht ein Mangel an Arbeitskräften. Die hohe Nachfrage führt zu hohen Löhnen und Preisen. Zuwachsraten des BIP werden geringer. Erste Unternehmen geraten in wirtschaftliche Schwierigkeiten.	Es wird weniger produziert und investiert. Arbeitnehmer werden entlassen. Die Zukunftserwartungen sind pessimistisch.

Ziele der Wirtschaftspolitik

Die wirtschaftliche Entwicklung der Bundesrepublik Deutschland ist in der Vergangenheit nicht gleichmäßig verlaufen. Dies wird auch in Zukunft nicht anders sein. Da Wirtschaftsschwankungen nicht von alleine kommen, sollte der Staat ihnen entgegenwirken.
Die Ziele staatlicher Wirtschaftspolitik sind im **„Gesetz zur Förderung der Stabilität und des Wachstums der Wirtschaft“** (kurz: Stabilitätsgesetz, StabG) formuliert. Man spricht auch vom „magischen Viereck“ der Wirtschaftspolitik. Die Ziele werden so formuliert:

- Ein **angemessenes Wirtschaftswachstum** gilt dann als erreicht, wenn das Bruttoinlandsprodukt um 3–4 % steigt. Wirtschaftswachstum entsteht vor allem durch vermehrten Einsatz der Produktionsfaktoren Kapital (z. B. Maschinen), Arbeit und Boden (z. B. Rohstoffe) sowie durch technischen Fortschritt.
- **Preisstabilität** gilt dann als erreicht, wenn die Inflationsrate 2 % nicht übersteigt (Ermittlung der Preisveränderung → S. 225).
  Mithilfe des „Warenkorbs“, der ca. 750 Güter und Dienstleistungen umfasst, ermittelt das Statistische Bundesamt in einer repräsentativen Erhebung die Veränderung des Preisniveaus. Steigende Preise verringern die Kaufkraft (zu den Auswirkungen steigender Preise auf den Reallohn → S. 226).
- Eine **Arbeitslosenquote** von maximal 3 % definiert die Bundesregierung als Vollbeschäftigung. Verschiedene Gründe sorgen immer für einen bestimmten Prozentsatz an Arbeitslosen. Diese Gründe können sein:
  - gesamtwirtschaftliche Lage (konjunkturelle Ursachen);
  - fehlende Qualifikation der Arbeitnehmer;
  - die Lage in einer bestimmten Branche oder Region (strukturelle Ursachen);
  - jahreszeitlich bedingte Schwankungen u. a. in der Bauwirtschaft oder dem Tourismus (saisonale Ursachen);
  - kurzzeitige Übergangsarbeitslosigkeit aufgrund von Arbeitsplatzwechsel oder des Berufseinstiegs (friktionelle Gründe).

Exportüberschuss bedeutet
↓
im Inland
mehr Geld → Nachfrage +
weniger Güter → Angebot −
Nachfrage + > Angebot −
↓
Preissteigerungen

- Eine **ausgeglichene Leistungsbilanz** liegt dann vor, wenn der Wert der Ein- und Ausfuhren etwa gleich groß ist. Bei einem Exportüberschuss im Güter- und Dienstleistungsverkehr von nicht mehr als 2 % des Bruttoinlandproduktes gilt das Ziel **außenwirtschaftliches Gleichgewicht** als erreicht.

Weitere Ziele der Wirtschaftspolitik sind der **Umweltschutz** und eine **gerechte Einkommensverteilung**.

5.4 Konjunkturverläufe kennen, Wirtschaftspolitik verstehen

Wirtschaftspolitische Konzeptionen

Erfolgt der Eingriff des Staates in den Konjunkturverlauf, indem er die Nachfrage beeinflusst, so spricht man von einer nachfrageorientierten Wirtschaftpolitik. Verbessert der Staat die Produktionsbedingungen der Unternehmen (also die Angebotsseite), so spricht man von einer angebotsorientierten Wirtschaftspolitik. In der wirtschaftspolitischen Praxis hat sich eine Mischung aus Maßnahmen durchgesetzt, die aus beiden Theorien abgeleitet wurden.

Nachfrageorientierte Wirtschaftspolitik

Die Nachfrage auf dem Markt kann der Staat durch seine Einnahmen- und Ausgabenpolitik beeinflussen. Wenn er sich entgegengesetzt zum Konjunkturverlauf verhält, spricht man von einem **antizyklischen** Verhalten.

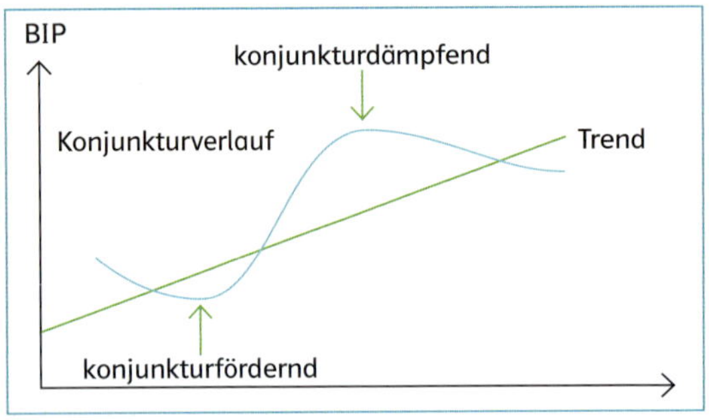

Ausgabenpolitik: Der Staat verändert die Geldströme zu den Haushalten und Unternehmen. In Zeiten der Hochkonjunktur werden z. B. weniger Aufträge an Unternehmen vergeben, um so die Konjunktur zu dämpfen. In Zeiten der Rezession verfährt man umgekehrt. Sind die Maßnahmen mit Krediten finanziert worden, besteht aber die Gefahr einer zunehmenden Staatsverschuldung.
Einnahmenpolitik: Mithilfe der Einnahmenpolitik werden die Geldströme von den Haushalten und Unternehmen zum Staat verändert. Der Staat kann durch Veränderung der Steuern die finanziellen Handlungsmöglichkeiten von Haushalten und Unternehmen beeinflussen. In Zeiten der Hochkonjunktur werden z. B. die Steuern erhöht (*Beispiel:* Lohnsteuer), um die Einkommen und somit auch die Ausgaben der Haushalte zu verringern.

Beeinflussung der Wirtschaftssubjekte: Unternehmen, aber auch Haushalte sollen zum Kauf angeregt werden (z. B. durch Prämien und steuerliche Anreize bei Investitionen und Kaufentscheidungen).

Angebotsorientierte Wirtschaftspolitik

Mit diesem Konzept sollen die Produktionsbedingungen einer Volkswirtschaft verbessert werden. Man geht davon aus, dass geringere Produktionskosten und eine bessere internationale Wettbewerbsfähigkeit der Unternehmen (→ S. 239 ff.) diese dazu veranlassen, mehr im Inland zu investieren und damit zusätzliche Arbeitsplätze zu schaffen.
Dazu dienen u. a. die folgenden staatlichen Maßnahmen:

- Senkung der Lohnnebenkosten (knapp 30 Prozent des Bruttolohnes), um die Lohnkosten pro Stunde zu senken (Berechnung der Lohnnebenkosten → S. 313 ff.), u. a. durch höhere Beteiligung der Arbeitnehmer an den Krankheitskosten, was zur Senkung der Krankenversicherungsbeiträge führt;
- Lockerung arbeitsrechtlicher Bestimmungen, z. B. Lockerung des Kündigungsschutzes;
- Abbau bürokratischer Auflagen, z. B. die Flexibilisierung der Arbeitszeiten;
- Reduzierung der Staatsschulden, um den finanziellen Handlungsspielraum des Staates zu erhöhen;
- Abbau sozialer Zahlungen des Staates, um die Eigenverantwortung der Einzelnen zu stärken, z. B. Kürzungen beim Arbeitslosengeld;
- Senkung der Unternehmenssteuern, damit Investitionen durchgeführt und Arbeitsplätze geschaffen werden können;
- staatliche Förderung im Bereich Forschung und neuer Technologien, z. B. im Bereich der Umwelttechnologie;
- Investitionen in Bildung, damit der Wirtschaft ausreichend qualifizierte Arbeitnehmer zur Verfügung stehen.

Der Abbau sozialer Leistungen und die steuerliche Entlastung für Unternehmen können zur Einkommensumverteilung führen.

Zusammenfassung: Konjunkturzyklen und wirtschaftliche Stabilität

Wirtschaftspolitische Konzeptionen

Nachfrageorientierte Wirtschaftspolitik

Der Staat versucht, die Nachfrage auf dem Markt zu steigern durch
- Ausgabenpolitik
- Einnahmenpolitik
- Beeinflussung der Wirtschaftssubjekte

Wirtschaftspolitische Ziele nach dem Stabilitätsgesetz

- stetiges, angemessenes Wirtschaftswachstum
- Stabilität des Preisniveaus
- hoher Beschäftigungsstand
- außenwirtschaftliches Gleichgewicht

Angebotsorientierte Wirtschaftspolitik

Der Staat versucht, die Produktionsbedingungen zu verbessern durch
- niedrige Lohnnebenkosten
- niedrige Steuern
- gute Bildung
- usw.

Übungsaufgaben

1. Um den Preisanstieg in der Bauwirtschaft zu dämpfen, beschließt die Bundesregierung, die öffentlichen Ausgaben für den Ausbau der Bundesstraßen und Autobahnen sowie für die Modernisierung der Bundesbahn drastisch zu kürzen.
   a) Wie beurteilen Sie die Erreichung des Ziels „Preisniveaustabilität“ durch diese Maßnahme?
   b) Prüfen Sie, welche Folgen diese Politik für das Ziel „Erreichung eines hohen Beschäftigungsstandes“ hat?
   c) Erläutern Sie den Zielkonflikt zwischen den Zielen „Preisniveaustabilität“ und „hoher Beschäftigungsstand“.

2. Erläutern Sie den Zusammenhang zwischen Wirtschaftswachstum und Arbeitslosigkeit in Deutschland.

3. Beschreiben Sie strukturelle und konjunkturelle Wirtschaftsschwankungen.

4. Im Rahmen der nachfrageorientierten Wirtschaftspolitik finanziert der Staat seine Maßnahmen häufig in Form von Krediten. Das Konzept der angebotsorientierten Wirtschaftspolitik erwartet in Zeiten hoher Arbeitslosigkeit von den Tarifpartnern (Gewerkschaften und Arbeitgebern) Zurückhaltung bei den Lohnerhöhungen. Gleichzeitig soll der Staat die Unternehmenssteuern senken.
   Diskutieren Sie die Probleme, die sich jeweils aus diesen Maßnahmen ergeben können.

5. Arbeitslosigkeit wird hinsichtlich ihrer Ursachen in verschiedene Arten unterteilt.
   a) Erläutern Sie die folgenden Arten:
      - saisonale Arbeitslosigkeit
      - strukturelle Arbeitslosigkeit
      - konjunkturelle Arbeitslosigkeit
   b) Bestimmen Sie, welche der oben genannten Art als besonders schwierig zu bekämpfen gilt.

Herausforderungen durch globale Konkurrenz

Lernsituation

Arbeitsauftrag

Analysieren Sie diese – nicht ganz ernst gemeinte – Standortentscheidung für Kenia, indem Sie die folgenden Fragen klären:

1. In welchem Umfang sind die Regionen Afrika und Europa in den Welthandel einbezogen? Ziehen Sie zur Beantwortung die Grafik auf S. 249 heran.
2. Welche Standortfaktoren wurden bei der Entscheidung berücksichtigt, welche wurden vernachlässigt?
3. Welche Schwierigkeiten ergeben sich daraus?
4. Angenommen, der Standort Kenia würde beibehalten: Welche Änderungen am unternehmerischen Konzept sind Ihrer Ansicht nach dann nötig?

Die Wirtschaft von heute ist globalisiert. Über Jahrzehnte hinweg ist die Produktion weit weniger gewachsen als der Warenexport. Das ist Ausdruck einer wachsenden internationalen **Arbeitsteilung**. Es wird mehr für den Export produziert, während der Anteil der Produktion für den Bedarf im Inland sinkt. Entsprechend werden Waren importiert, die früher im Inland hergestellt wurden. Noch stärker als der Warenexport haben die 🔍 **Direktinvestitionen** zugenommen.

Attraktivität der Wirtschaftsstandorte

Durch die weltweite Vernetzung von Information und Kommunikation, die Verbilligung des Transports und den freien Welthandel sind die Produktionsbedingungen weltweit vergleichbar geworden. Die Unternehmen suchen für ihre Produktion den optimalen Standort und bieten ihre Produkte dort an, wo sie mit Gewinn verkauft werden können. Dennoch finden auch heute noch 55 % des Welthandels zwischen den größten zehn Exporteuren statt.

Bei der Wahl des Produktionsstandorts spielen viele Faktoren eine Rolle. Keiner von ihnen ist allein ausschlaggebend. Wichtige Standortfaktoren sind:

- **Arbeitskosten** und **Arbeitsproduktivität**: Höhe von Löhnen und Gehältern und Höhe der Lohnstückkosten (→ S. 244 f.),
- **Qualifikation der Beschäftigten**: Verfügbarkeit von Arbeitskräften mit den nötigen Kenntnissen,
- **Marktnähe**: Nähe zu Kunden und Lieferanten,
- **Infrastruktur**: Verkehrs- und Kommunikationsnetze, Energieversorgung und deren Kosten, Bildungseinrichtungen, Gesundheitswesen,
- **Wechselkursrisiko**: Es besteht, wenn in einem Land produziert wird, das eine andere Währung hat als das Abnehmerland. Eine Aufwertung z. B. des rumänischen Leu wirkt wie eine Erhöhung der Produktionskosten, wenn in den Euro-Raum exportiert wird,
- **staatliche Rahmenbedingungen**: Fördermaßnahmen, Unternehmenssteuern, politische Beschränkungen, politische Stabilität.

Manche Staaten nehmen massiv Einfluss auf die Standortwahl. Sie beschränken z. B. den Import für bestimmte Produkte oder erheben hohe **Einfuhrzölle**, etwa in China für den Import von Pkws. Dadurch wird der Zugang ausländischer Unternehmen zum Markt erschwert. Die Produkte sollen im Land selbst produziert werden, oder es soll die heimische Industrie vor ausländischer Konkurrenz geschützt werden. Deren Produkte werden durch den Einfuhrzoll künstlich verteuert (Schutzzölle).
Viele Staaten unterstützen ihre Wirtschaft durch **Subventionen** (→ S. 218) oder niedrige Unternehmenssteuern. So sollen sie auf dem Weltmarkt erfolgreicher sein. Andere Staaten erlauben Investitionen ausländischer Unternehmen, aber zwingen sie dazu, die Gewinne wieder im Land zu investieren.

Aus dem Vergleich solcher Faktoren und aus Befragungen von Investoren werden 🔍 **Standortrankings** erstellt. Die Aussagekraft dieser Rankings ist allerdings begrenzt: Die Gewichtung der Faktoren hängt vom speziellen Interesse des einzelnen Unternehmens ab. Außerdem kommen „weiche Standortfaktoren" dazu, z. B. bereits bestehende Geschäftsbeziehungen.

🔍 ***Direktinvestitionen***

Die finanzielle Beteiligung eines Investors (Kapitalanleger) an einem Unternehmen in einem anderen Staat mit dem Ziel, Einfluss auf dessen Geschäfte zu nehmen.

Entwicklung der Märkte

→ S. 208 ff.

🔍 ***Standortranking***

(Wettbewerbsfähigkeit der Standorte)
1. Schweiz
2. Singapur
3. USA
4. Niederlande
5. Deutschland
6. Schweden
7. Großbritannien
8. Japan
9. Hongkong
10. Finnland
...
28. China

Rangfolge 2016–2017, World Economic Forum: Global Competitiveness Report

Entwicklung des grenzüberschreitenden Warenhandels
Index (1960 = 1), in konstanten Preisen, weltweit 1960 bis 2015

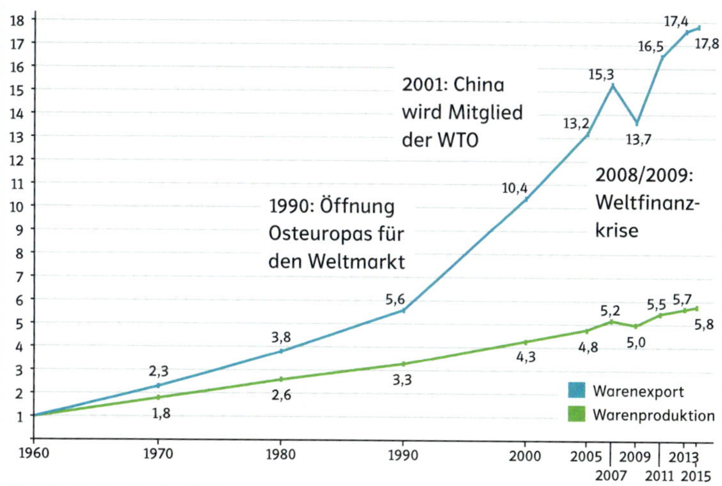

World Trade Organization (WTO): International Trade Statistics 2015; eigene Berechnungen

5.5 Globalisierung – Chancen und Risiken erkennen

Gründe für Auslandsinvestitionen der deutschen Industrie
(in Prozent)

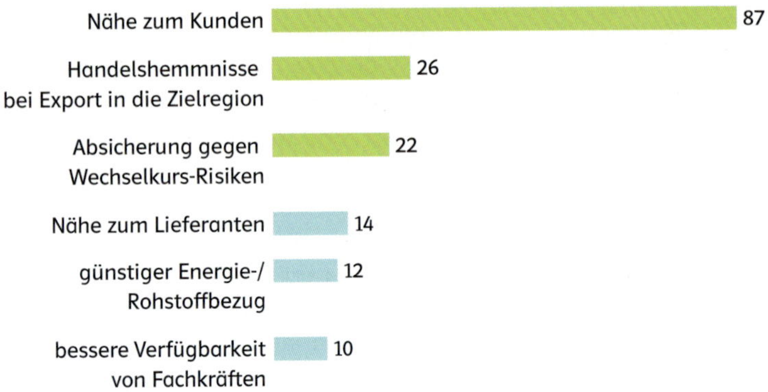

DIHK-Umfrage: Auslandsinvestitionen in der Industrie 2014, S. 18
(gekürzt, Mehrfachnennungen möglich)

Deutschlands Stellung in der Weltwirtschaft

Bei einigen Standortfaktoren schneidet Deutschland schlecht ab. Dies sind besonders die Arbeitskosten (→ S. 244 ff.). Niedrig qualifizierte Arbeit wird weltweit zu einem Bruchteil der deutschen Kosten angeboten. Man spricht von **Niedriglohnländern**, deren wichtigster (und oft einziger) Konkurrenzvorteil die niedrigen Löhne sind. Bezogen auf die Produktivität der Arbeit, die Qualifikation der Arbeitskräfte, die Infrastruktur und die politische Stabilität ist Deutschland aber ein guter Standort.

Die größten Exporteure

	Export 2015 in Mrd. $	Bevölkerung 2015 in Mio.
China	2275	1367
Vereinigte Staaten	1505	321
Deutschland	1329	81
Japan	625	127
Niederlande	567	17
Südkorea	527	49
Hongkong*	511	7
Frankreich	506	67
Großbritannien	460	64
Italien	459	62
Kanada	408	35

* einschließlich Transitwaren aus China
Globus 10957, CIA Factbook (Zahlen gerundet)

Deutschland erwirtschaftet etwa 40 Prozent seiner Wirtschaftsleistung durch Exporte (zum Vergleich: USA 10 Prozent, Belgien 75 Prozent). Damit ist Deutschland stärker als die USA davon abhängig, dass seine Produkte international konkurrenzfähig sind. Eine schlechte Wirtschaftslage im Ausland schlägt sofort auf die Wirtschaftsentwicklung in Deutschland durch. Die Zusammensetzung des Exports (→ Tabelle S. 241) zeigt, dass vor allem Investitionsgüter exportiert werden, im Unterschied etwa zu China, das hauptsächlich Konsumgüter exportiert. Die Tabelle zeigt auch, dass Deutschland momentan zu den Gewinnern der Globalisierung gehört (Exportüberschuss; relativ anspruchsvolles Sortiment des Exports). Das ist aber keine Garantie für die Zukunft.

Auswirkungen auf die Industrie

1. Globalisierung erschließt Unternehmen neue Absatzmärkte in aller Welt. Allerdings macht dies in vielen Branchen den Aufbau einer **Produktion vor Ort** nötig. So verkauft Volkswagen inzwischen über 40 % seiner Produktion in China. Den chinesischen Markt kann VW nicht von Deutschland aus bedienen.
2. Globalisierung führt zu wachsender **Konkurrenz** durch Wettbewerber aus dem Ausland. Es gibt keinen geschützten Heimatmarkt mehr, und eine technische Innovation anderswo oder ein neues Geschäftsmodell reichen aus, um etablierte einheimische Unternehmen in Bedrängnis zu bringen.
3. Die Wahl des **Produktionsstandorts** ist zu einem wichtigen Konkurrenzfaktor geworden: Welche Rolle spielen die Lohnkosten, die Qualität des Produkts, die Nähe zu den Kunden? Unternehmen kommen hier zu unterschiedlichen Ergebnissen und nicht jede Entscheidung erweist sich langfristig als richtig.
4. Durch die Globalisierung ist weltweit eine Vielzahl von Zulieferbetrieben entstanden. Diese stellen oft Produkte her, für die keine besonders qualifizierten Arbeitskräfte nötig sind. Hersteller können also kostenintensive Bereiche auslagern, und das auf allen Ebenen der Produktion. Dadurch sind komplexe **weltumspannende Lieferketten** entstanden,

Außenhandel Deutschlands 2016 nach wichtigen Warengruppen

Import			Export		
in Mrd. €	in %	wichtigste Warengruppen	wichtigste Warengruppen	in Mrd. €	in %
105	11	Kraftfahrzeuge	Kraftfahrzeuge	228	19
103	11	EDV-Geräte, Elektronik, Optik	Maschinen	169	14
75	8	Maschinen	Chemische Erzeugnisse	107	9
73	8	Chemische Erzeugnisse	EDV-Geräte, Elektronik, Optik	100	8
55	6	Elektrische Ausrüstungen	Elektrische Ausrüstungen	76	6
50	5	Metalle	Pharmazeutische Produkte	71	6
49	5	Pharmazeutische Produkte	Sonstige Fahrzeuge	59	5
46	5	Erdöl, Erdgas	Nahrungs-/Futtermittel	51	4
44	5	Nahrungs-/Futtermittel	Metalle	48	4
35	4	Sonstige Fahrzeuge	Gummi-/Kunststoffwaren	43	4
320	32	Sonstige	Sonstige	255	21
955	100	Gesamter Import	Gesamter Export	1207	100

Statistisches Bundesamt (Stand 2015; Zahlen gerundet)

Vier Fünftel des weltweiten Warenverkehrs entfallen nach Schätzungen auf Vorprodukte im Rahmen von Lieferketten.

Economist vom 01.10.2016

deren Kontrolle und Handhabung schwierig sind.
Das Ergebnis ist eine neue internationale Arbeitsteilung, bei der die Vorprodukte mitunter zweimal um die Welt reisen – alles im Dienste der Kostensenkung. Es gibt heute Weltfirmen, die überhaupt keine eigene Produktion (mehr) haben, z. B. Apple. Immer mehr Teile werden vom günstigsten Anbieter zugekauft. Dadurch wird weniger eigenes Kapital gebunden und das wirtschaftliche Risiko auf die Zulieferer abgewälzt.

5. Kapitalanleger suchen weltweit nach profitablen Kapitalanlagen. Aktionäre und Investoren erwarten stetig wachsenden Gewinn oder ein völlig neues Geschäftsmodell. Globale Unternehmen suchen nach neuen Geschäftsfeldern, die mehr Profit versprechen, und führen Kostensenkungsprogramme durch.

Die Bedeutung der Zulieferer in der Autoindustrie

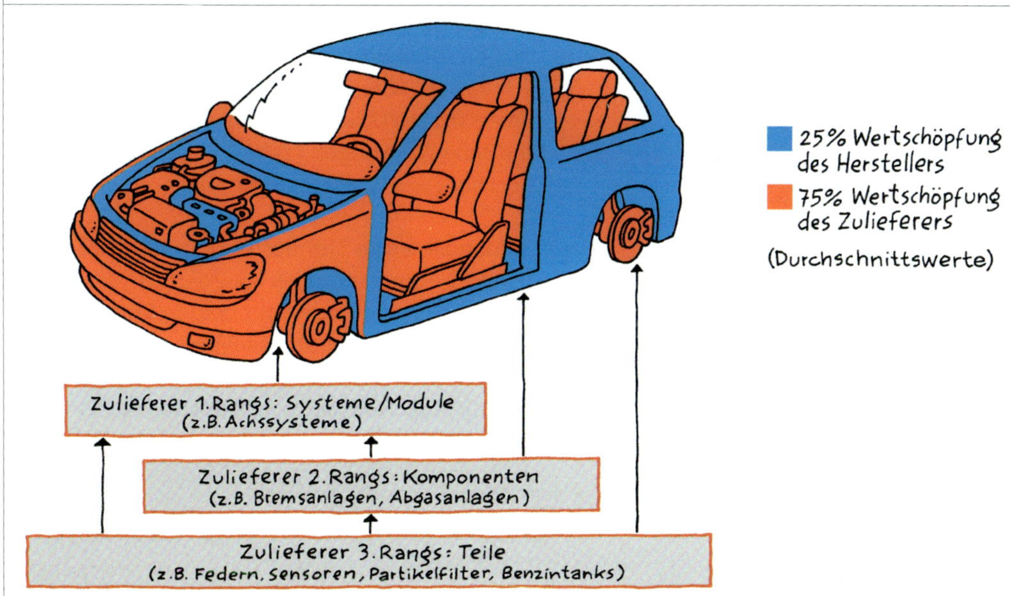

Zusammenfassung: Herausforderungen durch globale Konkurrenz

Kriterien für die Wahl des Produktionsstandorts

- Arbeitskosten
- Qualifikation der Arbeitskräfte
- Marktnähe
- Infrastruktur (z. B. Verkehrswege)
- Wechselkursrisiken
- staatliche Rahmenbedingungen (z. B. Unternehmenssteuern)
- Handelshemmnisse (z. B. Importzölle)

↓

Standortentscheidung nach den Erfordernissen des Unternehmens

↓

Nähe zum Kunden	Senkung der Produktionskosten	Vermeidung von Importzöllen	Absicherung gegen Wechselkursrisiken

Übungsaufgaben

1. Erstellen Sie aus der Tabelle *Die größten Exporteure* (→ S. 240) eine Rangfolge der dort genannten Staaten nach dem Export pro Kopf der Bevölkerung.

2. Erläutern Sie, warum Unternehmen bei Entscheidungen über den Produktionsstandort zu unterschiedlichen Ergebnissen kommen.

3. Deutschland und die Globalisierung
   a) Nennen Sie drei Standortfaktoren, bei denen Deutschland gut abschneidet, und drei Standortfaktoren, bei denen es schlecht abschneidet.
   b) Erläutern Sie den Zusammenhang zwischen dem Abschneiden Deutschlands bei den Standortfaktoren und seinen wichtigsten Exportprodukten (→ S. 241 Tabelle).

4. Prüfen Sie, ob und in welcher Weise Ihr Ausbildungsbetrieb von der Globalisierung betroffen ist, z. B.
   - beim Einkauf von Vorprodukten, Bauteilen und anderem Material,
   - bei der Konkurrenz um Aufträge,
   - im Verkehr mit Lieferanten und Kunden.

5. Vergleichen Sie die Gründe von Industrieunternehmen für Auslandsinvestitionen (→ S. 240 Grafik) mit der Liste der Standortfaktoren (→ S. 239 f.). Beschreiben Sie Gemeinsamkeiten und Unterschiede und suchen Sie nach Gründen für die Unterschiede.

6. Als Standortnachteile werden von Investoren genannt:
   - für Mexiko: Korruption (20 %), ineffiziente staatliche Verwaltung (14 %), Kriminalität (13 %), Höhe der Steuern (10 %),
   - für die Türkei: Höhe der Steuern (14 %), Zugang zu Krediten (12 %), schlechte Qualifikation der Arbeitskräfte (12 %), Beschränkungen für ausländische Währungen (11 %).

   Financial Times vom 26.09.2016

   a) Ordnen Sie diese Standortnachteile den Standortfaktoren zu (→ S. 239).
   b) Bewerten Sie, für jeden der beiden Staaten getrennt, diese Standortnachteile aus Investorensicht.
   c) Vergleichen Sie mit den Standortnachteilen Deutschlands.

Standortfaktoren – die Bedeutung der Lohnkosten

Lernsituation

Arbeitsauftrag

- Zeigen Sie mögliche Folgen der Globalisierung für Arbeitnehmer auf. Entwickeln Sie mehrere Szenarien und nehmen Sie den Dialog der Karikatur als Anregung.

5.5 Globalisierung – Chancen und Risiken erkennen

Woher kommen unsere Textilien?

China	*32 %*
Bangladesch	*15 %*
Türkei	*12 %*
Indien	*6 %*
Rumänien	*3 %*

Exporte in EU-15 Eurostat (Stand 2014)

Neue internationale Arbeitsteilung

Bei der Standortwahl spielen die Qualifikation der Arbeitskräfte und die Lohnkosten eine zentrale Rolle:

- Einfache Tätigkeiten, die keine besondere Qualifikation erfordern, werden in Staaten mit niedrigen Löhnen verlagert, die **Niedriglohnländer**. Beispiele dafür sind die Textilindustrie und die Spielzeugindustrie.
- Anspruchsvolle Tätigkeiten bleiben in Staaten mit einem großen Angebot an qualifizierten Arbeitskräften. Dies gilt für Forschung und Entwicklung, aber auch für Produkte, bei denen hohe Qualitätsstandards gelten. Das beste Beispiel dafür ist der Maschinenbau. Aber auch hier werden Teile der Fertigung und Dienstleistungen ausgelagert.

Zwei weitere Faktoren haben diesen Prozess beschleunigt: Die Kosten für den Warentransport sind so stark gesunken, dass meist schon ein geringer Lohnkostenvorteil reicht, um sie auszugleichen. Zweitens hat sich in den letzten 25 Jahren das Angebot an niedrig qualifizierter Arbeit weltweit etwa verdoppelt.
Die globale Arbeitsteilung aufgrund von Lohnkosten und Qualifikation ist dauernd in Bewegung. Ein *Beispiel:* Die Textilindustrie wanderte vor 10 bis 15 Jahren von Süd- und Osteuropa nach China aus. Derzeit werden viele dieser Fabriken in China geschlossen und neue in Bangladesch oder Myanmar eröffnet. Der Grund: In China sind die Lohnkosten zwischen 2005 und 2015 um mehr als das Dreifache gestiegen und sind inzwischen fast so hoch wie in der Türkei, in Myanmar sind sie um 60 % gefallen. Am niedrigsten sind die Löhne in Bangladesch und Myanmar.

Lohnkosten und Lohnstückkosten

Die entscheidende Größe für Investoren sind nicht die Lohnkosten pro Stunde, sondern die Lohnkosten, die auf eine Einheit eines Wirtschaftsguts (z. B. eines T-Shirts) entfallen: **Lohnstückkosten**. Diese sind nicht nur von den Kosten der Arbeit abhängig, sondern auch von der Produktivität, das heißt davon, wie viele T-Shirts ein Arbeitnehmer in einer Zeiteinheit, beispielsweise einer Stunde, herstellt. Hohe Produktivität kann also hohe Lohnkosten ausgleichen, niedrige Produktivität ist nur bei niedrigen Lohnkosten rentabel. Den Zusammenhang verdeutlicht die Tabelle auf S. 245 links.

Beispiel: Der Autohersteller Renault hat seine alten, in Frankreich unrentablen Produktionsanlagen in Rumänien und Marokko wieder aufgebaut und produziert dort unter seiner Tochtermarke Dacia. Wegen der niedrigen Löhne lässt sich damit dort rentabel produzieren, obwohl die Produktivität niedriger ist als bei neuen Anlagen.

Die schlechten Arbeitsbedingungen in der Textilindustrie von Bangladesch sind nur dann Thema in der Öffentlichkeit, wenn es zu schweren Unfällen kommt – wie hier 2013.

Produktion bei Dacia in Marokko

Lohnkosten und Lohnstückkosten im verarbeitenden Gewerbe

	Lohnkosten und Lohnnebenkosten	Lohnstückkosten
Norwegen	122	105
Deutschland	**100**	**100**
USA	100	73
Frankreich	98	103
Großbritannien	93	115
Italien	65	106
Japan	56	93
Tschechien	24	79
Polen	15	72

Deutschland jeweils = 100; Stand 2015 – Institut der deutschen Wirtschaft (2017)

Lesebeispiel: Die Lohnkosten mit Lohnnebenkosten im verarbeitenden Gewerbe waren 2015 in Norwegen 22 % höher als die in Deutschland, die Lohnstückkosten waren nur 5 % höher. In Polen waren die Lohnkosten mit Lohnnebenkosten 85 % niedriger (15 % der Kosten in Deutschland). Dennoch waren die Lohnstückkosten nur 28 % niedriger (72 % der Kosten in Deutschland).

Auswirkungen auf deutsche Beschäftigte

Arbeitnehmer in Deutschland sind auf unterschiedliche Weise und in unterschiedlichem Maß betroffen:

- Eine große Gruppe ist von Standortverlagerungen kaum betroffen, weil ihre Arbeitsleistung ortsgebunden ist. Dies gilt u. a. bei vielen personenbezogenen Dienstleistungen, etwa bei Friseuren, Lehrkräften, Gesundheitsberufen, aber auch auf dem Bau, im Transportwesen und im Handel.
- Die Hauptbetroffenen sind Arbeitnehmer mit niedriger Qualifikation: In Deutschland und weltweit gibt es ein Überangebot an niedrig qualifizierter Arbeit. Wer gering qualifiziert ist, ist am leichtesten ersetzbar – durch eine andere Arbeitskraft, durch Rationalisierung oder (soweit die Arbeitsleistung nicht ortsgebunden ist) durch Verlagerung in ein Niedriglohnland. Die Arbeitslosigkeit ist in dieser Gruppe am höchsten und schwankt am stärksten.

Umfrage unter Unternehmen über den Hauptgrund für Auslandsinvestitionen

	2001	2004	2007	2010	2013	2016
Auslandsproduktion zur Kostenersparnis	29 %	41 %	30 %	24 %	20 %	24 %
Auslandsproduktion zur Markterschließung	27 %	24 %	31 %	29 %	35 %	31 %
Investition in Vertrieb und Kundendienst	44 %	35 %	39 %	47 %	45 %	45 %

DIHK-Umfrage: Auslandsinvestitionen in der Industrie 2016, S. 7 (gekürzt)

- Bei den höher qualifizierten Arbeitnehmern ist die Gefahr der Arbeitslosigkeit durch die internationale Arbeitsteilung meist geringer. Der technologische Vorsprung Deutschlands macht ihre Arbeit auch im Inland noch rentabel. Allerdings steht auch ihre Arbeit unter hohem Rationalisierungsdruck. Neue Technologien und die steigenden Löhne in Südostasien haben dazu geführt, dass die hohen Löhne in Deutschland heute nicht mehr der Hauptgrund für Auslandsinvestitionen sind.
- Einen anderen Weg, wie globale Unternehmen Lohnkosten senken können, zeigt das folgende Beispiel aus der Praxis: Ein Pkw-Hersteller vergleicht die Produktionskosten

TRIGEMA – die Ausnahme von der Regel

trigema

TRIGEMA ist der letzte große Hersteller von Textilien, der nur in Deutschland produziert und trotz der hohen Lohnkosten Gewinne macht. Was macht TRIGEMA anders?

- TRIGEMA expandiert nicht, hält die Kapazitäten konstant und lastet sie voll aus. Begründung: Der Markt wächst nicht. Umsatzwachstum würde zulasten des Gewinns gehen. Allerdings wird die Produktpalette laufend erneuert.
- TRIGEMA hat die Fertigungstiefe nicht gesenkt, sondern erhöht und kommt auf eine Wertschöpfung von 78 %. Durch Rationalisierung macht TRIGEMA auf allen Herstellungsstufen Gewinn.
- TRIGEMA punktet mit rascher Lieferfähigkeit, auch bei Sonderwünschen.
- TRIGEMA verkauft überwiegend an Endkunden und muss darum beim Handel keine Preiszugeständnisse machen. TRIGEMA nimmt keine Massenaufträge an.
- TRIGEMA wirbt mit umweltfreundlicher Produktion nur in Deutschland und mit sicheren Arbeitsplätzen.

Autorentext

von Motoren in verschiedenen Werken. Den Zuschlag soll das Werk mit den niedrigsten Kosten bekommen; woanders drohen Entlassungen. Darum bieten die Arbeitnehmervertreter Zugeständnisse beim Lohn an, z. B. Verlängerung der Arbeitszeit ohne Lohnausgleich und mehr Flexibilität bei Sonderschichten und Überstunden. Auch die Beschäftigten der anderen Werke machen Zugeständnisse. Egal welches Werk das Rennen macht: In jedem Fall hat das Unternehmen Lohnkosten gespart.

Auswirkungen auf die Arbeitsweise

Die Globalisierung bedeutet neue Anforderungen für viele Beschäftigte, v. a. in der Industrie und im Handel. Sie müssen sicherstellen, dass die Qualität der Textilien stimmt, die sie in Bangladesch bestellt haben, und dass sie rechtzeitig geliefert werden. Sie müssen als Produzenten die Wünsche ihrer Kunden weltweit kennen und erfüllen, egal wie unterschiedlich oder sogar gegensätzlich sie sind.
Informationen beschaffen, bewerten, bearbeiten und weitergeben ist ein wichtiges Element vieler Tätigkeiten geworden. Die Sprache der globalisierten Märkte ist Englisch, nicht Deutsch. Die Lieferketten werden immer komplexer und der dafür nötige Datenaustausch muss störungsfrei ablaufen.
Die Globalisierung verlangt auch mehr Mobilität von den Arbeitnehmern. Es geht trotz Datennetzen, Videokonferenzen und Skype nicht ohne persönliche Anwesenheit vor Ort, bei Lieferanten, Kunden, in den eigenen Zweigwerken. Vor Ort – das kann überall in der Welt sein. Geschäftsreisen oder Auslandsaufenthalte sind nicht auf die oberen Hierarchien eines Unternehmens beschränkt. In manchen Betrieben sind ein bis zwei Jahre Tätigkeit in einer ausländischen Niederlassung sehr erwünscht. Hier geht Globalisierung oft zulasten der privaten Bedürfnisse der Arbeitnehmer und ihrer Familien.

In welchen Regionen investieren Industrieunternehmen?

Mehrfachnennungen möglich; in Prozent

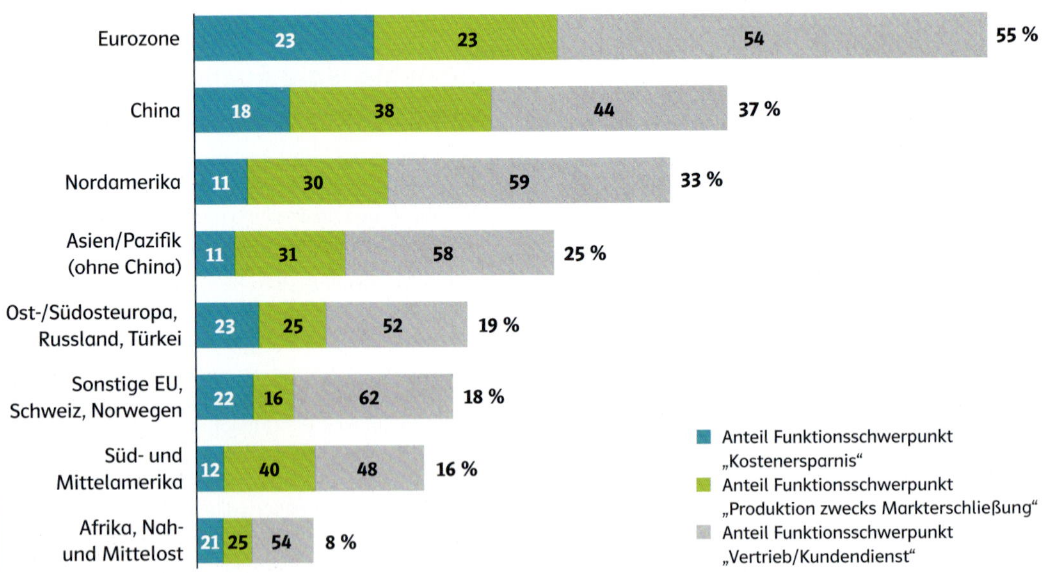

DIHK-Umfrage – Auslandsinvestitionen in der Industrie 2016, S. 16

Lesebeispiel: 55 % der befragten Unternehmen investieren in den Staaten der Eurozone. Von diesen Investitionen dienen 23 % vor allem der Kostenersparnis, 23 % der Markterschließung. Den größten Anteil (54 %) machen Investitionen in Vertrieb und Kundendienst aus.

Zusammenfassung: Standortfaktoren – die Bedeutung der Lohnkosten

Hochlohnländer

Kennzeichen:
- hohe Lohnkosten
- Rentabilität durch hohe Produktivität
- hoch qualifizierte Arbeitskräfte
- hohe Löhne, aber Stärken bei anderen Standortfaktoren

Beispiele für Branchen:
Maschinenbau
Kfz-Produktion

↓

Probleme

Kostendruck für Unternehmen führt zu
- Outsourcing
- Rationalisierung
- Produktionsverlagerung

Niedriglohnländer

Kennzeichen:
- Rentabilität durch niedrige Lohnkosten
- niedrige Produktivität
- Arbeitskräfte mit geringer Qualifikation
- niedrige Löhne, aber Schwächen bei anderen Standortfaktoren

Beispiele für Branchen:
Textilindustrie
Spielzeugindustrie

↓

Probleme

Konkurrenz durch andere Niedriglohnländer führt zu
- Produktionsverlagerung in Länder mit noch niedrigeren Löhnen oder mit Standortvorteilen

Übungsaufgaben

◒ 1. Lohnkosten – Lohnstückkosten
a) Vergleichen Sie die Begriffe Lohnkosten und Lohnstückkosten.
b) Erklären Sie, warum die Lohnstückkosten für Unternehmen die entscheidende Größe sind.

◒ 2. Ermitteln Sie, inwieweit Ihr Ausbildungsberuf von der Globalisierung betroffen ist. Unterscheiden Sie zwischen Auswirkungen auf die Arbeitsweise und Auswirkungen auf das Risiko, arbeitslos zu werden.

● 3. „Die Konkurrenz zwischen Niedriglohnländern findet über die Löhne statt, die Konkurrenz zwischen Hochlohnländern über die Qualität der Produkte." Überprüfen Sie diese Aussage auf ihre Richtigkeit.

◒ 4. Werten Sie die Zahlen der Tabelle zu den Lohnkosten und Lohnstückkosten in verschiedenen Staaten aus (→ S. 245):
a) Listen Sie auf, welche Staaten bei den Lohnstückkosten besser abschneiden als bei den Lohnkosten und welche schlechter abschneiden.
b) Ziehen Sie Schlussfolgerungen, was dies über die Produktivität in den jeweiligen Staaten aussagt.
c) Nennen Sie die Staaten, die der Tabelle zufolge ein lohnendes Ziel für deutsche Investoren sind.
d) Beurteilen Sie die Liste aus Arbeitgebersicht und aus Arbeitnehmersicht.

◒ 5. Begründen Sie, warum sich das Geschäftsmodell von TRIGEMA (→ S. 245) nicht ohne Weiteres auf andere Unternehmen übertragen lässt.

6. Untersuchen Sie die Tabelle *In welchen Regionen investieren die Industrieunternehmen?* (→ S. 246).
○ a) Nennen Sie die Weltregionen, in denen viel investiert wird, und die, in welchen wenig investiert wird.
◒ b) Vergleichen Sie mit der Rangfolge der Standorte nach Wettbewerbsfähigkeit (→ S. 239): Stellen Sie Abweichungen fest. Nennen Sie Gründe für solche Abweichungen.
◒ c) Ermitteln Sie eine Rangfolge, in welchen Regionen vor allem zur Markterschließung und in welchen Regionen vor allem zur Kostenersparnis investiert wird.
● d) Vergleichen Sie die beiden Listen und interpretieren Sie die Ergebnisse.

Statistiken auswerten

Statistiken

Statistiken haben den Anschein der Objektivität. Aber manchmal werden Daten so ausgewählt und aufbereitet, dass sie einem politischen oder kommerziellen Zweck dienen. Wenn man weiß, wie sich Statistiken auswerten lassen, dann kann man ihre Datenbasis hinterfragen und zulässige Schlussfolgerungen von unzulässigen unterscheiden.

So geht's!

1. Thema der Statistik bestimmen
- zeitlich: Zeitpunkt/Zeitraum
- räumlich: mehrere Staaten, ein Staat, eine Region, ein Naturraum
- sozial und wirtschaftlich: erfasste Personengruppen, erfasste Wirtschaftsbereiche

2. Bedeutung der Werte ermitteln
- Art der Daten: absolute Werte (z. B. Euro), relative Werte (Prozentsätze), Indexwerte, Mengen- oder Größenangaben
- Bezugs- und Vergleichsgrößen: in der Statistik enthalten oder aus anderen Quellen zu bekommen

3. Aussagekraft bewerten
- Wie verlässlich sind die Werte? Exakte Erhebung, Umfrage, Stimmungsbild, Prognose?
- Wie verlässlich ist die Quelle? Staatliche Behörde (z. B. Statistisches Bundesamt), Umfrageinstitut, privates Unternehmen, Privatperson?

4. Informationen herausarbeiten und bewerten
- Welche Werte sind stabil, welche entsprechen dem Durchschnitt?
- Welche Werte weichen ab? In welche Richtung? Wie groß sind die Abweichungen?
- Wie kann der Zusammenhang zwischen den Werten in Worten formuliert werden?
- Welche Schlüsse können aus den Daten gezogen werden?
- Welchen Nutzen hat die Statistik und für wen (z. B. für Staat, Tarifpartner, Interessenverbände, Investoren)?
- Welche Fragen bleiben unbeantwortet?

Eine Wirtschaftsstatistik auswerten

1. Thema der Statistik bestimmen
Weltweiter Warenhandel im Jahr 2014, angegeben für 7 Wirtschaftsräume (Regionen). Welche Staaten den einzelnen Regionen zugeordnet sind, kann man grob an ihrer Einfärbung in der Weltkarte erkennen.

2. Bedeutung der Werte ermitteln
Umfang des Warenhandels ist in Mrd. US-$ angegeben; Warenströme von unter 50 Mrd. US-$ sind nicht erfasst. Der Gesamtumfang des Welthandels ist nicht angegeben.

3. Aussagekraft bewerten
Erhebung durch die WTO, aufbereitet durch Globus. Verlässliche Quelle, solide Datenbasis.

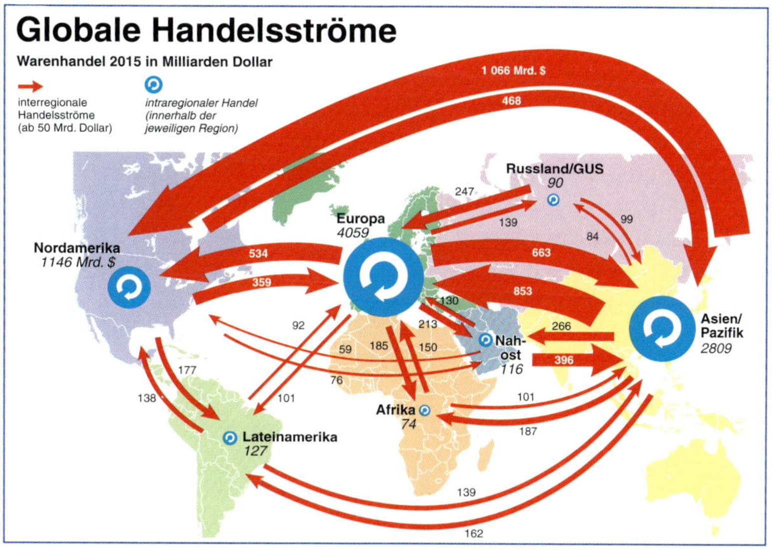

Globus 11556 (Ausschnitt), Ursprungsdaten: WTO (Welt-Handelsorganisation)

4. Informationen herausarbeiten und bewerten (in Auswahl)
Der Umfang der Warenströme in den sieben Regionen und zwischen ihnen ist sehr unterschiedlich:

- größte Warenströme von Asien/Pazifik nach Nordamerika (1066 Mrd. US-$; in Gegenrichtung 468 Mrd. US-$) und von Asien/Pazifik nach Europa (853 Mrd. US-$; in Gegenrichtung 663 Mrd. US-$). [...]
- Warenströme zwischen den Regionen gleichen sich nicht aus. Europa und Nordamerika importieren deutlich mehr, als sie exportieren. Nahost und Asien/Pazifik haben den größten Exportüberschuss. [...]
- Afrika und Lateinamerika haben im Welthandel keine große Bedeutung. Die Wirtschaftszentren sind Europa, Asien/Pazifik und Nordamerika. Mehr als 3/4 des Welthandels findet zwischen ihnen statt.
- Handel innerhalb einer Region in Europa am bedeutendsten. Außer in Europa und Asien/Pazifik ist der Handel innerhalb der Region immer niedriger als der mit den anderen Regionen. [...]
- Unbeantwortete Fragen:
  - Einwohnerzahlen der einzelnen Regionen;
  - Anzahl der Staaten, aus denen eine Region besteht (Europa: über 40, Nordamerika: 3): Wirkt sich auf den Umfang des Handels innerhalb der Region aus. [...]

Üben
f4h26m
Prüfungsaufgaben

Wirtschaftspolitik und Konjunkturzyklen, Wettbewerb, Steuern

1. Wirtschaftspolitik und Konjunkturzyklen

M1 Stabilitätsgesetz (Gesetz zur Förderung der Stabilität und des Wachstums der Wirtschaft)

§ 1 Bund und Länder haben bei ihren wirtschafts- und finanzpolitischen Maßnahmen die Erfordernisse des gesamtwirtschaftlichen Gleichgewichts zu beachten. Die Maßnahmen sind so zu treffen, dass sie im Rahmen der marktwirtschaftlichen Ordnung gleichzeitig zur Stabilität des Preisniveaus, zu einem hohen Beschäftigungsstand und außenwirtschaftlichem Gleichgewicht bei stetigem und angemessenem Wirtschaftswachstum beitragen.

1.1 Die Ziele des Stabilitätsgesetzes werden auch als „magisches Viereck" bezeichnet, weil die darin genannten Ziele schwer vereinbar sind. Weisen Sie anhand der Ziele Wirtschaftswachstum und Preisstabilität den Zielkonflikt nach.

1.2 Die Entwicklung der Volkswirtschaften verläuft nicht geradlinig, sondern unterliegt Wirtschaftsschwankungen bzw. Konjunkturzyklen. Erklären Sie anhand von vier verschiedenen Indikatoren die Konjunkturphasen Aufschwung und Hochkonjunktur.

1.3 Zeigen Sie den Einsatz staatlicher Instrumentarien in Zeiten der Rezession (Abschwung) auf.

1.4 Soll am Wachstum als wirtschaftspolitischem Ziel festgehalten werden? Nennen Sie jeweils drei Argumente, die dafür und dagegen sprechen.

2. Wettbewerb

M2 Millionenbuße gegen Bierkartell

Das Bundeskartellamt hat Bußgelder in Millionenhöhe gegen mehrere Einzelhandelsketten wegen Absprachen bei Preisen für bestimmte Biersorten verhängt. Mehrere *Edeka*-Handelsgesellschaften, die *Edeka*-Tochter *Netto* und *Rewe* hatten mit dem Bierbrauer *AB InBev* in Deutschland Preiserhöhungen insbesondere für die Marken *Beck's*, *Franziskaner* und *Hasseröder* abgesprochen, [...] Insgesamt müssen mehrere Handelsunternehmen 90,5 Millionen Euro Bußgelder zahlen.

www.faz.net (09.05.2016)

2.1 Erläutern Sie, warum das Kartellamt im Falle von Preisabsprachen hohe Bußgelder verhängt.

2.2 Unterscheiden Sie zwischen einem Kartell, einem Konzern und einer Unternehmensfusion.

2.3 Beschreiben Sie zwei weitere Aufgabengebiete des Kartellamts.

3. Steuern

Zur Finanzierung der staatlichen Aufgaben benötigt der Staat erhebliche finanzielle Mittel, die überwiegend aus Steuereinnahmen stammen.

3.1 Erläutern Sie anhand eines Beispiels den Unterschied zwischen direkten und indirekten Steuern.

3.2 Geben Sie jeweils ein Beispiel zu den folgenden Steuerarten:
- Verbrauchssteuern
- Verkehrssteuern
- Besitzsteuern

Marktformen und Preisbildung, Globalisierung und Europäische Union

1. Marktformen und Preisbildung

1.1 Beschreiben Sie das Verhalten der Marktteilnehmer Unternehmen und Haushalte auf dem vollkommenen Markt.
1.2 Erläutern Sie die Marktformen Polypol, Monopol und Oligopol.
1.3 Auf dem Markt ergibt sich aus dem Aufeinandertreffen von Angebot und Nachfrage der Preis.
1.3.1 Beschreiben Sie die Funktion des Gleichgewichtspreises.
1.3.2 Zeigen Sie anhand eines Beispiels, wie sich Angebots- und Nachfragekurve in einem Diagramm nach rechts oder links verschieben können.

2. Globalisierung und Europäische Union

M1 Deutschland und der Außenhandel

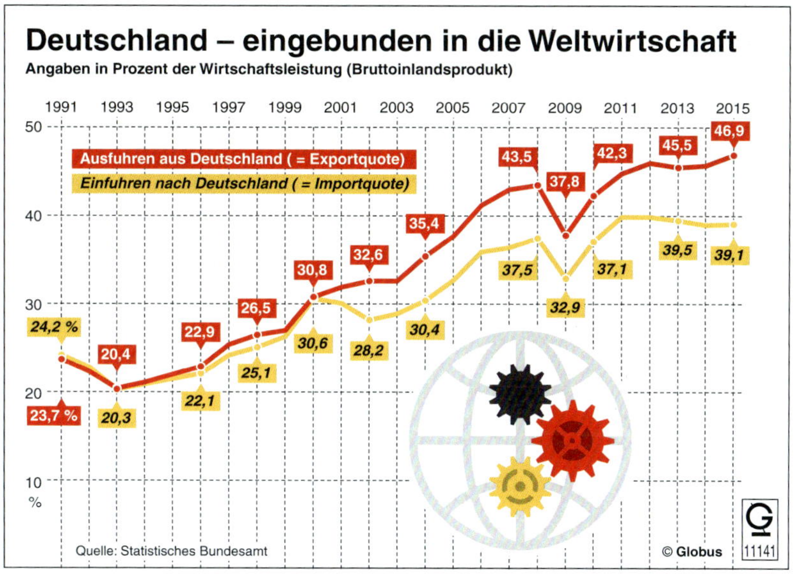

2.1 Erläutern Sie anhand der obigen Grafik die Bedeutung des Welthandels für die deutsche Wirtschaft.
2.2 Der weltweite Handel ist in den letzten Jahren stark gestiegen. Beschreiben Sie die Ursachen, die dazu geführt haben.
2.3 Unternehmen investieren heute überall auf der Welt. Nennen Sie fünf Standortfaktoren.
2.4 Erläutern Sie die „vier Freiheiten“, die innerhalb der Europäischen Union die wirtschaftliche Zusammenarbeit regeln.

6 Gründung von Unternehmen

Von der guten Idee zum eigenen Unternehmen

Auf einem Klassentreffen …

Nora: Hallo Tim, was ist aus dir seit unserer Schulentlassung geworden?
Tim: Ich bin Unternehmer in Sachen Turntable-Design.
Nora: Was machst du? Wie kommt man denn auf so etwas?
Tim: Du weißt doch, ich war damals mit Marie zusammen. Zu ihrem Geburtstag wollte ich ihr einen Turntable schenken. Und damit es noch mehr von Herzen kommt, habe ich das Gerät mit LED-Lampen verziert. Am Abend der Geschenkübergabe hat sie Schluss gemacht und ich stand da mit meinem aufgepeppten Turntable. Ich habe dann das Gerät bei eBay reingestellt, und mich doch sehr über die Resonanz gewundert. Da habe ich gemerkt, dass es eine gewisse Nachfrage in Sachen Turntable-Design gibt und niemand sie bedient. So habe ich neben der Arbeit Turntables veredelt und repariert. Als immer mehr ausgefallene Aufträge hereinkamen, habe ich ein Unternehmen gegründet. Bis allerdings die gesetzlichen Voraussetzungen erfüllt waren und die Finanzierung stand, gab es viele Gespräche mit der Bank, meinem Steuerberater und der IHK. Zum Glück hilft der Staat nicht nur mit finanzieller Unterstützung. Trotz der vielen Arbeit hat es sich gelohnt. Immer mehr Kunden kommen aus dem Ausland dazu. Das hilft uns, unsere Stellung auf dem Markt zu festigen.
Nora: Ich weiß nicht, ob der Schritt in die Selbstständigkeit für mich das Richtige ist. Schon das finanzielle Risiko, als Versager dastehen, wenn es nicht so läuft! Und dann muss man auch erst einmal auf eine gute Geschäftsidee kommen …
Tim: … oder eine Freundin haben, die einen verlässt …

Hätten Sie's gewusst?

1. Wie viele Unternehmen werden jährlich gegründet und bereits nach einem Jahr wieder aufgegeben?
2. Welches ist die häufigste Rechtsform bei Unternehmen in Deutschland?
3. Wie viele Deutsche besitzen Anteile an einer Genossenschaft oder an einer AG?

1: über 300 000
2: ca. 70 % Einzelunternehmen
3: ca. 9 Mio. Menschen (= 14 % Anteil an der Bevölkerung)

Worum geht es?

Unternehmensgründungen eröffnen selbstständigen und ideenreichen Menschen die Möglichkeit, sich ihren eigenen Arbeitsplatz zu schaffen, keinem Vorgesetzten Rechenschaft ablegen zu müssen und die Früchte des Erfolges ganz allein zu ernten. Aber welche Möglichkeiten gibt es, sich beruflich selbstständig zu machen? Welche Planungen sind notwendig? Wer hilft bei der Unternehmensgründung? Welche Unternehmensform ist die richtige?
Unternehmen bieten Güter und Dienstleistungen an und beschäftigen Arbeitnehmer. Welche Ziele verfolgen Unternehmen? Treiben sie die wirtschaftliche Entwicklung im Land voran? Wer ist sonst noch am Wirtschaftsgeschehen beteiligt?

Informieren Sie sich!

Verschaffen Sie sich mithilfe des Buchs einen Überblick.
Sie finden in diesem Kapitel Lernsituationen zu folgenden Themen:

So geht's!
Projekt umsetzen

- Unternehmen im Wirtschaftskreislauf
- Unternehmensziele und Nachhaltigkeit
- Von der Geschäftsidee zur Unternehmensgründung
- Businessplan und Kapitalbedarfsrechnung
- Chancen und Risiken der Unternehmensgründung
- Aufbau von Unternehmen
- Die Rechtsform bestimmen
- Ein Unternehmen in eine AG umwandeln
- Investitionsrechnung
- Finanzierungsarten

Was hat das mit mir zu tun?

- Jeder Mensch nimmt täglich aktiv am Wirtschaftsgeschehen teil, sei es als Käufer oder Arbeitnehmer. Daher sollte man verstehen, wie „Wirtschaft" funktioniert.
- Vielleicht ergibt sich im Laufe Ihrer beruflichen Tätigkeit die Möglichkeit, ein Unternehmen zu gründen. Neben den sachlichen Voraussetzungen stellt sich die Frage: Kommt für mich eine Unternehmensgründung in Betracht?

Unternehmen im Wirtschaftskreislauf

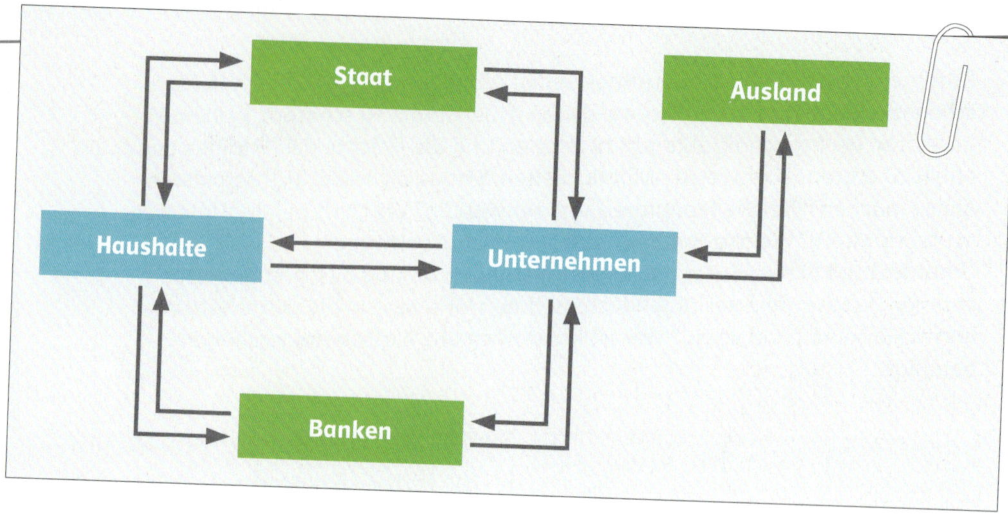

Lernsituation

Wer eine gewerblich-technische Ausbildung macht, hat Erfahrung mit Modellen. Modelle werden gefertigt, um nicht nur ein Abbild der Wirklichkeit zu schaffen, sondern auch um durch Veränderung einzelner Teile damit zu experimentieren. An dieser Stelle sollen volkswirtschaftliche Beziehungen anhand eines Modells verdeutlicht werden. Das Modell Volkswirtschaft soll so einfach wie möglich aussehen. Aus diesem Grund sind auch nur fünf volkswirtschaftliche Akteure abgebildet: Haushalte, Unternehmen, Banken, Staat und Ausland.

Arbeitsauftrag

- Entwickeln Sie ein volkswirtschaftliches Modell und experimentieren Sie damit (Online-Code zum Download des Modells → S. 253).

1. Ermitteln Sie die Geldströme zwischen den Wirtschaftssubjekten, indem Sie die unten angegebenen Begriffe den einzelnen Pfeilen in der Abbildung zuordnen: Subventionen, Einkommen, Zinsen + Tilgung, Transferleistungen (z. B. Kindergeld, Hartz IV), Exporterlöse, Spareinlagen (von Privatpersonen), Steuern (z. B. Einkommensteuer), Importausgaben, Kredite für Investitionen, Steuern (z. B. Gewerbesteuer), Konsumausgaben, Zinsen für Spareinlagen
2. Diskutieren Sie mithilfe Ihres Modells eine Kette von Auswirkungen, die eintreten, wenn der Staat die Mehrwertsteuer erhöht.

Wirtschaftskreislauf

Jeder Einzelne nimmt am Wirtschaftsleben teil. Konsumenten erwerben Güter und Dienstleistungen, Arbeitnehmer erhalten Lohn für geleistete Arbeit, Bauherren nehmen zur Finanzierung des Hauses einen Kredit auf oder Unternehmer verkaufen Güter ins Ausland. All diesen wirtschaftlichen Vorgängen liegt ein Tauschgeschäft zugrunde. Personen, die etwas anbieten, treffen auf Personen, die etwas nachfragen. In den letzten Jahren hat die Arbeitsteilung in unserer Wirtschaft immer mehr zugenommen. Dies führt zu unzähligen Transaktionen (Tauschgeschäften) in Form von Güter- und Geldströmen. Das Modell auf S. 254 hilft, die Vorgänge zwischen den einzelnen Akteuren in Beziehung zu setzen. Die Akteure in unserer Volkswirtschaft nennt man Wirtschaftssubjekte.

Wirtschaftssubjekt Haushalt

Dazu zählen alle privaten Haushalte der Bundesrepublik Deutschland. Sie entscheiden darüber, was, wie viel und wann sie konsumieren. Von ihnen geht der **Konsum** aus. Sie sind außerdem Eigentümer der Produktionsfaktoren Arbeit, Boden und Kapital. Es liegt in ihrer Hand, wie, wo und wann sie diese Faktoren gegen Bezahlung einsetzen.
Geleistete Arbeit wird mit Lohn vergütet, für den zur Verfügung gestellten Boden erhält man eine Pacht und für das bereitgestellte Kapital Zinsen oder Gewinne. Die Gesamtheit der Einkommen bezeichnet man als Volkseinkommen (→ Kapitel 5).
Der Teil des Einkommens, der nicht für Konsum ausgegeben wird, kann bei Banken gespart oder Unternehmen wieder zur Verfügung gestellt werden (z. B. durch Kauf von Aktien).

Wirtschaftssubjekt Unternehmen

Alle Betriebe, die darüber entscheiden, was, wie, wie viel und für wen sie produzieren, bezeichnet man als Unternehmen. Von ihnen geht die Produktion aus. Die Unternehmen benötigen für die **Produktion** von Gütern und Leistungen die Produktionsfaktoren Arbeit, Boden und Kapital, die sie kostengünstig miteinander kombinieren. Sie zahlen den Haushalten für den Gebrauch der Produktionsfaktoren ein Entgelt.

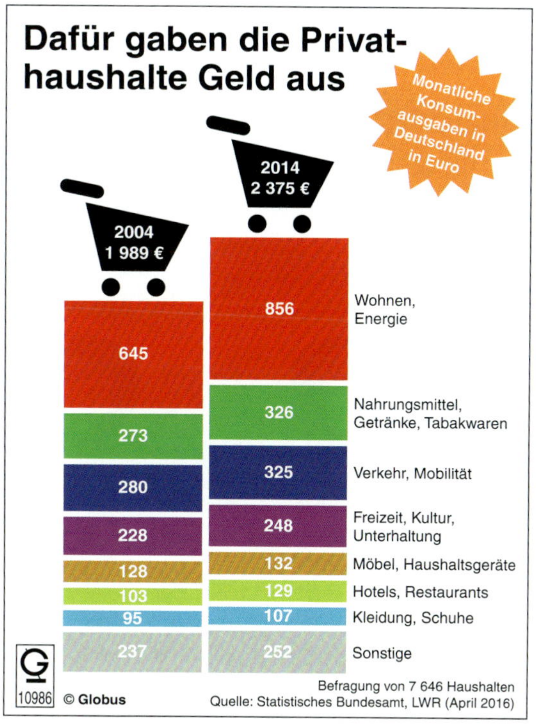

Unternehmen sind in den folgenden Sektoren/Wirtschaftsbereichen tätig:
- Der **primäre** Sektor umfasst alle landwirtschaftlichen und forstwirtschaftlichen Unternehmen (Urproduktion).
- Zum **sekundären** Sektor gehören Unternehmen, die etwas produzieren. Hierzu zählen die Industrie, das Handwerk und die Energiewirtschaft (produzierende Unternehmen).
- Dem **tertiären** Sektor werden alle Dienstleistungsunternehmen zugeordnet, z. B. Handelsunternehmen, Kreditinstitute, Versicherungen, Reiseunternehmen.

Wirtschaftssubjekt Banken

Wie würde eine Wirtschaft ohne Banken aussehen? Unternehmen benötigen zur Finanzierung von Investitionen in den meisten Fällen einen Kredit. Gäbe es keine Banken, müssten sie sich

Verteilung der Haushaltsgrößen in Deutschland:

41,4 % Einpersonenhaushalte
34,2 % Zweipersonenhaushalte
12,1 % Dreipersonenhaushalte
9,0 % Vierpersonenhaushalte
3,2 % Haushalte mit 5 und mehr Personen

Insgesamt gibt es in Deutschland ca. 41 Millionen Haushalte.

Statistisches Bundesamt (Stand 2015)

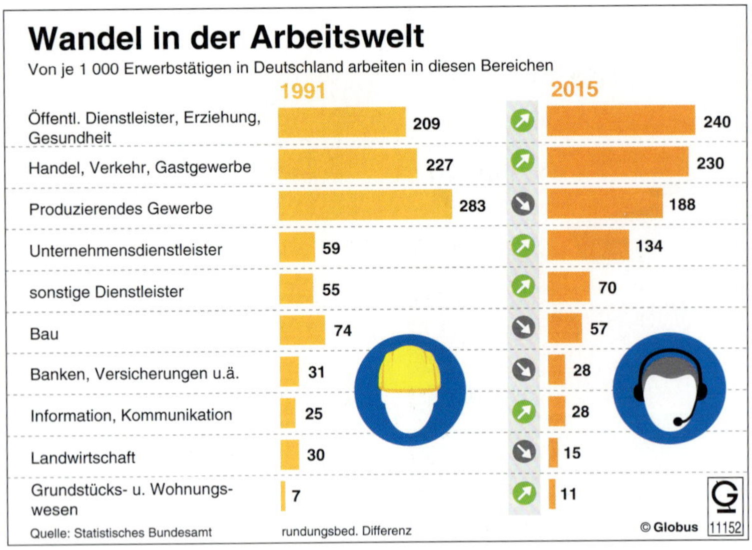

Globalisierung
→ S. 239 ff.

das Geld direkt bei den Haushalten besorgen. Das wäre mit Schwierigkeiten verbunden. Deshalb treten Banken als **Vermittler zwischen Kreditnehmer und Kreditgeber** auf. Sie sammeln Spargelder bei den Haushalten und stellen diese den Unternehmen und privaten Haushalten für Investitionsprojekte zur Verfügung.

Wirtschaftssubjekt Staat

Er wird repräsentiert durch Organe (u.a. Regierungen, Parlamente, Stadträte) von Bund, Ländern und Gemeinden, die darüber entscheiden, welche Einnahmen sie erheben (z.B. Steuern und Abgaben von Haushalten und Unternehmen) und wofür sie diese Einnahmen verwenden. Ausgaben werden u.a. getätigt für:

- Transferleistungen an private Haushalte (z.B. Kindergeld);
- Entlohnung für Arbeitnehmer im Staatsdienst;
- Subventionen an Unternehmen (Förderung von Unternehmensgründungen);
- Aufträge an Unternehmen (Bau von Straßen).

Die Ein- und Ausgaben des Bundes, der Länder und Gemeinden werden in den jeweiligen Haushalten aufgeführt (→ S. 221 Grafik *Der Bundeshaushalt*).

Wirtschaftssubjekt Ausland

Viele Produkte, die wir heute nutzen, werden im Ausland hergestellt (**Import**). Umgekehrt verkaufen deutsche Firmen viele Waren ins Ausland (**Export**). Vor allem Autos, Maschinen, chemische Erzeugnisse und Metallerzeugnisse werden exportiert. Bei den Importen werden nach EDV-Geräten und Elektronik vor allem Rohstoffe (z.B. Erdöl, Erdgas) nach Deutschland eingeführt.

Modellvariationen

Kommt es zu einer Veränderung im Wirtschaftskreislauf (z.B. Steuererhöhung, Lohnerhöhung) lassen sich mögliche Auswirkungen auf einzelne Wirtschaftssubjekte darstellen. Die Folgen einer Lohnerhöhung sehen Sie an folgender Argumentationskette:
Arbeitnehmer erhalten höhere Löhne → Lohnkosten der Arbeitgeber steigen → Preiserhöhung für Güter/höhere Steuereinnahmen → Rückgang der Nachfrage aus dem Ausland → Abbau von Arbeitsplätzen → usw.

Produktionsfaktoren

Um Güter produzieren zu können, benötigt man sogenannte Produktionsfaktoren.
Boden/Natur können genutzt werden als Anbaufläche für die Landwirtschaft, als Abbaufläche für Rohstoffe (z.B. Kohle, Salz) oder als Standort für Industrieansiedlungen. Darüber hinaus ist das Klima wichtig für die Landwirtschaft. Außerdem dienen Sonne, Wind und Wasser der Energiegewinnung.
Unter dem Produktionsfaktor **Arbeit** versteht man jede geistige und körperliche Arbeit (= Humankapital). Die Qualität des Faktors Arbeit wird von den Faktoren Wissen und Bildung bestimmt. Sie sind Voraussetzung für den technischen Fortschritt.
Kapital unterscheidet man in Sach- oder Realkapital (Maschinen, Betriebseinrichtungen) und Geldkapital. Sachkapital dient der Herstellung von Gütern oder der Bereitstellung von Dienstleistungen, mit dem Geldkapital wird Sachkapital finanziert.

Zusammenfassung: Unternehmen im Wirtschaftskreislauf

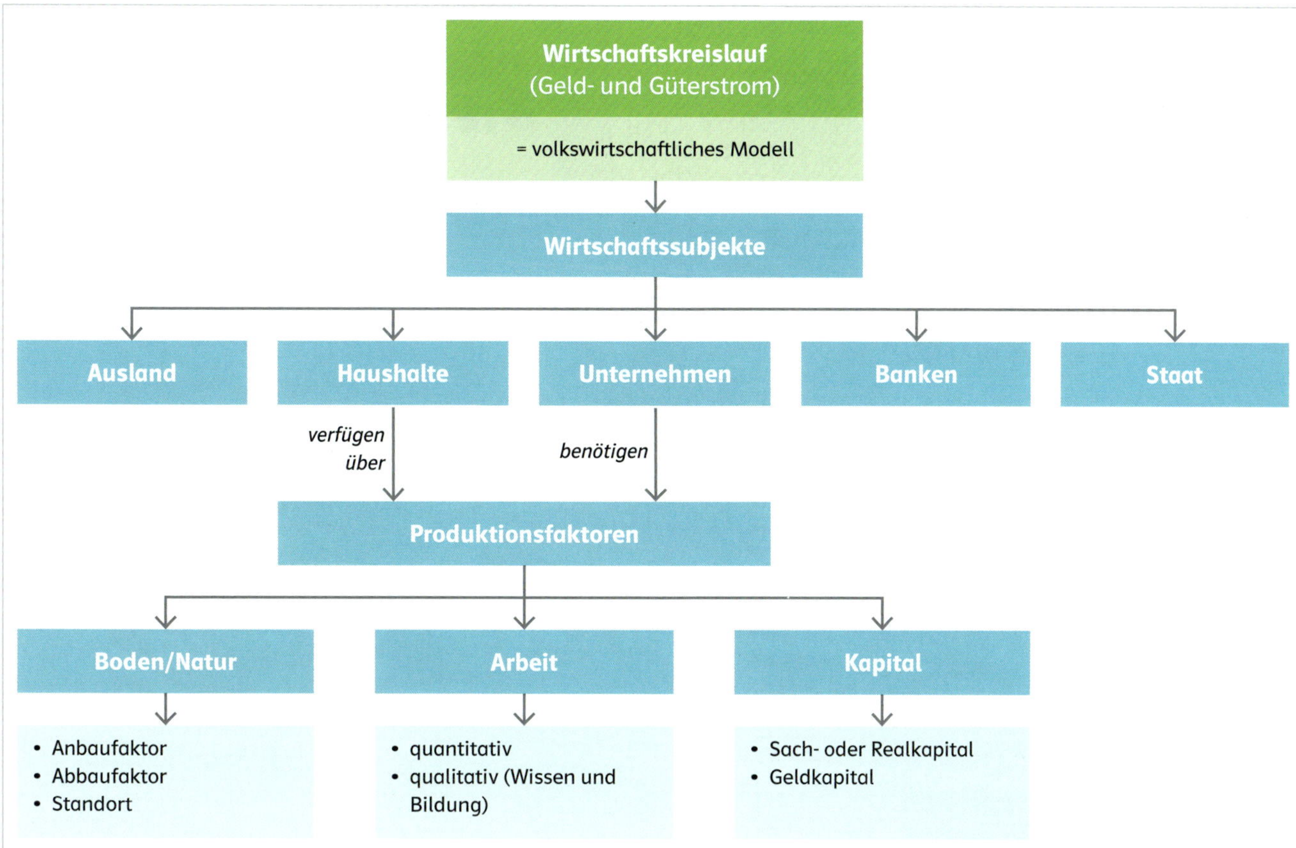

Übungsaufgaben

1. Beschreiben Sie die folgenden Begriffe:
   - Konsum
   - Export und Import
   - Produktionsfaktoren
   - Subventionen

2. Erklären Sie, wann und warum der Einsatz von ökonomischen Modellen sinnvoll ist.

3. Der Faktor Wissen und Bildung hat für ein Land wie Deutschland einen hohen Stellenwert.
   Erläutern Sie, warum das so ist.

4. Nehmen wir einmal an, Sie würden wie Robinson Crusoe auf einer einsamen Insel landen. Das Sammeln von Beeren und Pflanzen sowie das Fischen ermöglichen es Ihnen, dass Sie nach Ihrer Landung gerade genug zum Überleben haben.
   a) Überlegen Sie, wie Sie Sachkapital bilden können.
   b) Erläutern Sie die Vorteile, die mit der Bildung von Kapital verbunden sind.

5. Der Anteil der Beschäftigten in den Sektoren Landwirtschaft, Produktion und Dienstleistungen hat sich in den letzten Jahren verändert (→ S. 256 Grafik).
   a) Beschreiben Sie die Veränderungen.
   b) Diskutieren Sie die Gründe dafür.
   c) Beurteilen Sie die Entwicklung in Ihrer Region oder Stadt.

Unternehmensziele und Nachhaltigkeit

Arbeitsauftrag

- Immer mehr Unternehmen wirtschaften nachhaltig. Bestimmen Sie die Auswirkungen dieses Strategiewechsels. Bearbeiten Sie folgende Teilaspekte:

  1. Finden Sie eine Definition für den Begriff Nachhaltigkeit.
  2. Beurteilen Sie die Einflussmöglichkeiten des Verbrauchers auf nachhaltiges Wirtschaften in Unternehmen.
  3. Prüfen Sie, inwieweit nachhaltiges Wirtschaften mit anderen Unternehmenszielen vereinbar ist.

Unternehmensziele definieren

Die Unternehmen in Deutschland lassen sich in verschiedene Bereiche mit unterschiedlichen Zielen einordnen.
Privatunternehmen arbeiten nach dem erwerbswirtschaftlichen Prinzip, d.h., sie produzieren Güter oder bieten Dienstleistungen an, um einen möglichst hohen Gewinn zu erzielen. In Deutschland gibt es mehr als 3,5 Millionen solcher Unternehmen. Der Gewinn fließt den Eigentümern zu. Neben dem Ziel der Gewinnmaximierung können Unternehmen auch folgende Ziele haben: Marktmacht ausbauen, Arbeitsplätze sichern, angenehmes Betriebsklima schaffen, gutes Image aufbauen usw.
Öffentliche Unternehmen gehören dem Bund, dem Land oder den Gemeinden und arbeiten nach dem Bedarfsdeckungsprinzip. Vorrangiges Ziel ist es, die Versorgung der Bevölkerung in den Bereichen sicherzustellen, an denen private Anbieter kein Interesse haben, oder man will diese Aufgaben dem privaten Gewinnstreben nicht überlassen (z. B. Müllabfuhr, Sparkassen). Die Leistungen sollen kostendeckend (z. B. Müllabfuhr) angeboten werden oder es soll ein angemessener Gewinn erwirtschaftet werden (z. B. Sparkassen, öffentliche Energieversorgungsunternehmen). Verkehrsbetriebe im öffentlichen Nahverkehr oder Museen und Theater können ihre Leistungen nicht zu einem kostendeckenden Preis anbieten. Sie versuchen, die Verluste so gering wie möglich zu halten.
Genossenschaften verfolgen das Ziel, durch ein gemeinsames Unternehmen für ihre Mitglieder wirtschaftliche Vorteile zu erzielen. Es gibt verschiedene Arten von Genossenschaften mit unterschiedlichen Zielen:

Nachhaltigkeit als Unternehmensziel

Seit einigen Jahren bestimmen nicht mehr allein wirtschaftliche Ziele die Strategie von Unternehmen. Zunehmend Einfluss gewinnen:
- die Kosten von Umweltbelastungen,
- das veränderte Verbraucherverhalten.

Die Ausrichtung des Sortiments auf nachhaltige, ökologische Produkte, faire Arbeitsbedingungen – all das interessiert Verbraucher von heute. Sie wollen mit gutem Gewissen einkaufen, und der Handel will mit gutem Gewissen gute Umsätze und mehr Marktanteile erzielen. Das muss kein Widerspruch sein. Verschiedene Studien zeigen, dass die Umsätze der Konsumgüterindustrie und des Handels bei einem schlechten Image deutlich sinken können: Jeder zweite Verbraucher hat schon einmal Produkte von Firmen boykottiert, die nachweislich die Umwelt schädigen oder sozial bedenklich sind.

Umweltpolitik beeinflusst Unternehmenspolitik

Unternehmen müssen **umweltpolitische Gesetze** und Verordnungen beachten. Zusätzlich soll mithilfe von Fördermaßnahmen nachhaltiges Wirtschaften durchgesetzt werden (z. B. Subventionen für Investitionen in Windkraft- und Solartechnologie). Die wichtigsten Ziele der staatlichen Maßnahmen sind:
- Umweltfreundliche Produkte (z. B. Hybridautos) sollen die Umweltbelastung so weit wie möglich reduzieren.

Die wichtigsten Umweltgesetze:

Bundesimmissionsschutzgesetz (BImSchG)
Kreislaufwirtschafts- und Abfallgesetz

Wasserhaushaltsgesetz
Energieeinsparungsgesetz
Verpackungsverordnung
Gefahrstoffverordnung

BImSchG
Gesetz zum Schutz vor schädlichen Umwelteinwirkungen durch Luftverunreinigung, Geräusche, Erschütterung und ähnliche Vorfälle

Arten der Genossenschaften	Ziele
im Bankenwesen (Volksbanken)	die Gewährung günstiger Kredite
im Bauwesen (örtliche Wohnungsbaugesellschaften)	der Bau und die Vermietung günstigen Wohnraums
in der Versicherungswirtschaft	kostengünstige Versicherungen
in der Vermarktung landwirtschaftlicher Produkte (Winzergenossenschaften)	Unabhängigkeit, mehr Freiraum bei Preisgestaltung
in Handel und Handwerk durch gemeinsamen Einkauf (Edeka, Bäcker)	Preisvorteile bei Herstellern

6.1 Die Rolle von Unternehmen im gesamtwirtschaftlichen Zusammenhang kennenlernen

- Umweltfreundliche Produktionstechniken sollen den Energieverbrauch und den Schadstoffausstoß verringern und weniger Müll verursachen.
- Ein Kreislaufwirtschaftssystem (Recycling) soll die Rohstoffe wieder der Fertigung zuführen (z. B. Papier, Kupfer).

Bei der Umsetzung ökologischer Ziele müssen Unternehmen die Grundsätze der Umweltpolitik beachten. Die wichtigsten sind:

- **Vorsorgeprinzip**: Umweltbelastungen sollen durch vorbeugende Maßnahmen vermieden werden (z. B. Wärmeschutzvorschriften).
- **Verursacherprinzip**: Derjenige, der die Umweltkosten verursacht hat, muss für den entstandenen Schaden aufkommen (z. B. Rücknahme von Altöl).
- **Nachhaltigkeit**: Der Abbau nicht erneuerbarer Rohstoffe erfolgt schonend und erneuerbare Rohstoffe werden in dem Maße genutzt, in dem sie wieder nachwachsen (z. B. Abbau von Holz bei gleichzeitiger Aufforstung).
- **Kooperationsprinzip**: Alle gesellschaftlichen Gruppen werden bei der Durchsetzung der Ziele einbezogen.

Ein Beispiel für umweltfreundliche Produkte und Produktionstechniken auf der Grundlage des Vorsorgeprinzips, des Kooperationsprinzips und der Nachhaltigkeit ist „Cotton made in Africa".

Cotton made in Africa (CmiA) ist eine Initiative der von Dr. Otto 2005 gegründeten Aid by Trade Foundation. Partner der Initiative kommen aus Wirtschaft, Politik und Nichtregierungsorganisationen. Ziel ist es, einen Beitrag zur Armutsbekämpfung und zum Umweltschutz in Baumwollanbaugebieten in Subsahara-Afrika zu leisten und so den Erhalt lebenswichtiger Ressourcen und die Zukunftsfähigkeit folgender Generationen zu sichern.
Die Initiative Cotton made in Africa steht für innovative Entwicklungszusammenarbeit: Sie transferiert nicht einfach Finanzmittel nach Afrika, sondern baut eine Allianz von internationalen Textilunternehmen auf, die die von afrikanischen Kleinbauern nachhaltig erzeugte Baumwolle gezielt für den Weltmarkt einkaufen und weiterverarbeiten. Dazu gehören etwa Unternehmen wie die Otto Group und dazu gehörig Bonprix und OTTO, die Rewe Group, Engelbert Strauss, Ernsting's family, Aldi, Asos oder Jack & Jones.
Textilien, die mit dem CmiA-Logo ausgezeichnet werden, zeigen dem Käufer, dass die Produktion afrikanischer Baumwolle auf den Grundlagen des nachhaltigen Umgangs mit Mensch und Natur erfolgte. Dies bedeutet u. a. umweltfreundlicher Anbau durch den Verzicht auf künstliche Bewässerung, Ausschluss gefährlicher Pestizide oder genveränderter Baumwolle. Zudem ist Kinderarbeit strengstens verboten. Frauen werden unterstützt, Schulen für Kinder gebaut und Gemeinden mit sauberem Trinkwasser versorgt.

Die Initiative soll eine Entwicklung fördern, die zu einem nachhaltigen Baumwollanbau und besseren Lebensbedingungen für afrikanische Kleinbauern, ihre Frauen und Kinder führt.
Aktuell (Stand 2016) nehmen in Sambia, Simbabwe, Côte d'Ivoire, Mosambik, Ghana, Kamerun, Tansania, Uganda und Äthiopien rund 690 000 Kleinbauern an dem Programm teil. Inklusive ihrer Familienangehörigen erreicht CmiA so über 5,7 Millionen Menschen in Afrika. Im Jahr 2016 kamen weltweit fast 50 Millionen Cotton-made-in- Africa-Textilien in den Handel.

www.cottonmadeinafrica.org

Zielkonflikte durch Nachhaltigkeit?

Die Einhaltung der Umweltschutzbestimmungen ist für Unternehmen mit höheren Kosten verbunden. Der Grund dafür kann sein, dass kostengünstige, aber umweltschädliche Stoffe für die Produktion verboten werden oder bestimmte gesetzliche Auflagen bestehen (z. B. der Einbau von Filteranlagen). Komplizierte Verfahren bei der Genehmigung von Anlagen können den Bau verzögern und verteuern.

Aber führen diese höheren Kosten tatsächlich zu Wettbewerbsnachteilen für deutsche Unternehmen auf dem Weltmarkt? Gefährden sie das wirtschaftliche Wachstum und wandern deutsche Unternehmen deshalb ins Ausland ab? Diese Befürchtungen haben sich bisher nicht bestätigt. Vielmehr zeigt sich heute, dass Ökologie und Ökonomie keine Gegensätze sind, sondern zusammengehören. Unternehmen profitieren davon, wenn der Umweltgedanke in die Unternehmenspolitik einfließt. Dies geschieht durch:

- geringeren Energieverbrauch, weniger Abfälle und umweltschonende Fertigungsverfahren, die Kosten senken;
- Kaufentscheidungen der Verbraucher, die nicht nur den Preis und die Qualität der Produkte berücksichtigen. Immer mehr Menschen legen Wert auf nachhaltig hergestellte Produkte;
- die Schaffung neuer Absatzmärkte. Die Anwendung umweltschonender Technologien führt häufig zu einer technologischen Weiterentwicklung. Dadurch verbessert sich die Wettbewerbssituation auf den „grünen Zukunftsmärkten".

Umweltengagement beweisen

Um sich als umweltfreundliches Unternehmen gegenüber seinen Kunden darzustellen, bieten sich folgende Maßnahmen an:

- Das Unternehmen unterzieht sich einem **Öko-Audit**. Umweltpolitische Ziele und Maßnahmen werden von Gutachtern überprüft. Werden die Anforderungen erfüllt, ist das Unternehmen berechtigt, das EMAS-Logo zu führen.
- Produkte, die besonders schadstoffarm oder umweltfreundlich sind oder einen geringen Energieverbrauch aufweisen, werden mit einem **Öko-Siegel** versehen (z. B. schadstoffarme Produkte aus der Textilindustrie, niedrigere Energiestufe bei einem Kühlschrank).
- Das Unternehmen erstellt eine **Ökobilanz**. Sie kann für ein Produkt oder für ein ganzes Unternehmen erstellt werden. In der Ökobilanz werden die aus der Umwelt bezogenen Entnahmen (Input, z. B. Rohstoffe, Betriebsstoffe) den Abgaben an die Umwelt (Output, z. B. die gefertigten Produkte, Abfälle, Abluft, Lärmbelastung) gegenübergestellt. Das Aufzeigen der Energie- und Stoffströme von der Herstellung bis zur Entsorgung ist die Grundlage für Verbesserungen. Diese können in allen Bereichen des betrieblichen Ablaufs (Materialwirtschaft, Fertigung, Transport …) erfolgen. Der verbesserte Umgang mit Materialien und Energie führt in den meisten Fällen auch zu einer Kostensenkung.

OEKO-TEX®
CONFIDENCE IN TEXTILES
STeP

EMAS
GEPRÜFTES
UMWELTMANAGEMENT
DE-000-00000

Motive für freiwilligen Umweltschutz in Unternehmen: Imagepflege, Verantwortung gegenüber der Umwelt und zukünftigen Generationen, bessere Marktchancen, Motivation der Mitarbeiter, öffentlicher Druck, Aufnahme in Nachhaltigkeitsfonds, Forderung von Kapitaleignern.

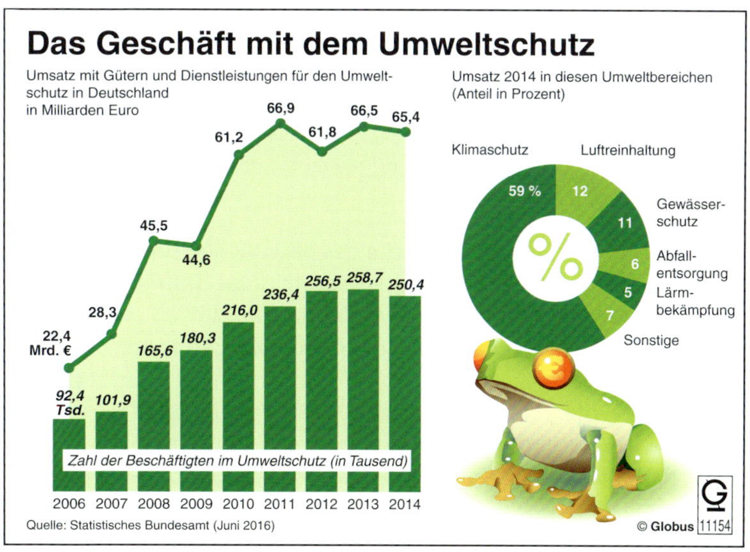

6.1 Die Rolle von Unternehmen im gesamtwirtschaftlichen Zusammenhang kennenlernen

Zusammenfassung: Unternehmensziele und Nachhaltigkeit

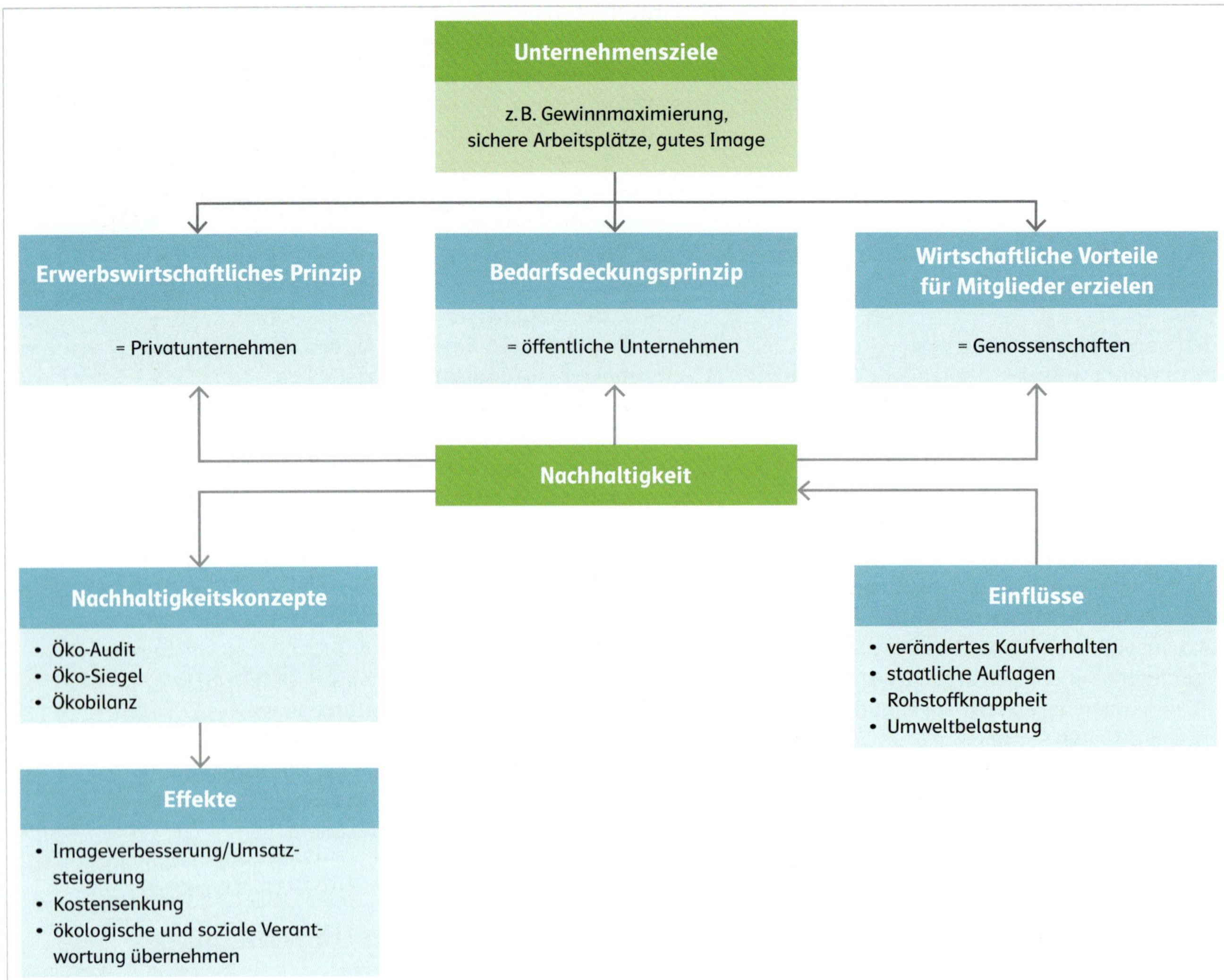

Übungsaufgaben

● 1. Diskutieren Sie am Beispiel eines öffentlichen Unternehmens aus Ihrer Region, warum diese Unternehmen nicht nach dem erwerbswirtschaftlichen Prinzip, sondern nach dem Bedarfsdeckungsprinzip handeln.

◒ 2. Unternehmen oder Personen können sich zu einer Genossenschaft zusammenschließen. Erläutern Sie anhand eines Beispiels den Grund des Zusammenschlusses.

○ 3. Beschreiben Sie die Ziele staatlicher Umweltpolitik.

◒ 4. Zu den Prinzipien staatlicher Umweltpolitik gehören das Vorsorge- und das Verursacherprinzip. Erläutern Sie diese Prinzipien.

● 5. Nachhaltigkeit in der Umweltpolitik bedeutet: „Nimm dir nicht mehr, als nachwächst, wenn du morgen auch noch ernten willst.“ Welchen Beitrag können Sie als Verbraucher dazu leisten, dass das Prinzip Nachhaltigkeit stärker zur Grundlage wirtschaftlichen Handelns wird?

Von der Geschäftsidee zur Unternehmensgründung

Lernsituation

Christian: Neben dem Berufskolleg wird ein Ladenlokal frei. Ich habe es mir bereits angesehen. Es ist ideal, um eine Konditorei mit einem Stehcafé darin einzurichten. Die Miete dürfte am Stadtrand auch nicht allzu hoch sein. Als Schüler fiel mir damals schon auf, dass es dort nichts gibt, wo man sich außerhalb der Schule aufhalten und Verpflegung kaufen kann. Und wenn man bedenkt, dass praktisch den ganzen Tag Unterricht stattfindet, dürfte es keine Absatzprobleme geben.
Lena: Ich weiß, seit deiner bestandenen Meisterprüfung zum Konditor sprichst du davon, dass wir im eigenen Betrieb arbeiten. Muss es jetzt so schnell gehen? Dein jetziger Meister sucht doch in ein paar Jahren einen Nachfolger. Er hat es dir doch schon angeboten und das wäre mit viel weniger Risiko verbunden. Bist du dir eigentlich im Klaren, was auf dich zukommt? Die ganzen Verwaltungsvorschriften, die zu beachten sind, zu Anfang nur Arbeit und keine Freizeit mehr! Und wie willst du das dafür notwendige Kapital besorgen?
Christian: Es hat mich gefreut, dass mein Chef an mich als seinen Nachfolger gedacht hat. Aber erstens will ich nicht so lange warten und zweitens möchte ich was Neues anfangen, so wie ich mir das vorgestellt habe. Bevor wir aber über die Finanzierung nachdenken, sollten wir erst einmal andere Fragen klären.

Arbeitsauftrag

Auf dem Weg von der Geschäftsidee bis zur Selbstständigkeit müssen einige Hürden überwunden werden.

1. Erläutern Sie die persönlichen und rechtlichen Voraussetzungen, die mit einer Unternehmensgründung verbunden sind.
2. Vergleichen Sie die Vor- und Nachteile der Neugründung eines Unternehmens mit der Möglichkeit einer Betriebsübernahme.
3. Bewerten Sie die Wahl des Standortes für das Stehcafé.
4. Erläutern Sie, warum der Staat Jungunternehmer unterstützt.

6.2 Ein Unternehmen gründen

Das Bundesministerium für Wirtschaft und Technologie hat eine Initiative zur Unternehmensnachfolge mit einer bundesweiten Nachfolgebörse eingerichtet; Infos unter www.next.org

Wege in die Selbstständigkeit

Es gibt verschiedene Möglichkeiten, sich beruflich selbstständig zu machen. Einer davon ist die **Neugründung** eines Unternehmens. Dabei fängt der Gründer bei null an. Eine gute Geschäftsidee ist jedoch nur der Anfang. Jedes Start-up muss sich seinen Markt erst erobern und Beziehungen zu Lieferanten und Kunden aufbauen. Neben einer vielleicht schwierigen Anlaufphase birgt die Gründung aber auch die Chance, das Unternehmen nach eigenen Vorstellungen zu gestalten.
Eine zweite Möglichkeit ist die **Betriebsübernahme**. Vor allem im Handwerk bietet sich die Chance, ein bereits etabliertes Unternehmen zu übernehmen. Eine Reihe von Unternehmern, die in Ruhestand gehen, sucht einen Nachfolger. Jedes Jahr stehen etwa 71 000 Unternehmen (in Industrie und Handwerk) vor einem Generationswechsel.
Eine Gründung „light“ versprechen **Franchise-Systeme**. Dabei kauft sich ein Gründer in ein bereits bewährtes Geschäftsmodell ein. Bekannte Firmen sind die Fast-Food-Kette McDonald’s, Blume2000.de oder der Reiseveranstalter TUI. Dabei liefert der Franchise-Geber (z. B. TUI) Name, Marke und Marketing. Der Franchise-Nehmer (Herr Meier) errichtet mit eigenem Geld anhand vorgegebener Auflagen (z. B. einheitliche Innenausstattung) das Unternehmen. Gegen eine Gebühr (oder Umsatzbeteiligung) darf der Franchise-Nehmer nur die Produkte des Franchise-Gebers verkaufen. Dafür gibt ihm der Franchise-Geber die Garantie, dass im abgesprochenen Gebiet kein anderes Unternehmen dieses Systems eröffnet wird.

Persönliche und rechtliche Voraussetzungen

Vor dem Schritt in die Selbstständigkeit sollten angehende Unternehmer zunächst ihre persönliche Eignung kritisch überprüfen. Dabei können folgende Fragen hilfreich sein:

- Sind Sie bereit, auf ein erhebliches Maß an Freizeit, Urlaub und Familienleben zu verzichten?
- Können Sie sich selbst Ziele setzen und diese konsequent verfolgen?
- Ertragen Sie Stresssituationen auf Dauer und lösen Sie Probleme direkt?
- Haben Sie neben der technisch-fachlichen Qualifikation auch betriebswirtschaftliche bzw. kaufmännische Grundkenntnisse?
- Können Sie Mitarbeiter führen?
- Sind Sie kontaktfreudig?

Der Betrieb eines Gewerbes ist grundsätzlich jedermann gestattet, der voll geschäftsfähig ist. Ausnahmen von diesem Grundsatz der **Gewerbefreiheit** liegen dann vor, wenn die Art der ausgeübten Tätigkeit mit einer besonderen Verantwortung und fachlichen Eignung verbunden ist (z. B. bei Apotheken, im Kreditwesen, im Gaststättengewerbe oder im Handwerk). In diesen Fällen ist die Erteilung einer Genehmigung (Erlaubnis, Konzession, Meisterprüfung) neben der Gewerbeanzeige eine zusätzliche Voraussetzung für den Beginn des Gewerbes.
In fast der Hälfte der Handwerksberufe ist die Meisterprüfung Voraussetzung für die Gründung eines Unternehmens (z. B. bei Bäckereien). In anderen Handwerken reicht eine sechsjährige Berufspraxis, davon vier Jahre in leitender Funktion.

Gewerbe anzeigen

Der Beginn der Gewerbeausübung muss bei der zuständigen Stadt- oder Gemeindeverwaltung

(Gewerbeamt) angezeigt werden. Über die Zuständigkeit entscheidet der geografische Sitz des Unternehmens. Kopien der Gewerbeanmeldung gehen an verschiedene Stellen, wie z. B. an das Finanzamt, an die zuständige Kammer (IHK oder Handwerkskammer) und an die Träger der Sozialversicherungen (Arbeitsagentur, Krankenkasse, Berufsgenossenschaft).

Eintragung ins Handelsregister

Das Handelsregister hat die Aufgabe, die Öffentlichkeit über die Rechtsverhältnisse in Unternehmen zu informieren, z. B.:

- Wie wird gehaftet?
- Wer führt die Geschäfte?
- Wie hoch ist die Geschäftseinlage?

Das Handelsregister wird beim Amtsgericht geführt. Die Eintragungen werden im Bundesanzeiger und einer im Bezirk des jeweiligen Amtsgerichts ansässigen Zeitung veröffentlicht, z. B. in den Mitteilungsblättern der Industrie- und Handelskammern. Kapitalgesellschaften (AG, GmbH) werden immer in das Handelsregister (Abteilung B) eingetragen. Bei Einzel- und Personengesellschaften (GbR, OHG, KG, GmbH & Co. KG) ist die Eintragung von der Art und dem Umfang des Geschäftsbetriebs abhängig (Eintragung in Abteilung A) (→ S. 280 ff. Rechtsformen).

Die Firma eines Unternehmens

Die Firma ist der Name des Unternehmens. Mit der Firma werden beispielsweise Verträge unterschrieben. Die Handelsregistereintragung ist gleichzeitig eine Garantie dafür, dass kein anderes Unternehmen am gleichen Ort diese Firma verwenden darf.
Aus der Firma soll deutlich werden, um welche Art von Geschäften es sich handelt und wer der Geschäftsinhaber ist (Firmenklarheit). Falsche Angaben oder Angaben, die bei einem Dritten falsche Vorstellungen wecken, sind nicht zulässig (Firmenwahrheit). Bei einem Verkauf des Unternehmens oder bei einer Betriebsübernahme kann die alte Firma weitergeführt werden. Somit bleibt für Kunden und Geschäftspartner der bekannte Geschäftsname erhalten.

Der Name des Unternehmens kann auf unterschiedliche Weise gebildet werden. Die Rechtsform des Unternehmens muss aber erkennbar sein.

- Personenfirma: Ein Unternehmer verwendet seinen Namen als Firma. Beispiel: „Heinz Meier **e. K.**" (diese Regelung gilt für Kaufleute, die im Handelsregister eingetragen sind);
- Sachfirma: Die Tätigkeit des Unternehmens wird deutlich. Beispiel: Backwaren GmbH;
- Mischfirma: Mischung aus Personen- und Sachfirma. Beispiel: Meier Backwaren KG;
- Fantasiefirma: Ein Fantasiename steht im Vordergrund. Beispiel: Bawame GmbH.

e. K./e. Kfm/e. Kfr
= eingetragener Kaufmann/eingetragene Kauffrau

Wahl des Standorts

Die Wahl des richtigen Standorts hängt von der Zielsetzung des Unternehmens und der betrieblichen Eigenart ab. So wird sich ein Einzelhandels- oder Dienstleistungsunternehmen (z. B. Friseurladen) in der Nähe der Kunden ansiedeln, Supermärkte und Einkaufszentren dagegen eher am Stadtrand, um ausreichend Parkmöglichkeiten anzubieten. Zulieferfirmen siedeln sich in unmittelbarer Nähe ihres Hauptabnehmers an (z. B. Automobilwerk), um eine schnelle und sichere Versorgung zu gewährleisten.
Darüber hinaus gibt es noch weitere Faktoren, die über die Wahl des Standorts entscheiden: Infrastruktur (z. B. Verkehrssysteme, Kommunikationsnetz), Arbeitskräftepotenzial, Kosten für Mieten und Energie, Lohnkosten, behördliche Auflagen, Erweiterungsmöglichkeiten usw.

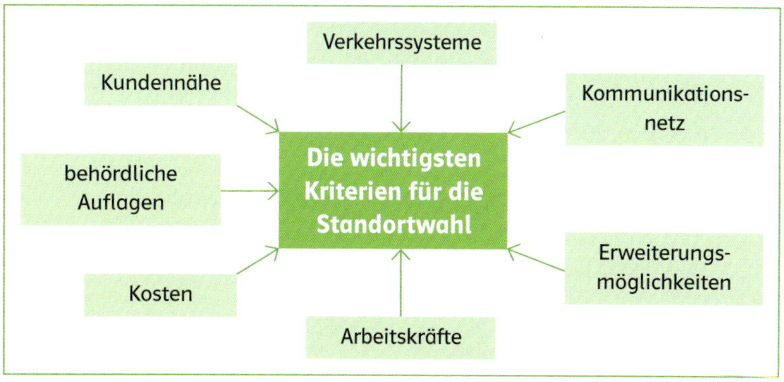

Zusammenfassung: Von der Geschäftsidee zur Unternehmensgründung

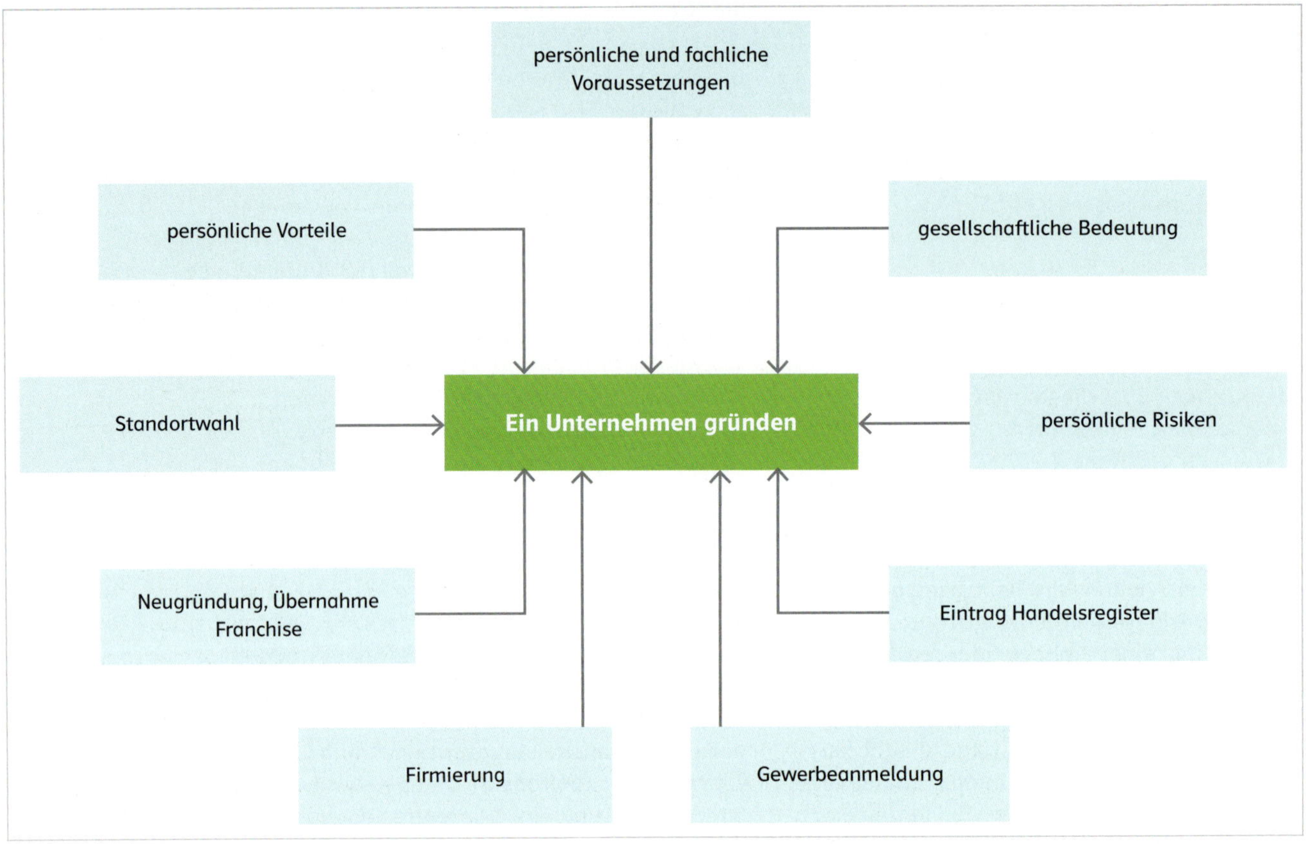

Übungsaufgaben

○ 1. Nennen Sie fünf persönliche Voraussetzungen, die ein Unternehmensgründer mitbringen sollte.

◒ 2. Der Weg in die Selbstständigkeit kann u.a. über eine Neugründung oder über ein Franchise-System erfolgen. Stellen Sie Vor- und Nachteile beider Geschäftsmodelle gegenüber.

◒ 3. Erläutern Sie am Beispiel Ihres Ausbildungsbetriebs/Ihrer Branche die Faktoren, die bei der Wahl des Standortes von Bedeutung sind.

○ 4. Beschreiben Sie, was die Grundsätze Firmenwahrheit und Firmenklarheit bei der Wahl der Firma bedeuten.

● 5. Versuchen Sie eine Begründung dafür zu finden, warum im Dienstleistungsbereich die Zahl der Unternehmensneugründungen so hoch ist.

● 6. Viele Senior-Unternehmer haben Schwierigkeiten, den richtigen Nachfolger für ihren Betrieb zu finden. Mögliche Nachfolger finden kein passendes Unternehmen. Beschreiben Sie anhand der Grafik *Mittelstand sucht Nachfolger* (→ S. 264) mögliche Gründe für diese Situation.

Businessplan und Kapitalbedarfsrechnung

Lernsituation

Kundenberater: Sie wollen also eine Konditorei mit Stehcafé eröffnen.
Christian: Ich habe am Anfang des Jahres meine Meisterprüfung als Konditor abgelegt, um mich selbstständig zu machen. Anhand meiner Unterlagen können Sie sehen, dass fast alle Punkte des Businessplanes bearbeitet sind. Was fehlt, ist das notwendige Startkapital.
Kundenberater: Es sieht alles vielversprechend aus. Reden wir also über die Finanzierung. Sie haben ja bereits eine Aufstellung mitgebracht. Es fehlen aber die Ausgaben, die in der Gründungsphase anfallen. So brauchen wir ein Warenlager von ca. 5 000 Euro. Für Gebühren rechnet man 1500 Euro. Hinzu kommt auch noch der Werbeaufwand von etwa 3 000 Euro, der in der Gründungsphase besonders wichtig ist. Dann wären da noch die Rechnungen für Telefon, Steuern, Versicherungen und Miete mit Nebenkosten in Höhe von monatlich 6 000 Euro. Nicht zu vergessen die Lohnkosten.
Christian: Zum Glück übernimmt meine Verlobte den Verkauf im Café. Da haben wir die Personalkosten schon mal gespart.
Kundenberater: Aber Sie und Ihre Verlobte müssen ja auch von etwas leben. Ein eigenes Einkommen muss ebenfalls in die Finanzierung einfließen.
Christian: Oh je, das ergibt ja Unsummen ...
Kundenberater: Bisher liegt alles im normalen Rahmen. Außerdem können Sie mit staatlicher Unterstützung rechnen. Wir benötigen von Ihnen aber zunächst einen Kapitalbedarfsplan, bevor wir über die Finanzierung entscheiden.

Arbeitsauftrag

- Ein wichtiger Meilenstein im Businessplan ist die Aufstellung eines Finanzplans.

  1. Erarbeiten Sie für unseren angehenden Jungunternehmer einen Kapitalbedarfsplan. Berücksichtigen Sie dabei auch den Eigenbedarf.

  2. Informieren Sie sich über Fördermöglichkeiten für das geplante Unternehmen.

6.2 Ein Unternehmen gründen

Der Businessplan

Unzureichende Planung ist einer der häufigsten Gründe, warum Jungunternehmen schon nach wenigen Jahren scheitern. Deshalb sollte man sich intensiv auf die Selbstständigkeit vorbereiten und einen detaillierten Businessplan (Geschäftsplan) erarbeiten. Es genügt nicht, ein Konzept im Kopf zu haben. Für die eigene Absicherung ist es wichtig, dass man die Gedanken formuliert und zu Papier bringt. Ein durchdachter Geschäftsplan erleichtert den Start in die Selbstständigkeit, denn er zeigt die Chancen und Risiken des Vorhabens auf und kann Kapitalgeber (z. B. Banken) von der Geschäftsidee überzeugen (→ *Checkliste Businessplan*).

Kapitalbedarfsrechnung

Eine erfolgreiche Unternehmensgründung ist stark vom Kapitalbedarf und der damit verbundenen Kapitalbeschaffung (Finanzierung) abhängig. Die Unterschätzung des Kapitalbedarfs ist eine der Hauptursachen für das Scheitern von Existenzgründern. Unberücksichtigt bleibt häufig, dass ein Jungunternehmen in der Anfangsphase mit Anlaufverlusten, z. B. durch fehlende Bekanntheit, rechnen muss.
Die finanziellen Mittel sind in der Planung so zu kalkulieren, dass der Spielraum zur Überbrückung von wirtschaftlich schlechten Zeiten (z. B. zu geringer Umsatz) groß genug ist. Im Vordergrund der Kapitalbedarfsermittlung stehen die zukünftigen Ausgaben für Investitionen. Investiert wird in Grundstücke, Maschinen, Fahrzeuge usw. Diese Güter bilden die Grundlage für die betriebliche Tätigkeit und werden langfristig genutzt. Daher spricht man von Anlagegütern.

Checkliste Businessplan	
Geschäftsidee	Welches Produkt oder welche Dienstleistung will ich anbieten? Was ist das Neue oder das Besondere an der Geschäftsidee? Welchen Bedarf deckt mein Produkt/meine Dienstleistung?
Unternehmensform → S. 280	Will ich die Geschäftsidee allein oder mit Partnern verwirklichen? Wer übernimmt welche Aufgaben und Funktionen? Wie hoch sind die Kapitaleinlage und die Haftung?
Markteinschätzung → S. 343	Welche Kunden kommen in Frage? Wer ist meine Zielgruppe? Wer sind meine Konkurrenten? Wie könnten die Konkurrenten reagieren?
Standort	Wo errichte ich das Geschäft/das Büro? Brauche ich zusätzliche Räume? Gib es Erweiterungsmöglichkeiten? Welche der Standortfaktoren sind für mein Geschäft von Bedeutung: Kundennähe, Verkehrslage, Parkplätze, Fachkräfte, Konkurrenz, Kosten für Miete und Energie, Lohnkosten, behördliche Auflagen etc.?
Marketing → S. 347	Welche Werbemittel sollen eingesetzt werden? Wie will ich mein Produkt/meine Dienstleistung verkaufen? Welchen Preis verlange ich?
Finanzierung → S. 269	Welche Einnahmen und Ausgaben sind zu erwarten? Wie viel Geld benötige ich am Anfang? Woher bekomme ich das Startgeld? Welche Fördermittel stehen mir zu?
Zukunftsaussichten	Wie stelle ich mir meine Firma in zwei oder drei Jahren vor?

Kapitalbedarfsplan: Konditorei mit Stehcafé	
Investitionen	in Euro
Umbau/Renovierung	....
Maschinen/Geräte	....
Betriebs- u. Geschäftsausstattung	....
Fahrzeuge	....
erstes Material- u. Warenlager	....
Gründungsausgaben	
Gebühren/Anmeldungen	....
Markteinführungskosten (Werbung)	....
Anlaufverluste (monatlich)	
Miete	....
Lohnkosten	....
Gebühren/Steuern/Versicherungen	....
Eigenbedarf des Gründers	....
Gesamt	....

Möglichkeiten der Finanzierung

Nach der Ermittlung des Kapitalbedarfs stellt man die voraussichtlichen Ein- und Ausgaben eines bestimmten Zeitraums (z. B. sechs Monate) gegenüber (→ S. 305 Liquiditätsplan). Liegen die Ausgaben über den Einnahmen (bei einer Unternehmensgründung ist dies immer der Fall), müssen die benötigten finanziellen Mittel beschafft werden, damit das Unternehmen zu jeder Zeit seinen Zahlungsverpflichtungen nachkommen kann (also über ausreichende Liquidität verfügt).
Folgende Finanzierungsarten sind möglich:
- durch Eigenkapital,
- durch Kredite (→ S. 293),
- durch Leasing (→ S. 294),
- durch Fördermittel.

Finanzierung durch Eigenkapital

Bei der Finanzierung durch Eigenkapital werden die Gelder von Unternehmensgründern und/oder ihren Partnern, abhängig von der jeweiligen Unternehmensform, aufgebracht. Das im Unternehmen investierte Eigenkapital sollte 30 bis 40 Prozent des Gesamtkapitals ausmachen. Eine ausreichende **Eigenkapitalquote** bedeutet für das Unternehmen:
- finanzielle Engpässe und/oder Verluste können ausgeglichen werden;
- eine höhere Kreditwürdigkeit gegenüber Banken und anderen Gläubigern.

Eine besondere Form der Kapitalbeteiligung ist **Venture Capital** (Wagniskapital). Es dient dazu, meist risikoreiche Firmengründungen im Bereich der Hochtechnologie (Internet, Biotechnologie) zu finanzieren. Die Kapitalgeber gehen dabei das Risiko ein, ihr Kapital vollständig zu verlieren, wenn die Unternehmensgründung scheitert. Hat das Unternehmen Erfolg, sind hohe Gewinne möglich. In den USA ist diese Finanzierungsform stärker verbreitet. Dies erklärt auch, warum Firmen wie Google, Facebook und Apple dort gegründet wurden.

Finanzierung durch Fördermittel

Im Vergleich zu anderen Ländern werden in Deutschland viel weniger Unternehmen gegründet. Dem versucht der Staat entgegenzuwirken, indem er Jungunternehmern auf dem Weg in die Selbstständigkeit hilft.
Bei der Finanzierung durch Fördermittel hilft der Staat (EU, Bund, Länder und Gemeinden) mit unterschiedlichen Maßnahmen. Die häufigste Form öffentlicher Förderung ist die Bereitstellung von Krediten zu besonders günstigen Konditionen. Dazu gehören niedrige Zinssätze, lange Laufzeiten, Beginn der Tilgung erst nach einigen Jahren. Somit werden die finanziellen Belastungen der Kreditnehmer in der schwierigen Anlaufphase niedrig gehalten.
Wenn bestimmte Voraussetzungen vorliegen, erhalten Existenzgründer sogar staatliche Zuschüsse, die im Gegensatz zu den Krediten nicht zurückgezahlt werden müssen. So können Arbeitslose, die noch mindestens 150 Tage Anspruch auf Arbeitslosengeld I haben, von der Bundesagentur für Arbeit einen Zuschuss erhalten.
Durch umfassende Beratungsangebote und Gründungsinitiativen soll der Weg in die Selbstständigkeit erleichtert und gefördert werden. Die Datenbank www.existenzgruender.de enthält rund 25 000 Adressen von öffentlichen Einrichtungen und Institutionen, von denen sich Existenzgründer beraten lassen können.

Eigenkapitalquote (EK-Quote)

$$= \frac{\text{Eigenkapital} \times 100}{\text{Gesamtkapital}}$$

DIE_NEUE_GRÜNDERZEIT

Mit der Initiative „Die neue Gründerzeit“ möchte das Bundeswirtschaftsministerium den Unternehmergeist und das Gründungsgeschehen in Deutschland stärken und den Schritt in die Selbstständigkeit attraktiver gestalten. Die Initiative bietet vielfältige Maßnahmen, Finanzierungswege und Unterstützung für Jungunternehmer an.

Zusammenfassung: Businessplan und Kapitalbedarfsrechnung

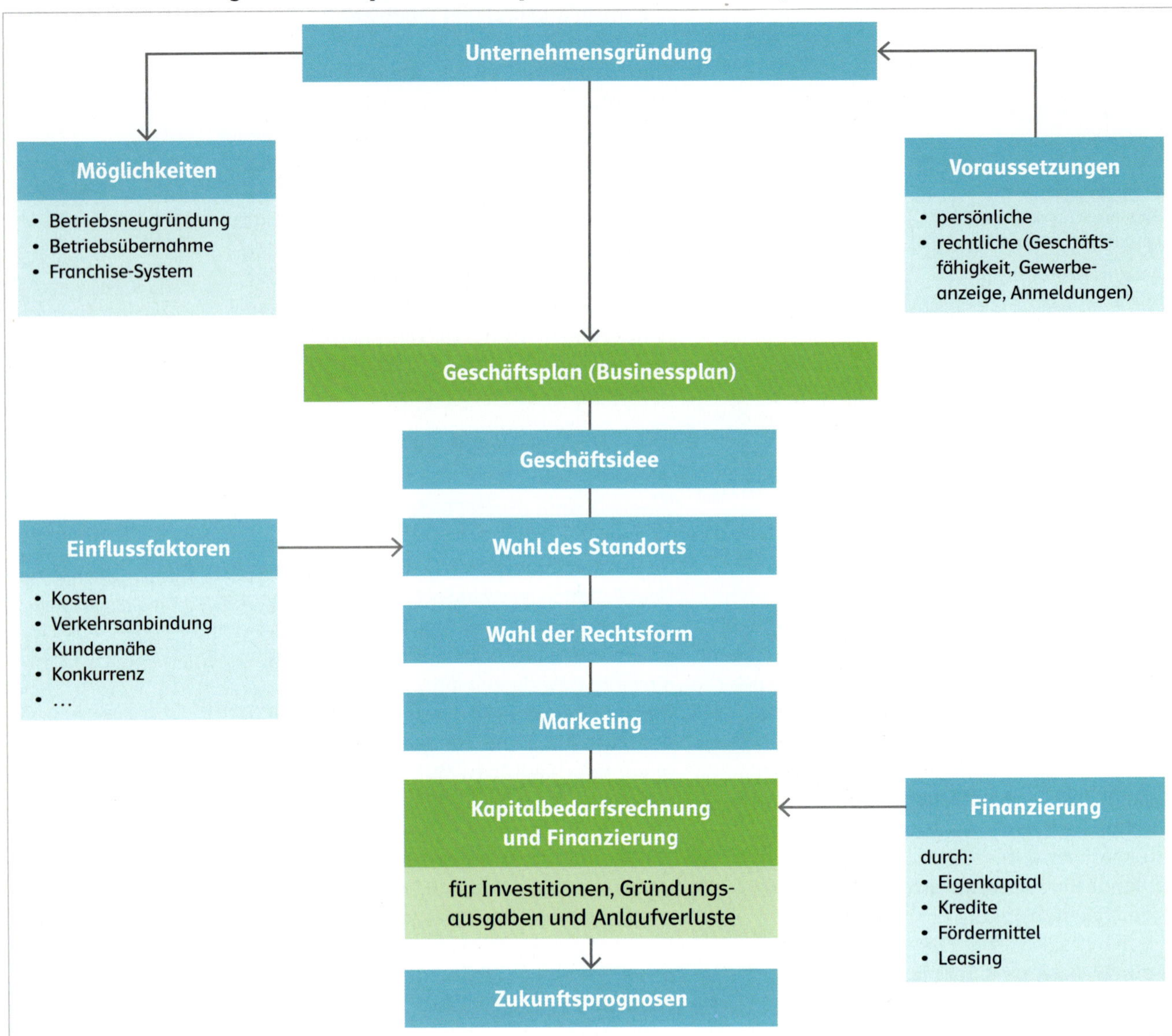

Übungsaufgaben

1. Erläutern Sie drei Gründe, warum bei der Aufstellung eines Geschäftsplans (Businessplan) eine Kapitalbedarfsrechnung sinnvoll ist.

2. Erläutern Sie, warum Unternehmen mit ausreichend Eigenkapital ausgestattet sein sollen.

3. Zahlreiche Start-up-Unternehmen benötigen Venture Capital (Wagniskapital) und staatliche Fördermittel für die Anfangsfinanzierung. Erläutern Sie, warum die beiden unterschiedlichen Finanzierungsformen so wichtig sein können.

Chancen und Risiken der Unternehmensgründung

Lernsituation

Arbeitsauftrag

- Kommt für Sie in Zukunft eine Unternehmensgründung in Betracht? Begründen Sie Ihre Entscheidung, indem Sie die auf den folgenden Seiten aufgeführten Chancen und Risiken einer Unternehmensgründung gegeneinander abwägen.

6.2 Ein Unternehmen gründen

Interview mit Götz Werner, Gründer der Drogeriemarktkette *dm*

GründerZeiten: Was raten Sie … [angehenden Unternehmensgründern], wie sie mit dem Risiko umgehen sollen? Leute, denkt nicht an das Risiko? Vertraut auf euer Glück?
Werner: Nein, natürlich nicht. Ich sage: Ihr müsst erst einmal nach innen hören und ausloten, was euch dazu befähigt, den Schritt in die Selbstständigkeit zu machen. […] Und natürlich gibt es so etwas wie eine gesunde Angst. Wenn Sie als Unternehmer nicht die Angst haben, dass Sie alles wieder verlieren können, dass Sie irgendeinen entscheidenden Fehler machen könnten und alles den Bach runter geht, dann sind Sie ein schlechter Unternehmer.
GründerZeiten: Was hat diese gesunde Angst bei Ihnen ausgelöst? Außer Sorgen?
Werner: Dass man nicht übermütig wird. Wenn Sie ein Unternehmen gründen wollen, brauchen Sie zwei Dinge. Mut – da sind wir uns einig. Und was Sie auch brauchen, ist Demut. […] Das ist die Demut den Kunden gegenüber. […] Viele geniale Ideen werden zum Misserfolg, weil man unterschätzt, dass die Kunden – auf die es ja ankommt – sie gar nicht richtig nachvollziehen können. Viele Unternehmer scheitern nicht daran, dass das Risiko zu groß ist, sondern weil sie im Übermut etwas machen, was sie gut finden, was ihnen Spaß macht. Ohne sich zu fragen: Was wollen die Kunden oder gibt es auch genügend Kunden dafür? Eigentlich ganz einfach.

GründerZeiten 01, Herausgeber: Bundesministerium für Wirtschaft und Energie, Ausgabe Februar 2016, S. 11

Persönliche und rechtliche Voraussetzungen für eine Unternehmensgründung

→ S. 264 ff.

Businessplan

→ S. 268

Weg in die Selbstständigkeit

Wenn alle persönlichen und rechtlichen Voraussetzungen für eine Unternehmensgründung gegeben sind, man eine gute Geschäftsidee hat, der Businessplan steht, mögliche Geldgeber gefunden sind, steht man vor der letzten entscheidenden Frage: Riskiere ich wirklich den Schritt in die Selbstständigkeit?

Gründe für die Selbstständigkeit

Unabhängig sein, eigene Entscheidungen treffen und selbstbestimmt arbeiten – das sind die Beweggründe der meisten Unternehmensgründer. Als Unternehmer entscheidet man selbst, wie man seine Arbeitszeit einteilt. Berücksichtigen sollte man dabei aber, dass die Arbeitszeiten von Selbstständigen weit über denen von Arbeitnehmern liegen. Allerdings ist man auch meist hochmotiviert, wenn es um die Umsetzung der eigenen Geschäftsidee geht.
Wer es schafft, ein eigenes Unternehmen aufzubauen, kann stolz darauf sein und genießt in der Öffentlichkeit Anerkennung. Unternehmerischer Erfolg bringt finanzielle Sicherheit und Unabhängigkeit. Ein gut funktionierendes Unternehmen ist eine gute Altersvorsorge. Für jemanden, der seine Arbeitsstelle verloren hat, kann eine Unternehmensgründung eine Alternative zur Arbeitslosigkeit bedeuten.
Unternehmen tragen mit ihren neuen Ideen zu Fortschritt und Wachstum bei. Darüber hinaus werden neue Arbeits- und Ausbildungsplätze geschaffen.
Eine Unternehmensgründung verlangt Mut, ist aber auch mit Angst verbunden. Diese Angst vor dem Scheitern ist für viele Fachleute der Grund, warum die Zahl der Unternehmensgründungen in Deutschland im Vergleich zum Ausland niedrig ist. Dabei sind viele große Unternehmer vor ihrem Erfolg gescheitert (z. B. Jeff Bezos, Gründer von *Amazon*).

Not leidende Unternehmen und Insolvenz

Zum Wesen der sozialen Marktwirtschaft gehört es, dass nicht leistungsfähige Unternehmen aus dem Markt ausscheiden.
Ein Unternehmen ist insolvent, wenn es entweder zahlungsunfähig oder überschuldet ist. **Zahlungsunfähigkeit** liegt vor, wenn die Ausgaben höher sind als die Einnahmen und zusätzliche Mittel bereitgestellt werden müssten. Verweigern Kreditinstitute aber weitere Kredite und sind die Lieferanten nicht bereit, dem

Unternehmen die Schulden zu stunden, ist das Unternehmen zahlungsunfähig.
Eine **Überschuldung** liegt vor, wenn in der Bilanz die Schulden die Vermögenswerte übersteigen. Für Unternehmen, bei denen keine natürliche Person als Gesellschafter persönlich haftet (z. B. GmbH, AG), ist der Gang zum Insolvenzrichter dann Pflicht.

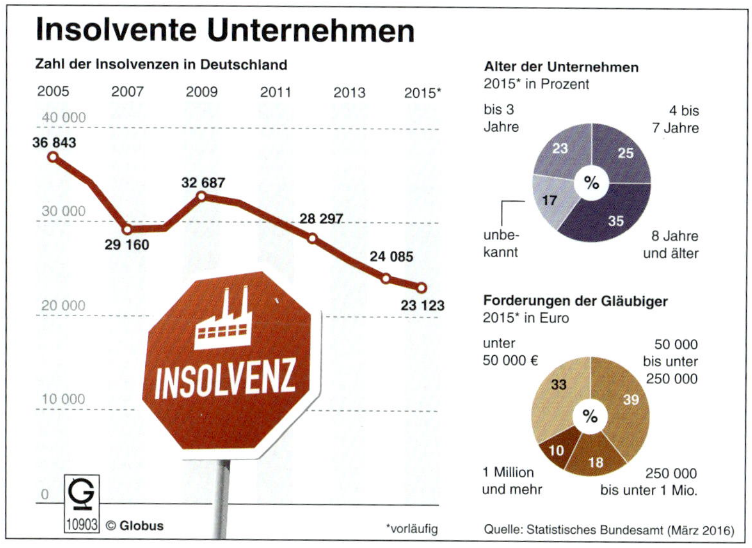

Ursachen für eine Unternehmenskrise

Auslöser für eine Unternehmenskrise können sein:

- **Personelle Gründe:** z. B. zu hoher Personalstand, Führungsprobleme;
- **Sachliche Gründe:** z. B. falsche Produktpolitik, Fehlinvestitionen;
- **Organisatorische Gründe:** z. B. Organisationsstruktur nicht der veränderten Größe des Unternehmens angepasst, keine Finanzplanung;
- **Außerbetriebliche Gründe:** Veränderungen auf den Absatzmärkten, z. B. zunehmende Konkurrenz, schlechte Zahlungsmoral der Kunden (hohe Forderungsausfälle);
- **Ausstattung mit Eigenkapital:** Das Unternehmen hat zu wenig Eigenkapital (→ S. 294).

Insolvenzverfahren

Die Insolvenzordnung regelt den Ablauf des Insolvenzverfahrens. Mit der Eröffnung eines Insolvenzverfahrens wird ein Insolvenzverwalter bestellt. Die Schuldner werden aufgefordert, ihre Zahlungen an den Insolvenzverwalter zu leisten und die Gläubiger, ihre Schulden anzumelden. Die Arbeitnehmer erhalten unter Umständen 🔍 **Insolvenzgeld.**
Der Insolvenzverwalter prüft die wirtschaftliche Lage des Unternehmens und legt der Gläubigerversammlung einen Bericht über die mögliche Vorgehensweise vor. Es kann auch vereinbart werden, das Unternehmen weiterzuführen und zu sanieren oder einen potenziellen Käufer zu suchen.
Bei einer **Sanierung** wird versucht, durch organisatorische und finanzielle Maßnahmen die Leistungsfähigkeit eines Unternehmens wiederherzustellen. Zu den Maßnahmen zählen u. a.: Änderung der Aufbau- und Ablauforganisation (→ S. 276 ff.), Verkauf von unrentablen Unternehmensteilen, Verzicht der Gläubiger auf einen Teil der Forderungen, Zuführung zusätzlicher finanzieller Mittel.
Gravierende Änderungen sind häufig mit Personalabbau verbunden. Damit die betroffenen Mitarbeiter nicht sofort arbeitslos werden, besteht die Möglichkeit, mit staatlichen Fördermitteln eine 🔍 **Transfergesellschaft** zu gründen.

Liquidation des Unternehmens

Bei der Liquidation (Auflösung) des Unternehmens werden aus dem Verkauf aller Vermögenswerte die Forderungen der Gläubiger anteilig befriedigt. Die 🔍 **Insolvenzquote** gibt an, welchen Prozentsatz ein Insolvenzgläubiger von seiner Forderung erhalten wird. Die Restforderungen können die Gläubiger weiterhin geltend machen, sofern der Insolvenzschuldner eine natürliche Person ist. (Juristische Personen werden am Ende des Verfahrens im Handelsregister gelöscht.)
Auf Antrag des Schuldners schließt sich an das Insolvenzverfahren das **Restschuldbefreiungsverfahren** an. Dazu muss der Schuldner für einen Zeitraum von 6 Jahren seine pfändbaren laufenden Bezüge an einen Treuhänder abtreten. Danach ist er von seinen Restschulden befreit.

🔍 ***Insolvenzgeld***

Haben die Arbeitnehmer ihre Löhne oder Gehälter nur noch teilweise beziehungsweise gar nicht mehr erhalten, zahlt die Agentur für Arbeit unter bestimmten Voraussetzungen ein Insolvenzgeld. Anspruch auf Insolvenzgeld besteht für die davor liegenden drei Monate des Arbeitsverhältnisses.

🔍 ***Transfergesellschaft***

Ihr Ziel ist es, die Mitarbeiter so schnell wie möglich in neue Beschäftigungsverhältnisse zu vermitteln. Sie kann auch bei liquidierten Unternehmen gegründet werden.

🔍 ***Insolvenzquote***

$$= \frac{\text{Sollmasse} \times 100}{\text{Summe der Insolvenzforderungen}}$$

Zusammenfassung: Chancen und Risiken der Unternehmensgründung

Unternehmensgründung

Chancen

- selbstbestimmtes Arbeiten
- Unabhängigkeit
- Umsetzung eigener Ideen
- flexible Arbeitszeiten
- Vermeidung von Arbeitslosigkeit
- hohes Einkommen
- finanzielle Unabhängigkeit
- hohes Ansehen
- Schaffung von Arbeitsplätzen
- …

Risiko

Insolvenz
Ursachen: personelle, sachliche, organisatorische und außerbetriebliche Gründe, zu wenig Eigenkapital

↓

Insolvenzverfahren: Verkauf, Sanierung, Liquidation

↓

Restschuldbefreiungsverfahren (bei natürlichen Personen)

Übungsaufgaben

1. Die Grafik auf S. 273 zeigt die Entwicklung der Insolvenzen in Deutschland.
   a) Stellen Sie Vermutungen an, warum die Zahl der in Insolvenz geratenen Unternehmen in den letzten Jahren zurückgegangen ist.
   b) 23 Prozent der Neugründungen mussten in den ersten drei Jahren aufgeben. Erläutern Sie mögliche Ursachen.

2. Götz Werner spricht davon, dass man als Jungunternehmer keine Angst haben muss, aber Mut und Demut aufbringen sollte (→ Kasten S. 272). Erläutern Sie, was er damit meint.

3. Versuchen Sie eine Erklärung dafür zu finden, dass die Angst vor einem Scheitern in Deutschland viel größer ist als in anderen Ländern (z. B. USA).

4. Die Hälfte aller Unternehmensgründungen sind Nebenerwerbsgründungen. Damit ist eine selbstständige Tätigkeit gemeint, die neben einer Erwerbstätigkeit als Arbeitnehmer ausgeübt wird. Typische Tätigkeitsfelder sind dabei: Unternehmensberatung, Werbung, IT-Dienstleistungen (z. B. Software-Beratung und Entwicklung, Social-Media-Anwendung). Beschreiben Sie die Vor- und Nachteile dieser Form einer Unternehmensgründung.

Aufbau von Unternehmen

Lernsituation

Die Heimtextil GmbH ist ein mittelständisches Unternehmen, das Heimtextilien und technische Textilien herstellt. Es hat folgende Organisationsstruktur:

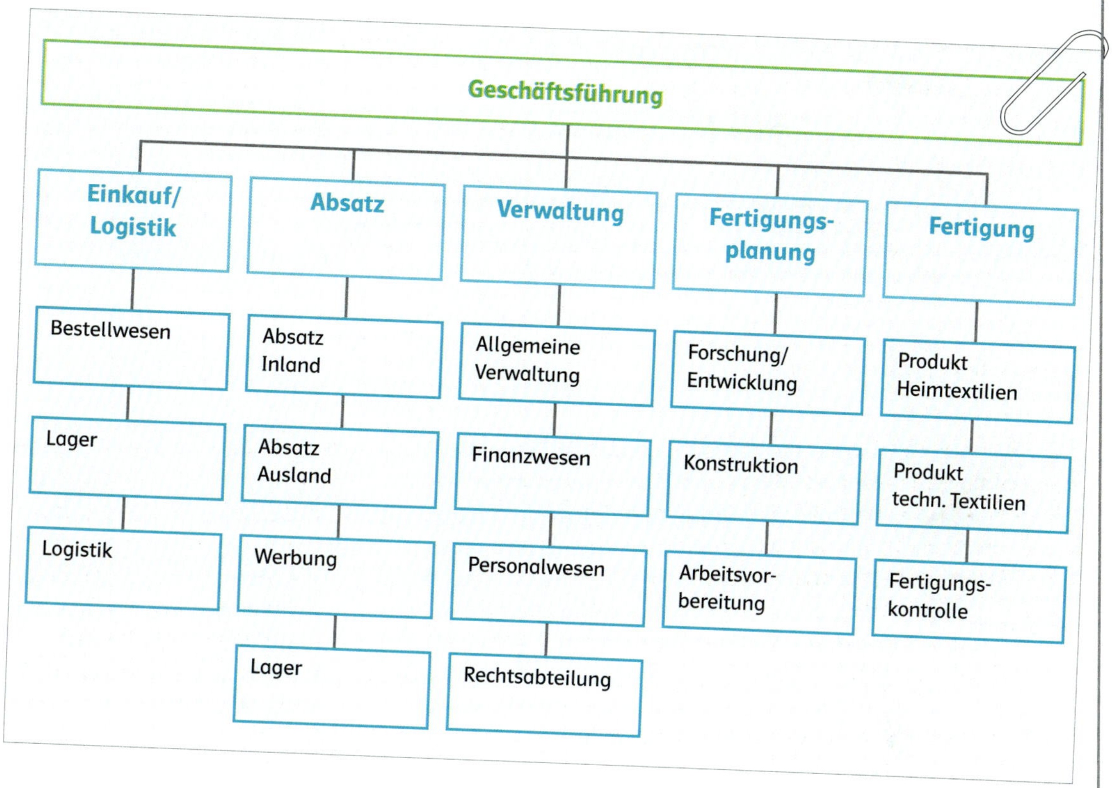

Das Unternehmen ist vor allem durch die Umsatzerhöhung der Heimtextilien stark gewachsen, sodass eine auf die Zukunft ausgerichtete Neuorganisation gefunden werden muss. Deshalb soll die bisherige Organisationsform in eine produktorientierte bzw. Spartenorganisation umgewandelt werden. Die Abteilungen „Recht" und „Forschung und Entwicklung" sollen als Stabsstellen der Geschäftsleitung zugeordnet werden. Außerdem sollen die Geschäftsbereiche „Verwaltung" und „Absatz" einer „Kaufmännischen Leitung" unterstellt werden.

Arbeitsauftrag

- Erarbeiten Sie ein neues Organigramm für die Heimtextil GmbH. Orientieren Sie sich dabei an den im Informationstext dargestellten Organisationsformen.

Unternehmensstrukturen erkennen

An der Herstellung eines Produktes wirken in größeren Unternehmen unterschiedliche Abteilungen direkt oder unterstützend mit.

Abteilungen	Tätigkeiten
Einkauf	Materialbedarf ermitteln, Bestellungen auslösen, Materialien lagern
Fertigung	Arbeitspläne erstellen, Fertigungsabläufe organisieren, Produktion von Gütern
Absatz	Vertrieb der Waren, Einsatz der Marketinginstrumente
Personal	Personalbedarf feststellen, Bewerber auswählen, Lohn- und Gehaltsabrechnung, Fortbildungsangebote organisieren
Finanzen	Versorgung mit finanziellen Mitteln, Sicherstellung der Zahlungsfähigkeit (Liquidität), Begleichung und Erstellung der Rechnungen
Logistik	Material- und Informationsfluss im Material-, Produktions- und Absatzbereich organisieren

Organigramm

Das Organigramm stellt den Aufbau des Unternehmens dar. Es zeigt, auf welche Stellen und Abteilungen sowie Tochterunternehmen die betrieblichen Aufgaben verteilt sind und wer wem Anweisungen geben darf.

Damit alles optimal abläuft, müssen die Arbeitsvorgänge und Tätigkeiten in einer vorher festgelegten Ordnung aufeinander abgestimmt sein. Die Aufbauorganisation legt zu diesem Zweck fest, wer innerhalb eines Unternehmens für welche Aufgabe zuständig ist und wie die Zusammenarbeit untereinander geregelt wird. Anhand eines **Organigramms** wird dieser Aufbau sichtbar gemacht. Darüber hinaus wird erkennbar, wer wem unterstellt ist (Weisungsbefugnis). Die folgenden Organisationsformen geben einen Überblick über den unterschiedlichen Aufbau von Unternehmen:

Einliniensystem

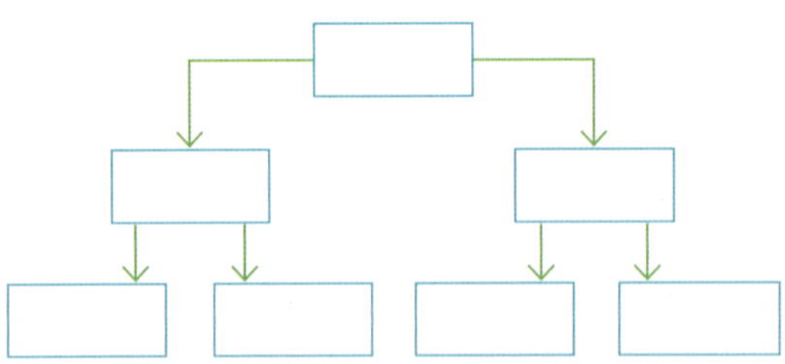

Beim Einliniensystem verläuft eine Weisungslinie von der Führungsspitze über die Abteilungs-, Schicht- und Gruppenleiter bis hin zu den Facharbeitern. Weisungen und Anordnungen erhalten die jeweiligen Mitarbeiter nur von direkten Vorgesetzten. An sie können sich die Stelleninhaber mit Vorschlägen oder Meldungen wenden. Beim Einliniensystem bildet man Abteilungen in erster Linie nach ihrer Hauptaufgabe (oder Funktion). So ist die Abteilung Einkauf für die Beschaffung der Teile bzw. für alle Produkte zuständig, die zugekauft werden müssen. Die Vorteile dieses Aufbaus liegen in der klaren, übersichtlichen Struktur und der eindeutigen Kompetenzverteilung. Der lange Instanzenweg kann auf der anderen Seite schwerfällig und sehr bürokratisch sein.

Mehrliniensystem

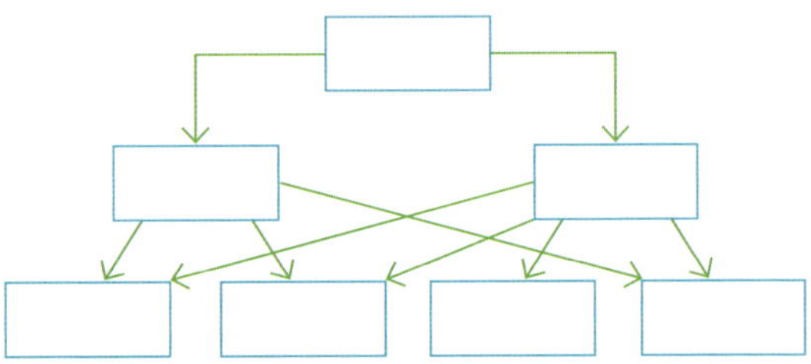

Das Mehrliniensystem soll die Mängel des Einliniensystems ausgleichen. Der Mitarbeiter erhält von mehreren Instanzen (Vorgesetzten) Anweisungen. So kann z. B. der Leiter des Einkaufs Mitarbeitern aus dem Bereich Produktion Weisungen erteilen. Dies kann zu Konflikten führen, wenn keine klare Kompetenzverteilung zwischen den einzelnen Instanzen erfolgt.

Stabliniensystem

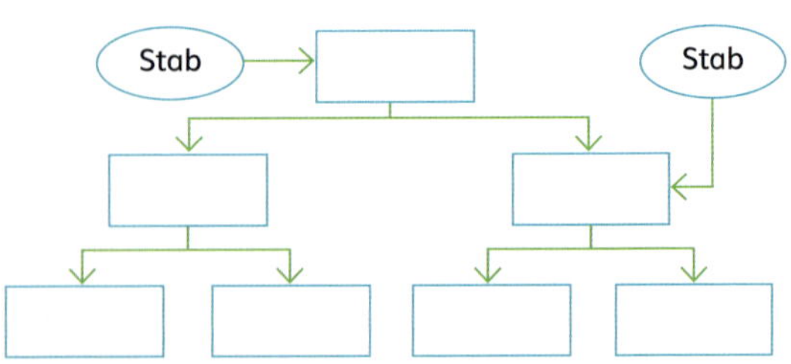

Zu den Liniensystemen gehört auch das Stabliniensystem. Vor allem in großen Unternehmen gibt es Abteilungen, die lediglich eine beratende Funktion einnehmen. Dazu gehören

u. a. die Rechtsabteilung, Forschungsabteilung, Organisationsabteilung. Diese Abteilungen bereiten Entscheidungen vor und haben daher keine Weisungsbefugnis.

Spartenorganisation/Produktorientierung

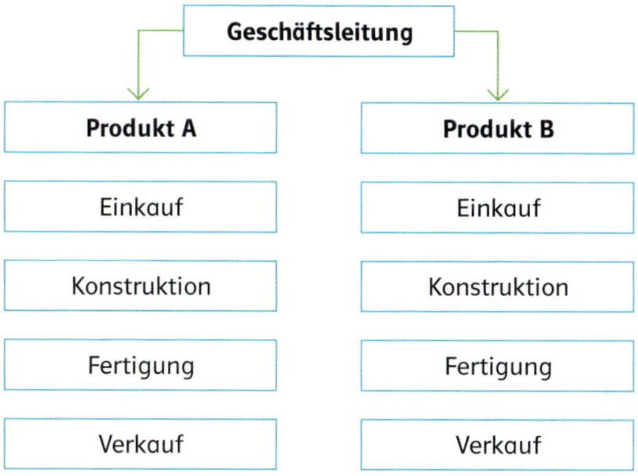

Es gibt aber auch die Möglichkeit, Abteilungen nach der Produktorientierung als Spartenorganisation aufzubauen. Vor allem in Großbetrieben lassen sich unterschiedliche Produktionszweige (Sparten) vollkommen unabhängig voneinander (aber unter gemeinsamer Leitung) organisieren. So wird z. B. ein Bereich für Getriebe in Verkehrstechnik und ein Bereich für Getriebe in Windkraftanlagen aufgebaut. Diesen Sparten werden die notwendigen Abteilungen zugeordnet: u. a. Einkauf, Konstruktion, Fertigung, Verkauf. Der Leiter oder die Leiterin des Produktionszweiges untersteht direkt der Geschäftsleitung.
Durch die Dezentralisierung und Spezialisierung verkürzen sich die Informationswege. Den veränderten Kundenwünschen kann man sich schneller anpassen. Aufwendungen und Erträge können den einzelnen Produktbereichen leicht zugeordnet werden. Dadurch lässt sich deren Wirtschaftlichkeit messen. Dies ist die Grundlage für weitere unternehmerische Entscheidungen, z. B. ob es Erweiterungsinvestitionen geben soll oder ob die Produktion eingestellt wird.
Dezentralisierung hat auch Nachteile. So können z. B. im Einkauf Mengenrabatte verloren gehen.

Beim Bau einer Brücke sind Spezialisten aus verschiedenen Bereichen gefragt.

Matrixorganisation

	Forschung	Fertigung	Einkauf	Absatz
Projekt A	↓		↓	↓
Projekt B		↓	↓	↓

Dem Projekt A könnten Mitarbeiter aus den Abteilungen Forschung, Einkauf und Absatz zugeordnet werden, dem Projekt B Mitarbeiter aus den Abteilungen Fertigung, Einkauf und Absatz.

Unternehmen, die ihre Kundenaufträge in Form eines Projekts (z. B. den Bau eines Kraftwerks oder Staudamms) durchführen, bedienen sich häufig der Matrixorganisation. Mitarbeiter werden dabei für die Dauer des Projekts aus ihren Abteilungen (Konstruktion, Fertigung usw.) herausgezogen und den jeweiligen Projektleitern unterstellt.
Die Wahl der Organisationsform wird, neben den Kundenanforderungen, auch von der Entwicklung des Unternehmens bestimmt. In der Gründungsphase eines Unternehmens ist das Liniensystem mit wenigen Instanzen sinnvoll. Bei erfolgreicher Unternehmensentwicklung (mehr Mitarbeiter, mehr Produkte, größere Betriebsstätten) kommen mehr Abteilungen und Instanzen hinzu. Dieser Entwicklung muss sich die Organisationsform anpassen.

Zusammenfassung: Aufbau von Unternehmen

Aufbauorganisation

bildet den hierarchischen Aufbau durch Stellenbeschreibung und Weisungsbefugnisse ab

Spartenorganisation/ Produktorientierung

Unterteilung nach Produkten oder Produktionszweigen

Dezentralisierung und Spezialisierung

Liniensystem

Unterteilung nach Hauptaufgaben bzw. Funktionen

Formen:
- Einliniensystem
- Mehrliniensystem
- Stabliniensystem

Matrixorganisation

verknüpft die horizontalen Funktionsstellen mit Projekt- oder Produktmanagern

Übungsaufgaben

1. Erstellen Sie eine Übersicht nach folgendem Muster, die die Vor- und Nachteile der aufgeführten Organisationsformen enthält.

Organisationsformen	Vorteile	Nachteile
Einliniensystem		
Mehrliniensystem		
Spartenorganisation		
Matrixorganisation (projektorientiert)		

2. Nennen Sie die Faktoren, die die Aufbauorganisation eines Unternehmens bestimmen.

3. Zeigen Sie den grundlegenden Unterschied der Aufbauorganisation nach dem Liniensystem und der Spartenorganisation auf.

4. Erstellen Sie das Organigramm zu folgenden Sachverhalten:
   a) Der Verkauf der Produkte X, Y und Z wird jeweils von einem Produktmanager betreut. Die Abteilungen Marketing, Logistik und Personal führen einzelne Maßnahmen durch, die mit den jeweiligen Produktmanagern abgestimmt und im Einvernehmen mit ihnen durchgeführt werden.
   b) Jeder der acht Facharbeiter einer Abteilung hat mehrere Vorgesetzte. Anweisungen bezüglich der Arbeitszeit und der auszuführenden Aufträge nimmt er vom Vorgesetzten A entgegen. Hat der Facharbeiter ein technisches Problem, muss er sich an Vorgesetzen B wenden. Bei der Fertigungskontrolle ist er dem Kontrollmeister C unterstellt. Die drei Vorgesetzten unterstehen dem Produktionsleiter. Beratend steht ihm ein Ingenieur zur Seite.

5. Skizzieren Sie die Aufbauorganisation Ihres Ausbildungsbetriebes.

Eine Rechtsform bestimmen

Lernsituation

Familiensitzung im Hause Lenz. Paul-Max Lenz, Inhaber einer großen Schreinerei, möchte in Zukunft aus Altersgründen nach und nach aus seinem Einzelunternehmen ausscheiden. Darüber spricht er mit seiner Frau und seinen Kindern Petra und Jonas.
Petra, die bereits als Meisterin im elterlichen Betrieb arbeitet, soll nach der Vorstellung des Vaters das Unternehmen übernehmen. Jonas arbeitet als selbstständiger Architekt. Es soll eine Unternehmensform gefunden werden, welche die Interessen aller Beteiligten erfüllt.

Arbeitsauftrag

- Bestimmen Sie die neue Unternehmensform. Begründen Sie Ihre Entscheidung. Zur besseren Entscheidungsfindung fassen Sie zunächst stichpunktartig die im Informationsteil dargestellten Unternehmensformen nach folgendem Schema zusammen (Online-Code zum Download des Schemas → S. 253):

Kriterien / Rechtsformen	Mindestkapital	Haftung	Geschäftsführung	Gewinnverteilung
GbR				
OHG				
KG				
GmbH				
GmbH & Co. KG				

6.3 Unternehmensstruktur und Rechtsformen bestimmen

Handelsgesetzbuch (HGB)

§1 Kaufmann im Sinne dieses Gesetzbuchs ist, wer ein Handelsgewerbe betreibt. Handelsgewerbe ist jeder Gewerbebetrieb, es sei denn, dass das Unternehmen nach Art oder Umfang einen in kaufmännischer Weise eingerichteten Geschäftsbetrieb nicht erfordert.

Betrieb, Firma oder Unternehmen?

Die Begriffe „Firma", „Betrieb" und „Unternehmen" werden im allgemeinen Sprachgebrauch häufig gleichgesetzt.
Rechtlich gesehen ist die Firma der Name, unter dem ein Unternehmen im Handelsregister (→ S. 265) eingetragen ist und unter dem Geschäfte geführt werden. Ein Betrieb ist die örtliche Produktionsstätte, in der die Güter hergestellt oder Dienstleistungen erbracht werden. Ein Unternehmen ist die eigenständige, rechtliche und wirtschaftliche Einheit.
Die Entscheidung für eine Unternehmensform (Rechtsform) kann durch die Art der Geschäftsleitung, die Haftung, die Gewinn- und Verlustrechnung oder durch die Art der Kapitalbeschaffung begründet sein. Unternehmen können von einem Einzelunternehmer (Einzelunternehmen) oder von mehreren Personen (Gesellschaftsunternehmen) gegründet und geführt werden. Das sind die wichtigsten Unternehmensformen:

Einzelunternehmen

Das Einzelunternehmen ist die klassische Rechtsform für klein- und mittelständische Unternehmen. Handwerksbetriebe, Einzelhandelsbetriebe und landwirtschaftliche Betriebe werden in erster Linie in dieser Unternehmensform geführt.

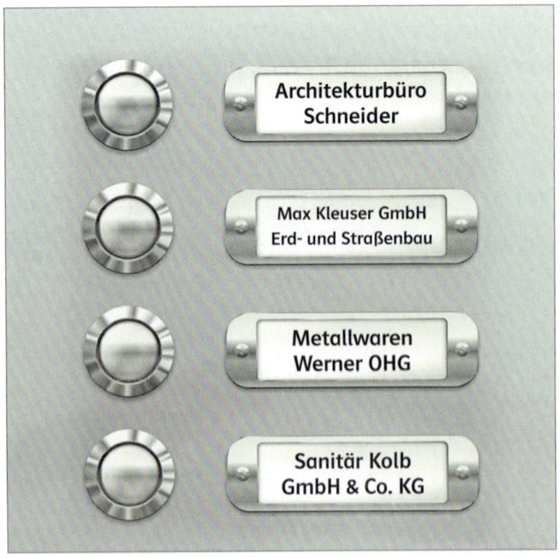

Das Einzelunternehmen wird vom Unternehmer allein geleitet. Der Unternehmer haftet allein für alle Schulden, und zwar unbeschränkt. Das bedeutet, dass er auch im schlimmsten Fall mit dem Verlust seines Privatvermögens rechnen muss. Bei der Finanzierung seines Unternehmens muss das Eigenkapital durch den Einzelunternehmer aufgebracht werden. Die Eigenkapitalbasis ist daher häufig gering, sodass es schwer fällt, ausreichend fremde Mittel (z. B. Bankkredite) zu bekommen. Ein Mindestkapital zur Gründung eines Einzelunternehmens ist nicht erforderlich. Der erwirtschaftete Gewinn steht dem Unternehmer zu.

Gesellschaftsunternehmen

Bei Gesellschaftsunternehmen kann der Zusammenschluss von Gesellschaftern aus unterschiedlichen Gründen erfolgen:

- Erhöhung des Eigenkapitals und dadurch höhere Kreditwürdigkeit bei den Banken;
- Verteilung oder Ausschluss der Haftung;
- Verteilung der Arbeitsbelastung;
- Nachfolgeregelung im Unternehmen (z. B. aus Altersgründen, Erbfolge).

Je nachdem, ob die Person des Gesellschafters oder seine Kapitalbeteiligung im Vordergrund steht, wird zwischen Personen- und Kapitalgesellschaften unterschieden.

Personengesellschaften

Schließen sich zwei oder mehrere Personen zusammen, um gemeinsam ein Unternehmen zu betreiben, so bilden sie eine **Personengesellschaft**, wenn mindestens eine Person mit ihrem Geschäfts- und Privatvermögen (unbeschränkt) haftet.

Zu den Personengesellschaften zählt die **Gesellschaft bürgerlichen Rechts (GbR)**. Die GbR entsteht durch den Abschluss eines Gesellschaftervertrags (mündlich oder schriftlich) von mindestens zwei Personen. In diesem verpflichten sich die Gesellschafter gegenseitig, die Erreichung eines gemeinsamen Zwecks zu fördern und die vereinbarten Beiträge zu leisten. Die GbR ist eine einfache und unkomplizierte Rechtsform. Sie wird nicht ins Handelsregister eingetragen und betätigt sich nicht im kaufmännischen Bereich. Beispiele sind Arbeitsgemeinschaften im Bau oder Gemeinschaftspraxen.

Gemeinschaftspraxis
Hausärztliche Versorgung
Chirotherapie

Dr. med. Sabine Petry
Dr. med. Richard Seigner
Fabian Korn

Sprechzeiten nach telefonischer Vereinbarung:

Mo., Di., Do. u. Fr.	9:00 – 18:00 Uhr
Mi.	9:00 – 12:30 Uhr

Rechtsgrundlage ist das BGB. Danach müssen alle Gesellschafter den abzuschließenden Geschäften zustimmen und auch gemeinsam festlegen, wer die Gesellschaft nach außen vertritt.
In einem Gesellschaftervertrag können die Geschäftsführung und die Vertretungsbefugnis einer Person übertragen werden. Ist vertraglich nichts anderes festgelegt, so erhält jeder Gesellschafter den gleichen Anteil an Gewinn und Verlust.

Auch die **Offene Handelsgesellschaft (OHG)** ist eine Personengesellschaft. Gegründet wird die OHG von mindestens zwei Gesellschaftern, die gemeinsam das Kapital aufbringen. Für die Kapitaleinlage ist eine Mindesthöhe nicht vorgeschrieben und sie muss nicht zu gleichen Teilen erfolgen. Der Abschluss eines Gesellschaftsvertrags ist üblich und im Gegensatz zur GbR ist die Eintragung in das Handelsregister (wird beim Amtsgericht geführt) zwingend vorgeschrieben. Die Eintragungspflicht gilt auch für die folgenden Unternehmensformen.

Gesellschaftsunternehmen

Personengesellschaften
- GbR
- OHG
- GmbH & Co. KG
- KG

Kapitalgesellschaften
- AG
- GmbH
- UG (haftungsbeschränkt)

→ S. 282, 285 ff.

Jeder Gesellschafter der OHG ist zur Geschäftsführung und **Vertretung** berechtigt. Die Gewinnverteilung erfolgt zunächst durch eine vierprozentige Verzinsung der Kapitalanteile. Der Restgewinn wird genau wie entstandene Verluste nach Köpfen zu gleichen Teilen verteilt.
Aufgrund der besonderen Haftung der Gesellschafter ist die OHG besonders kreditwürdig. Jeder Gesellschafter haftet unbeschränkt. Darüber hinaus haften die Gesellschafter solidarisch. Jeder muss für die Geschäfte der anderen Gesellschafter einstehen. Da alle Gesellschafter unmittelbar haften, kann ein Gläubiger auswählen, welchen Gesellschafter er zur Haftung heranziehen möchte.

Ebenfalls zu den Personengesellschaften zählt die **Kommanditgesellschaft (KG)**. Kennzeichnend für die KG ist die Unterscheidung der Gesellschafter in Komplementäre (Vollhafter) und Kommanditisten (Teilhafter). Komplementäre haften unbeschränkt (auch mit dem Privatvermögen) und gesamtschuldnerisch für die gesamten Schulden der Kommanditgesellschaft. Kommanditisten dagegen haften nur beschränkt, d.h. nur mit ihrer Kapitaleinlage. Dieser Unterschied spiegelt sich in der Unternehmensleitung wider. Nur die Komplementäre sind zur Geschäftsführung und Vertretung berechtigt. Die Kommanditisten besitzen lediglich ein Kontrollrecht. Sie können Einsicht in die Bücher und in die Jahresbilanz verlangen und diese auf ihre Richtigkeit hin überprüfen. Die Einzelheiten der Zusammenarbeit werden in einem Gesellschaftsvertrag (KG-Vertrag) geregelt. Der Gewinn der KG wird zunächst mit einer vierprozentigen Verzinsung der Kapitaleinlagen auf die Gesellschafter verteilt. Die Aufteilung weiterer Gewinne erfolgt in angemessenem

Die Rechtsgrundlage für die ***Gesellschaft bürgerlichen Rechts*** *liefert das Bürgerliche Gesetzbuch, BGB §§ 705 ff.*

Die Rechtsgrundlage für die ***Offene Handelsgesellschaft*** *liefert das Handelsgesetzbuch, HGB §§ 105 ff.*

Vertretung
das Recht, die Firma nach außen zu vertreten und Geschäfte abzuschließen

Die Rechtsgrundlage für die ***Kommanditgesellschaft*** *liefert das Handelsgesetzbuch, HGB §§ 161 ff.*

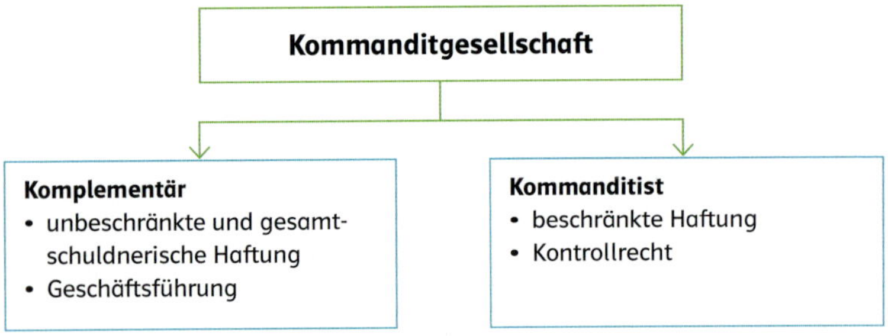

GmbH-Gesetz (GmbHG)

§1 Gesellschaften mit beschränkter Haftung können nach Maßgabe der Bestimmungen dieses Gesetzes zu jedem gesetzlich zulässigen Zweck durch eine oder mehrere Personen errichtet werden.

Verhältnis und ist z. B. von höheren Haftungsrisiken und der eingebrachten Arbeitsleistung abhängig.

Eine besondere Form der Kommanditgesellschaft ist die **GmbH & Co. KG**. Es handelt sich bei dieser Rechtsform um eine KG, bei der eine bereits bestehende GmbH als Vollhafter eingesetzt wird. Die Geschäfte leitet der Geschäftsführer der eingesetzten GmbH. Die Besonderheit dieser Unternehmensform liegt darin, dass die Gesellschafter nicht mehr mit dem Privatvermögen haften. Daher ist die Kreditwürdigkeit eher als gering einzuschätzen.

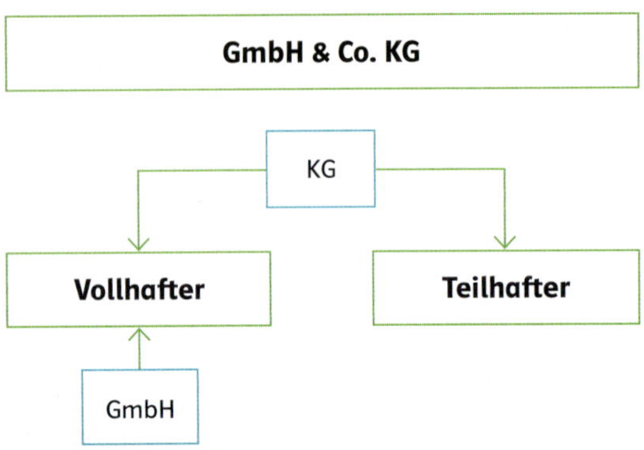

Kapitalgesellschaften

Bei **Kapitalgesellschaften** steht das aufgebrachte Kapital und nicht die gemeinsame Arbeit der Gesellschafter im Vordergrund. Zu den Kapitalgesellschaften zählen AG und GmbH.
Zur Gründung einer klassischen **Gesellschaft mit beschränkter Haftung (GmbH)** muss ein Mindestkapital (**Stammkapital**) von 25 000 € vorliegen. Die GmbH hat einen oder mehrere Geschäftsführer, die das Unternehmen leiten. Die Gesellschafterversammlung bestimmt und kontrolliert die Geschäftsführung und entscheidet u. a. über die Verwendung des Jahresgewinns.
Die Haftung der GmbH ist auf das Gesellschaftsvermögen und damit auf den Geschäftsanteil jedes Gesellschafters beschränkt. Auch die Gewinnverteilung erfolgt im Verhältnis der Geschäftsanteile, wobei der Gesellschaftsvertrag einen anderen Maßstab der Verteilung festlegen kann.
Aufgrund der Haftungsbeschränkung erfreut sich die Rechtsform der GmbH einerseits bei Unternehmensgründungen und Umwandlungen großer Beliebtheit. Andererseits wird dadurch die Beschaffung von Krediten erschwert.
Seit 2008 besteht die Möglichkeit, eine Gesellschaft mit beschränkter Haftung ohne Mindeststammkapital bzw. mit einem Stammkapital ab einem Euro zu gründen. Die Gesellschaft muss mit dem Rechtsformzusatz „**Unternehmergesellschaft (haftungsbeschränkt)**“ oder „**UG (haftungsbeschränkt)**“ geführt werden.

Zusammenfassung: Eine Rechtsform bestimmen

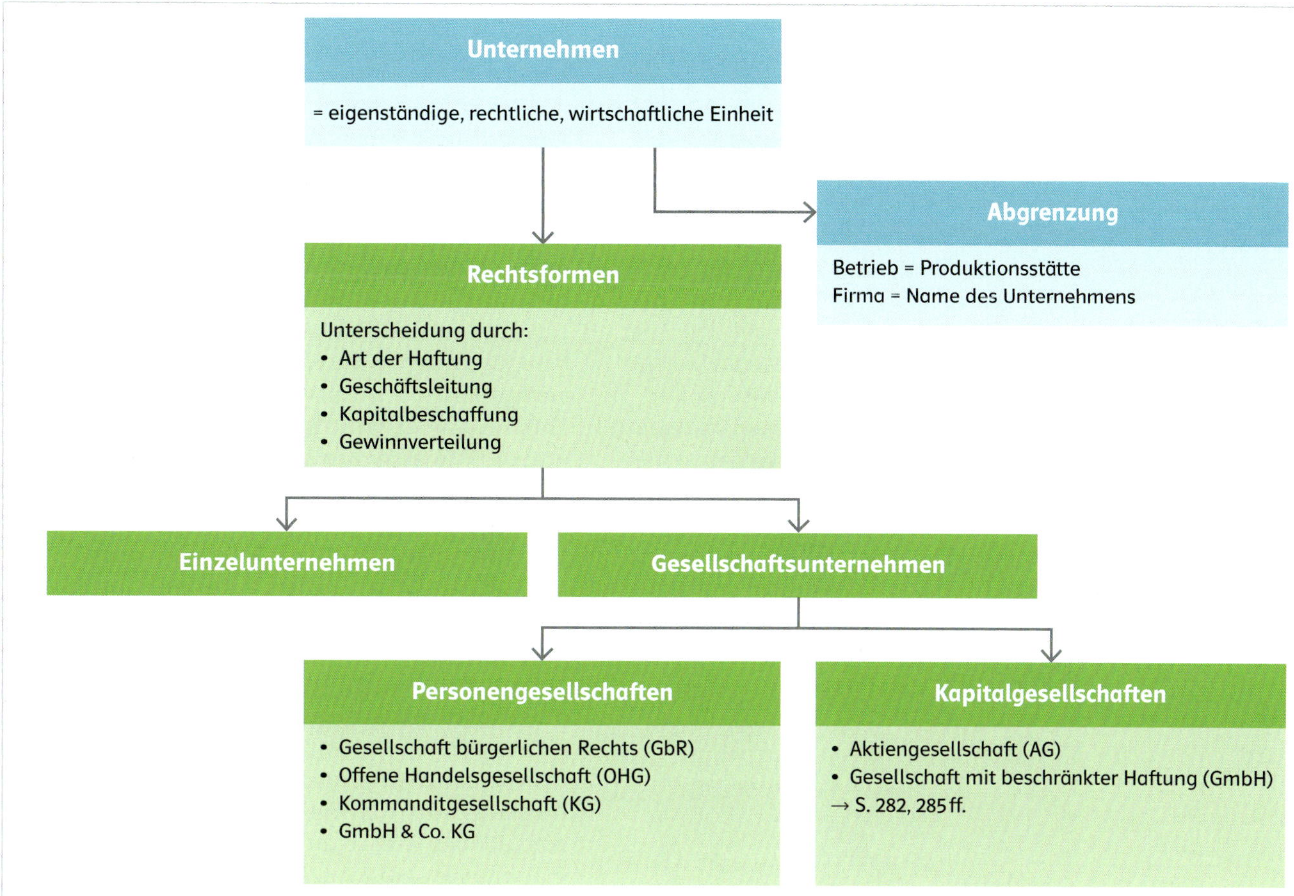

Übungsaufgaben

1. Beschreiben Sie das Einzelunternehmen anhand der Kriterien Mindestkapital, Haftung und Gewinnverteilung.

2. Unterscheiden Sie die Begriffe:
   a) Firma, Betrieb und Unternehmen
   b) Personen- und Kapitalgesellschaften
   c) GmbH und GmbH & Co. KG.

3. Nennen Sie Gründe, warum sich Gesellschafter zu einem Gesellschaftsunternehmen zusammenschließen.

4. Erklären Sie, warum gerade bei der OHG das Vertrauensverhältnis der Gesellschafter untereinander groß sein sollte.

5. Erläutern Sie die Rechte eines Komplementärs und eines Kommanditisten.

6. Nennen Sie die Rechtsform, bei der die Gesellschafter uneingeschränkt und solidarisch haften.

Ein Unternehmen in eine AG umwandeln

Lernsituation

Das Familienunternehmen Faber KG ist Marktführer in der Fertigung von Batterien für Elektroautos. Aufgrund der starken Nachfrage in den vergangenen Jahren ist die Zahl der Beschäftigten auf über 2000 gestiegen. Die Marktprognose verspricht auch in Zukunft eine hohe Nachfrage. Aber bereits heute sind die Kapazitäten in den Betrieben der Faber KG voll ausgelastet. Um die Marktstellung zu sichern, müssen umfangreiche Investitionen vorgenommen werden. Weder von Banken noch aus dem Unternehmen selbst oder aus dem privaten Vermögen der Familie Faber kann das dafür notwendige Eigenkapital aufgebracht werden. Daher soll das Unternehmen in eine Aktiengesellschaft umgewandelt werden. Dies wurde bekannt gegeben.

Am nächsten Morgen: Anke und Silke, Mitarbeiterinnen der Faber KG, im Auto auf dem Weg zur Arbeit …

Anke: Jetzt machen die aus unserem Unternehmen eine Aktiengesellschaft. Jeder kann sich jetzt bei uns einkaufen und hat womöglich was zu sagen. Die Fabers kannte man wenigstens noch. Auch wenn ich mit deren Entscheidungen nicht immer einverstanden war, die Interessen von uns Arbeitnehmern haben Sie immer mit berücksichtigt. Damit ist jetzt wohl Schluss.
Silke: Ach, du weißt doch, wie gut der Laden läuft. Andere Unternehmen in unserer Größenordnung sind auch Aktiengesellschaften. Wenn wir weiter wachsen wollen, brauchen wir Kapital. Und die Börse bietet die Möglichkeit dazu. Außerdem hab' ich gehört, dass die Aktienmehrheit bei der Familie Faber bleibt. Und der Einfluss von uns Arbeitsnehmern auf die Unternehmensentscheidungen wird sogar noch größer. Schon mal was vom Aufsichtsrat gehört? In dem sitzen auch Vertreter von uns.
Anke: Wenn das alles so toll ist, sollten wir uns von unserem Gesparten Aktien kaufen. Wir werden dann nicht nur satte Gewinne einfahren, sondern sind auch noch gleichzeitig als Anteilseigner und über unsere Vertreter als Arbeitsnehmer im Aufsichtsrat vertreten und bestimmen die Unternehmenspolitik mit …

Arbeitsauftrag

- Überprüfen Sie die Aussagen von Anke und Silke zur neuen Aktiengesellschaft.

  1. In welcher Form lassen sich mit den Aktien Gewinne erzielen?
  2. Wie stark ist der Einfluss der Arbeitnehmer und der Anteilseigner auf die Unternehmenspolitik?

Aktiengesellschaft

Wenn ein Unternehmen ständig wächst, reicht das Eigenkapital der Gesellschafter für notwendige Investitionen, z. B. Maschinen oder Fertigungsstätten, oft nicht mehr aus. Dann ist zu überlegen, ob das Unternehmen nicht in eine **Aktiengesellschaft** (AG) umgewandelt werden sollte. Das Unternehmen bietet dabei mithilfe von Kreditinstituten den neuen Kapitalgebern die Unternehmensanteile in Form von **Aktien** an. Aktionär kann jeder schon mit kleinen Summen werden. Die Aktien werden dem Käufer allerdings nicht ausgehändigt, sondern im **Depot** (Wertpapierkonto) des Kreditinstituts verwaltet. Die Aktiengesellschaft erhält die gezahlten Beträge und verfügt dadurch über zusätzliche eigene finanzielle Mittel.

Bei der Gründung einer Aktiengesellschaft muss das Eigenkapital (**Grundkapital**) mindestens 50 000 € betragen. Aktionäre haben als Miteigentümer der AG Eigentumsrechte. Sie sind gemäß ihrem Aktienanteil am Jahresgewinn beteiligt (Ausschüttung des Gewinns = **Dividende**). Sie haben auch das Recht, an Abstimmungen der Aktionäre (Hauptversammlung) teilzunehmen. Wird die AG **insolvent**, können die Aktionäre den Kaufpreis für ihre Aktien verlieren. Sie haften nicht mit ihrem Privatvermögen und müssen auch keine nachträglichen Zahlungen leisten. Die Aktionäre können ihre Aktien jederzeit mithilfe von Kreditinstituten an der Wertpapierbörse zum jeweiligen Kurswert verkaufen. Die AG erhält dabei kein zusätzliches Kapital, da nur der Eigentümer wechselt.
Da sich der **Kurswert** ständig verändert, können Aktionäre durch den Kauf oder Verkauf ihrer Anteilsscheine Gewinne, aber auch Verluste erzielen. Die Kursentwicklungen werden täglich in den Medien veröffentlicht. Der **DAX** (Deutscher Aktienindex) gibt die Kursentwicklung der 30 bedeutendsten deutschen Aktiengesellschaften wieder. Er gilt als Anzeiger (Index) für die Entwicklung der Aktienkurse in Deutschland.
Da die Aktien einer AG oft auf Tausende von Aktionären verteilt sind, musste ein Weg gefunden werden, um solche Großunternehmen zu führen. Dazu hat man die AG mit folgenden Organen ausgestattet:
Die **Hauptversammlung**, zu der mindestens einmal im Jahr alle Aktionäre eingeladen werden, ist das Gremium der Aktieninhaber. Dabei werden die Beschlüsse gefasst, die für

Aktiengesetz (AktG)

§ 1 Die Aktiengesellschaft ist eine Gesellschaft mit eigener Rechtspersönlichkeit. Für die Verbindlichkeiten der Gesellschaft steht nur das Gesellschaftsvermögen zur Verfügung. Die Aktiengesellschaft hat ein in Aktien zerlegtes Grundkapital.

Insolvenz

Zahlungsunfähigkeit/Überschuldung

Kurswert

= Kaufpreis einer Aktie; ergibt sich aus Angebot und Nachfrage an der Börse

Organe der AG

Montanindustrie

alle auf den Bergbau aufbauenden Unternehmen aus der Kohlen-, Eisenhütten- und Stahlindustrie

das Unternehmen von grundlegender Bedeutung sind (z. B. Verwendung des Bilanzgewinns, Satzungsänderungen, Wahl des Aufsichtsrats). Jeder Aktionär hat ein Stimmrecht pro Aktie.
Der **Aufsichtsrat** bestellt (wählt), überwacht und berät den Vorstand. Neben Vertretern der Aktionäre (Wahl durch die Hauptversammlung) entsenden auch Arbeitnehmer ihre Interessenvertreter in den Aufsichtsrat. Sie üben damit nicht nur ein Kontrollrecht gegenüber dem Vorstand aus, sondern nehmen Einfluss auf die Geschäftspolitik. Die Anzahl der dort vertretenen Arbeitnehmer wird durch die Mitbestimmungsgesetze geregelt.
Der **Vorstand** leitet die Geschäfte der Aktiengesellschaft.

Die Mitbestimmungsgesetze bei Kapitalgesellschaften

Die Beteiligung der Arbeitnehmer in Aufsichtsräten bezeichnet man als Mitbestimmung. Die Mitbestimmung wird angewandt bei Kapitalgesellschaften (vorwiegend bei AGs und GmbHs) und Genossenschaften. Es gibt drei verschiedene Mitbestimmungsmodelle. Welches Modell für das einzelne Unternehmen gilt, ist abhängig von bestimmten Voraussetzungen.

Das **Mitbestimmungsgesetz von 1976** gilt für alle Kapitalgesellschaften (Ausnahme Montanindustrie) mit über 2000 Arbeitnehmern. Genauso wie bei der Mitbestimmung nach dem **Montanmitbestimmungsgesetz** setzt sich auch hier der Aufsichtsrat zu gleichen Teilen aus Vertretern der Arbeitnehmer und Anteilseigner (paritätische Sitzaufteilung) zusammen. Eine volle Parität, wie in der Montanindustrie, wird jedoch nicht erreicht, da die Vertreter der Anteilseigner den Aufsichtsratsvorsitzenden bestimmen können. Dieser hat bei Abstimmungen mit Stimmengleichheit (Pattsituation) ein doppeltes Stimmrecht. Außerdem befindet sich unter den Arbeitnehmervertretern mindestens ein leitender Angestellter, der häufig die Interessen der Anteilseigner vertritt. In der Montanindustrie vermeidet man eine Pattsituation, indem sich beide Parteien auf ein weiteres, **neutrales Aufsichtsratsmitglied** einigen. Beide Gesetze sehen vor, dass in den Vorständen der Unternehmen ein **Arbeitsdirektor** für die personellen und sozialen Angelegenheiten zuständig ist.
Aufgrund der Sitzverteilung im Aufsichtsrat ist der Einfluss der Arbeitnehmervertreter auf betriebliche Entscheidungen nach dem Drittelbeteiligungsgesetz viel geringer als der der Aktionärsvertreter.

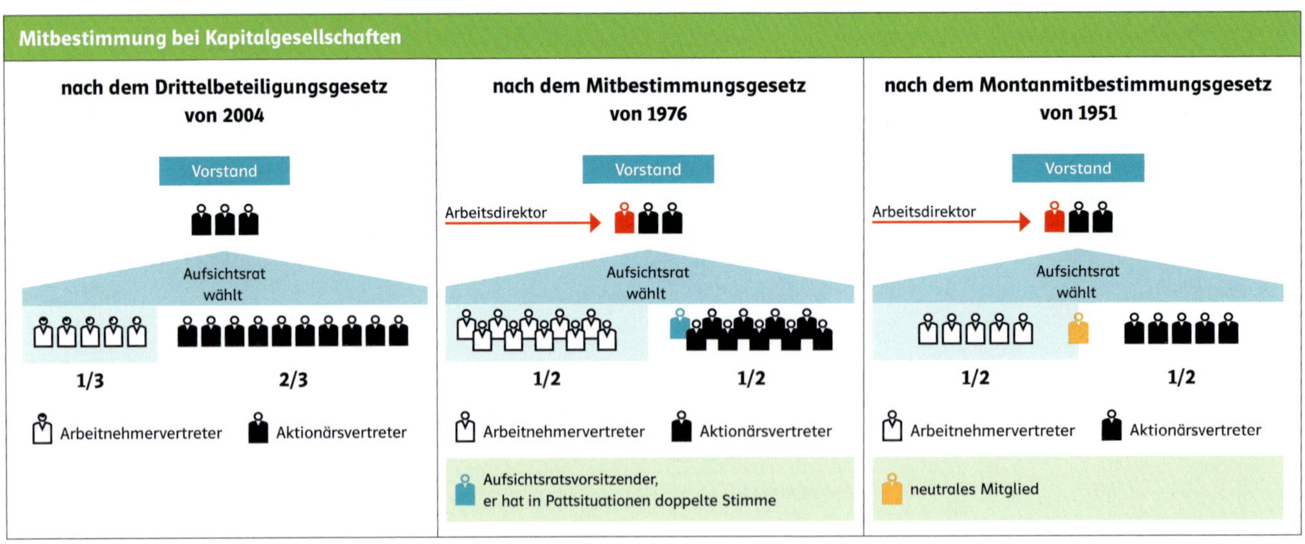

Zusammenfassung: Ein Unternehmen in eine AG umwandeln

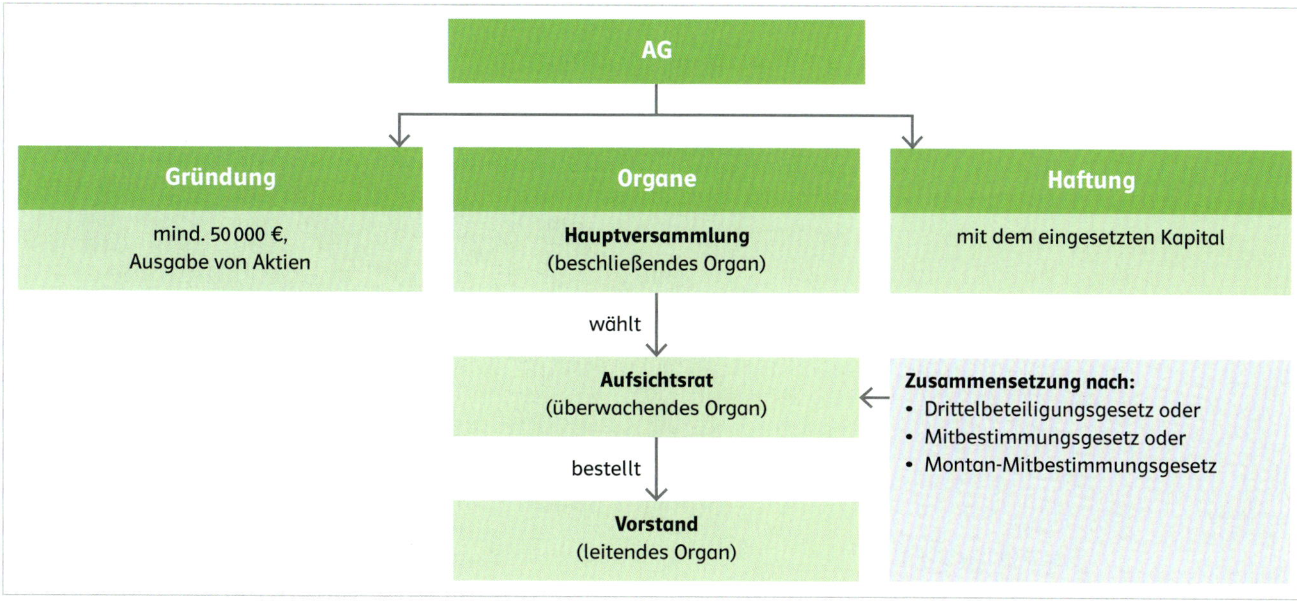

Übungsaufgaben

1. Unterscheiden Sie die Mitbestimmungsmodelle nach dem Drittelbeteiligungsgesetz, dem Mitbestimmungsgesetz von 1976 und dem Montanmitbestimmungsgesetz anhand der folgenden Kriterien:
   a) Geltungsbereich
   b) Zusammensetzung des Aufsichtsrats
   c) Stellung des Aufsichtsratsvorsitzenden
   d) Arbeitsdirektor

   Verwenden Sie dazu ein Schema nach folgendem Muster:

Modell / Kriterien	Drittelbeteiligungsgesetz		

2. Bestimmen Sie das Organ einer Aktiengesellschaft, das in den folgenden Fällen entscheidet:
   a) Gewinnverteilung
   b) Wahl des Vorstands
   c) Kauf einer neuen Maschine
   d) Wahl der Vertreter zum Aufsichtsrat
   e) Entlastung des Vorstands
   f) Satzungsänderungen

3. Nennen Sie die Faktoren, die den Kurswert einer Aktie bestimmen.

4. Bestimmen Sie die Branchen, in denen die DAX-Unternehmen tätig sind.

Investitionsrechnung

Lernsituation

Die Gerling KG ist ein mittelständisches Unternehmen, das Fahrräder für den Sportbereich produziert. In letzter Zeit fragt der Fachhandel immer mehr Freizeiträder nach. Die Gerling-Geschäftsleitung hat deshalb beschlossen, in das Marktsegment „Freizeiträder“ einzusteigen. Das erfordert allerdings eine zusätzliche Investition in Maschinen. Zur Auswahl stehen für die Teilefertigung zwei Produktionsanlagen mit gleicher Produktqualität.

Arbeitsauftrag

- Prüfen Sie mithilfe verschiedener Methoden der Investitionsrechnung, welche Anlage angeschafft werden soll.

	Anlage 1	Anlage 2
Investitionssumme (€)	2 000 000	3 000 000
Fixkosten pro Jahr (€) • davon Abschreibungen	500 000 400 000	700 000 600 000
variable Stückkosten (€)	300	250
Kapazitätsgrenze/Jahr/Stück	10 000	15 000

Man rechnet in den nächsten fünf Jahren mit folgender Absatzentwicklung:

Jahr	1	2	3	4	5
Fahrräder (Stück)	5 000	8 000	10 000	10 000	8 000
Verkaufspreis/Stück (€)	400	400	400	400	400

Aussagen der Bilanz

Industrie- und Handwerksbetriebe stellen Güter her, bearbeiten Materialien, führen Reparaturen durch oder erbringen Dienstleistungen. Dazu benötigt man Betriebsmittel, wie z. B. Maschinen und Werkzeuge. Die Anschaffung dieser Güter nennt man **Investition**. Die Beschaffung des dazu notwendigen Kapitals nennt man **Finanzierung**. Von daher besteht ein enger Zusammenhang zwischen Finanzierung und Investition. Dieser Zusammenhang lässt sich an der **Bilanz** eines Unternehmens ablesen (→ Schema unten).

Die **Aktivseite** einer Bilanz gibt Auskunft über die Vermögenswerte eines Unternehmens (Vermögensverwendung), die **Passivseite** über die Vermögensherkunft. Die Aktivseite macht sichtbar, in welche Bereiche des Unternehmens investiert wurde. Dabei unterscheidet man zwischen Anlage- und Umlaufvermögen:

- **Anlagevermögen** sind die Vermögensteile, die langfristig im Unternehmen genutzt werden. Das Anlagevermögen bildet die Grundlage für die betriebliche Tätigkeit.
- **Umlaufvermögen** bezeichnet die Vermögensteile, die nur kurzfristig im Unternehmen bleiben. Sie unterliegen einem ständigen Wandel. Materialien werden zu Fertigprodukten verarbeitet, die an Kunden verkauft werden. Wird die Rechnung sofort bezahlt, erhöhen sich die flüssigen Mittel (Bank, Kasse). Bezahlt der Kunde später, entsteht eine Forderung gegenüber dem Kunden.

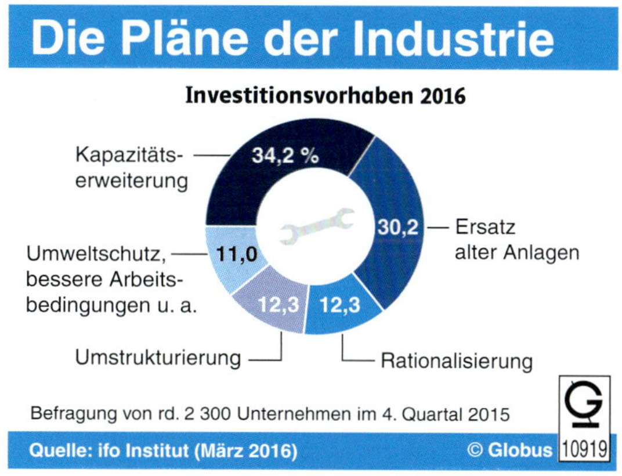

Arten der Investitionen

Wenn von Investitionen die Rede ist, bezieht sich das im allgemeinen Sprachgebrauch auf das Anlagevermögen eines Unternehmens. Investitionen können aus unterschiedlichen Gründen erfolgen:

- **Erstinvestitionen** (**Gründungsinvestitionen**) erfolgen zur Aufnahme einer Tätigkeit, die bisher noch nicht im Betrieb durchgeführt wurde. Der Grund kann in einer Neugründung, einer Sortimentserweiterung oder in einem neuen Produktionsverfahren bestehen. Bei umfangreichen Investitionen wird dazu ein Kapitalbedarfsplan erstellt (→ S. 268 f.).
- **Erweiterungsinvestitionen** sollen die Kapazität erweitern und den Umsatz erhöhen.
- **Ersatzinvestitionen** erfolgen z. B., wenn nicht mehr funktionstüchtige Maschinen durch gleichwertige ersetzt werden.

Pflicht zur Aufstellung einer Bilanz HGB § 242

(1) Jeder Kaufmann hat zu Beginn seines Handelsgewerbes und für den Schluss eines jeden Geschäftsjahres einen das Verhältnis seines Vermögens und seiner Schulden darstellenden Abschluss (Eröffnungsbilanz, Bilanz) aufzustellen.

Aktiva **Bilanz** Passiva

Investition → | **Anlagevermögen** | **Eigenkapital** | ← **Finanzierung**

Anlagevermögen
- Grundstück
- Maschinen
- Fuhrpark
- Betriebs- und Geschäftsausstattung

Eigenkapital

Umlaufvermögen
- Warenbestände, Material
- Fertig- und Halbfertigerzeugnisse
- Forderungen
- Bank/Kasse

Fremdkapital
- Bankkredite (Darlehen)
- Lieferschulden

- **Rationalisierungsinvestitionen** dienen zur Erhöhung der Leistungsfähigkeit oder der Kostensenkung. Dabei wird ein Betriebsmittel gegen ein verbessertes ausgetauscht.

Methoden der Investitionsrechnung

Damit eine Investition nicht zu einer Fehlinvestition wird, muss jede Entscheidung genau geprüft werden. Investitionen sind in die Zukunft gerichtet. Daher besteht ein Zusammenhang zwischen Zukunftserwartungen und der Investitionsbereitschaft.
Investitionen werden nur dann getätigt, wenn dadurch eine Kosteneinsparung oder ein höherer Produktionsausstoß und damit ein höherer Gewinn erzielt wird. Auch wenn die zu erwartenden Ein- und Ausgaben in der Regel geschätzt werden, bedient man sich zur Beurteilung und Berechnung der Wirtschaftlichkeit mathematischer Berechnungsmethoden. Einige werden im Folgenden kurz dargestellt.

- Die **Kostenvergleichsrechnung** stellt die Kosten mehrerer Anlagen gegenüber. Die Rechnung kann sich auf die gesamte Nutzungsdauer, aber auch auf einzelne Zeitabschnitte (z. B. ein Jahr) beziehen.
  Die Kosten einer Anlage setzen sich aus fixen und variablen Kosten zusammen (→ S. 317 f.).
- Die **Gewinnvergleichsrechnung** vergleicht die zu erwartenden Gewinne der zur Auswahl stehenden Anlagen. Gewinne errechnen sich aus: Erlöse minus Kosten.
- Die **Rentabilitätsrechnung** berücksichtigt nicht allein den zu erwartenden Gewinn. Sie bezieht in ihre Rechnung den Investitionsbetrag mit ein. Da im Laufe der Nutzungsdauer der Anlage das investierte Kapital zurückfließt, wird mit dem durchschnittlichen Investitionsbetrag (halber Investitionsbetrag) gerechnet. Der ermittelte Wert gibt an, mit wie viel Prozent das investierte Kapital verzinst wird.

Rentabilität

$$= \frac{\text{Jahresgewinn} \times 100}{\text{durchschnittlicher Kapitalbetrag}}$$

oder

$$= \frac{\text{durchschnittlicher Jahresgewinn} \times 100}{\text{durchschnittlicher Kapitalbetrag}}$$

- Die **Amortisationsrechnung** gibt an, in welcher Zeit das investierte Kapital zurückfließt. Man nennt diesen Zeitraum die Kapitalrückflusszeit. Ein schneller Kapitalrückfluss hat den Vorteil, dass die Gelder für neue Investitionen verfügbar sind. Der Kapitalrückfluss errechnet sich aus dem durchschnittlichen jährlichen Gewinn und dem Abschreibungsbetrag.

Amortisation

$$= \frac{\text{Investitionsbetrag}}{\text{Gewinn/Jahr} + \text{Abschreibung/Jahr}}$$

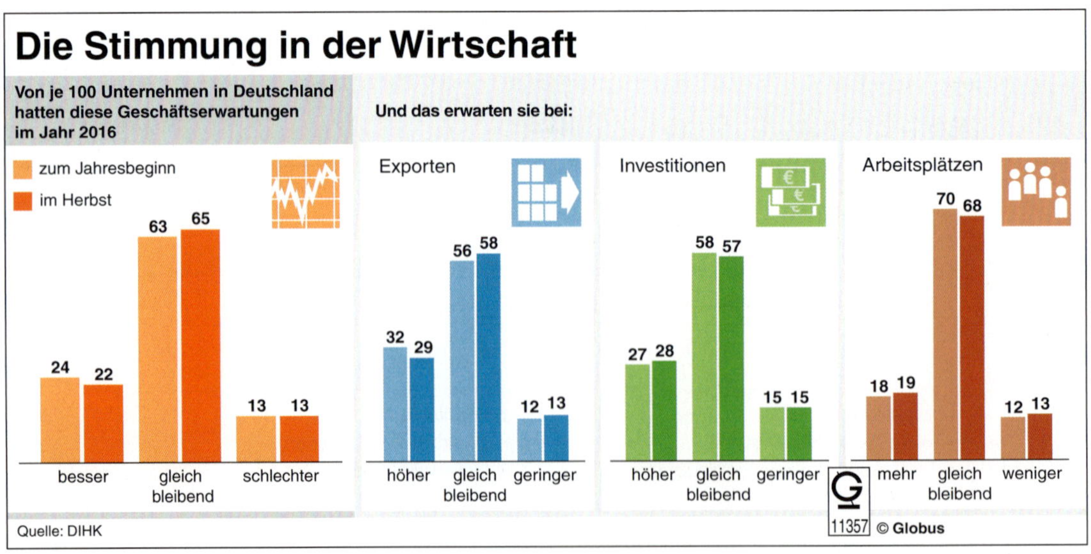

Zusammenfassung: Investitionsrechnung

Investition

langfristige Anlage von Kapital in Sachanlagen
(Maschinen, Geschäftsausstattung …)

Arten

- Erstinvestitionen (Gründungsinvestitionen)
- Erweiterungsinvestitionen
- Ersatzinvestitionen
- Rationalisierungsinvestitionen

Investitionsrechnung

Berechnung der Wirtschaftlichkeit

Methoden:
- Kostenvergleichsrechnung
- Gewinnvergleichsrechnung
- Rentabilitätsrechnung
- Amortisationsrechnung (Kapitalrückflusszeit)

Übungsaufgaben

1. Erläutern Sie den Zusammenhang zwischen Investition und Finanzierung.

2. Erklären Sie die Aussagekraft der Aktiv- und Passivseite einer Bilanz.

3. Ordnen Sie die folgenden Positionen dem Anlage- oder dem Umlaufvermögen zu:
Bankguthaben, Betriebs- und Geschäftsausstattung, Fahrzeuge, Forderungen, Maschinen.

4. Erstellen Sie anhand der folgenden Zahlenangaben eine Kostenvergleichs-, Gewinnvergleichs- und Rentabilitätsrechnung:

	Anlage 1	Anlage 2
Investitionssumme	200 000 €	250 000 €
Fixkosten gesamt	80 000 €	120 000 €
Var. Stückkosten	50 €	30 €
Verkaufte Menge	2 200	2 200
Verkaufspreis/Stück	100 €	100 €

5. Nennen Sie die Ziele, die sich mit folgenden Investitionsarten erreichen lassen:
a) Erweiterungsinvestition
b) Erstinvestition
c) Rationalisierungsinvestition

6. Erläutern Sie die Vorteile einer kurzen Amortisationszeit.

7. In der Grafik auf S. 290 nennen Unternehmen ihre Geschäftserwartungen zu Beginn und im Herbst des Jahres 2016.
Erklären Sie, wie sich die Grundstimmung auf andere Bereiche wie Exporte, Investitionen und Arbeitsplätze auswirkt.

Finanzierungsarten

Objektwert: 100 000 €

Unkündbare Grundmietzeit: 36 Monate

Monatszins: 3,5 % vom Objektwert (einschließlich Wartungsvertrag)

Restbuchwert: 30 % vom Objektwert (Nach Ablauf der Grundmietzeit kann der Leasinggegenstand zum Restbuchwert gekauft oder zurückgegeben werden).

Objektwert: 100 000 €

Zinssatz: effektiv 10 % (vom Restwert des Kredits, Gebühren inkl.)

Laufzeit des Kredits: 48 Monate

Tilgung: am Ende des Jahres 25 % des ursprünglichen Kreditbetrags

Sicherheiten: Sicherungsübereignung

Lernsituation

Im Büro des Bauunternehmers Koslowski:

Herr Rudzki: Wir müssen noch mal über die Finanzierung des neuen Baggers sprechen.
Herr Begic: Ich dachte, es ist alles klar.
Herr Rudzki: Nein, eigentlich nicht. Ich habe mir das Angebot der Firma Lapos noch mal angesehen. Und die bieten den Bagger über ihre Bank als Kreditkauf oder zum Leasen an.
Herr Begic: Leasing ist doch viel zu teuer. Außerdem haben wir immer gesagt, wir leihen uns die Geräte nicht zusammen, sondern die sollen uns gehören, damit wir damit tun und lassen können, was wir wollen.
Herr Rudzki: Das können wir sowieso erst dann, wenn die letzte Rate bezahlt ist. Die Bank verlangt Sicherheiten. Vielleicht ist Leasing gar nicht so viel teurer und darüber hinaus gibt es eine Reihe von Vorteilen. Hier steht z. B., der Leasingvertrag schließt einen Wartungsvertrag mit ein. Bevor wir uns endgültig entscheiden, sollten wir beide Finanzierungsformen prüfen.

Arbeitsauftrag

- Vergleichen Sie den Kreditkauf mit dem Leasingangebot, indem Sie eine Übersicht nach folgendem Muster erstellen (Online-Code zum Download der Übersicht → S. 253):

Beurteilungsmerkmale	Leasing	Kreditkauf
Kosten		
Eigentumserwerb		
Zusatzleistungen		
Weitere Vorteile		

Investition und Finanzierung

Die Ausstattung eines Unternehmens mit Maschinen, Büroeinrichtung, Materialvorräten, eventuell auch Grundstücken und Gebäuden ist mit hohen Ausgaben verbunden. Der durch die Produktion entstandene Wert- oder Substanzverlust der Anlagen muss durch Ersatzinvestitionen wieder ausgeglichen werden. Zusätzlich stehen vielleicht noch Rationalisierungs- oder Erweiterungsinvestitionen an. Ist in einem Unternehmen die Entscheidung zugunsten einer Anschaffung gefallen (→ 289 ff.), muss das dazu notwendige Kapital beschafft werden. Das ist die Aufgabe der Finanzierung. Dazu stehen verschiedene Maßnahmen zur Verfügung (→ rechts oben).

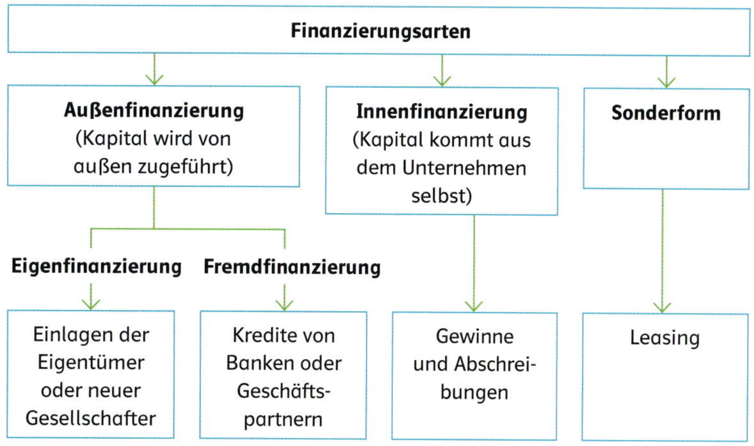

Finanzierungsregeln

Ausgaben für Löhne, Miete usw. werden aus den Einnahmen des laufenden Geschäftsbetriebs bestritten. Ersatzinvestitionen können aus Gewinnen und Abschreibungen erfolgen (→ Kasten *Wie man aus Gewinnen und Abschreibungen finanziert*). Zahlungen für Rohstoffe und Materialien, die aufgrund der Verarbeitung erst zu einem späteren Zeitpunkt zu Einnahmen führen, lassen sich durch einen Zahlungsaufschub des Lieferanten (Lieferantenkredit) oder durch eine kurzfristige Überziehung des Geschäftskontos (Kontokorrentkredit) überbrücken. Rationalisierungs- oder Erweiterungsinvestitionen lassen sich in der Regel nur mit zusätzlich aufgebrachten Mitteln durchführen (→ S. 294 Anlagendeckung). Ansonsten würde die Liquidität zu stark eingeschränkt. Die Zuführung von Kapitel kann durch die Eigentümer des Unternehmens erfolgen, durch Kapitaleinlagen neuer Gesellschafter/Anteilseigner oder man nimmt einen Bankkredit auf. Eine Alternative zum Kauf bietet das Leasing (→ S. 294).

Kreditarten

Kredite lassen sich einteilen nach
- **Laufzeit:** kurzfristige Kredite (bis zu 6 Monate), mittelfristige Kredite (zwischen 6 Monate und 4 Jahre), langfristige Kredite (ab 4 Jahre);
- **Verwendungszweck:** z. B. Investitionskredite für den Kauf von Anlagegütern, Überbrückungskredite bei Zahlungsengpässen, Verbraucherkredite.
- **Verfügbarkeit:** Ein Darlehensvertrag liegt bei Auszahlung einer bestimmten Summe vor, die innerhalb einer festgesetzten Zeit zurückgezahlt werden muss. Bei einem Kontokorrentkredit kann das Geschäftskonto bis zu einem bestimmten Betrag überzogen werden (vergleichbar mit einem Dispositionskredit bei einem Verbraucher);
- **Rückzahlung:** Das Fälligkeitsdarlehen wird in einem Betrag zurückgezahlt, bei einem Abzahlungsdarlehen wird in gleichen Beträgen getilgt (Zinszahlungen schwanken), bei einem Annuitätendarlehen ist die Rate aus Tilgung und Zinsen immer gleich hoch.

Fördermöglichkeiten im Rahmen von Neugründungen → S. 269

Rating

Verfahren der Banken zur Bewertung der Kreditwürdigkeit von Unternehmen

Die Voraussetzung: Kreditwürdigkeit

Bei der Kreditwürdigkeit prüft die Bank mithilfe des sogenannten **Ratings**, ob der Kreditantrag-

Wie man aus Gewinnen und Abschreibungen finanziert

Erfolgsrechnung:		**von den Erlösen fließen**
Materialkosten:	35 €	an den Lieferanten
Personalkosten:	25 €	an die Mitarbeiter
Zinskosten:	5 €	an die Bank
Sonstige Kosten:	10 €	an Vermieter usw.
Abschreibungen:	**20 €**	an Bank/Kasse
Kosten gesamt:	95 €	
Erlöse:	100 €	
Gewinn:	**5 €**	an Bank/Kasse

Bilanz

gibt Auskunft über die Herkunft der Mittel und deren Verwendung. Man unterscheidet Anlagevermögen (z. B. Maschinen) und Umlaufvermögen (z. B. Vorräte).

Gewinn- und Verlustrechnung

Gegenüberstellung von Aufwendungen und Erträgen für ein Wirtschaftsjahr (→ S. 303)

steller in der Lage ist, seinen Zahlungsverpflichtungen (Tilgung und Zinsen) nachzukommen. Dabei spielen u. a. folgende Faktoren eine Rolle:

- **Zuverlässigkeit** des Kunden und Ruf des Unternehmens, z. B bisheriges Zahlungsverhalten;
- Haftung: Kapitalgesellschaften haften nur mit dem Gesellschaftsvermögen, nicht mit dem Privatvermögen (→ S. 280 ff.);
- **Unternehmensentwicklung und wirtschaftliche Verhältnisse:** Die Entwicklung eines Unternehmens lässt sich anhand von **Kennzahlen** aus der **Bilanz** und der **Gewinn- und Verlustrechnung** und einem Vergleich mit Branchendurchschnittswerten ablesen.

Bei Neugründungen ist ein Businessplan vorzulegen (→ S. 268).

Neben der Einstufung der Kreditwürdigkeit (Bonitätseinstufung) sind die angebotenen Sicherheiten für die Kreditbedingungen wichtig (Bürgschaft, vertragliches Pfandrecht, Abtretung von Forderungen, Sicherungsübereignung → S. 185). Je risikoreicher ein Kredit, umso höher die Zinsen, die der Kreditnehmer zahlen muss. Auskünfte über die Kreditwürdigkeit lassen sich bei sogenannten Auskunftsdateien (Schufa, Creditreform → S. 184) einholen. Leasinggesellschaften prüfen die Kreditwürdigkeit eines Leasingnehmers nach den gleichen Grundsätzen wie Banken bei der Vergabe von Krediten.

Bilanzkennzahlen

Die Analyse der Bilanz und der Vergleich der Kennzahlen mit den Branchendurchschnittswerten lassen eine Beurteilung von Unternehmen zu.

Eigenkapitalquote

Das Eigenkapital wird ins Verhältnis zur Bilanzsumme gesetzt. Die Quote sollte mindestens 20 % betragen, abhängig von Größe, Branche und Rechtsform.

$$\text{Eigenkapital-Quote} = \frac{\text{Eigenkapital} \times 100}{\text{Gesamtkapital}^{*}}$$

* Gesamtkapital = Eigenkapital + Fremdkapital

Anlagendeckung

Das Anlagevermögen soll durch Eigenkapital und langfristiges Fremdkapital gedeckt sein.

$$\text{Anlagendeckung} = \frac{\text{Eigenkapital + langfristiges Fremdkapital}}{\text{Anlagevermögen}}$$

Eigenkapitalrentabilität

Sie drückt aus, in welchem Maße sich der Einsatz von Kapital im Unternehmen gelohnt hat (→ S. 290, 340)

$$\text{Eigenkapitalrentabilität} = \frac{\text{Gewinn} \times 100}{\text{Eigenkapital}}$$

Umsatzrentabilität

Sie gibt an, wie viel Prozent des Umsatzes dem Unternehmen für Investitionen und Schuldentilgung bleiben. Sie ist eine wichtige Kennziffer für die Innenfinanzierung.

$$\text{Umsatzrentabilität} = \frac{\text{Gewinn} \times 100}{\text{Umsatz}}$$

Liquiditätskennzahlen

Sie geben an, in welchem Maß die kurzfristigen Verbindlichkeiten in ihrer Höhe und Fälligkeit mit den Zahlungsmitteln (Bankguthaben, Kassenbestände) und anderen kurzfristigen Deckungsmitteln (Forderungen und Vorräte) übereinstimmen.

$$\text{Liquidität 1. Grades} = \frac{\text{Zahlungsmittel} \times 100}{\text{kurzfristige Verbindlichkeiten}}$$

Da nur ein Teil der Verbindlichkeiten sofort fällig ist, darf sie unter 100 % liegen.

$$\text{Liquidität 2. Grades} = \frac{(\text{Zahlungsmittel + Forderungen}) \times 100}{\text{kurzfristige Verbindlichkeiten}}$$

Leasing: mieten statt kaufen

Leasing ist das Mieten und Vermieten von langfristig nutzbaren Gütern (Anlagegütern). Leasinggeber sind entweder spezielle Leasinggesellschaften oder die Hersteller der Produkte selbst. Leasingverträge enthalten häufig neben der Vertragslaufzeit und der Leasingrate zusätzliche Regelungen, z. B. einen Wartungsvertrag.
In der Regel wird vereinbart, dass das Leasingobjekt am Ende der Nutzungsdauer zum Restwert gekauft werden kann. Bei einigen Leasingverträgen ist eine Anzahlung fällig (z. B. Auto). Der Leasingnehmer erhält nicht das Eigentum an der geleasten Sache, auch wenn er beispielsweise bei einem Auto als Fahrzeughalter im Fahrzeugbrief eingetragen ist. Eigentümer ist der Leasinggeber. Das Leasingobjekt dient dem Leasinggeber als Sicherheit. Je nach Risikoeinschätzung kann eine Anzahlung oder Bürgschaft verlangt werden.
Leasing hat den Vorteil, dass man das Gut nicht sofort in einer Summe bezahlen muss. Dadurch werden Finanzmittel geschont und können an anderer Stelle des Unternehmens oder auch privat (z. B. für eine Urlaubsreise) eingesetzt werden. Außerdem lassen sich Maschinen, die einem schnellen technischen Wandel unterliegen, nach wenigen Jahren gegen modernere austauschen. Nachteilig bei Leasingverträgen ist, dass für die Nutzung des Gegenstandes insgesamt mehr Geld eingesetzt werden muss als beim Kauf. Unternehmen können Leasingraten bei der Steuer als Betriebsausgaben absetzen.

Zusammenfassung: Finanzierungsarten

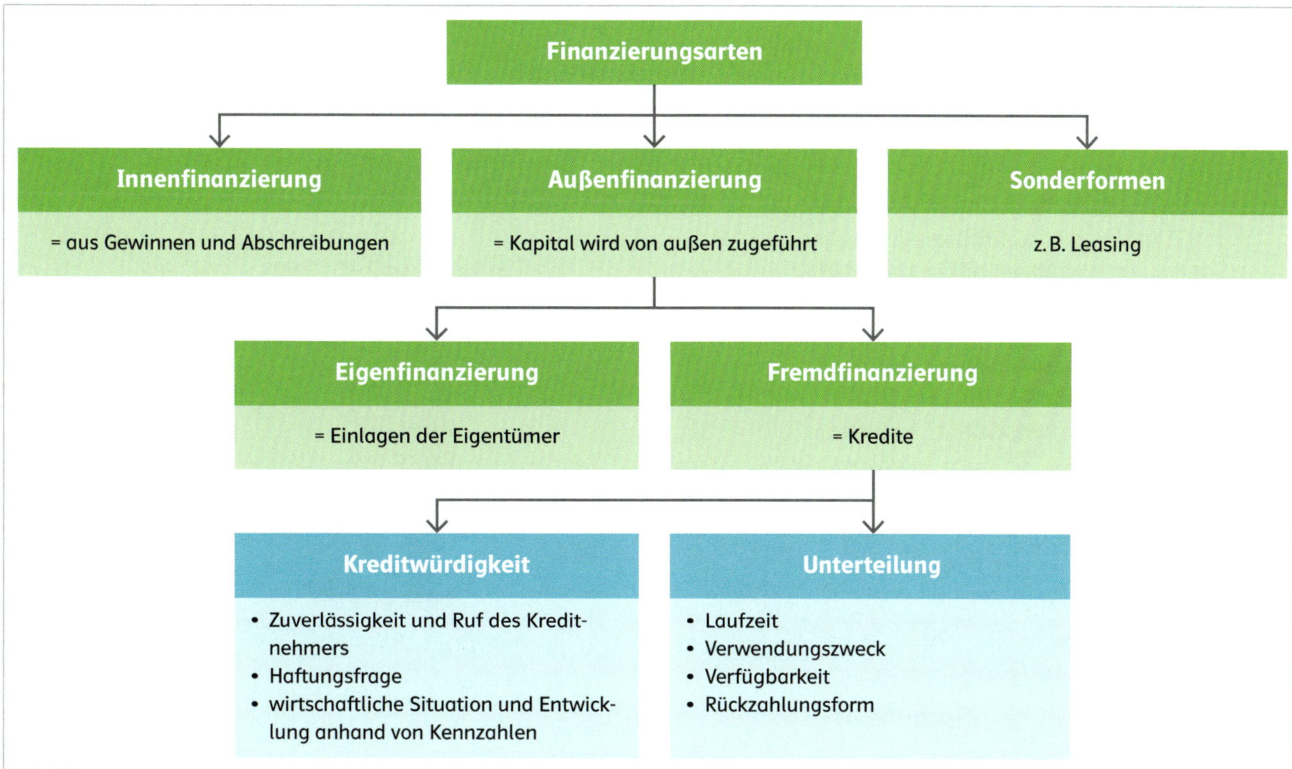

Übungsaufgaben

1. Ordnen Sie die folgenden Finanzierungsvorfälle den Finanzierungsarten Eigenfinanzierung, Fremdfinanzierung und Innenfinanzierung zu:
   - Einbehaltung von Gewinnanteilen
   - Überziehung des Bankkontos
   - Kapitaleinlage der Gesellschafter
   - Verrechnung der Abschreibungen in den Verkaufspreisen
   - Aufnahme eines Darlehens

2. Erklären Sie, warum Unternehmen Investitionen mindestens in Höhe der jährlichen Abschreibungsbeträge vornehmen sollten.

3. Aus der Bilanz und der Gewinn- und Verlustrechnung sind die folgenden Zahlen entnommen worden. Ermitteln Sie die folgenden Bilanzkennzahlen:
   - Eigenkapitalquote
   - Anlagendeckung
   - Eigenkapital- und Umsatzrentabilität
   - Liquidität 1. und 2. Grades

Bilanz	
Anlagevermögen	3000
Forderungen	400
Bankguthaben	200
Rohstoffe	400
Eigenkapital	2000
Langfristiges Fremdkapital	1500
Kurzfristiges Fremdkapital	500
Gewinn- und Verlustrechnung	
Umsatzerlöse	4000
Gewinn	120

(Angaben in Tsd. Euro)

4. 75 % aller geleasten Objekte in Deutschland im Jahr 2016 waren Pkw und Nutzfahrzeuge. Produktionsgebäude, Lagerhallen und Produktionsanlagen machen dagegen nur 1 % des Leasingmarktes aus. (ifo-Institut, BDL, Stand Nov. 2016)
   Erläutern Sie, warum das so ist.

Projekt umsetzen

Projekt

In einem Projekt setzt man gemeinsam mit anderen eine komplexe Idee in die Praxis um. Wichtig ist dabei, im Vorfeld alle Ressourcen (Zeit, Finanzen) gut zu planen und die Arbeit gerecht und durchdacht auf die Beteiligten zu verteilen. Alle sollten gemäß ihren Fähigkeiten und Interessen zum Einsatz kommen.

So geht's!

1. Projektidee formulieren
- Ideensammlung für das Projekt erstellen
- Projektskizze erstellen, aus der die genaue Projektidee und der Zeitrahmen hervorgehen.

2. Projektplan erstellen
- Prüfen, inwieweit die Projektskizze durchführbar ist.
- Projektplan aufstellen, mit verbindlichen Arbeitsschritten, verbindlichen Zeitvorgaben („Meilensteine") und verbindlicher Aufgabenverteilung.

3. Projekt durchführen
- Arbeitszeiten, Arbeitsorte und Organisationsform konkret festlegen.
- Arbeitsschritte gemäß Projektplan durchführen.
- Nötige Änderungen diskutieren und entscheiden.

4. Projekt präsentieren
- Präsentation des Projekts vorbereiten und durchführen; allen Beteiligten die Möglichkeit zum Feedback geben.

Projekt „Businessplan“ umsetzen

1. Idee für eine Unternehmensgründung formulieren

Sammeln Sie in einem Brainstorming Ideen. Alle Äußerungen – auch ausgefallene und abwegig erscheinende – sind erlaubt (keine Kritik und Kommentare!). Diskutieren Sie, für welche Idee Sie sich entscheiden wollen. Nehmen Sie diese Idee noch einmal genau unter die Lupe. Dabei helfen Ihnen die folgenden Fragen:

- Wie originell ist die Idee?
- Gibt es vergleichbare Unternehmen bereits?
- Welche wichtigen Fragen müssen geklärt werden?
- Lässt sich das Projekt in der vorgegebenen Zeit durchführen?

Halten Sie die Vereinbarungen und Entscheidungen in einem Ergebnisprotokoll fest. Jeder Teilnehmer der Arbeitsgruppe erhält eine Kopie.

2. Plan für das Projekt „Businessplan“ erstellen

In dieser Phase findet der wichtigste Teil Ihres Projektes statt: Sie planen die konkrete Erstellung Ihres Businessplans. Dabei helfen Ihnen die folgenden Fragen:

- Welche Punkte enthält ein Businessplan (→ S. 268)?
- In welcher Reihenfolge sollen die Arbeitsschritte erledigt werden?
- Wer übernimmt welche Teilaufgabe (z. B. Rechtsform, Standort, Marktanalyse, Kapitalbedarf)?

Setzen Sie Meilensteine, indem Sie festlegen, welche Arbeiten zu welchem Zeitpunkt erledigt sein müssen. Ihr Plan könnte folgendermaßen aussehen:

M1 Projektplan für die Erstellung eines Businessplans

April

1.: Kick-off – Projektidee steht
8.: rechtliche Fragen geklärt
15.: Marktanalyse abgeschlossen
20.: Standortanalyse abgeschlossen
22.: Marketingplanung abgeschlossen
27.: Kapitalbedarf ermittelt
29.: Businessplan erstellt

3. Projekt „Businessplan“ durchführen

Führen Sie die geplanten Arbeitsschritte durch. In Projektsitzungen informieren Sie sich gegenseitig über den Stand. Achten Sie auf die Einhaltung der Meilensteine.

4. Businessplan präsentieren

Versuchen Sie, die Zuhörer für Ihre Ideen zu gewinnen. Denken Sie daran, dass Ihr Publikum in der Praxis Investoren bzw. Kreditgeber wären (→ S. 196 Informationen visualisieren).

Arbeitsauftrag

- Planen Sie als Klasse/Gruppe eine Unternehmensgründung und erstellen Sie dazu einen Businessplan. Es kann sich um ein rein fiktives Unternehmen handeln, um ein Unternehmen Ihrer Branche oder ein Schulunternehmen (z. B. Schulkiosk, Stehcafé).
  Informationen zur Unternehmensgründung finden Sie in den Lernsituationen *Von der Geschäftsidee zur Unternehmensgründung* (→ S. 263), *Businessplan und Kapitalbedarfsplan* (→ S. 267), *Die Rechtsform bestimmen* (→ S. 279). (Online-Code zum Download eines Ergebnisprotokolls, eines Businessplans und eines Kapitalbedarfsplans → S. 253)

Üben
f4h26m
Prüfungsaufgaben

Unternehmensgründung, Rechtsformen, Wirtschaftskreislauf und nachhaltiges Wirtschaften

1. Unternehmensgründung

M1 Der Weg in die Selbstständigkeit

Finn macht's einfach

Sein Schulleiter hat damals zu ihm gesagt: „Solange die Noten gleich bleiben, bist du, wenn du's mal nicht zur Schule schaffst, entschuldigt." Damit hatte Finn etwas mehr Freiraum. Um mit Entwicklern und Designern zu sprechen, den Kontakt zu Investoren zu knüpfen und die Fabrik in China zu besuchen, in der sein Traum greifbar wird. Er will das unübersichtliche Sammelsurium aus dem Wohnzimmer verbannen. Stattdessen soll da eine schwarze Box stehen, die an den Fernseher angeschlossen wird und neben dem regulären Programm auch Musik und Filme aus dem Internet abspielt. Und auf dem Tisch soll dann eine einzige Fernbedienung liegen.
Finn Plotz passt nicht in das Bild, das sich viele von der heutigen Jugend machen. Er ist kein typischer Vertreter dieser Generation, die sich nach Sicherheiten sehnt und keine Lust mehr darauf hat, für die Arbeit allzu viel Freizeit aufzugeben. Er ist auch kein typischer Gründer, der in seinem Hinterhof an einer weiteren App programmiert. Im Bistro seines Vaters hat Finn Plotz eine seiner wichtigsten Lektionen gelernt: dass man Erfolg haben kann, wenn man ein gutes Produkt hat und wenn man die Menschen dafür begeistert.
Im Juni dieses Jahres hatte er 600 000 Euro bei Investoren eingesammelt und mit den Designern, Ingenieuren und Softwareentwicklern von vier verschiedenen Firmen einen Prototypen entwickelt. Zu Weihnachten soll sein Set aus Fernbedienung und Box in die Läden kommen.

Varinia Bernau: Finn macht's einfach (gekürzt und bearbeitet). Unter: http://www.sueddeutsche.de/wirtschaft/erfolgreicher-gruender-finn-machts-einfach-1.2580616 (Stand 12.08.2015)

○ 1.1 Es gibt verschiedene Möglichkeiten, sich selbstständig zu machen. Vergleichen Sie die Neugründung, eine Betriebsübernahme und das Franchise-System anhand von jeweils drei Vorteilen.

◒ 1.2 Beschreiben Sie am Beispiel von Finn Plotz die persönlichen Voraussetzungen, die ein Unternehmensgründer mitbringen sollte.

◒ 1.3 Nennen Sie zwei rechtliche Voraussetzungen für diese Unternehmensgründung.

◒ 1.4. Beschreiben Sie Inhalt und Bedeutung eines Businessplans.

2. Rechtsformen

◒ 2.1 Die Entscheidung für eine bestimmte Rechtsform ist von der besonderen Situation des jeweiligen Unternehmens abhängig. Nennen Sie Entscheidungspunkte, die die Wahl der folgenden Rechtsform rechtfertigen. Begründen Sie Ihre Entscheidung.
a) Einzelunternehmen b) GmbH c) KG d) AG

3. Wirtschaftskreislauf und nachhaltiges Wirtschaften

◒ 3.1 Unternehmen sind in verschiedenen Wirtschaftsbereichen/Sektoren tätig. Erläutern Sie die Aufgaben dieser Wirtschaftsbereiche jeweils anhand von zwei Unternehmen, die darin tätig sind.

○ 3.2 Zeigen Sie die Geld- und Güterstrome auf zwischen
a) Unternehmen und Staat b) Unternehmen und Haushalten.

● 3.3 Verschiedene Studien zeigen, dass immer mehr Verbraucher auf nachhaltig produzierte Güter Wert legen.
a) Erläutern Sie den Begriff Nachhaltigkeit.
b) Beschreiben Sie je drei Vor- und Nachteile nachhaltigen Wirtschaftens für Unternehmen.

Investition, Finanzierung, Not leidende Unternehmen

1. Investition

M1 Siepe plant eine Erweiterungsinvestition

Das Unternehmen Siepe plant im Rahmen einer Erweiterungsinvestition den Kauf einer neuen Maschine. Geplant wird dabei mit folgenden Zahlen:

– Investitionssumme	300 000 €
– Laufzeit/Abschreibungsdauer	4 Jahre
– Fixkosten gesamt/Jahr	80 000 €
davon Abschreibungen	*75 000 €*
– variable Stückkosten	30 €
– Verkaufspreis/Stück	70 €
– Absatzmenge (4 Jahre)	10 000 Stück

Die Finanzierung soll zu 80 % mithilfe eines Kredites erfolgen. Der Bank liegen die Bilanzkennzahlen der letzten beiden Jahre vor.
Auszug:

Bilanzkennzahl	2016	2015
Eigenkapitalquote	43 %	45 %
Eigenkapitalrentabilität	15 %	18 %
Liquidität 2. Grades	97 %	99 %

1.1 Erläutern Sie neben der Erweiterungsinvestition drei weitere Arten von Investitionen.
1.2 Ermitteln Sie anhand der oben angegebenen Zahlen in M1:
- die Rentabilität und
- die Amortisation der geplanten Investition.

2. Finanzierung

2.1 Beurteilen Sie die wirtschaftliche Entwicklung des Unternehmens Siepe, indem Sie auf die Bedeutung und Aussagekraft der Kennzahlen aus M1 eingehen.
2.2 Beschreiben Sie, wie sich die Kreditwürdigkeit bei Unternehmen feststellen lässt.
2.3 Nennen Sie zwei weitere Formen der Finanzierung.

3. Not leidende Unternehmen

3.1 Beschreiben Sie drei Ursachen für Unternehmenskrisen.
3.2 Beschreiben Sie die Vorschläge, die ein Insolvenzverwalter im Rahmen eines Insolvenzverfahren den Gläubigern unterbreiten kann.

7 Unternehmerisches Handeln

Gute Planung sichert Aufträge

Der Auszubildende Yannik nimmt mit seinem Großvater an der Betriebsbesichtigung einer Werft teil.

Sprecher der Werft: … für den Umbau des Kreuzfahrtschiffes benötigen wir 6 Monate. Unsere Konkurrenten in Fernost sind zwar etwas preisgünstiger, dafür sind wir schneller. Das war denn auch einer der Gründe, warum wir den Auftrag erhalten haben. Der Auftraggeber kann sein Schiff wieder früher für Fahrten einsetzen und somit auch Einnahmen erzielen. Schaffen wir es allerdings nicht, die vereinbarte Zeit einzuhalten, ist eine saftige Konventionalstrafe fällig. Damit alles wie geplant abläuft, müssen sich alle an die Vorgaben der Arbeitsplanung halten. Immerhin arbeiten hier fast 10 000 Mitarbeiter. Es muss alles auf das Genaueste aufeinander abgestimmt sein. Das gilt für sämtliche Bereiche unserer Werft, angefangen vom Einkauf über die Baugruppenfertigung bis hin zum Zusammenbau. Unsere Logistikabteilung übernimmt dabei eine wichtige Rolle. Zum Beispiel die Arbeitsgruppe, die sie da vorne sehen, verteilt die anfallenden Arbeiten …
Großvater: Wenn man das so sieht, hat sich in den Arbeitsläufen der Industrie eine Menge getan. Wir mussten früher bestimmt nicht weniger arbeiten, aber es war längst nicht alles so durchorganisiert wie heute.
Yannik: … das ist bei uns im Betrieb nicht viel anders, auch wenn alles in viel kleinerem Rahmen abläuft. Unsere Auftraggeber sind Privatkunden. Vertragliche Vereinbarungen müssen bei uns genauestens eingehalten werden. Nicht nur, dass wir die Kunden sonst verlieren, sie kennen ihre Rechte als Verbraucher ganz genau. Und weil die Kundenwünsche immer anspruchsvoller werden, müssen wir uns ständig verbessern. Wie sagt mein Ausbilder: „Die Konkurrenz schläft nicht".

Hätten Sie's gewusst?

1. Wie viele Pkws wurden im Jahre 2015 zurückgerufen?
2. Bei welchem Großereignis sind Unternehmen bereit, für einen Fernseh-Werbespot von 30 Sekunden bis zu 5 Mio. $ zu bezahlen?
3. Wie hoch sind die durchschnittlichen Herstellungskosten einer Jeans, die für ca. 100 € im Geschäft verkauft wird?

1: 1,66 Mio. Fahrzeuge (lt. Kraftfahrt-Bundesamt)
2: Super Bowl in den USA
3: 5,20 US $

Worum geht es?

Yannik und sein Opa lernen den Produktionsablauf einer Werft kennen, die sich einen lukrativen Auftrag sichern konnte. Was macht Unternehmen wie diese Werft erfolgreich? Wie gehen sie bei der Lagerhaltung vor und mit welchen Maßnahmen optimieren sie ihre Prozesse im Bereich der Leistungserstellung?
Ganz klar: Die betrieblichen Abläufe müssen gut organisiert und laufend überprüft werden, damit ein Unternehmen am Markt erfolgreich ist. Erfolg stellt sich aber nur ein, wenn ein Unternehmen Käufer für seine Waren oder Dienstleistungen findet. Was sind die Faktoren, die eine Kaufentscheidung bestimmen?
Wie errechnen Unternehmen ihre Kosten? Wann erzielen sie Gewinne?

Informieren Sie sich!

So geht's!
Fragebogen erstellen

**Verschaffen Sie sich mithilfe des Buchs einen Überblick.
Sie finden in diesem Kapitel Lernsituationen zu folgenden Themen:**

- Aufwendungen und Erträge – Kosten und Leistungen
- Fertigungsplanung und Gestaltung von Arbeitsabläufen
- Kennzahlen der Rationalisierung
- Einzel- und Gemeinkosten
- Leistungskontrolle und Qualitätsmanagement
- Marktforschung
- Selbstkosten pro Handwerkerstunde
- Lagerhaltung und Lagerkennziffern
- Marketing-Mix und Corporate Identity
- Deckungsbeitrag und Preisuntergrenze

Was hat das mit mir zu tun?

- Ihr Arbeitgeber erwartet von Ihnen, dass Sie zur Produktivitätssteigerung im Unternehmen beitragen. Wenn Sie über Kostenstrukturen Bescheid wissen, können Sie fundierte Verbesserungsvorschläge machen.
- Sie sollten über alle betrieblichen Abläufe Bescheid wissen. Nur so sind Sie in Ihrem Beruf handlungsfähig.
- Bedenken Sie, dass Sie sich den immer schneller werdenden Veränderungen der Geschäftsprozesse anpassen müssen. Bleiben Sie am Ball!

Aufwendungen und Erträge – Kosten und Leistungen

Lernsituation

Das Taxiunternehmen Hüls kauft am Anfang des Jahres beim Autohaus Scholz ein neues Taxi. Der Rechnungsbetrag in Höhe von 40 000 Euro wird am 15.01. per Banküberweisung bezahlt. Die jährliche Versicherungsgebühr und die Jahressteuern in Höhe von 4 000 Euro werden am 15.02. überwiesen. Jeweils am Ende des Monats überweist Martin Hüls den Lohn für die Aushilfsfahrer in Höhe von 2 000 Euro. Ebenfalls am Ende des Monats bucht die Tankstelle von seinem Konto den Rechnungsbetrag für den Diesel ab.
Die Nutzungsdauer des Taxis wird mit vier Jahren berechnet, die Kilometerleistung pro Jahr mit 96 000 km (monatlich gleichmäßig mit 8 000 km), der Kraftstoffverbrauch mit 8 l/100 km und der Dieselpreis pro Liter mit 1,40 Euro.

Arbeitsauftrag

- Erstellen Sie eine Übersicht über die monatlichen Ausgaben des ersten Jahres und ermitteln Sie die Kosten des ersten Jahres und eines gefahrenen Kilometers.

Ausgaben	Januar	Februar	März	...	...
gesamt					

Aufwendungen – Erträge

Unternehmen erbringen Dienstleistungen oder produzieren Güter, um bestimmte Unternehmensziele zu erreichen (z. B. hoher Umsatz, hoher Gewinn). Den dabei verursachten Verbrauch von Gütern und Dienstleistungen bezeichnet man als Aufwendungen.
Beispiel: In einer Werkzeugbaufirma sind u. a. Aufwendungen entstanden für:
Materialverbrauch, Löhne, Reparaturen, Werbung, Spenden, Verluste aus dem Verkauf einer alten Maschine und Abschreibungen.
Unter Abschreibung versteht man den Wertverlust eines Anlagegegenstandes innerhalb eines bestimmten Zeitraums.
Beispiel: Der Anschaffungswert einer Maschine betrug 100 000 Euro. Die Nutzungsdauer beträgt fünf Jahre. Der Wertverlust (Abschreibungskosten) beläuft sich somit im Jahr auf 20 000 Euro (100 000 : 5).

Erträge – **Aufwendungen**
↓
Gewinn/Verlust
(Ergebnisrechnung)

Den Aufwendungen stehen die **Erträge**, z. B. Umsatzerlöse oder Mieteinnahmen, gegenüber. Aus der Differenz errechnet sich der **Gewinn bzw. Verlust** (**Gewinn- und Verlustrechnung**).

Kosten – Leistungen – Betriebsergebnis

Aufwendungen
↓ ↓
Kosten + neutrale Aufwendungen

Den Teil der Aufwendungen, der im direkten Zusammenhang mit dem unternehmerischen Ziel steht, nennt man **Kosten**. Den anderen Teil bezeichnet man als neutrale Aufwendungen.
Beispiel: Löhne, Materialverbrauch, Reparaturen und Abschreibungen sind in der Werkzeugbaufirma unbedingt zur Erreichung des normalen

Lineare Abschreibung

Wird der Wertverlust des Anlagegutes gleichmäßig auf die Nutzungsdauer verteilt, spricht man von linearer Abschreibung.

Arten von Kosten

Kosten lassen sich unterteilen in:
- *fixe und variable Kosten*
- *Einzel- und Gemeinkosten*

Gewinn

Gewinn ergibt sich als Saldo aus Aufwand und Ertrag.

Gewinn- und Verlustrechnung (vereinfacht)

Aufwand		Ertrag	
Materialverbrauch	3 000 €	Erlöse	12 100 €
Löhne	4 000 €	Mieteinnahmen	700 €
Reparaturen	1 000 €		
Werbung	500 €		
Zinsen	800 €		
Spenden	200 €		
Verlust aus dem Verkauf einer Maschine	600 €		
Abschreibungen	2 000 €		
Gewinn	**700 €**		
	12 800 €		12 800 €

Kostenkontrolle

Der Soll-Ist-Vergleich gehört zu den Aufgaben des Controllings.

Betriebszwecks (Herstellung von Werkzeugen) erforderlich und sind somit Kosten. Spenden oder Verluste aus dem Verkauf der Maschine stehen nicht in direktem Zusammenhang mit dem Betriebszweck (neutrale Aufwendungen). Die betriebsbedingten Erträge bezeichnet man als **Leistungen** (Umsatzerlöse aus dem Verkauf der Möbel). Mieteinnahmen stehen nicht im Zusammenhang mit dem betrieblichen Zweck (= sonstige Erträge).

Erträge → **Leistungen** + sonstige Erträge

Aus der Gegenüberstellung der Kosten und Leistungen ergibt sich das **Betriebsergebnis** (**Betriebsergebnisrechnung**):

Leistungen – Kosten → **Betriebsergebnis**

Aufgaben der Kostenrechnung

Hohe Umsätze und damit vielleicht auch hohe Gewinne lassen sich nur erzielen, wenn im Vergleich zur Konkurrenz kostengünstig produziert wird. Dabei kommt der Kostenrechnung eine besondere Bedeutung zu. Zu den wesentlichen Aufgaben gehören:

- **Kalkulation des Verkaufspreises:** Sie soll gewährleisten, dass die Kosten gedeckt werden.
- **Kostenvergleich:** Durch Vergleich mit den Branchendurchschnittswerten lässt sich die Wirtschaftlichkeit eigener Abteilungen in bestimmten Zeiträumen messen. Das Ergebnis bildet somit eine Grundlage für zukünftige Entscheidungen.
  Beispiel: Inwieweit die eigenen Personalkosten mit denen der Konkurrenten vergleichbar sind, lässt sich ermitteln, indem man diese Kosten ins Verhältnis zu den Gesamtkosten oder den Umsatzerlösen setzt.
- **Kostenkontrolle:** Dabei werden die tatsächlich entstandenen Kosten (Ist-Kosten) den geplanten Kosten (Soll-Kosten) gegenübergestellt. Damit lassen sich Abweichungen feststellen, die anschließend auf ihre Ursachen hin untersucht werden.

Arten der Kostenrechnung

Die Ergebnisse der Kostenrechnung sind Grundlage für unternehmerische Entscheidungen. Mögliche Fragen sind: Wie viel darf für Material ausgegeben werden? Wie kann ich meinen Preis senken? Sollen die Waren von uns oder von einer Spedition zum Kunden transportiert werden? Die unterschiedliche Betrachtungsweise von Kosten findet sich in den folgenden Kostenrechnungsarten:

- **Vollkostenrechnung**: Unterteilung der Kosten in Einzel- und Gemeinkosten (→ S. 308 ff.);
- **Deckungsbeitragsrechnung**: Unterteilung der Kosten in fixe und variable Kosten (→ S. 317 ff.);
- **Zielkostenrechnung**: Der Preis eines Auftrages/Produktes wird in vielen Fällen vom Markt bzw. den Kunden vorgegeben. Bei der Zielkostenrechnung wird festgelegt, wo und in welcher Höhe Kosten anfallen dürfen;
- **Prozesskostenrechnung:** Arbeitsgänge/Prozesse, z. B. das Lagern von Waren, werden kostenmäßig erfasst. Anhand dieser Zahlen lassen sich unternehmerische Entscheidungen treffen, z. B. das Ausgliedern von Tätigkeiten.

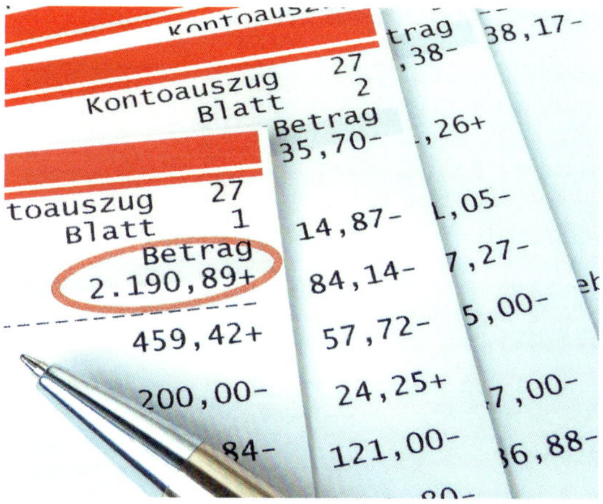

Handelskalkulation

Groß- und Einzelhändler haben häufig ein sehr umfangreiches Warensortiment. Es ist daher nicht möglich, für jeden einzelnen Artikel die Selbstkosten genau zu kalkulieren. Mithilfe von Zuschlagssätzen werden alle anderen Kosten (für Personal, Miete, Werbung usw.) auf die Bezugskosten aufgeschlagen.

Beispiel:

Bezugspreis	30 €
+ Handlungskosten (60 %)	18 €
= Selbstkosten	48 €

Ausgaben – Einnahmen

Die Begriffe **Ausgaben** und **Einnahmen** stehen im Zusammenhang mit einem Zahlungsvorgang. Geld wird der Kasse entnommen/zugeführt oder Zahlungseingänge werden dem Konto gutgeschrieben, Überweisungen belasten das Konto.
Beispiele: Wir zahlen eine Lieferrechnung durch Banküberweisung. Ein Kunde zahlt bar.
Einen Überblick über die voraussichtlichen Ein- und Ausgaben können private Haushalte mithilfe eines Haushaltsplans (→ S. 179 ff.) erhalten. Unternehmen erstellen zu diesem Zweck einen sogenannten **Liquiditätsplan**. Ausreichende Liquidität bedeutet, dass man jederzeit in der Lage ist, seinen Zahlungsverpflichtungen nachzukommen.

Liquiditätsplan in € (verkürzt)				
Bestand an liquiden Mitteln (zu Beginn jedes Monats)	**1. Monat**	**2. Monat**	**3. Monat**	…
Kasse	550	720	680	
Bank	32 800	34 370	33 670	
Überschuss Vormonat	33 350	35 090	34 350	
Einzahlungen aus				
Forderungen	15 200	12 800	16 200	
Barverkäufen	10 800	9 500	7 200	
Sonstige Einzahlungen	1 700	1 800	1 900	
Summe	27 700	24 100	25 300	
Auszahlungen für				
Material/Waren	12 400	11 500	12 100	
Bareinkäufe	780	860	620	
Lohn/Gehalt	5 080	5 080	5 280	
Miete/Nebenkosten	3 400	3 400	3 400	
Privatentnahmen	2 500	2 600	2 000	
Übrige Ausgaben	1 800	1 400	1 900	
Summe	25 960	24 840	25 300	
Überschuss/Fehlbetrag	+35 090	+34 350	+34 350	

Zusammenfassung: Aufwendungen und Erträge – Kosten und Leistungen

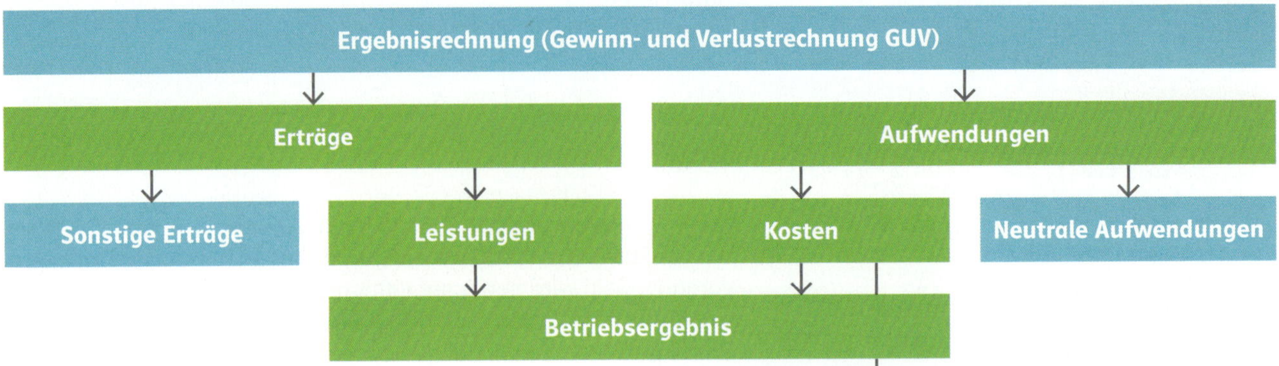

Liquiditätsplan:
Überblick über Ein- und Ausgaben einer Periode

Liquidität:
Es ist genug Kapital verfügbar, um kurzfristigen Zahlungsverpflichtungen nachzukommen.

Aufgaben der Kostenrechnung
- Kalkulation des Verkaufspreises
- Kostenvergleich
- Kostenkontrolle

Übungsaufgaben

○ 1. Handelt es sich bei den folgenden Geschäftsfällen um Aufwendungen, Kosten oder Ausgaben?
   a) Rohmaterialien werden gegen Barzahlung eingekauft und gelagert.
   b) Rohmaterialien werden für die Produktion vom Lager entnommen.
   c) Banküberweisung der Löhne.
   d) Spende an eine mildtätige Organisation.
   e) Verlust aus Maschinenverkauf.
   f) Eine Maschine wird abgeschrieben.
   g) Die Bank bucht vom Geschäftskonto Zinsen und Tilgung für einen Kredit.

◒ 2. Ein Bauunternehmer kauft im Januar einen Pkw, der ausschließlich für betriebliche Zwecke genutzt wird. Der Rechnungsbetrag in Höhe von 38 000 Euro wird noch im gleichen Monat überwiesen. Die Nutzungsdauer wird mit fünf Jahren angesetzt.
   Berechnen Sie die Ausgaben und Kosten im Anschaffungsjahr.

○ 3. Unterscheiden Sie zwischen:
   a) Erträgen und Leistungen
   b) Ergebnisrechnung und Betriebsergebnisrechnung

◒ 4. In einem Unternehmen wurden folgende Zahlen ermittelt:

Aufwendungen:	1 250 000 €
Kosten:	1 100 000 €
Erträge:	1 500 000 €
Umsatzerlöse:	1 200 000 €

   Berechnen Sie
   a) den Gewinn oder Verlust
   b) das Betriebsergebnis.

Einzel- und Gemeinkosten

Lernsituation

Ein Möbelschreiner hat im Juni eine Anfrage über zehn Tische erhalten. Dem Kunden soll ein schriftliches Angebot gemacht werden. Dazu liegen bereits folgende Zahlenangaben vor:

Einzelkosten pro Tisch	
Fertigungsmaterial	21,00 €
Fertigungslöhne/Std.	24,00 €

Fertigungszeit pro Tisch: 90 Min.

Kosten des Vormonats Mai	
Fertigungsmaterial (Einzelkosten)	100 000 €
Materialgemeinkosten	25 000 €
Fertigungslöhne (Einzelkosten)	80 000 €
Fertigungsgemeinkosten	120 000 €
Verwaltungsgemeinkosten	32 500 €
Vertriebsgemeinkosten	48 750 €

Gewinn: 8 %
Umsatzsteuer: 19 %

Arbeitsauftrag

- Ermitteln Sie anhand der angegebenen Daten den Angebotspreis für zehn Tische. Ermitteln Sie zunächst die Gemeinkostenzuschlagssätze und führen Sie anschließend eine Zuschlagskalkulation durch.

Aufbau der Vollkostenrechnung

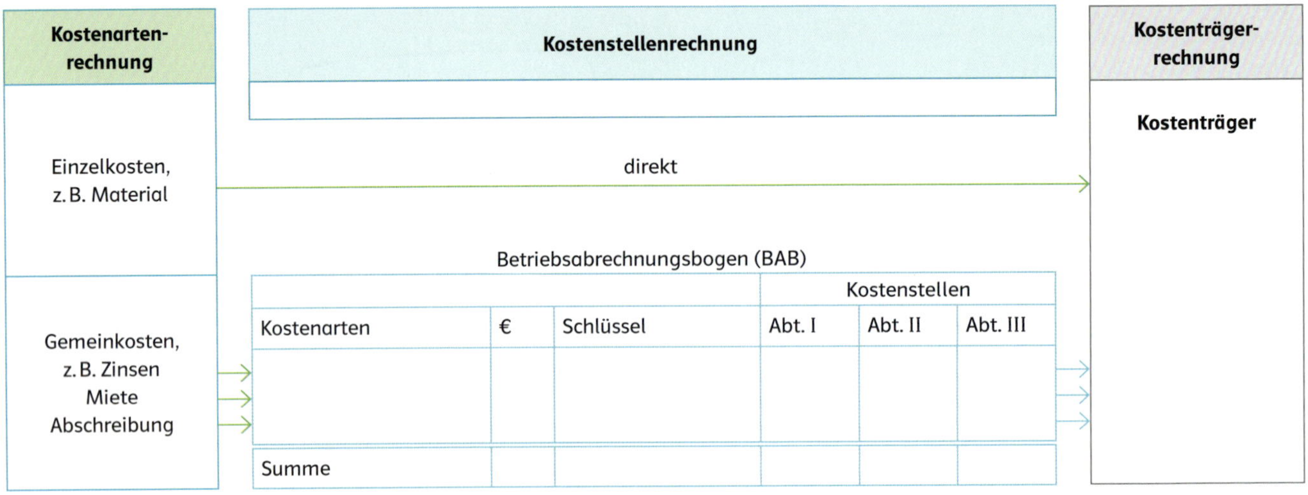

Abschreibung

Wertverlust eines Anlagegutes innerhalb eines bestimmten Zeitraums

Die Kalkulation eines Produktes oder eines Auftrages lässt sich anhand der Vollkostenrechnung durchführen. Sie lässt sich in drei Bereiche unterteilen: die Kostenarten-, die Kostenstellen- und die Kostenträgerrechnung.

Kostenartenrechnung: **Welche** Kosten sind entstanden?
Aufgabe der Kostenartenrechnung ist die Erfassung aller Kosten nach ihrer Art. Dabei wird in Einzel- und Gemeinkosten unterschieden.

- **Einzelkosten** können einer betrieblichen Leistung (Ware/Produkt/Auftrag/Dienstleistung) direkt zugeordnet werden. Dazu zählen die Materialkosten und der Fertigungslohn aufgrund von Aufzeichnungen (Materialentnahmescheine oder Zeiterfassung).
- **Gemeinkosten** fallen dagegen für das gesamte Unternehmen an und können deshalb nicht einzelnen Produkten, Aufträgen usw. zugeordnet werden. Zu den Gemeinkosten zählen u. a. Miete, Werbung, **Abschreibung**.

Kostenstellenrechnung: **Wo** sind die Kosten entstanden?
Die Kostenstellenrechnung fragt, wo oder an welchem Ort die Kosten entstanden sind. Die Kostenstellen decken sich häufig mit den Abteilungen im Betrieb (z. B. Modellschreinerei, Gießerei, CNC-Arbeitsplatz, Personalabteilung, Damensalon, Herrensalon). Grundlage dieser Verteilung ist die Verantwortung für einen bestimmten Bereich. Man spricht hier von Verantwortungsbereichen. Der Betrieb lässt sich auch in Kostenbereiche gliedern, die sich aus den Funktionen (Funktionsbereichen) eines Betriebes ergeben. Dabei handelt es sich um die Bereiche:

- Material,
- Fertigung,
- Verwaltung,
- Vertrieb.

Vereinfachter Betriebsabrechnungsbogen: Monat Mai						
Gemeinkosten	**€**	**Schlüssel**	**Kostenstellen in €**			
			Material	Fertigung	Verwaltung	Vertrieb
Personal	70 000	Gehaltsliste	14 000	35 000	14 000	7000
Abschreibung	30 000	Anlagewert	5 000	15 000	5 000	5 000
Miete	10 000	Fläche	1500	5 000	3 000	500
Fahrzeugkosten	15 000	gefahrene km	2 000	1000	3 000	9 000
Zinsen	8 000	1:7:1:1	800	5 600	800	800
Versch. Kosten	9 800	Belege	1000	3 800	3 000	2 000
Summe der Gemeinkosten	142 800		24 300	65 400	28 800	24 300
Zuschlags-grundlagen			**Fertigung: Material 132 000**	**Fertigung: Löhne 43 600**	**Herstellkosten 265 300**	
Zuschlagssätze			**MGKZ 18,41 %**	**FGKZ 150 %**	**VwGKZ 10,86 %**	**VtrGKZ 9,16 %**

Berechnung der Herstellkosten

Fertigungs-material	*132 000*
+ Material-gemeink.	*24 300*
+ Fertigungs-löhne	*43 600*
+ Fertigungs-gemeink.	*65 400*
= Herstell-kosten	*265 300*

Die Verteilung der Kosten auf die Kostenstellen kann
- direkt aufgrund von Belegen vorgenommen werden, z. B. Personalkosten anhand der Lohn- und Gehaltsliste, oder
- nach einem festgelegten Schlüssel erfolgen, z. B. Miete anhand der genutzten Fläche.

Der Betriebsabrechnungsbogen

Die Verteilung der Gemeinkosten wird in tabellarischer Form im **Betriebsabrechnungsbogen** (**BAB**) durchgeführt. In der Industrie und im Handwerk ist die Kostenstellenbildung in der Regel am Prozess der Leistungserstellung (nach Funktionsbereichen) ausgerichtet (Kostenstellen: Material, Fertigung, Verwaltung, Vertrieb).

Einzelkosten werden direkt dem Kostenträger (Produkt/Ware/Auftrag) zugeordnet.

Die Selbstkosten eines Auftrags/Produktes setzen sich aus den Einzelkosten und den anteiligen Gemeinkosten zusammen. In welcher Höhe die Gemeinkosten berücksichtigt werden müssen, ergibt sich aus den Gemeinkostenzuschlagssätzen. Bei der Ermittlung der **Zuschlagssätze** wird das Verhältnis der Einzelkosten zu den Gemeinkosten der vergangenen Abrechnungsperioden (hier Monat Mai) zugrunde gelegt. Da bei den Kostenstellen Verwaltung und Vertrieb fast keine Einzelkosten anfallen, nimmt man als Zuschlagsgrundlage die **Herstellkosten.**
Formeln zur Berechnung der Gemeinkostenzuschlagssätze:

Materialgemeinkostenzuschlag (MGKZ)	**Fertigungsgemeinkostenzuschlag (FGKZ)**
$= \frac{\text{Materialgemeinkosten} \times 100}{\text{Fertigungsmaterial}}$ $\frac{24\,300 \times 100}{132\,000} = 18{,}41\,\%$	$= \frac{\text{Fertigungsgemeinkosten} \times 100}{\text{Fertigungslöhne}}$ $\frac{65\,400 \times 100}{43\,600} = 150\,\%$
Verwaltungsgemeinkostenzuschlag (VwGKZ)	**Vertriebsgemeinkostenzuschlag (VtrGKZ)**
$= \frac{\text{Verwaltungsgemeinkosten} \times 100}{\text{Herstellkosten}}$ $\frac{28\,800 \times 100}{265\,300} = 10{,}86\,\%$	$= \frac{\text{Vertriebsgemeinkosten} \times 100}{\text{Herstellkosten}}$ $\frac{24\,300 \times 100}{265\,300} = 9{,}16\,\%$

7.1 Kosten ermitteln und Preise kalkulieren

Kostenträgerrechnung: **Wer** hat die Kosten verursacht?
Aufgabe der Kostenträgerrechnung ist die Kalkulation eines Auftrages oder eines Produktes. Folgende Methoden lassen sich bei der Aufteilung der Kosten nach ihren Verursachern anwenden:

- Bei Unternehmen, die nur ein Produkt herstellen, lassen sich die Stückkosten ermitteln, indem die Gesamtkosten einer Periode durch die Anzahl der in diesem Zeitraum produzierten Güter dividiert werden. Dies bezeichnet man als **Divisionskalkulation**.

Beispiel: Eine Brauerei produziert in einer Woche 8 000 Hektoliter Bier. Die Gesamtkosten belaufen sich auf 220 000 Euro. Die Selbstkosten betragen 27,50 Euro pro Hektoliter Bier.

- Bei Unternehmen, die verschiedene Produkte herstellen, wird die **Zuschlagskalkulation** angewandt. Mithilfe von Zuschlagssätzen werden die anteiligen Gemeinkosten zu den Einzelkosten hinzugerechnet. Das Ergebnis dieser Berechnung sind die **Selbstkosten**. Rechnet man den Gewinn und die Umsatzsteuer hinzu, erhält man den Bruttoverkaufspreis bzw. Angebotspreis.

Beispiel: Für die Berechnung eines Auftrages liegen folgende Zahlen vor:

Fertigungsmaterial (Materialeinzelkosten):	50 €
Fertigungslöhne (Fertigungseinzelkosten):	100 €
Materialgemeinkosten (z. B. Lagerhaltung):	10 % des Fertigungsmaterials
Fertigungsgemeinkosten (z. B. Energiekosten):	90 % der Fertigungslöhne
Verwaltungsgemeinkosten (Gehälter d. Angestellten):	10 % der Herstellkosten
Vertriebsgemeinkosten (z. B. Verpackung):	5 % der Herstellkosten

	Kalkulationsschema	%	€	€
	1. Fertigungsmaterial		50	
+	2. Materialgemeinkosten	10	5	
=	**3. Materialkosten (1 + 2)**			**55,00**
+	4. Fertigungslöhne		100	
+	5. Fertigungsgemeinkosten	90	90	
=	**6. Fertigungskosten (4 + 5)**			**190,00**
=	**7. Herstellkosten (3 + 6)**			**245,00**
+	8. Verwaltungsgemeinkosten	10		24,50
+	9. Vertriebsgemeinkosten	5		12,25
=	**10. Selbstkosten**			**281,75**
+	11. Gewinn	10		28,18
=	**12. Nettoverkaufspreis**			**309,93**
+	Umsatzsteuer	19		58,89
=	**13. Bruttoverkaufspreis**			**368,82**

Zusammenfassung: Einzel- und Gemeinkosten

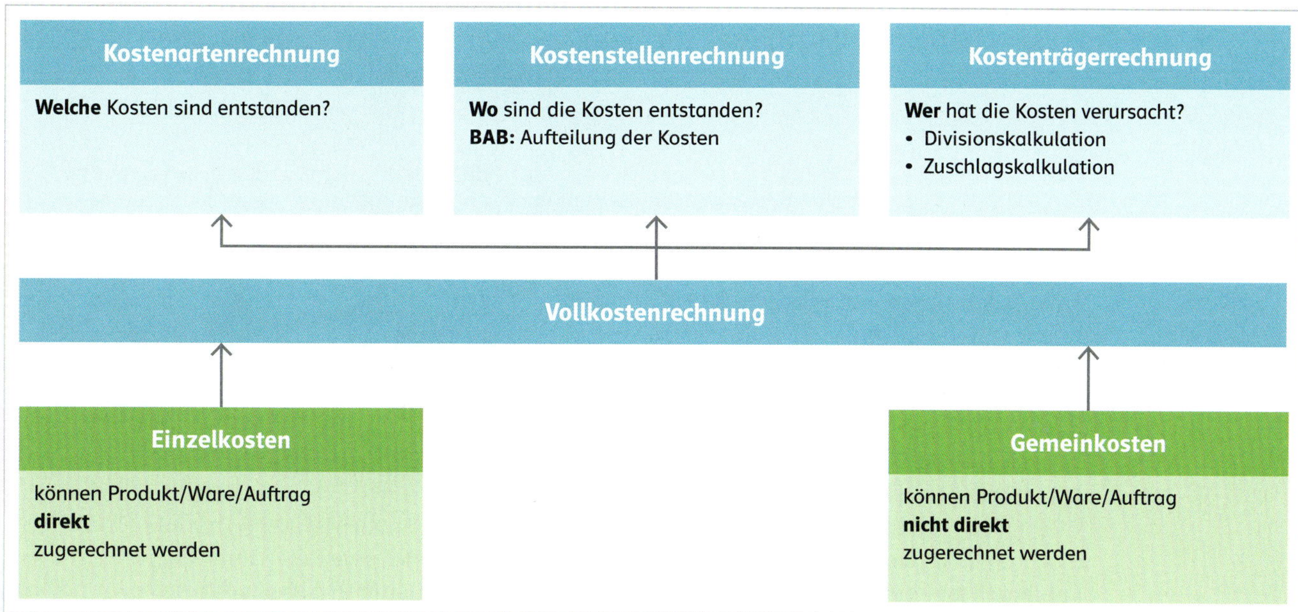

Übungsaufgaben

○ 1. Ordnen Sie die unten genannten Abteilungen den Kostenstellen (Material, Fertigung, Verwaltung, Vertrieb) zu:
Buchhaltung, Lager, Marketingabteilung, Rechtsabteilung, Gießerei, Geschäftsleitung, Reparaturabteilung, CNC-Arbeitsplatz, Arbeitsvorbereitung.

◒ 2. Der Besitzer einer Grube fördert im Monat 6 200 Tonnen Kies. Dabei entstehen folgende Kosten (Angaben in Euro):

Personalkosten:	87 000
Abschreibungen:	34 000
Verwaltungskosten:	25 000
Vertriebskosten:	12 000
Übrige Kosten:	42 000

Berechnen Sie die Selbstkosten für eine Tonne Kies.

● 3. Eine Kundin wünscht von der Firma Homann einen Kostenvoranschlag für eine Küche.
Folgende Zahlen sind bekannt:

Fertigungsmaterial:	1 500 €
Materialgemeinkosten:	10 %
Fertigungslöhne:	2 000 €
Fertigungsgemeinkosten:	150 %
Verwaltungsgemeinkosten:	20 %
Vertriebsgemeinkosten:	5 %
Gewinnzuschlag:	10 %
Umsatzsteuer:	19 %

Ermitteln Sie den Preis für die Küche.

Selbstkosten pro Handwerkerstunde

Lernsituation

Frau Enders: Enders, Kreishandwerkerschaft. Guten Morgen.
Frau Stein: Stein. Guten Morgen. Wer kann mir denn Auskunft über eine Handwerkerrechnung geben?
Frau Enders: Worum geht es denn?
Frau Stein: Also, wir hatten in der letzten Woche einen Rohrbruch. Normalerweise macht mein Mann ja alles selber. Aber der Rohrbruch konnte ja nicht warten, bis mein Mann von der Arbeit kam. Daher rief ich bei dem Installationsbetrieb Haas an, und die schickten mir sofort einen Handwerker, der den Schaden behob. Heute Morgen bekam ich dann die Rechnung:
Für zwei Stunden Arbeit sollen wir 102 Euro bezahlen. Mein Mann bekommt 17 Euro in der Stunde. Da kann doch etwas nicht stimmen!
Frau Enders: Frau Stein, bedenken Sie aber bitte, dass ein Handwerksbetrieb mehr in Rechnung stellen muss, als er an seine Mitarbeiter auszahlt. Dazu gehören auch die Lohnnebenkosten.
Frau Stein: Natürlich zahlt der Arbeitgeber einen Teil der Sozialversicherungsbeiträge. Aber 51 Euro pro Stunde, das ist doch völlig überzogen.
Frau Enders: Viele Kunden sehen nur die Zeit, in der der Handwerker in ihrer Wohnung arbeitet. Der Preis für eine Arbeitsstunde muss aber z. B. auch die Zeit der Arbeitsvorbereitung abdecken.
Frau Stein: So viel kann das doch gar nicht sein.
Frau Enders: Denken Sie auch daran, dass die Mitarbeiter Fahrzeuge und Maschinen benötigen und dass Aufträge im Büro vor- und nachbereitet werden müssen. Ich schicke Ihnen gerne eine Aufstellung zu, aus der hervorgeht, wie viel eine Handwerkerstunde kostet. Dann können Sie sich selber ein Bild machen.
Frau Stein: Das würde mich wirklich einmal interessieren.

Arbeitsauftrag

- Ermitteln Sie die Kosten für die Arbeitsstunde eines Handwerkers im Bereich Gas- und Wasserinstallation.
  Berechnen Sie zunächst die jährliche produktive Arbeitszeit eines Handwerkers allgemein und anschließend die Selbstkosten der Handwerkerstunde in diesem Beispiel. Übernehmen Sie dabei die im Informationstext angegebenen Informationen und die dort vorgestellten Formulare.

Nicht nur die Zeit beim Kunden verursacht Kosten.

Nicht jede Arbeitszeit ist produktiv

Nehmen wir an, dass eine tarifliche Arbeitszeit von 37,5 Stunden pro Woche vereinbart ist. Bei einer Fünf-Tage-Woche ergibt das eine tägliche Arbeitszeit von 7,5 Stunden. Da samstags und sonntags nicht gearbeitet wird, bleiben von den 365 Tagen des Jahres zunächst 261 Tage übrig. Weiterhin sind Zeiten zu berücksichtigen, die zwar bezahlt werden, in denen die Mitarbeiter aber nicht produktiv tätig sind. Durchschnittlich fallen im Jahr elf Feiertage, 30 Urlaubstage und neun Krankheitstage an. Aber auch im Betrieb fallen unproduktive Zeiten an, z. B. für Schulungen. Durchschnittlich sind das 172 Stunden im Jahr.

Erfassung der Kosten

Damit Unternehmen keine Verluste erwirtschaften, müssen alle Kosten über die Erlöse abgedeckt sein. Dazu ist es erforderlich, zunächst einmal alle Kosten zu erfassen.
Neben den reinen Stundenlöhnen gibt es noch andere Kosten, die bei der Kalkulation der Selbstkosten berücksichtigt werden müssen. Dazu zählen **Lohnnebenleistungen** (z. B. Weihnachtsgeld, Urlaubsgeld, vermögenswirksame Leistungen) ebenso wie **Lohnnebenkosten**, vor allem als Arbeitgeberanteil zur Sozialversicherung.

Außerdem muss der Betrieb Kosten tragen, die durch die Nutzung von Maschinen und Fahrzeugen sowie durch den Einsatz von Verwaltungspersonal begründet sind. Das sind die **Gemeinkosten**.

Beispiel: Ein Reparaturauftrag wird im Büro angenommen. Arbeitskräfte werden zur Erledigung des Auftrages eingeteilt. Nähere Anweisungen erteilt der Meister an einen Gesellen und an einen Auszubildenden. Ein Fahrzeug muss für die Fahrt zum Kunden bereitgestellt werden. Beim Kunden stellt sich heraus, dass an einem Werkstück umfangreichere Arbeiten zu erledigen sind, für die eine Spezialmaschine erforderlich ist. Der Geselle fährt zur Werkstatt zurück, bearbeitet das Werkstück und beendet die Arbeiten beim Kunden. Nach der Rückkehr der Mitarbeiter erhält das Büro einen Stundenzettel, der die Grundlage für die Rechnung bildet. Bis zum Zahlungseingang wird der Vorgang durch das Büro überwacht. Materialkosten werden dem Kunden meist gesondert in Rechnung gestellt.

Selbstkosten einer Handwerkerstunde

Mitarbeiter im Handwerk (Meister, Gesellen, Hilfskräfte) erhalten an zahlreichen Tagen im Jahr einen Lohn, obwohl sie nicht arbeiten.

Berechnung der jährlichen produktiven Arbeitszeit Tägliche Arbeitszeit = 7,5 Std. (Wochenarbeitszeit = 37,5 Std.)		
Kalendertage des Jahres	365 Tage	
• Samstage	___ Tage	
• Sonntage	___ Tage	
bezahlte Stunden (Jahresarbeitszeit)	___ Tage × 7,5	= _____ Stunden
abzüglich:		
• Feiertage	___ Tage × 7,5	= _____ Stunden
• Urlaub	___ Tage × 7,5	= _____ Stunden
• Krankheitstage	___ Tage × 7,5	= _____ Stunden
Anwesenheit im Betrieb:	___ Tage × 7,5	= _____ Stunden
abzüglich:		
• unproduktive Arbeitszeit		
• Schulung		
• Arbeitsvorbereitung		= _____ Stunden
produktive Arbeitszeit: (anrechenbare Stunden)		= _____ Stunden

Schema zur Berechnung der Selbstkosten pro Handwerkerstunde			
	Bruttolohn: Jahresarbeitszeit (volle Std.) × Stundenlohn	=	€
+	Lohnnebenleistungen (Urlaubsgeld u. ä.)	=	€
=	Jahresarbeitslohn	=	€
+	Lohnnebenkosten	=	€
=	Jahreslohnkosten	=	€
	Lohnkosten pro produktive Stunde: (Jahreslohnkosten : produktive Arbeitszeit)	=	€
+	Gemeinkostenzuschlag (Maschinen, Verwaltung u. Ä.)	=	€
=	**Selbstkosten pro Handwerkerstunde**	=	**€**

Online-Code zum Download des Schemas → S. 301

Im Installationsbetrieb Haas liegen folgende Daten vor:	
bezahlte Arbeitszeit: Stundenlohn:	1931 Stunden 16,00 €
Lohnnebenleistungen (Urlaubsgeld, Weihnachtsgeld, vermögenswirksame Leistungen) pro Jahr:	rund 2800 €
Lohnnebenkosten (Arbeitgeberanteil zur Sozialversicherung):	ca. 20 % des Jahresarbeitslohnes
produktive Arbeitsstunden:	1389
Gemeinkostenzuschlag (für die Nutzung von Maschinen, Fahrzeugen, Verwaltungsarbeiten)	ca. 75 % der Lohnkosten (Jahr)

Jahreslohnkosten

Bruttolohn
+ Lohnnebenleistungen
+ Lohnnebenkosten
= Jahreslohnkosten

Daher ergibt sich eine erhebliche Differenz zwischen den Stunden, die der Betrieb seinen Mitarbeitern bezahlen muss, und den Stunden, die Kunden in Rechnung gestellt werden können (produktive Arbeitszeit). Letztlich müssen alle Kosten über die Erlöse wieder an das Unternehmen zurückfließen. Dazu ist es erforderlich, alle Kosten auf die Arbeitszeit umzulegen, die Kunden in Rechnung gestellt werden.
Die Arbeitszeit, die für einen Kundenauftrag aufgewendet werden musste, lässt sich exakt messen und damit jedem einzelnen Auftrag genau zurechnen. Man spricht daher auch von **Einzelkosten**.
Die Nutzung von Maschinen und Fahrzeugen, der planerische und kontrollierende Einsatz eines Meisters sowie die Leistungen der Verwaltung können nur schwer oder mit erheblichem Aufwand exakt erfasst werden. Daher rechnet man diese allgemeinen, d. h. für viele Aufträge anfallenden Kosten in einen Prozentsatz um (Gemeinkostenzuschlag), den man auf die Lohnkosten aufschlägt.

Beispiel zur Berechnung des Gemeinkostenzuschlags:

50 000 € Jahreslohnkosten = 100 %
100 000 € Gemeinkosten = ? %

$$\frac{100 \times 100\,000}{50\,000} = 200\,\%$$

Mit dem Gemeinkostenzuschlag werden die Gemeinkosten über den Stundenlohn an den Kunden weiterberechnet. Die Basis für die Berechnung (100 %) sind die Jahreslohnkosten. Die Gemeinkosten eines Jahres werden zu den Jahreslohnkosten ins Verhältnis gesetzt.
Mit dem errechneten Gemeinkostenzuschlag können die Selbstkosten ermittelt werden. Dabei kann der Gemeinkostenzuschlag auf die Jahreslohnkosten oder auch auf eine Handwerkerstunde bezogen sein.

Kalkulation des Selbstkostenpreises pro Handwerkerstunde:

	Lohnkosten je produktive Std.	16,00 €
+	Gemeinkostenzuschlag (200 %)	32,00 €
=	**Selbstkostenpreis**	48,00 €

Zusammenfassung: Selbstkosten pro Handwerkerstunde

Selbstkosten pro Handwerkerstunde

Jahresarbeitslohn	:	Produktive Arbeitszeit	×	Gemeinkostenzuschlag
Bruttolohn + Lohnnebenleistungen + Lohnnebenkosten		Bezahlte Arbeitszeit – Feiertage, Urlaubs- und Krankheitstage – Unproduktive Zeiten		• Verhältnis der Gemeinkosten (Maschinen-, Fahrzeug-, Bürokosten usw.) zu Lohnkosten in Prozent

Übungsaufgaben

1. Ein Dachdeckerbetrieb packt alle anfallenden Gemeinkosten in einen einheitlichen Gemeinkostenzuschlag.
   a) Ermitteln Sie den Gemeinkostenzuschlag nach folgenden Angaben:

Jahresbruttolohn insgesamt	100 000 €
Lohnnebenleistungen	34 000 €
Lohnnebenkosten	48 000 €
Gemeinkosten	
• Gehälter	33 000 €
• Aufwendungen für bezogene Leistungen	10 000 €
• Abschreibungen	12 500 €
• Aufwendungen für die Inanspruchnahme von Rechten und Diensten	17 000 €
• Aufwendungen für Kommunikation	4 000 €
• Aufwendungen für Beiträge	2 000 €
• Betriebliche Steuern	4 000 €
• Zinsen	7 500 €

   b) Ermitteln Sie die durchschnittlichen Selbstkosten pro Handwerkerstunde.
   Die produktive Arbeitszeit der Mitarbeiter beträgt im Jahr 9 580 Stunden.

2. Kalkulieren Sie für das Friseurfachgeschäft „Trend-Frisuren Helmer“ den Preis für eine modische Tagesfrisur mit Kopfwäsche und modellierendem Nachschnitt anhand folgender Zahlenangaben:

Arbeitszeit:	55 Min.
Stundenlohn:	9 €
Gemeinkostenzuschlagssatz:	165 %
Gewinn:	30 %
Umsatzsteuer:	19 %

3. Eine Bauunternehmung könnte einen Auftrag für den Umbau einer Garage erhalten. Allerdings muss sie auf das günstigste Angebot in Höhe von 15 000 Euro (ohne USt) eingehen.
   Prüfen Sie anhand der nachfolgenden Angaben, ob das Unternehmen den Auftrag übernehmen sollte.

Fertigungsmaterial:	4 100 €
Fertigungslöhne:	40 Meisterstunden zu je 15 €
	110 Gesellenstunden zu je 14 €
	110 Stunden Hilfslöhne zu je 14 €
Gemeinkostenzuschlag auf den Lohn:	140 %
Gewinnzuschlag:	mindestens 12 %

Deckungsbeitrag und Preisuntergrenze

Lernsituation

In der Schreinerei Klein. Herr Klein, der Inhaber, im Gespräch mit seiner Tochter:

Herr Klein: Ich habe gerade mit Herrn Schröder gesprochen.
Anja Klein: Haben wir den Auftrag?
Herr Klein: Ja, aber nur dann, wenn wir mit dem Preis um 1500 Euro runtergehen. Er hat sich auch von unseren Konkurrenten ein Angebot eingeholt. Und Schmidt baut ihm die Küche für 1500 Euro weniger.
Anja Klein: Dann soll Schmidt den Auftrag machen. Wir haben doch alles genau durchgerechnet. Auf den Gewinn von 500 Euro könnten wir noch verzichten, aber wenn wir 1000 Euro unter Selbstkosten verkaufen, ist das für uns ein Verlust. Außerdem lassen sich nirgendwo Kosten sparen. Vergessen wir den Auftrag.
Herr Klein: Aber dieser Auftrag hätte gut in die 44. Woche gepasst. Bisher liegt für diesen Zeitraum noch nichts an und daran wird sich wohl auch nichts ändern.
Anja Klein: Das heißt also, für die Woche haben wir keine Einnahmen.
Herr Klein: Dafür aber Kosten. Bei den Lohnkosten ist das kein Problem. Martin und Petra haben ein dickes Plus auf ihren Arbeitszeitkonten. Beide bekommen zwar für die Woche ihren Lohn, können aber zu Hause bleiben, um die zuvor geleistete Mehrarbeit auszugleichen. Miete, Abschreibungen und Zinsen fallen aber an, auch wenn wir nicht fertigen. Angenommen, mit dem Erlös aus der Schröder-Küche könnten wir nicht nur die Kosten decken, die uns durch den Auftrag entstehen, sondern auch noch einen Teil der Fixkosten, dann …
Anja Klein: Du meinst, es lohnt sich doch, über das Angebot von Herrn Schröder nachzudenken? Dann lass' uns die Kalkulation noch mal durchgehen.

Kalkulation Schröder

Material	3000 €
Haushaltsgeräte	3500 €
160 Arbeitsstunden à 34 €	5440 €
Gemeinkosten:	
- Abschreibungen	800 €
- Zinsen	250 €
- Werbung	100 €
- Verwaltung/Büro	900 €
- Leasing/Pkw	400 €
- Versicherungen	200 €
- Reparatur/Wartung	300 €
- Energie	150 €
Selbstkosten	15040 €
Gewinn	500 €
Gesamt (ohne USt)	15540 €

Arbeitsauftrag

- Beurteilen Sie, ob es sich für die Schreinerei lohnt, den Auftrag anzunehmen. Herr Schröder ist bereit, für die Küche 14000 Euro (ohne USt) zu bezahlen.

Deckungsbeitragsrechnung

Bei der Vollkostenrechnung werden die Kosten in Einzel- und Gemeinkosten aufgeteilt (→ S. 152 ff.). Eine andere Art der Kostenrechnung ist die Aufteilung in fixe und variable Kosten. Man spricht auch von der Deckungsbeitragsrechnung als Teil der Teilkostenrechnung.

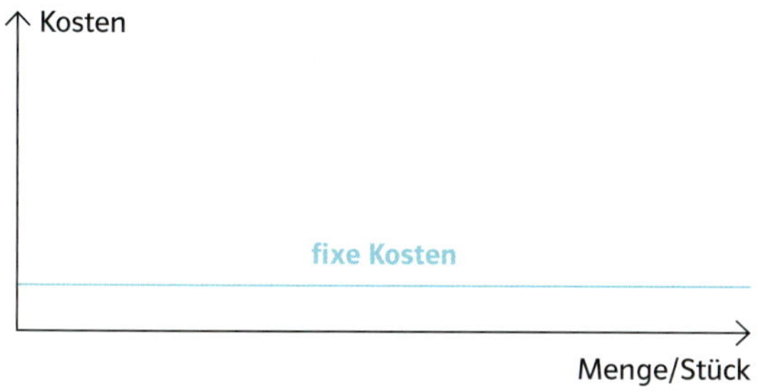

Fixe Kosten (feste, zeitabhängige Kosten) entstehen in einem bestimmten Zeitraum (Monat/Jahr) unabhängig davon, wie viele Güter produziert werden. Sie entstehen selbst dann, wenn nicht produziert wurde. Zu den Fixkosten gehören:
Mieten, Leasingraten, Zinsen, Versicherungsprämien, Abschreibungen.

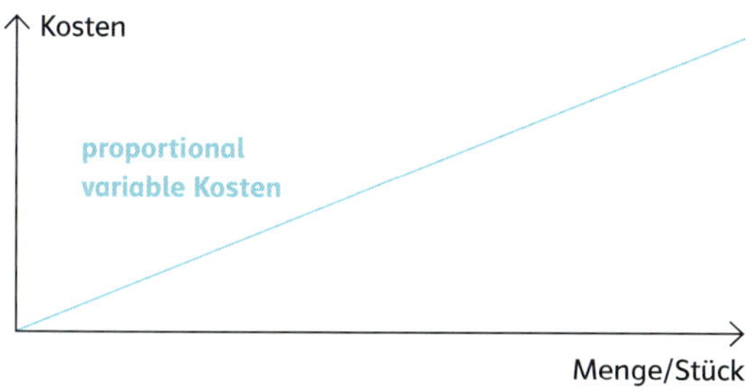

Variable Kosten (veränderbare, leistungsabhängige Kosten) sind abhängig von der Produktionsmenge. Zu den variablen Kosten gehören u.a. Materialverbrauch und Energiekosten. Lohnkosten lassen sich dann den variablen Kosten zurechnen, wenn der Lohn nur für geleistete Arbeit gezahlt wird. Dies gilt z.B. für die Beschäftigung von Leiharbeitern. Unternehmen mit fest angestellten Arbeitnehmern können Lohnkosten als variabel ansehen, wenn sie Arbeitszeitkonten einsetzen. Bei guter Auftragslage arbeitet der Mitarbeiter länger als die normal vereinbarte Arbeitszeit und bekommt diese Stunden auf dem Arbeitszeitkonto gutgeschrieben. Bei schlechter Auftragslage erhält er diese Mehrarbeit in Form von Freizeitausgleich zurück.

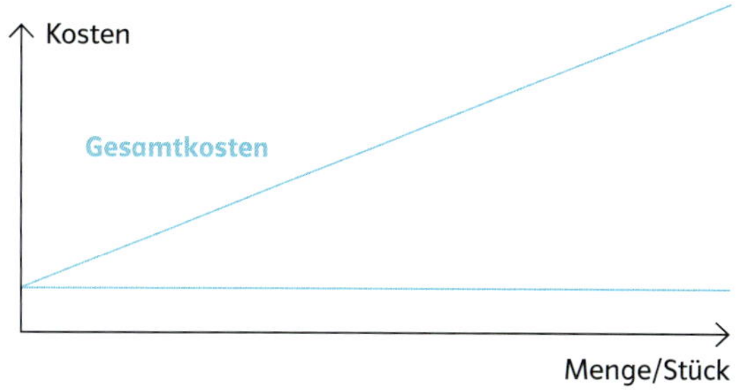

Zählt man die fixen Kosten und die variablen Kosten zusammen, erhält man die **Gesamtkosten**.
Wenn sich die variablen Kosten im gleichen Ausmaß oder Umfang wie die Produktionsmenge ändern, spricht man von proportional variablen Kosten. Die Veränderung der variablen Kosten kann auch progressiv sein (dann steigen die Kosten stärker, z.B. weil die Maschinen durch die Überbelastung extrem verschleißen) oder die Kosten verändern sich degressiv (sie steigen weniger, z.B. weil es Mengenrabatte beim Einkauf gibt).

Die absolute Preisuntergrenze

Die Kosten eines Produktes (Stückkosten) setzen sich somit zusammen aus den variablen Kosten pro Stück (gleicher Betrag) und den anteiligen Fixkosten (Gesamtfixkosten, verteilt auf die Fertigungsmenge). Damit ein Unternehmen am Markt besteht, muss der Verkaufspreis langfristig die Stückkosten decken. Lässt sich dieser Preis kurzfristig aufgrund geringer Nachfrage und verstärkter Konkurrenz nicht erzielen, so kann es durchaus Sinn machen, seine Leistung unter den Stückkosten anzubieten.
Verluste entstehen nämlich auch dann, wenn nicht produziert und keine Einnahmen erzielt werden. Es fallen zwar keine variablen Kosten an, aber die fixen Kosten bleiben. Liegt der Verkaufspreis über den variablen Kosten, kann ein Teil der Fixkosten gedeckt und somit der Verlust gemindert werden. Die variablen Kosten bilden jedoch die Preisuntergrenze. Es lohnt sich also nicht, einen Auftrag anzunehmen,

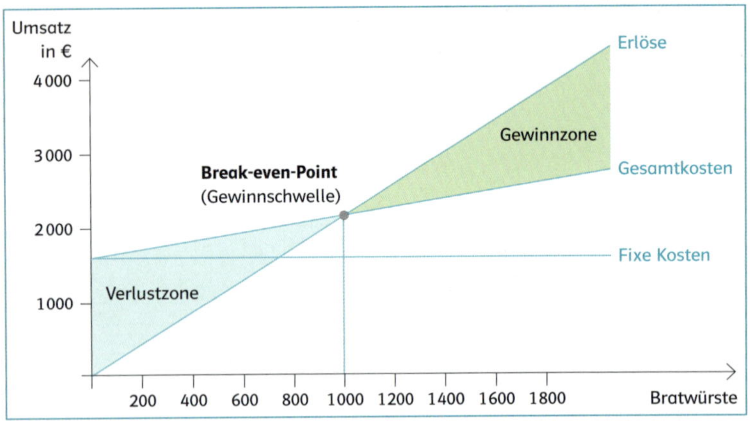

Deckungsbeitrag gesamt:

Gesamterlös
– variable Kosten (gesamt)

Deckungsbeitrag pro Stück:

Erlös pro Stück
– variable Kosten pro Stück

wenn nicht einmal die variablen Kosten gedeckt werden. Den Betrag, der über die variablen Kosten hinaus die Fixkosten deckt, nennt man **Deckungsbeitrag**.

Der Break-even-Point

Mithilfe des Deckungsbeitrags lässt sich der Break-even-Point berechnen. Dieser Punkt gibt an, bei welcher Produktionsmenge bzw. bei welchem Umsatz die **Gewinnschwelle** erreicht wird. In diesem Punkt sind die Gesamtfixkosten und der Deckungsbeitrag für das Unternehmen insgesamt gleich hoch (Deckungsbeitrag gesamt = Gesamtfixkosten).

Beispiel: Nach dem Verlust seines Arbeitsplatzes eröffnet Peter einen Bratwurststand. An festen Kosten (Standgebühr, Strom, Werbung usw.) hat er monatlich 1600 €. Die Bratwurst kauft er für 0,60 € ein und bietet sie für 2,20 € an. Pro Bratwurst erzielt er einen Deckungsbeitrag von 1,60 €. Bei 1000 verkauften Bratwürsten deckt er seine gesamten Fixkosten ab und hat den erforderlichen Deckungsbeitrag von 1600 € erwirtschaftet. Jede zusätzlich verkaufte Bratwurst bedeutet nun einen Gewinn von 1,60 €.

Das Gesetz der Massenproduktion

Die variablen Kosten verändern sich bei unterschiedlicher Produktionsmenge (Kapazitätsauslastung); der Anteil der variablen Kosten pro Stück ist aber immer gleich hoch. Anders verhalten sich die Fixkosten pro Stück. Dividiert man die Gesamtfixkosten (fester Betrag) durch die Ausbringungsmenge, ergeben sich die Fixkosten pro Stück. Bei steigender Ausbringungsmenge werden die Fixkosten pro Stück und somit auch die Gesamtstückkosten immer kleiner. Diese Art des Kostenverhaltens wirkt sich besonders bei Unternehmen aus, die mit hohem Maschineneinsatz (kapitalintensiv) produzieren. Durch Abschreibungen, Zinskosten, regelmäßige Wartungen und Reparaturen entstehen in einer Periode hohe Fixkosten. Bei optimaler Auslastung der Produktionsanlagen sinken die Fixkosten pro Stück auf ein Minimum. Dadurch können diese Unternehmen kostengünstiger produzieren als kleinere Unternehmen, deren gesamte Fixkosten niedriger sind, die dafür aber höhere variable Stückkosten haben, z. B. höhere Lohnkosten. Bei rückläufiger Nachfrage sind solche kapitalintensiven Unternehmen aber krisenanfälliger, da die Gesamtstückkosten steigen, und zwar durch die dann bestehenden hohen Fixkosten pro Stück. Deckt der Marktpreis dann nicht mehr die Gesamtstückkosten, führt dies zu Verlusten.

Monat	Stückzahl	variable Kosten/Stück	variable Kosten gesamt	Fixkosten gesamt	Fixkosten/ Stück	Stückkosten
März	2500	10 €	25000 €	100000 €	40 €	50 €
April	4000	10 €	40000 €	100000 €	25 €	35 €
Mai	5000	10 €	50000 €	100000 €	20 €	30 €

Zusammenfassung: Deckungsbeitrag und Preisuntergrenze

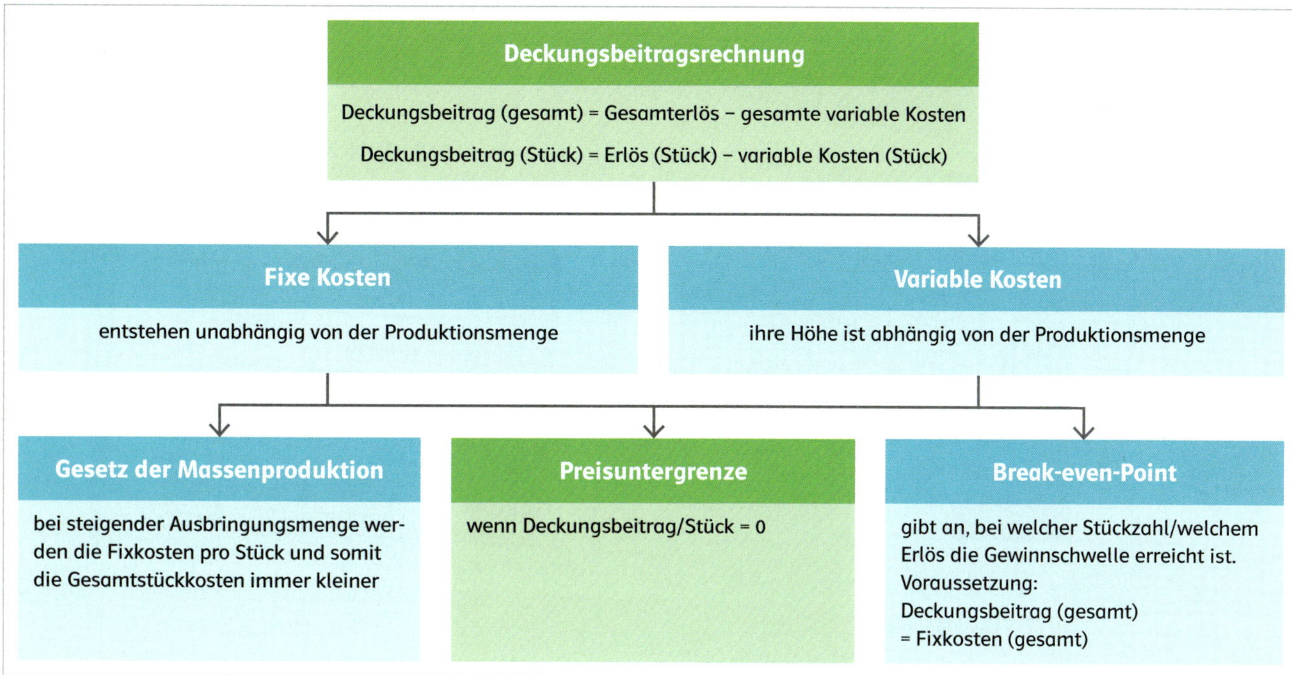

Übungsaufgaben

○ 1. Nehmen Sie eine Aufteilung der folgenden Kosten in fixe und variable Kosten vor:
Miete, Werbung, Reparatur, Verpackungsmaterial, Materialverbrauch, Zinsen, Leasingraten, Meistergehalt.

◒ 2. Im Juli wurden 3 000 Teile gefertigt, im August 4 800 Teile und im September 5 400. Die monatlichen Fixkosten betrugen 240 000 Euro, die variablen Stückkosten lagen bei 60 Euro.
   a) Stellen Sie für alle Monate eine Kostentabelle auf, aufgeteilt in fixe und variable Gesamt- und Stückkosten.
   b) Erklären Sie, wie sich Fixkosten (gesamt und pro Stück) und variable Kosten (gesamt und pro Stück) bei veränderter Produktionsmenge verhalten.

◒ 3. Einem Unternehmen liegen folgende Zahlen vor:

Fixkosten Mai:	229 500 €
variable Kosten (Stück):	250 €
Verkaufspreis (Stück):	520 €
verkaufte Stückzahl:	780 Einheiten

Ermitteln Sie
   a) den Deckungsbeitrag (Stück)
   b) den Deckungsbeitrag (gesamt)
   c) die absolute Preisuntergrenze
   d) den Gewinn bzw. Verlust
   e) den Break-even-Point

● 4. Erstellen Sie anhand der Zahlenangaben aus Aufgabe 3 eine Zeichnung, aus der der Break-even-Point und die Gewinn- und Verlustzonen hervorgehen.

Fertigungsplanung

Lernsituation

Die Möbelschreinerei Gehling erstellt Einbauküchen in solider Handwerksarbeit. Geleitet wird das Unternehmen von den Brüdern René und Gregor. René Gehling führt die Kundengespräche, erstellt die Zeichnungen und ist für den Einbau der Küchen beim Kunden zuständig. Gregor Gehling leitet die Planung und Steuerung der Fertigung. Anhand der Zeichnungen erstellt er die Stücklisten und den Arbeitsplan. So soll es auch bei der Küche für die Familie Lechner sein.

Arbeitsauftrag

- Entwickeln Sie für den Fertigungsablauf der Lechner-Küche einen Fristenplan als Balkendiagramm, aus dem der späteste Beginn der Fertigung ersichtlich ist. Die Küche soll am 23.12. beim Kunden aufgestellt werden. Beachten Sie folgende Hinweise:

  - Die innerbetriebliche Montage muss am 22.12. (Donnerstag) abgeschlossen sein.
  - Die tägliche Arbeitszeit beträgt acht Stunden.
  - Samstags und sonntags wird nicht gearbeitet.
  - Einige Tätigkeiten können zeitgleich (parallel) durchgeführt werden: das Zuschneiden der Innen- und Außenteile, das Nuten der Rückwände mit dem Schleifen der Außenfront und das Lackieren der Außenteile mit Zusammensetzung der Innenteile.

Die Fertigung planen

Die Fertigungsplanung legt alle planerischen Maßnahmen zur Erstellung eines Produktes fest. Dabei wird in Bedarfsplanung und Ablaufplanung unterschieden.
Die **Bedarfsplanung** umfasst die
- Materialplanung: Ermittlung des Bedarfs an Rohstoffen und Hilfsmitteln (z. B. Schrauben), Betriebsstoffen sowie an fremdbezogenen und selbst erstellten Teilen;
- Personalplanung: Art und Anzahl der Arbeitskräfte, die zur Fertigungsdurchführung benötigt werden;
- Betriebsmittelplanung: Art und Menge der Betriebsmittel (Maschinen, Fahrzeuge, Vorrichtungen, Werkzeuge), die für die Fertigung der geplanten Produktion erforderlich sind.

Zur **Ablaufplanung** gehören der Arbeitsplan und der Zeitplan (Fristenplan).
Der **Arbeitsplan** ist eine tabellarische Beschreibung aller Arbeitsvorgänge und enthält die erforderlichen Angaben zur Fertigung der Teile. Im Arbeitsplan wird im Einzelnen Folgendes festgelegt:
- die notwendigen Arbeitsgänge (z. B. Gehäuse für Getriebe erstellen usw.);
- die Reihenfolge der Arbeitsgänge;
- die durchlaufenden Abteilungen, in denen das Werkstück bearbeitet wird (Modellschreinerei usw.);
- die eingesetzten Betriebsmittel (Werkzeuge, Maschinen);
- die Zeitangaben für die Durchführung der Arbeiten (Rüst- und Ausführungszeiten);
- die Lohngruppen für die auszuführenden Arbeiten.

Grundlagen für die Erstellung des Arbeitsplans sind Daten aus
- Konstruktionszeichnungen: Form der Werkstücke;
- Stücklisten: Mengenangaben, Benennungen, Abmessungen;
- der Maschinenkartei: vorhandene Maschinen und deren Belegung;
- der Werkzeug- und Vorrichtungskartei: einsetzbare Werkzeuge.

Fristenpläne (Zeitpläne) sollen den Zeitbedarf für die Arbeitsgänge ermitteln, die vom Entwurf bis zur Montage auszuführen sind.

Balkendiagramm

(Fertigung eines Getriebes)

Fertigungsschritt		Tage	1	2	3	4	5	6	7	8	9	10	11	12	13	14	15	16	17	18
A	Getriebe konstruieren		■	■																
B	Modell fertigen				■	■	■	■	■											
C	Gehäuse fertigen									■	■	■								
D	Welle fertigen									■	■	■	■	■						
E	Zahnräder fertigen									■	■	■	■	■	■	■				
F	Lagerdeckel bearbeiten									■	■	■	■							
G	Montage																■	■		
H	Prüfung																		■	

Der Zeitbedarf, den ein Erzeugnis benötigt, um den eigentlichen Fertigungsprozess vom Anfang bis zum Ende zu durchlaufen, wird als Durchlaufzeit bezeichnet. Bei der Ermittlung werden die Bearbeitungs-, Transport-, Lager- und Wartezeiten einbezogen. Ziel ist es, gleichzeitig verschiedene Arbeitsgänge durchzuführen, um somit die Durchlaufzeit zu verringern. Weitere Vorteile einer kurzen Durchlaufzeit sind kleinere Zwischenlager, kürzere Lieferzeiten und eine übersichtlichere Fertigung, da sich weniger Aufträge (z. B. Küchen) gleichzeitig in der Fertigung befinden.
Fristenpläne lassen sich grafisch durch Balkendiagramme darstellen.
Der **Fristenplan als Balkendiagramm** zeigt die Dauer eines Arbeitsgangs durch einen Balken auf einer Zeitskala an.

Die Fertigungssteuerung

Nach Abschluss der Fertigungsplanung folgt die Fertigungssteuerung. Dazu gehören:

- Bereitstellen von Material: Das Material muss termingerecht in der richtigen Art und Menge am richtigen Ort bereitgestellt werden.

- Bestimmung der **Losgröße**: Die pro Fertigungsgang erstellte Menge eines Produktes bezeichnet man als Losgröße. Wird in kleinen Losgrößen gefertigt, entstehen hohe Rüstkosten, weil die Maschine für jeden neuen Fertigungsgang neu eingerichtet werden muss. Produziert man ohne Umrüstung in großen Losen, verursacht man hohe Lagerkosten. Damit ergibt sich als optimale Losgröße die Fertigungsmenge, bei der die Summe der Lager- und Rüstkosten am niedrigsten ist.
- Vorbereitung der Fertigungsstellen: Die Fertigungsstellen müssen auf die auszuführenden Arbeiten vorbereitet sein.
- Festlegen der Maschinenbelegung: Die benötigten Maschinen müssen zum richtigen Zeitpunkt verfügbar sein.
- Terminüberwachung: Damit der vereinbarte Liefertermin eingehalten werden kann, muss neben der Terminplanung eine Terminüberwachung des Arbeitsfortschritts erfolgen. Dies kann u. a. mithilfe von Netzplänen, Termin- und Laufkarten erfolgen.

Losgröße in Stück	Häufigkeit des Rüstens	Rüstkosten in €	Lagerkosten in €	Summe (Rüst- + Lagerkosten)
100	300	15000	2000	17000
200	150	7500	4000	11500
300	**100**	**5000**	**6000**	**11000**
400	75	3750	8000	11700
500	60	3000	10000	13000

Die optimale Losgröße liegt bei 300 Stück.

Zusammenfassung: Fertigungsplanung

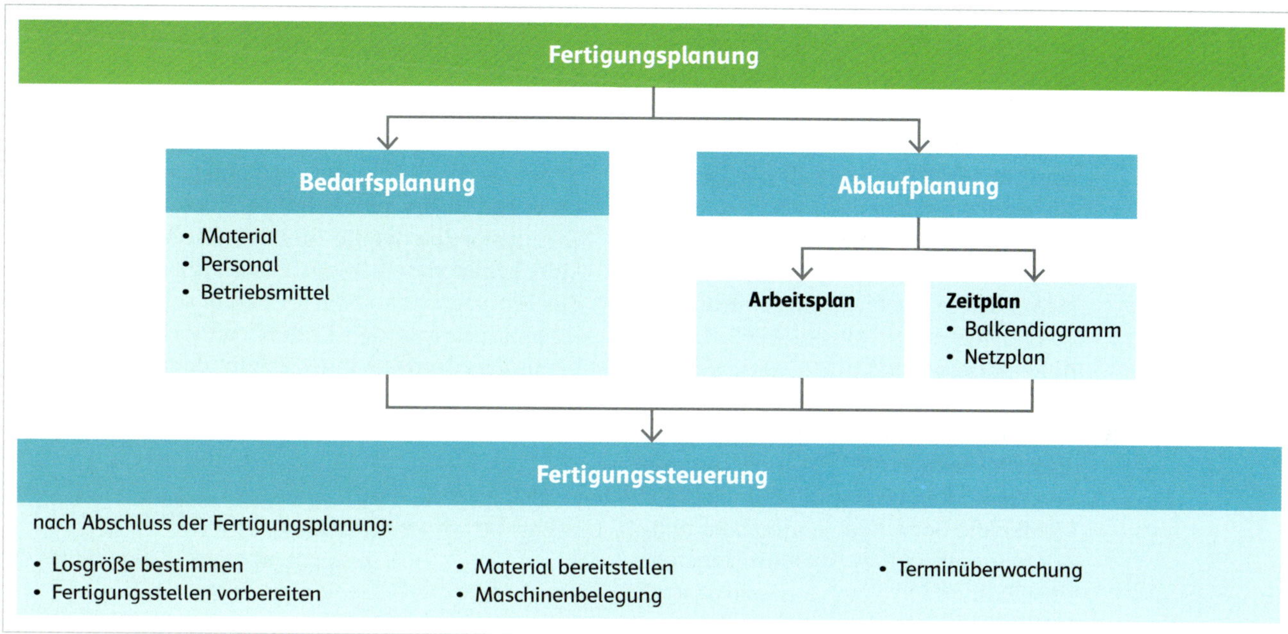

Übungsaufgaben

1. Beschreiben Sie die Aufgaben der Fertigungsplanung im Rahmen des Fertigungsprozesses.

2. Nennen Sie die Teile, aus denen sich ein Arbeitsplan zusammensetzt.

3. Beschreiben Sie die Vorteile, die sich aus einem schnellen Durchlauf der Erzeugnisse ergeben.

4. Erläutern Sie, ob die folgenden Tätigkeiten der Bedarfsplanung, der Ablaufplanung oder der Fertigungssteuerung zuzuordnen sind.
   a) Ermittlung der Bestellmenge
   b) Festlegung des Produktionsbeginns
   c) Überprüfung des Arbeitsfortschritts
   d) Festlegung der Produktionsmenge
   e) Maschinenbelegung
   f) Erstellung des Arbeitsplans
   g) Bereitstellen von Material
   h) Einkauf von Spezialwerkzeugen

5. Für den Bau eines Hauses sind folgende Arbeitsgänge in der angegebenen Reihenfolge geplant:

Fertigungsschritt		Dauer	vorausgehender Vorgang
A	Einrichten der Baustelle	1 Woche	–
B	Erdarbeiten	2 Wochen	A
C	Rohbau	8 Wochen	B
D	Dachstuhl	1 Woche	C
E	Fenster	1 Woche	D
F	Heizung/Sanitär/Elektro	4 Wochen	D
G	Estrich/Putz	3 Wochen	F
H	Boden/Malerarbeiten	2 Wochen	G

Erstellen Sie einen Durchlaufplan in Form eines Balkendiagramms.

6. Zur Fertigungssteuerung gehört die Festlegung der Losgröße.
   a) Erläutern Sie den Begriff „Los“.
   b) Erklären Sie, was unter einer „optimalen Losgröße“ zu verstehen ist.
   c) Stellen Sie Vermutungen an, warum in der betrieblichen Praxis die „optimale Losgröße“ nicht immer eingehalten werden kann.

Gestaltung von Arbeitsabläufen

Lernsituation

Ein Blick in die Werkstatt der Möbelschreinerei Gehling macht optisch die handwerkliche Fertigung der Produkte deutlich: In der Mitte der Werkstatt entsteht nach und nach jeweils eine Küche gemäß den Wünschen des Kunden. Um diese Mitte herum sind die verschiedenen Maschinen angeordnet, die für die einzelnen Arbeitsschritte notwendig sind.
Zunächst werden die Teile zugeschnitten und die Kanten bearbeitet. Anschließend werden die Bohrungen angebracht und Aussparungen z. B. für die Beschläge gefräst. Daraufhin können die Teile geschliffen und zum Schluss – aus Gründen des Gesundheitsschutzes in einem separaten Raum – lackiert werden.
Wenn alle Einzelteile erstellt sind, wird die Küche probeweise in der Mitte des Raumes zusammengebaut. Entspricht das fertige Produkt den Plänen, wird es im Fertigteilelager so lange zwischengelagert, bis der Termin für die Montage beim Kunden erreicht ist.
Materialien wie z. B. Spanplatten, Furniere, Beschläge, Schrauben usw. kann jeder – so wie sie benötigt werden – dem Materiallager entnehmen.
Die Aufträge werden vom Meister auf die Mitarbeiter verteilt. Da es sich um ausgebildete Schreiner handelt, verrichtet jeder die Arbeiten, die gerade notwendig sind.
In jüngster Zeit hat die Zahl der Aufträge stark zugenommen, manchmal müssen aus Termingründen zwei Küchen gleichzeitig produziert werden. Dadurch entsteht ein großes Durcheinander. Es gibt daher Überlegungen, die Arbeitsabläufe zu verbessern.

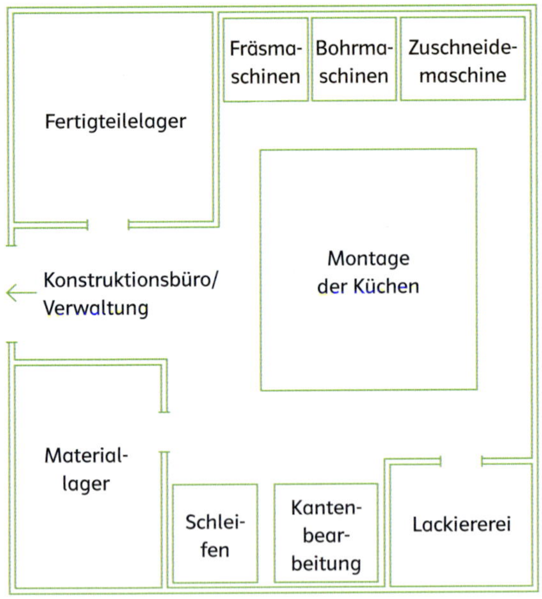

Arbeitsauftrag

- Entwerfen Sie einen Plan, der den Fertigungsablauf bei der Herstellung der Küchen in dem Unternehmen verbessert. Verwenden Sie die folgenden Informationen zu den Fertigungsverfahren und berücksichtigen Sie folgende Hinweise:

  1. Die Fertigungshalle kann beliebig aufgeteilt werden.
  2. Die vorhandenen Wände (Doppelstrich) zu den Lagern und zur Lackiererei können durch Umbaumaßnahmen verschoben oder beseitigt werden.

🔍 ***Werkstatt-fertigung***

eine Variante der verrichtungs-orientierten Herstellung

Unterschiedliche Fertigungsarten

Betrachtet man das Produktionsziel eines Betriebes nach der Menge der Erzeugnisse, unterscheidet man in Einzel- und Mehrfachfertigung.

- **Einzelfertigung**:
  Wird mit der Produktionsanlage eines Betriebes jeweils nur ein einzelnes Produkt erstellt, spricht man von Einzelfertigung. Grundlage ist gewöhnlich ein spezieller Kundenauftrag, der detaillierte Wünsche enthält.
  Beispiele: Bau von Gebäuden, Fertigung von Spezialmaschinen oder Küchen.
  Mit einer Einzelfertigung kann sich ein Unternehmen veränderten Kundenansprüchen sehr schnell anpassen. Andererseits ist die individuell ausgerichtete Produktion aufwendig.

- **Mehrfachfertigung**:
  Bei der Mehrfachfertigung werden mit der Produktionsanlage gleichartige Produkte zur selben Zeit oder unmittelbar hintereinander erstellt. Dabei gibt es drei Varianten:
  Serienfertigung liegt vor, wenn die gleichartigen Produkte in begrenzter Stückzahl erzeugt werden. Für eine neue Serie wird die Anlage umgerüstet (hohe Kosten, zeitaufwendig).
  Beispiele: Herstellung von Tiefkühlfertiggerichten, Elektrokleingeräten, CDs.
  Sortenfertigung liegt vor, wenn Produkte hergestellt werden, die sich aufgrund des verwendeten Materials und ihrer Herstellung nur unwesentlich unterscheiden.
  Beispiele: Stoffqualität oder Schnittmuster bei Anzügen, unterschiedliche Biersorten bei Brauereien, Schrauben mit unterschiedlichen Abmessungen.
  Massenfertigung ist durch eine unbegrenzte Anzahl eines Produktes gekennzeichnet, das über lange Zeiträume erstellt wird.
  Beispiele: Herstellung von Bier, Schrauben.

Wiederholungen in der Arbeitsabfolge und die Möglichkeit, Spezialmaschinen einzusetzen, führen zu einer Rationalisierung des Produktionsablaufs und damit zu einer Senkung der Stückkosten. Ein Nachteil der Massenfertigung ist, dass die aufwendige Fertigungsorganisation nur schwer auf Marktveränderungen umgestellt werden kann.

Fertigung nach Ablaufprinzipien

Im Fertigungsprozess werden bestimmte Tätigkeiten (Verrichtungen) in sachlich und zeitlich geordneter Abfolge angeordnet. Grundsätzlich bestehen zwei Möglichkeiten, diesen Fertigungsprozess zu organisieren.

🔍 **Werkstattfertigung**
Dieser Organisationstyp ist vor allem für die Einzelfertigung oder die Produktion kleiner Serien geeignet. Hier sind Arbeitsplätze und Maschinen, mit denen ähnliche Arbeitsaufgaben erledigt werden, räumlich zusammengefasst. In der Industrie bezeichnet man jeden dieser Orte als Werkstatt, während man im Handwerk von einem Ort als Werkstatt spricht, an dem verschiedene Maschinen angeordnet sind, mit denen spezielle Verrichtungen durchgeführt werden.
Vorteile:
- Das Unternehmen kann sich flexibel auf neue Produkte umstellen und damit auf Marktveränderungen reagieren.

Fließfertigung

eine Variante der objektorientierten Herstellung

Fertigung nach Ablaufprinzipien

Verrichtungsprinzip
Gleichartige Verrichtungen (z. B. Fräsen, Lackieren) werden räumlich zusammengefasst, und die Werkstücke müssen an diesen Ort gebracht werden. Die räumliche Anordnung der Arbeitsplätze und Betriebsmittel ist unabhängig von der Reihenfolge, in der die Arbeiten durchzuführen sind: **verrichtungsorientierte Herstellung**.

Flussprinzip
Hier bestimmt der Ablauf, in dem ein Produkt erstellt wird (z. B. zuerst zuschneiden, dann Kanten bearbeiten usw.), die Anordnung der Tätigkeiten und die Nutzung der erforderlichen Betriebsmittel. Die Werkstoffe bewegen sich entlang dieser Produktionsfolge: **objektorientierte Herstellung**.

- Da die Maschinen universell einsetzbar sind und gewöhnlich mehrere Exemplare zur Verfügung stehen, sind technische Störungen leicht zu beheben.
- Die Mitarbeiter erwerben durch breit gestreuten Arbeitseinsatz große Fachkenntnisse.

Nachteile:
- Der Transport der Werkstücke zu den verschiedenen Werkstätten ist zeitaufwendig.
- Die Maschinen müssen häufig für unterschiedliche Arbeitsschritte umgerüstet und neu eingestellt werden.
- Der Produktionsablauf ist unübersichtlich.

Fließfertigung

Die Betriebsmittel und Arbeitsplätze sind so angeordnet, dass sie der logischen Abfolge bei der Herstellung des Produktes entsprechen (Flussprinzip). Dieser Organisationstyp eignet sich besonders für die Mehrfachfertigung. Bei der Massenfertigung wird in der Regel die Fließbandfertigung verwendet. Dabei wird der Herstellungsprozess in kleinste, zeitgleiche Verrichtungen zerlegt und das Werkstück im Taktverfahren an den einzelnen Arbeitsplätzen vorbeigeführt.

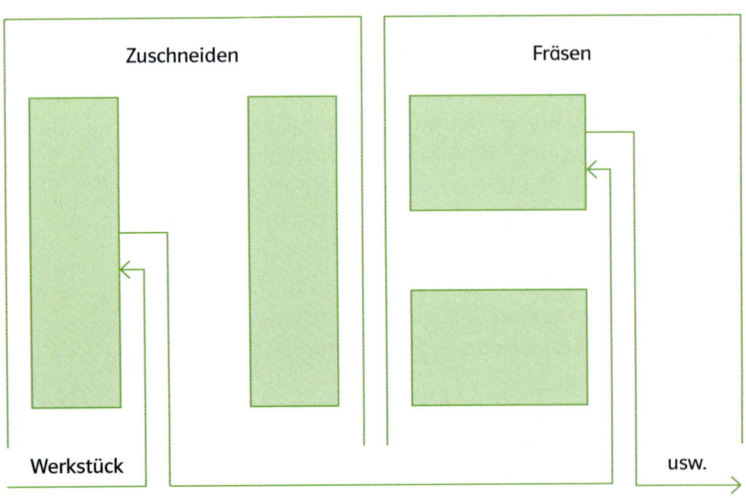

Vorteile:
- Die Transportwege werden verkürzt.
- Spezialmaschinen und eine starke Spezialisierung der Mitarbeiter beschleunigen den Produktionsablauf.
- Durch die Einengung der Verrichtungen kann auf teure Fachkräfte verzichtet werden. Vielfach lassen sich Arbeitskräfte durch Maschinen ersetzen.
- Der Produktionsprozess ist sehr übersichtlich.

Nachteile:
- Die Spezialisierung von Maschinen und Mitarbeitern erschwert Produktionsumstellungen.
- Ausfälle einzelner Produktionselemente können den gesamten Fertigungsprozess beeinträchtigen.
- Die geringe Abwechslung in den Arbeitsabläufen, die manchmal auf wenige Handgriffe beschränkt sind, vermindert die Motivation der Mitarbeiter oft stark.

Ebenso wie bei der Fließfertigung wird bei der **Reihenfertigung** nach dem Flussprinzip verfahren. Bei beiden Fertigungsarten bestimmt die technologische Reihenfolge den Fertigungsablauf. Der Unterschied besteht nur darin, dass bei der Fließfertigung die Arbeitsplätze durch mechanische Transporteinrichtungen verbunden sind, während bei der Reihenfertigung die Werkstücke von den Mitarbeitern transportiert werden.

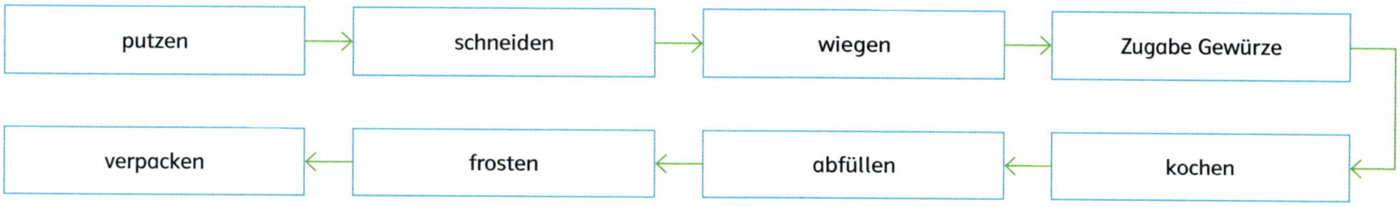

Ein Beispiel für die Fließfertigung ist die Herstellung von Tiefkühlgemüse nach der Ernte (Spinat).

Gruppenfertigung

Bei der **Gruppenfertigung** versucht man, die Vorteile der Werkstattfertigung und der Fließfertigung miteinander zu kombinieren. Statt die Arbeitsvorgänge z. B. am Fließband in immer kleinere Abschnitte zu zerlegen, bildet man komplexere Verrichtungen, die einer Fertigungsgruppe zugeordnet werden. Die Gruppe von Mitarbeitern kann dabei über die reine Montage des Produktes hinaus auch für die Qualitätssicherung zuständig sein, die Instandhaltung der Maschinen und die Materialbereitstellung. Durch regelmäßige Information, durch Einbeziehung der Mitarbeiter in die Produktionsplanung und durch das eigenverantwortliche Handeln der Gruppe gelingt oft eine beträchtliche Motivationssteigerung des Personals.

Gruppenarbeit steigert die Motivation der Mitarbeiter.

Digiale Transformation in der Industrie

Seit es Industrie gibt, entwickelt diese sich weiter. Durch immer neue Innovationen und Technologien verändert sich die Art und Weise, wie wir Güter produzieren. Wenn Bauteile eigenständig mit der Produktionsanlage kommunizieren und bei Bedarf selbst eine Reparatur veranlassen oder Material nachbestellen – wenn sich Menschen, Maschinen und industrielle Prozesse intelligent vernetzen, dann sprechen wir von **Industrie 4.0**. Nach Dampfmaschine, Fließband und Computer stehen wir nun mit intelligenten Fabriken vor der vierten industriellen Revolution.

Wie sehen Fabriken in Zukunft aus?

In der Fabrik der Industrie 4.0 koordinieren intelligente Maschinen selbstständig Fertigungsprozesse; Service-Roboter unterstützen Menschen in der Montage bei schweren Arbeiten, fahrerlose Transportfahrzeuge kümmern sich eigenständig um Logistik und Materialfluss.

Vernetzung findet aber nicht nur innerhalb von „intelligenten Fabriken“ statt, sondern über Unternehmens- und Branchengrenzen hinweg: […] vom mittelständischen Logistikunternehmen über spezialisierte technische Dienstleister bis zu kreativen Start-ups.

Wie wird in Zukunft produziert?

Eine Produktionslinie muss […] nicht mehr auf ein Produkt festgelegt sein. Durch IT-Unterstützung wird es möglich sein, Bearbeitungsstationen flexibel an einen sich verändernden Produktmix anzupassen. So können Produkte nach individuellen Kundenwünschen hergestellt werden: Sportschuhe mit maßgeschneiderter Sohle und in vom Kunden gewähltem Design oder ein passgenaues und individuell gestaltetes Möbelstück. Dabei können Kapazitäten optimal ausgelastet werden. Industrie 4.0 bestimmt dabei die gesamte Lebensphase eines Produktes: von der Idee über die Entwicklung, Fertigung, Nutzung und Wartung bis hin zum Recycling.

Bundesministerium für Wirtschaft und Energie (www.bmwi.de/Redaktion/DE/Dossier/industrie-40.html)

Zusammenfassung: Gestaltung von Arbeitsabläufen

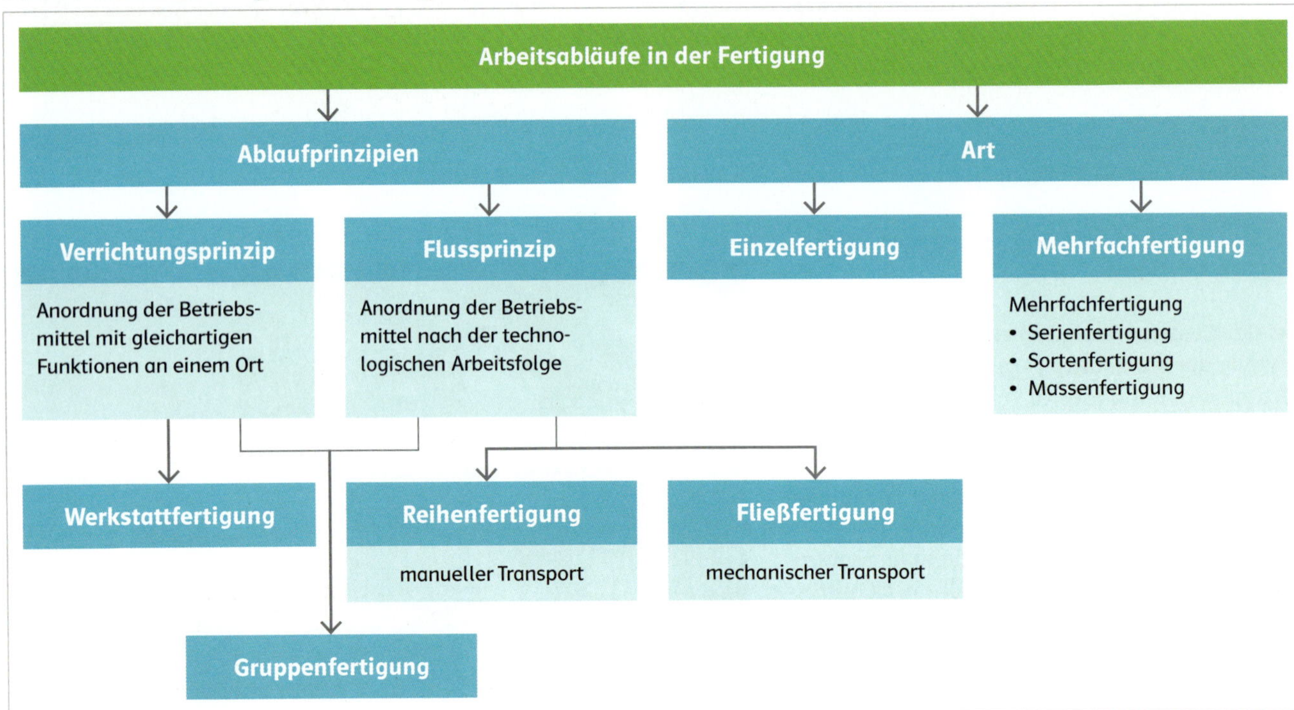

Übungsaufgaben

1. Stellen Sie den Fertigungsablauf in Ihrem Ausbildungsbetrieb dar und beantworten Sie folgende Fragen:
   a) Um welche Fertigungsart handelt es sich?
   b) Welches Ablaufprinzip der Fertigung wird eingesetzt?
   c) Worin liegen die Vor- und Nachteile des Fertigungsverfahrens?

2. Bestimmen Sie, welche Fertigungsart jeweils in den folgenden Fällen vorliegt.
   a) Bau eines Luxusschiffs
   b) Herstellung von Jeans
   c) Bau von Autos
   d) Herstellung von Zigaretten

3. Prüfen Sie, ob die folgenden Aussagen stimmen:
   a) Bei der Werkstattfertigung wird häufig zwischen den einzelnen Arbeitsgängen ein Zwischenlager eingerichtet.
   b) Die Durchlaufzeit bei der Fertigung eines Produktes ist bei der Fließfertigung am niedrigsten.
   c) Bei der Reihenfertigung müssen die Dauer der einzelnen Arbeitsgänge und die Geschwindigkeit des Fließbandes aufeinander abgestimmt werden.
   d) Bei der Fließfertigung kann man schnell und flexibel auf Kundenwünsche reagieren.

4. Industrie 4.0 bedeutet gute Arbeit, nicht menschenleere Fabriken.
   a) Stellen Sie Vermutungen an, wie sich unser Arbeiten in Zukunft verändern kann.
   b) Erläutern Sie, welche Anforderungen durch Industrie 4.0 an Arbeitnehmer gestellt werden.

Leistungskontrolle und Qualitätsmanagement

Lernsituation

Gregor Gehling hat seine beiden Meister Schaaf und Howe zu sich bestellt.

Herr Gehling: Frau Henkel hat mir gerade die Mängel ihrer neuen Küche vorgetragen. Zwei Türen schließen nicht richtig, an den Ecken der Arbeitsplatte löst sich das Furnier und der Backofen des Elektroherdes ist defekt. Wer arbeitet bei uns eigentlich so miserabel?
Herr Howe: Sie wissen doch selber, was hier in den letzten Wochen los war. Peter hatte die Grippe, und Klaus fällt wegen des Sportunfalls schon seit vier Wochen aus. Da müssen wir eben improvisieren. Wer gerade frei ist, muss die Arbeiten an der Zuschneidesäge und an der Hobelmaschine übernehmen. Für Wartung und Instandhaltung der Maschinen bleibt da keine Zeit.
Herr Gehling: Jetzt verstehe ich auch, warum sich die Reklamationen in letzter Zeit häufen. Mal abgesehen von den hohen Kosten, die uns durch die Nachbesserungen entstehen: Unsere Kundschaft erwartet einwandfreie Qualität. Übrigens, besonders hat sich Frau Henkel darüber geärgert, dass ihre Änderungswünsche nicht berücksichtigt wurden. Wer hat denn das verschlafen?

Arbeitsauftrag

- Entwickeln Sie ein Lösungskonzept, das Fehler in der Fertigung vermeiden soll. Stellen Sie dabei in einer Übersicht nach folgendem Muster den Fehlern die möglichen Lösungen gegenüber. Zusätzliche Bedingungen:
  Aufgrund der guten Auftragslage sollen zusätzliche Maschinen angeschafft werden.
  Die Räumlichkeiten lassen eine veränderte Fertigungsorganisation zu.

Entstandene Fehler	Maßnahmen zur Vermeidung der Fehler
Zwei Türen schließen nicht richtig.	

Sind alle Anforderungen erfüllt?

- **Instandhaltung und Wartung**: Darunter versteht man alle Maßnahmen, die dazu dienen, die Betriebsmittel (Maschinen, Werkzeuge) ohne Störung einsetzen zu können. Diese Maßnahmen sind Wartung (Reinigen, Abschmieren), Inspektion (Überprüfung des Zustandes) und Instandsetzung (Austausch defekter oder verbrauchter Teile).
- **Qualitätssicherung**: Die Qualitätssicherung der Produkte gehört zu den wesentlichen Aufgaben der Unternehmenspolitik. Ziel ist die Null-Fehler-Produktion. Mangelhafte Produkte führen aufgrund von Nachbesserungen oder Ausschuss zu hohen Kosten, zum Verlust von Kunden oder zu Schadensersatzansprüchen.

Definition von Qualität nach DIN ISO 8402

Qualität bezeichnet die Gesamtheit von Merkmalen einer Einheit bezüglich ihrer Eignung, festgelegte und vorausgesetzte Erfordernisse zu erfüllen.

VDE-Normen

Der VDE (Verband der Elektrotechnik, Elektronik und Informationstechnik) erarbeitet für seinen Bereich Normen und Sicherheitsbestimmungen.

Bereiche der Leistungsüberwachung

Damit der Fertigungsprozess wie geplant durchgeführt wird, ist eine Leistungsüberwachung notwendig. Dazu gehören:

- **Terminkontrolle**: Der Beginn und das Ende der einzelnen Arbeitsschritte werden mit dem Zeitplan (Fristenplan) verglichen, damit der vorgegebene Liefertermin eingehalten werden kann. Die Einhaltung der Liefertermine hat für die Beurteilung des Lieferanten durch den Kunden häufig einen gleich hohen Stellenwert wie die Kriterien Preis und Qualität.
- **Quantitätsprüfung**: Überprüfung der zu produzierenden Menge.
- **Kostenkontrolle**: Durch eine Nachkalkulation werden die einzelnen Kostenarten (Löhne, Materialverbrauch) mit den vorgegebenen Werten verglichen.

Was versteht man unter „Qualität"?

Der Begriff „Qualität" wird im allgemeinen Sprachgebrauch sehr subjektiv und ungenau verwendet. Ist z. B. ein Rennrad qualitativ hochwertiger als ein Freizeitrad? Oder ist ein Holzfenster von schlechterer Qualität als ein Kunststofffenster? Beide Fragen lassen sich nicht mit Ja beantworten. Bei dem Vergleich der Fahrräder spielt der Verwendungszweck eine Rolle. Holzfenster sorgen für ein besseres Raumklima, Kunststofffenster sind pflegeleichter. Vereinfacht ausgedrückt ist Qualität, wenn die Beschaffenheit den Zweck erfüllt.

Wie lässt sich Qualität bestimmen?

Die **Qualität** eines Produktes oder einer Dienstleistung ergibt sich einerseits aus den Anforderungen und Erwartungen des Kunden und andererseits aus den Zusagen und Garantien des Unternehmers. Auf der Grundlage gesetzlicher Vorschriften (z. B. Verwendung von Leitungsschutzschaltern), bestimmter Normen (**VDE-Normen**) und Regeln der Technik (z. B. zur Verlegung von Stromkabeln) wird zwischen Kunde und Unternehmer eine Vereinbarung abgeschlossen. Zu den Vereinbarungen kann es auch gehören, dass der Unternehmer die Produkte einem festgelegten Prüfverfahren unterzieht und die Ergebnisse dokumentiert – auch wenn dies nicht gesetzlich vorgeschrieben ist.

So funktioniert Qualitätssicherung

Es gibt drei Ansatzpunkte, um Qualitätssicherung zu gewährleisten:

- **Nach dem Zeitpunkt**: Dabei werden **Eingangskontrollen** bei der Warenlieferung vorgenommen. **Zwischenkontrollen** erfolgen nach jedem Fertigungsschritt, damit entstandene Fehler gleich behoben werden. **Endkontrollen** überprüfen die Funktionsfähigkeit der Produkte.
- **Nach der Person**: Dabei werden **Selbstkontrollen** von der für die Herstellung des Produktes verantwortlichen Person oder Gruppe durchgeführt. Damit wird dem Arbeitnehmer (Gruppe) die Verantwortung für die geleistete Tätigkeit übertragen. Voraussetzung ist, dass später auftauchende Fehler dem Verursacher zugeordnet werden können und die Arbeitsleistung dem Ziel der Qualitätssicherung nicht widerspricht. Der Vorteil der Selbstkontrolle gegenüber der **Fremdkontrolle** (durch Mitarbeiter der Qualitätskontrolle) liegt in der Personaleinsparung.
- **Nach dem Verfahren**: Hierbei unterscheidet man nach
  - **Stichprobenkontrolle**: Aus dem Produktionsprozess werden zufällig einzelne Stücke (Stichproben) entnommen und geprüft. Anhand der ermittelten Fehlerquote schließt man auf die Anzahl der fehlerhaften Produkte in der Gesamtproduktion.
  - **Vollkontrolle**: Alle Produkte werden kontrolliert. Dieses kostenintensive Verfahren ist notwendig, wenn der Kunde eine 100-prozentige Qualität voraussetzt und diese Anforderung in der Produktion nicht erreicht wird. Ein weiterer Grund sind hohe Sicherheitsanforderungen (z. B. Flugzeuge, medizinische Geräte).
  - **FMEA** (Fehlermöglichkeits- und Einflussanalyse): Dieses Verfahren versucht schon bei der Planung und Entwicklung, mögliche Fehlerquellen zu ermitteln und abzustellen.
  - **QFD** (Qualität – Funktion – Entwicklung): An der Entwicklung von Produkten arbeiten Hersteller und Kunde gemeinsam, damit die Qualität und die Produkteigenschaften den Wünschen des Kunden entsprechen (*Beispiel:* Autoindustrie).
  - **DIN EN ISO 9000 ff. (2005)**: Durch Qualitätssicherungssysteme werden alle Prozesse und Tätigkeiten daraufhin untersucht, ob sie den Qualitätsgrundsätzen entsprechen. Dazu gehören u. a. Kundenorientierung, die von der Unternehmensleitung gesetzten Ziele, ein optimales Umfeld für Mitarbeiter, Prozessoptimierung und das ständige Ziel, sich zu verbessern. Durch Anerkennung (Zertifizierung) dieser Fähigkeiten werden eine gleichbleibende Qualität und hohe Zuverlässigkeit garantiert. Das Zertifikat verbessert zudem die Wettbewerbschancen von Zulieferern und Herstellern. Immer mehr Unternehmen machen die Vergabe von Aufträgen davon abhängig.

Qualitätsmerkmale bestimmen

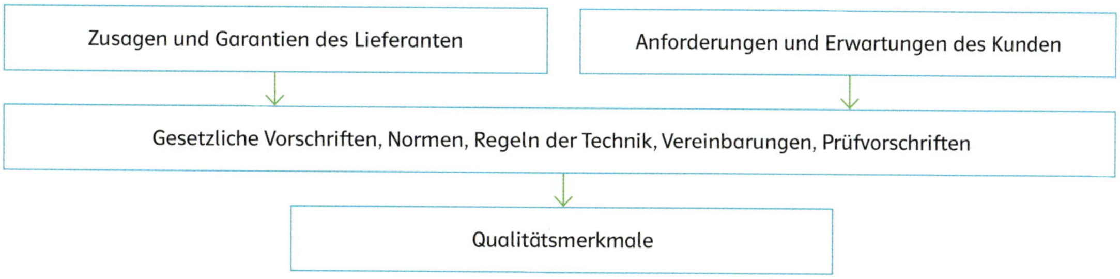

Zusammenfassung: Leistungskontrolle und Qualitätsmanagement

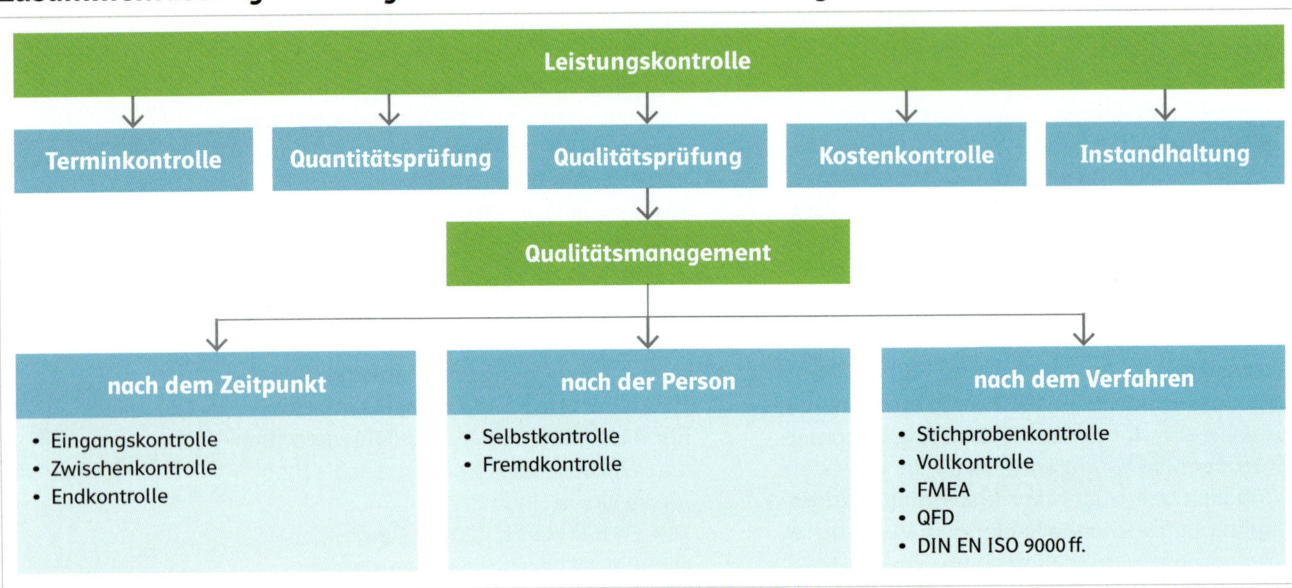

Übungsaufgaben

1. Beschreiben Sie den im Informationsteil zugrunde gelegten Qualitätsbegriff und überprüfen Sie, inwieweit er sich mit Ihren Vorstellungen von Qualität deckt.

2.

Samsung ruft Galaxy Note 7 zurück

Samsung hat beim Galaxy Note 7 die Notbremse gezogen: Der südkoreanische Konzern stoppte den Verkauf des Smartphones und startete eine globale Rückrufaktion. Alle Kunden wurden aufgerufen, ihre Galaxy Note 7 abzuschalten […]. Anlass für die drastischen Maßnahmen sind Berichte über brennende Smartphones. Kurz nach der Markteinführung des Note 7 im August fingen einige der Handys beim Aufladen der Akkus Feuer oder explodierten.

tagesschau.de (Stand 11.10.2016)

Beschreiben Sie die möglichen Folgen, die sich für Samsung aus dem Rückruf des fehlerhaften Smartphones ergeben.

3. Beschreiben Sie die Verfahren der Qualitätssicherung in Ihrem Ausbildungsbetrieb.

4. Erläutern Sie, warum Qualitätssicherung mehr ist als eine Endkontrolle und so früh wie möglich einsetzen sollte.

5. Bestimmen Sie die Voraussetzungen, unter denen eine Stichprobenkontrolle ausreichend ist.

6. Welches Verfahren zur Qualitätssicherung sollte in den folgenden Fällen angewandt werden?
   a) Die Firma Wilke produziert Fallschirme.
   b) Die Firma König stellt Büromaterial (Schreibhefte, Ordner) her.
   c) Ein Automobilkonzern beabsichtigt, in vier Jahren ein neues Modell auf den Markt zu bringen.
   d) Das Maschinenbauunternehmen Hülshoff fertigt Getriebe nach Vorgaben der Kunden.
   e) Die Wurstfabrik Schmaller wirbt gegenüber ihren Kunden damit, gleichbleibende Qualität zu liefern.

Lagerhaltung und Lagerkennziffern

Lernsituation

Die Firma Warnat macht Inventur. Herr Warnat, der Inhaber der Firma, spricht mit Herrn Geiger, dem Leiter der Bereiche Einkauf und Wareneingangslager:

Warnat: Ist der Lagerbestand an Stoffen immer noch so hoch?
Geiger: Diese Woche ist eine Lieferung eingetroffen. Zum Ende des Monats, kurz vor der neuen Lieferung, liegt hier nur noch ein Bruchteil der Ware.
Warnat: Finden Sie das für den Augenblick nicht ein wenig übertrieben? Während wir im Fertigungsbereich mit jedem Cent rechnen, scheint mir, wird hier Geld verschenkt. Sie wissen ja zu genau, wie hoch die Kosten im Lager sind. Warum kaufen wir eigentlich so große Mengen Stoff ein?
Geiger: Wir bekommen Mengenrabatte, weil wir nur einmal im Monat bestellen.
Warnat: Der Mengenrabatt wird doch auf der Grundlage des gesamten Jahreseinkaufswerts berechnet. Und der ändert sich nicht, wenn häufiger in kleineren Mengen bestellt wird. Haben Sie schon mal durchgerechnet, was uns Lagerhaltung und Bestellungen kosten?
Geiger: Nein, aber eigentlich …
Warnat: Ich schlage vor, Sie ermitteln erst einmal die Kennziffern zur Lagerhaltung. Und dann sehen wir weiter.

Arbeitsauftrag

- Ermitteln Sie anhand des angegebenen Zahlenmaterials …

  1. grafisch die Veränderungen des Lagerbestands auf Jahressicht;
  2. die folgenden Lagerkennziffern: durchschnittlicher Lagerbestand, Umschlagshäufigkeit, durchschnittliche Lagerdauer;
  3. die mögliche Kosteneinsparung, wenn nicht alle 30, sondern alle 15 Tage bestellt wird.

Tagesverbrauch:	1 000 m Stoff
Sicherheitsbestand:	5 000 m Stoff
Produktionszeit/Jahr:	360 Tage
Bestellrhythmus:	30 Tage (es wird mit 30 Tagen pro Monat gerechnet)
Bestellmenge:	30 000 m Stoff
Kosten pro lfd. Meter:	20 €
Lagerkosten:	20 % des durchschnittlichen Warenbestands in Euro

Sicherheitsbestand

Mindestbestand, „eiserner Bestand"

Arten der Lagerhaltung

Eng mit dem Beschaffungswesen ist die Lagerhaltung verbunden. Da es in der Praxis nicht immer möglich ist, bestellte Waren so geliefert zu bekommen, dass sie gleich in der Produktion einsetzbar sind, muss ein **Wareneingangslager** geschaffen werden. Ziel ist es, mithilfe eines ausreichenden Lagerbestands den Betriebsablauf nicht durch fehlende Materialien oder Betriebsstoffe zu stören bzw. zu unterbrechen. Zudem können bei Nichteinhaltung der Liefertermine wichtige Kunden verloren gehen.
Der **Sicherheitsbestand** dient dazu, sich gegen Risiken in der Beschaffung abzusichern, z. B. bei Transportproblemen oder einem Produktionsausfall beim Lieferanten. Dieser Lagerbestand sollte im Normalfall nicht unterschritten werden.
Neben dem Wareneingangslager finden sich im Betrieb noch andere Lager. Im Bereich der Fertigung dienen sie als **Zwischenlager** für Halbfertigprodukte oder der Aufnahme von Material für die Produktion. Um langfristige Störungen bei der Produktion zu vermeiden, werden **Ersatzteil- und Werkzeuglager** gebildet. Im Absatzbereich bilden sie den Ausgleich zwischen Produktion und Absatz der Waren. Für den Verwaltungsbereich werden u. a. Büromaterialien gelagert.

Lagerarten		
Materialwirtschaft	**Produktion**	**Absatz**
• Wareneingangslager • Büromaterialien	• Zwischenlager • Ersatzteil- und Werkzeuglager	• Fertigwarenlager • Versandlager

Kennzahlen zur Bewertung der Lagerhaltung

Während auf der einen Seite mithilfe der Lagerhaltung das Betriebsrisiko gemindert wird, entstehen andererseits Lagerkosten. Dazu gehören:
- Gebäude-, Energie-, Wartungs- und Unterhaltungskosten;
- Personalkosten;
- Zinskosten (das für die Lagerhaltung und den Lagerbestand eingesetzte Kapital kostet Zinsen).

Die Kosten der Lagerhaltung können allerdings dadurch verringert werden, dass durch den Einkauf größerer Stückzahlen Preisvorteile (Rabatte) erzielt werden oder dass weniger Bestellvorgänge die Bestell- und Frachtkosten senken.
Um Aussagen über die Effektivität der Lagerhaltung machen zu können, bedient man sich der Lagerkennziffern:
- **Durchschnittlicher Lagerbestand:** Er gibt an, wie hoch die Vorräte im Durchschnitt sind. Je höher der durchschnittliche Lagerbestand, desto höher sind auch die Lagerkosten.
  Beispiel: Die Lagerkosten pro Stück belaufen sich im Jahr auf drei Euro. Bei einem durchschnittlichen Lagerbestand von 10 000 Stück betragen die durchschnittlichen Lagerkosten 30 000 Euro.
- **Umschlagshäufigkeit:** Die Umschlagshäufigkeit bringt zum Ausdruck, wie oft der durchschnittliche Lagerbestand pro Jahr umgesetzt wird. Je öfter der Warenbestand umgeschlagen wird, desto weniger Kapital ist im Lager gebunden.
  Beispiel: Der Materialverbrauch eines Jahres beträgt 10 000 Stück. Der durchschnittliche Lagerbestand liegt bei 2 000 Stück, d. h., der Warenbestand wird fünfmal im Jahr erneuert.

Lagerbestände bei gleichen Bestellmengen, gleichmäßigem Verbrauch

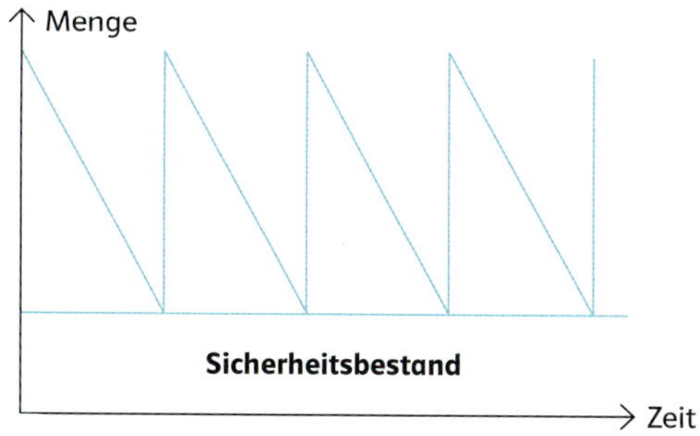

Lagerbestände bei unterschiedlich hohen Bestellmengen, ungleichmäßigem Verbrauch

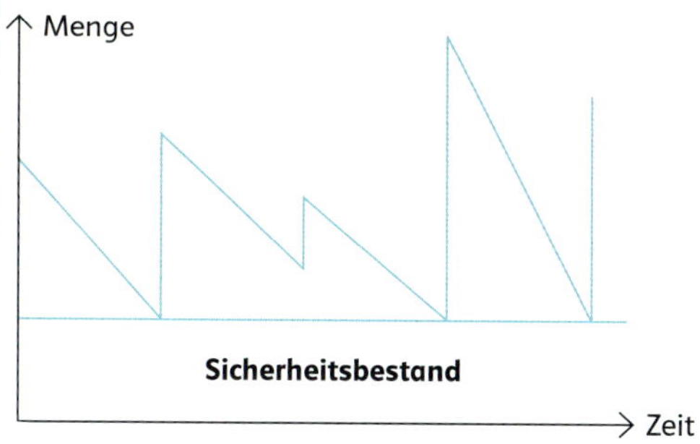

Lagerkennziffern

Durchschnittlicher Lagerbestand

$$\frac{\text{Summe der Bestandswerte}}{\text{Anzahl der addierten Bestandswerte}}$$

z. B.

$$\frac{\text{Anfangsbestand} + 12 \text{ Monatsendbestände}}{13}$$

oder bei gleichen Bestellmengen und gleichmäßigem Verbrauch

$$\frac{\text{Bestellmenge}}{2} + \text{Sicherheitsbestand}$$

Umschlagshäufigkeit

$$\frac{\text{Materialverbrauch/Jahr}}{\text{durchschn. Lagerbestand}}$$

Durchschnittliche Lagerdauer

$$\frac{360}{\text{Umschlagshäufigkeit}}$$

- **Durchschnittliche Lagerdauer:** Die durchschnittliche Lagerdauer macht deutlich, wie lange die Ware durchschnittlich eingelagert ist.

Umschlagshäufigkeit und durchschnittliche Lagerdauer hängen zusammen. Wird ein bestimmter Lagerbestand z. B. fünfmal im Jahr umgeschlagen, so liegt die Ware 72 Tage (🔍 360 : 5) im Lager, bevor sie in die Produktion oder in den Verkauf geht.

Die optimale Bestellmenge

Jeder Bestellvorgang verursacht Verwaltungs- und Transportkosten. Legt man einen gewissen Jahresverbrauch an Material zugrunde, würde eine einmalige Bestellung die geringsten Bestellkosten verursachen. Dem stünden allerdings hohe Lagerkosten gegenüber, da die Waren durchschnittlich lange Zeit lagerten. Würden die benötigten Waren durch mehrmalige Bestellungen geliefert, hätte man geringe Lagerkosten, dafür aber hohe Bestellkosten. Die optimale Bestellmenge liegt somit dort, wo die Summe beider Kostenfaktoren am geringsten ist. Weitere Faktoren, die Einfluss auf die Bestellmenge haben, sind u. a. Lagerkapazität, Transportkapazität, Mindestmengenabnahme, Mengenrabatte, Verfügbarkeit der benötigten Rohstoffe und Waren.

🔍 ***Tage pro Jahr***

Das Jahr wird aus Gründen der Vereinfachung mit 360 Tagen gerechnet.

Beispiel: Berechnung der optimalen Bestellmenge

Bestellmenge	Bestellhäufigkeit	Ø Lagerbestand (€)	Lagerkosten (€)	Bestellkosten (€)	Gesamtkosten (€)
360 000	1	372 000	37 200	300	37 500
72 000	5	84 000	8 400	1 500	9 900
24 000	**15**	**36 000**	**3 600**	**4 500**	**8 100**
12 000	30	24 000	2 400	9 000	11 400
8 000	45	20 000	2 000	13 500	15 500

(Erläuterung: Einkaufspreis/Stück 2 €, Sicherheitsbestand 6 000 Stück, gleichmäßiger Verbrauch, Lagerkosten = 10 % des durchschnittlichen Lagerbestandes. Die optimale Bestellmenge liegt bei 24 000.)

Zusammenfassung: Lagerhaltung und Lagerkennziffern

Lagerhaltung → **Ziel**
- Ausgleich zwischen Warenanlieferung und Verbrauch
- Verfügbarkeit der Materialien sichert die Produktion

Lagerarten
- Wareneingangslager
- Zwischenlager
- Ersatzteil- und Werkzeuglager
- Fertigwarenlager
- Versandlager

Lagerkennziffern

geben Auskunft über die Effektivität der Lagerhaltung
- durchschnittlicher Lagerbestand
- Umschlagshäufigkeit
- durchschnittliche Lagerdauer

optimale Bestellmenge

wenn Summe aus Lager- und Bestellkosten am niedrigsten ist

Übungsaufgaben

1. Erläutern Sie die Aussagekraft der folgenden Lagerkennziffern:
   - durchschnittlicher Lagerbestand,
   - Umschlagshäufigkeit,
   - durchschnittliche Lagerdauer.

2. Zeigen Sie die Aufgaben der Lagerhaltung anhand von drei unterschiedlichen Lagerarten auf.

3. Erläutern Sie, warum die Lagerung von Waren und Gütern Zinskosten (Kapitalbindungskosten) verursacht.

4. Nennen Sie die Gründe, warum ein Sicherheitsbestand in der Lagerhaltung sinnvoll ist.

5. Erläutern Sie, warum in der Praxis die Anwendung der „optimalen Bestellmenge“ nicht immer möglich ist.

6. Ermitteln Sie anhand folgender Zahlenangaben:
   Jahresbedarf: 18 000 kg
   Bestellmenge: 1 500 kg
   Bestellrhythmus: monatlich
   Sicherheitsbestand: 500 kg
   Tagesverbrauch: 50 kg
   a) den durchschnittlichen Lagerbestand,
   b) die Umschlagshäufigkeit,
   c) die durchschnittliche Lagerdauer.

7. Stellen Sie anhand der Informationen der Aufgabe 6 die Bestandsveränderungen grafisch dar.

8. Die Schupp AG benötigt bei einem gleichmäßigen Verbrauch im Jahr 30 000 Liter Hydraulik-Öl. Für Beschaffung und Lagerung fallen folgende Kosten an:
   - je Lieferung 400 Euro Versandkosten,
   - Lagerkosten: 0,40 Euro pro Liter/Jahr.

   Ermitteln Sie tabellarisch die optimale Bestellmenge (Online-Code zum Download der Tabelle → S. 301).

Bestellmenge	Bestellhäufigkeit	Ø Lagerbestand (€)	Lagerkosten (€)	Bestellkosten (€)	Gesamtkosten (€)
	2				
	4				
	6				
	8				
	10				

Kennzahlen für die Rationalisierung

Lernsituation

Phonotek AG sichert Standort

BIELACH. Die Phonotek AG hat es geschafft. Dank einer konsequenten Änderung der Unternehmensstrategie hat das Telefonwerk in Bielach innerhalb von nur vier Jahren die Kosten um 40 Prozent gesenkt. Die noch vor einigen Jahren gefährdeten Arbeitsplätze sind vorerst gesichert.

Angesichts der starken Konkurrenz aus Fernost und des rasanten Preisverfalls bei Telefonen konnten nur noch einschneidende Änderungen den Standort retten.

Weglassen, vereinfachen, automatisieren: Nach diesem Motto wurde die Anzahl der verschiedenen Telefonmodelle verringert. Anstelle von 1500 Lieferanten gibt es heute nur noch 150. Dadurch wird Zeit und Geld gespart. Die Zahl der für die Produktion benötigten Einzelteile sank innerhalb der vier Jahre von 27000 auf 4000. Gezielt wurde das Baukastensystem angewandt, bei dem einzelne Teile für mehrere Modelle einsetzbar sind.

Es musste jedoch auch Personal abgebaut werden. Die Mitarbeiterzahl hat sich auf 2000 halbiert. Durch Investitionen in neue vollautomatische Fertigungsanlagen wurden die Fertigungsdurchlaufzeiten auf ein Viertel ehemaliger Werte verkürzt. Dabei erhöhte sich der Kapitaleinsatz von 800 Millionen Euro auf 1 Milliarde Euro; die Zahl der gefertigten Telefone pro Jahr stieg von 3 Millionen vor fünf Jahren bis auf 10 Millionen in diesem Jahr.

Ein weiterer Grund für die gestiegene Produktivität ist die Einführung der Gruppenarbeit. Dies kam auch der Qualität zugute. Statt 20 Prozent Ausschuss (wie vor vier Jahren) zu produzieren, muss heute nur noch eines von 100 Geräten beanstandet werden.

Autorentext

Arbeitsauftrag

- Bewerten Sie die Rationalisierungsmaßnahmen der Phonotek AG.
  1. Stellen Sie der jeweiligen Rationalisierungsmaßnahme das Ergebnis gegenüber. Verwenden Sie dazu das folgende Schema (Online-Code zum Download der Tabelle → S. 301):

Rationalisierungsmaßnahmen	Ergebnisse
Telefonmodelle reduzieren	

  2. Ermitteln Sie die zur Bewertung notwendigen betrieblichen Kennzahlen.

Henry Ford hat 1913 die Fließbandarbeit eingeführt.

Rüstkosten

Kosten, die anfallen, wenn Betriebsmittel (z. B. Maschinen) für einen bestimmten Arbeitsgang eingerichtet (z. B. mit den notwendigen Werkzeugen bestückt) oder in den ungerüsteten Zustand zurückversetzt werden

DIN

DIN Deutsches Institut für Normung e. V.

erarbeitet Normen und Standards als Dienstleistung für Wirtschaft, Staat und Gesellschaft

Ziel der Rationalisierung

Wenn von Rationalisierung die Rede ist, wird dies häufig mit dem Abbau von Arbeitsplätzen gleichgesetzt. Tatsächlich bedeutet Rationalisierung den Einsatz aller Maßnahmen, die zur Leistungssteigerung oder Kostensenkung beitragen. Rationalisierung heißt wirtschaftlich handeln. Dabei unterscheidet man zwei ökonomische Prinzipien:

- **Maximalprinzip** (Ergiebigkeitsprinzip): mit den gegebenen Mitteln (z. B. Mitarbeiter, Maschinen ...) die maximale Leistung (möglichst viele Produkte) erzielen.
- **Minimalprinzip** (Sparprinzip): eine gegebene Leistung (Bau eines Hauses) mit möglichst geringen Mitteln (Mitarbeiter, Material ...) erbringen.

Rationalisierung ist ein Muss, um gegenüber der Konkurrenz bestehen zu können. Dies gilt für den Handwerksbetrieb auf dem lokalen Markt genauso wie für Großunternehmen, die sich dem weltweiten Wettbewerb stellen. Erfolgreiche Rationalisierungsmaßnahmen führen dazu, dass

- sich die betrieblichen Kosten verringern,
- neue Produkte entwickelt werden,
- höhere Lohnzahlungen an Mitarbeiter möglich sind,
- aber auch Arbeitsplätze verloren gehen.

Von daher ist es wichtig, dass ein Unternehmen nicht erst dann Veränderungen vornimmt, wenn es sich in wirtschaftlichen Schwierigkeiten befindet. Häufig fehlen dann dafür auch die finanziellen Mittel.
Rationalisierungsmaßnahmen können auf Erzeugnisse, auf den Einsatz von Maschinen oder auf eine Veränderung der Arbeitsabläufe und somit der Betriebsorganisation bezogen sein.

Erzeugnisbezogene Maßnahmen

- **Normung** bedeutet die Vereinheitlichung von Einzelteilen und einfachen Erzeugnissen. Beispiele: Autoreifen, Schrauben, Steckdosen.
- **Typung** ist die Vereinheitlichung von Endprodukten. Man erreicht dadurch eine Vereinheitlichung von Produktvarianten, die sich in Einzelheiten unterscheiden. Beispiele sind Autos, Waschmaschinen; Ziel ist meist die Verkleinerung des Sortiments.
- **Spezialisierung** bedeutet die Beschränkung der Produktpalette auf wenige Arten von Erzeugnissen. Dadurch ist eine Produktion in größeren Stückzahlen möglich. Es entstehen kaum **Rüstkosten** und bei optimaler Auslastung der Produktionsanlagen sinken die Fixkosten pro Stück (→ S. 318 Gesetz der Massenproduktion).

Baukastensystem bedeutet, dass sich die einzelnen Produkte aus Bausteinen zusammensetzen.
Beispiel: Beim Auto ist die Lichtmaschine ein Bauteil, das aus vielen Einzelteilen besteht. Dieser Baustein kann in unterschiedliche Autos eingebaut werden.

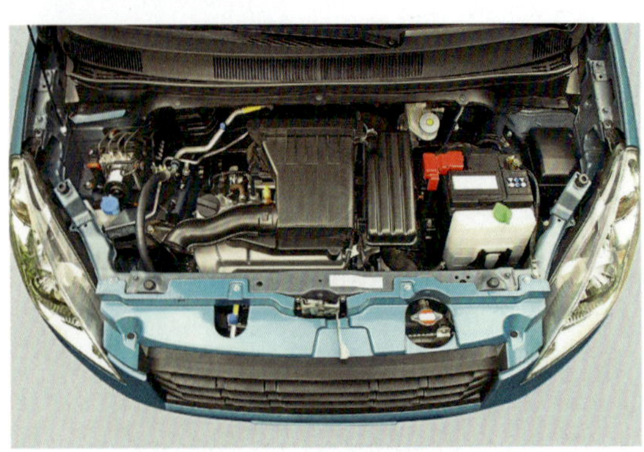

Arbeitsbezogene Maßnahmen

- **Arbeitsteilung** (Mengeneinteilung): Aufteilung gleicher Arbeiten auf verschiedene Arbeitskräfte.
- **Arbeitszerlegung**: Zerlegung von Arbeit in einzelne Arbeitsschritte, die von verschiedenen Mitarbeitern ausgeführt werden.
- **Gruppenarbeit**: Die Gruppenmitglieder entscheiden selbstständig und eigenverantwortlich über die notwendigen Maßnahmen, die zur Erledigung der vorgegebenen Aufgabe erforderlich sind. Dazu gehören neben den ausführenden Tätigkeiten (drehen, lackieren, montieren usw.) auch Aufgaben der Planung, des Rüstens, der Qualitätssicherung und der Instandhaltung. Die Verteilung der Aufgaben regelt die Arbeitsgruppe ähnlich wie die Einteilung der Pausen, Freischichten oder Urlaubspläne weitgehend selbst.
  Gruppen arbeiten produktiver als Einzelne, da sich die Gruppenmitglieder gegenseitig helfen. Selbstständigkeit und Eigenverantwortlichkeit fördern zudem die Leistungsbereitschaft der Gruppe, die sich in hohen Produktionszahlen, geringer Fehlerquote, hoher Kapazitätsauslastung und ständigen Verbesserungen niederschlagen soll.
  Beispiel: Eine Gruppe besteht aus 15 Mitarbeitern. Einer von ihnen führt die Qualitätsprüfung durch. Die gesamte Gruppe wird nach der Anzahl der fehlerfreien Geräte bezahlt. Sobald das Qualitätsziel während der laufenden Schicht erreicht ist, wird die Qualitätsprüfung eingestellt. Der dadurch frei werdende Prüfmitarbeiter kann sich nun der Montage anschließen. Durch die entsprechend steigende Stückzahl erhöht sich der Lohn der gesamten Gruppe.

Maschinenbezogene Maßnahmen

Die Industrie hat sich kontinuierlich weiterentwickelt, von der **manuellen Fertigung** (Handarbeit) bis zu unterschiedlichsten Einsätzen von Maschinen.
Mechanisierung liegt vor, wenn Produkte mithilfe von Maschinen gefertigt werden.
Übernimmt die Maschine die Steuerung und Kontrolle eines Arbeitsprozesses, spricht man von **Automatisierung**. Wird auch der Materialtransport neben dem Arbeitsprozess (Fließbänder) von solchen Maschinen übernommen, spricht man von einer **vollautomatischen Fertigung** (Verkettung mehrerer Automaten).

Arbeitsteilung auf dem Spargelfeld

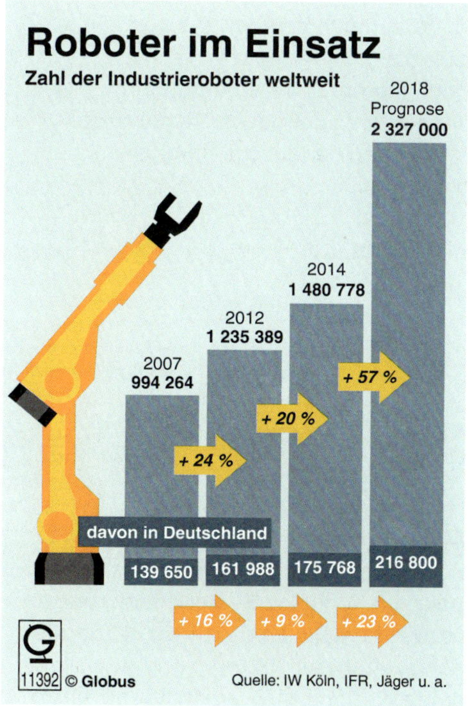

Gewinn
= Ertrag − Aufwand

*Die **Produktivität** lässt sich auch messen anhand des eingesetzten Kapitals:*

Kapitalproduktivität

$$= \frac{\text{Produktionsmenge}}{\text{Kapital}}$$

und anhand der genutzten Fläche:

Flächenproduktivität

$$= \frac{\text{Produktionsmenge}}{\text{Fläche}}$$

Betriebliche Kennzahlen

Häufig müssen Betriebe verglichen werden. Geschäftsführung, Anleger und Kreditgeber wollen sich, bevor sie eine Entscheidung treffen, ein Bild über den Leistungsstand des Unternehmens machen. Kennzahlen helfen bei der Bewertung.
Beispiel: Am Ende des Geschäftsjahres liegen in der Schreinerei Pattberg, einem Hersteller von Küchen, folgende Zahlen vor:

Anzahl der hergestellten Küchen:	150
Mitarbeiter:	5
Ertrag:	2 500 000 €
Aufwand:	2 000 000 €
Gewinn:	500 000 €
Eigenkapital: (von den Eigentümern investiertes Kapital)	5 000 000 €

Daraus lassen sich wichtige betriebliche Kennzahlen ermitteln.

- **Rentabilität**
  Die Höhe des erwirtschafteten Gewinns in einer Periode (z. B. ein Jahr) wird ins Verhältnis gesetzt zum eingebrachten Kapital. Die Rentabilität bringt zum Ausdruck, in welchem Maße sich der Einsatz von Kapital im Unternehmen gelohnt (d. h. rentiert oder verzinst) hat. Zu vergleichen ist dieser Wert mit der Rendite anderer Anlageformen (z. B. Spareinlagen) oder mit der Rendite, die Unternehmen der gleichen Branche erzielt haben.

$$\text{Rentabilität} = \frac{\text{Gewinn} \times 100}{\text{Eigenkapital}} = \frac{500\,000 \times 100}{5\,000\,000} = 10\,\%$$

Das eingesetzte Kapital wird mit 10 % verzinst.

- **Produktivität**
  Die Leistungserstellung erfolgt durch den Einsatz von Kapital (z. B. Maschinen) und Arbeitskräften. Die Produktivität drückt die Ergiebigkeit dieser Faktoren aus. Alle Maßnahmen (Rationalisierungen), die zu einer Leistungssteigerung und Kostensenkung beitragen, erhöhen die Produktivität.

$$\text{Arbeitsproduktivität} = \frac{\text{Produktionsmenge}}{\text{Anzahl der Beschäftigten}} = \frac{150}{5} = 30$$

Pro Mitarbeiter werden im Jahr 30 Küchen produziert.

- **Wirtschaftlichkeit**
  Die Wirtschaftlichkeit eines Betriebes lässt sich aus dem Verhältnis seiner Erträge (Umsatzerlöse) zu seinen Aufwendungen (z. B. Löhne, Material, Wertverlust der Maschinen, Miete) ermitteln. Die Wirtschaftlichkeit misst den Wert der geschaffenen Leistung.

$$\text{Wirtschaftlichkeit} = \frac{\text{Ertrag}}{\text{Aufwand}} = \frac{2\,500\,000}{2\,000\,000} = 1{,}25$$

Die Erträge, die jeweils auf einen Euro Aufwand entfallen, liegen bei 1,25 Euro.

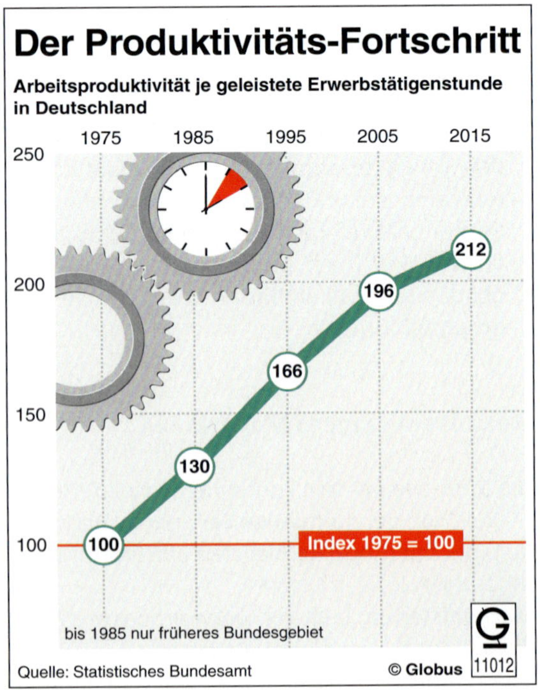

Zusammenfassung: Kennzahlen für die Rationalisierung

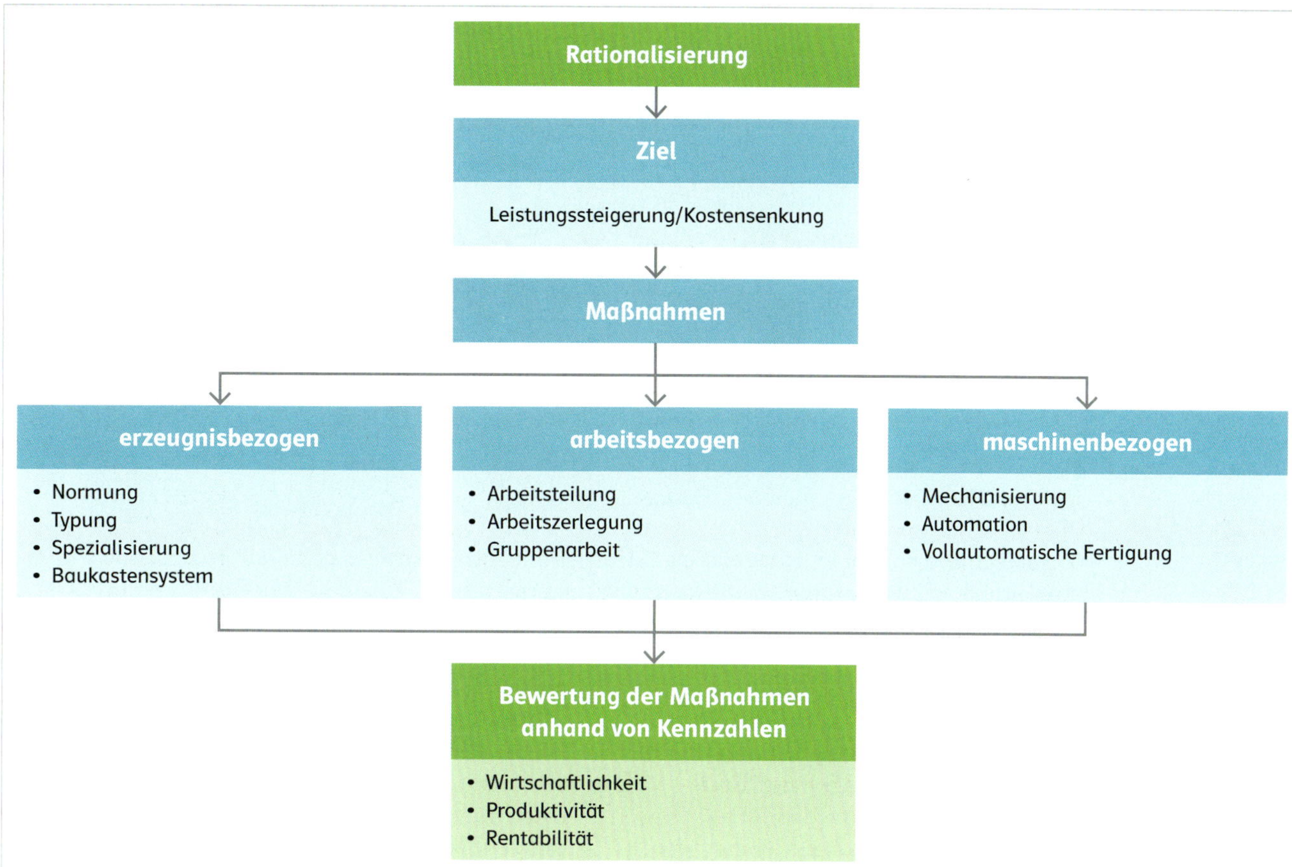

Übungsaufgaben

1. Für die Unternehmen A und B liegen folgende Zahlenangaben vor.

	Unternehmen A	Unternehmen B
Produktionsmenge (in Stück)	400 000	700 000
Kapitaleinsatz (in €)	4 500 000	8 000 000
Mitarbeiter	500	800
Ertrag/Erlöse (in €)	28 000 000	40 000 000
Aufwand (in €)	25 000 000	38 000 000
Eigenkapital	30 000 000	35 000 000

a) Ermitteln Sie für die Unternehmen A und B die folgenden Kennzahlen:
- Produktivität
- Rentabilität
- Wirtschaftlichkeit

b) Beurteilen Sie anhand der Kennzahlen die wirtschaftliche Situation der Unternehmen.

2. Erläutern Sie, warum verbesserte Produktivitätskennzahlen nicht automatisch zu einer Verbesserung der Wirtschaftlichkeit und einer Erhöhung der Rentabilität führen.

3. Nennen Sie Beispiele für Normung und Typung in Ihrem Ausbildungsbetrieb.

Marktforschung

Lernsituation

Mareike Brand hat vor einiger Zeit das Autohaus Brand von ihrem Vater Heinz übernommen. In regelmäßigen Abständen erscheint der Seniorchef, um nach dem Rechten zu sehen.

Vater: Was hat meine Tochter denn heute wieder für Veränderungen geplant?
Tochter: Ich arbeite an einem Marketingkonzept für unser Autohaus. Vorher soll aber eine Marktuntersuchung durchgeführt werden.
Vater: Marktuntersuchung? Was soll denn das? Das ist doch nur was für große Unternehmen. Unser Angebot und unsere Leistungen stimmen doch! Das wissen auch unsere Kunden. Die kommen auch ohne Marktuntersuchung.
Tochter: Woher weißt du, was Kunden wollen und ob z. B. die Leistungen unserer Werkstatt wirklich so gut sind? Du hast doch immer gesagt, eine gute Werkstatt verkauft am Ende die Autos. Und dann wäre es doch vielleicht ratsam, genauer zu wissen, was die Kunden von uns halten. Außerdem wäre es gut zu erfahren, wie unsere Produktpalette ankommt, wie Sonderaktionen wahrgenommen werden und so weiter.
Vater: Vielleicht hast du ja doch Recht. Die Zeiten haben sich eben geändert. Aber wie soll eine Marktuntersuchung aussehen? Willst du etwa ein Meinungsforschungsinstitut beauftragen? Das ist viel zu teuer!
Tochter: Ich habe mir gedacht, wir schicken unseren Kunden einen Fragebogen zu. Die Adressen haben wir aus unserer Kundendatei. Ich überlege gerade, welchen Anreiz man schaffen könnte, damit die Kunden den Fragebogen auch zurückschicken.

Arbeitsauftrag

- Entwickeln Sie einen Fragebogen, in dem die Kunden das Autohaus bewerten (→ S. 352 Fragebogen erstellen).
  1. Folgende Bereiche sollen abgedeckt werden:
     - Werkstatt/Service
     - Verkaufsbereich/Personal
     - Erscheinungsbild in der Öffentlichkeit
  2. Überlegen Sie sich einen Anreiz für die Befragten, den Fragebogen zurückzuschicken.

Marktforschung ermöglicht kundenorientiertes Handeln

Die Märkte, auf denen Unternehmen ihre Produkte und Dienstleistungen anbieten, verändern sich ständig. Das liegt u. a. an der rasanten Entwicklung im technischen Bereich und an den gestiegenen und sich stetig verändernden Ansprüchen der Kunden. Hinzu kommt, dass aufgrund der Globalisierung der Wettbewerbsdruck zwischen den Unternehmen steigt.
Dadurch hat sich der **Verkäufermarkt** zum **Käufermarkt** gewandelt. Die meisten Unternehmen können es sich nicht mehr leisten, passiv zu bleiben und auf Aufträge zu warten, die sie dann abarbeiten. Dies gilt auch für das Handwerk. Vielmehr müssen die Unternehmen ihren Umsatz planen und auf die Käufer zugehen. Die zentrale Frage ist: Was muss ich dem Kunden wie, wo und wann anbieten? Von Unternehmen wird ein kundenorientiertes Handeln erwartet. Daher gibt es heute nicht nur in der Produktpolitik Marktforschung.
Um die Absatzchancen von Produkten oder Dienstleistungen zu beurteilen, lassen Hersteller oder Händler Marktuntersuchungen vornehmen. Ziel ist die systematische Sammlung und Auswertung von Marktdaten
- zu einem Zeitpunkt: **Marktanalyse**,
- über einen Zeitraum: **Marktbeobachtung**,
- über zukünftige Entwicklungen bzw. Trends: **Marktprognose**.

Die Marktforschung soll Aufschluss geben über
- das Konsumentenverhalten: verfügbares Einkommen, Preise vergleichbarer Produkte, Lebens- und Verbrauchsgewohnheiten;
- die ansprechbaren Zielgruppen: Alter, Geschlecht, Hobbys, Einstellungen, Gewohnheiten, Haushaltsgröße, verfügbares Einkommen;
- die Produkteigenschaften: Material, Form, Farbe, Oberfläche, Verpackung, Preislage, Umweltverträglichkeit, Qualitätsniveau;
- die Konkurrenzsituation: Anbieter, Marktanteile, Absatzentwicklung, Aktionen der Konkurrenten;
- das Ansehen des Unternehmens in der Öffentlichkeit.

Zur Informationsgewinnung verwendet die Marktforschung zwei Verfahren: Primärforschung und Sekundärforschung.

Primärforschung – erste Datenerhebung

Bei diesem Verfahren werden Daten erstmalig erfasst. Es ist ein aufwendiges und kostenintensives Verfahren, bietet aber den Vorteil, zielgerichtet Marktdaten zu erheben. Die wichtigsten Methoden dabei sind:
- die **Befragung** von Kunden, Verbrauchern und Herstellern. Die Befragungen können schriftlich in Form von Fragebögen (→ S. 352 Fragebogen erstellen), mündlich in Form von

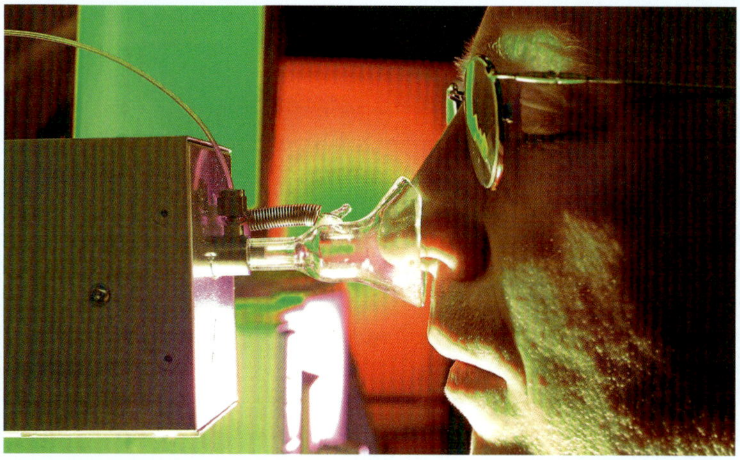

Laborversuch – Was beeinflusst unser Kaufverhalten?

Unser unbewusstes Handeln rückt immer stärker in den Fokus von Marktforschern. Konzerne investieren Millionen in die Anmutung ihrer Produkte: Wie müssen Dinge riechen und klingen, damit sie sich besser verkaufen? In Laborversuchen werden Vorlieben untersucht und Gerüche, Geräusche und Farben entwickelt, die besonders gut bei Verbrauchern ankommen. Geräuschedesigner suchen nach dem perfekten Klang für das neue Staubsaugermodell und Hotelketten entwickeln den „Corporate Smell", der das Image ihrer Häuser unterstreichen soll.

„Angriff auf die Sinne", ein Film von Jan Tenhaven, gesendet am 19.08.2009, 23.30 Uhr im Ersten (bearb.)

Interviews sind eine bewährte Methode in der Primärforschung.

persönlichen Interviews oder über das Internet durchgeführt werden;

- die **Paneltechnik**, um über Veränderungen und Entwicklungen auf dem Markt ständig unterrichtet zu sein. Dazu werden Daten über einen längeren Zeitraum erhoben, indem ein gleichbleibender Personenkreis immer wieder Auskünfte zu einem bestimmten Sachverhalt erteilt (z. B. Fernsehquoten);
- die **Beobachtung**, wenn Informationen unabhängig von der Auskunftsbereitschaft des Einzelnen beschafft werden. So können z. B. die Reaktionen und das Verhalten von Kunden im Supermarkt über Beobachter oder Kameras erfasst werden. Meinungen, Motive und Einstellungen der Personen bleiben jedoch unberücksichtigt;
- der **Test**, bei dem Testpersonen Produkte zur Beurteilung vorgelegt werden.

Experten testen neue Produkte, bevor sie auf den Markt kommen.

Die Durchführung dieser Methoden ist nicht nur aufwendig, sondern erfordert umfassende Kenntnisse. Daher beauftragen Unternehmen häufig Marktforschungsinstitute zur Datenerhebung. Zu den weltweit größten Instituten gehört die Gesellschaft für Konsumforschung (GfK) mit mehr als 10 000 Mitarbeitern.

Sekundärforschung – Auswertung vorhandener Daten

Grundsätzlich wird ein Unternehmen zunächst auf vorhandenes Informationsmaterial zurückgreifen. Das können eigene Unterlagen, z. B. Kundendateien, Umsatz- und Absatzstatistiken oder Berichte der Außendienstmitarbeiter sein. Unternehmensfremde Informationen sind Veröffentlichungen von Statistiken (z. B. vom Statistischen Bundesamt), Fachzeitschriften oder Verbänden.
Die Sekundärforschung hat Vor- und Nachteile. Zu den Vorteilen gehören die schnelle und kostengünstige Datenerhebung. Dagegen sind die Daten nicht immer aktuell und häufig nicht spezifisch genug, um die gewünschten Informationen zu liefern.

Umsetzung der Marktforschungsergebnisse

Nachdem die Marktforschung eine Vielzahl von Informationen geliefert hat, müssen in einem zweiten Schritt Schlussfolgerungen aus den erhobenen Marktdaten gezogen werden. Zunächst werden die **Marketingziele** formuliert, wie z. B. Umsatz, Marktanteil, Gewinn oder Erhöhung des Bekanntheitsgrades. Anschließend werden die Auswahl und die Anwendung der Marketinginstrumente festgelegt: **Marketingstrategie**.

Zusammenfassung: Marktforschung

Marktforschung

systematische Sammlung und Auswertung von Marktdaten;
bildet die Grundlage für kundenorientiertes Handeln

Ziele

Informationen erhalten über:
- Konsumverhalten
- Zielgruppen
- Produkteigenschaft
- Konkurrenzsituation
- Ansehen des Unternehmens

Methoden

Primärforschung
erstmaliges Erheben von Daten durch:
- Befragung
- Paneltechnik
- Beobachtung
- Test

Sekundärforschung
Auswertung bereits vorhandener Informationsquellen, z. B.
- Statistiken
- Fachzeitschriften
- Kundendateien

Marktprognose

Absatzchancen, Einsatz von Marketinginstrumenten

Übungsaufgaben

1. Nennen Sie die Aufgaben/Ziele der Marktforschung.

2. Vergleichen Sie Primär- und Sekundärforschung.

3. Erläutern Sie anhand eines Beispiels die einzelnen Methoden der Primärforschung.

4. Werten Sie folgende Statistik aus.

Größe und Entwicklung der Haushalte in Prozent

Haushaltsgröße / Jahr	Ein-Personen-Haushalte	Zwei-Personen-Haushalte	Haushalte mit drei Personen und mehr
1991	34	31	35
2006	39	34	27
2035	44	36	21

Statistisches Bundesamt (2017)

a) Erklären Sie die Veränderungen der Haushaltsgrößen im Laufe der 44 Jahre.

b) Beschreiben Sie, welche möglichen Veränderungen der Marketingziele sich daraus für Unternehmen aus folgenden Bereichen ergeben können:
- Lebensmittelindustrie
- Automobilindustrie
- Wohnungswirtschaft
- Freizeitindustrie
- Tourismus

Marketing-Mix und Corporate Identity

Lernsituation

Wieder im Autohaus Brand. Seniorchef Heinz Brand im Gespräch mit seiner Tochter Mareike, die grübelnd am Schreibtisch sitzt.

Vater: Wenn ich mir die Ergebnisse der Fragebogenaktion anschaue, ist doch alles in bester Ordnung. Die Qualität unserer Werkstatt und der Service lassen nichts zu wünschen übrig. Was wollen wir denn noch mehr?
Tochter: Vielleicht ist dir entgangen, dass unser Autohaus, so wie wir uns der Öffentlichkeit präsentieren, nicht so gut wegkommt. Daran müssen wir arbeiten. Du sagst doch immer: „Klappern gehört zum Handwerk."
Vater: Und wie soll das aussehen? Machen wir jetzt Werbung vor den Acht-Uhr-Nachrichten im Fernsehen?
Tochter: Jetzt tu bitte nicht so, als ob wir früher nie Anzeigen in der Lokalzeitung geschaltet hätten. Aber es gibt heute Lokalfernsehen und Lokalradio und im Bereich der Öffentlichkeitsarbeit gibt es vielfältige Möglichkeiten.
Vater: Vielleicht auch noch „Corporate Identity"?
Tochter: Warum nicht? Man könnte doch mal ein Konzept entwerfen, wie wir uns in der Öffentlichkeit besser darstellen. Was finanziell machbar ist, entscheiden wir dann.

Arbeitsauftrag

- Erstellen Sie ein Konzept zur Außendarstellung des Unternehmens, das Elemente aus der Kommunikationspolitik und der „Corporate Identity" enthält. Konkretisieren Sie Ihre Vorstellung so weit wie möglich.

Einen Marketing-Mix zusammenstellen

Aus den Ergebnissen der Marktprognose (→ S. 343 ff.) wird ein Marketingkonzept entwickelt. Zu den Marketinginstrumenten zählt man:

- Produkt- und Sortimentspolitik,
- Kommunikationspolitik,
- Vertriebs- oder Distributionspolitik,
- Preispolitik.

Die sinnvolle Abstimmung dieser Instrumente bezeichnet man als **Marketing-Mix**. Dabei müssen Produkteigenschaft, Preis, Werbebotschaft und Vertriebsform eine Einheit bilden.

Produkt- und Sortimentspolitik

Der Sortimentsbegriff bezieht sich in erster Linie auf Handelsbetriebe. Er bezeichnet alle Waren und Dienstleistungen, die angeboten werden. In Industrie und Handwerk wird die Gesamtheit der produzierten Sachgüter als Produktionsprogramm bezeichnet. Um mit dem Sortiment bzw. mit den Produkten den sich wandelnden Kundenansprüchen gerecht zu werden, nutzen Unternehmen die unterschiedlichen Möglichkeiten der Sortiments- und Produktpolitik.

- **Sortimentserweiterung/Produktinnovation**: Das Unternehmen nimmt zusätzliche Warengruppen/Produkte in sein Sortiment auf.
- **Sortimentsumstrukturierung/Produktvariation**: Teile des Sortiments werden durch andere Artikel ersetzt oder eingeführte Produkte werden in bestimmten Merkmalen verändert.
- **Sortimentsbereinigung/Produktelimination**: Artikel werden aus dem Sortiment entfernt.

Kommunikationspolitik

Das grundsätzliche Werbeziel ist die Absatzsteigerung. Für Jungunternehmer gilt es, zunächst neue Kunden zu gewinnen bzw. Verbraucher für neue Produkte oder Modetrends zu interessieren. Weitere Ziele von Werbekampagnen sind:

- Kundenbindung;
- Steigerung des Marktanteils;
- Verbesserung des Firmenimages;
- Reaktion auf Werbung der Konkurrenz;
- Überbrückung von Auftragslücken (z. B. beim Bau-Handwerk im Winter).

Durch Absatzwerbung, Öffentlichkeitsarbeit und Verkaufsförderung sollen diese Ziele erreicht werden.

Absatzwerbung

Eine Werbemaßnahme ist dann besonders erfolgreich, wenn ein Produkt in die unmittelbaren Lebensgewohnheiten des Konsumenten passt. Da aber die Bedürfnisse der Menschen sehr unterschiedlich sind, kann man heute in der Regel nur die Wünsche eines Teils der Verbraucher gesondert herausstellen, der

Werbemarkt 2016 (Darstellung in %)
Die Verteilung der Werbeetats nach Mediengattung

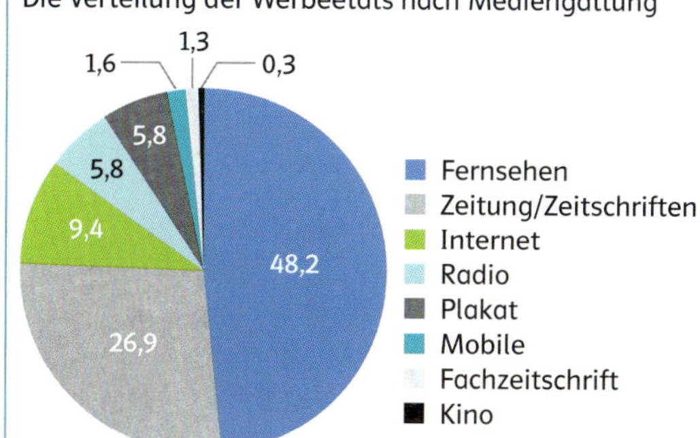

Nielsen

Zielgruppe. Wenn es gelingt, eine bestimmte Gruppe möglicher Käufer gezielt einzugrenzen, kann die Werbeaktion auf diese Zielgruppe ausgerichtet werden. Mit **Werbegebiet** ist die regionale Ausdehnung der Kampagne gemeint (z. B. Beschränkung auf Norddeutschland). In welchem Umfang eine Werbekampagne durchgeführt wird, ist abhängig von den zur Verfügung stehenden Mitteln, dem **Werbebudget**. Eingesetzt werden verschiedene **Werbemittel**, die über **Werbeträger** der Öffentlichkeit zugänglich gemacht werden. Am häufigsten werden genutzt:

Werbemittel	Werbeträger
Anzeige	Zeitung, Zeitschrift
Plakat	Schaufenster, Litfaßsäule, Plakatwände, …
Texte, Bilder, Preise	Werbebrief, Flyer, Prospekte, …
Werbespot	Fernsehen
Rundfunkspot	Rundfunk
Suchmaschineneinträge	Internet

Mit der Festlegung der **Werbezeit** ist die Planung abgeschlossen. Am Ende erfolgt die Überprüfung der Wirksamkeit der Werbekampagne (Werbeerfolgskontrolle). Unternehmen und Händler müssen z. B. die Kunden vor, während und nach einer Aktion zählen, Verbraucher- oder Haushaltsbefragungen durchführen und die Umsatzentwicklung einzelner Produkte beobachten. Je nach Ergebnis kann die Werbekampagne intensiviert, verändert oder beendet werden.

Öffentlichkeitsarbeit

Im Unterschied zur Absatzwerbung steht Öffentlichkeitsarbeit für die Bemühungen um Interesse, Vertrauen und Anerkennung in der Öffentlichkeit. Sie will ein Unternehmen als Ganzes bekannt machen. Öffentlichkeitsarbeit kann sich auf Massenmedien, Veröffentlichungen in Hauszeitungen, Betriebsbesichtigungen oder Verbindungen zu wichtigen Behörden erstrecken. Diese spezielle Form der gesellschaftlichen Einbindung eines Unternehmens nennt man **Public Relations** (PR).
Beispiel: Ein Bäcker öffnet seine Backstube einen Tag vor Muttertag für Kinder.
Sponsoring geht über das soziale Engagement hinaus und steht für die öffentlichkeitswirksame, finanzielle Unterstützung von Personen und Organisationen vor allem im sportlichen, kulturellen und sozialen Bereich.
Beispiel: Eine Brauerei finanziert einen Fußballverein und darf dafür auf der Bande oder den Sportlertrikots werben.

Verkaufsförderung

Maßnahmen der Verkaufsförderung beziehen sich meistens auf den Herstellungs- oder Verkaufsort. Beispiele sind die Gestaltung des Verkaufsraums, die Warenpräsentation im Schaufenster oder auf Messen sowie die Schulung des Personals.

Vertriebspolitik

Zur Vertriebspolitik (Distributionspolitik) zählt man alle Maßnahmen, die eine bestmögliche Verteilung der Produkte und Dienstleistungen an mögliche Kunden beinhalten. Der Vertrieb der Produkte kann direkt oder indirekt erfolgen.

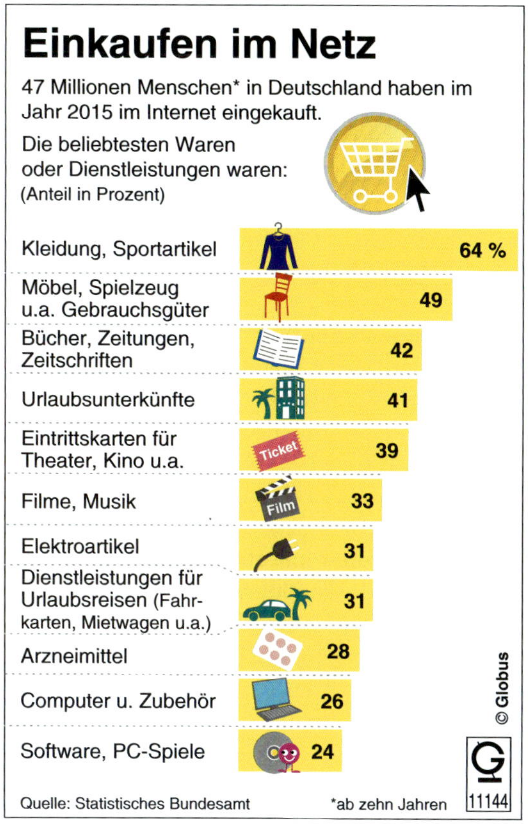

Vor allem Bekleidungshersteller setzen auf eigene Filialgeschäfte.

Direkter Vertrieb

Wenn der Hersteller seine Produkte selbst durch ein werkseigenes Vertriebssystem vertreibt, bezeichnet man dies als direkten Vertrieb. Dazu gehören:

- Lagerverkauf/Outlet Center,
- Verkaufsniederlassungen (Filialen, z. B. H&M),
- eigener Versandhandel (z. B. Otto-Versand),
- Homeshopping (z. B. QVC),
- Bestellungen über das Internet (z. B. Dell),
- Haustürverkäufe (z. B. Vorwerk),
- Home-Partys (z. B. Tupperware).

Beim direkten Vertrieb herrscht ein direkter Kontakt zwischen dem Produzenten und dem Kunden. Typisch ist diese Form des Vertriebs für kleinere Unternehmen, z. B. im Handwerk, sowie für Industrieunternehmen, die komplette Maschinen oder Anlagen auf Kundenwunsch herstellen oder die besonders erklärungsbedürftige Produkte haben. Die Vorteile des direkten Vertriebsweges liegen in der genauen Produktkenntnis des Herstellers bzw. Verkäufers und in der Einsparung von Händlerkosten.

Kalkulationsschema → S. 310

Indirekter Vertrieb

Hersteller von Massen- und Konsumgütern (z. B. Getränke, Süßwaren, Waschmittel) setzen ihre Produkte in der Regel mithilfe des Groß- und Einzelhandels ab. Dies bezeichnet man als indirekten Vertrieb. Die Vorteile dieses Vertriebssystems bestehen für den Hersteller darin, dass der Handel über eine entsprechende Marktübersicht und Branchenkenntnis verfügt. Außerdem kann das Produkt fast jedem Konsumenten über den Groß- und Einzelhandel angeboten werden.

Preispolitik

Die Preisgestaltung gehört zu den wichtigsten Faktoren im Bereich des Marketings, da für viele Kunden der Preis ein wichtiges Kaufargument ist. So lässt sich einerseits über einen hohen Preis das Ziel der Gewinnmaximierung erreichen; andererseits kann ein zu hoher Preis gegenüber der Konkurrenz einen Wettbewerbsnachteil bedeuten und somit zum Verlust von Marktanteilen führen. Die Preisbildung wird beeinflusst von:

- den Kosten eines Produktes oder einer Dienstleistung,
- dem Verhalten der Kunden,
- dem Verhalten der Konkurrenten.

7.4 Ein Marketingkonzept entwickeln

Mehr zur Preisbildung → S. 204 ff.

Werden die Preise vor allem in Abhängigkeit von den Kosten bestimmt, zuzüglich eines Gewinnzuschlags, spricht man von **kostenorientierter Preisbildung**. Der Produzent kann den Preis selbst bestimmen. Diese Situation liegt vor, wenn der Hersteller als Alleinanbieter (Monopolist) am Markt auftritt oder wenn eine große Nachfrage den Verkäufer in eine bevorzugte Position bringt.
Die meisten Unternehmen müssen sich jedoch am Marktpreis orientieren. Zahlreiche Anbieter stehen im Wettbewerb um die Gunst des Kunden. Die Käufer sind in der vorteilhaften Lage, aus einem großen Angebot auswählen zu können. Für den Hersteller ist eine Preisfestsetzung ohne Berücksichtigung der Preise von Mitbewerbern kaum möglich. Dies gilt vor allem dann, wenn mehrere Anbieter gleichartige Produkte verkaufen. Versucht ein Konkurrent über Preissenkungen größere Käuferschichten an sich zu ziehen, müssen die Mitbewerber sofort reagieren und unter Umständen damit rechnen, dass der Verkaufspreis kurzfristig unterhalb der eigenen Kosten liegt (Dumpingpreis, ruinöser Wettbewerb).
Neben dem Preis gibt es zusätzliche Faktoren (Konditionen), die die Kaufentscheidung des Kunden beeinflussen:

- Rabattgewährung: Mengen-, Treue-, Sonderrabatte, Skonto (→ S. 158);
- Zahlungsbedingungen: Gewährung von Zahlungszielen;
- Dienstleistungen: Garantie, Wartung.

McDonald's hat eine unverwechselbare Unternehmensidentität.

Corporate Identity (Unternehmensidentität)

Die Identität eines Unternehmens ergibt sich aus den Wertvorstellungen oder Zielen des Managements und ihrer Umsetzung. Dies spiegelt sich wider im Verhalten gegenüber Kunden und Mitarbeitern und der Art der Kommunikation nach innen und außen. Daraus ergibt sich für den Betrachter ein klares Profil des Unternehmens.
Drei Bereiche von Corporate Identity sind:

- **Corporate Design** meint das Erscheinungsbild des Unternehmens. Unverwechselbare Firmenlogos, Markenzeichen, Schriftzüge, Formulare, Arbeitskleidung der Mitarbeiter usw. ermöglichen eine bessere Erkennbarkeit des Unternehmens.
- **Corporate Communication** umfasst die Unternehmenskommunikation nach außen (Werbemaßnahmen, Öffentlichkeitsarbeit) und nach innen (unternehmensinterne Kommunikation).
- **Corporate Behaviour** legt das Verhalten gegenüber Kunden, Lieferanten, Partnern und Mitarbeitern untereinander fest. Im internen Bereich drückt sich dies in der Mitarbeiterführung und im Umgang mit Konflikten und Kritik aus.

Die Umsetzung all dieser Maßnahmen führt nicht nur zu einem positiven Bild des Unternehmens in der Öffentlichkeit. Auch die Mitarbeiter identifizieren sich stärker mit dem eigenen Unternehmen. Dies steigert die Motivation und verbessert die Leistung. Dadurch wird das Unternehmen wiederum positiver gesehen.

Die zehn beliebtesten Arbeitgeber Deutschlands	
1. SAP	6. Daimler
2. adidas	7. Kaufland
3. Bosch	8. dm – drogerie markt
4. Deloitte	9. Allianz
5. Accenture	10. BMW

Feedback von Mitarbeitern aus Deutschland von Nov. 2015 bis Okt. 2016 (zusammengefasst von *www.glassdoor.de*)

Zusammenfassung: Marketing-Mix und Corporate Identity

Corporate Design	Corporate Communication	Corporate Behaviour
Erscheinungsbild	Kommunikation nach innen und außen	Verhalten gegenüber Mitarbeitern und Außenstehenden

↑ ↑ ↑

Corporate Identity

= Unternehmensidentität

↑

AUSSENAUFTRITT EINES UNTERNEHMENS

↓

Marketing-Mix

dient der Umsetzung der Marketingstrategie

↓ ↓ ↓ ↓

Produkt- und Sortimentspolitik	Kommunikationspolitik	Vertriebspolitik	Preispolitik
• Erweiterung • Umstrukturierung • Bereinigung	• Absatzförderung • Öffentlichkeitsarbeit • Verkaufsförderung	• direkter Vertrieb • indirekter Vertrieb	abhängig von: • Kosten • Kundenverhalten • Konkurrenzverhalten

Übungsaufgaben

1. Erläutern Sie, warum die einzelnen Marketinginstrumente zu einem sinnvollen Marketing-Mix zusammengefasst werden sollten.

2. Nennen Sie Werbemittel und entsprechende Werbeträger, die Ihr Ausbildungsbetrieb nutzt.

3. Ordnen Sie die folgenden Beispiele den Maßnahmen Produktinnovation, Produktvariation oder Produktelimination zu.
   a) Ein Automobilhersteller bringt erstmals ein Zwei-Liter-Auto auf den Markt.
   b) Eine Brauerei bietet ihr Bier mit unterschiedlichem Alkoholgehalt an.
   c) Ein Hersteller von Tiefkühlkost nimmt Fischprodukte aus dem Sortiment.
   d) Ein Telefonhersteller bringt ein neues Modell auf den Markt, das sich nur durch das Design und den Markennamen von den anderen angebotenen Geräten unterscheidet.

4. Erläutern Sie aus der Sicht des Herstellers die Vorteile der folgenden Vertriebsformen: Vertrieb der Waren über
   a) ein eigenes Filialsystem,
   b) den Groß- und Einzelhandel,
   c) das Internet,
   d) Haustürverkauf.

5. Ein Unternehmen tritt mit einem klaren Profil gegenüber Mitarbeitern, Lieferanten und Kunden auf. Diskutieren Sie die Vorteile, die sich daraus für das Unternehmen ergeben können.

Fragebogen erstellen

Umfrage mit Fragebogen

Unternehmen führen Umfragen mithilfe von Fragebögen durch, um die Kundenzufriedenheit festzustellen. Befragungen werden aber auch durchgeführt, um die Marktchancen eines neuen Produkts zu ermitteln oder die Einstellung der Mitarbeiter zum Unternehmen zu erfassen. Auf der Grundlage der ermittelten Daten werden dann unternehmerische Entscheidungen getroffen.

So geht's!

1. Umfrageziel und Teilnehmerkreis definieren

- Das Ziel der Befragung genau definieren. Was wollen Sie herausfinden?
- Den Kreis der Befragten auswählen (Größe der Gruppe, Merkmale der Gruppe).
- Den Zeitraum für die Befragung festlegen und das Budget ermitteln.

2. Fragebogen ausarbeiten

- Die Fragen einfach und eindeutig formulieren.
- Einen Anreiz für die Beantwortung und Rückgabe des Fragebogens schaffen (z.B. Preisausschreiben).
- Testlauf und Probeauswertung durchführen.

3. Befragung durchführen

- Die Befragten über Grund und Initiator der Umfragen aufklären.
- Datenschutz wahren: Identität der Befragten muss unkenntlich gemacht werden.

4. Ergebnisse auswerten und präsentieren

- Informationen auswerten und visualisieren.
- Welche Schlüsse können Sie ziehen?
- Wesentliche Ergebnisse der Befragung präsentieren.

Fragebogen für eine Kundenumfrage erstellen

1. Umfrageziel und Teilnehmerkreis definieren

Bevor Sie Fragen entwickeln, müssen Sie wissen, was Sie von Ihren Kunden erfahren wollen. Beziehen sich die Fragen nur auf die Kundenzufriedenheit oder sollen darüber hinaus Daten für eine mögliche Umgestaltung des Warenangebots oder des Service ermittelt werden? Wie viele und welche Kunden wollen Sie in die Befragung einbeziehen (z. B. nur Kunden des höheren Preissegments)?

2. Fragebogen ausarbeiten

Gute Fragen sind kurz, möglichst einfach formuliert und berücksichtigen den Wissensstand der Befragten. Der Fragebogen sollte maximal 15–20 Fragen enthalten.

M Fragetypen

1. Einfachauswahl
   Angaben zur Person: ☐ *männlich* ☐ *weiblich*
2. Mehrfachantwort
   Was essen Sie gerne zu Mittag? (3 Nennungen möglich)
   ☐ *warmes Essen aus der Schulkantine* ☐ *Döner vom Kiosk ums Eck*
   ☐ *Brötchen oder Salat aus der Schulkantine* ☐ *bringe mir etwas von zu Hause mit*
3. Maßzahl
   Wie viel geben Sie durchschnittlich für Ihr Mittagessen aus? ________ €
4. Skala
   Beurteilen Sie das Angebot der Schulkantine auf einer Skala von 1 bis 5.

	1	*2*	*3*	*4*	*5*
Brötchen	☐	☐	☐	☐	☐
Getränke	☐	☐	☐	☐	☐
Süßigkeiten	☐	☐	☐	☐	☐

5. offene Fragen ohne Antwortvorgabe
   Welche Verbesserungsvorschläge haben Sie?

Vor der Befragung ist es sinnvoll, einen **Testlauf** mit Probeauswertung durchzuführen. Um die Rücklaufquote zu erhöhen, können Preisausschreiben, kleine Geschenke oder Preisnachlässe für künftige Einkäufe mit der Befragung verbunden werden.

3. Befragung durchführen

Vor der Befragung müssen Sie den Teilnehmern Ziel und Inhalt der Befragung mitteilen und wer sie durchführt. Aus Gründen des Datenschutzes müssen Sie darauf hinweisen, dass die Personendaten nicht erfasst werden.

4. Ergebnisse auswerten und präsentieren

Die Antworten auszählen, die entsprechenden Anteile errechnen und Diagramme erstellen (→ S. 196 ff. Informationen visualisieren).

Arbeitsauftrag

- Entwickeln Sie einen Fragebogen für das Autohaus Brand (→ S. 342).

Üben
f4h26m
Prüfungsaufgaben

Fertigung, Qualitätsmanagement, Rationalisierung

1. Fertigung

M1 Die vier Stufen der industriellen Revolution

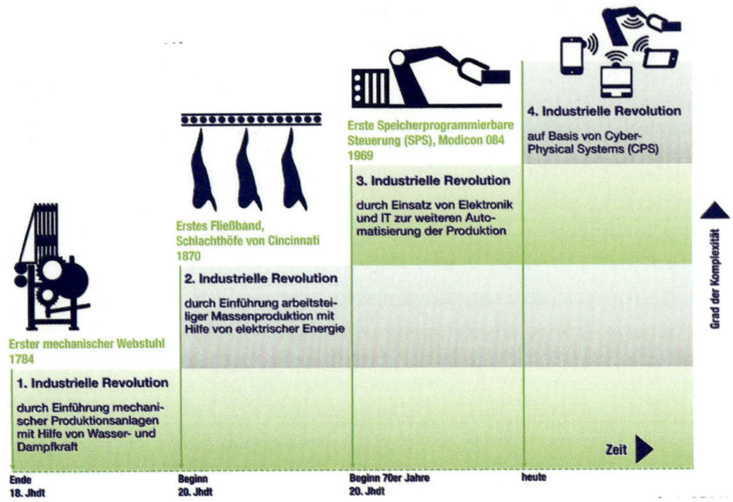

Forschungsunion Wirtschaft und Wissenschaft, acatech: Umsetzungsempfehlungen für das Zukunftsprojekt Industrie 4.0 (2013), Seite 17

Neue Innovationen und Technologien verändern die Art und Weise, wie Güter produziert werden. Nach Dampfmaschine, Fließband und Computer steht man nun mit intelligenten Fabriken vor der vierten industriellen Revolution.

- ◒ 1.1 Unterscheiden Sie zwischen Mechanisierung, Fließbandfertigung, Automatisierung und Industrie 4.0.
- ◒ 1.2 Fertigungsabläufe können nach dem Verrichtungs- oder nach dem Flussprinzip erfolgen. Erläutern Sie den Unterschied.
- ◒ 1.3 Beschreiben Sie jeweils zwei Vor- und Nachteile der Werkstattfertigung gegenüber der Fließfertigung.
- ◒ 1.4 Unterscheiden Sie im Rahmen der Fertigungsplanung zwischen der Ablauf- und der Bedarfsplanung.
- ● 1.5 Beschreiben Sie die Auswirkungen von Industrie 4.0 auf das Arbeitsleben.

2. Qualitätsmanagement

Die Leistungsüberwachung ist notwendig, damit der Fertigungsprozess wie geplant durchgeführt werden kann.

- ○ 2.1 Definieren Sie den Begriff *Qualität*.
- ◒ 2.2 Beschreiben Sie vier Formen der Leistungsüberwachung.

3. Rationalisierung

Um am Markt bestehen zu können, müssen Unternehmen ständig rationalisieren.

- ◒ 3.1 Erläutern Sie den Begriff Rationalisierung anhand des Minimal- und des Maximalprinzips.
- ○ 3.2 Erklären Sie die Begriffe *Normung*, *Typung* und *Baukastensystem* jeweils anhand eines Beispiels.

Marktforschung und Marketing, Kostenrechnung

1. Marktforschung und Marketing

M1 Erweiterung der Produktpalette bei der Rothe KG

Die Produktpalette der Rothe KG umfasst Rennräder und Mountainbikes. Die Geschäftsleitung plant aufgrund umfangreicher und erfolgversprechender Marktanalysen, ein weiteres Modell in das Produktionsprogramm aufzunehmen. Es soll ein Trekkingrad als Pedelec angeboten werden. Es kann als Sportrad eingesetzt werden (zum Beispiel auf langen Radwanderungen), aber auch als normales Gebrauchsrad für den Straßenverkehr.
Mit der Markteinführung des neuen Produktes erhält die Rothe KG ein breiteres Produktprogramm. Die Vermarktung der Rennräder und Mountainbikes erfolgt direkt durch Anzeigenwerbung in Fachzeitschriften, durch Werksverkauf oder durch Bestellung der Kunden im Internet bzw. über Kataloge.

○ 1.1 Nennen Sie fünf Bereiche, über die die Marktforschung Auskunft geben soll.
◒ 1.2 Unterscheiden Sie zwischen Primär- und Sekundärforschung.
◒ 1.3 Beschreiben Sie die drei unterschiedlichen Möglichkeiten der Sortiments- und Produktpolitik.
◒ 1.4 Erläutern Sie drei verschiedene Formen der Kommunikationspolitik.
● 1.5 Entscheiden Sie, ob eine indirekte Vermarktung von Freizeiträdern sinnvoll ist, indem Sie die unterschiedlichen Formen direkter und indirekter Vermarktung gegenüberstellen und auf die Vor- und Nachteile eingehen.

2. Kostenrechnung

Eine vorläufig ermittelte Kostenstruktur auf der Basis von monatlich 3000 gefertigten Trekkingrädern zeigt folgendes Ergebnis:
Kosten pro Rad:

Materialeinzelkosten:	800,00 €
Materialgemeinkostenzuschlagssatz:	20 %
Fertigungseinzelkosten (Lohnkosten/Montage):	250,00 €
Fertigungsgemeinkostenzuschlagssatz:	40 %
Verwaltungsgemeinkostenzuschlagssatz:	10 %
Vertriebsgemeinkostenzuschlagssatz:	15 %
Gewinnzuschlag:	10 %

Als fixe Kosten gelten: 60 % der Materialgemeinkosten, 70 % der Fertigungsgemeinkosten, 50 % der Verwaltungs- und Vertriebsgemeinkosten.

◒ 2.1 Berechnen Sie die Kosten eines Trekkingrades.
◒ 2.2 Ermitteln Sie den Break-even-Point für das Trekkingrad.

Arbeitstechniken für Schule, Ausbildung und lebenslanges Lernen

Um eine Aufgabe zu lösen, braucht man nicht nur Fachwissen, sondern auch die richtige Arbeitstechnik. Das gilt überall: in der Schule, in der Ausbildung und für das lebenslange Lernen im Beruf. Die Wahl der geeigneten Methode und das Wissen, wie sie angewendet wird, bezeichnet man als **Methodenkompetenz**.

Betriebe erkunden

Ziel: Einen Einblick in betriebliche Prozesse und Entscheidungen gewinnen, um zu verstehen, wie ein Unternehmen funktioniert und welche Aufgaben der einzelne Mitarbeiter übernimmt.

1. **Erkundung planen**
   Ziel der Erkundung festlegen (z. B. Produktionsabläufe, Lagerhaltung, Entsorgung) und einen geeigneten Betrieb auswählen. Absprachen mit dem Betrieb treffen: Ablauf, Dauer, Gesprächspartner, Sicherheitshinweise, Datenschutz (z. B. Fotografieren erlaubt?).
2. **Erkundung vorbereiten**
   Fragenkatalog und Beobachtungskatalog erarbeiten. Organisation klären: Gruppenbildung, Aufgabenverteilung.
3. **Erkundung durchführen**
   Wichtige Ergebnisse während oder unmittelbar nach der Erkundung schriftlich festhalten.
4. **Ergebnisse auswerten und präsentieren**
   Informationen sammeln und ordnen. Schlussfolgerungen ziehen und Informationen bewerten. Sofern Fragen offen blieben, diese festhalten. Die Ergebnisse dokumentieren und die wichtigsten präsentieren.

Fragebogen erstellen

Ziel: Die Ansichten einer Gruppe zu einem vorgegebenen Thema ermitteln. Unternehmen nutzen Umfragen oft als Entscheidungshilfe.

1. **Ziel und Teilnehmer definieren**
   Das Ziel der Umfrage genau definieren und den Zeit- und Kostenrahmen festlegen. Entsprechend dem Ziel den Kreis der Befragten genau auswählen (Größe und Merkmale der Gruppe).

2. **Fragebogen ausarbeiten**
   Fragebogen ausformulieren, dabei auf einfache, eindeutige Fragen achten. Um die Rücklaufquote zu erhöhen, Anreiz für die Beantwortung bieten (z.B. Preisausschreiben). Testlauf und Probeauswertung durchführen.

3. **Befragung durchführen**
   Die Befragten darüber aufklären, weshalb die Umfrage durchgeführt wird und von wem. Die Identität der Befragten muss unkenntlich gemacht werden (Datenschutz!).

4. **Ergebnisse auswerten und präsentieren**
   Daten auswerten. Ergebnisse mit Blick auf das Umfrageziel interpretieren und Schlussfolgerungen ziehen. Wesentliche Ergebnisse präsentieren.

→ S. 352

Gesetzestexte anwenden

Ziel: Die geltende Rechtslage aus dem Wortlaut von Gesetzen herausarbeiten, um die eigenen Rechte und Pflichten (z.B. als Verbraucher, Arbeitnehmer, Verkehrsteilnehmer) im Streitfall genau zu kennen.

1. **Problem analysieren**
   Den Streitfall exakt bestimmen, der mithilfe des Gesetzestextes geklärt werden soll: **„Wer will was von wem woraus?“**

2. **Gesetzliche Grundlage bestimmen**
   Ermitteln, welches Gesetz den Streitfall regelt. Aktuelle Fassung des Gesetzes besorgen (www.gesetze-im-internet.de).

3. **Gesetz auf den Streitfall anwenden**
   Ansprüche aus dem Gesetzestext herausarbeiten und dabei Querverweise auf andere Paragrafen beachten. Unbekannte fachsprachliche Begriffe klären und erst dann die Formulierungen des Gesetzes auf den Streitfall übertragen.

4. **Lösung formulieren**
   Rechtsfolgen für die Beteiligten begründen.

→ S. 162

Informationen visualisieren

Ziel: Informationen in Schule und Beruf für Andere (Mitschüler, Kunden, Kollegen, Vorgesetzte …) verständlich aufbereiten und sie durch anschauliche Darstellung informieren und überzeugen.

1. **Material analysieren**
   Klären, worüber informiert werden soll. Art der Informationen ermitteln: absolute oder relative Werte, Indexwerte, Mengen- oder Größenangaben …

2. **Ziel der Visualisierung bestimmen**
   Den Zweck der Visualisierung genau festlegen und auswählen, welche Details der Daten dafür wichtig sind und welche weggelassen werden sollen.

3. **Art der Visualisierung festlegen**
   Für eine Form der Visualisierung entscheiden und festlegen, welche Bedeutung die Elemente haben. Was soll hervorgehoben werden, was nicht? Lassen sich Elemente kombinieren? Erläuterungen und Beschriftungen der Visualisierung formulieren.

4. **Visualisierung umsetzen**
   Entwurf erstellen und umsetzen.

→ S. 196

Internetrecherche

Ziel: Informationen sammeln, auswählen und bewerten und als Entscheidungsgrundlage verwenden.

1. **Recherche vorbereiten**
   Fragestellung möglichst genau eingrenzen und exakte Suchbegriffe festlegen.

2. **Suchmaschine aufrufen**
   Suchbegriffe eingeben und Zeitraum, Sprache, Ort und Art (Karten, Bilder, Videos) der Ergebnisse eingrenzen. Ist das Suchergebnis nicht aussagekräftig, dann weiter eingrenzen.

3. **Quellen prüfen und auswerten**
   Brauchbarkeit der Ergebnisse prüfen: Wer betreibt die Seite (Impressum)? Wann war die letzte Aktualisierung? Welche Quellen sind angegeben, auf welche Seiten wird verlinkt? Informationen von besonders werbelastigen Seiten genau prüfen und im Zweifel den Informationen von themenorientierten Portalen (z. B. Statistisches Bundesamt) den Vorzug geben. Ergebnisse ordnen und auswerten. Offene Fragen auflisten.

4. **Ergebnisse dokumentieren**
   Geeignete Seiten mit einem Lesezeichen versehen oder als Favorit abspeichern.

Karikaturen analysieren

Ziel: Die Aussage und Absicht von Karikaturen erkennen und interpretieren, um als Schüler und Nutzer von Massenmedien dazu Stellung zu nehmen.

1. **Thema der Karikatur bestimmen**
   Den spontanen ersten Eindruck formulieren. Feststellen, welcher Sachverhalt der Karikatur zugrunde liegt. Bei älteren Karikaturen: Entstehungsjahr ermitteln.

2. **Darstellung beschreiben**
   Beschreiben, worin die Übertreibung oder Zuspitzung besteht: zeichnerische bzw. sprachliche Veränderung der Wirklichkeit (Personen, Situationen, Konflikte, Gegenstände). Bei Symbolen: Bedeutung erschließen. Die Verknüpfung von Bild und Text untersuchen.

3. **Botschaft erarbeiten**
   Politische oder moralische Tendenz bestimmen: Wer oder was wird lächerlich gemacht oder übertrieben? Die Botschaft an den Leser in eigenen Worten formulieren und mit dem spontanen ersten Eindruck vergleichen.

4. **Karikatur bewerten**
   Die Absicht und die Mittel der Darstellung beurteilen.

Medien analysieren

Ziel: Informationen verschiedener Medien zu einem Sachverhalt vergleichen, um die Stärken und Schwächen verschiedener Medienangebote zu erkennen.

1. **Medien auswählen**
   Medien festlegen, die verglichen werden sollen, z. B. Fernsehnachrichten, Nachrichten im Internet. Thema und Zeitpunkt/Zeitraum bestimmen.

2. **Vergleichspunkte erarbeiten**
   Formal: Umfang, Aktualität, Quellen (Agentur, eigene Recherche), Vollständigkeit, Hauptinformationsträger (Bild, Text), Kosten, Zugänglichkeit.
   Inhaltlich: Kernaussage, Absicht, Aufbau, Schwerpunkte, Verständlichkeit, Anschaulichkeit (Sprache, Verbindung Text – Bild), Wirkung auf den Nutzer.

3. **Vergleich durchführen**
   Ersten Eindruck festhalten und danach einen systematischen Vergleich durchführen. Ergebnisse und Belege in eine Matrix eintragen, Besonderheiten notieren.

4. **Ergebnisse auswerten**
   Was ist medienspezifisch und lässt sich verallgemeinern? Welche Schlussfolgerungen gelten nur für dieses Beispiel? Wodurch lassen sie sich belegen?

Mindmap erstellen

Ziel: Eine Fragestellung mithilfe einer Landkarte *(map)* des Gehirns *(mind)* kreativ erschließen, um sie anschließend systematisch und strukturiert lösen zu können.

1. **Fragestellung in die Mitte eines Plakats schreiben**

2. **Ideen zur Fragestellung notieren**
   Jede neue Hauptidee als Ast einzeichnen, der vom Zentrum nach außen führt.

3. **Details den „Ästen" zuordnen**
   Ideen, die zu einem bereits eingezeichneten Gedanken-Ast gehören, als Zweig an diesen Ast anfügen. So lange weitermachen, bis keine neuen Ideen oder Details mehr kommen.

4. **Mindmap bearbeiten**
   Die fertige Mindmap analysieren: Ideen streichen, die doppelt genannt wurden oder nicht zur Fragestellung gehören. Nach Querverbindungen zwischen den Ästen suchen. In eine systematische Darstellung überführen, z. B. Ideen durchnummerieren.

Pro-Contra-Debatte führen

Ziel: Gegensätzliche Positionen austauschen, um eigene Interessen zu erkennen und zu vertreten, aber auch, um andere Standpunkte zu akzeptieren.

1. **Positionen formulieren**
   Die gegensätzlichen Positionen formulieren. Gesprächsleiter bestimmen und Teilnehmer nach dem Zufallsprinzip einteilen: Pro-Gruppe, Contra-Gruppe, Beobachter mit Schiedsrichterfunktion. Probeabstimmung unter den Beobachtern durchführen.

2. **Debatte vorbereiten**
   Begründungen, Widerlegung von Einwänden, Beispiele, taktische Überlegungen. Rollen festlegen: je Gruppe ein „Anwalt" als Wortführer sowie mehrere Experten.

3. **Debatte durchführen**
   Sitzordnung: Gruppen sitzen einander gegenüber, Gesprächsleiter an der Stirnseite, Beobachter ihm gegenüber.
   Gesprächsleiter erteilt das Wort und überwacht die Regeln: Redezeit, Gesamtdauer, Gruppen sprechen abwechselnd.
   Die Beobachter protokollieren.

4. **Debatte auswerten**
   Beobachter beurteilen die Argumente und den Gesamteindruck und stimmen nochmals ab.

Projekt umsetzen

Ziel: Praktische Umsetzung einer eigenen oder vorgegebenen Idee gemeinsam mit anderen.

1. **Projektidee formulieren**
   In der Gruppe Ideen für ein Projekt sammeln und diskutieren. (Im Beruf ist die Projektidee vorgegeben.) Daraus eine Projektskizze erstellen, aus der die genaue Projektidee und der Zeitrahmen hervorgehen.

2. **Projektplan erstellen**
   Projektskizze auf Durchführbarkeit überprüfen. Genauen Projektplan erstellen, der verbindliche Zeitvorgaben („Meilensteine") enthält sowie die Aufgabenverteilung innerhalb der Gruppe.

3. **Projekt durchführen**
   Arbeitszeiten, Arbeitsorte und Organisationsform planen.
   Die einzelnen Arbeitsschritte gemäß dem Projektplan durchführen. Eventuell notwendige Änderungen diskutieren und entscheiden.

4. **Projekt präsentieren**
   Nach Durchführung des Projekts dessen Präsentation vorbereiten und durchführen.

→ S. 296

Referat halten

Ziel: Eine Fragestellung selbstständig recherchieren und aufbereiten, um sie einem Publikum präsentieren zu können.

1. Die Vorgaben kennen
Grundlagen klären: Art der Präsentation (schriftlich/mündlich), zeitlicher Rahmen, Arbeitsform (Einzelarbeit, Gruppenarbeit) und Zielgruppe (Schulklasse, Kunden, Vorgesetzte …).

2. Material beschaffen
Thema genau eingrenzen. Material aus mehreren unabhängigen Quellen sammeln, um vergleichen und auswählen zu können.

3. Material auswerten und ordnen
Material grob sichten. Auf Qualität und Aktualität achten. Beim Auswerten Verknüpfungen, Begründungen, Beispiele und Belege berücksichtigen. Quellenangaben notieren, bei wörtlichen Übernahmen (Zitaten) auch die Belegstelle. Informationen in eine sinnvolle Reihenfolge bringen.

4. Ergebnis präsentieren
Sich auf das Wesentliche konzentrieren und die Aussagen anschaulich darstellen. Bei mündlicher Präsentation: Medien nutzen, Zuhörer einbeziehen und eine Kurzfassung als Handout verteilen.

Rollenspiel durchführen

Ziel: Einen privaten oder beruflichen Konflikt spielerisch lösen, um mit Konflikten im realen Leben besser umgehen zu können.

1. Rolle vorbereiten
Jeder liest für sich die Situationsbeschreibung und die ihm zugeteilte Rollenkarte. Die Situation klären: Was genau ist das Problem? Gruppen einteilen.

2. Als Gruppe eine Meinung bilden
Rollenkarte besprechen: Worin besteht aus Sicht dieser Person der Konflikt? Wie könnte der Konflikt aus ihrer Sicht gelöst werden? Welche Gegenargumente gibt es?

3. Rollenspiel durchführen
Jede Gruppe wählt ihren Spieler aus, der gemeinsam mit den anderen das Rollenspiel spielt. Die Übrigen beobachten und protokollieren.

4. Auswertung
Argumente zusammenfassen und beurteilen. Alternative Lösungsmöglichkeiten diskutieren.

→ S. 60

Simulationsspiel umsetzen

Ziel: Einen Konflikt modellhaft durchspielen, um den wirklichen Ablauf und die Interessen der Beteiligten besser erkennen und beurteilen zu können.

1. Konflikt beschreiben und Informationen beschaffen
Den Interessenkonflikt beschreiben. Informationen über die Rollen und Regeln einholen, die für das Thema relevant sind. Gruppen einteilen.

2. Eine Meinung bilden
Als Gruppe eine eigene Position erarbeiten: Maximalforderungen und Ziele, die mindestens erreicht werden sollen. Eine Verhandlungsstrategie ausarbeiten.

3. Miteinander verhandeln
Auf den Spieler einigen, der die Rolle spielt und gemeinsam mit den anderen Spielern die Verhandlungen simuliert. Die anderen Gruppenmitglieder beobachten und protokollieren den Verlauf. Alle Rollenspieler kommen gemeinsam zu einer Entscheidung (Einigung).

4. Ergebnis auswerten
Schritte analysieren, die zu diesem Ergebnis geführt haben, und Alternativen diskutieren. Mit der Wirklichkeit vergleichen: Gemeinsamkeiten und Unterschiede ermitteln.

→ S. 126

Statistiken auswerten

Ziel: Statistiken in Schule und Beruf auswerten und ihre Datenbasis hinterfragen sowie zulässige Schlussfolgerungen von unzulässigen unterscheiden.

1. **Thema der Statistik bestimmen**
Zeitlichen, räumlichen, sozialen und wirtschaftlichen Bezug ermitteln.

2. **Bedeutung der Werte ermitteln**
Um welche Art von Daten handelt es sich: absolute oder relative Werte, Indexwerte, Mengen- oder Größenangaben ...? Nach möglichen Bezugs- und Vergleichsgrößen suchen.

3. **Aussagekraft bewerten**
Verlässlichkeit der Werte und der Datenquelle ermitteln. Handelt es sich um eine genaue Erhebung, ein Stimmungsbild oder eine Prognose? Von wem stammt die Statistik?

4. **Informationen herausarbeiten und bewerten**
Den Zusammenhang zwischen den Werten in Worten formulieren: Welche Werte sind stabil bzw. entsprechen dem Durchschnitt? Welche Werte weichen ab – in welche Richtung und in welchem Ausmaß? Welche Schlussfolgerungen lassen sich ziehen? Wem nützt die Statistik? Bleiben Fragen offen?

→ S. 248

Unternehmen vorstellen

Ziel: Informationen über das Unternehmen strukturiert darstellen.

1. **Interessen der Zielgruppe ermitteln**
Größe, Zusammensetzung und Erwartungen der Gruppe klären. Wie wichtig ist die Zielgruppe für das Unternehmen? Zeit, Ort und organisatorische Details klären.

2. **Informationen beschaffen und auswählen**
Die unternehmensinternen Vorgaben für Präsentationen ermitteln und interne Dokumentationen und Vorlagen beschaffen. Die Interessen des Unternehmens und die der Zielgruppe abgleichen und einen Schwerpunkt für die Präsentation wählen.

3. **Präsentation vorbereiten**
Präsentationsform wählen, die zum zeitlichen und organisatorischen Rahmen passt. Auf Rückfragen vorbereiten, Zusatzinformationen zusammenstellen und Handout bereitlegen. Den Raum ansprechend gestalten und alle Beteiligten informieren.

4. **Umsetzung**
Sich selbst und das Unternehmen kurz vorstellen. Präsentation umsetzen und Gelegenheit für Rückfragen geben.

Zukunftsszenarien entwerfen

Ziel: Einen Einblick in mögliche zukünftige Entwicklungen gewinnen und diese bewerten, um damit den eigenen Standpunkt zu begründen.

1. **Problem analysieren**
Das gesellschaftliche Problem definieren, das untersucht werden soll. Ermitteln, wer davon betroffen ist. Den Zeitraum festlegen, in dem die künftige Entwicklung betrachtet werden soll.

2. **Einflussfaktoren bestimmen**
Wichtige Einflussfaktoren auf das Problem ermitteln. Zusammenhänge und Abhängigkeiten zwischen den Einflussfaktoren feststellen.

3. **Zukunftsbilder erstellen**
Entwerfen der drei Grundtypen für die mögliche künftige Entwicklung: **Worst-Case-Szenario, Best-Case-Szenario, Trend.** Zusätzlich Bilder und Skizzen zur Visualisierung erstellen. Die Szenarien im Plenum vorstellen und diskutieren.

4. **Lösungsstrategien entwickeln**
Maßnahmen zur Lösung vorschlagen: Was muss getan werden, um sich dem Best-Case-Szenario anzunähern? Wer kann welchen Beitrag dazu leisten?

Liste der Operatoren

Operatoren sind Schlüsselwörter für Aufgabenstellungen, die eine Arbeitsanforderung enthalten. Sie haben den Zweck, so exakt und eindeutig wie möglich die Aufgabe zu bestimmen. Die folgende Übersicht über die Operatoren hilft Ihnen beim Verständnis der Aufgabenstellung.

Anforderungsbereich I (Reproduktionsleistungen) ○

Operator	Definition	Beispiel in Wirtschaft kompetent
nennen	Entweder Informationen aus vorgegebenem Material entnehmen oder Kenntnisse ohne Materialvorgabe anführen.	Nennen Sie die Grundsätze des dualen Systems der Berufsausbildung.
herausarbeiten	Informationen und Sachverhalte unter bestimmten Gesichtspunkten aus vorgegebenem Material entnehmen, wiedergeben und/oder gegebenenfalls berechnen.	Der gleiche Bruttolohn bzw. das gleiche Bruttogehalt führt nicht immer zum gleichen Nettolohn/-gehalt. Arbeiten Sie drei Gründe heraus, warum das so ist.
beschreiben	Wesentliche Informationen aus vorgegebenem Material oder aus Kenntnissen zusammenhängend und schlüssig wiedergeben.	Beschreiben Sie mögliche Vor- und Nachteile des Angebotsoligopols für den Verbraucher.
charakterisieren	Sachverhalte und Vorgänge mit ihren typischen Merkmalen beschreiben und in ihren Grundzügen bestimmen.	Charakterisieren Sie den Anlegertyp, der sein Geld so anlegt: Aktien 50 %, Anleihen 30 %, Festgeld 20 %.

Anforderungsbereich II (Reorganisations- und Transferleistungen) ◒

Operator	Definition	Beispiel in Wirtschaft kompetent
erstellen	Sachverhalte inhaltlich und methodisch angemessen grafisch darstellen und mit fachsprachlichen Begriffen beschriften (z. B. Fließschema, Diagramm, Mindmap, Wirkungsgefüge).	Erstellen Sie Organigramme zu folgenden Aufgabenverteilungen in verschiedenen Unternehmen.
darstellen	Strukturen und Zusammenhänge beschreiben und verdeutlichen.	Stellen Sie dar, von wem sich Martin Visse vor Gericht vertreten lassen kann.
analysieren	Materialien oder Sachverhalte systematisch und gezielt untersuchen und auswerten.	Analysieren Sie die folgenden Fälle und entscheiden Sie, welche Rechte der Betriebsrat hat.
einordnen, zuordnen	Sachverhalte, Vorgänge begründet in einen vorgegebenen Zusammenhang stellen.	Ermitteln Sie die Geldströme zwischen den Wirtschaftssubjekten, indem Sie die unten angegebenen Begriffe den einzelnen Pfeilen in der Abbildung zuordnen.
begründen	Komplexe Grundgedanken argumentativ schlüssig entwickeln und im Zusammenhang darstellen.	Begründen Sie, warum der Staat niedrige Einkommen nicht oder nur gering besteuert und hohe Einkommen mit bis zu 45 %.
erklären	Informationen durch eigenes Wissen und eigene Einsichten begründet in einen Zusammenhang stellen (z. B. Theorie, Modell, Gesetz, Regel).	Erklären Sie die Rolle des Betriebsrats bei der Kündigung und beim Kündigungsschutz.
erläutern	Sachverhalte im Zusammenhang beschreiben und anschaulich mit Beispielen oder Belegen erklären.	Erläutern Sie, warum der Staat Jungunternehmer unterstützt.
vergleichen	Gemeinsamkeiten und Unterschiede gewichtend einander gegenüberstellen und ein Ergebnis formulieren.	Vergleichen Sie die Ausgaben der privaten Haushalte mit den Rubriken des Haushaltsplans.

Anforderungsbereich III (Reflexion und Problemlösung) ●		
Operator	**Definition**	**Beispiel in Wirtschaft kompetent**
überprüfen	Vorgegebene Aussagen bzw. Behauptungen an konkreten Sachverhalten und innerer Stimmigkeit messen.	Prüfen Sie anhand der nachfolgenden Angaben, ob das Unternehmen den Auftrag übernehmen sollte.
beurteilen	Aussagen, Behauptungen, Vorschläge oder Maßnahmen im Zusammenhang auf ihre Stichhaltigkeit bzw. Angemessenheit prüfen und dabei die angewandten Kriterien nennen.	Beurteilen Sie die Einflussmöglichkeiten des Verbrauchers auf nachhaltiges Wirtschaften in Unternehmen.
bewerten	Aussagen, Behauptungen, Vorschläge oder Maßnahmen beurteilen, eine persönliche Stellungnahme abgeben und dabei die eigenen Wertmaßstäbe offenlegen.	Bewerten Sie die Möglichkeiten der Jugend- und Auszubildendenvertretung, selbstständig ihre Interessen gegenüber der Geschäftsleitung durchzusetzen.
erörtern	Zu einer vorgegebenen Problemstellung durch Abwägen von Für- und Wider-Argumenten ein begründetes Urteil fällen.	Erörtern Sie, warum es schwierig ist, die Probleme der Rentenversicherung dauerhaft zu lösen.
gestalten	Sich produkt-, rollen- bzw. adressatenorientiert mit einem Problem durch Entwerfen z. B. von Reden, Streitgesprächen, Strategien, Beratungsskizzen, Szenarien oder Modellen auseinandersetzen.	Informieren Sie sich über das deutsche Steuersystem und gestalten Sie es nach Ihren Vorstellungen.

Grundlage: Basisoperatorenkatalog in den gesellschaftswissenschaftlichen Fächern in Baden-Württemberg

Sachwortverzeichnis

T

U

V

W

Z

Cover.li iStockphoto (1001nights), Calgary, Alberta; **Cover.re** Fotolia.com (goodluz), New York; **8.1** TV-yesterday, München; **8.2** Fotolia.com (industrieblick), New York; **10** Thinkstock (Fuse), München; **12.3** Fotolia.com (Christoph Hähnel), New York; **12.2** Fotolia.com (Minerva Studio), New York; **12.1** Handwerkskammer Region Stuttgart, Stuttgart; **13** shutterstock (science photo), New York, NY; **17** Baaske Cartoons (Peter Kaczmarek), Müllheim; **18** VISUM Foto GmbH (Ekkehart Reinsch), Hannover; **20.1** Handwerkskammer Region Stuttgart, Stuttgart; **20.1** Imago (Sven Lambert), Berlin; **21** Thinkstock (iStock/monkeybusinessimages), München; **26** iStockphoto (viafilms), Calgary, Alberta; **30.2** laif (Paul Langrock/Zenit), Köln; **30.1** Keystone, Hamburg; **35** shutterstock (Mark William Richardson), New York, NY; **36** shutterstock (Andrea Seemann), New York, NY; **37.1** Bundesinstitut für Berufsbildung BIBB, Bonn; **40** Mauritius Images (imagesource), Mittenwald; **49** shutterstock (Phovoir), New York, NY; **53.RS 1** Fotolia.com (LaCatrina), New York; **53.RS 2** shutterstock (Arcady), New York, NY; **53.RS 4** Fotolia.com (Laschi), New York; **53.RS 3** Fotolia.com (T. Michel), New York; **54** Hüter, Michael, Bochum; **56** iStockphoto (Gianluca Padovani), Calgary, Alberta; **58.2** Picture-Alliance (ZB), Frankfurt; **58.1** Ullstein Bild GmbH (CARO/Kaiser), Berlin; **61.1** Thinkstock (istock/Szepy), München; **61.2** shutterstock (Sergey Nivens), New York, NY; **64** f1 online digitale Bildagentur, Frankfurt; **68.u.** Picture-Alliance (dpa-infografik), Frankfurt; **70** shutterstock (Jose AS Reyes), New York, NY; **71** Picture-Alliance (dpa-infografik), Frankfurt; **73** Fotolia.com (eccolo), New York; **73** Picture-Alliance (dpa/Jens Schierenbeck), Frankfurt; **76** Fotolia.com (steinerpicture), New York; **77** Picture-Alliance (dpa-infografik), Frankfurt; **80** Picture-Alliance (Holger Hollemann), Frankfurt; **81** Getty Images (ANDREY SMIRNOV/AFP), München; **83** Picture-Alliance (ZB/Matthias Hiekel), Frankfurt; **85** Volkswagen AG (Roland Niepaul), Wolfsburg; **86** Picture-Alliance (dpa-Infografik), Frankfurt; **86** Picture-Alliance (dpa-Infografik), Frankfurt; **87** Fotolia.com (dp@pic), New York; **90.o.** Picture-Alliance (dpa-infografik), Frankfurt; **90.u.** Bergmoser + Höller Verlag, Aachen; **91** iStockphoto (ollo), Calgary, Alberta; **92** Picture-Alliance (dpa infografik), Frankfurt; **98** Ingram Publishing, Tattenhall Chester; **101.2** Picture-Alliance (dpa-infografik), Frankfurt; **101.1** Picture-Alliance (dpa-infografik), Frankfurt; **105** shutterstock (Orientaly), New York, NY; **108** Thinkstock (iStock/Katarzyna Bialasiewicz), München; **109** Picture-Alliance (dpa-infografik), Frankfurt; **110** Getty Images (Cultura), München; **113.2** shutterstock (Mircea Bezergheanu), New York, NY; **113.1** Ullstein Bild GmbH (Röhrbein), Berlin; **114.1** shutterstock (Alexander Raths), New York, NY; **114.2** Fotolia.com (dicktraven), New York; **115** Fotolia.com (Kzenon), New York; **122** Bayerisches Landesamt für Steuern, München; **123.1** iStockphoto (gruizza), Calgary, Alberta; **123.2** Bayerisches Landesamt für Steuern, München; **124.1** Bayerisches Landesamt für Steuern, München; **128.1** Peter Leger, Haus der Geschichte, Bonn; **128.2** Hans-Böckler-Stiftung, Düsseldorf; **130.2** shutterstock (gpointstudio), New York, NY; **130.1** Mauritius Images (imageBROKER/Rosseforp), Mittenwald; **133** Fotolia.com (xy), New York; **134** Getty Images RF (Kristian Sekulic), München; **137** iStockphoto (Juanmonino), Calgary, Alberta; **138.1** Picture-Alliance (dpa-infografik), Frankfurt; **138.2** Fotolia.com (Photographee.eu), New York; **141** Masterfile Deutschland GmbH (Radius Images), Düsseldorf; **142** Avenue Images GmbH (Rubberball), Hamburg; **144** Fotex GmbH (R. Zorin), Hamburg; **145** shutterstock (Monkey Business Images), New York, NY; **148** Stiftung Warentest: Auszug aus dem Testbericht „Laufschuhe Herren" 08/2015; **149.3** Verbraucherzentrale Baden-Württemberg e. V., Stuttgart; **149.2** Mieterverein Sindelfingen, Sindelfingen; **149.1** Haitzinger, Horst, München; **150.4** SWR, Stuttgart; **150.1** Stiftung Warentest, Berlin; **150.3** foodwatch e.V.; **150.2** Stiftung Warentest, Berlin; **153** Imago (imagebroker), Berlin; **155** Thinkstock (iStock/AndreyPopov), München; **158** laif (Stefan Volk), Köln; **159.2** TransFair e.V. (Fairtrade Deutschland), Köln; **159.1** Deutsche Energie-Agentur GmbH, Berlin; **160** Fotolia.com (corepics), New York; **165** Verbraucherzentrale Hamburg e.V./ampelcheck.de, Hamburg; **166** Thinkstock (istock/ALotOfPeople), München; **170** Picture-Alliance (dpa-infografik), Frankfurt; **171.1** Deutscher Sparkassen Verlag, Stuttgart; **171.4** Deutscher Sparkassen Verlag, Stuttgart; **171.7** Edelmanergo/Paypal, München; **171.5** © Copyright Visa 2017; **171.8** Giropay GmbH, Frankfurt am Main; **171.3** EURO Kartensysteme GmbH, Frankfurt am Main; **171.6** Mastercard; **174** Picture-Alliance (dpa-infografik), Frankfurt; **176** Picture-Alliance (dpa-infografik), Frankfurt; **179** Thinkstock (iStock/ AndreyPopov), München; **180** Getty Images (Iconica/Peter Cade), München; **181** PwC, Frankfurt; **184** shutterstock, New York, NY; **188** Fotolia.com (Starwalker), New York; **189.1** MEV Verlag GmbH, Augsburg; **189.2** laif (Amin Akhtar), Köln; **190** Ullstein Bild GmbH (ddp), Berlin; **194** Imago (Müller-Stauffenberg), Berlin; **198** Logo, Stuttgart; **200.1** gemeinfrei; **200.2** culture-images (GP), Köln; **200.3** Picture-Alliance (Jens Wolf/ZB), Frankfurt; **208** Picture-Alliance (dpa-infografik), Frankfurt; **209** Picture-Alliance (dpa-infografik), Frankfurt; **210** Picture-Alliance (dpa-infografik), Frankfurt; **213** Imago (Christian Thiel), Berlin; **217** Interfoto (Zeit-Bild), München; **218** Süddeutsche Zeitung Photo (AP), München; **218.2** Picture-Alliance (robertharding), Frankfurt; **219** Schwalme, Reiner, Krausnick – Groß Wasserburg; **221** Picture-Alliance (dpa-infografik), Frankfurt; **222** Picture-Alliance (dpa-infografik), Frankfurt; **225** Picture-Alliance (dpa-infografik), Frankfurt; **229, 230** Picture-Alliance (dpa-infografik), Frankfurt; **231.2** Picture-Alliance (dpa-infografik), Frankfurt; **231.1** Picture-Alliance (dpa-Infografik), Frankfurt; **235** Picture-Alliance (dpa-infografik), Frankfurt; **244.2** Picture-Alliance (AP Photo/Abdeljalil Bounhar), Frankfurt; **244.1** laif (Sumon Yusuf/Polaris), Köln; **245** TRIGEMA, Burladingen; **249** Picture-Alliance (dpa-infografik), Frankfurt; **251** Picture-Alliance (dpa-infografik), Frankfurt; **252** Fotolia.com (Warren Goldswain), New York; **254** Heinrich-Büssing-Schule, Braunschweig; **255** Picture-Alliance (dpa-infografik), Frankfurt; **256** Picture-Alliance (dpa-infografik), Frankfurt; **259.RS** WOHNBAU Lemgo eG, Lemgo; **260.2** Aid by Trade Foundation www.cottonmadeinafrica.org, Hamburg; **260.3** iStockphoto, Calgary, Alberta; **260.1** Green Brands Organisation Limited, Hamburg; **261.RS o.** OEKO-TEX®, Zürich; **261.RS m.** UGA – Umweltgutachterausschuss, Berlin; **261** Picture-Alliance (dpa-infografik), Frankfurt; **264.RS 2** Blume 2000 New Media ag, Norderstedt; **264.RS 1** Bundesministerium für Wirtschaft und Energie, Berlin; **264.1** Picture-Alliance (dpa-infografik), Frankfurt; **268** Picture-Alliance (dpa-infografik), Frankfurt; **269** Bundesministerium für Wirtschaft und Energie, Berlin; **272** Picture-Alliance (dpa), Frankfurt; **273** Picture-Alliance (dpa-infografik), Frankfurt; **277** shutterstock (Robert Cernohlavek), New York, NY; **280.2** Fotolia.com (Fiedels), New York; **280.1** Foto Begsteiger, Gleisdorf; **282** Imago (Horst Rudel), Berlin; **284** Picture-Alliance (dpa-Zentralbild), Frankfurt; **285** Picture-Alliance (dpa/Julian Stratenschulte), Frankfurt; **289** Picture-Alliance (dpa-infografik), Frankfurt; **290** Picture-Alliance (dpa-infografik), Frankfurt; **292** Mauritius Images (Alamy), Mittenwald; **300** laif (Thomas Ernsting), Köln; **302** Fotolia.com (Cooper), New York; **303** Picture-Alliance (dpa/Arno Burgi), Frankfurt; **304** Fotolia.com (Julija Sapic), New York; **305** Fotolia.com (Franjo), New York; **308** Picture-Alliance (dpa/Heinz von Heydenaber), Frankfurt; **313** Ullstein Bild GmbH (Sylent-press), Berlin; **316** Corbis (Image Source), Berlin; **318** Imago (Götz Schleser), Berlin; **321** iStockphoto (Geber86), Calgary, Alberta; **322.2** Imago (Jochen Tack), Berlin; **322.1** Imago (imagebroker), Berlin; **325.re.** Fotolia.com (Enky), New York; **325.li.** iStockphoto (tiburonstudios), Calgary, Alberta; **327** laif (John HARRIS/REPORT DIGITAL-REA), Köln; **330.1** Fotolia.com (Yuri Arcurs), New York; **330.2** VISUM Foto GmbH (Thomas Pflaum), Hannover; **334** laif (Alberto Conti/Contrasto), Köln; **337** Picture-Alliance (Euroluftbild), Frankfurt; **338.1** Deutsches Insitut für Normung e.V., Berlin; **338.3** iStockphoto (al_ter), Calgary, Alberta; **338.2** Corbis (Bettmann), Berlin; **339.2** Picture-Alliance (dpa-infografik), Frankfurt; **339.1** Imago (Jens Koehler), Berlin; **340** Picture-Alliance (dpa-infografik), Frankfurt; **343** VISUM Foto GmbH (Thomas Pflaum), Hannover; **344.2** Picture-Alliance (Henning Kaiser), Frankfurt; **344.1** Fotolia.com (Andres Rodriguez), New York; **347** Imago (Rust), Berlin; **348** Imago (BPI), Berlin; **349.1** Picture-Alliance (dpa-infografik), Frankfurt; **349.2** Picture-Alliance (dpa/Matthias Schrader), Frankfurt; **350** Picture-Alliance (Eibner-Pressefoto), Frankfurt; **354** Deutsches Forschungszentrum für Künstliche Intelligenz GmbH (DFKI), Saarbrücken; **355** Picture-Alliance (Jens Wolf), Frankfurt;

Sollte es in einem Einzelfall nicht gelungen sein, den korrekten Rechteinhaber ausfindig zu machen, so werden berechtigte Ansprüche selbstverständlich im Rahmen der üblichen Regelungen abgegolten.